Dorit Felsch

Die Feste
im Johannesevangelium

Jüdische Tradition und christologische Deutung

Mohr Siebeck

DORIT FELSCH, geboren 1979; Studium der Evangelischen Theologie in Tübingen und Leipzig; 2010 Promotion; Vikarin der Evangelischen Kirche im Rheinland in Wuppertal.

ISBN 978-3-16-150888-2
ISSN 0340-9570 (Wissenschaftliche Untersuchungen zum Neuen Testament, 2. Reihe)

Die Deutsche Nationalbibliothek verzeichnet diese Publikation in der Deutschen Nationalbibliographie; detaillierte bibliographische Daten sind im Internet über *http://dnb.d-nb.de* abrufbar.

Das Buch wurde von Laupp & Göbel in Nehren auf alterungbeständiges Werkdruckpapier gedruckt und von der Buchbinderei Nädele in Nehren gebunden.

Wissenschaftliche Untersuchungen
zum Neuen Testament · 2. Reihe

Herausgeber / Editor
Jörg Frey (Zürich)

Mitherausgeber / Associate Editors
Friedrich Avemarie (Marburg)
Markus Bockmuehl (Oxford)
James A. Kelhoffer (Uppsala)
Hans-Josef Klauck (Chicago, IL)

308

Meinen Eltern
Waltraud und Volkmar Felsch

und

meinen israelischen סבתות
Hanni Ullmann (1908–2002) und Chava Maziel

Vorwort

Die vorliegende Studie ist die für den Druck geringfügig überarbeitete und um Literatur ergänzte Fassung meiner Dissertationsschrift, die 2010 unter dem Titel „‚Es war ein Fest der Juden' (Joh 5,1). Die christologische Bedeutung der jüdischen Feste im Johannesevangelium" vom Fachbereich Evangelische Theologie der Philipps-Universität Marburg angenommen wurde.

Mit dem Abschluss der Arbeit verbindet sich für mich große Dankbarkeit den Menschen gegenüber, die auf verschiedenste Weise zu ihrem Gelingen beigetragen haben. Zuallererst gilt mein Dank meinem Doktorvater und Lehrer Prof. Dr. Friedrich Avemarie. In den vergangenen Jahren hat er meine Arbeit mit großem Engagement, steter Unterstützung und einem konstruktiv-kritischen Blick begleitet, gefördert und durch viele Hinweise und nicht zuletzt auch durch seine stets hohen Ansprüche besser werden lassen. Für ihre kontinuierliche Unterstützung, die Erstellung des Zweitgutachtens und weiterführende Hinweise danke ich Prof. Dr. Angela Standhartinger. An Prof. Dr. Jörg Frey geht mein herzlicher Dank für das wohlwollende Interesse, das er meiner Arbeit von ihren ersten Anfängen an entgegen brachte, hilfreiche Gespräche und die Möglichkeit, Teilergebnisse im Münchener Kolloquium vorzustellen und zu diskutieren. Den Teilnehmerinnen und Teilnehmern des Exegetischen Arbeitskreises in Marburg, ganz besonders PD Dr. Judith Hartenstein und Aliyah El Mansy, danke ich für engagierte Diskussionen und ebenso interessierte wie interessante Blickwinkel.

Der Studienstiftung des deutschen Volkes, deren Stipendiatin ich sowohl während des Studiums als auch während der Promotion sein durfte, danke ich für die hilfreiche finanzielle und die bereichernde ideelle Förderung. Dankbar bin ich außerdem Prof. Dr. Wolfgang Ratzmann (Leipzig), dessen Förderung während des Studiums und Ermutigung zu weiterer wissenschaftlicher Arbeit für mich wichtig waren. Den Herausgebern danke ich für die Aufnahme der Arbeit in die zweite Serie der Reihe „Wissenschaftliche Untersuchungen zum Neuen Testament" und dem Verlag Mohr Siebeck für die ebenso kompetente wie freundliche Betreuung der Drucklegung.

Besonders danke ich meinen Freundinnen, die auf vielfältige Weise Anteil am Entstehen dieser Arbeit haben: Simone Berger-Lober hat unzählige Gespräche über johanneische und jüdische Theologie geführt und das Manuskript in all seinen Entwicklungsstadien wiederholt gelesen und besprochen. Als kundige und kritische Diskussionspartnerin gab sie mir so manchen judaistischen Hinweis und treffenden Impuls zum Weiterdenken. Friederike Hecker unterstützte mich tatkräftig bei mancher Recherche in den rabbinischen Traditionen und beim Korrekturlesen der Endfassung. Meine Bibliotheks- und Arbeitsaufenthalte in Tübingen wären nicht halb so angenehm gewesen ohne die großartige Gastfreundschaft von Dr. Dörte Bester, die auch einen Teil der Arbeit Korrektur las und aus Sicht der Alttestamentlerin diskutierte, und von Agnes und Henning Claßen, die mir außerdem durch diverse Büchertransporte quer durchs Land und die kompetente Notfallhotline bei allen computertechnischen Fragen halfen. Angelica Dinger hat die Endfassung der Arbeit mit großer Sorgfalt Korrektur gelesen und war mir in den vergangenen Jahren eine sehr wichtige Gesprächspartnerin.

Den genannten und allen meinen Freundinnen und Freunden sowie meinen Geschwistern Corinna und David Felsch und meinem Freund Moritz Hahn danke ich außerdem für alles Anteilnehmen und Miteinander, für Gespräche, Ermutigung und nicht zuletzt auch für alle Ablenkung von der Arbeit!

Während meiner Studien- und Promotionszeit haben mich meine Oma Gerta Maßen und meine Tante Edith Maßen-Grundmann großzügig unterstützt. Dafür sei ihnen ganz herzlich gedankt.

Der größte Dank gebührt meinen Eltern Waltraud und Volkmar Felsch für ihre liebevolle Begleitung und uneingeschränkte Unterstützung und Förderung in jeder Hinsicht. Ohne sie wären mir weder Studium und Promotion noch mein persönlicher Weg so möglich gewesen. Dafür bin ich von Herzen dankbar!

Dieses Buch ist ihnen gewidmet sowie zwei jüdischen Frauen, die – in Deutschland aufgewachsen – Verfolgung und Flucht erleiden mussten, bevor sie in Israel eine neue Heimat fanden. Die Begegnung mit ihnen hat nicht nur dazu beigetragen, mein Bewusstsein für die Verantwortung christlicher Theologinnen und Theologen nach Auschwitz gegenüber Gottes erstberufenem und bleibend erwähltem Volk Israel zu vertiefen, sondern sie haben auf vielfältige Weise mein Leben reicher gemacht. תודה רבה

Wuppertal, Pfingsten 2011/Schawuot 5771   Dorit Felsch

Inhaltsverzeichnis

I. Einleitung

1. Zum Thema

Am letzten, dem großen Tag des Festes erhob sich Jesus und rief aus: Wen da dürstet, der komme zu mir. Und es trinke, wer an mich glaubt. Wie die Schrift gesagt hat: ‚Ströme lebendigen Wassers werden aus seinem Leib fließen'.

Unabhängig von allen Schwierigkeiten, die die Exegese dieser beiden Verse im Einzelnen bereitet,[1] liegt in Joh 7,37f ein Spitzensatz johanneischer Christologie vor. Der Selbstoffenbarungssatz Jesu, den er nach Joh 7,14 im Jerusalemer Tempel spricht, wird vom vierten Evangelisten explizit mit einem jüdischen Tempelfest verbunden und auf den letzten Tag des Laubhüttenfestes Sukkot datiert. Doch sind diese Verse nur ein Beispiel unter vielen: Zahlreiche zentrale christologische Aussagen des Johannesevangeliums stehen im Kontext jüdischer Feste.

Dass die Feste in diesem Evangelium eine besondere Rolle spielen, liegt selbst bei einer oberflächlichen Lektüre auf der Hand. „The prominence of the festivals in the Gospel of John becomes readily apparent when Johannine references are compared to those of the Synoptic Gospels."[2] So findet sich das Wort ἑορτή, „Fest", im Johannesevangelium 17 Mal, während es in den drei synoptischen Evangelien insgesamt nur sieben Mal vorkommt.[3] Alle synoptischen Vorkommen des Wortes beziehen sich auf Pessach. Bis auf Lk 2,41.42 stehen sie alle im Passionskontext, im Zusammenhang mit dem Pessachfest, während dessen Verlauf Jesus stirbt. Nach den synoptischen Evangelien zieht Jesus während seiner öffentlichen Wirksamkeit nur zu diesem Fest – ein einziges Mal – nach Jerusalem hinauf. Die einzige Ausnahme bildet die Tradition der lukanischen Kindheitsgeschichte: In Lk 2,41 heißt es, dass Jesu Eltern jährlich zum Pessachfest nach Jerusalem pilgern, und in Lk 2,42–51 wird vom Aufenthalt des zwölfjährigen Jesus während des Pessachfestes im Tempel erzählt. Dagegen schildert das vierte Evangelium mehrere Reisen des erwachsenen Jesus nach Jerusalem und in

---

[1] S. dazu unten IV.2.6–2.7.

[2] SPAULDING, Identities, 2f.

[3] Davon je zwei Mal bei Mk und Mt (Mk 14,2; 15,6; Mt 26,5; 27,15) und drei Mal bei Lk (2,41.42; 22,1).

den Tempel zu verschiedenen Festen und langen Aufenthalten dort.[4] Es wird allein von drei Pessachfesten im Verlauf der öffentlichen Wirksamkeit Jesu berichtet,[5] sieben Mal steht ἑορτή in Joh 7[6] in Bezug auf das in diesem Kapitel geschilderte Laubhüttenfest Sukkot (ἡ σκηνοπηγία: Joh 7,2), das ansonsten im Neuen Testament gar nicht erwähnt wird, und Joh 5,1 spricht von „einem Fest der Juden" (ἑορτὴ τῶν Ἰουδαίων), dessen Identifikation umstritten ist. Ohne den Gebrauch des Lexems ἑορτή ist in Joh 10,22 zudem vom Chanukkafest die Rede, das ebenfalls ansonsten keine Erwähnung im Neuen Testament findet. Insgesamt spielt sich weit mehr als die Hälfte des im Johannesevangelium geschilderten Auftretens, Wirkens und Lehrens Jesu im Kontext und vor dem Hintergrund jüdischer Feste ab.

Dass die *chronologische* und *geographische* Konzeption des Johannesevangeliums wesentlich durch die Erwähnung jüdischer Feste und den wiederholten Aufstieg Jesu zu ihrer Feier im Jerusalemer Tempel bestimmt sind, steht angesichts dieses rein statistischen Ergebnisses außer Frage.[7] Haben die Feste aber darüber hinaus auch eine Bedeutung innerhalb der *theologischen* Konzeption des vierten Evangeliums? Sind ihr Inhalt, die in ihnen gefeierten Ereignisse und die an ihnen vollzogenen Bräuche für die johanneische Schilderung des Lebens und Wirkens Jesu von Relevanz? Kommt ihnen eine eigene Bedeutung zu innerhalb der johanneischen Darstellung des Jesus von Nazareth als „der Christus, der Sohn Gottes", an den zu glauben das Evangelium seine Leserschaft aufruft, damit sie „in seinem Namen das Leben" hat (Joh 20,31)? Diese Fragen werden in der Forschung kontrovers beantwortet und oftmals verneint.[8]

---

[4] Vgl. z.B. FRÜHWALD-KÖNIG, Tempel, 70. Nur während des Pessachfestes in Joh 6 bleibt Jesus in Galiläa, während aller anderen Feste hält er sich in Jerusalem auf.

[5] Das Wort ἑορτή in Bezug auf Pessach steht in Joh 2,23; 4,45(2x); 6,4; 11,56; 12,12.20; 13,1.29. Von πάσχα ist zudem die Rede in Joh 2,13.23; 6,4; 11,55(2x); 12,1; 13,1; 18,28.39; 19,14.

[6] Joh 7,2.8(2x).10.11.14.37.

[7] Vgl. u.a. RAHNER, Tempel, 190ff; insbes. 191; MENKEN, Feste, 269; FREY, Eschatologie II, 177; WILCKENS, Johannes, 11; BEUTLER, Judaism, 7ff; SCHULZ, Johannes, 49; FLEBBE, Feasts, 110–113; RATZINGER, Jesus, 279; CULPEPPER, Anatomy, 220; RUBENSTEIN, History, 87f; DYMA, Wallfahrt, 4.

[8] So sind zum Beispiel nach dem Verständnis von E. Haenchen die „,johanneischen Festreisen' [...] (abgesehen von der letzten) nur literarische Mittel" um Jesus nach Jerusalem wandern zu lassen (HAENCHEN, Johannesevangelium, 266). Ähnlich spricht z.B. SCHNACKENBURG, Johannesevangelium I, 252 davon, dass für den vierten Evangelisten „die Feste ,der Juden' [...] überholt und belanglos geworden sind". Vgl. auch WILCKENS, Johannes, 61; STIMPFLE, Blinde, 101 Anm. 97; SCHNELLE, Tempelreinigung, 365f; BECKER, Johannes I, 123; 256; SCHULZ, Johannes, 121; DYMA, Wallfahrt, 4f. FREY, Eschatologie II, 178–180 bestätigt die „dramaturgische Funktion" der Feste (a.a.O., 179), wobei Raum und Zeit bei Johannes „nicht bloß ein äußerlicher und daher belangloser Rah-

Im Zentrum dieser Untersuchung steht die Frage nach der *christologischen* Bedeutung der jüdischen Feste im Johannesevangelium. Denn dass man ohne Zweifel annehmen kann, dass Jesus zu seinen Lebzeiten mehr als nur einmal nach Jerusalem wallfahrtete und zumindest das Gesamtbild der wiederholten Festbesuche Jesu im Johannesevangelium eine historische Grundlage haben dürfte, ist noch keine ausreichende Erklärung dafür, dass gerade dieses Evangelium Jesus und seine Offenbarungsreden immer wieder auf jüdischen Festen verortet. Die nähere Untersuchung der johanneischen Festperikopen wird zeigen, dass Jesu Festreisen auch weit mehr als nur Anlässe für Ortsveränderungen sind. Den Festen kommt im Alten Testament und vielleicht noch mehr im nachbiblischen antiken Judentum als zentralen Heilsinstitutionen eine große Bedeutung für die Gottesbeziehung Israels und seine bleibende Gemeinschaft mit ihm zu. Die Feste feiern, erinnern und vergegenwärtigen die Heilsgeschichte Israels.[9] Wenn der vierte Evangelist seine Darstellung des Lebens und Wirkens Jesu also immer wieder mit den Festen in Zusammenhang bringt und in ihren Kontext stellt, dann bringt er Jesus als Gottessohn und Messias in eine Beziehung zur Heilserwartung, -verheißung und -erfahrung der Feste. Ziel dieser Untersuchung ist es, zu klären, wie das Verhältnis Jesu zu den Heilsinhalten der Feste im Einzelnen bestimmt wird.

Dabei ist bei der Exegese der johanneischen Texte deren Zielrichtung zu beachten. Der Evangelist lässt Jesus in einer – wie auch immer gearteten – Beziehung zu den jüdischen Festen und ihren Heilsinhalten auftreten, reden und wirken, weil er Jesu Identität als Gottessohn und Messias erweisen will, dem Glaube, Vertrauen und Verehrung (z.B. 5,23) gebühren. Die Einbettung der Worte und Taten Jesu in den jüdischen Kult, speziell in die Feier der Feste, will also eine Aussage über Jesus machen und hat nicht – oder zumindest nicht in erster Linie – das Ziel, etwas über die Relevanz der Feste und ihre Heilsbedeutung auszusagen.

Wo dies übersehen wird, da werden allzu schnell mehr oder weniger nachvollziehbare Prämissen johanneischer Christologie zum Ausgangspunkt genommen, um von ihnen aus auf die Bedeutung der Feste im vierten Evangelium rückzuschließen. Da der vierte Evangelist eine exklusive Christologie entwickelt, derzufolge in der Person Jesus Christus allein Heil zu finden ist, mache das Auftreten des johanneischen Jesus während der

---

men des eigentlichen, geistigen Geschehens" sind, sondern „qualifiziert von den an ihnen stattfindenden Ereignissen", weshalb ihre Nennung den jeweiligen Kontext „in einen bestimmten semantischen Horizont" stellt (a.a.O., 178). Frey geht davon aus, dass inhaltliche Bezugnahmen zum Fest in Joh 7–8 zu Sukkot und in 6,4 und folgender Speisungserzählung und Brotrede zu Pessach vorliegen (vgl. a.a.O., 179).

[9] Vgl. dazu unten II.2.

Feste deren Überholtheit deutlich.[10] Diese Argumentation birgt jedoch ein hermeneutisches Problem. Sie denkt vom Standpunkt christlicher Exegese 2000 Jahre nach Christus aus und damit aus einem Kontext heraus, in dem die einzigartige Hoheit Jesu, seine Messianität und Gottessohnschaft als grundlegender Konsens und Fundament von christlichem Bekenntnis, Kirche und Theologie vorausgesetzt sind. Demgegenüber sind die religiöse Tiefe und die Heilsbedeutung der jüdischen Feste, wie sie auch heute noch gefeiert werden, nur einer Minderheit der christlichen Ausleger und Auslegerinnen im Bewusstsein und die Wallfahrtsfeste im Jerusalemer Tempel, die seit der Tempelzerstörung vor annähernd 2000 Jahren in ihrer ursprünglichen Form nicht mehr stattfinden, nur eine historische Erinnerung, deren genaue Durchführung nicht unmittelbar rekonstruierbar ist und denen kaum Bedeutung für christliche Religiosität und – meistens eben auch – Theologie beigemessen wird. Dieser Standpunkt unterscheidet sich jedoch grundlegend von dem des vierten Evangelisten und seiner Gemeinde bzw. seiner ursprünglichen Leserschaft.[11] In den frühen christlichen Gemeinden scheint die Erinnerung lebendig gewesen zu sein, dass Jesus selbst und später seine Jüngerinnen und Jünger den Tempel besucht hatten.[12] Ebenso war die Erinnerung an die Wallfahrten in ihrer jüdischen Umgebung, von der sie sich zwar mehr und mehr lösten, der aber Johannes und zumindest ein guter Teil seiner Gemeinde entstammten, präsent und wurde deren Bedeutung angesichts des Verlustes des Tempels noch expliziter reflektiert, als dies vorher der Fall gewesen war. Wenn Johannes also in seinem Evangelium auf die Feste Israels zurückgreift, kann er davon ausgehen, dass seine mit den jüdischen Traditionen gut vertraute Adressatenschaft auch die Bedeutung und heilsgeschichtliche Konnotation der Festtraditionen kennt.[13] Die einzigartige Rolle Jesu dagegen entwickelt er

---

[10] Vgl. z.B. BULTMANN, Johannes, 228–230; DIETZFELBINGER, Johannes I, 226f; 230; SCHNELLE, Johannes, 164f.

[11] Vgl. die ähnlichen Überlegungen bei HARTENSTEIN, Überlegungen, 360–362 zum Verständnis der Aussagen zu „altem" und „neuem" Bund in Hebr 8,7–13, die aus christlicher Perspektive oft „nicht nur als Beschreibung des neuen Bundes gelesen [werden], d. h. als Selbstvergewisserung von Christinnen und Christen über ihren Glauben, sondern auch als Beschreibung des Judentums, und zwar umso mehr je weniger über das eigene Selbstverständnis des ‚alten Bundes' bekannt ist. Obwohl der Text eindeutig auf den ‚neuen Bund' zielt, lässt er sich auch als Beschreibung des alten verstehen, als eine Zuschreibung bestimmter Punkte, die sich aus dem Gegenüber ergeben." (a.a.O., 361).

[12] Vgl. außerhalb des Johannesevangeliums v.a. Mk 11,15–18parr; Lk 2,41–51; Apg 2,46; 3,1 u.ö.

[13] Die große Vertrautheit des vierten Evangeliums mit den Traditionen jüdischen Glaubens, jüdischer Schriftauslegung und Lehre, die der Evangelist offensichtlich auch in seinem Adressatenkreis voraussetzen kann, zeigt sich im Evangelium immer wieder. Vgl. z.B. den Überblick bei FREY, Heil, 482–484. DERS., Schlange, 204 konstatiert zum Umgang des Johannesevangeliums mit jüdischen Traditionen: „Daß der Evangelist nur

in einer genuin eigenen und neuen Pointiertheit. Es ist seine theologische Reflexion der Person Jesus Christus, die der Evangelist seiner Gemeinde nahebringen und von der er sie überzeugen will. Um das zu sagen, was über alles bisher Gesagte – und vielleicht auch über das Sagbare an sich – hinausgeht, greift er auf vertraute Bilder, Motive, Ereignisse und Positionen zurück, auf Schriftverse, Autoritäten wie Mose, Abraham und Jesaja und eben auch auf die Feste des Judentums.

Um die johanneischen Aussagen nachvollziehen und sachgemäß interpretieren zu können, ist also zunächst die von Johannes vorausgesetzte Heilsbedeutung der Feste im jüdischen Selbstverständnis nachzuvollziehen. Dazu werden in dieser Arbeit antik-jüdische Texte[14] herangezogen, die sich mit den Festen beschäftigen und sie theologisch interpretieren. Auf dem Hintergrund der Deutungs- und Verständnismuster, die in diesen Texten erkennbar werden, lässt sich ein vertieftes Verständnis davon gewinnen, welche Motive und Traditionen Johannes aufnimmt, ob bzw. wie er sie verarbeitet, bestätigt oder umdeutet und in welche Beziehung zu ihnen er Jesus stellt.

---

selten und an hervorgehobenen Stellen, wie etwa in der Kreuzigungsszene oder beim Übergang zur Passion Jesu in Joh 12, ausführlich zitiert und sich sonst in seiner Aufnahme der Schrift und ihrer Auslegungstradition mit Anspielungen, kurzen Reminiszenzen und Motivkombinationen begnügen kann, setzt auch für seine *intendierten Leser*, die diese Anspielungen ja verstehen sollten, *eine bemerkenswerte Kenntnis der Schriften* und Traditionen des Alten Testaments wie auch zahlreicher Elemente der Evangelientradition als bekannt voraus." (kursiv im Original). Vgl. WILCKENS, Johannes, 11. THYEN, Heil, 123 konstatiert, dass das Johannesevangelium „derart voll [ist] von sublimen Anknüpfungen an spezifisch jüdische Traditionen und von Variationen von Motiven aus Targum und Midrasch, die nur Insidern verständlich sind, daß mir als die Gruppe der Träger und frühen Rezipienten des Evangeliums überhaupt nur christliche Juden vorstellbar erscheinen". Vgl. REIM, Targum, 12. Anders CULPEPPER, Anatomy, 220–222.

[14] Neben den Targumen, dem Jubiläenbuch und den Schriften Philos von Alexandrien und des Flavius Josephus werden v.a. rabbinische Texte herangezogen. Vgl. zur Problematik, zu den Grenzen und den Chancen, die die Einbeziehung des rabbinischen Schrifttums in die Exegese des Neuen Testaments mit sich bringt, unten I.3.2.

2. Zum Stand der Forschung

Angesichts der Fülle an wissenschaftlichen Veröffentlichungen[15] zum Johannesevangelium beschränke ich mich an dieser Stelle auf einige schlag-
lichtartige Bemerkungen zur religionsgeschichtlichen Einordnung des vierten Evangeliums in einen jüdischen Kontext. Anschließend folgt ein Überblick über die Studien, die sich speziell mit der theologischen Bedeutung
des jüdischen Festkalenders innerhalb der Theologie des Johannesevangeliums befassen.

2.1 Der jüdische Kontext des Johannesevangeliums

Diese Arbeit fragt unter Heranziehung rabbinischer und anderer frühjüdischer Traditionen nach der theologischen Bedeutung der jüdischen Feste,
die im Johannesevangelium den Hintergrund und Kontext eines erhebli-
chen Teils der Offenbarungsreden Jesu sowie seiner Auseinandersetzungen
mit seinen zumeist als „die Juden" bezeichneten Gegenübern bilden. Sie
geht dabei davon aus, dass der Evangelist und ein großer Teil seiner Gemeinde aus dem Judentum stammen, mit den jüdischen Traditionen gut
vertraut sind und sie selbstverständlich als Teil ihrer eigenen religiösen
Geschichte betrachten. Damit soll nicht geleugnet werden, dass auch andere – hellenistische wie gnostische – Einflüsse Aufnahme in das Evangelium gefunden haben.[16] Die grundlegenden Traditionen, auf deren Hintergrund Johannes das Leben und Wirken Jesu erzählt, sind jedoch das Alte
Testament, der jüdische Kult und die sonstigen Überlieferungen des Judentums seiner Zeit, aus denen sich parallel zur Kirche das rabbinische Judentum entwickelte.

Die religionsgeschichtliche Verortung des vierten Evangeliums im
Judentum und seine Interpretation auf dem Hintergrund der palästi-
nisch-jüdischen Traditionen „pharisäisch-rabbinischen oder qumranischen
Typs"[17] war lange eine Außenseiterperspektive in der johanneischen Forschung[18] und etablierte sich erst in Folge der Textfunde von Qumran und

---

[15] Für forschungsgeschichtliche Gesamtüberblicke zum Johannesevangelium vgl. die
umfangreiche Bibliographie von VAN BELLE, Johannine Bibliography 1966–1985 (er-
schienen 1988) und neuer die Übersichten von SCHOLTISSEK, Neue Wege in der Johannesauslegung I und II (1999 und 2001) sowie DERS., Johannes auslegen III und IV (2002
und 2004); weiterhin SCHNELLE, Perspektiven der Johannesexegese (1990); DERS., Ein
neuer Blick (1999); SCHMITHALS, Johannesevangelium, 3–214 (1992).

[16] Vgl. FREY, Suche, 32f: „Das johanneische Werk als Ganzes ist weder aus dem palästinischen Judentum [...] noch aus hellenistisch-jüdischem, pagan-hellenistischem oder
gar gnostischem Denken hinreichend zu verstehen."

[17] FREY, Suche, 33.

[18] Bis zur Mitte des 20. Jahrhunderts dominierte im angelsächsischen Raum die „Einordnung des Evangeliums in die hellenistische Frömmigkeit" (FREY, Suche, 25; vgl.

Nag Hammadi in der zweiten Hälfte des 20. Jahrhunderts.[19] Die forschungsgeschichtliche Darstellung dieser Entwicklung bietet *Jörg Frey* in seinem einleitenden Beitrag zu dem von ihm und *Udo Schnelle* 2004 herausgegebenem Sammelband *Kontexte des Johannesevangeliums*.[20] In der neueren und neuesten Johannesexegese kann die Untersuchung der jüdischen Ursprünge und Kontexte des Johannesevangeliums als eines der „[h]erausragende[n] Themen"[21] bezeichnet werden. Diverse Studien widmen sich einzelnen jüdischen Traditionskomplexen im vierten Evangelium[22] – insbesondere der Rolle des Alten Testaments[23] – und vor dem Hintergrund des jüdisch-christlichen Dialogs der Frage nach der Rolle „der Juden" im Johannesevangelium und einem möglichen johanneischen Antijudaismus.[24] Im Zusammenhang mit dem Bemühen um eine Verhältnisbe-

---

a.a.O., 26) und in der deutschen Forschung zunächst die Annahme eines philonischen Hintergrunds des Evangeliums und schließlich in Folge R. Bultmanns eines synkretistisch-gnostischen Erlösermythos' als Grundlage und Hintergrund des Evangeliums. Vgl. z.B. BULTMANN, Bedeutung, 57–59; 97; DERS., Johannes, 9–15; DERS., Art. Johannesevangelium, 847; DERS., Theologie, 358; 365f; DERS., Hintergrund, 34f und passim; COLPE, Schule, 171–193 u.ö.; FREY, Suche, 15–20.

[19] Vgl. FREY, Suche, 20ff; ZIMMERMANN, Jesus, 81ff; HAKOLA, Identity Matters, 5–10.

[20] Vgl. FREY, Suche, 3–35.

[21] So SCHOLTISSEK, Johannes auslegen III, 131; vgl. dazu a.a.O., 131–137.

[22] Vgl. z.B. den von LABAHN/SCHOLTISSEK/STROTMANN herausgegebenen Sammelband *Israel und seine Heilstraditionen im Johannesevangelium*, außerdem: HENGEL, Quelle; AUGENSTEIN, Jesus; GLASSON, Moses; LINDEMANN, Mose; PANCARO, Law; FREY, Schlange; KRIENER, Glauben; BORGEN, Bread; ENDO, Creation; BOWMAN, Gospel; BEUTLER, Judaism; SCHONEVELD, Thora; DEINES, Steingefäße.

[23] Vgl. z.B. den Überblick bei NIELSEN, Research, 18ff; SCHUCHARD, Scripture; OBERMANN, Erfüllung; die gesammelten Aufsätze zu einzelnen alttestamentlichen Zitaten im Johannesevangelium von MENKEN, Quotations; DERS., Observations; REIM, Studien; DERS., Jochanan; HENGEL, Schriftauslegung; DIETZFELBINGER, Aspekte; THEOBALD, Schriftzitate; MAIER, Schriftrezeption; ZIMMERMANN, Jesus; LABAHN, Autorität; DERS., Deuteronomy; KRAUS, Johannes; WESTERMANN, Johannesevangelium; FISCHER, Johannesevangelium; BRUNSON, Psalm 118; ZUMSTEIN, Schriftrezeption; KLAUCK, Geschrieben; BEUTLER, Gebrauch; FREED, Quotations; NIELSEN, Old Testament; DALY-DENTON, David; BRAUN, Jean; HANSON, Gospel; DERS., John I.14–18; DERS., Citation; DERS., Citation reconsidered; DERS., Technique; DERS., Use.

[24] Vgl. insbesondere den von BIERINGER/POLLEFEYT/VANDECASTEELE-VANNEUVILLE herausgegebenen Sammelband *Anti-Judaism and the Fourth Gospel*; außerdem u.a.: FREY, Bild (mit der Angabe weiterer Literatur); SCHNELLE, Juden; HAKOLA, Identity Matters; KIERSPEL, Jews; SCHOLTISSEK, Antijudaismus; BIERINGER/POLLEFEYT, Open to Both Ways?; STEGEMANN, Tragödie; RISSI, Juden; MEEKS, Jew; VANDECASTEELE-VANNEUVILLE, Theology; HAHN, Heil; DERS., Juden; PEDERSEN, Anti-Judaism; DIEFENBACH, Konflikt; PANCARO, People; DERS., Relationship; THEOBALD, Johannesevangelium; PAINTER, Church; OSTEN-SACKEN, Leistung, 165–172; REINHARTZ, Jewish Girl; DIES., Freundschaft; GRÄSSER, Polemik; DERS., Juden; NICKLAS, Ablösung; VAN TIL-

stimmung des Evangelisten zum Judentum und der Synagogengemeinde
seiner Zeit wird vielfach auch die „johanneische Frage"[25] nach dem Verfasser des Evangeliums und seiner Gemeinde neu verhandelt. So bestimmen etwa *J. Louis Martyn* und *Klaus Wengst* in ihren breit rezipierten und
viel diskutierten Arbeiten zum historischen Ort des Johannesevangeliums
die Situation der johanneischen Gemeinde als durch die Anfechtungen in
einer doppelten Minderheitensituation geprägt, die sich – unter römischer
Herrschaft – durch den Ausschluss der judenchristlichen Gemeinden aus
dem Synagogenverband ergab.[26] In dieser Lage sei das Johannesevangelium Zeugnis einer innerjüdischen Kontroverse zwischen Juden und Jüdinnen, die Jesus als den Messias bekennen, einerseits und dem dieses
Bekenntnis ablehnenden Mehrheitsjudentum andererseits. Martyn und
Wengst beziehen beide den genuin johanneischen Terminus ἀποσυνάγωγος
(Joh 9,22; 12,42; 16,2) auf die Neuformulierung des sogenannten „Ketzer-
segens" im Achtzehnbittengebet durch die Rabbinen in Javne, die an Jesus
glaubenden Juden die Teilnahme am Synagogengottesdienst unmöglich
machte.[27] Aber auch eine Reihe weiterer literarischer Motive des vierten
Evangeliums – wie das Auftreten der Pharisäer als behördliche Instanz
gegenüber dem Blindgeborenen und seinen Eltern in Joh 9 – stützen Mar-
tyns und Wengsts grundlegende These, dass sich im Johannesevangelium
zwei Ebenen verschränken: Der Evangelist projiziert seine eigene und die
Lebenssituation seiner Gemeinde in die Lebenszeit Jesu zurück und trägt

---

BORG, Temidden; HYLEN, Believers, 113–134; vgl. auch schon BARRETT, Judentum;
JOCZ, Juden. Die Frage, ob die pauschalisierende Rede des Johannesevangeliums über
„die Juden" als antijudaistisch bezeichnet werden kann bzw. muss, wird durchaus kontrovers diskutiert. Während der jüdische Sozialwissenschaftler Micha Brumlik urteilte,
das Johannesevangelium zeige, dass „das ‚eigentlich' Christliche nicht nur nicht-jüdisch,
sondern sogar anti-jüdisch ist" (BRUMLIK, Johannes, 111f), folgen diverse christliche
Studien einem apologetischen Interesse und versuchen das Johannesevangelium für den
jüdisch-christlichen Dialog zu retten. Vgl. z.B. THYEN, Heil; BEUTLER, Juden. Vgl. zu
der Problematik unten I.4.

[25] So der Titel des 1993 erschienenen Werkes von M. Hengel, in dem er das Johannesevangelium in einem „ganz überwiegend jüdischen Hintergrund" (HENGEL, Frage,
288) verortet, aufgrund der distanzierten Rede von „den Juden" und „ihren" Traditionen
jedoch von einer bereits zwei Generationen zuvor vollzogenen Ablösung der johanneischen Gemeinde vom nicht-christlichen Judentum und einem überwiegend heidenchrist-
lichen Publikum des Evangeliums ausgeht (vgl. a.a.O., 276–284; 298).

[26] Vgl. MARTYN, History und WENGST, Gemeinde, in allen Auflagen.

[27] Vgl. MARTYN, History, 18–41; WENGST, Gemeinde, 75–104. Vgl. WENGST, Darstellung, passim; DERS., Johannesevangelium I, 25–30. Zur Diskussion um die umstrittene sogenannte „Synode von Javne" und die Birkat haMinim als Hintergrund der
ἀποσυνάγωγος-Aussagen des Johannesevangeliums vgl. SCHÄFER, Synode, passim; STEM-
BERGER, Synode, passim; KIMELMAN, Birkat Ha-Minim, passim; MAYO, Role, passim;
HORBURY, Jews and Christians, 67–110; FREY, Bild, 43ff.

sie in seine Erzählung des Lebens Jesu ein.[28] Die Details der Rekonstruktionen der historischen Situation der Evangelienentstehung durch Martyn und Wengst werden mit Recht an einigen Stellen kritisch hinterfragt.[29] Festzuhalten bleibt jedoch, dass „die Juden", die im Johannesevangelium als Gesprächs- und Konfliktpartner, Gegner und Feinde Jesu auftreten, die der johanneischen Gemeinde gegenüberstehende synagogale Gemeinschaft am Ende des ersten und Anfang des zweiten nachchristlichen Jahrhunderts repräsentieren und der wesentliche Konflikt hinter dem Evangelium der zwischen christlicher und jüdischer Gemeinde zur Zeit des Evangelisten ist.[30] Hinter diese Erkenntnis wird eine verantwortliche Auslegung der johanneischen Texte nicht zurückgehen können.[31]

2.2 Die jüdischen Feste im Johannesevangelium

Dass der jüdische Festkalender die chronologische wie die geographische Struktur des Johannesevangeliums bestimmt, ist kaum zu bestreiten und wurde vielfach wahrgenommen.[32] Meistens jedoch bleibt es bei der knappen Feststellung, der johanneische Jesus erfülle, ersetze oder überbiete die Heilsinhalte der jüdischen Feste.[33] Verbunden wird damit oft die These, Jesu Auftritte auf den Festen drückten deren Obsoletheit aus,[34] oder die

---

[28] Vgl. MARTYN, History, 40f; 68; 127ff u.ö.; WENGST, Gemeinde, 60–73 und passim; KOWALSKI, Hirtenrede, 160–174.

[29] Vgl. z.B. FREY, Bild, 40–45; DERS., Heiden, 231ff; REINHARTZ, Community, passim; HAKOLA, Identity Matters, 16–22 u.ö..

[30] Vgl. ZUMSTEIN, Geschichte, 9f; HURTADO, Lord, 402–407.

[31] Vgl. die Entwürfe von FREY, Bild, 45–53; STEGEMANN, Tragödie, passim. Eine andere Lösung vertritt dagegen z.b. SCHNELLE, Juden, 226f; 230; DERS., Johannes, 181f: Schnelle betont die vielschichtige und keinesfalls immer negative Verwendung von οἱ Ἰουδαῖοι bei Johannes und vertritt ein Verständnis von Ἰουδαῖοι als dramaturgisches Element der literarischen Konzeption des Johannesevangeliums, in der „die Juden" sowohl den Unglauben als auch den Glauben repräsentieren. Zu einer anderen Antwort auf die „johanneische Frage" sowie die nach dem johanneischen Antijudaismus kommt aufgrund seiner Frühdatierung des Evangeliums auch BARTH, Juden, passim. Seiner Meinung nach entspricht die Darstellung des johanneischen Jesus der der alttestamentlichen Propheten, die Gottes Gericht über sein erwähltes Volk verkünden.

[32] Vgl. RAHNER, Tempel, 190ff; insbes. 191; FREY, Eschatologie II, 177; THYEN, Johannesevangelium, 168f; WILCKENS, Johannes, 11; RISSI, Aufbau, 48; BEUTLER, Judaism, 7ff; BOISMARD/LAMOUILLE, L'Évangile de Jean, 38; BOENDERMAKER/ MONSHOUWER, Johannes, 13; RATZINGER, Jesus, 279; ONUKI, Gemeinde, 34f; SCHULZ, Johannes, 49.

[33] Vgl. z.B. DIETZFELBINGER; Johannes I, 230; WILCKENS, Johannes, 61; 135; BULTMANN, Johannes, 230; BEUTLER, Juden, 75; UMOH, Temple, 318; SANDERS, St. John, 116.

[34] So z.B. BOISMARD/LAMOUILLE, L'Évangile de Jean, 38f; BOISMARD, Moses, 52f. Nach ihrer Theorie präsentiert das Johannesevangelium den Messias Jesus als neuen Schöpfer, was durch die wiederholte Siebener-Struktur im Wirken Jesu betont werde

Behauptung, die Feste, ihr Kult und ihr heilsgeschichtlicher Inhalt seien
für den vierten Evangelisten und somit für das Verständnis des Johannesevangeliums irrelevant.[35]

Die relativ wenigen Studien, die sich darüber hinaus eingehender mit
der Gesamtkonzeption der jüdischen Feste im vierten Evangelium beschäftigen, werden im folgenden Abriss in chronologischer Reihenfolge kurz
vorgestellt.[36] Zudem gibt es noch eine Reihe von Einzelstudien zu je einem
der Feste im Johannesevangelium, die in den jeweiligen Kapiteln aufgegriffen werden.[37]

2.2.1 Bisherige Studien zu den Festen im Johannesevangelium

1960 erschien *Aileen Guildings* Monographie *The Fourth Gospel and Jewish Worship. A Study of the relation of St. John's Gospel to the ancient*

(vgl. z.B. BOISMARD, Moses, 52f; BOISMARD/LAMOUILLE, L'Évangile de Jean, 42). Dass
sich demgegenüber nur *sechs* jüdische Feste im Erzählablauf des Evangeliums finden,
bringe die Unvollkommenheit und Unzulänglichkeit des jüdischen Festkalenders zum
Ausdruck. Durch die siebenmalige Verwendung der Bezeichnung πάσχα in der letzten
Pessachperikope (Joh 11,55–19,14), in der Jesus als wahres Pessachlamm stirbt, betone
der Evangelist die Überlegenheit des christlichen Osterfestes über den jüdischen Kult,
der dadurch ersetzt werde: „The intention is clear: the whole system of Jewish holidays is
replaced by the Christian holy day par excellence, Easter, during which believers celebra-
te the resurrection of the one whom the Jewish authorities had put to death." (BOISMARD,
Moses, 53; vgl. BOISMARD/LAMOUILLE, L'Évangile de Jean, 61). Vgl. BULTMANN, Johannes, 230; DIETZFELBINGER, Johannes I, 230; BECKER, Johannes I, 275f; MOWRY,
Dead Sea Scrolls, 233f; SCHULZ, Johannes, 48: „Jesus hebt den jüdischen Kult in Jerusalem auf!"; vgl. a.a.O., 121f. Vgl. MOLLAT, Saint Jean (1953), 36, der seine Ablösungs-
hypothese in der dritten Auflage seines Buches jedoch explizit zurücknimmt: MOLLAT,
Saint Jean (1973), 40f. Dass die Annahme, der jeweilige Heilsinhalt der Feste werde von
Jesus aufgenommen und erfüllt, keineswegs mit einer Abwertung der jüdischen Feste
einhergehen muss, betont DAISE, Feasts, 55.

[35] Nach HAENCHEN, Johannesevangelium, 266 sind die „‚johanneischen Festreisen'
[...] (abgesehen von der letzten) nur literarische Mittel" um Jesus nach Jerusalem wandern zu lassen, „weil für den Erzähler dort ,die Juden' [...] wohnen. Sie sind die Reprä-
sentanten der ‚Welt', Feinde Christi und der Christen" (vgl. a.a.O., 198). Entsprechend
STIMPFLE, Blinde, 101 Anm. 97: „Die Eröffnung der Konfrontation zwischen dem Offenbarer und dem Unglauben findet an *dem* Ort ,der Juden' statt, nämlich in Jerusalem.
Die Fest-Angabe [in Joh 5,1, D.F.] motiviert wie auch sonst im Johannesevangelium
lediglich den Weg des Offenbarers dorthin". Vgl. auch SCHNELLE, Tempelreinigung,
365f; SCHNACKENBURG, Johannesevangelium I, 252; BECKER, Johannes I, 123.

[36] Vgl. auch den forschungsgeschichtlichen Überblick bei DAISE, Feasts, 31–103.

[37] So die Monographie von SCHLUND, „Kein Knochen soll gebrochen werden" zu Pes-
sach und die von DEVILLERS, „La saga de Siloé" und SPAULDING, „Commemorative
Identities" zu Sukkot im Johannesevangelium sowie diverse Aufsätze: MORETON, Feast;
BOWMAN, Identity und MANNS, Fête zu dem Fest in Joh 5; HENGEL, Quelle, 316–322 zu
Chanukka und Sukkot; VANDERKAM, John 10 zu Chanukka.

Jewish lectionary system.[38] Guilding vertritt darin die These, dass dem Johannesevangelium, das Jesus als Prediger in den Synagogen und v.a. im Jerusalemer Tempel präsentiere, eine Tradition von Jesus-Reden zugrunde liege, die keinen Eingang in die synoptischen Evangelien gefunden habe.[39] Diese überlieferten Predigten Jesu habe der vierte Evangelist nach dem jüdischen Festkalender angeordnet, wobei er die jeweiligen biblischen Texte des dreijährigen Lesezyklus' zugrunde legte.[40]

„The mere arrangement of the Gospel, quite apart from other considerations, drives us to the conclusion that the starting-point for its interpretation is to be found in first-century Jewish Temple worship and synagogue preaching."[41]

Guilding versteht das Johannesevangelium als christlichen Kommentar zu den alttestamentlichen Lesungen des Synagogengottesdienstes.[42] Um das zu zeigen, bemüht sie sich zunächst, den palästinischen Lesezyklus des ersten nachchristlichen Jahrhunderts zu rekonstruieren,[43] bevor sie sich anschließend dem johanneischen Text zuwendet und in den einzelnen johanneischen Perikopen deren Bezüge zu den zum jeweiligen liturgischen Anlass gehörenden Synagogenlesungen aufzuzeigen versucht. Dabei verortet sie fast den gesamten Inhalt des Evangeliums an Festzeiten.

„In the Fourth Gospel the main emphasis is on the teaching of Jesus, and the action is strictly subsidiary. Thus [...] the discourses take a primary and the miracles a secondary place. These discourses are nearly all given on the successive feasts of the Jewish year, and in each case the ‚text' is taken from the lections read at the feast in question, whilst the purpose of the sermon is to set forth Jesus himself as the fulfilment of the things typified by that feast."[44]

Zusätzlich zu den explizit genannten Festen Pessach in Joh 2, 6 und 13ff, dem unbenannten Fest in Joh 5, das Guilding als Rosh-haSchana bestimmt,[45] dem Laubhüttenfest in Joh 7–9 und Chanukka in Joh 10 macht Guilding noch einige weitere Festtage des antiken jüdischen Jahres im Hintergrund johanneischer Jesusreden aus[46] und geht davon aus, dass sich

---

[38] Vgl. dazu die Besprechungen: SNAITH, Rez. Guilding, 322ff; HAENCHEN, Rez. Guilding, 670ff; BOISMARD, Rez. Guilding, 599–602; SMITH, Composition, 102–105; DAISE, Feasts, 81–87.

[39] Vgl. GUILDING, Gospel, 1.

[40] Vgl. GUILDING, Gospel, 1; 231 u.ö. Vgl. zustimmend, DALY-DENTON, David, 7 inkl. Anm. 19.

[41] GUILDING, Gospel, 2.

[42] Vgl. GUILDING, Gospel, 3; 231 u.ö.

[43] Vgl. GUILDING, Gospel, 6–44.

[44] GUILDING, Gospel, 45.

[45] Vgl. GUILDING, Gospel, 69–91.

[46] Dass sich im Johannesevangelium noch weitere Texte mit Bezug auf jüdische Feste finden, wird in der Forschung verschiedentlich angenommen. COLOE, Pentecost, passim

die Feste im Johannesevangelium gemäß dem Lesezyklus, der sich über drei Jahre erstreckte, wiederholen.[47] Ihrer Meinung nach liegen auch in Joh 14 der Hintergrund von Rosch-haSchana und Bezugnahmen auf die entsprechenden alttestamentlichen Texte vor,[48] steht hinter Joh 15,1–16,24 das Fest von Sukkot,[49] finden sich in Joh 16,25–18,27 Bezüge zu Chanukka[50] und in Joh 11f und 18,28–19,27 zu Purim.[51]

Guildings Untersuchung will v.a. zeigen, dass es in Judäa im ersten nachchristlichen Jahrhundert einen festen Lesezyklus gab und Jesus Predigten zu den jeweils in der Synagoge oder dem Tempel verlesenen Texten hielt. Das Johannesevangelium wisse darum und lasse seine Darstellung des Wirkens und vor allem Lehrens Jesu dementsprechend dem liturgischen Ablauf des jüdischen Jahres folgen.[52] Abgesehen von der Unsicherheit des von Guilding rekonstruierten Lektionars[53] ist fraglich, ob sich die von ihr angeführten alttestamentlichen Bezüge wirklich alle in den Rahmen der liturgischen Festlesungen einfügen lassen oder nicht auch, und oftmals besser, abgesehen davon als Bezugnahmen auf diverse alttestamentliche Traditionen zu verstehen sind.[54] Es erscheint mir zudem nicht plausibel, warum der Evangelist, wenn er an allen von Guilding aufgeführten Stellen ein Fest als Hintergrund seiner Erzählung voraussetzt, nur bei weniger als der Hälfte dieser Stellen den Festkontext auch expliziert. Zudem bleibt die theologische Ausdeutung der Festkontexte bei Guilding mehr oder weniger bei der allgemeinen Aussage, für Johannes sei Jesus die Erfüllung der Festinhalte und die christliche Kirche und die christlichen Sakramente würden den jüdischen Heilstraditionen überbietend und ablösend gegenübergestellt.[55] Nichtsdestoweniger bleibt es das Verdienst der

---

geht z.B. davon aus, dass Joh 1,19–2,12 vor dem Hintergrund von Schawuot zu verstehen ist.

[47] Vgl. GUILDING, Gospel, 46–50.

[48] Vgl. GUILDING, Gospel, 49; 82–91.

[49] Vgl. GUILDING, Gospel, 49; 112–120. Während Joh 7–9 die Riten und Lesungen des Laubhüttenfestes als in Jesus erfüllt erweise, zeige Joh 15,1–16,24 ihre Erfüllung in der Kirche (vgl. a.a.O., 112). Die beiden wichtigsten Bräuche des Laubhüttenfestes im Tempel, die Wasserspende und die Illumination, seien von Johannes symbolisch auf die christliche Taufe bezogen worden: „The water-pouring signifies the gift of the Spirit, the gift of *life*: the illuminations signify the spiritual enlightenment that accompanies baptism, the gift of *light*." (a.a.O., 119, Hervorhebungen im Original).

[50] Vgl. GUILDING, Gospel, 49; 139–142; 164–168.

[51] Vgl. GUILDING, Gospel, 49; 168–170.

[52] Vgl. GUILDING, Gospel, 229–233 u.ö.

[53] Vgl. auch die kritischen Anfragen von HAENCHEN, Rez. Guilding, 670f; DAISE, Feasts, 85ff. Dass es im vorrabbinischen Judentum einen festen Lesezyklus gab, bezweifelt auch STEMBERGER, Judaistik, 25.

[54] Vgl. DAISE, Feasts, 86f.

[55] Vgl. GUILDING, Gospel, 171 u.ö.

Studie, mit Nachdruck auf die Bedeutung des jüdischen Festkalenders für das Johannesevangelium hingewiesen zu haben.

Von 1981 datiert die unveröffentlichte Dissertation *A Study of the Religious Feasts as Background for the Organization and Message of the Gospel of John* von *Donald D. Williford*.[56] Williford sieht die Struktur des Johannesevangeliums von den jüdischen Festen bestimmt[57] und gliedert es von Joh 2,13 an anhand der Feste in sechs Teile: I. Das erste Pessachfest Joh 2,13–4,54; II. Das unbenannte Fest Joh 5,1–47; III. Das zweite Pessachfest Joh 6,1–71; IV. Das Laubhüttenfest Joh 7,1–10,21; V. Das Chanukkafest Joh 10,22–11,54; VI. Das letzte Pessachfest Joh 11,55–21,25. Laut Williford haben die jüdischen Feste im Johannesevangelium symbolische christologische Bedeutung und dienen dessen in Joh 20,30f formuliertem Hauptzweck, nämlich

„to show that the crucified Jesus of history is the promised Messiah of the Jewish religion. [...] John sets out to establish Jesus' messiahship by showing how Jesus fulfills or replaces Jewish expectations or institutions."[58]

Williford geht die sechs johanneischen Festperikopen nacheinander durch, erläutert den Hintergrund des jeweiligen Festes und weist inhaltliche Bezüge zu ihm im Text auf. Die auf die Heilserwartungen und -erfahrungen der Feste verweisenden Motive sind seiner Meinung nach Hilfen, um das in Jesus gegebene Heil erfassen und verstehen zu können:

„The salvation and the blessings bestowed by God, in the events commemorated by these festivals, provide a context for seeing and understanding the salvation and blessings provided in Jesus."[59]

So überzeugend diese Aussage und die Betonung der Zentralität des Festkalenders für die Struktur des Evangeliums auch sind, werden sie jedoch auch von Williford kaum über das Postulat einer allgemeinen Erfüllung und Überbietung der jüdischen Heilsinhalte durch Jesus hinaus entfaltet:

„The person and ministry of Jesus represent the fulfillment and supercession [sic] of the greatest truths found in the feasts. [...] The truths contained in the ritual of the Jewish feasts are symbolic of the final reality revealed in Jesus."[60]

Nicht den Charakter einer wissenschaftlichen Arbeit hat das Buch *The Outpouring. Jesus in the Feasts of Israel* von *Elwood McQuaid*, das 1986

---

[56] Vgl. dazu DAISE, Feasts, 59–72.
[57] Vgl. WILLIFORD, Study, 8; 12f; 234 u.ö.
[58] WILLIFORD, Study, 11.
[59] WILLIFORD, Study, 236.
[60] WILLIFORD, Study, 236.

erschien. McQuaid[61] bietet eine mit diversen von ihm erdachten narrativen Details ausgestaltete Nacherzählung der johanneischen Festperikopen, in der den Festen und ihren Zeremonien allein die Funktion zukommt, Jesu Offenbarung vorzubereiten und schließlich in seinem Auftreten erfüllt zu werden. McQuaid folgt einem biblizistisch anmutenden Ansatz, indem er wiederholt davon spricht, dass Gott die jeweiligen jüdischen Feste für die Offenbarung seines Sohnes wählte.[62]

Gale A. Yee veröffentlichte 1989 ihre Studie *Jewish Feasts and the Gospel of John*.[63] Yee geht davon aus, dass die jüdischen Feste in der Frömmigkeit der johanneischen Gemeinde von Judenchristen eine bedeutende Rolle spielten.[64] Johannes nehme in Reaktion auf die Trennung seiner Gemeinde von der Synagoge eine Reinterpretation des jüdischen liturgischen Kalenders „in light of the person Jesus"[65] vor. In den vier Hauptteilen ihrer Arbeit untersucht Yee die vier Festzeiten Schabbat (und seine Aufnahme in Joh 5,1–47; 7,14–24; 9,1–41),[66] Pessach (mit Joh 2,13–25; 6; 13–19),[67] Sukkot (mit Joh 7,1–8,59)[68] und Chanukka (mit Joh 10,22–42).[69] Eine neue Hypothese zur Bedeutung der Feste im johanneischen Kontext liefert Yee dabei aber nicht.[70] Auch sie betont die Bedeutung der Feste für die johanneische Christologie. Der vierte Evangelist übertrage den ursprünglich mit den Festen verknüpften Symbolgehalt auf Jesus.[71] Der johanneische Jesus, so Yee, „replaces and abrogates the traditional feasts of the Jews"[72], „making them obsolete".[73]

Joop P. Boendermaker und *Dirk Monshouwer* stellen in ihrem Buch *Johannes. De evangelist van de feesten. Het vierde evangelie als liturgische catechese*, das 1993 erschien, einen Zugang zum Johannesevangelium aus liturgiewissenschaftlicher Perspektive vor. Sie gehen von der Feststellung

---

[61] McQuaid wird auf dem Umschlag seines Buches als „Bible teacher and conference speaker for the Extension Department of Moody Bible Institute and a free-lance writer" vorgestellt. Die rein erbauliche Zielsetzung seines Buches zeigt sich schon im Fehlen jeglicher Auseinandersetzung mit der Forschung und jedweder Literaturhinweise.

[62] Vgl. MCQUAID, Outpouring, 60 u.ö.

[63] Vgl. dazu DAISE, Feasts, 72–81.

[64] Vgl. YEE, Feasts, 27.

[65] YEE, Feasts, 27.

[66] Vgl. YEE, Feasts, 31–47.

[67] Vgl. YEE, Feasts, 48–69.

[68] Vgl. YEE, Feasts, 70–82.

[69] Vgl. YEE, Feasts, 83–92.

[70] Vgl. DAISE, Feasts, 72.

[71] Vgl. z.B. YEE, Feasts, 46; 82 u.ö.

[72] YEE, Feasts, 27.

[73] YEE, Feasts, 30.

aus, dass das Johannesevangelium in seiner Form wesentlich durch Assoziationen, Anspielungen und Bezugnahmen auf die Tora, die Propheten und eben den Festzyklus samt der in den Festen erinnerten Glaubensinhalte geprägt ist.[74] Insgesamt erhalte das Evangelium seine Struktur durch die in ihm erzählten Feste:[75] „het gaat in het vierde evangelie van Pasen via Loofhutten naar Pasen"[76]. Boendermaker und Monshouwer legen eine detaillierte Gliederung des gesamten Evangeliums nach Zeiten und Orten vor, die wesentlich durch die Erwähnungen der jüdischen Feste bestimmt ist.[77] Anschließend folgt eine nähere Auslegung einzelner johanneischer Perikopen mit dem Schwerpunkt auf den Festerwähnungen. Dabei konzentrieren sie sich v.a. auf Pessach und Sukkot, welche für Boendermaker und Monshouwer auch die für Joh 5 in Frage kommenden Feste sind.[78] Durch die Darstellung Jesu auf dem Laubhütten- und dem Pessachfest, so die Zusammenfassung in der Auslegung von Joh 18 und 19, verkündige der vierte Evangelist Jesus als Pessachlamm und Heiligtum Gottes zugleich.[79]

Eine ausführliche Beschäftigung mit der christologischen Bedeutung des jüdischen Kultes im Johannesevangelium geschieht in *Johannes Frühwald-Königs* 1998 erschienener Dissertation *Tempel und Kult. Ein Beitrag zur Christologie des Johannesevangeliums*. Frühwald-König widerlegt das Dictum R. Bultmanns, dem Johannesevangelium würden „fast alle spezifisch kultischen Züge" fehlen,[80] das lange Zeit die exegetische Arbeit am vierten Evangelium prägte.[81] Er zeigt die hohe Bedeutung, die den Kultorten – v.a. dem Tempel –, den kultischen Zeiten und sonstigen kultischen Zusammenhängen in diesem Evangelium zukommt, und untersucht ihre christologische Funktion.[82] Nach einem ersten vorbereitenden Teil zu „Tempel, Kult und [der] Kritik an ihnen von der alttestamentlichen bis zur frühjüdischen Überlieferung" folgt eine Untersuchung der Thematik im Johannesevangelium an vier Beispieltexten: Joh 2,13–22; 4,1–26; 5,1–18

---

[74] Vgl. BOENDERMAKER/MONSHOUWER, Johannes, 9; 13.

[75] Vgl. BOENDERMAKER/MONSHOUWER, Johannes, 15f; 24f.

[76] BOENDERMAKER/MONSHOUWER, Johannes, 25.

[77] Vgl. BOENDERMAKER/MONSHOUWER, Johannes, 26f; 29–35 u.ö.

[78] Vgl. BOENDERMAKER/MONSHOUWER, Johannes, 92–94.

[79] Vgl. BOENDERMAKER/MONSHOUWER, Johannes, 157: „Jezus is paaslam en heiligdom tegelijk."

[80] BULTMANN, Bedeutung, 58.

[81] Dementsprechend stellt FRÜHWALD-KÖNIG, Tempel, 14; 67f zu Beginn seiner Studie ein großes Forschungsdefizit zum Themenbereich „Tempel(-) und Kult(kritik) im JE" fest.

[82] Vgl. FRÜHWALD-KÖNIG, Tempel, 14f.

und 7, bevor die Arbeit mit einer zusammenfassenden Auswertung der Ergebnisse für die Theologie des Evangeliums im Ganzen schließt.

Frühwald-König weist überzeugend die hohe Relevanz der Traditionen des jüdischen Kultes im Johannesevangelium auf. Die Feste spielen in seinen Untersuchungen jedoch eine eher untergeordnete Rolle.[83] Frühwald-König betont zwar, dass sie

„nicht nur äußerlich als günstiger Anlaß, die Offenbarung zu verkünden, instrumentalisiert [werden], sondern auch inhaltlich, indem einzelne Gebräuche christologisch überformt werden. Ohne nochmals auf Einzelheiten eingehen zu müssen, kann als Zweck dieser Überformung festgehalten werden, daß er nicht im Ersatz dieser Feste durch die Person Jesu besteht, also in ihrer Aufhebung, sondern in ihrer Erfüllung."[84]

Spezielle Festtraditionen untersucht Frühwald-König – wie es bei dem weit gefassten Thema seiner Arbeit anders auch kaum möglich wäre – detailliert jedoch nur für das Laubhüttenfest in Joh 7.[85]

Einen knappen Abriss über die jüdischen Feste im Johannesevangelium und ihre christologische Ausrichtung bietet *Peter Dschulnigg* im neutestamentlichen Teil seines gemeinsam mit Ilse Müllner verfassten Bandes der Reihe *Neue Echter Bibel – Themen* mit dem Titel *Jüdische und Christliche Feste. Perspektiven des Alten und Neuen Testaments* von 2002.[86] Dschulnigg geht kurz und überblicksartig auf das Hochzeitsfest in Joh 2,1–11 und die sechs johanneischen Perikopen zu den Festen des jüdischen Kalenders ein und schließt mit einer „Zusammenfassung zum Sinn der Feste im Johannesevangelium". Darin stellt er die wesentliche Bedeutung der jüdischen Feste für das vierte Evangelium fest und präzisiert:

„Für die Jesusanhänger und -anhängerinnen [...], besonders jene aus dem Judenchristentum, bieten diese Feste in ihrer Vollendung in Jesus Christus einen Überschuß an Heilsbedeutung, der mit der jüdischen Wurzel und dem ursprünglichen Sinn dieser Feste für immer verbunden bleibt. Für die Adressaten des Johannesevangeliums hat Jesus als Messias Israels auch die Verheißungen der Feste seines Volkes erfüllt und zu einem Ziel geführt, das bei seinem endzeitlichen Kommen vollendet wird."[87]

Im Teil „C. Heilsinstitutionen" der 2004 veröffentlichten Festschrift für Johannes Beutler, *Israel und seine Heilstraditionen im Johannesevangeli-*

---

[83] Vgl. z.B. sein Urteil zum unbenannten Fest in Joh 5,1: „Nachdem das Fest für die ganze Perikope keine weitere Bedeutung hat, erübrigen sich die Versuche, ihm einen Namen zu geben." (FRÜHWALD-KÖNIG, Tempel, 153; vgl. a.a.O., 167.)

[84] FRÜHWALD-KÖNIG, Tempel, 227.

[85] Vgl. FRÜHWALD-KÖNIG, Tempel, 195–203. Zur Pessachmotivik vgl. knapp a.a.O., 225–227.

[86] MÜLLNER/DSCHULNIGG, Feste, 98–109.

[87] MÜLLNER/DSCHULNIGG, Feste, 109.

um,[88] findet sich ein Beitrag *Marten J.J. Menkens* mit dem Titel *Die Feste im Johannesevangelium.*[89] Laut Menken muss der vierte Evangelist sich mit den jüdischen Festen, die den redaktionellen Rahmen seines Evangeliums bilden,[90] im Zusammenhang seiner Christologie auseinandersetzen, da in der Feier der Feste Heil liturgisch vermittelt wird und Johannes das Heil in der Person Jesu konzentriert.[91] Dass Jesus im Johannesevangelium die Erfüllung der jüdischen Feste sei, bezeichnet Menken als „einen gewissen Konsens" der Exegese, auf dem aufbauend er die Frage klären will, „in welcher Weise der Evangelist im Hinblick auf seine Gemeinde(n) diese ‚Erfüllung' der jüdischen Feste im einzelnen gestaltet."[92] Menken geht auf die drei Pessachfeste in Joh 2, 6 und 11, das Laubhüttenfest in Joh 7 und Chanukka in Joh 10 ein und behandelt außerdem die Schabbat-Erwähnungen in Joh 5,9 und 9,14.[93] Dabei fragt er nach Beziehungen zwischen dem jeweiligen Fest und dem erzählten Geschehen bei Johannes. Das unbenannte Fest in Joh 5 wird nicht untersucht, da es nach Meinung Menkens für die johanneische Erzählung nicht relevant ist.[94] In der anschließenden „Auswertung" resümiert Menken, dass die Feste im Johannesevangelium nicht im unmittelbaren Sinn von Jesus „‚erfüllt', d.h. realisiert"[95] werden, so wie es bei den Schriftzitaten der Fall ist. Es gehe

„eher um eine ‚typologische Erfüllung', die im Text meist implizit bleibt. Das Heil Gottes, das in den Festen gefeiert und damit vergegenwärtigt wird, präfiguriert in der Sicht des Evangelisten das Heil, das Gott jetzt in Jesus anbietet. Was in den Festen gefeiert wird, bildet den Typus, Jesus bildet den Antitypus dazu. Einerseits gleicht der Antitypus dem Typus, andererseits übertrifft er ihn."[96]

Der Festrahmen sei vom Evangelisten gewählt worden, um einerseits die Geschichte Jesu „als konkrete jüdische Geschichte" zu erzählen und andererseits zu zeigen, dass in Jesus „die Fülle des Heils Gottes" gekommen sei.[97] Menken nimmt den Eigengehalt des in den Festen liturgisch vermittelten und vergegenwärtigten Heils ernst und kann davon ausgehend überzeugend auch weiterführende Erkenntnisse über das Heil, das der johanneische Jesus anbietet, aufzeigen. In der inhaltlichen Näherbestimmung dessen, was Jesus in seinem Auftreten auf den jüdischen Festen zur Erfül-

---

[88] Hrg. von M. Labahn, K. Scholtissek und A. Strotmann.
[89] MENKEN, Feste, 269–286.
[90] Vgl. MENKEN, Feste, 272ff.
[91] Vgl. MENKEN, Feste, 269.
[92] MENKEN, Feste, 269.
[93] Vgl. MENKEN, Feste, 274–285.
[94] Vgl. MENKEN, Feste, 270.
[95] MENKEN, Feste, 285.
[96] MENKEN, Feste, 285.
[97] MENKEN, Feste, 286.

lung bringt, geht Menkens Beitrag über die ihm vorausgehenden Arbeiten entscheidend hinaus.

Die neuste Monographie zu den Festen im Johannesevangelium ist die 2007 erschienene Dissertation von *M.A.* *Daise* mit dem Titel *Feasts in John. Jewish Festivals and Jesus' ‚Hour' in the Fourth Gospel.* Daise will einen die bisherige Forschung ergänzenden Vorschlag zum Verständnis der Feste im vierten Evangelium unterbreiten, „an idea on how else the feasts functioned (or could have functioned) while also serving as salvific symbols, sacred times or institutional facilitators."[98] Seine These zielt erstens auf die Chronologie der johanneischen Feste und zweitens auf den Zusammenhang der Feste und der „Stunde Jesu" in der Konzeption des Evangeliums. Daise versucht v.a. zu zeigen, dass sich das in Joh 6,4 als „nah" bezeichnete zweite Pessachfest des Evangeliums nicht auf das reguläre Pessach, das am 14. Nisan gefeiert wird, bezieht, sondern auf das „zweite Pessach", das laut Num 9,9–14, mPes 9,1ff, tPes 8,1 u.a.[99] einen Monat später (am 14. Iyyar) von denjenigen begangen wird, die das Fest am 14. Nisan aufgrund einer Reise oder wegen Unreinheit nicht einhalten konnten.[100] Da Daise voraussetzt, dass die Kapitel 5 und 6 des Johannesevangeliums literarkritisch umzustellen sind und ursprünglich Kapitel 6 vor Kapitel 5 stand,[101] ergeben die Feste seiner These nach chronologisch den Ablauf eines Jahres:

„[T]he feasts in John arrange themselves into a chronological schema that implies intent. The full order of the feasts (and their times) would now be: the Passover at 2:13 (14 Nisan), the Passover at 6:4 (14 'Iyyar); the unnamed feast at 5:1 (???) [sic], Tabernacles at 7:2 (15–22 Tishri), Dedication at 10,22–23 (25 Kislev) and Passover at 11:55 (14 Nisan). [...] This effectively puts the feasts into a chronological sequence, spanning a single year".[102]

Die christologische Funktion der Feste im Evangelium sieht Daise in ihrer bereits von A. Destro und M. Pesce beobachteten Korrelation mit den Erwähnungen der „Stunde Jesu":[103] „[F]easts brought Jesus' ‚hour' into relief

---

[98] DAISE, Feasts, 103.

[99] Zu weiteren antiken Quellen, die das zweite Pessach am 14. Iyyar erwähnen, vgl. DAISE, Feasts, 118–136.

[100] Vgl. DAISE, Feasts, 3f; 118–138 u.ö.

[101] Vgl. DAISE, Feasts, 2 u.ö.

[102] DAISE, Feasts, 4; vgl. a.a.O., 152. Daise geht davon aus, dass das unbenannte Fest in Joh 5,1 einen der zwischen dem 14. Iyyar und dem 15. Tischri liegenden Festtage meint.

[103] Vgl. DAISE, Feasts, 4f; 153–170. Laut DESTRO/PESCE, Dialettica, passim; DIES., Riti, passim besteht eine Dialektik zwischen der „Stunde Jesu" und den jüdischen Festen. Jesu „Stunde" stehe für eine „andere Zeit", die der „sozialen Zeit" des jüdischen Kultes gegenübergestellt werde. Und mit dem Näherrücken der „Stunde" Jesu entfernten sich

by quantifying its growing imminence in John 2–12."[104] Entsprechend dieser Zielrichtung beginnt Daise nach seiner Einleitung mit einem überblicksartigen Durchgang durch die Festperikopen im Johannesevangelium, auf den nach einem forschungsgeschichtlichen Abschnitt eine ausführliche Beschäftigung mit Joh 6 folgt, wobei Daise seine These, Joh 6,4 beziehe sich auf das „zweite Pessach" im Iyyar, entfaltet.[105] Anschließend werden die Feste im Zusammenhang mit der „Stunde Jesu" interpretiert,[106] bevor eine abschließende Zusammenfassung folgt.

Daise erreicht mit seiner Grundthese eine Harmonisierung der johanneischen und der synoptischen Chronologie.[107] Folgt man dieser Grundthese der Identifizierung des Pessachfestes in Joh 6,4 mit dem „Ersatzpessach" im Monat Iyyar allerdings nicht, dann trägt Daises Arbeit für das Verständnis der theologischen Konzeption der jüdischen Feste, wie sie sich im uns vorliegenden Text des Johannesevangeliums finden, kaum etwas aus.

2.2.2 Offene Fragen

Wie der Durchgang durch die bisher erschienenen Studien zu den jüdischen Festen im Johannesevangelium gezeigt hat, sehen besonders Ausleger und Auslegerinnen der älteren Zeit den johanneischen Jesus als *Überbieter* oder gar *Liquidator* der Heilsinhalte der Feste. Oftmals erscheinen die Feste nur als unzureichende und unvollkommene Vorschau dessen, was in der Person Jesu umso vollkommener und glanzvoller gegeben ist.

Aber auch die Auslegungen, die eine Ablösung und Abwertung des jüdischen Kultes bestreiten, die positiven Konnotationen der Feste betonen und Jesus somit als die *Erfüllung* des in den Festen verheißenen Heils verstehen, bleiben oft relativ oberflächlich, wenn es um die genaue inhaltliche Füllung dieses Heils geht. Zwar werden vielfach motivliche Parallelen zwischen den Traditionen des jeweiligen Festes und dem im Johannesevangelium an diesem Fest geschilderten Geschehen aufgezeigt, sie werden jedoch nur in Einzelfällen detaillierter untersucht.

Ziel dieser Arbeit ist es deshalb, genauer zu klären, welche Erwartungen, Hoffnungen, Heilszusagen und -erfahrungen mit den einzelnen Festen im jüdischen Umfeld des Evangelisten verknüpft waren. Nimmt man ernst, dass der vierte Evangelist aus der Fülle aller jüdischen Traditionen und Bräuche mit Bedacht eben die Feste als Rahmen der Offenbarung Jesu

---

Jesu Anhänger mit dieser „anderen Zeit" zunehmend von der „sozialen" bzw. „kulturellen" Zeit der Feste. Vgl. zu der Theorie von Destro und Pesce ausführlicher DAISE, Feasts, 94–103; 161ff.

[104] DAISE, Feasts, 6.
[105] Vgl. DAISE, Feasts, 104–152.
[106] Vgl. DAISE, Feasts, 157–170.
[107] Vgl. DAISE, Feasts, 153–157.

wählte, dann trägt die Untersuchung ihrer spezifischen Bedeutungen dazu bei, im Einzelnen nachvollziehen zu können, wie Johannes Jesu Person und Werk für seine Adressatenschaft charakterisiert. Nur wenn die dem Evangelisten und seinen ersten Lesern und Leserinnen selbstverständlichen Implikationen der einzelnen Feste bekannt sind, wird die spezifische Bedeutung der Darstellung Jesu als ihre Erfüllung verständlich. Anders gesagt geht es also um die Frage, worin aus johanneischer Sicht das in der Person Jesu gegebene Heil denn eigentlich besteht. Bei der Durchführung der Untersuchung wird es deshalb immer wieder um die genaue Bestimmung des Verhältnisses des johanneischen Jesus zu den einzelnen Heilsinhalten der Feste gehen. Dabei wird zu zeigen sein, dass die These von der Überbietung der Festinhalte durch Jesus keinen Anhalt im johanneischen Text hat. Der Evangelist schildert ihn nicht als überlegen gegenüber dem in den Festen erhofften und erfahrenen Heil. Er beschreibt ihn vielmehr als *eben das* und das *eben so beschaffene* Heil.

3. Zur Methode der Arbeit

3.1 Synchrone Textinterpretation

Wenn in dieser Untersuchung von dem Evangelisten oder dem Autor bzw. Verfasser des Johannesevangeliums[108] die Rede ist, dann ist damit die Person[109] gemeint, die das Johannesevangelium in der uns heute vorliegenden Form – mit Ausnahme der textkritisch unhaltbaren Verse Joh 5,3b.4; 7,53–8,11 und des mit m.E. guten Argumenten von einem Großteil der Forschung als sekundär beurteilten „Nachtragskapitels" Joh 21[110] – als ein Gesamtwerk schuf. Zugrundegelegt wird dabei der Text der Ausgabe von Nestle-Aland in der 27. Auflage, wobei in Einzelfällen textkritische Entscheidungen auch gegen Nestle-Aland getroffen und an entsprechender

---

[108] In einem mit diesen Bezeichnungen völlig übereinstimmenden Sinn wird auch der aus der Tradition stammende Verfassername „Johannes" verwendet, ohne dass darin die Identifikation mit einer historischen oder literarischen Figur dieses Namens intendiert wäre. Vgl. dazu auch WENGST, Johannesevangelium I, 25f Anm. 2.

[109] Die Möglichkeit, dass die Endredaktion des Johannesevangeliums nicht aus der Hand einer Einzelperson stammt, sondern von einem Autoren-Kollektiv verfasst ist, ist m.E. zwar nicht auszuschließen, aber auch nicht unbedingt wahrscheinlich.

[110] Vgl. z.B. WENGST Johannesevangelium I, 34ff; BARRETT, Johannes, 551f; FREY, Heil, 472. Die Annahme, dass Joh 21 sekundär zum Evangelium hinzugefügt wurde, war lange Zeit dominierend in der Johannes-Forschung. In neuerer Zeit wird vermehrt wieder die ursprüngliche Zusammengehörigkeit der Kapitel 1 bis 21 vertreten. Vgl. z.B. THYEN, Johannesevangelium, 4f; 772f; DERS., Entwicklungen, 42f; DERS., Noch einmal, passim; CULPEPPER, Designs, 369–372; HARTENSTEIN, Charakterisierung, 222f.

Stelle begründet werden.[111] Damit ist nicht die Möglichkeit bestritten, dass das vierte Evangelium in einem längeren traditions- und redaktionsgeschichtlichen Prozess entstand, in dem verschiedene Quellen aufgenommen, bearbeitet und miteinander verbunden wurden. Jedoch handelt es sich beim kanonisch überlieferten Evangeliumstext – von den oben genannten Ausnahmen abgesehen – um einen „kohärenten und hoch poetischen *literarischen* und *auktorialen* Text",[112] der von der Person, die ihn in dieser Form schuf, auch in seiner Gesamtheit verantwortet und intendiert ist.[113] Durch das gesamte Evangelium sich hindurch ziehende theologische Konzeptionen und Leitlinien sowie eine einheitliche Sprachgestalt lassen es als durchdachte theologische und literarische Gesamtkomposition erkennen.[114]

„Als ‚Evangelist' oder ‚Verfasser' sind deshalb der- oder diejenige(n) zu verstehen, der oder die den beschriebenen Textumfang hergestellt und darin einen Sinn gesehen hat bzw. haben."[115]

Auf dem Hintergrund der genannten Argumente wird der johanneische Text in dieser Arbeit, wie es in der Johannesforschung der letzten Jahre zunehmend geschieht,[116] auf synchroner Ebene interpretiert.

3.2 Das Johannesevangelium und die rabbinischen Traditionen

Die Heranziehung rabbinischer Texte für das Verständnis des Neuen Testaments ist kein neues Unterfangen. In der ersten Hälfte des 20. Jahrhunderts legten A. Schlatter und P. Billerbeck[117] grundlegende Sammlungen

---

[111] Vgl. zur Lesart Βηθέσδα in Joh 5,2 unten III.2.1 und zur Interpunktion von Joh 7,37f unten IV.2.6.

[112] THYEN, Johannesevangelium, 1 (kursiv im Original); vgl. a.a.O., 5.

[113] Alle Behauptungen, der kanonisch vorliegende Text sei in dieser Form nicht sinnvoll und müsse erst durch verschiedenste literarkritische Umstellungen „wieder" in eine sinnhafte Gestalt gebracht werden, sind nicht nur äußerst spekulativ, sondern implizieren auch, „daß zumindest der Schlußredaktor ein ausgesprochener Dilettant war" (FRÜHWALD-KÖNIG, Tempel, 67). Gegenüber solchen Annahmen ist größte Vorsicht walten zu lassen, zu der auch [gehört, die Möglichkeit des „eigene[n] Unvermögen[s] einer Interpretation einzugestehen und nicht vorschnell einen antiken Autor oder Herausgeber für unfähiger zu erklären, als man selber ist" (ebd.). Auch FREY, Heil, 472 stellt fest, dass „alle älteren und neueren Versuche, in diesem Werk [sc. dem JohEv, D.F.] durchlaufende Quellen, Schichten oder Bearbeitungsstufen aufzuweisen, am johanneischen Text nicht verifizierbar sind, letztlich zirkulär von ihren jeweiligen Voraussetzungen abhängen, und damit historisch in eine Sackgasse führen".

[114] Vgl. WENGST, Johannesevangelium I, 34.

[115] FRÜHWALD-KÖNIG, Tempel, 67; vgl. THYEN, Heil, 112.

[116] Vgl. SCHOLTISSEK, Neue Wege II, 133; POPKES, Theologie, 59.

[117] Zu Leistung und Grenzen von Billerbecks fünfbändigem Kommentar zum Neuen Testament, der mit gutem Recht als Klassiker christlicher Judaistik bezeichnet werden kann, vgl. SCHALLER, Billerbecks Kommentar, passim; SANDMEL, Parallelomania, 8–11.

rabbinischer Parallelen zu Texten des Johannesevangeliums vor und H. Odeberg zog in seinem Johanneskommentar rabbinisches wie anderes früh- jüdisches Material zur Auslegung heran.[118] In den letzten Jahrzehnten wur- den das Verhältnis und die Vergleichbarkeit rabbbinischer und neutesta- mentlicher – auch speziell johanneischer – Traditionen jedoch mit neuer Intensität diskutiert.[119] Zu den Früchten dieses Diskurses gehört der Johan- neskommentar von K. Wengst, mit dem ein aktueller und im Bewusstsein der antijüdischen Wirkungsgeschichte des Evangeliums explizit vor dem Hintergrund des jüdisch-christlichen Dialogs verantworteter Kommentar vorliegt, der das vierte Evangelium ganz im Kontext des antiken Juden- tums und im Gespräch mit rabbinischen Traditionen interpretiert.[120] Zu annähernd jeder Perikope zieht Wengst in seiner Einzelauslegung rabbini- sche Autoritäten als Gesprächspartner heran. Der dadurch fraglos entste- henden Einseitigkeit seiner Perspektive ist Wengst sich bewusst.[121] Sein Verständnis ist wesentlich geprägt durch seine Verortung des Evangeliums in einem innerjüdischen Konflikt, in dem sich der Autor vorrangig und bewusst mit den im Lehrhaus von Javne entstehenden Traditionen ausei- nandersetzt.[122] In seiner Rezension des ersten Teilbandes des Kommentars stellt J. Frey kritisch die Frage nach der Vergleichbarkeit von rabbinischen und neutestamentlichen Texten angesichts der sehr unterschiedlichen und bei den Rabbinica oft auch unsicheren Datierung.[123] Das Problem der tradi- tions- und religionsgeschichtlichen Vergleichbarkeit von neutestamentli- chen und rabbinischen Quellen ist Teil eines breiteren aktuellen Diskurses in judaistischer wie neutestamentlicher Wissenschaft.[124] In beiden Diszip- linen und in ihrem interdisziplinären Austausch ist das Bewusstsein dafür gewachsen, dass der Umgang mit den rabbinischen Traditionen einerseits dem Selbstverständnis der Texte gerecht werden und andererseits metho-

---

[118] Vgl. BILLERBECK, Kommentar II (1924); ODEBERG, Gospel (1929); SCHLATTER, Johannes (1930) (vgl. DERS., Sprache [1902]). Zu ihren Vorgängern im 18., 19. und ver- einzelt schon im 17. Jahrhundert vgl. SCHALLER, Billerbecks Kommentar, 62f. Zur weite- ren Vorgeschichte der Verwendung jüdischer Literatur für die Interpretation des Neuen Testaments vgl. STEMBERGER, Judaistik, 17f.

[119] Vgl. u.a. BECKER, Zeichen, 233–242; HOLTZ, Literatur, passim.

[120] WENGST, Johannesevangelium (Bd. I: 2000; ²2004; Bd. II: 2001). Vgl. auch ZIM- MERMANN, Rez. Wengst; FREY, Rez. Wengst; BECKER, Rez. Wengst; DERS., Zeichen, 234f.

[121] Vgl. WENGST, Johannesevangelium I, 9; 32.

[122] Vgl. WENGST, Johannesevangelium I, 9; 25–30.

[123] Vgl. FREY, Rez. Wengst, 139.

[124] Vgl. u.a. NEUSNER, Rabbinic Literature, passim; DERS., Sources, passim; SCHAL- LER, Billerbecks Kommentar, 77 (s. auch ebd. Anm. 57).

disch den für die Arbeit am Neuen Testament selbstverständlichen Grund-
sätzen historisch-kritischer Exegese entsprechen muss.[125]

Speziell für die neutestamentliche Exegese, die rabbinische Vorstellungen und Lehren mit neutestamentlichen vergleichen möchte, stellt sich die
Herausforderung, die unterschiedlichen historischen Entstehungskontexte,
literarischen Gattungen und Intentionen der rabbinischen Werke sowie die
Heterogenität der rabbinischen Theologie(n) wahrzunehmen, in die Untersuchung einzubeziehen und ihnen gerecht zu werden.[126] Bei der Heranziehung rabbinischer Parallelen zu neutestamentlichen Texten und Motiven
blieb und bleibt es bis heute allzu oft bei aus ihrem Kontext gerissenen
Einzelzitaten, deren Bedeutung und Funktion innerhalb des Zusammenhangs, in dem sie ursprünglich stehen, gänzlich ausgeblendet wird. Das
führt nicht selten zu missverständlichen, die eigentliche Intention verzer-
renden oder im Extremfall gar ins Gegenteil verkehrenden Darstellungen
rabbinischer Theologie oder Praxis.[127] Demgegenüber gilt es, die rabbinischen Texte in ihrer Eigenheit und ihrem eigenen Selbstverständnis wahrzunehmen, ihnen ihren Eigenwert zu lassen und sie „zuerst einmal in ihrem
Umfeld zu analysieren".[128] Das bedeutet konkret, dass der Kontext eines
rabbinischen Textausschnittes sowie die Gattung und Intention der ihn
überliefernden Schrift beachtet und in seine Interpretation einbezogen
werden müssen. Aus diesem Grund werden in dieser Arbeit die ausführlich
verhandelten rabbinischen Texte zunächst in ihren Kontext und die sie
überliefernde Schrift eingeordnet, auch wenn dabei mitunter eine gewisse
Umständlichkeit nicht zu vermeiden ist. Zudem muss stets im Gedächtnis
behalten werden, dass es *die* rabbinische oder gar frühjüdische Theologie
niemals gab.[129] Nicht nur das antike Judentum in seiner Gesamtheit, sondern auch die rabbinische Lehre und Überlieferung sind vielschichtig und
heterogen. Deshalb ist immer auch zu fragen, ob Phänomene in mehreren
verschiedenen Schriften und Überlieferungskontexten vorkommen. Je brei-
ter eine Tradition bezeugt ist, desto wahrscheinlicher kann mit einer größe-

---

[125] Vgl. z.B. STEMBERGER, Einleitung, 55f; DERS., Judaistik, 26f; 31; BECKER, Zeichen, 237f; SCHALLER, Billerbecks Kommentar, 80; BECKER, Wunder, 32–49; BLOCH,
Note, 56–61.

[126] Vgl. SCHALLER, Billerbecks Kommentar, 81.

[127] Vgl. MÜLLER, Wissenschaft, 35f: „Nach wie vor werden (früh-)jüdische Texte
barbarisch aus ihren literarischen und geschichtlichen Zusammenhängen gerissen – und
entweder als willkommene Kontrastfolien oder für voreilige Abhängigkeitsbehauptungen
missbraucht." Vgl. auch die Kritik von STEMBERGER, Einleitung, 56 an der üblichen
Verwendung des Kommentars von Billerbeck als „Steinbruch brauchbarer Zitate" und
BECKER, Rez. Wengst, 142; ALEXANDER, Rabbinic Judaism, 242ff; SANDERS, Paulus, 36;
220f.

[128] STEMBERGER, Judaistik, 30. Vgl. INSTONE-BREWER, TRENT I, XVIII und passim.

[129] Vgl. STEMBERGER, Judaistik, 30; MÜLLER, Wissenschaft, 36ff.

ren Verbreitung und einem höheren Bekanntheitsgrad ihrer Inhalte gerechnet werden.

Jede wissenschaftliche Beschäftigung mit rabbinischen Quellen steht vor dem grundlegenden Problem, dass es sich bei der Datierung der rabbinischen Texte und Traditionen um eine „beharrliche methodische Aporie" handelt, die „mit objektiven Schwierigkeiten zu tun [hat], die nach wie vor unüberwindlich scheinen".[130] Die Schwierigkeiten gründen v.a. darin, dass das rabbinische Schrifttum gänzlich ohne absolute Daten auskommt. Schon das Datum der Endredaktion eines Werkes muss daher mühsam rekonstruiert werden und bleibt nicht selten umstritten.[131] Kaum möglich ist die genaue Datierung von Einzeltraditionen. Die rabbinischen Schriften sind „collective literature",[132] also Sammelwerke, in denen verschiedenste – mündliche wie schriftliche – Traditionen sehr unterschiedlicher Herkunft und variierenden Alters aufgenommen sind.[133] Die früher weitgehend übliche Praxis, einzelne Aussagen oder Traditionen unkritisch auf die Rabbinen zurückzuführen, denen sie in den Schriften zugeschrieben werden, ist mit großer Skepsis zu betrachten, da sie nicht dem Selbstverständnis von Texten gerecht wird, denen ein neuzeitliches Historizitäts-Verständnis fern liegt und in denen Lehren durch die Zuordnung zu einem bedeutenden Lehrer Autorität gewinnen.[134] Eine weitere Schwierigkeit besteht vielfach in der Unmöglichkeit einer zweifelsfreien Identifizierung eines Rabbis bei mehreren Rabbinen gleichen Namens.[135] So kann als *terminus ante quem* für eine Tradition mit Sicherheit zunächst nur das Datum der Endredaktion der sie enthaltenden Schrift bestimmt werden. Eine frühere Entstehung von Einzeltraditionen und Schichten ist immer möglich und oft wahrscheinlich, wird jedoch in den seltensten Fällen zweifelsfrei zu beweisen sein. Plausibel gemacht werden kann das höhere Alter einer Einzeltradition im Vergleich zur Gesamtschrift v.a. durch Parallelbelege in älterer nichtrabbini-

---

[130] MÜLLER, Wissenschaft, 39. Vgl. BECKER, Wunder, 36f. Zu möglichen Kriterien der Datierung rabbinischer Texte vgl. STEMBERGER, Dating Rabbinic Traditions, passim.

[131] Vgl. dazu STEMBERGER, Einleitung, 56ff; 66ff.

[132] NEUSNER, Traditions, 3. Vgl. SCHALLER, Billerbecks Kommentar, 77.

[133] Vgl. ALEXANDER, Rabbinic Judaism, 240f.

[134] Vgl. MÜLLER, Wissenschaft, 39: „Die rabbinische Literatur zeigt sich nirgendwo darauf vorbereitet, die den Neutestamentlern geläufige Frage nach den ipsissima verba eines bestimmten Lehrers zu beantworten. Den rabbinischen Redaktoren geht es nirgends um den verbürgten Wortlaut eines einzelnen Rabbi *zu einer bestimmten Zeit*, sondern einzig und allein um die Konsistenz der rabbinischen Tradition." (kursiv im Original). Vgl. auch BECKER, Wunder, 43; DERS., Zeichen, 239; ALEXANDER, Rabbinic Judaism, 241f; GREEN, Name, passim. HOLTZ, Literatur, 174–176 beobachtet dagegen in der gegenwärtigen judaistischen Wissenschaft einen wieder zunehmenden Optimismus in Bezug auf die Verlässlichkeit der Rabbinennamen, denen Traditionen zugeordnet werden.

[135] Vgl. MÜLLER, Judentum, 74f; DERS., Wissenschaft, 41; DERS., Datierung, 559–562; SCHALLER, Billerbecks Kommentar, 79.

scher Literatur.[136] Wo solche Nachweise fehlen, bleibt nur der Versuch einer Einordnung von Texten und Vorstellungen „in eine umfassende Traditionsgeschichte"[137] und muss ansonsten die Unsicherheit des präzisen Alters anerkannt werden.

In dieser Arbeit werden diejenigen rabbinischen Werke als Vergleichs- und Hintergrundtexte zum Johannesevangelium herangezogen, für die von einer Endredaktion im palästinischen Raum bis spätestens Ende des fünften nachchristlichen Jahrhunderts ausgegangen werden kann.[138] Es steht außer Frage, dass alle diese Schriften erst zu einer Zeit fertig gestellt wurden, in der das vierte Evangelium bereits verfasst war. Sie sind also deutlich jünger als der Text, zu dessen Interpretation sie herangezogen werden.

Dasselbe gilt grundsätzlich für alle rabbinischen Werke im Verhältnis zu allen neutestamentlichen Texten. Um dennoch in wissenschaftlicher Redlichkeit rabbinische Texte für das Verständnis des Neuen Testaments heranziehen zu können, gibt es zwei grundsätzlich zu unterscheidende Verfahrensweisen. Die eine versucht, für einzelne Traditionen den Nachweis zu erbringen, dass sie aus dem ersten nachchristlichen Jahrhundert oder sogar aus der Zeit vor der Tempelzerstörung 70 n.Chr. datieren.[139] Ist für eine Tradition ein solcher Nachweis erbracht, kann dann über eine direkte Abhängigkeit neutestamentlicher Überlieferungen von ihr nachgedacht werden. Die zweite Verfahrensweise, nach der auch in dieser Arbeit vorgegangen wird, verzichtet von vornherein auf den Versuch einer Frühdatierung von Einzeltraditionen. Es kann bei diesem Ansatz also nicht darum gehen, eine direkte Abhängigkeit der johanneischen Texte von den vorliegenden rabbinischen Traditionen zu behaupten, die in die religionsgeschichtliche Kategorie der *Genealogie* fallen würde.[140] Die Parallelen und

---

[136] Vgl. STEMBERGER, Einleitung, 57f; DERS., Judaistik, 28f; HOLTZ, Literatur, 180–183.

[137] STEMBERGER, Einleitung, 57f. Vgl. MÜLLER, Wissenschaft, 41.

[138] Dies sind insbesondere Mischna, Tosefta, die halachischen Midraschim, der Talmud Yerushalmi, die amoräischen Midraschwerke Bereschit Rabba, Wayiqra Rabba, Ekha Rabbati und Pesiqta deRav Kahana und palästinische Targume. Vgl. STEMBERGER, Einleitung, 134–144; 156–162; 173f; 248f; 275f; 281f; 286–291; AVEMARIE, Tora, 4f.

[139] Den Versuch, rabbinische Traditionen, die auf vor 70 n.Chr. zurückgehen, zu isolieren, unternimmt D. INSTONE-BREWER in seinem auf sechs Bände angelegten Werk „Traditions of the Rabbis from the Era of the New Testament" (TRENT). Vgl. schon DERS., Techniques, passim; THOMAS, Gospel, passim. Vgl. auch die ausführliche Untersuchung von R. DEINES, „Jüdische Steingefäße und pharisäische Frömmigkeit" zum Hintergrund der in Joh 2,6 erwähnten Steinkrüge „gemäß jüdischer Reinigungspraxis" und die Überlegungen zur Schabbathalacha bei DOERING, Schabbat, 527–532 bzw. zur Reinheitshalacha bei KAZEN, Jesus, und AVEMARIE, Jesus.

[140] Von Genealogie kann dann gesprochen werden, wenn Ähnlichkeiten „auf genetische Abhängigkeiten, auf Vorgänge von historischer Vermittlung zwischen den beiden verglichenen Überlieferungsbereichen" deuten: SEELIG, Methode, 320. Vgl. HOLTZ, Lite-

Ähnlichkeiten, die zwischen rabbinischen und neutestamentlichen Texten herausgearbeitet werden können, gehen aber auf der anderen Seite über das hinaus, was in der religionsgeschichtlichen Definition der Genealogie als *Analogie* gegenübergestellt wird, nämlich die voneinander unabhängige Entstehung ähnlicher Phänomene aufgrund von vergleichbaren Voraussetzungen.[141] S. Sandmel warf 1962 der neutestamentlichen Exegese „Parallelomania" vor, weil sie Ähnlichkeiten zwischen neutestamentlichen und (anderen) antiken jüdischen Texten vorschnell auf eine gegenseitige Kenntnis oder Abhängigkeit zurückführe. Parallelen in den Texten seien einfach in ihrer gemeinsamen Grundlage begründet:

> „If, accordingly, all these writings are post-Tanach Judaism, then obviously the Tanach has some status and influence in all of them. […] Furthermore, since all this literature is Jewish, it should reasonably reflect Judaism. Paul and the rabbis should overlap, and Paul and Philo and the Qumran writings and the rabbis should overlap. Accordingly, even true parallels may be of no great significance in themselves."[142]

Es gibt jedoch Parallelen zwischen neutestamentlichen und rabbinischen Traditionen, die durch solche allgemeinen Aussagen nicht zu erklären sind, sondern deutlich in einem gemeinsamen Diskurs stehen oder auf einen solchen Bezug nehmen. So ist es beispielsweise nicht wahrscheinlich zu machen, dass die johanneische Bezugnahme auf die jüdische Praxis der Beschneidung am Schabbat in Joh 7,22f unabhängig von den jüdischen Diskussionen über diese Praxis entstand. Offensichtlich kennt der vierte Evangelist die Problematik und die Diskussionen darüber, die später auch in der rabbinischen Literatur vielfach niedergeschrieben wurden.[143] Die Parallelen gehen über die bloße Kenntnis der üblichen Praxis hinaus, indem die am Schabbat durchgeführte Beschneidung sowohl bei Johannes als auch in rabbinischen Texten zur Grundlage einer Argumentation für die Berechtigung (lebensrettender) Heilungen am Schabbat herangezogen wird.[144] Als ein weiteres Beispiel mag Joh 5,39 dienen. Der johanneische

---

ratur, 186f. MÜLLER, Wissenschaft, 36 Anm. 14 unterscheidet zwischen „Abhängigkeit" und „Analogie": Von einer „Abhängigkeit" kann erst dann die Rede sein, „wenn auch der historische Weg offen gelegt werden kann, auf welchem ein frühjüdischer Stoff in die neutestamentliche Überlieferung gelangte". Andernfalls „ist es nicht möglich, über die Behauptung von bloßen Analogien (‚Parallelen') hinaus begründet von ‚Abhängigkeit', ‚Übertragung' und ‚Übernahme' zu reden. So gesehen sind die Fälle voll erweisbarer ‚Abhängigkeit' relativ selten." Vgl. auch DOERING, Schabbat, 15f.

[141] Vgl. SEELIG, Methode, 320f; HOLTZ, Literatur, 186f.

[142] SANDMEL, Parallelomania, 3.

[143] Z.B. mShab18,3; 19,1–6; tShab 15,16; yShab 19,1–4 (16d–17b). Vgl. Auch HOLTZ, Literatur, 187.

[144] Vgl. MekhY Schabbeta/Ki-tissa 1 zu Ex 31,13; tShab 15,16; bYom 85b. Zum Vergleich der johanneischen Argumentation mit den rabbinischen vgl. ausführlich unten III.3.3.2–3.3.5.

Jesus sagt hier seinen jüdischen Gegenübern: „Ihr erforscht die Schriften, weil ihr meint, in ihnen ewiges Leben zu haben." Auch damit ist ein von den Rabbinen viel diskutiertes Thema aufgegriffen: die Leben schenkende Funktion der Tora, die in diversen rabbinischen Texten vielfältig entfaltet wird.[145] Die frühesten Belege dafür, dass die Aussage von Joh 5,39 tatsächlich bis in den Wortlaut hinein jüdische Überzeugung ist, begegnen zunächst andeutend in mAv 2,7 und dann vor allem in der anonymen Redaktionsschicht der tannaitischen Midraschim aus dem 3. Jahrhundert n.Chr. Auch an diesem Beispiel zeigt sich also, dass Johannes die Diskurse und Traditionen kennt, die später ihren Niederschlag auch in den rabbinischen Texten fanden.

Hilfreich, um solche über bloße Analogien hinausgehende Parallelen und Zusammenhänge zwischen neutestamentlichen und rabbinischen Texten zu erklären, ist das von G. Holtz vorgeschlagene Modell der „cultural codes":[146]

„Das maßgeblich von R. Barthes für die literaturwissenschaftliche Diskussion fruchtbar gemachte textanalytische Modell der kulturellen Codes geht davon aus, dass jeder Text verschiedene Codes umfasst, die die Vielfalt seiner Zeichen organisieren und ihm ein gewisses Maß an Struktur verleihen. Inhaltlich handelt es sich bei den kulturellen Codes um ‚(c)lusters of conventions', die ‚so to speak, the vocabulary of a generation'[147] bilden, an dem Autor und Leser teilhaben."[148] „Im Horizont der historischen Analyse sind vor allem die Kategorien des Sozio- bzw. Gruppencodes und des Idiolektes zu beachten, da sie in besonderer Weise für die zeitgebundene Dimension von Texten transparent sind. [...] An den kulturellen Codes ist mit Blick auf das religionsgeschichtliche Problem der Erklärung von Ähnlichkeiten zwischen neutestamentlichen und rabbinischen Texten vor allem das Verhältnis von Idiolekt des jeweiligen Autors bzw. der hinter einem Werk stehenden Gruppe einerseits und den übrigen Aspekten der kulturellen Codes andererseits entscheidend. Der Idiolekt ist jeweils eine spezifische Aktualisierung der kulturellen Codes einer sozialen Gruppe zu einer bestimmten Zeit."[149] „[...] Kontaktpunkte bzw. Überschneidungen werden in Mt 19,3–9 und Joh 7,22f und ihren rabbinischen Parallelen greifbar, die zeitversetzt als unterschiedliche Realisierungen insbesondere des generischen und des Soziocodes im Idiolekt ihres Verfassers bzw. ihrer Verfassergruppe zu gelten haben."[150]

Eine direkte (gar literarische) Abhängigkeit des Johannesevangeliums von den rabbinischen Werken ist unmöglich. Um eine solche kann es deshalb

---

[145] Vgl. dazu unten in Kap. III den Exkurs „Leben in der Tora nach frühjüdischer Vorstellung und die johanneische Rede vom Leben in Jesus" und AVEMARIE, Tora, passim.

[146] Vgl. HOLTZ, Literatur, 187–191. Das ursprünglich in der Literaturwissenschaft angewandte Modell der „cultural codes" wurde von B. Cozijnsen in die religionsgeschichtliche Debatte eingeführt. Vgl. COZIJNSEN, Contribution, 89–95.

[147] Zitat: COZIJNSEN, Contribution, 89.

[148] HOLTZ, Literatur, 189.

[149] HOLTZ, Literatur, 190.

[150] HOLTZ, Literatur, 191.

in dieser Arbeit gar nicht gehen. Es geht aber auch nicht darum, lediglich Analogien zwischen den verschiedenen Texten aufzuzeigen, die völlig unabhängig voneinander entstanden wären. Grundlage der Fragestellung der Untersuchung ist vielmehr die Überzeugung, dass das Johannesevangelium und die rabbinischen Schriften am selben „umfassenden kulturellen Code"[151] des Nachtempeljudentums partizipieren.

Ziel dieser Untersuchung ist ferner weder, eine rabbinische Festtheologie zu rekonstruieren, noch, traditionsgeschichtliche Entwicklungslinien innerhalb der rabbinischen Werke herauszuarbeiten oder die Datierung der angeführten Traditionen in neutestamentliche Zeit zu erweisen. Die Lektüre rabbinischer Texte hat heuristischen Charakter und dient dazu, Bedeutungsdimensionen des Johannestextes auszuloten.[152] Der vierte Evangelist verfasste sein Werk im Kontext eben der jüdischen „Sprachmöglichkeiten und Denkmuster",[153] in deren Umfeld sich auch die rabbinischen Lehren entwickelten. Einzelne rabbinische Traditionen, die in den später verfassten Werken überliefert sind, mögen auch schon im Palästina der ersten nachchristlichen Jahrhundertwende in Umlauf gewesen und Johannes und (zumindest Teilen) seiner Gemeinde bekannt gewesen sein. Aber auch wo das nicht der Fall ist, ist angesichts der großen Vertrautheit des vierten Evangeliums mit Details der jüdischen Tradition und Lehre[154] und Beispielen wie den oben aufgeführten aus Joh 5,39 und 7,22f damit zu rechnen, dass Traditionen, aus denen die Rabbinen schöpften, auch Johannes be-

---

[151] HOLTZ, Literatur, 189.

[152] Dieser Zielsetzung ist auch die Auswahl der angeführten rabbinischen Texte geschuldet. Selbstverständlich handelt es sich hierbei nur um einen winzigen Ausschnitt aus der Gesamtmenge der rabbinischen Werke. Die Auswahl erfolgte nach einer Gesamtlektüre der genannten rabbinischen Werke (Mischna, Tosefta, halachische Midraschim, Talmud Yerushalmi, Bereschit Rabba, Wayiqra Rabba, Ekha Rabbati, Pesiqta deRav Kahana sowie palästinische Targume) anhand des Kriteriums, welche Textpassagen im Blick auf das Johannesevangelium aussagekräftig schienen. Angesichts der Tatsache, dass es sich bei den rabbinischen Schriften um Sammelwerke handelt, scheint mir dieses Vorgehen vertretbar. Es kann und will aber natürlich keinerlei Anspruch auf eine vollständige Darstellung der rabbinischen Festtheologie(n) erheben. Der methodischen Problematik, die darin liegt, einzelne rabbinische Textausschnitte, die als Parallelen zu neutestamentlichen Stellen empfunden werden, aus den Schriften herauszugreifen, soll in dieser Arbeit dadurch begegnet werden, dass der jeweilige literarische Kontext der zitierten rabbinischen Texte bedacht und in die Interpretation einbezogen wird. Dass das im Rahmen dieser Arbeit nicht durch eine Gesamtauslegung der betreffenden rabbinischen Schriften zu leisten ist, versteht sich von selbst. Auch dies ist vertretbar wiederum aufgrund der literarischen Eigenheit der rabbinischen Bücher als Sammelwerke. Vgl. AVEMARIE, Tora, 6f.

[153] WENGST, Johannesevangelium I, 32.

[154] Vgl. BECKER, Zeichen, 236f; THOMAS, Gospel, 181f.

kannt waren.[155] Zumindest also Quellen, Grundlagen und Vorstufen sind den rabbinischen wie den johanneischen Traditionen gemeinsam. Sie fußen auf demselben Fundament und speisen sich aus ein- und derselben theologischen Vorstellungs- und Motivwelt. Insofern gilt, was schon C.K. Barrett in seinem Johanneskommentar formuliert:

„Kein Stück rabbinischer Literatur wurde vor der Abfassung des Joh niedergeschrieben. Direkte literarische Beziehung steht außer Frage, und einige offensichtliche Parallelen können lediglich zufällig sein. Aber auch wenn man dies alles in Rechnung stellt, so bleibt es doch sehr wahrscheinlich, daß Joh selbst (oder vielleicht die Verfasser einiger seiner Quellen) mit der mündlichen Unterweisung vertraut war(en), die später ihre konkrete Form in der Mischna, im Talmud und den Midraschim annahm."[156]

Wo sich inhaltliche und motivliche Parallelen zwischen johanneischer und rabbinischer Theologie aufzeigen lassen, besteht die Möglichkeit, dass beiden gemeinsame ältere Traditionen zugrunde liegen, aus der sowohl Johannes als auch die Rabbinen schöpften. Insofern gilt hier auch speziell für die rabbinischen Schriften, was J. Frey allgemein für alle Vergleichstexte feststellt, die den religionsgeschichtlichen Kontext des Johannesevangeliums erhellen können:

Sie bieten „Einblicke in die Welt des Autors und seiner ersten Leser, Hinweise auf die Vorstellungen, die diese mit dem überlieferten Text verbinden konnten, und auf die Herausforderung, die der Text in seinem ursprünglichen kommunikativen Umfeld bedeutete".[157]

Beim Vergleich der johanneischen und rabbinischen Texte geht es also darum, „den Horizont plausibel zu machen, innerhalb dessen sich ein Verständnis entwickelt und entfaltet hat".[158] Die rabbinischen Texte können auf Spuren johanneischer Bedeutungen führen, die ohne ihre Hilfe verborgen bleiben. Eine Analogie dazu mag die heuristische Funktion der christlichen Dogmengeschichte darstellen: Das Nizäno-Konstantinopolitanum ist

---

[155] Ausgangspunkt jedes Versuches, rabbinische Texte für das Verständnis des Neuen Testaments im Allgemeinen wie des Johannesevangeliums im Speziellen fruchtbar zu machen, ist „die Einsicht, dass die Anfänge des Christentums historisch in der Lebens- und Glaubenswelt des antiken, insbesondere palästinischen Judentums des 1. Jh. u.Z. verankert sind und dass folglich die Schriften des NT genau genommen in die Gruppe der literarischen Erzeugnisse jüdischer bzw. jüdisch sozialisierter Autoren dieser Zeit gehören" (SCHALLER, Billerbecks Kommentar, 78). Vgl. AVEMARIE, Das antike Judentum, 97.

[156] BARRETT, Johannes, 51. Vgl. auch NEUSNER, Sources, 121; SCHALLER, Billerbecks Kommentar, 81; HOLTZ, Literatur, 188f. R. Deines erweist in seiner Untersuchung zum archäologischen und halachischen Hintergrund der in Joh 2,6 erwähnten Steinkrüge „gemäß jüdischer Reinigungspraxis" für dieses Einzelbeispiel, dass rabbinische Texte, die ab dem 2. nachchristlichen Jahrhundert entstanden, Traditionen aus der Zeit vor 70 n.Chr. aufnehmen und überliefern. Vgl. DEINES, Steingefäße, 21f.

[157] FREY, Suche, 34.

[158] BECKER, Zeichen, 235.

sicherlich kaum älter als der Midrasch Bereschit Rabba, und doch können die Kategorien der altkirchlichen (und auch der späteren) Christologie sehr hilfreich zum Verständnis neutestamentlicher Texte sein – wenn sie nicht manchmal sogar unverzichtbar sind.[159]

Konkret auf die Frage nach der theologischen Bedeutung der Feste im Johannesevangelium angewandt heißt das, dass der vierte Evangelist zwar sicher nicht die rabbinischen Schriften – die zu seiner Zeit noch nicht existierten – gekannt hat und vermutlich auch nicht die später in diesen Schriften gesammelten Traditionen in einer – sei es mündlichen oder schriftlichen – Vorstufe vorliegen hatte. Wohl aber ist von der Möglichkeit auszugehen, dass er die mit den Festen verbundenen theologischen Erwartungen und Vorstellungen kannte und voraussetzte, die ihren Niederschlag später auch im rabbinischen Schrifttum fanden. Insofern können die rabbinischen Texte, obwohl sie deutlich nach dem Johannesevangelium entstanden sind, helfen, die Vorstellungswelt und die theologischen Inhalte zu erhellen, die Johannes mit den Festen verband und in seiner Umgebung als bekannt voraussetzen konnte.

„Als spezifische Realisierungen von gemeinsamen Elementen der kulturellen Codes sind neutestamentliche und rabbinische Traditionen geeignet, zum Verständnis des je anderen beizutragen."[160]

Laut B. Schaller begibt sich nach wie vor jeder, der trotz eines immer noch fehlenden anerkannten Methodenkonzepts den Versuch macht, rabbinische Texte für das Verständnis neutestamentlicher Texte auszuwerten, „aufs sprichwörtlich glatte oder dünne Eis".[161] Im Bewusstsein der damit verbundenen Risiken unternimmt diese Arbeit einen weiteren dieser Versuche. Je deutlicher sich zeigen lässt, dass das Verständnis neutestamentlicher – hier konkret johanneischer – Texte durch die Untersuchung rabbinischer Parallelen sinnvoll weiter erhellt und vertieft werden kann, desto tragfähiger wird auf Dauer hoffentlich auch die „Eisfläche", auf der diese Untersuchungen stattfinden.

4. Antijudaismus im Johannesevangelium?

Eine Untersuchung, die sich mit jüdischen Traditionen im Johannesevangelium beschäftigt, muss sich mit dem grundsätzlichen Verhältnis dieses

---

[159] Hier wie dort muss natürlich immer die Gefahr im Auge behalten werden, dass traditions- oder rezeptionsgeschichtliche Vorgaben im ungünstigen Fall eine Textlektüre auch verzerrend präjudizieren können.

[160] HOLTZ, Literatur, 191.

[161] SCHALLER, Billerbecks Kommentar, 80.

Evangeliums zum Judentum befassen und klären, wie mit Texten umzuge-hen ist, die „die Juden" pauschal negativ bewerten, ihre Gottesbeziehung in Frage stellen oder sie ihnen sogar absprechen. Derartige Texte haben dem vierten Evangelium verschiedentlich den Vorwurf des Antijudaismus eingebracht.

> „Das Johannesevangelium [...] ist in Wahrheit eine Botschaft der Abgrenzung, der Furcht, der Angst und des Hasses. Es gibt keine andere neutestamentliche Schrift, in der das Christentum so sehr eine eigene, eine nicht-jüdische Identität erlangt hat, und es gibt keine andere Schrift, in der die Abgrenzung von *den* Juden, und das heißt hier vom *Ju-dentum*, so scharf, unversöhnlich und unüberbrückbar vollzogen wird wie im Johannes-evangelium."[162]

Mit diesen und ähnlichen Worten stellt der jüdische Sozialwissenschaftler Micha Brumlik den „grundsätzlich judenfeindlichen Charakter"[163] des vier-ten Evangeliums fest, aufgrund dessen das Johannesevangelium die Gren-zen des christlich-jüdischen Dialogs markiere:[164]

> „Das Johannesevangelium ist jener Wirt, ohne den der christlich-jüdische Dialog bisher seine Rechnung gemacht hat. Diese Schrift zeigt, daß das ,eigentlich' Christliche nicht nur nicht-jüdisch, sondern sogar anti-jüdisch ist."[165]

Zweifellos hat das Johannesevangelium eine furchtbare antijüdische Wir-kungsgeschichte. Seine Texte und Aussagen wurden immer wieder be-nutzt, um nicht nur christliche, sondern auch säkulare Judenfeindschaft zu begründen.[166] Doch liegt die antijüdische Tendenz tatsächlich schon im Evangelium selbst begründet?

Angesichts der exklusiven Christologie und noch mehr angesichts der benannten Wirkungsgeschichte des Evangeliums mag es erstaunen, dass

---

[162] BRUMLIK, Johannes, 103 (kursiv im Original).

[163] BRUMLIK, Johannes, 111.

[164] Vgl. BRUMLIK, Johannes, 111.

[165] BRUMLIK, Johannes, 112. Vgl. auch die bei JOCZ, Juden, 129 genannten Verteter einer solchen Position (E.N. Adler und M. Elk) sowie RUETHER, Nächstenliebe, 108–112; HAKOLA, Identity Matters, 238–242.

[166] Vgl. als wenige Beispiele unter unzähligen anderen: Chrysostomus, Adversus Ju-daeos, I (PG 48, z.B. Sp. 847); Luther, Von den Juden und ihren Lügen (Walch, 20, z.B. Sp. 1999; 2006f); STRATHMANN, Johannes, 152f; GRUNDMANN, Jesus, 224–231 (Diese Schrift W. Grundmanns entstand 1940, als er als akademischer Direktor des „Instituts zur Erforschung und Beseitigung des jüdischen Einflusses auf das deutsche kirchliche Le-ben" im Dienste des Naziregimes antisemitische Propaganda statt wissenschaftlicher Forschung betrieb. Zu Grundmann vgl. HESCHEL, Theologen, 70–90 und den Sammel-band: DEINES/LEPPIN/NIEBUHR, Grundmann; darin insbesondere auch den Beitrag von R. Deines zu oben angeführter Schrift: DEINES, Jesus). Die antijüdische Wirkungsgeschichte von Joh 8,44 reicht bis zu der Aufschrift auf einem Schild am Ortseingang des fränki-schen Eschenbach in Nazideutschland: „Der Vater der Juden ist der Teufel" (abgedruckt bei WIESEMANN, Juden, 385).

der jüdische Religionsphilosoph Schalom Ben-Chorin, anders als Brumlik, keine Aversionen gegen das Johannesevangelium gehabt zu haben scheint. In seinen Gedichten zu biblischen Geschichten und Gestalten beider Testamente findet sich auch ein Gedicht über den Evangelisten Johannes. Von einer „Botschaft des Hasses" ist hier nicht die Rede, ganz im Gegenteil:

> „Wenn die Jünger sich über die Verse der Schrift / und die dunklen Worte des Meisters besprachen, / stand er, wie man ein Reh an der Quelle trifft, / und er träumte lächelnd im Wachen. // Der Dichter-Apostel konnte nur eines: lieben, / ganz scheu und in sich gekehrt, wie es die Mädchen tun, / darum hat er das Evangelium der Verliebten geschrieben, / das allerheiligste Evangelium. // Er trug ein Herz aus weißem Kristall / in seinen zerbrechlichen Händen, / in dem Herz war die Welt, und das Herz war das All, / und Johannes war ihr Vollenden. // Und der Meister nahm des Johannes Herz / und legte ein Lächeln hinein. / Johannes, der Jünger, zog himmelwärts, / um das Herz glomm ein Heiligenschein."[167]

Diese beiden jüdischen Urteile über das vierte Evangelium,[168] die einmal den „Hass" und einmal die „Liebe" darin betonen, entsprechen vielleicht gerade in ihrer Gegensätzlichkeit der Ambivalenz, die sein Verhältnis zum Judentum ausmacht. So beginnt H. Thyen einen Aufsatz zum Thema mit den Worten: „Zu den ungelösten Rätseln des vierten Evangeliums gehört sein zutiefst zwiespältiges, von einer eigentümlichen Haß-Liebe geprägtes Verhältnis zum Judentum".[169] Wie dieses Verhältnis zu erklären und zu bestimmen ist und insbesondere die Frage, ob das Johannesevangelium bzw. Teile davon antijudaistisch sind, wird in der Johannesforschung der letzten Jahrzehnte viel und kontrovers diskutiert.[170]

Das Johannesevangelium weist in vielfacher Hinsicht Nähe zum Judentum auf. Jüdische Traditionen nehmen in ihm einen noch größeren Platz ein als in den synoptischen Evangelien. Die johanneische Schilderung des Lebens und Wirkens Jesu stellt ihn durchgehend und konsequent im Rahmen jüdischen Lebens und jüdischer Frömmigkeit dar. Die Festreisen Jesu, bei denen er am Kult im Jerusalemer Tempel ganz selbstverständlich teilnimmt, sind nur ein Beispiel dafür. Schriftzitate und Anspielungen auf alttestamentliche Überlieferungen und Autoritäten wie Abraham, Mose und Jesaja[171] erweisen, dass nicht nur der Autor, sondern auch die Adressatenschaft des Evangeliums mit diesen Traditionen eng vertraut ist und ihnen

---

[167] BEN-CHORIN, Tiefen, 63.

[168] Von jüdischer Seite setzt sich z.B. auch A. Reinhartz intensiv mit dem Johannesevangelium und seinem Verhältnis zum Judentum auseinander. Vgl. REINHARTZ, Jewish Girl; DIES., Freundschaft; DIES., Community; DIES., Jews.

[169] THYEN, Heil, 111. Vgl. zur Thematik a.a.O., passim. Vgl. auch ZUMSTEIN, Abschiedsreden, 189.

[170] Vgl. die Literatur in Anm. 24 und PETERSEN, Brot, 34–36.

[171] Vgl. z.B. Joh 1,1–18; 3,14; 5,39.45–47; 6,31–51; 8,56; 10,34f; 12,37–41; 19,28.36f.

geltende Autorität zuerkennt. Zudem erwähnt Johannes Details der jüdischen Halacha[172] und betont das Judesein Jesu – auch in seiner soteriologischen Bedeutsamkeit – noch stärker als die Synoptiker.[173] Das grundlegende monotheistische Bekenntnis des Judentums zu dem einen Gott, der sich in der Tora offenbarte und in der Geschichte mit Israel als seinem Volk verband, legt auch Johannes uneingeschränkt zugrunde. Er ist überzeugt von der Zusammengehörigkeit seines Jesusglaubens mit diesem Grundpfeiler der jüdischen Religion.[174]

Dem gegenüber steht die pauschalisierende Rede des vierten Evangelisten von „den Juden". Während sich in den synoptischen Evangelien insgesamt 17 Belege finden, redet das Johannesevangelium allein 71 Mal von οἱ Ἰουδαῖοι. Die Differenzierungen zwischen einzelnen jüdischen Personengruppen treten bei Johannes deutlich zurück, während er die Menschen in Jesu Umgebung und vor allem seine Gesprächs- und Konfliktpartner, seine Gegner und Verfolger unter der Bezeichnug „die Juden" zusammenfasst. Dabei wird οἱ Ἰουδαῖοι sowohl mit positiver Konnotation[175] als auch neutral im Sinne der Angabe einer religiösen bzw. Volkszugehörigkeit verwendet.[176] An vielen Stellen ist jedoch eine negative Konnotation insofern gegeben, als die als „die Juden" bezeichnete Größe Jesus ungläubig, ablehnend oder dezidiert feindlich gegenübersteht.[177] In diesem Sinne können οἱ Ἰουδαῖοι parallelisiert werden mit dem Kosmos, der im Johannesevangelium als gottferne Sphäre beschrieben wird, in der Jesus und seine Jünger und Jüngerinnen Ablehnung und Feindschaft erfahren.[178] In der Auseinan-

---

[172] Vgl. Joh 2,6; 7,22. Dazu kommen bemerkenswerte Kenntnisse geographischer, historischer und religiöser Details (z.B. 10,23: die Säulenhalle Salomos im Tempel; 18,13.24: die Unterscheidung der Residenzen von Hannas und Kaiphas sowie ihre Verwandtschaftsbeziehung; 4,9: die problematische Beziehung zwischen Juden/Jüdinnen und Samaritanern/Samaritanerinnen). Vgl. HENGEL, Quelle, passim; LINDARS, Gospel, 36f.

[173] Es ist sicher kein Zufall, dass der heilsgeschichtliche Spitzensatz „Das Heil kommt von den Juden." (Joh 4,22) gerade im Johannesevangelium steht. Diesen Satz als Glosse, die unmöglich die Position des Evangelisten ausdrücken könne, abzutun (vgl. z.B. BULTMANN, Johannes, 139 Anm. 6), entbehrt jeder literarkritischen oder gar textkritischen Begründung und entspringt fragwürdigen dogmatischen Vorurteilen. Vgl. THYEN, Heil, 117f und passim; HAACKER, Gottesdienst, passim; WENGST, Gemeinde, 148f inkl. Anm. 53. Vgl. weiterhin auch Joh 4,9.

[174] Vgl. KRIENER, Glauben, passim.

[175] Vgl. v.a. Joh 4,22.

[176] Z.B. Joh 1,19; 2,6.13; 3,1; 4,9; 5,1 u.ö.

[177] Z.B. Joh 5,16.18; 6,41f; 9,18; 10,31–33; 19,7.12 u.ö. Vgl. zur Verwendung, Bedeutung und Funktion von οἱ Ἰουδαῖοι im Johannesevangelium z.B. FREY, Bild, passim; PETERSEN, Brot, 33f.

[178] BULTMANN, Johannes, 59 formuliert: „Das für den Evangelisten charakteristische οἱ Ἰουδαῖοι faßt die Juden in ihrer Gesamtheit zusammen, so wie sie als Vertreter des Unglaubens (und damit, wie sich zeigen wird, der ungläubigen ‚Welt' überhaupt) vom christlichen Glauben aus gesehen werden. [...] Die Ἰουδαῖοι sind eben das jüdische Volk

dersetzung Jesu mit seinen Konfliktpartnern ebenso wie in kommentierenden Einschüben des Evangelisten fallen harte und absolute Negativurteile
über „die Juden".

Es stellt sich also die Frage, ob diese Aussagen zunächst auf textimma-
nenter Basis als „antijudaistisch" zu bewerten sind. Nach J. Hartensteins
überzeugender Definition ist eine Aussage dann antijudaistisch, wenn sie
drei Kriterien erfüllt:

> „Bei Antijudaismus handelt es sich um eine *pauschale* (und d. h. so nicht zutreffende)
> Zuschreibung an jüdische Menschen bzw. Judentum als Religion und Lebensform mit
> *abwertender Tendenz* aus einer *Außenperspektive*. Diese drei Elemente, die Pauschalität
> der Zuschreibung, die abwertende Tendenz und die Außenperspektive müssen m. E. zu-
> sammentreffen, um die Bezeichnung Antijudaismus zu rechtfertigen."[179]

Die *abwertende Tendenz* ist zweifelsfrei gegeben bei Aussagen wie Joh
8,44 („Ihr habt den Teufel zum Vater und die Begierden eures Vaters wollt
ihr tun. Jener war ein Menschenmörder von Anfang an und steht nicht in
der Wahrheit, denn die Wahrheit ist nicht in ihm...") oder der mehrfachen
Rede davon, dass Menschen Dinge verborgen halten müssen „aus Furcht
vor den Juden" (Joh 7,13; 9,22; 19,38; 20,19) und ebenso in Textpassagen
wie Joh 5,15–18 („die Juden" verfolgen Jesus und wollen ihn töten) und
19,6–16 („die Juden" fordern nachdrücklich Jesu Tod von Pilatus).[180]

Nicht ganz so eindeutig ist die Frage nach dem *pauschalen Charakter*
derartiger Aussagen zu beantworten. So sind etwa im Beispiel von Joh
8,44 die Angeredeten von Vers 31 her als „die Juden, die an Jesus glaubten", bestimmt. Es handelt sich somit also zunächst um eine konkrete
Gruppe, die im Tempel anwesend und mit Jesus im Gespräch ist. Jedoch
werden die Gegner und Feinde Jesu an so vielen Stellen des Evangeliums

---

nicht in seinem empirischen Bestande, sondern in seinem Wesen." Diese Festschreibung
eines „ungläubigen" jüdischen „Wesens" und die Zeichnung „der Juden" als negative
Prototypen macht die johanneischen Aussagen eher schlimmer als besser, ist doch gerade
die Festlegung auf ein negatives Klischee das, was jeden Antijudaismus im Grunde ausmacht. Vgl. OSTEN-SACKEN, Johannes-Passion, 261; PETERSEN, Brot, 32.

[179] HARTENSTEIN, Überlegungen, 357 (Hervorhebungen D.F.). Diese Definition Hartensteins stimmt mit anderen gängigen Definitionen des Begriffs im Grunde überein,
zeichnet sich jedoch durch hohe Präzision aus. Vgl. z.B. die bei DE LANGE/THOMA, Antisemitismus, 114 genannten Definitionen. Zur Klärung der Begriffe „Antijudaismus" und
„Antisemitismus" im Bezug auf das Johannesevangelium vgl. auch PETERSEN, Brot, 36–
48.

[180] Zahlreiche andere Beispiele ließen sich ergänzen. Zu den Aussagen mit abwerten-
der Tendenz gehören auch jene, die „den Juden" die Rechtmäßigkeit ihrer Gottesverehrung und ihre Gottesbeziehung absprechen. So geschieht es z.B. in Joh 5,37f.

absolut als „die Juden" bezeichnet, dass eine Pauschalisierung der Bezeichnung nicht bestritten werden kann.[181]

Am schwierigsten lässt sich die Frage nach der *Außenperspektive* beantworten. Auf den ersten Blick scheint eine solche nicht gegeben zu sein. Schließlich stammt nicht nur der Evangelist selber aus dem Judentum, sondern auch bei dem im Evangelium geschilderten Konflikt stehen sich auf *beiden* Seiten jüdische Männer und Frauen gegenüber: Auch Jesus und seine Jüngerinnen und Jünger sind jüdisch. Dass Johannes das weiß, wird nicht nur daran deutlich, dass er in Joh 4,9 die Samaritanerin am Brunnen Jesus als Ἰουδαῖος bezeichnen lässt, sondern auch daran, dass Jesus und seine Anhängerschaft selbstverständlich an den Riten und Bräuchen des jüdischen Kultes, wie den Wallfahrtsfesten, teilnehmen. Jedoch macht man es sich zu einfach, will man mit dieser Begründung einen antijudaistischen Gehalt des Textes von vornherein ausschließen. Denn obwohl der vierte Evangelist um die Zugehörigkeit Jesu und seiner Jünger und Jüngerinnen zum Judentum weiß, bezeichnet er *sie* doch nie als οἱ Ἰουδαῖοι und die von ihm so genannte Gruppe steht ihnen an der Mehrzahl der Textstellen kritisch bis feindlich gegenüber. Zu fragen ist deshalb zum einen, wen der Evangelist eigentlich meint, wenn er von οἱ Ἰουδαῖοι spricht, und zum anderen, ob er sich *seinem Selbstverständnis nach* in einer Außenperspektive dem Judentum gegenüber befindet.

Erst in Johannes' Situation am Übergang vom ersten zum zweiten nachchristlichen Jahrhundert ist eine Unterscheidung zwischen der jüdischen Gemeinde einerseits und der christlichen Gemeinschaft andererseits historisch sinnvoll. An vielen Stellen des Evangeliums ist ersichtlich, dass „die Juden" die Position des Judentums der Zeit des Johannes gegenüber dem entstehenden Christentum vertreten. So ist der Vorwurf „der Juden" an Jesus, er würde sich selbst zu Gott machen wollen und dadurch Blasphemie betreiben (Joh 5,18; 10,33), der Vorwurf der Synagoge an die christliche Gemeinschaft, ihr Bekenntnis zu Jesus als Gottessohn bedeute die Vergottung eines Menschen und somit einen Verstoß gegen den Monotheismus.[182] Johannes geht bereits davon aus, dass das Mehrheitsjudentum der Synagoge und seine christliche Gemeinde aus jüdischen und heidnischen Menschen als zwei Religionsgemeinschaften nebeneinander existieren. Insofern ist in seiner Rede von οἱ Ἰουδαῖοι, die die von seiner Ge-

---

[181] Vgl. OSTEN-SACKEN, Johannes-Passion, 257. Dass „die Juden", die, z.B. in Joh 5 und 7, als während der Feste im Tempel anwesend gedacht werden, das ganze Volk Israel in umfassender Weise repräsentieren, wird unten (II.3) gezeigt. Der Pauschalität vieler Negativaussagen über „die Juden" stehen jedoch im Blick auf das Evangelium als Ganzes die eindeutige positive Aussage von 4,22 und die zweifelsfrei gegebene uneingeschränkte Hochschätzung der Traditionen Israels entgegen.

[182] Vgl. HURTADO, Lord, 402–407; SÖDING, Ich und der Vater, 181–184; THEOBALD, Johannes, 382f.

meinde getrennte Größe der jüdischen Gemeinde verkörpern, eine Außenperspektive bereits angelegt.[183] Jedoch ist das Verhältnis des Johannes und
seiner Gemeinde zu „den Juden" keineswegs uneingeschränkt als Außenperspektive zu bestimmen. Wie oben bereits dargelegt wurde und wie es
sich auch im Verlauf dieser Arbeit an diversen Stellen zeigen wird, bewegt
sich Johannes auf dem Boden und im Rahmen jüdischer Traditionen und
jüdischer Lehre. Er ist – wie seine Gemeinde – mit ihnen eng vertraut,
setzt sie voraus und hält an ihnen fest. Seine theologische Argumentation
ist wesentlich geprägt von den theologischen Grundpfeilern des Judentums. So begegnet er oben geschildertem Vorwurf, die Verehrung Jesu
bedeute die Vergottung eines Menschen, nicht etwa mit einer Preisgabe
oder Einschränkung des Monotheismus.[184] Im Gegenteil verteidigt er mit
höchstem Nachdruck die Vereinbarkeit des Jesusglaubens mit dem mono-
theistischen Grundbekenntnis, indem er Jesu Einheit mit Gott als von vor
aller Zeit an gegeben schildert (Joh 1,1–3) und immer wieder betont, dass
Jesu Handeln nichts ihm Eigenes ist, sondern aus Gott kommt (Joh
5,19.30f; 10,29f u.ö.). Und obwohl er um die gegebene Trennung von Synagoge und Kirche weiß, scheint es für den Evangelisten unvorstellbar, dass
diese dauerhaft sein könnte. Vielmehr erhebt er für sich und seine Gemeinde den Anspruch, dass in ihrem Bekenntnis zu Jesus die rechtmäßige
Verehrung des Gottes Israels in ungebrochener Kontinuität zur vergangenen Heils- und Offenbarungsgeschichte geschieht.[185] Gerade in der Intensität und Schärfe der Auseinandersetzung mit „den Juden" im Evangelium
wird deutlich, dass es dem Evangelisten keinesfalls gleichgültig ist, wie
sich der Großteil des Judentums zum Christusbekenntnis stellt.

„Auch wenn das Evangelium in seiner überlieferten Gestalt gewiß keine ‚Missionsschrift
für Israel' ist, sondern ein Buch, das Christen angesichts eines bedrohlichen Schismas in
den eigenen Reihen ermutigen will, an der Bruderliebe und am rechten Glauben festzuhalten, so hat dennoch die [...] These der judenmissionarischen Absicht ihr relatives
Recht darin, daß das Johannesevangelium tatsächlich ein intensives Ringen seiner Träger
mit ‚den Juden' um die Wahrheit der Sendung Jesu spiegelt, und daß seinem Evangelisten die verheißene Einheit der Herde ohne die Juden unvorstellbar zu sein scheint."[186]

Das vierte Evangelium hält an der Stellung Israels als erwähltes Eigentumsvolk Gottes fest.[187] Ebenso bleibt die Bedeutung der Heilsgeschichte
Israels für die Gottesbeziehung der Christinnen und Christen bestehen, wie

---

[183] Vgl. OSTEN-SACKEN, Johannes-Passion, 256.

[184] Vgl. THYEN, Heil, 132; SÖDING, Ich und der Vater, 184–189.

[185] So werden für ihn auch Abraham, Mose und Jesaja zu Zeugen für Jesu rechtmäßi-
gen Anspruch: Joh 8,56; 5,45–47; 12,41.

[186] THYEN, Heil, 125f.

[187] Vgl. Joh 1,11 und dazu THYEN, Heil, 120–122; 131f; WENGST, Gemeinde, 148f;
ZUMSTEIN, Abschiedsreden, 202; JOCZ, Juden, 137.

sich gerade auch in der Untersuchung der johanneischen Festperikopen erweisen wird. Insofern als sich der vierte Evangelist – auch soteriologisch – in der jüdischen Tradition stehen, diese vertreten, verteidigen und ihre wahre Fortführung und Ausübung verkündigen sieht, blickt er seinem Selbstverständnis nach nicht von einer Außenperspektive auf „die Juden".[188] Aus seiner Sicht stehen οἱ Ἰουδαῖοι in derselben Tradition wie er, gefährden ihre Zugehörigkeit aber durch ihre Ablehnung des Jesusbekenntnisses.[189]

Insofern ist Brumliks oben zitiertem Urteil zu widersprechen, das Johannesevangelium zeige, dass das „‚eigentlich' Christliche" nicht-jüdisch und sogar anti-jüdisch sei. Gerade dieses Evangelium beruft sich grundlegend auf jüdische Traditionen und bedient sich – auch in der Abgrenzung von „den Juden" – genuin jüdischer Vorstellungen und Argumentationslinien.[190] Angesichts des beschriebenen höchst ambivalenten Verhältnisses des Johannesevangeliums zum Judentum bleibt jedoch zu konstatieren, dass es sich auf der Grenze zwischen Innen- und Außenperspektive bewegt bzw. zwischen beiden hin- und herschwankt und so immer zumindest in der Gefahr des Antijudaimus einzelner Aussagen steht.[191] „To put the matter sharply, with some risk of misunderstanding, the Fourth Gospel is most anti-Jewish just at the points it is most Jewish."[192]

---

[188] Allerdings ist auffällig, dass in Joh 1,47 Nathanael als „wahrer Israelit" (ἀληθῶς Ἰσραηλίτης) bezeichnet wird und nicht etwa als „wahrer Jude". Möglicherweise deutet sich in der johanneischen Terminologie schon die spätere kirchliche Sprachregelung an. Dann müsste man wohl sagen, dass Johannes zwar „Israel" in der Binnenperspektive wahrnimmt, die Ἰουδαῖοι aber von außen.

[189] So antwortet der johanneische Jesus auf den Blasphemievorwurf „der Juden", er mache sich selbst zu Gott, mit dessen Umkehrung. Aus Sicht des Evangelisten machen sich eben diejenigen der Blasphemie schuldig, die Jesus nicht die volle Verehrung zuteil werden lassen, weil sie – aufgrund seiner präexistenten Einheit mit dem Vater – dadurch auch Gott die Ehre vorenthalten. Vgl. z.B. Joh 5,23; 8,42.

[190] Vgl. THYEN, Heil, 132: „Nicht als die Stifterfigur einer neuen Religion und als der Gründer eines neuen Gottesvolkes, sondern als der bevollmächtigte ‚Exeget' (1,18) des Gottes Abrahams, Isaaks und Jakobs sowie als der endzeitliche Hirte, der die verstreute Herde Israels sammelt und ihr, wie dem Stammvater verheißen, nun auch die Heiden assoziiert, will der johanneische Jesus verstanden sein."

[191] PETERSEN, Brot, 48 kommt zu dem Ergebnis, „dass das Problem an sich schon im Johannesevangelium selbst verankert ist, nämlich in dessen vereinseitigender Rhetorik, dass aber – im Gegensatz zu vieler Sekundärliteratur – im Evangelium selbst auch gegenläufige Stellen begegnen, die auf den Kontext innerjüdischer Polemik verweisen und die es uns ermöglichen können, die antijüdische Rhetorik nicht ungebrochen und unkritisch weiterzuschreiben." LABAHN, Autorität, 194 fasst zusammen, „dass das Johannesevangelium, wie stark es auch immer alttestamentlich-jüdisches Denken rezipiert, eine sperrige Stimme im christlich-jüdischen Gespräch ist".

[192] MEEKS, Jew, 172. Vgl. BARRETT, Judentum, 71.

Diese eigenartige Ambivalenz ist nur aus der historischen Situation heraus nachzuvollziehen, in der das Evangelium entstand. Dazu gehören zunächst die eigene Herkunft des Evangelisten aus dem Judentum sowie sein
Denken und Argumentieren innerhalb der jüdischen Traditionen. Sobald
dieser Hintergrund bei der Rezeption der Evangeliumstexte nicht mehr
gegeben war, traten diese eindeutig in die Außenperspektive gegenüber
„den Juden". Zur Situation des Evangelisten gehört aber auch eine bedrängte Minderheitensituation der jungen christlichen Gemeinde gegenüber dem Mehrheitsjudentum zum einen und dem heidnischen römischen
Imperium zum anderen. Wenn in kirchlicher Verkündigung oder christlicher Theologie, die sich nicht mehr in dieser Situation befinden, johanneische pauschale Negativurteile über „die Juden" einfach nachgesprochen
werden, bekommen diese eindeutigen antijudaistischen Charakter.[193] J.
Hartenstein weist darauf hin,

„dass für Antijudaismus ein gewisses Machtgefälle wichtig ist",[194] das sich in „den neutestamentlichen und christlichen Texten [...] darin aus[drückt], dass die aus unserer Sicht
‚christliche' Perspektive von vornherein im Recht ist und die eigene Sicht der anderen
gar nicht erst gehört wird. Dieses Machtgefälle hat sich im Laufe der Interpretation des
NT noch wesentlich verstärkt und das muss beachtet werden."[195]

In dieser Arbeit wird die Bezeichnung „die Juden" als Wiedergabe des
johanneischen οἱ Ἰουδαῖοι deshalb immer in Anführungszeichen gesetzt,
um zu verdeutlichen, dass damit keine Aussage über die Gesamtheit der
Juden und Jüdinnen irgendeiner Zeit gemacht wird, sondern johanneischer
Sprachgebrauch wiedergegeben wird, der interpretations- und ggf. auch
kritikbedürftig ist. Zudem versuche ich immer wieder auch sprachlich
deutlich zu machen, dass Jesus und seine Anhänger und Anhängerinnen
ebenfalls Juden und Jüdinnen sind. Bei der Interpretation der Texte, die
von Auseinandersetzungen Jesu mit „den Juden" handeln, werde ich außerdem auch die Position „der Juden" als der Konfliktpartner Jesu bzw.
des Evangelisten nachvollziehen und zu Gehör bringen.[196]

---

[193] Vgl. z.B. die Beispiele aus Kommentierungen des 8. Kapitels des Johannesevangeliums, die PETERSEN, Brot, 29 zitiert.

[194] HARTENSTEIN, Überlegungen, 362.

[195] HARTENSTEIN, Überlegungen, 363. Vgl. WENGST, Johannesevangelium I, 23–32;
PETERSEN, Brot, 49–52.

[196] Vgl. dazu PETERSEN, Brot, 52f: „Die Ebene hermeneutischer Reflexion ist im Text
des vierten Evangeliums selbst vermittels der Figur des Parakleten eingeschrieben. In den
Abschiedsreden ist die Funktion des Parakleten die fortgesetzte Vermittlung göttlicher
Wahrheit nach Jesu Weggang. Die Reden Jesu sind nicht statisch festgeschrieben und
endgültig abgeschlossen, sondern offen für neue Applikation und Vermittlung. Was sich
hier zeigt, ist [...] ein hohes Maß an situationsbezogener Reflektiertheit, die uns auch
heute ermöglicht, den Text des Johannesevangeliums als einen offenen Text zu lesen und
aus sich selbst heraus unter geänderten historischen Vorzeichen neu zu interpretieren."

II. Die Feste im antiken Judentum

1. Die Pilgerfeste zur Zeit des Zweiten Tempels

Wenn Johannes immer wieder davon berichtet, dass Jesus zu einem Fest in den Jerusalemer Tempel „hinaufzieht",[1] greift er damit ein zentrales Moment jüdischer Religiosität auf. „Pilgrimage on the festivals was a major focus of religious life in the Second Temple Period."[2] Die alttestamentlichen Festkalender schreiben allen männlichen Israeliten vor, dreimal jährlich vor Gott „zu erscheinen".[3] Seit der Kultzentralisation konnte das nur noch im Jerusalemer Tempel geschehen und erforderte somit eine Wallfahrt dorthin.[4] Die Wallfahrtsfeste waren Pessach (das eine Verbindung mit dem Fest der ungesäuerten Brote eingegangen war), das Wochenfest Schawuot und das Laubhüttenfest Sukkot. Alle drei haben ihre Wurzeln in agrarischen Festen, die bereits im Laufe der alttestamentlichen Tradition mit Ereignissen der Heilsgeschichte Israels verknüpft wurden.[5]

Sehr populär zur Zeit des Zweiten Tempels war Pessach, das als traditionelles Familienfest das einzige Fest war, an dem Laien Schlachtungen im Tempel vornahmen: Die Pessachlämmer wurden nicht von den Priestern, sondern jeweils vom Familienvater selbst geschlachtet.[6] Die Popularität dieses Festes ist an den überschwänglichen Berichten von Josephus und Philo zu erkennen. Laut Josephus befanden sich während dieses Festes bis zu 3 Millionen Pilger von überall her in Jerusalem[7] und reisten viele Zehntausende allein aus Babylonien an. Philo spricht von „Zehntausenden aus

---

[1] Zum Motiv des „*Hinauf*gehens" (עלה) nach Jerusalem und in den Tempel im antiken Judentum vgl. KÜCHLER, Heil, 162–164.

[2] KNOHL, Sectarianism, 601. Vgl. WICK, Gottesdienste, 67. Vgl. zu den Pilgerfesten in Mischna und Talmud TABORY, Festivals, 45–83.

[3] Ex 23,14–17; 34,18–23; Dtn 16,16; vgl. Lev 23; Num 28f. Vgl. dazu PREUSS, Theologie, 243; BRAULIK, Leidensgedächtnisfeier, 101–121.

[4] Vgl. BRAULIK, Leidensgedächtnisfeier, 112f; PREUSS, Theologie, 246; SANDERS, Judaism, 133.

[5] Vgl. PREUSS, Theologie 243–249; VELTRI, Feste, 90. Die Entwicklung und das Bedeutungsspektrum der einzelnen Feste werden in den entsprechenden Kapiteln dieser Arbeit behandelt.

[6] Vgl. SAFRAI, Wallfahrt, 220ff.

[7] Vgl. Josephus, Bell 2,10.280; 6,420–427; Ant 17,213f.

Zehntausenden von Städten" (μυρίοι γὰρ ἀπὸ μυρίων ὅσον πόλεων), die zu jedem Fest zum Heiligtum strömten.[8] Wenn diese Zahlen auch vermutlich die realen Pilgermengen um ein Vielfaches übersteigen, kann doch davon ausgegangen werden, dass zu jedem Fest, und besonders zu Pessach, viele tausend Pilger und Pilgerinnen anreisten und die Feste in Jerusalem großen Trubel bedeuteten.[9] E.P. Sanders geht davon aus, dass die meisten judäischen Juden einmal im Jahr eine Pilgerreise zu einem Fest im Jerusalemer Tempel unternahmen, etwa die Hälfte von ihnen zum Pessachfest.[10] Eine Bestätigung, dass eine solche Praxis üblich war, stellt der Bericht Lk 2,41ff dar, wonach Jesu Eltern jährlich zum Pessachfest nach Jerusalem und in den Tempel pilgerten. Ob historisch oder nicht, die Notiz spiegelt wider, was als gängige fromme Praxis galt.

Zudem ist davon auszugehen, dass auch aus der Diaspora viele jüdische Familien zumindest einmal im Leben zu einem Pilgerfest nach Jerusalem zogen.[11] Sanders hält es deshalb für plausibel, „to suppose that some hundreds of thousands celebrated Passover in Jerusalem".[12] Da die Pilger und Pilgerinnen sich nicht nur mit Opfertieren, sondern auch mit Unterkunft, Verpflegung und sonstigem Bedarf des täglichen Lebens versorgen mussten, waren die Pilgerfeste nicht nur zentrales Element des jüdischen Kultes selbst, sondern auch von großer Bedeutung für Handel, Wirtschaft und Alltag der Bewohnerinnen und Bewohner Jerusalems.[13]

---

[8] Philo, SpecLeg 1,69. Vgl. auch Arist 88; Josephus, Bell 2,232; tPes 4,3; bPes 64b.

[9] Dass es sich bei den Festpilgern und -pilgerinnen um eine so große Menge handelte, dass der Platz in der Stadt knapp werden konnte, lässt sich auch daraus schließen, dass mAv 5,5 als eines von zehn Wundern, die den Vätern im Heiligtum geschahen, anführt, dass niemals jemand sagen musste: „Der Platz für meine Übernachtung in Jerusalem ist [zu] knapp". Vgl. SAFRAI, Wallfahrt, 5 u. passim; SANDERS, Judaism, 125ff. Vgl. auch Mk 14parr: Jesus und seine Jünger verbringen die Nacht nach dem Sedermahl außerhalb der Stadtmauern in Gethsemane. Auch religiöse Aufgewühltheit kam während der Feste in höherem Maße als sonst vor (allein schon durch die größeren Menschenmassen bedingt). So berichtet Josephus, dass Revolten und Erhebungen gegen die römische Besatzungsmacht oft an Wallfahrtsfesten ausbrachen: z.B. Bell 1,88; 2,10ff; 5,243f. Vgl. SALS/AVEMARIE, Fest, 142.

[10] Vgl. WICK, Gottesdienste, 67.

[11] Vgl. SANDERS, Judaism, 130; SAFRAI, Wallfahrt, 5; 65–97; DERS., Temple, 326f.

[12] SANDERS, Judaism, 127. JEREMIAS, Jerusalem, 90–97 rechnet mit ca. 125000 Festpilgern und -pilgerinnen. SAFRAI, Wallfahrt, 236 geht davon aus, dass zu Schawuot annähernd genauso viele Pilgerinnen und Pilger nach Jerusalem kamen wie am populären Pessachfest und dem Laubhüttenfest als höchstem Feiertag.

[13] Vgl. SAFRAI, Wallfahrt, 5; DERS., Temple, 324; JEREMIAS, Jerusalem, 97. Nach den uns vorliegenden Berichten übernahm das Synhedrion die Sorge für die Wallfahrenden während ihres Aufenthalts in der Stadt und stellte Wasser, Verpflegung und Unterkunft bereit. Zu Ablauf, Organisation und Bedeutung der Wallfahrten ist immer noch grundlegend die Studie S. Safrais: „Die Wallfahrt im Zeitalter des Zweiten Tempels".

2. Gleichzeitigwerden mit dem Heil – „Kulturelle Mnemotechnik" und vergegenwärtigende Aneignung: Die soteriologische Dimension der Feste

Die Menge der Pilger von überall her, die sich beim Festbesuch mit der Jerusalemer Bevölkerung mischt, bringt Begegnungen zwischen Land- und Stadtbevölkerung und Menschengruppen unterschiedlichster Herkunft mit sich, wie sie sonst nicht zustande kommen.[14] Doch nicht nur soziale Grenzen sind während der Feste gelockert und überschritten. Im Tempel selbst werden die strikten Trennungen unterschiedlich heiliger Bereiche gelockert. So wird nach yHag 3,8/7 (79d) der Tisch mit den Schaubroten hinausgebracht und den Wallfahrenden gezeigt, obwohl er dadurch unrein wird.[15] Die Feiernden können dem Heiligen so nahe kommen wie sonst nie. Das entspricht einer besonderen Gottesnähe, die während der Feste erfahren wird. Diese liegt nicht zuletzt in den heilsgeschichtlichen Bezügen der einzelnen Feste begründet. Ihre Feier beschränkt sich nicht auf das Erinnern vergangener Geschehnisse. Vielmehr beinhalten alle Feste eine gegenwärtige und eine zukünftig-eschatologische soteriologische Dimension.[16] Im Vollzug des Festes wird das gefeierte und erinnerte Heils- und Erwählungsgeschehen den Teilnehmenden übereignet.[17] Sie erfahren sich selbst als hineingenommen in den im Exodus und am Sinai geschlossenen Gottesbund und als Teil des erwählten befreiten Gottesvolkes.[18] Die grundlegende soteriologische Dimension des jüdischen Festkalenders hat J. Rahner treffend herausgestellt: Der jüdische Festkalender

„hat neben seiner liturgischen Funktion einen stark katechetisch-memorierenden Charakter. Israel übernimmt Traditionen seiner Umwelt: jahreszeitlich bestimmte Feste, die den Rhythmus der Ackerbau- und Viehzüchterkulturen des vorderen Orients widerspiegeln, die aber gleichzeitig die jahreschronologische Vergegenwärtigung eines in den Religionen der umgebenden Völkern mythisch verstandenen und erzählten Geschehens aus der Geschichte der Menschheit oder des Volkes darstellen. Die Übernahme durch Israel ist zugleich geprägt von stark historisierenden und entmythologisierenden Tendenzen. Das die Geschichte und den Glauben Israels wie kein anderes Ereignis bestimmende Gesche-

---

[14] Vgl. Josephus, Ant 4,203f; SALS/AVEMARIE, Fest, 142.

[15] Vgl. mHag 3,8 (Warnung vor Verunreinigung des Schaubrot-Tisches); KNOHL, Sectarianism, 602f; SAFRAI, Temple, 330.

[16] Vgl. SALS/AVEMARIE, Fest, 141.

[17] Vgl. ASSMANN, Das kulturelle Gedächtnis, 90; JANOWSKI, Vergegenwärtigung, 44–49; DERS./ZENGER, Jenseits, 68; FÜGLISTER, Heilsbedeutung, 230f.

[18] Vgl. Dtn 16,1–17; mPes 10,5; Jub 49,15; PesK 12,1. Vgl. auch BRUNSON, Psalm 118, 70f; MAIER, Tempel, 388; BERLEJUNG, Zeiten, 46; JANOWSKI/ZENGER, Jenseits, 66–72; PREUSS, Theologie, 226; UMOH, Temple, 320; VOLGGER, Israel, 1ff u.ö.; ebd., 67: „Sooft Israel die Feste YHWHs feiert, erneuert es seine theologisch-juristische Konstituierung als Volk YHWHs."

hen des Exodus beeinflußt auch die kultisch-liturgische Praxis aufs tiefste. Die Festdaten verbinden sich aufs engste mit dem Geschehen des Auszugs, ja erhalten erst von dort her ihre innere Bestimmung. Die Umdeutung sowie die *historische Begründung* ist die Tat Israels. Das jahreszeitliche Fest erhält memorierend-vergegenwärtigenden Charakter. Es wird zur Gedächtnisfeier eines Geschehens, in dessen Mittelpunkt ein ‚für geschichtlich gehaltenes, in ‚mythologischen' Kategorien als Gottes Werk verstandenes Ereignis'[19] steht, wobei der Vorgang des Vergegenwärtigens ein ganzheitlicher und nicht nur intellektuell bestimmter ist. Das Geschehen wird in der Feier dramatisch vergegenwärtigt; die hier und jetzt Feiernden werden in das damalige Geschehen mit hineingenommen. Das Heilshandeln JHWHs betrifft nie nur die Generation der Väter (und Mütter), sondern die Feiernden haben über die liturgisch-memorierende Feier direkten Anteil an diesem Heilsgeschehen. Es ist wirklich und wirksam im eigenen Leben und Handeln. Die soteriologische Dimension ist damit für den jüdischen Festkalender zentral.“[20]

Die Feste aktualisieren die mit ihnen verbundenen Ereignisse der Heilsgeschichte Israels für die Feiernden, indem sie diese mit jenen gleichzeitig werden lassen.[21]

J. Assmann[22] zeigt in seinen Studien zur kulturellen Mnemotechnik,[23] wie das Deuteronomium wiederholt und nachdrücklich die Augenzeugenschaft der alt gewordenen Exodus-Generation bei den Taten Gottes beim Auszug und während der Wüstenwanderung betont.[24] 40 Jahre nach dem Auszug aus Ägypten wird den letzten lebenden Zeugen immer wieder eingeschärft, die Erinnerung an das zu bewahren, was sie gesehen und erfahren haben. Doch das Deuteronomium übernimmt auch die Aufgabe der Transformation dieser Erinnerungen für die Zeit der nachfolgenden Generationen ohne lebende Augenzeugen.

---

[19] Zitat aus RINGGREN, Religion, 173.

[20] RAHNER, Tempel, 191 (Hervorhebung im Original). Vgl. a.a.O., 125f; KRATZ, Fest, 184; MOWINCKEL, Mythos, 1276; YERUSHALMI, Zachor, 21; 24.

[21] Vgl. ASSMANN, Kollektives Gedächtnis, 12: „Der gesamte jüdische Festkalender basiert auf Erinnerungsfiguren. Im Fluß der Alltagskommunikation bilden solche Feste [...] ‚Zeitinseln', Inseln vollkommen anderer Zeitlichkeit bzw. Zeitenthobenheit. [...] In kultureller Formgebung kristallisiert kollektive Erfahrung, deren Sinngehalt sich in der Berührung blitzartig wieder erschließen kann, über Jahrtausende hinweg.“ Vgl. auch KOCH, Ritual, 494f.

[22] Vgl. zum Folgenden v.a. ASSMANN, Katastrophe, passim und ASSMANN, Das kulturelle Gedächtnis, 212–228.

[23] Zum Begriff der „kulturellen Mnemotechnik“ vgl. ASSMANN, Katastrophe, 349f Anm. 3: „Unter *kollektiver* Mnemotechnik werden hier Techniken kollektiven Erinnerns verstanden. [...] [W]enn ich [...] einen Denkstein errichte, um die Erinnerung an ein bestimmtes Ereignis für künftige Zeiten festzuhalten, handelt es sich um *kollektive* Mnemotechnik. Wenn Akte kollektiver Mnemotechnik kulturell institutionalisiert werden oder im Rahmen vorhandener kultureller Institutionen geschehen, handelt es sich um *kulturelle* Mnemotechnik.“ (Hervorhebungen D.F.). Vgl. auch ASSMANN, Kollektives Gedächtnis, 12ff; SPAULDING, Identities, 6ff.

[24] Vgl. Dtn 3,21; 4,3.9; 11,2–8; ASSMANN, Katastrophe, 338f.

„40 Jahre sind ein Einschnitt, eine Epochenschwelle in der kollektiven Erinnerung. Wenn eine Erinnerung nicht verlorengehen soll, dann muß sie aus der biographischen in kulturelle Erinnerung transformiert werden. Das geschieht mit den Mitteln kollektiver Mnemotechnik."[25] „Worum es geht, ist die Transformation *kommunikativer*, d. h. gelebter und in Zeitzeugen verkörperter Erinnerung in *kulturelle*, d. h. institutionell geformte und gestützte Erinnerung, d. h. in ‚kulturelle Mnemotechnik'."[26]

Acht Verfahren kultureller Mnemotechnik macht Assmann im Buch Deuteronomium aus.[27] Neben der bekanntermaßen für das Deuteronomium zentralen erziehenden Lehre und Wiederholung,[28] der Kanonisierung der Tora und verschiedenen sichtbarmachenden Symbolen sind es die „Feste der kollektiven Erinnerung"[29] – besonders die drei großen Wallfahrtsfeste Pessach, Schawuot und Sukkot –, die das vergangene Geschehen nicht nur in Erinnerung, sondern auch lebendig und erfahrbar halten.

„Diese Erinnerung macht es möglich, ‚Wir' zu sagen, über die Jahrtausende hinweg. [...] Dieses Wir wird durch die Erinnerung an die Befreiung konstituiert und durch das Gesetz geformt."[30]

Das Deuteronomium entwickelte seine Verfahren der kulturellen Mnemotechnik, zu denen die Feste gehören, unter dem Eindruck der Katastrophe des Verlusts der Eigenstaatlichkeit und des Exils, die die Gefahr des Vergessens in sich barg.[31] Gerade in einer Zeit also, in der Gottes Beistand bei seinem Volk in der Geschichte nicht offensichtlich ist und die alltägliche Erfahrung ihm nicht entspricht, institutionalisieren seine Verfasser die Tora als Bundesdokument und die zentral im Jerusalemer Tempel zu begehenden Feste als aktualisierende Erinnerungen an die (Heils-)Geschichte dieses Bundes und als die Erfahrungen der rettenden Taten Gottes.[32] Diese Funktionen erfüllen die Feste – vermutlich oft ohne dass es den Feiernden bewusst ist – auch in der Zeit des Zweiten Tempels.

Mit der Zerstörung des Tempels 70 n.Chr. tritt wiederum eine neue Phase der Geschichte Israels ein, die der der deuteronomistischen Theologen in den Grundzügen entspricht: Die Zerstörung Jerusalems und des Heiligtums, der Verlust des Landes und die einsetzende Zerstreuung des Volkes bergen die Gefahr des Vergessens oder Bedeutungslos-Werdens der vergangenen Heilsgeschichte. Sie stellen vor die Frage, ob Gottes Beistand und seine Zusage, die in der geschichtlichen Realität nicht erkennbar sind,

---

[25] ASSMANN, Katastrophe, 339.
[26] ASSMANN, Katastrophe, 343f (Hervorhebungen im Original).
[27] Vgl. ASSMANN, Katastrophe, 339ff.
[28] Vgl. FINSTERBUSCH, Weisung, 308–311 und passim; BRAULIK, Reform, 45–49.
[29] ASSMANN, Katastrophe, 340.
[30] ASSMANN, Katastrophe, 342.
[31] Vgl. ASSMANN, Das kulturelle Gedächtnis, 213.
[32] Vgl. GRUND, Des Gerechten, 50–53.

noch Bestand haben. In dieser Situation fixieren die Rabbinen ihre umfangreichen und bis ins kleinste Detail gehenden Beschreibungen der Fest-
abläufe im Jerusalemer Tempel und bringen die „kulturelle Mnemotechnik" damit auf eine neue Ebene.[33] Da die Feste, die die Vergangenheit erinnernd zur erfahrbaren Gegenwart werden lassen, nicht mehr gefeiert
werden können, zelebrieren die rabbinischen Gelehrten sie umso ausführlicher in ihren Texten.[34] Ihre Texte übernehmen somit die Funktion einer
doppelten Mnemotechnik: Sie vergegenwärtigen die Feste, die wiederum
die Heilsgeschichte vergegenwärtigen. Die Identität schaffende und der
Geschichte mit Gott und der bleibenden Geltung seiner Heilstaten verge-
wissernde Bedeutung der Feste war den rabbinischen Autoren nach der
Tempelzerstörung vielleicht sogar noch deutlicher bewusst als etwa den
Festteilnehmern im Zweiten Tempel.

In einer vergleichbaren Situation befindet sich der vierte Evangelist.
Außer dem Verlust des Tempels muss er auch noch die Trennung seiner
Gemeinde vom Mehrheitsjudentum verarbeiten.[35] Angesichts der skizzier-
ten rabbinischen Erinnerungsstrategien ist es deshalb im Grunde nicht
überraschend, welch tragende Rolle dem Tempel und den Tempelfesten
auch im Johannesevangelium zukommt.[36] Auch Johannes transformiert
kollektive identitätsstiftende Erinnerungen und Erfahrungen des Judentums. Anders als die Rabbinen kann er es aber nicht bei der minutiösen
Beschreibung der Tempelrituale belassen, sondern muss die grundlegenden
Identitätserfahrungen Israels zugleich auch für seine Jesus als Christus
bekennende, jüdische und heidnische Menschen gemeinsam umfassende
Gemeinde transparent machen. Die aktualisierend-vergegenwärtigende
soteriologische Dimension der Feste muss bei der Untersuchung ihrer Aufnahme im Johannesevangelium deshalb stets mitbedacht sein.

---

[33] Vgl. EGO, Geschichte, 155f.

[34] THEISSEN, Tradition, 174f bezeichnet dieses Phänomen, das er im frühen Christentum wie Judentum feststellt, als „kontrapräsentische[...] Erinnerung" und „kontrapräsentische Treue zur Vergangenheit" und führt weiter aus: „Die theologischen Ideen, in denen
die kontrapräsentische Treue zur Vergangenheit begründet ist, sind die Ideen der Erwählung, des Gedenkens, der Umkehr und der Hoffnung." Vgl. ASSMANN, Das kulturelle
Gedächtnis, 87f; 213; GREEN, Name, 78f.

[35] Vgl. SPAULDING, Identities, 2; 8.

[36] Vgl. SCHWARTZ, Imperialism, 62.

3. Das Forum der Feste – „ganz Israel"

3.1 Das Auftreten Jesu in Joh 5–12

Übereinstimmend sieht die Mehrzahl der Kommentare zwischen dem 12. und dem 13. Kapitel des Johannesevangeliums die Zäsur zwischen dessen zwei Hauptteilen: Joh 12 endet mit Jesu letzter öffentlicher Offenbarungsrede, ab Joh 13 spielt sich das Geschehen überwiegend im Kreis der Jünger und Jüngerinnen ab: Es folgen die Abschiedsreden und schließlich die Passions- und Auferstehungsberichte.[37] Weniger Konsens besteht bezüglich der Untergliederung des ersten Hauptteils. M.E. setzt mit Joh 5,1 ein neuer Abschnitt der Verkündigung Jesu ein.[38] Nachdem Jesu Selbstoffenbarung zuvor gegenüber Einzelpersonen oder bestimmten kleineren Gruppen stattfand, schafft Johannes im Mittelteil seines Evangeliums die größtmögliche öffentliche Reichweite der Verkündigung Jesu.[39] Dies erreicht er vor allem dadurch, dass er Jesus in Jerusalem und während der dort gefeierten Feste auftreten lässt. In Joh 5 bis 12 berichtet der Evangelist Jesu öffentliches Wirken in Galiläa und Judäa – mit dem Schwerpunkt auf Jerusalem. Jesus tritt in diesen Kapiteln mit seiner Lehre – überwiegend in der Form langer Reden – in der Öffentlichkeit hervor, begleitet und bekräftigt wird diese Lehre durch verschiedene Zeichenhandlungen; fünf der sieben von Johannes ausführlich beschriebenen σημεῖα finden sich in diesen Kapiteln. Laut Schnackenburg ist das „freie, offene Reden zum Kosmos" in diesen Kapiteln „für die Offenbarung des joh. Jesus bezeichnend"[40]. Tatsächlich ist die Öffentlichkeit des Auftretens Jesu in den Kapiteln 5 bis 12 ein zentrales Motiv. „Ins Licht der Weltöffentlichkeit kann Jesus nur in Jerusalem treten."[41] Jesu Reden und Taten richten sich an den Kosmos, an die Welt als ganze. In seinem Auftreten auf den Festen Israels im Jerusalemer Tempel richten sie sich jedoch in besonderer Weise zunächst an die Kult- und Volksgemeinschaft Israels.

---

[37] Vgl. die klassische Gliederung von BULTMANN, Johannes, 5*ff, der die Kapitel 2–12 „Die Offenbarung der δόξα vor der Welt" und die Kapitel 13–20 „Die Offenbarung der δόξα vor der Gemeinde" nennt. Ferner WENGST, Johannesevangelium I, 11ff; WILCKENS, Johannes, Vff; DIETZFELBINGER, Johannes I und II, Inhaltsverzeichnis; SCHNACKENBURG, Johannesevangelium I, VII u.a. Nach THYEN, Johannesevangelium, VII dagegen beginnt der zweite Hauptteil bereits in Joh 11,1.

[38] Vgl. SCHNACKENBURG, Johannesevangelium II, 1; THOMAS, Sinning, 3f.

[39] Vgl. MORRIS, Gospel, 264f.

[40] SCHNACKENBURG, Johannesevangelium II, 1.

[41] SCHNACKENBURG, Johannesevangelium II, 10. Vgl. auch FREY, Eschatologie II, 177f: „Nach der johanneischen Darstellung bieten die jüdischen Wallfahrtsfeste Jesus Gelegenheit zur öffentlichen Wirksamkeit und Lehre (vgl. Joh 7,4; 18,20) in Jerusalem, dem religiösen und politischen Zentrum und Ort seiner Gegner."

Bis auf das Todespessach und das darauf vorverweisende Pessachfest in Joh 2[42] finden sich alle johanneischen Erwähnungen der jüdischen Feste in den Kapiteln 5 bis 12 des Evangeliums. Ebenso enthalten diese Kapitel den Großteil der johanneischen Belege von οἱ Ἰουδαῖοι und schildern den sich zunehmend zuspitzenden und in der Titulierung der jüdischen Gesprächspartner Jesu als Teufelskinder einerseits (8,44) und im Todesbeschluss gegen Jesus durch das Synhedrion andererseits (11,53) gipfelnden Konflikt Jesu mit „den Juden". Diese beiden Beobachtungen stehen durchaus in einem Zusammenhang. In schärfster Auseinandersetzung wie in größter Nähe zeigen die vorliegenden Kapitel ein intensives Ringen des Evangelisten um Jesu Verhältnis zum jüdischen Volk und auch um seine Stellung in der Heilsgeschichte Israels.[43] Jesu Offenbarung vor dem Kosmos ist nicht zu trennen von seiner Offenbarung vor dem Volk Israel in dessen Kult. Beide Foren der öffentlichen Offenbarung werden miteinander verbunden dargestellt.[44] Auf das Volk Israel bezogen kann keine umfassendere Öffentlichkeit gedacht werden als die auf den drei Wallfahrtsfesten im Jerusalemer Tempel.[45]

3.2 Rabbinisches

Diverse rabbinische Texte belegen die Vorstellung, dass die sich an den Wallfahrtsfesten versammelnde Festgemeinde infolge des Gebots Dtn 16,16 als „ganz Israel" anzusehen ist.[46] Die Vorstellung, bei den Festen sei das ganze Volk Israel vollzählig im Jerusalemer Tempel versammelt, wird so selbstverständlich vorausgesetzt, dass ohne jede Erläuterung mit dieser Prämisse argumentiert werden kann. Einige Beispiele mögen dies veranschaulichen.

---

[42] Vgl. zum inneren Zusammenhang der johanneischen Pessachfeste unten Kap. VI.

[43] Vgl. DIETZFELBINGER, Johannes I, 143: „Wir haben in 5,1–10,42 die grundsätzliche Auseinandersetzung zwischen der in Jesus geschehenden Offenbarung und der Welt, konkret der Synagoge und ihrer Lehre vor uns." Vgl. auch VANDERKAM, John 10, 204.

[44] Vgl. Joh 18,20: „Jesus antwortete ihm [sc. dem Hohepriester]: Ich habe offen geredet vor der Welt, ich habe die ganze Zeit gelehrt in der Synagoge und im Tempel, wo alle Juden zusammenkommen; und im Verborgenen habe ich nichts geredet."

[45] Vgl. WENGST, Johannesevangelium I, 283f. Sowieso schon ist der Tempel genuiner Ort öffentlichen Lebens (vgl. RÖHSER, Tempel, 181). Dies gilt während der Wallfahrtsfeste umso mehr.

[46] Genau deshalb finden die Ausnahmeregelungen für einzelne Personengruppen so viel Beachtung (z.B. mHag 1,1). Zu den geltenden Ausnahmen siehe unten den Exkurs in Kap. III „Wem gilt das Wallfahrtsgebot?".

1. mSan 11,4:[47]

Man tötet ihn [sc. den Irrlehrer] nicht durch den Gerichtshof in seiner Stadt und nicht durch den Gerichtshof in Javne, sondern man bringt ihn hinauf zum großen Gerichtshof in Jerusalem. Und man bewahrt ihn auf bis zum Wallfahrtsfest und tötet ihn auf dem Wallfahrtsfest, denn es ist gesagt: ‚Ganz Israel soll hören und sich fürchten.' (Dtn 17,13). Worte des Rabbi Akiba. Rabbi Jehuda sagt: Man darf das Richten nicht aufschieben, sondern man tötet ihn sofort. Und man schreibt und sendet an alle Orte: Ein gewisser Mann, Sohn eines gewissen Mannes, wurde durch den Gerichtshof zum Tode verurteilt.

Der Abschnitt steht im elften und letzten Kapitel des Mischnatraktats Sanhedrin, der sich mit diversen Details von Gerichtsprozessen beschäftigt. Unter anderem werden die verschiedenen Arten der Todesstrafe aufgeführt und die Umstände ihrer Ausführung geregelt. Im elften Kapitel werden die Vergehen erläutert, die mit der Hinrichtung durch Erdrosseln geahndet werden (mSan 11,1–3.5–6). Unterbrochen wird diese Auflistung durch die vierte Mischna, die eine Diskussion zwischen Rabbi Akiba und Rabbi Jehuda beinhaltet, auf welche Weise für die flächendeckende öffentliche Bekanntmachung einer Hinrichtung gesorgt wird. Während Rabbi Jehuda mit der Ansicht zitiert wird, eine Hinrichtung sei ohne Aufschub direkt vom örtlichen Gerichtshof auszuführen[48] und dann durch Sendschreiben im Rest des Landes zu verkünden, wird von Rabbi Akiba die Anweisung überliefert, den Verurteilten nach Jerusalem hinaufzubringen und dort erst an einem Wallfahrtsfest hinzurichten. Zweck dieser Maßnahme ist die pädagogische Wirkung, die der öffentliche Vollzug der Bestrafung für den Rest des Volkes im Sinne von Dtn 17,13 („Das ganze Volk soll hören und sich fürchten und nicht mehr überheblich sein.") haben soll. Die Todesstrafe soll öffentlich vollzogen werden, um durch Abschreckung weitere Vergehen zu verhindern. Das von der Mischna angeführte Zitat aus Dtn 17,13 nennt explizit das „ganze Volk" (כָּל־הָעָם), das sehen und sich fürchten soll. Und die Gelegenheit, zu der die Anwesenheit des „ganzen Volkes" gegeben ist, ist die Feier der Wallfahrtsfeste im Jerusalemer Tempel. Ungeachtet der unterschiedlichen Positionen der beiden genannten Rabbinen über den Zeitpunkt der Hinrichtung bzw. die Zulässigkeit ihres Aufschubs wird hier beiläufig und selbstverständlich vorausgesetzt, dass die Wallfahrtsfeste die Anwesenheit des ganzen Volkes gewährleisten und somit das Forum von „ganz" Israel bieten.

---

[47] Text der Hs Kaufmann (ed. KRUPP, 79–81).

[48] Diese verbreitete Meinung zielt auf die Vermeidung unnötiger Grausamkeit gegenüber dem Verurteilten; vgl. mSan 11,4; mAv 5,8.

2. Aufgenommen ist diese Diskussion aus mSan 11,4 in SifDev 91 zu Dtn 13,12:[49]

‚Und ganz Israel soll es hören und sich fürchten.' (Dtn 13,12). Man bewahrt ihn auf bis zum Wallfahrtsfest und tötet ihn am Wallfahrtsfest. Wie gesagt ist: ‚Und das ganze Volk soll hören und sich fürchten.' (Dtn 17,13). Worte des Rabbi Akiba. Rabbi Jehuda dagegen sagt: Es gibt keine Aufschübe im Gerichtshof. [...]

Der Abschnitt steht im halachischen Mittelteil des Werkes Sifre Devarim, der nach Stemberger die Piskaot[50] 55–303 umfasst.[51] Die Endredaktion dieses Teils wird auf das späte 3. oder den Anfang des 4. Jahrhunderts datiert.[52] Die halachischen Piskaot bieten Kommentare zu Dtn 11,29–26,15, in denen die einzelnen Bestimmungen des deuteronomischen Gesetzeskorpus näher erläutert und die Details ihrer Einhaltung erklärt werden.

Der engere Kontext des vorliegenden Abschnitts (Piskaot 82–96 [Mitte]) befasst sich mit der in Dtn 13 vorgeschriebenen Strafe für diejenigen, die Mitglieder des Volkes zum Götzendienst verführen wollen. Nachdem die Piskaot 83 bis 86 die in Dtn 13,2 genannten falschen Propheten und Träumer näher behandelt haben, und bevor in Piska 92 bis Mitte von Piska 96 der in Dtn 13,13ff vorgeschriebene Umgang mit einer Stadt, deren Bewohner sich zum Götzendienst verleiten ließen, behandelt wird, geht es in den Piskaot 87 bis 91 um die unbedingt zu vollziehende Todesstrafe für Menschen, die einen ihnen nahe stehenden Israeliten zum Dienst an fremden Göttern zu überreden versuchten. Piska 87 befasst sich mit dem in Dtn 13,7 genannten Personenkreis – „Bruder", „Sohn deiner Mutter", „Sohn", „Tochter", „Geliebte" und „Freund" –, Piska 88 handelt von den „Göttern der Völker", denen laut Dtn 13,8 der todeswürdige Götzendienst gilt, Piska 89 erläutert von Dtn 13,9 her, dass weder das Liebesgebot aus Lev 19,18 noch das Gebot der Hilfeleistung gegenüber einem Feind aus Ex 23,5 ein Grund sein dürfen, von der Vollstreckung der Todesstrafe abzusehen. Piska 90 bestimmt zunächst die Art der Exekution als Steinigung und begründet diese dann mit JHWHs Anspruch auf das Volk Israel aufgrund der Herausführung aus Ägypten.

Piska 91 schließlich beginnt mit einer kontroversen Diskussion über die praktischen Konsequenzen des Verses Dtn 13,12: וְכָל־יִשְׂרָאֵל יִשְׁמְעוּ וְיִרָאוּן וְלֹא־יוֹסִפוּ לַעֲשׂוֹת כַּדָּבָר הָרָע הַזֶּה בְּקִרְבֶּךָ. Der Midrasch zitiert Rabbi Akiba mit der Auffassung, dass die Hinrichtung, da sie vor den Augen und Ohren *ganz* Israels stattfinden muss, bis zum nächsten Wallfahrtsfest (רגל) aufgeschoben werden muss. Die Gegenposition wird Rabbi Yehuda zugeschrieben: Es sei nicht zulässig, eine verhängte Strafe hinauszuzögern. Wie in

---

[49] Ed. FINKELSTEIN, 153. Soweit nichts anderes angegeben ist, stammen alle Übersetzungen von mir; die jeweils zugrunde gelegten Quellenausgaben finden sich in den Fußnoten.

[50] Piska: Abschnitt; Piskaot: Abschnitte.

[51] Dieser Teil wird von einem haggadischen Rahmen umfasst (Piskaot 1–54 und 304–357). Vgl. STEMBERGER, Einleitung, 268.

[52] Vgl. STEMBERGER, Einleitung, 269.

mSan 11,4 wird auch hier selbstverständlich vorausgesetzt, dass die Wallfahrtsfeste die Anwesenheit „ganz Israels" bedeuten.

3. yRhSh 3,1/6 (58c):[53]

Und woher [weiß man], dass man dem Jahr [einen Schaltmonat] zufügt wegen der Exilanten, die [sc. nach Jerusalem] losgezogen und noch nicht angekommen sind? Die Schrift sagt: ,[Sprich zu] den Kindern Israels [und sage ihnen:] meine Festzeiten, [die du ausrufen sollst als heilige Versammlungen, diese sind meine Feste].' (Lev 23,2)[54] Begehe die Festzeiten so, dass ganz Israel sie begehen kann. Rabbi Schmuel bar Nachman sagte: Auch die, die [erst] bis zum Euphratstrom gekommen sind.[55]

Der vorliegende Abschnitt aus dem Yerushalmitraktat Rosch haSchana kommentiert Mischna Rosch haSchana 3,1, einen Lehrsatz, der sich mit der Heiligung des neuen Mondes, den Boten und Zeugen für den Neumond sowie ihrer Anerkennung beschäftigt. Die halachischen Ausführungen des Yerushalmi dazu diskutieren die Interkalation von Tagen und Monaten.[56] Nachdem zuvor die Möglichkeit zur Einschaltung eines zusätzlichen Tages in einen Monat und die Folgen etwaiger Berechnungsfehler erörtert wurden, wendet sich der Abschnitt 3,1/6 der Möglichkeit zu, das Jahr um einen Schaltmonat zu verlängern, was den unterwegs aufgehaltenen Pilgern und Pilgerinnen aus dem Exil die rechtzeitige Ankunft zum Fest in Jerusalem ermöglichen könnte. Der mögliche Schaltmonat wird mit einer Interpretation von (vermutlich) Lev 23,2 begründet, die die Aufforderung beinhaltet, *ganz* Israel (also auch dem Teil des Volkes, der in der Diaspora weilt,) die Festteilnahme zu ermöglichen. Während die biblischen Bücher aus der Frühzeit des Zweiten Tempels wie Haggai, Maleachi und Sacharia von einer Wallfahrt aus der Diaspora nach Jerusalem schweigen,[57] geht die Halacha der Rabbinen offensichtlich von einer regen Teilnahme der Exi-

---

[53] Text: MS Leiden und Ed. princ. Venedig (ed. SCHÄFER/BECKER, Synopse zum Talmud Yerushalmi II/5–12, 197).

[54] Mit LEHNARDT, Rosch haSchana, 118 und GOLDMANN, yRhSh 81f. WEWERS, ySan 29 dagegen verweist auf Lev 23,44.

[55] Vgl. Sifra zu Lev 23,2.

[56] Vgl. dazu ADLER, Calender, 498–501: Die Aufgabe des Priestergremiums, über den Neumond zu entscheiden, ging später an den Zivilgerichtshof über: Der Sanhedrin legte die Länge der Monate und Einschaltung der Monate fest und kam dazu an jedem 29. des Monats zusammen, um Zeugen zu empfangen. Der Neumond durfte dabei nicht vor einer Zeitspanne von 29 ½ Tagen und 40 Minuten festgesetzt werden. Wenn der Neumond nicht genau bestimmt werden konnte, hatte der Monat 30 statt 29 Tage. Es gab mindestens vier, höchstens acht derartig verlängerte Monate pro Jahr, so dass das Jahr zwischen 352 und 356 Tage haben konnte. Nach der Tempelzerstörung zog der Sanhedrin mit Jochanan ben Sakkai nach Javne und traf von dort kalendarische Entscheidungen. Alle zwei bis drei Jahre wurde ein Schaltmonat eingefügt. Die Landbewohner und Exilanten in Babylonien wurden per Feuersignale über den Monatsbeginn informiert.

[57] Erst Josephus, Ant 17,213f und Philo, SpecLeg 1,69 berichten davon.

lanten und Exilantinnen an den Wallfahrten aus. So legt Tosefta Ahilot 18,3 fest, dass die Reisewege der Festpilger aus Babylonien kultisch rein sind, auch wenn sie auf heidnischem Boden verlaufen.[58]

Auch der vorliegende Text geht von einer großen Anzahl Wallfahrer aus der Diaspora aus. Ob die entsprechenden Interkalationsvorschriften tatsächlich auf die Zeit vor der Tempelzerstörung zurückgehen, ist nicht mit Sicherheit zu entscheiden. Unabhängig von der historischen Situation jedoch belegt dieser Text, wie ernst seine Verfasser den Gedanken nahmen, dass auf den drei Wallfahrtsfesten *ganz* Israel vor JHWH zu erscheinen hatte.

Die angeführten Texte zeigen, dass nach rabbinischer Vorstellung das, was während der Feste stattfindet, vor dem Forum von „ganz Israel" stattfindet – so Rabbi Akiba laut SifDev 91. Die in Jerusalem versammelte Kultgemeinde gilt als vollständig und repräsentiert daher das ganze Volk.[59] Und genau diesen Rahmen wählt Johannes in den Kapiteln 5 bis 12 vorrangig für Jesu öffentliches Auftreten. Es erscheint plausibel, dass auch er dabei die vollständige Präsenz des Volkes assoziiert. Jesus offenbart sich und seine Stellung somit vor den Augen und Ohren ganz Israels. Sein Gegenüber auf den Festen ist das Volk als ganzes. Dass es Johannes in den Reden der Kapitel 5 bis 12 um eine Auseinandersetzung mit „Israel" bzw. der jüdischen Gemeinschaft als feste Größe geht, zeigt sich auch darin, dass er in diesem Teil des Evangeliums besonders häufig das generalisierende οἱ Ἰουδαῖοι verwendet, wohingegen er in der Passionsgeschichte sehr viel präziser zwischen der Volksmenge und einzelnen handelnden Gruppen wie z.B. den Mitgliedern des Synhedrions differenziert.[60]

---

[58] Dass die Bestimmungen sich nicht ausschließlich auf Pilgerwege aus Babylonien beziehen, sondern auch Wallfahrer und Wallfahrerinnen aus allen übrigen Ländern, in denen es eine jüdische Diaspora gab, einschließen, vertritt SAFRAI, Wallfahrt, 68. Auch SANDERS, Judaism, 127 geht (zumindest für Pessach) von der Festteilnahme Zehntausender Pilgerinnen und Pilger aus der Diaspora aus.

[59] Vgl. VOLGGER, Israel, 67: Die „Einheit ,Volk Israel' [wird] mit den kultischen Einrichtungen von drei Festanlässen verbunden. Sooft Israel die Feste YHWHs feiert, erneuert es seine theologisch-juristische Konstituierung als Volk YHWHs."

[60] 36 der 71 Ἰουδαῖοι-Belege sowie alle 20 ὄχλος-Belege finden sich in Joh 5–12. Dagegen stehen beispielsweise 14 von 21 ἀρχιερεύς-Belegen in Joh 18f. Vgl. FREY, Bild, 36 Anm. 15.

III. Joh 5 – „Ein Fest der Juden"

1. Der Kontext und die Bedeutung von ἑορτή in 5,1

Zum zweiten Mal nach 2,13 zieht Jesus in Joh 5,1 zu einem Fest hinauf nach Jerusalem. Um welches Fest es sich handelt, wird nicht gesagt. Auf die Frage, an welches Fest Johannes hier denkt, sind in der Forschung vielfältige Antworten gegeben worden. Versuche der Identifizierung hat es offensichtlich seit frühster Zeit gegeben: Einige Textzeugen, darunter der Codex Sinaiticus, lesen in 5,1 ἡ ἑορτή mit dem Artikel, textkritisch besser belegt ist allerdings ἑορτή ohne Artikel.[1] Die absolute Formulierung „das Fest" bezieht sich biblisch wie im Rabbinischen auf das Laubhüttenfest, das als höchstes – und damit als das Fest schlechthin – galt.[2] Es ist also wahrscheinlich, dass in der Lesart mit dem Artikel bereits eine sekundäre Interpretation des unbenannten Festes vorliegt, die es mit Sukkot identifiziert.[3]

Die Identifizierungen, die in der Forschung vorgeschlagen werden, hängen auch davon ab, wie die Exegeten die Stellung des 5. Kapitels im Gesamtkontext des Evangeliums einschätzen. Aufgrund des abrupten Ortswechsels in Joh 6,1 von Jerusalem nach Galiläa, wo sich Jesus auch am Ende von Kapitel 4 aufhält, wird immer wieder erwogen, ob die Reihenfolge der Kapitel 5 und 6 umzukehren sei. Im Gefolge von R. Bultmann und R. Schnackenburg galt in der klassischen Johannesforschung die Vertauschung der Kapitel 5 und 6 in der Textabfolge weitgehend als Konsens.[4] Da der Vers 6,1 besser an 4,54 als an 5,47 anschließe, sei davon auszugehen, dass die Kapitel 5 und 6 nach dem Tod des Evangelisten von den Her-

---

[1] U.a. durch P^66.75, D, K, Θ, 0125, φ.

[2] Und *nicht,* wie PEPPERMÜLLER, ἑορτή, 34 meint, auf Pessach. Vgl. Lev 23,39; Ri 21,19; Ez 45,25 u.ö.

[3] Vgl. FRÜHWALD-KÖNIG, Tempel, 139f. Zu Tradition und Redaktion von Joh 5,1–18 und dem Heilungsgeschehen zugrunde liegenden älteren Überlieferungen vgl. a.a.O., 144–153.

[4] WILKENS, Entstehungsgeschichte, 10 formulierte 1958: „Denn es ist allgemein anerkannt, daß Kap. 5 und 6 umzustellen sind."

ausgebern in falsche Reihenfolge gebracht bzw. in ihr belassen wurden.[5]
Die neuere Forschung stellt diese These jedoch vielfach in Frage.[6] Die
Umstellungshypothese unterstellt den Herausgebern des Evangeliums, dass
sie die Fehlerhaftigkeit des Werkes nicht bemerkten, und schafft eine von
dem einheitlich in der Reihenfolge 5–6 überlieferten Evangeliumstext abweichende Basis für die Auslegung.

> „Trotz aller Spannungen und Leerstellen in diesem Text muss aber derjenige, dem wir
> die überlieferte Gestalt unseres Evangeliums verdanken, auf jeden Fall von dessen Kohä-
> renz und Lesbarkeit überzeugt gewesen sein."[7]

Eine Blattvertauschung würde zudem voraussetzen, dass alle Seiten zufällig mit einem vollständigen Satz endeten, denn alle Sätze der Kapitel sind
in sich kohärent und abgeschlossen. Diese Annahme wird umso unwahr-
scheinlicher, wenn über die Umkehrung von Joh 5 und 6 hinaus auch noch
angenommen wird, dass die Verse 7,15–24, die den Rückbezug auf die
Heilung in Joh 5 enthalten, ursprünglich den Abschluss des fünften Kapitels gebildet haben.[8] So behauptet R. Bultmann:

> „Die Fortsetzung der Komposition [sc. nach Joh 5,47] liegt in 7,15–24 vor. Dieses Stück
> ist an seinem jetzigen Platz unmöglich und gehört zweifellos in die Z[u]s[ammen]h[an]g
> von Kap 5."[9]

Dass sich in Joh 7,15–24 ein Rückbezug auf Joh 5 findet, steht außer Frage. Er lässt sich jedoch gut als bewusster Rückverweis des Evangelisten
verstehen, der die beiden Kapitel (in Joh 7 findet wie in Joh 5 ein Streitgespräch im Tempel während eines Festes statt) miteinander verknüpft.[10] Der
Ortswechsel von Jerusalem nach Galiläa von 5,47 zu 6,1 mag zwar unvermittelt und schroff erscheinen, ist jedoch kein ausreichender Grund, eine

---

[5] Vgl. BULTMANN, Johannesevangelium, 177; SCHNACKENBURG, Johannesevangelium
II, 6–11; STRATHMANN, Johannes, 96f; WILCKENS, Johannes, 91; GUILDING, Gospel, 46;
DAISE, Feasts, 2 und passim. SIEGERT, Evangelium, passim; DERS., Restaurieren, 196–
204 nimmt noch weitaus umfangreichere Umstellungen vor und reißt die Zusammenhänge der johanneischen Kapitel völlig auseinander. Das Ergebnis, das von ihm als „ursprüngliches Johannesevangelium" bezeichnet wird (SIEGERT, Restaurieren, 198) ist ein
völlig neuer Text, der keinerlei Anhalt in der Textüberlieferung des Evangeliums hat.

[6] Gegen die Umstellungsversuche vgl. u.a. WENGST, Johannesevangelium I, 190f;
THYEN, Johannesevangelium, 294; SCHNELLE, Johannes, 12f; DERS., Christologie, 108–
110; ZUMSTEIN, Schriftrezeption, 128, insbesondere Anm. 25; FREY, Eschatologie III,
322f; LABAHN, Lebensspender, 213f; 265; HAMMES, Ruf, 182.

[7] THYEN, Johannesevangelium, 294; vgl. ferner ebd., 299f.

[8] Vgl. SCHNACKENBURG, Johannesevangelium II, 5–11; WILCKENS, Johannes, 90f.

[9] BULTMANN, Johannesevangelium, 177.

[10] S. dazu unten III.3.3.1. Vor- und Rückverweise finden sich in der Komposition des
Evangeliums vielfach. Beispiele sind das Motiv der „Stunde Jesu" (u.a. 2,4 und 17,1) und
das doppelt zitierte Wort des Kaiphas (11,49f und 18,14) sowie Nikodemus' nächtlicher
Besuch (3,1f und 19,39).

Vertauschung der Kapitel anzunehmen. Mit C.K. Barrett ist festzuhalten: „Der Gedankenfortschritt des Evangeliums wird eher durch theologische als durch chronologische und topographische Überlegungen bestimmt."[11] Die Unvermitteltheit des Ortswechsels hat den Evangelisten offenbar nicht gestört. Für das, was er theologisch nun sagen will, braucht er die Bühne des Festes in Jerusalem.

Die Vertreter und Vertreterinnen der Umstellungshypothese schließen aus dem veränderten Kontext auf das in 5,1 im Hintergrund stehende Fest. Für R. Schnackenburg und R. Bultmann kommt aufgrund von 7,2 Sukkot in 5,1 nicht in Frage,[12] C. Dietzfelbinger schließt aus der Stellung nach Joh 6, dass es sich in 5,1 um das laut 6,4 „nahe" Pessachfest handelt.[13] Demgegenüber denkt K. Wengst, der bei der überlieferten Textabfolge bleibt, in Joh 5 an das ansonsten im Johannesevangelium nicht erwähnte Schawuot-Fest.[14] Die überwiegende Mehrheit der Auslegenden vertritt den Standpunkt, das in Joh 5,1 erwähnte Fest spiele für das folgende Kapitel und die johanneische Theologie keine Rolle und seine Identifizierung sei deshalb auch nicht von großer Relevanz. So behauptet A. Hammes: „Um welches Fest es sich genau handelt, dürfte für den Evangelisten von untergeordneter Bedeutung gewesen sein und sich daher kaum präzise ermitteln lassen."[15]

---

[11] BARRETT, Johannes, 41. Genau dies übersieht SIEGERT, Restaurieren, 197, wenn er das Evangelium in eine „chronologisch-geographische Ordnung bringen" will und es eben dadurch völlig entstellt.

[12] Vgl. SCHNACKENBURG, Johannesevangelium II, 118; BULTMANN, Johannesevangelium, 179 Anm. 3. STRATHMANN, Johannes, 97 dagegen hält 5,1 für eine sekundäre Einfügung, die durch die Kapitelvertauschung notwendig wurde. Seiner Meinung nach folgten ursprünglich 5,2–47 auf 7,13, und es handelt sich demnach in den Kapiteln Joh 5 und 7 um ein und dasselbe Laubhüttenfest. Dafür, dass Johannes in Joh 5,1 an Sukkot denkt, plädiert auch MANNS, Fête, passim.

[13] Vgl. DIETZFELBINGER, Johannes I, 143. Ähnlich WILCKENS, Johannes, 113. Für die Identifikation des Festes mit Pessach ohne Umstellung der Kapitel 5 und 6 führt WILLIFORD, Study, 66–91; 238 Argumente an, entscheidet sich jedoch nicht eindeutig für diese Variante.

[14] Vgl. WENGST, Johannesevangelium I, 192; KÜCHLER, Jerusalem, 321; BORGONOVA, Calendario, 36; RATZINGER, Jesus, 279; THEOBALD, Johannes, 369 (die beiden letzteren unter Zustimmung zu der Umstellungshypothese, die Joh 6 vor Joh 5 setzt: RATZINGER, a.a.O., 284; THEOBALD, a.a.O., 362–364). DAISE, Feasts, 150f u.ö. will sich nicht auf ein Fest festlegen, tendiert aber (unter der Voraussetzung, dass Joh 5 ursprünglich hinter Kapitel 6 gehörte) ebenfalls zu Schawuot. Auch GUILDING, Gospel, 69–91 zieht – ausgehend davon, dass Joh 5 hinter Kapitel 6 gehört, – Schawuot in Betracht, tendiert aber zu Rosch haSchana, das auch MORETON, Feast, passim vertritt. BOWMAN, Gospel, 99ff; 111ff u.ö.; DERS., Identity, passim identifiziert das Fest mit Purim.

[15] HAMMES, Ruf, 177 Anm. 3. Vgl. u.a. LABAHN, Lebensspender, 221; BECKER, Johannes I, 229f; SCHNELLE, Christologie, 110; HAENCHEN, Johannesevangelium, 266;

Tatsächlich spricht vieles dafür, ἑορτή in Joh 5 nicht auf ein bestimmtes Fest zu fixieren. Hätte Johannes in Kapitel 5 den Hintergrund eines einzelnen Festes skizzieren wollen, dann hätte er das vorgestellte Fest benannt, wie er es auch in 2,13 und 7,2 tut. Da diese Spezifizierung fehlt, ist von einer Absicht des Evangelisten auszugehen, damit eine gewisse Offenheit zu bewahren.[16] Angesichts der sehr durchdachten und durchweg theologisch ausgerichteten Komposition des Johannesevangeliums ist es m.E. jedoch nicht plausibel, dass Joh 5,1 eine überflüssige oder zufällige Information liefert. Dass Johannes dem Fest in 5,1 keinen Namen gibt, lässt vielmehr darauf schließen, dass er die Vorstellungen seiner Leser und Leserinnen an dieser Stelle nicht auf ein einzelnes Fest eingrenzen will. Stattdessen spielt er im Folgenden mit der Assoziations- und Motivwelt mehrerer Feste – konkret Rosch haSchana und Schawuot – und verbindet diese miteinander.[17] Das Fest als Hintergrund im 5. Kapitel trägt zum theologischen Verständnis des erzählten Heilungsgeschehens Entscheidendes bei und die anschließende Jesusrede enthält eine Fülle von Motiven, die sich mit den Festen Rosch haSchana und Schawuot verbinden. Beides wird im Folgenden aufzuzeigen sein.

Die typisch johanneische Rede von einem Fest „der Juden" – τῶν Ἰουδαίων – drückt nicht unbedingt eine Distanz zu diesem Fest aus,[18] sondern bestimmt es zunächst nur zweifelsfrei als ein Fest der jüdischen Gemeinschaft. Ganz selbstverständlich spricht der Evangelist davon, dass auch Jesus der jüdischen Sitte entsprechend zum Fest nach Jerusalem hinaufgeht. Dass er dort auch am Kult teilnahm, ist so selbstverständlich,

---

FRÜHWALD-KÖNIG, Tempel, 153; 167; MENKEN, Feste, 270; DAISE, Feasts, 57f; BROWN, John I, 206; CARSON, Gospel, 241; SCHENKE, Johannes, 98; FLEBBE, Feasts, 116.

[16] Vgl. ASIEDU-PEPRAH, Sabbath Conflicts, 54. Zu dem Ergebnis, dass die „vage Formulierung ‚ein Fest' absichtsvoll" ist, kommt auch THYEN, Johannesevangelium, 295. Er folgert allerdings weiter, die Erwähnung eines Festes „soll hier allein den erneuten Weg Jesu ‚hinauf nach Jerusalem' motivieren [...], wo sich der Konflikt zwischen Jesus und den Ἰουδαῖοι dann soweit zuspitzen soll, daß sie ihn jetzt gar zu töten suchen." Ebd., 296. Vgl. auch GUILDING, Gospel, 72; LABAHN, Lebensspender, 222; KÜGLER, Jünger, 168f; BARRETT, Johannes, 267; THOMAS, Sinning, 5. MOLONEY, Son of Man, 68f dagegen hält den Vers 5,1 für die Überschrift über die Kapitel 5–10, die er als „an encounter between Jesus and the traditional feasts of Judaism" versteht. 5,1 sei demnach „more an introduction to a general theme, rather than a reference to a specific feast". Vgl. auch den Vorschlag von WILLIFORD, Study, 239: „It is also possible that John intentionally left the festival reference vague. The emphasis would then be upon the appropriateness of Jesus' fulfillment of key images of a number of the Jewish festivals." (Entsprechend a.a.O., 89f).

[17] S. unten III.4.

[18] So z.B. BRUMLIK, Johannes, 105f; BECKER, Johannes I, 123; WILCKENS, Johannes, 60f; SCHNELLE, Christologie, 110 Anm. 125; CULPEPPER, Anatomy, 220; SANDERS, St. John, 116.

dass es nicht erwähnt zu werden braucht.[19] Für Johannes ist die Rolle Jesu auf dem Fest allerdings eine spezielle, die in den folgenden Taten und Reden zum Ausdruck kommt.

2. Die Heilung und der Tempel (5,1–14)

2.1 Der Ort der Heilung: Bethesda

Bevor Jesus im Tempel seine öffentliche Rede hält, wird in den Versen 2 bis 9 die Heilung eines Kranken berichtet.[20] Diese Heilung – das dritte σημεῖον des johanneischen Jesus – findet laut 5,2 an einem Teich statt, der folgendermaßen benannt wird: ἔστιν δὲ ἐν τοῖς Ἰεροσολύμοις ἐπὶ τῇ προβατικῇ κολυμβήθρα ἡ ἐπιλεγομένη Ἑβραϊστὶ Βηθέσδα πέντε στοὰς ἔχουσα. Die Übersetzung dieser Angabe bereitet einige Schwierigkeiten. So fehlt das Substantiv zu προβατικῇ. Verschiedene Ergänzungen werden vorgeschlagen.[21] Eine Möglichkeit besteht darin, κολυμβήθρα nicht als Nominativ, sondern als Dativ zu lesen und als das Nomen zu verstehen, auf das sich das Adjektiv προβατικῇ bezieht.[22] Dann allerdings fehlt in der zweiten Satzhälfte das Bezugswort zu ἡ ἐπιλεγομένη Ἑβραϊστὶ Βηθέσδα, also die Information, um was für eine Sache es sich handelt, die auf Hebräisch Βηθέσδα genannt wird. Einige Handschriften[23] streichen ἐπὶ τῇ aus dem Text und setzen προβατικὴ κολυμβήθρα in den Nominativ. Demnach „gibt es in Jerusalem einen Schafteich, der auf Hebräisch Bethesda genannt wird". Textkritisch ist jedoch sowohl nach äußeren als auch nach inneren Kriterien – als *lectio difficilior* – die Lesart mit ἐπὶ τῇ vorzuziehen. Ein nicht allgemein bekannter Teich Bethesda soll durch die Angabe näher bestimmt werden, dass er in der Nähe einer demnach als bekannt vorauszu-

---

[19] Gegen BECKER, Johannes I, 256; WILCKENS, Johannes, 61; THEOBALD, Johannes, 228f. Vielmehr hätte es einer Erwähnung bedurft, wenn Jesus zwar nach Jerusalem und in den Tempel gegangen wäre, sich dort aber dem Vollzug des Kultes verweigert hätte. Vgl. auch die Selbstverständlichkeit, mit der Jesus in Vers 14 im Tempel agiert, ohne dass sein Weg dorthin zuvor beschrieben worden wäre. Vgl. THYEN, Johannesevangelium, 169f; WENGST, Johannesevangelium I, 116.

[20] Zur literarischen Vorgeschichte und Gestalt der Wundererzählung vgl. LABAHN, Lebensspender, 213–264; DERS., Spurensuche, 163–167.

[21] Zur Diskussion der unterschiedlichen Ergänzungsvorschläge vgl. THYEN, Johannesevangelium, 296f; JEREMIAS, Bethesda, 5–8.

[22] Vgl. JEREMIAS, Bethesda, 6ff, der liest: „Es ist aber in Jerusalem beim Schafteich die auf aramäisch Bethesda genannte (Stätte) mit fünf Säulenhallen"; KÜCHLER, Jerusalem, 323: „Nun ist in Jerusalem *beim probatischen Wasserspeicher* (Dat.) das den hebräischen Zunamen tragende *Bêthesda* mit 5 Säulenhallen." (Hervorhebungen im Original). Vgl. die ausführliche Diskussion bei DERS., „Probatische", passim.

[23] ℵ* aur e vg^cl.

setzenden προβατική liegt. Anstelle eines Schafteichs, der in uns bekannten Quellen nicht belegt ist, käme in diesem Fall das in Neh 3,1.32; 12,39 erwähnte „Schaftor" in Betracht. Demnach wäre als Bezugswort von προβατική das Nomen πύλη zu ergänzen. Dieses Tor, dessen Reste in der Nähe des heutigen Löwentors/Stephanstors rekonstruiert wurden, erhielt seinen Namen möglicherweise daher, dass Opfertiere durch es in den Tempelbezirk gebracht wurden.[24] Die Teichanlage mit den fünf Säulenhallen lag unmittelbar neben dem Tempelbezirk und ist heute hinter der Annakirche zu finden.[25] Für den Namen der Anlage gibt es verschiedene Lesarten,[26] von denen Βηθέσδα am besten belegt ist.[27]

In den Hallen der Teichanlage warten verschiedene Kranke auf die Chance ihrer Heilung, die offensichtlich als durch die zeitweise Bewegung des Wassers verursacht vorgestellt wird. Diese in Vers 7 vorausgesetzte Vorstellung wird in den jüngeren Textzeugen in Vers 4 durch die Geschichte vom Engel, der von Zeit zu Zeit in den Teich hinabsteigt und das Wasser bewegt, näher erläutert.

2.2 Die Heilung nach 38 Jahren

Der später von Jesus Geheilte wird in Vers 5 vorgestellt, wobei die lange Dauer seiner Krankheit genannt wird.[28] Bereits seit 38 Jahren wartet er auf Heilung. Wenn die Jahresangabe nur dazu dienen soll, durch die lange Dauer die Schwere der Krankheit herauszustellen, um dadurch die Größe

---

[24] Vgl. THYEN, Johannesevangelium, 297.

[25] Vgl. zur ausgezeichneten archäologischen Erschließung der Anlage JEREMIAS, Bethesda, passim; HENGEL, Quelle, 308–316; KÜCHLER, Becken, passim; DERS., Wasser, 24f; DERS., Jerusalem, 313–346. Zur theologischen Bedeutung des Ortes siehe FRÜHWALD-KÖNIG, Tempel, 162–165.

[26] Vgl. die Einzelauflistung bei LABAHN, Lebensspender, 216f.

[27] Nestle-Aland entscheiden sich mit Codex Sinaiticus für Βηθζαθά, aber auch die Lesarten Βηθσαιδά, Βελζεθά und eben Βηθέσδα sind belegt. Die Kupferrolle von Qumran enthält nach der Lesart von Milik (BAILLET/MILIK/DE VAUX, Grottes, 297) die Ortsangabe „in bet eschdatajin (בבית אשרתין), am Wasserbecken ..." (3Q15 XI 12). Als griechische Umschrift dieses Singular-Form dieses Duals könnte Βηθέσδα „Stätte des (Wasser-) Gießens" bedeuten (vgl. WENGST, Johannesevangelium I, 193f; JEREMIAS, Kupferrolle, 363; HENGEL, Quelle, 309–314; FRÜHWALD-KÖNIG, Tempel, 139–144; dagegen NICKLAS, Ablösung, 251–253) und sich auf die in Vers 7 vorausgesetzte Bewegung des Wassers beziehen. Der symbolische Anklang an בית חסדא, „Gnadenhaus", könnte dabei durchaus auch intendiert sein. Allerdings ergaben die neueren Untersuchungen für 3Q15 mit großer Sicherheit die Lesart בבית האשוחין. Vgl. LEFKOVITS, Copper Scroll, 392f; KÜCHLER, Becken, 382; THEOBALD, Johannes, 369f. Auch ohne diese zusätzliche Bestätigung ist „Bethesda" aber in Joh 5,2 der Lesart „Bethzatha" allein schon aus Gründen der textkritischen Bezeugung vorzuziehen. Vgl. HENGEL, Quelle, 309; THEOBALD, Johannes, 370.

[28] Weitere persönliche Angaben, z.B. der Name des Mannes, fehlen.

der Heilung zu unterstreichen,[29] wäre eher die symbolträchtige runde Zahl von 40 Jahren zu erwarten. Die ungewöhnliche Zahl 38 lässt fragen, ob Johannes damit nicht eine bestimmte Assoziation wecken will.[30] Sie findet sich biblisch außer in den Datumsangaben 1 Kön 16,29 und 2 Kön 15,8 nur in Dtn 2,14, wo sie die Zeitspanne bezeichnet, in der die Israeliten von Kadesch-Barnea zum Bach Sered zogen und in der „alle waffenfähigen Männer aus dem Lager umgekommen waren, wie JHWH es geschworen hatte". Es ist also die Zeit der Sündenstrafe Israels, an deren Ende die erneute Zuwendung Gottes steht, der mit Mose spricht und dem verbliebenen Volk Land zum Wohnen gibt. Dieser Anklang an Dtn 2,14 in Joh 5,5 ist verschiedentlich gesehen worden.

„Die achtunddreißig Jahre sind die Zeit der Geschichte der *Sünde* Israels. Erst jetzt wird eine neue Generation des Volkes den Bach Sered überschreiten und den Einzug in das verheißene Land beginnen."[31]

Die Anspielung auf diesen Schriftvers könnte einen Zusammenhang zwischen Krankheit und Sünde andeuten. In Jesu Aufforderung an den inzwischen Geheilten in Joh 5,14 wird dieser deutlicher formuliert: „Siehe, du bist geheilt worden, sündige nicht mehr, damit dir nicht etwas Schlimmeres geschehe." Auffallend ist dies insbesondere im Kontrast zu bzw. in Korrespondenz mit Joh 9,2f. Der Schwerpunkt liegt in Joh 5,5 auf dem *Ende* der 38 Jahre, das „Versöhnung und das Reden Gottes" mit sich bringt:

„Die Intention der Erwähnung der 38 Jahre besteht also in erster Linie darin, das anschließend erzählte Reden und Handeln Jesu von vornherein als Wirken Gottes zu qualifizieren."[32]

Diese Interpretation wird durch verschiedene weitere Beobachtungen am Text gestützt. Jesus heilt den Kranken, indem er ihm gebietet: „Steh auf, heb deine Matte auf und gehe."[33] Wie bei den anderen Zeichenhandlungen

---

[29] So z.B. BULTMANN, Johannes, 180 Anm. 7; SCHNACKENBURG, Johannesevangelium II, 120f.

[30] NICKLAS, Ablösung, 270 plädiert dafür, „dass zumindest *eine* Funktion der Erwähnung der 38 Jahre darin liegen könnte, dass der Text auf einer tieferen Dimension gelesen werden möchte." (Hervorhebung im Original). Vgl. BROER, Heilung, 154–156.

[31] THYEN, Johannesevangelium, 299 (Hervorhebung im Original). Vgl. auch HENGEL, Schriftauslegung, 286f (mit Beispielen aus der jüdischen Haggada); WENGST, Johannesevangelium I, 194f; BOWMAN, Identity, 52; LABAHN, Deuteronomy, 89f.

[32] WENGST, Johannesevangelium I, 195.

[33] Das Wasser des Teiches, auf das der durch Jesus Geheilte ebenso wie viele andere Kranke seine Hoffnungen setzte – und das einzelnen ja auch geholfen zu haben scheint –, spielt in dieser Heilung durch Jesus überhaupt keine Rolle mehr. Es mag sich jedoch einfügen in das Netz der feinen Verknüpfungen der Kapitel 5 und 7. In 7,23 bezieht sich Jesus auf die Heilung von Bethesda zurück, in 7,37f spricht er von dem lebendigen Was-

Jesu bewirken seine Worte performativ die Voraussetzung für das, was sie gebieten. Jesu Wort ist das Wort des Schöpfers, in ihm redet Gott selbst – wie er das am Ende der 38 Jahre Wüstenwanderung tat, während deren er rabbinischer Auffassung zufolge schwieg.[34] Jesu Worte schaffen Leben. Das wird er in der folgenden Rede für sich in Anspruch nehmen (5,24f), das wird in der Klimax der σημεῖα, in der Auferweckung des Lazarus, veranschaulicht werden und das ist in der Heilung eines lange Unheilbaren hier schon angedeutet.[35]

2.3 Der Auftrag Jesu: περιπάτει

Aber Jesu lebenspendendes Handeln erschöpft sich nicht in der Heilung des körperlichen Gebrechens. Nicht nur aufstehen und die Matte, an die er gefesselt war, aufnehmen soll – und kann! – der ehemals Kranke, sondern περιπάτει lautet der Auftrag Jesu: „gehe/wandle". Die Bedeutung des Wortes περιπατεῖν ist für die Interpretation der Heilungserzählung von hoher Signifikanz. Der Satz aus Joh 5,8 „Steh auf, nimm deine Matte auf und gehe." (ἔγειρε ἆρον τὸν κράβαττόν σου καὶ περιπάτει) findet sich bis auf ein zusätzliches καί identisch in der in vielerlei Hinsicht Parallelen aufweisenden Perikope von der Heilung eines Lahmen in Mk 2. Jesus fragt hier sein Publikum, ob es leichter ist, jemandem Sündenvergebung zuzusprechen oder dem Gelähmten zu sagen: „Steh auf, nimm deine Matte auf und gehe" (Mk 2,9). Die Verwendung von περιπατεῖν im Zusammenhang mit der fehlenden Gehfähigkeit von Gelähmten und ihrer Wiedererlangung durch (Wunder-) Heilung entspricht dem üblichen neutestamentlichen Sprachgebrauch. Sowohl in den synoptischen Evangelien als auch in der Apostelgeschichte wird περιπατεῖν in Heilungskontexten verwendet.[36] In der markinischen Erzählung fordert Jesus den Gelähmten in Mk 2,11 dann

---

ser, das aus seinem Leib strömt und den Durst der Dürstenden stillt. Dieses lebendige Wasser Jesu bewirkte in Joh 5 schon die Heilung des Kranken, der das Wasser von Bethesda aufgrund seiner Lähmung immer zu spät, also im bewegungslosen – toten – Zustand erreichte.

[34] Vgl. ShirR 2,13.

[35] Alternativ wäre es möglich, das „nicht-mehr-Sündigen" in der Aussage Jesu in 5,14 auf den Schabbatbruch des Geheilten zu beziehen. Dieser war innerhalb der Erzählung notwendig, um „die Juden" auf die geschehene Heilung aufmerksam zu machen und so die folgenden christologischen Ausführungen in der Jesusrede zu motivieren. Jesus würde dann implizit anerkennen, dass das – von ihm selbst gebotene – Tragen der Matte einen Verstoß gegen die Heiligung des Schabbats darstellte und somit sündhaft war. Sein Zweck wäre es dann, parallel zur Krankheit des Blindgeborenen laut Joh 9,3, die Werke Gottes offenbar zu machen. Da dieser Zweck erfüllt ist, gebietet Jesus dem Geheilten dann in 5,14 nun nicht weiter zu sündigen – also von nun an die Schabbatruhe einzuhalten.

[36] Vgl. Mt 9,5; 11,5; 15,31; Mk 2,9; 5,42; Lk 5,23; 7,22; Apg 3,6.8.9.13; 14,8.10.

allerdings auf: „Steh auf, nimm deine Matte auf und gehe in dein Haus."
(ἔγειρε ἆρον τὸν κράβαττόν σου καὶ ὕπαγε εἰς τὸν οἶκόν σου). Die
grundsätzliche Aufforderung „gehe/wandle" wird hier durch den Auftrag
zu einem konkreten Gang „nach Hause" ersetzt.[37] Diese Aufforderung fehlt
in Joh 5,8. Der vierte Evangelist belässt es bei dem absoluten Imperativ
περιπάτει ohne lokales Adverbial. Wie ist dieser zu verstehen?

Die Etymologie von περί hat immer wieder zu einer Interpretation des
Verses geführt, nach der der johanneische Jesus mit der Heilung einen be-
wussten Schabbatbruch verbindet, indem er den Geheilten auffordert, demonstrativ mit seiner Matte „hin und her" zu gehen, um die jüdischen Autoritäten zu provozieren.[38] Gegen dieses Verständnis spricht zunächst einmal der Kontext des Verses. Da Johannes zu diesem Zeitpunkt noch gar
nicht erwähnt hat, dass die Heilung an einem Schabbat stattfindet, könnten
seine Leser und Leserinnen diese Pointe des Auftrags Jesu hier noch nicht
verstehen. Dass es zudem nicht im Interesse des vierten Evangelisten liegt,
die Halachot für den Schabbat grundsätzlich in Frage zu stellen, wird unten
zu zeigen sein.[39]

Gegen das Verständnis von περιπατεῖν als demonstratives „Auf- und
Abgehen" spricht aber vor allem die spezifisch johanneische Verwendung
des Lexems. Περιπατεῖν kommt 16 Mal in Joh 1–20 vor (zudem findet es
sich in 21,18). Viermal wird es gebraucht im Zusammenhang mit Jesu
Aufforderung an den Gelähmten in 5,8.9.11.12. Sechs Mal ist Jesus Subjekt: in 1,36; 6,19; 7,1 (2x); 10,23 und 11,54. Bezeichnet wird in diesen
Stellen Jesu Vorübergehen am Täufer, seine Wanderungen durch Galiläa
und Judäa, sein Umhergehen im Tempel und sein Wandeln auf dem See. In
letzterem Fall entspricht das verwendete Wort der Sprachwahl der LXX in
Hi 9,8, wo von Gott gesagt wird, dass er auf den Wogen des Meeres ein-
herschreitet. Ein weiterer Beleg findet sich in 6,66. Subjekt sind hier „viele
seiner Jünger und Jüngerinnen" (πολλοὶ [ἐκ] τῶν μαθητῶν αὐτοῦ), die sich
nach den Ereignissen um die Brotrede von Jesus abwenden „und nicht
mehr mit ihm gingen/wandelten". Das „Nicht-mehr-mit-Jesus-Gehen" beinhaltet zunächst seine Wanderungen durch das Land, ist aber durchaus
auch noch auf einer tieferen Ebene zu verstehen: die Vielen, die sich nun
abwenden, „folgen" Jesus nicht mehr „nach". Das mag sich zunächst darin

---

[37] Einige Textzeugen lesen auch in Mk 2,9 schon ὕπαγε anstelle von περιπάτει. Die
Wortwahl in Mt 9,5f entspricht der markinischen. Lk 5,23 hat ebenfalls περιπατεῖν in der
Frage Jesu; die Aufforderung an den Gelähmten lautet dann 5,24: ἔγειρε καὶ ἄρας τὸ
κλινίδιόν σου πορεύου εἰς τὸν οἶκόν σου, wobei πορεύου in der Bedeutung dem markinischen ὕπαγε entspricht.

[38] Vgl. HAENCHEN, Johannesevangelium, 270; DERS., Probleme, 107 Anm. 2; FRÜH-
WALD-KÖNIG, Tempel, 156; HAKOLA, Identity Matters, 116ff; STRATHMANN, Johannes,
101.

[39] Vgl. III.3.

zeigen, dass sie nicht mehr mit ihm von Ort zu Ort ziehen, das heißt aber vor allem, dass sie seine Autorität, seinen hoheitlichen Anspruch und die Wahrheit seiner Worte nicht mehr anerkennen. Ihr Verhalten steht somit im Gegensatz zum Petrusbekenntnis in 6,68f.

Sowohl in der LXX als auch im Neuen Testament kann περιπατεῖν die übertragene Bedeutung von „Lebenswandel"[40] haben. Besonders konzentriert jedoch liegt dieser Gebrauch in den Johannesbriefen vor, in denen περιπατεῖν ausschließlich in diesem übertragenen Sinne verwendet wird:[41] Die Rede ist vom Wandeln nach den Geboten Christi, vom Wandeln in der Wahrheit und vom Wandeln im Licht. Letzteres Motiv findet sich auch bei den übrigen fünf Vorkommen von περιπατεῖν in Joh 1–20. Joh 8,12 verheißt den Jesu Nachfolgenden, dass sie nicht in der Finsternis wandeln, sondern das Licht des Lebens haben werden. Jesus selbst bezeichnet sich im selben Vers unmittelbar davor als das „Licht der Welt". Schon im Prolog werden das Leben, das in dem Logos Jesus ist, und wenig später der Logos selbst als „Licht" bezeichnet (1,4.9). Das Licht scheint in der Finsternis, die es nicht zu überwinden vermochte (1,5). Das Gegensatzpaar Licht und Finsternis spielt immer wieder eine Rolle im Verlauf des Evangeliums.[42] In ihm zeigt sich das johanneische Sphärendenken, nach dem ein Mensch entweder zu Gott und seinem Licht Jesus gehört oder sich in der licht- und damit gottfernen Finsternis befindet. Genau diese Zugehörigkeitsalternative wird mehrfach mit περιπατεῖν ausgedrückt, wobei sich die Bedeutung von περιπατεῖν einem „Sich-Aufhalten" annähert. So in 11,9.10, wo dem Metaphernpaar Licht und Finsternis das zweite Paar Tag und Nacht beigeordnet ist, und in 12,35, in dem περιπατεῖν gleich zweimal steht: „Noch eine kleine Weile ist das Licht unter euch. Wandelt (περιπατεῖτε), solange ihr das Licht habt, damit euch nicht Finsternis ergreife. Und wer in der Finsternis wandelt (ὁ περιπατῶν), weiß nicht, wo er hingeht (ὑπάγει)." Dieser Vers ist für das Verständnis von 5,8 deshalb besonders interessant, da in ihm περιπατεῖν neben ὑπάγειν steht. Eindeutig verwendet Johannes hier ὑπάγειν für das räumliche „Gehen" mit konkretem Ortsziel, während περιπατεῖν im übertragenen Sinne das „Wandeln" in Beziehung und Nähe zu Jesus meint. Diese Bedeutungszuordnung entspricht dem Gesamtbefund im vierten Evangelium: Nie stehen ὑπάγειν

---

[40] Beispiele sind u.a.: 2 Kön 20,3; Prov 8,20; Koh 11,9; Mk 7,5; Apg 21,21. Vgl. ähnlich auch NICKLAS, Ablösung, 276: περιπατεῖν „wird auch metaphorisch gebraucht, um den ‚Lebenswandel' des Glaubenden darzustellen".

[41] 1 Joh 1,6; 1,7; 2,6 (2x).11; 2 Joh 4.6 (2x); 3 Joh 3.4. Bezogen auf Petrus steht das Wort außerdem im Nachtrag zum Evangelium in Joh 21,18: Jesus kündigt seinem Jünger an, dass dieser im Alter nicht mehr wie früher wird gehen können, wohin er will. Περιπατεῖν steht hier also für die Gehfähigkeit, die im übertragenen Sinne die Möglichkeit zur eigenen Wahl des Lebensweges bezeichnet.

[42] Vgl. 3,19ff; 8,12; 12,35.46 u.ö.

oder πορεύεσθαι für ein Wandeln in Licht oder Finsternis, sondern stets περιπατεῖν.[43]

Die Untersuchung des Lexems περιπατεῖν im johanneischen Sprachgebrauch zeigt, dass das Wort, wenn es auf Menschen in Jesu Umgebung bezogen ist, eine übertragene Sinndimension beinhalten kann, die sich auf eine Zugehörigkeit zu Jesus, insbesondere als dem Licht der Welt, bezieht. Diese soteriologische Bedeutungsdimension von περιπατεῖν als „Lebenswandel" überwiegt bei den johanneischen Belegen deutlich.

Insofern ist es relevant, dass Johannes in 5,8 Jesu Wort an den Gelähmten mit περιπατεῖν formuliert. Unmittelbare Folgehandlung des Kranken nach der Heilung soll anders als in Mk 2parr nicht der Gang nach Hause und damit die Rückkehr ins alltägliche Leben sein. Ebensowenig fordert Jesus aber zum demonstrativ-provokanten Schabbatbruch auf.[44] Johannes denkt hier in einer anderen Dimension. Sowenig ihn der Kranke als Person interessiert (nicht einmal sein Name wird genannt), so wenig geht es ihm um seinen Alltag nach der Heilung. Die Heilung hat einen viel weitergreifenden Sinn: Sie ermöglicht dem ehemals Kranken das περιπατεῖν. Wie oben aufgezeigt beinhaltet das einerseits die physische Gehfähigkeit, gleichzeitig aber die Wahl eines Lebensweges mit Jesus „im Licht" oder fern von ihm „in der Finsternis". Die Mehrdimensionalität des Auftrages Jesu deutet auf eine entsprechende Mehrdimensionalität der folgenden Begebenheiten hin. Ganz deutlich wird diese mitgedachte Dimension des Heilungsgeschehens dann in 5,14 formuliert werden. Anders als bei den Synoptikern sagt Jesus dem Geheilten nicht, *wohin* er gehen soll. Der Gelähmte muss seinen Weg *wählen*. Und das tut er. Wenig später findet Jesus ihn im Tempel. Der Weg dorthin wird nicht berichtet, weder der des Geheilten noch der Jesu. Ihre Anwesenheit dort erscheint selbstverständlich.

Diese Selbstverständlichkeit wird für Johannes' erstes Lesepublikum schon in der Information von 5,1 begründet gewesen sein, dass sich die ganze Szene während eines Festes abspielt. Denn der Tempel ist der Ort, an dem sich die Mitglieder des Volkes während des Festes aufhielten. Dort konnten sie ihrem Gott so nah sein wie sonst nie.

---

[43] Vgl. KOESTER, Zeit, 800f: „Mit dem Herumgehen in der Finsternis meinte man das sündige Handeln, und folglich bedeutete das Herumgehen im Licht das Leben gemäß dem Willen Gottes. [...] Im Johannesevangelium bedeutet das Herumgehen in der Finsternis das Leben ohne den Glauben an Jesus."

[44] Vgl. THYEN, Johannesevangelium, 302.

2.4 Die besondere Gottesbegegnung und Zuwendung Gottes während der Feste

Wie verschiedene rabbinische Texte belegen, galt die Gottesbegegnung während der Feste als besonders intensiv und exklusiv. Das sei im Folgenden anhand einiger Beispiele aufgezeigt.

1. SifDev 143 zu Dtn 16,16:
   In Dtn 16,16 heißt es:

שָׁלוֹשׁ פְּעָמִים בַּשָּׁנָה יֵרָאֶה כָל־זְכוּרְךָ אֶת־פְּנֵי יְהוָה אֱלֹהֶיךָ בַּמָּקוֹם אֲשֶׁר יִבְחָר
בְּחַג הַמַּצּוֹת וּבְחַג הַשָּׁבֻעוֹת וּבְחַג הַסֻּכּוֹת וְלֹא יֵרָאֶה אֶת־פְּנֵי יְהוָה רֵיקָם.

„Drei Mal im Jahr soll erscheinen all dein Männliches vor dem Angesicht JHWHs, deines Gottes, an dem Ort, den er erwählen wird: Am Fest der ungesäuerten Brote, am Schawuotfest und am Sukkotfest. Und nicht soll man erscheinen vor dem Angesicht JHWHs mit leeren Händen."

Der Midrasch Sifre Devarim kommentiert dies folgendermaßen:[45]

,Drei Mal' (Dtn 16,16): ,Male' (פעמים) bedeutet [hier] nichts [anderes] als ,Zeiten' (זמנים). Eine andere Auslegung: ,Male' (פעמים) bedeutet [hier] nichts [anderes] als ,Wallfahrtsfeste' (רגלים). So sagt sie [sc. die Schrift]: ,Sie wird zertreten von dem Fuß, von den Füßen der Armen, den Tritten der Bedürftigen.' (Jes 26,6).
   ,Soll erscheinen' (Dtn 16,16): Indem er kommt, um zu sehen, so kommt er auch, um zu erscheinen [gesehen zu werden].
   ,Dein Männliches' (Dtn 16,16): Um die Frauen auszunehmen.
   ,All dein Männliches': Um die Minderjährigen einzubeziehen. Von daher sagte man: Wer ist ein Minderjähriger? Jeder, der nicht auf den Schultern seines Vaters reiten kann, um von Jerusalem zum Tempelberg hinaufzusteigen; Worte der Schule Schammais, weil gesagt ist: ,Dein Männliches'. Und die Schule Hillels sagt: Jeder, der nicht die Hand seines Vaters festhalten kann, um von Jerusalem zum Tempelberg hinaufzusteigen, weil gesagt ist: ,Drei Wallfahrtsfeste' (רגלים) (Ex 23,14).
   ,Vor dem Angesicht JHWHs, deines Gottes' (Dtn 16,16): Wenn du alles tust, was in dieser Angelegenheit gesagt ist, werde ich mich abwenden von all meiner Beschäftigung und ich werde mich ausschließlich mit dir befassen. [...]

Der Abschnitt gehört zum zentralen halachischen Teil des Werkes Sifre Devarim in den Piskaot 55–303.[46] Die Piskaot 127 bis 143 beschäftigen sich mit Bestimmungen zu den drei Wallfahrtsfesten in Dtn 16,1–17. Dem Aufbau des biblischen Textes folgend behandeln die Piskaot 128 bis 135 die Vorschriften für Pessachopfer und -fest, die Piskaot 136 bis 139 das Wochenfest, wobei aber auch für alle Wallfahrtsfeste geltende Opfervorschriften besprochen (138) und die Bräuche der drei Feste verglichen (139) werden. Die Piskaot 140 bis 142 wenden sich dem Laubhüttenfest und seinen Bestimmungen zu. Bevor in Piska 144 dann die Auslegung der folgen-

---

[45] Ed. FINKELSTEIN, 195f.
[46] Vgl. STEMBERGER, Einleitung, 268. Siehe dazu auch oben unter II.3.2.

den biblischen Perikope Dtn 16,18ff beginnt, geht es in der vorliegenden
Piska 143 um den für die Wallfahrtsfeste zentralen Satz Dtn 16,16.

Die Interpretation geht den Vers von Anfang bis Ende durch. Zunächst spielt sie mit der
Mehrdeutigkeit des Substantives פעם (Mal bzw. Tritt), dann mit dem Bedeutungsspektrum von לראות, das je nach Punktierung im Kal „sehen" und im Niphal „sich sehen lassen" bedeutet.[47] Als nächstes wendet die Auslegung sich der Bezeichnung der zum Erscheinen Aufgerufenen als כָּל־זְכוּרְךָ zu. Klar ist, dass Frauen hier nicht inbegriffen sind.
Die Frage, wie es sich mit (männlichen) Minderjährigen verhält, ist dagegen strittig. Die
unterschiedlichen diesbezüglichen Auffassungen der Schulen Hillels und Schammais
werden auch mHag 1,1 wiedergegeben.[48]

Bevor sich die Verfasser in der zweiten Hälfte der Piska mit der Reihenfolge der Nennung der Wallfahrtsfeste in Dtn 16,16 beschäftigen und die
Opfer gemäß Dtn 16,17 spezifizieren, steht ein Satz zu אֶת־פְּנֵי יְהוָה אֱלֹהֶיךָ,
der aus dem Kontext heraussticht. Er enthält keinerlei zusätzliche konkrete
halachische Anweisungen und ist zudem als direkte Gottesrede formuliert.
In Aufnahme des Wortes פְּנֵי in verbaler Form (פונה אני מכל עסקי) wird eine
verheißungsvolle Zusage als direkt Israel bzw. im Kontext der Piska auch
den einzelnen Leser ansprechende Gottesrede eingeschoben. Dieser Per-
spektivwechsel überrascht und hebt den Satz besonders hervor. Dadurch
gewinnt sein Inhalt ebenso an Gewicht wie dadurch, dass hier nicht die
Lehrmeinung eines Rabbis mitgeteilt, sondern Gott selbst zum Sprecher
gemacht wird. Am Wallfahrtsfest „vor dem Angesicht JHWHs" zu erscheinen, das verheißt eine besondere Gottesbeziehung. Dieses Erscheinen
vor dem Angesicht des Gottes Israels konstituiert eine persönliche und
uneingeschränkte Zuwendung dieses Gottes zu den an seinen Festen teilnehmenden Angehörigen des Volkes.

2. MekhY Kaspa 20 zu Ex 34,23:[49]

[...] ‚Dreimal im Jahr soll erscheinen [all dein Männliches] vor dem Angesicht des Herrn,
JHWH, des Gottes Israels.' (Ex 34,23). Warum ist das gesagt? War nicht schon gesagt
‚vor dem Angesicht des Herrn JHWH' (Ex 23,17)? Und was sagt die Schrift mit ‚Gott
Israels'? Allein, dass er mit Israel seinen Namen im Besonderen verbunden hat.
Desgleichen: ‚Höre Israel, JHWH ist unser Gott, JHWH ist einer.' (Dtn 6,4). Warum
ist das gesagt? War nicht schon gesagt ‚JHWH ist unser Gott'? Und was sagt die Schrift
mit ‚JHWH ist einer'? Allein, dass er mit uns seinen Namen im Besonderen verbunden
hat.
Desgleichen: ‚Deshalb, so spricht JHWH, der Gott Israels.' (2 Kön 21,12). Warum ist
das gesagt? War nicht schon gesagt ‚Siehe ich bin JHWH, der Gott allen Fleisches' (Jer

---

[47] Vgl. PÉREZ FERNÁNDEZ, Grammar, 96f.

[48] Auch diese Diskussion spielt mit der Mehrdeutigkeit eines Wortes: Die Schulmei-
nung Hillels gründet sich auf die Grundbedeutung von רגל: Fuß, aus der sie schließt, dass
die Wallfahrt auf eigenen Füßen angetreten werden muss.

[49] Ed. HOROVITZ/RABIN, 334.

32,27)? Und was sagt die Schrift mit ‚Gott Israels'? Allein, dass er mit Israel seinen Namen im Besonderen verbunden hat.

Desgleichen: ‚Höre, mein Volk, und ich werde reden, Israel, und ich klage dich an, Gott, dein Gott bin ich. Nicht wegen deiner Opfer weise ich dich zurecht, denn deine Brandopfer sind immer vor mir.' (Ps 50,7f). Ich bin Gott für alle, die in die Welt kommen, trotzdem habe ich meinen Namen nur verbunden mit meinem Volk Israel.

Der Textausschnitt entstammt der Mekhilta de Rabbi Jischmael,[50] die einen Kommentar zu Ex 12,1–23,19; 31,12–17; 35,1–3 bietet und sich hauptsächlich auf die gesetzlichen Teile konzentriert.[51] Er steht im achten von neun Traktaten, dem Traktat Kaspa, der den Kommentar zu Ex 22,24–23,19 enthält. Auf einen Abschnitt, der in Interpretation von Ex 23,14 und 23,17 die Ausnahmen von der Verpflichtung zur dreimal jährlichen Pilgerschaft zu den Wallfahrtsfesten diskutiert, folgen einige kurze Erläuterungen zu Ex 23,15 (vor allem zu „und man soll nicht erscheinen vor meinem Angesicht mit leeren Händen" und den daraus abgeleiteten Opfern) und Ex 23,16 (es wird betont, dass die Feste selbst im Schabbatjahr zu den festgesetzten Zeiten stattfinden).

Anschließend springt der Kommentar zum Vers Ex 34,23, in welchem in weitgehender wörtlicher Übereinstimmung mit Ex 23,17 (und Dtn 16,16) „alles Männliche" zum jährlich dreimaligen Erscheinen vor JHWH aufgefordert wird. Im Unterschied zu den beiden anderen Stellen wird JHWH jedoch in Ex 34,23 ausdrücklich als „Gott Israels" bezeichnet („Dreimal im Jahr soll erscheinen all dein Männliches vor dem Angesicht des Herrn JHWH, des Gottes Israels."). MekhY nimmt die Doppelung der Verse 23,17 und 34,23 zum Anlass, zu fragen, welche Bedeutung die zusätzliche Titulierung JHWHs als „Gott Israels" (אֱלֹהֵי יִשְׂרָאֵל) in 34,23 hat. In Parallelsetzung einiger anderer Stellen, an denen JHWH ebenfalls der „Gott Israels" genannt wird, deutet MekhY diese Formulierung als einen Hinweis auf die besondere Verbundenheit Gottes mit Israel. Obwohl JHWH Gott allen Fleisches ist (Jer 32,27), hat er sich und seinen Namen nur mit einem Volk in besonderer Weise verbunden: mit Israel, das dreimal im Jahr vor ihm erscheinen soll. In der Formulierung des Wallfahrtsgebotes in Ex 34,23 wird also ein Hinweis auf die mit Nachdruck vertretene Exklusivität der Beziehung Israels zu seinem Gott gesehen, wie sie sich auch im Schma-Jisrael niederschlägt.

---

[50] Die Endredaktion des Werkes kann mit STEMBERGER, Einleitung, 253 in die 2. Hälfte des 3. Jahrhunderts datiert werden. Vgl. zur Datierungsdiskussion die Literatur bei PLIETZSCH, Sache, 244 Anm. 1.

[51] Vgl. STEMBERGER, Einleitung, 250. Zur Textauswahl der Mekhilta vgl. PLIETZSCH, Sache, 251–253.

3. yHag 1,1/15 (76a):[52]

Rabbi Yehoschua ben Levi sagte: Woher [ist erwiesen], dass jeder, der das Gebot des Erscheinens erfüllt, ist, als würde er das Angesicht der Schechina empfangen? Daher: ‚Dreimal im Jahr soll erscheinen all dein Männliches vor dem Angesicht des Herrn JHWH usw.' (Ex 23,17).

Auch yHag 1,1/15 (76a) interpretiert das Gebot aus Ex 23,17, drei Mal im Jahr vor JHWH zu erscheinen, dahingehend, dass die Feier der Wallfahrtsfeste einer Begegnung mit der Gegenwart Gottes, der Schechina, von Angesicht zu Angesicht entspricht.

2.5 Die Begegnung Jesu und des Geheilten im Tempel

Im Kontext von Festen und Pilgerschaft sprechen noch verschiedene andere frühjüdische Texte von dieser besonderen Gottesbeziehung, die sich in Gottes Bund mit Israel ausdrückt.[53] Diese Verbindungslinie scheint also im antik-jüdischen Denken nahe gelegen zu haben. Die Feste und die Wallfahrten nach Jerusalem, die die für seine Gottesbeziehung konstitutiven Heilsereignisse des Volkes Israel feiern, erinnern und vergegenwärtigen, sind selbst Ausdruck dieser einmaligen Gottesbeziehung, die sich in ihnen ereignet, erneuert und für die Einzelnen erfahrbar wird.[54]

Indem der Geheilte in Joh 5 seinen ersten Weg den Weg aller Pilger während eines Festes sein lässt und sich in den Tempel begibt, sucht er diese Gottesbegegnung.[55] Er befolgt den Auftrag Jesu, zu „wandeln" und seinen Lebensweg zu wählen, indem er in den Tempel geht, und wird dort gefunden. Subjekt des Findens ist Jesus, das Licht, in dem zu „wandeln" ($\pi\epsilon\rho\iota\pi\alpha\tau\epsilon\hat{\iota}\nu$) für Johannes die Zugehörigkeit zu Gott bedeutet.

---

[52] Text: MS Leiden und Ed. princ. Venedig (ed. SCHÄFER/BECKER, Synopse zum Talmud Yerushalmi II/5–12, 312).

[53] Vgl. PesR 1 (dazu vgl. HAHN, Wallfahrt, 95–110). EkhaR Petichta 24,18 bringt die Tatsache, dass Israel nach der Zerstörung Jerusalems nicht mehr zu den Festen hinaufzieht, mit der Auflösung des Gottesbundes in Zusammenhang. Laut Philo, De Cher 90f gehören die Schabbate und Feste dem Schöpfer und keinem Menschen.

[54] Vgl. KÜCHLER, Heil, 164 über den Tempel während der Wallfahrtsfeste: „Der antike Jude konnte dort den Gott Israels mit allen seinen Sinnen erfahren wie nirgends sonst im Alltag und auf der Welt." In SifDev 52 wird das Versprechen aus Ex 34,24 „Und niemand wird dein Land begehren, wenn du hinaufziehst, um zu erscheinen vor dem Angesicht JHWHs, deines Gottes, drei Mal im Jahr." verstärkt in der direkten Zusage Gottes an die Wallfahrenden, dass er selbst über all ihren Besitz wachen wird, wenn sie nur hinaufziehen, um vor ihm zu erscheinen.

[55] Vgl. VOLGGER, Israel, 62: Das in Ex 23,17; 34,23 und Dtn 16,16 geforderte „Erscheinen vor YHWH [bedeutet] eine Bewegung zu einem Ort, wo YHWH gegenwärtig vorgestellt wird". FUHS, ראה, 251: „Der Israelit erlebt im (bildlosen) Jerusalemer Tempel Gottes Gegenwart und Gemeinschaft". Dass das schon für die deuteronomische Festtheorie gilt, zeigt BRAULIK, Freude, 211–215.

Johannes berichtet hier, dass die im Fest erhoffte und erwartete Gottesbegegnung in exklusiver Zuwendung dem ehemals Kranken zuteil wird: in
der Begegnung mit Jesus.[56] Damit aber hat der Geheilte nicht nur in körperlicher, sondern in weit tiefer greifender Dimension eine Schwelle überschritten. 38 Jahre lang war er krank und gehunfähig. 38 Jahre wurden die
Opfertiere durch das so nahe an Bethesda gelegene Schaftor zum Tempel
getrieben, feierte dort die Kultgemeinschaft Israels die Feste, in denen sie
die Heilsgeschichte des Volkes anamnetisch vergegenwärtigend erinnerte.
38 Jahre erlebten die Pilgernden bei jedem Wallfahrtsfest die besondere
Präsenz Gottes. Und 38 Jahre lang war der Lahme davon ausgeschlossen.
In nächster räumlicher Nähe zum heiligen Bezirk, war das Geschehen des
Festes doch unerreichbar weit entfernt.

Und mehr noch: Als Kranker war er auch gar nicht verpflichtet, dreimal
im Jahr als Pilger vor Gott zu erscheinen. Die Mischna und in ihrer Folge
weitere rabbinische Texte beschäftigen sich ausführlich mit detaillierten
Ausnahmeregelungen, wer von der allgemeinen und umfassenden Wall-
fahrtsverpflichtung ausgenommen ist. Insbesondere gelten diese Ausnahmen für verschiedene Gruppen Kranker und Behinderter. Wie diese
Regelungen aussehen und was sie theologisch bedeuten, soll im Folgenden
in einem Exkurs anhand von zwei Texten dargestellt werden.

Exkurs: Wem gilt das Wallfahrtsgebot?

1. mHag 1,1:[57]

Alle sind verpflichtet, zu erscheinen, ausgenommen ein Tauber, ein Schwachsinniger und
ein Minderjähriger, ein Geschlechtsloser und ein Zwitter und Frauen sowie nicht freige-
lassene Sklaven, der Lahme, der Blinde, der Kranke und der Greis und jeder, der nicht zu
Fuß hinaufsteigen kann.
  Welcher ist ein Minderjähriger? Jeder, der nicht auf den Schultern seines Vaters sit-
zen kann, um von Jerusalem auf den Tempelberg hinaufzuziehen; Worte der Schule
Schammais.
  Die Schule Hillels aber sagt: Jeder, der sich nicht an der Hand seines Vaters festhalten
kann, um von Jerusalem auf den Tempelberg hinaufzugehen, wie gesagt ist: ‚Drei Wallfahrtsfeste' (Ex 23,14).

Der Text eröffnet den Traktat Hagiga, den zwölften und letzten Traktat der
Ordnung Moed, der mit den drei Wallfahrtsfesten in Zusammenhang stehende Fragen behandelt. Bevor es um die Reinheitsvorschriften geht (ab
2,5), werden die während des Festes darzubringenden Opfer näher bestimmt (1,2–2,4). Bei dem hier vorliegenden Text handelt es sich um die
Einleitung dazu, die zunächst klärt, wer überhaupt zum Erscheinen im
Tempel und zum Opfern verpflichtet ist.

---

[56] Vgl. ZIMMERMANN, Christologie, 368.
[57] Text der Hs Kaufmann (ed. KRUPP, 3).

Ausgehend von Dtn 16,16 wird von der grundlegenden Verpflichtung zur Wallfahrt ausgegangen, im Folgenden werden dann aber einige Ausnahmen formuliert. Bei den vom Wallfahrtsgebot nicht betroffenen Personengruppen lassen sich zwei Hauptkategorien unterscheiden. Zum einen nimmt die Mischna all die vom Erscheinungsgebot aus, die nicht oder nicht eindeutig männlich sind. Ausgangspunkt ist bei diesen Personen also die Formulierung כָּל־זְכוּרְךָ in Dtn 16,16, die so verstanden wird, dass die Verpflichtung des Erscheinens nur denen gilt, deren Männlichkeit nicht in Frage steht. Von daher sind Geschlechtslose, Zwitter und Frauen davon nicht betroffen. Zum anderen befreit die Mischna die in ihren Möglichkeiten Eingeschränkten, denen die Wallfahrt schwer oder gar nicht möglich ist, von der Gebotspflicht: Lahme, Blinde und Kranke sowie Greise und alle, denen das Zufußgehen schwer fällt. In dieselbe Kategorie fällt wohl ferner der Sklave, der nicht frei über sich verfügen kann.[58] Auch Schwachsinnige und Taube müssen nicht im Tempel erscheinen. Nicht ganz klar in eine der beiden Kategorien einzuordnen sind die Minderjährigen. Sie könnten einerseits als noch nicht vollständig männlich – da unmündig – gelten, andererseits ist es auch möglich, dass die Strapazen der Wallfahrt den Kindern nicht zugemutet werden sollten und sie deshalb der zweiten Kategorie zuzuordnen sind. Wie die im Anschluss wiedergegebene Diskussion der Schulen Hillels und Schammais zeigt, ist an sehr junge Kinder gedacht. Während nach Schammais Verständnis auch schon den Kindern der Tempelbesuch geboten ist, die auf den Schultern ihres Vaters reiten können, gilt das Gebot nach Hillels Auffassung erst dann, wenn ein Kind den Weg auf seinen eigenen Füßen zurücklegen kann. Begründet wird diese Meinung durch den Verweis auf Ex 23,14, wo sich statt der Formulierung שָׁלוֹשׁ פְּעָמִים (drei Mal) in Dtn 16,16 der Ausdruck שָׁלֹשׁ רְגָלִים (drei Wallfahrtsfeste) findet. Die Auslegung spielt hier also mit der Grundbedeutung von רגל und betont den Aspekt des Selbergehens im Wallfahrtsgeschehen, der Lahme und andere nicht Gehfähige ausnimmt.

Wie die Mischna zu genau den aufgezählten Ausnahmen kommt, bedenken verschiedene andere rabbinische Texte, besonders ausführlich der folgende Ausschnitt aus der Mekhilta.

2. MekhY Kaspa 20 zu Ex 23,14:[59]

‚Drei Wallfahrtsfeste sollst du mir im Jahr feiern.' (Ex 23,14). Warum ist das gesagt? Dementsprechend, dass es heißt: ‚Drei Mal im Jahr soll all dein Männliches erschei-

---

[58] Der scheinbar überflüssige Zusatz שאינם משחררים („die nicht freigelassen sind") will vermutlich explizit auch Sklaven ausnehmen, die zwei oder mehr Herren gehörten und zu einem Teil freigelassen wurden, von mindestens einem Herrn jedoch nicht. Vgl. BANETH, Moed, 476. Vgl. dazu yHag 1,1/14 (76a) und bHag 1a–7b.

[59] Ed. HOROVITZ/RABIN, 332f.

nen...' (Ex 23,17; vgl. Dtn 16,16). Ich höre [darin]: zu jeder Zeit, da jemand will. [Deshalb] sagt die Schrift: ‚Am Fest der ungesäuerten Brote, an Schawuot und an Sukkot.' (Dtn 16,16). Oder [könnte es bedeuten:] am Fest der ungesäuerten Brote drei Mal und an Schawuot drei Mal und an Sukkot drei Mal? Die Schrift sagt: ‚Drei Wallfahrtsfeste sollst du mir im Jahr feiern.'

‚Drei Wallfahrtsfeste', [das betrifft] die, die auf ihren Füßen gehen, um die Lahmen auszunehmen.

‚Erscheinen' (יראה), um die Blinden auszunehmen.

‚Dein Männliches', um die Frauen auszunehmen.

‚All dein Männliches', um die Geschlechtslosen und die Zwitter auszunehmen.

‚Lies diese Weisung gegenüber ganz Israel' (Dtn 31,11), um Proselyten und Sklaven auszunehmen.

‚Vor ihren Ohren' (ebd.), um Taube auszunehmen.

‚Und du sollst fröhlich sein' (Dtn 16,11), um einen Kranken und einen Minderjährigen auszunehmen.

‚Vor JHWH, deinem Gott' (ebd.), um den Unreinen auszunehmen.

Von daher[60] sagten sie: Alle sind verpflichtet, zu erscheinen, außer einem Tauben, einem Schwachsinnigen und einem Minderjährigen, einem Geschlechtslosen und einem Zwitter, dem Lahmen und dem Blinden sowie dem Kranken und dem Greis.

Der Textausschnitt entstammt dem Traktat Kaspa der Mekhilta de Rabbi Jischmael.[61] Ausgehend von der Interpretation von Ex 23,14 („Drei Wallfahrtsfeste [שָׁלֹשׁ רְגָלִים] sollst du mir im Jahr feiern") und im Gespräch mit Ex 23,17, wo in weitgehender Übereinstimmung mit Dtn 16,16 zur dreimal jährlichen Wallfahrt aufgerufen wird („Drei Mal im Jahr soll all dein Männliches erscheinen vor dem Angesicht des Herrn JHWH."), bedenkt MekhY hier die Ausnahmeregelungen, wie sie sich beispielsweise in mHag 1,1 finden.

Die Befreiung der Lahmen von der Gebotspflicht wird wiederum mit dem Verweis auf die Grundbedeutung von רגל (aus Ex 23,14) begründet. Dieselbe Begründung findet sich auch im Kommentar des Yerushalmi zu mHag 1,1.[62] Der Ausschluss der Blinden gründet sich ebenfalls in der Doppelbedeutung eines Wortes, nämlich יראה, das je nach Punktierung sowohl „sehen" (Kal) als auch „gesehen werden" („erscheinen", Niphal) bedeuten kann.[63] Auch die Formulierung der Mischna הכל חיבין בראייה „Alle sind verpflichtet, zu erscheinen" (mHag 1,1) kann als „... verpflichtet zum Sehen" gelesen werden.[64] Liest man den Vers so, dann sind Blinde von der Verpflichtung ausgenommen. Explizit werden dann mit der Be-

---

[60] Die Wendung מכאן אמרו „von hier, daher" begründet die folgende These in den vorher zitierten Schriftversen. Vgl. BACHER, Terminologie I, 82.

[61] Zur Mekhilta de Rabbi Jischmael vgl. oben unter III.2.4.

[62] yHag 1,1/16 (76a).

[63] Vgl. FUHS, ראה, 251. Entsprechend auch im Toseftatraktat Hagiga (=Rijja) 1,1.

[64] Vgl. LEVY, Wörterbuch IV, 405: Das „Erscheinen im Tempel an den drei hohen Festen, vollständig ראית פנים בעזרה, [meint] eig. das Sehen des Gottesgesichtes in der Tempelhalle". Vgl. FUHS, ראה, 251.

zugnahme auf כָּל־זְכוּרְךָ die Frauen, Geschlechtslosen und Zwitter ausgenommen, wobei כָּל־זְכוּרְךָ im Sinne von „ganz/uneingeschränkt männlich" interpretiert wird.

Anschließend bietet MekhY eine Begründung für die Ausnahme der Sklaven von dem Gebot, die sie aus Dtn 31,11 ableitet. Da dort geboten wird, diese Weisung vor „ganz Israel" zu verlesen, werden die nicht in jeder Hinsicht vollwertigen Mitglieder des Volkes – die Sklaven und gegenüber mHag ergänzend auch die Proselyten – als davon ausgenommen betrachtet. Hier ist bereits angedeutet, was kurz darauf (nach einer kurzen Ausführung zu den Festopfern zu Ex 23,15 und in Interpretation der erneuten Aufforderung, dreimal im Jahr vor JHWH zu erscheinen, in Ex 34,23) ausgeführt wird, nämlich, dass im Festgebot eine besondere Beziehung zwischen JHWH und Israel impliziert wird.[65]

Der ausdrückliche Anhang in Dtn 31,11 „vor ihren Ohren" erklärt anschließend den Ausschluss der Tauben, und damit der Personengruppe in mHag 1,1, bei der am wenigsten zu ersehen ist, weshalb ihre Beeinträchtigung sie an der Wallfahrt hindern sollte. Dass sie nicht in der Lage sind, die verlesenen Weisungen zu hören, scheint sie von der Teilnahme am Festgeschehen im Vollsinn soweit auszuschließen, dass sie nicht erscheinen müssen.

Mit dem Gebot der Festfreude aus Dtn 16,11 wird dann die Ausnahmeregelung für die Kranken und die Minderjährigen begründet. Von ihnen kann nicht verlangt werden, dass sie sich freuen. Bei den Kranken wird das in ihrem – nicht freudigen – Zustand, bei den Minderjährigen in ihrer noch mangelnden Verständnisfähigkeit begründet sein. Auch der Yerushalmitraktat zu Hagiga erklärt den Ausschluss der Kranken mit der gebotenen Festfreude. Nach yHag 1,1/16 (76a) dienen die Verse Ex 23,14 und Dtn 16,11, mit denen die Ausnahmeregelungen für Lahme, Kranke und Alte begründet werden, ausdrücklich zur Erleichterung für die genannten Personen. Mit dieser Meinung wird Rabbi Yose zitiert, der weiter ausführt, dass man über jemandem, der sich freuen, aber nicht gehen kann, „Wallfahrten", und über jemandem, der gehen, aber sich nicht freuen kann, „und du sollst dich freuen" ausrufen soll, um die Betroffenen damit von der Pflicht des Erscheinens bzw. der Festfreude zu befreien. Dem Yerushalmitraktat geht es somit eindeutig darum, den Alten, Kranken und Lahmen die Beschwernisse der Pilgerfahrt zu ersparen, ohne dass sie deshalb fürchten müssten, gegen ein Gebot zu verstoßen. Vieles spricht dafür, dass diese Intention auch in den Regelungen der Mischna und ihrer Interpretation in der Mekhilta vorliegt.

Allerdings fügt MekhY, bevor sie zusammenfassend noch einmal die Aufzählung der Mischna wiedergibt (mit Auslassung der Frauen und Skla-

---

[65] S. dazu die Auslegung des Abschnittes oben III.2.4.

ven), eine dort fehlende Personengruppe ein: Aus der Formulierung „Vor JHWH, deinem Gott" in Dtn 16,11 wird gefolgert, dass auch Unreine von der Pflicht des Erscheinens ausgenommen sind.[66] Im Unterschied zu den vorigen – auch in der Mischna genannten – Personengruppen, die sicherlich zur Wallfahrt eingeladen waren, wenn sie trotz ihrer Einschränkungen dazu fähig waren, ist den Unreinen das Betreten des Tempelinneren (also der Vorhöfe im Gegensatz zum äußeren Tempelberg)[67] durch die Reinheitsgebote untersagt.[68] Insofern stellt es auch für diese Personengruppe eine Erleichterung dar, wenn die Mekhilta sie von der Pflicht des Erscheinens während der Wallfahrtsfeste ausnimmt, da die Unreinen auf diese Weise nicht in einen Normenkonflikt zwischen Reinheits- und Wallfahrtsgebot geraten.

Die Grundintention der Mischna und der sie aufnehmenden rabbinischen Texte ist, den Zwang von im weitesten Sinne Behinderten[69] zu nehmen. Demgegenüber ist die Folgerung, dass, wer nicht erscheinen muss, auch nicht erscheinen darf, sicherlich sekundär, kommt aber vereinzelt vor. So zitiert z.B. PesR 22 Rabbi Hiskia im Namen von Rabbi Abbahu mit der Ansicht, Jonas Frau, die zum Fest pilgern wollte, sei abgewiesen und nach Hause zurück geschickt worden. Diese Überlieferung zeigt, dass die Teilnahme von Frauen an Wallfahrtsfesten, auch wenn sie weitgehend als

---

[66] Ebenso tHag 1,1.

[67] Der Yerushalmi folgert aus der im Toseftatraktat Hagiga formulierten Ausnahme von Unreinen, dass das für die Feste gebotene „Erscheinen" vor JHWH nicht nur im äußeren, sondern im inneren Tempelbezirk stattfindet, den zu betreten den Unreinen verwehrt bleibt: yHag 1,1/18 (76a). Für die am Pessachfest, an dem im Unterschied zur sonstigen Opferdarbringung durch die Priester die Israeliten selbst opfern, aufgrund von Unreinheit Verhinderten gibt es einen Ersatzfesttermin (Num 9,10f; mPes 9,1ff; vgl. SAFRAI, Wallfahrt, 234ff). Anders sieht es für die aus, die an den übrigen Wallfahrtsfesten zwar ihre Opfer vom Priester darbringen lassen, jedoch nicht im Tempelinneren vor JHWH „erscheinen" und somit der Hauptintention der Feste nach Dtn 16,16 und Ex 23,17 nachkommen können.

[68] mKel 1,6–9 legt fest, dass durch einen Leichnam (also schwerst) Verunreinigte zwar noch den Tempelberg, jedoch nicht mehr die innere Einfriedung betreten dürfen. Für leichtere Formen von Verunreinigung galten geringere Restriktionen.

[69] Frauen gehören insofern in diesen Kreis, als sie durch ihre vorrangigen häuslichen Pflichten – ähnlich wie die Sklaven – zeitlich nicht unbedingt frei sind. Dass Frauen aber in großer Anzahl an den Wallfahrtsfesten im Tempel beteiligt waren, ist vielfältig belegt. Vgl. die vielen bei SAFRAI, Wallfahrt, 98–105 angeführten Quellen, die von Frauen-Wallfahrten berichten. Safrai nennt außerdem die Bezeichnungen „Frauen-Vorhof" und „Frauen-Tor" als Belege dafür, dass Frauen selbstverständlich die Tempelanlage betraten. Ferner wird in mKel 1,6–9 bei der Aufzählung der Heiligkeitsgrade kein grundlegender Unterschied zwischen Frauen und Männern gemacht. Die Beteiligung von Frauen am Fest setzt auch Lk 2,41ff voraus.

selbstverständlich betrachtet wurde,[70] dennoch nicht gänzlich unumstritten war.[71]

Doch auch abgesehen davon ist der Stellenwert der Gebotserfüllung so hoch anzusetzen, dass es keineswegs als erstrebenswert erscheinen kann, von der Geltung eines Gebotes ausgenommen zu werden. Vielmehr ist das Ziel die möglichst vollständige Erfüllung möglichst aller Gebote. Auch wenn die in den Ausnahmeregelungen genannten Personen aufgrund ihrer Verfassung also durch das Fernbleiben vom Fest nicht gegen ein Gebot verstoßen und ihr Heilsstand nicht in Frage gestellt wird, bleibt ihre Situation fern vom Fest defizitär gegenüber der Freude der vollständigen Gebotserfüllung.[72] Und wer von der Wallfahrt befreit ist, dem entgeht durch Nichtteilnahme eben auch die besondere Heilserfahrung, die die Wallfahrt vermitttelt.

✱✱✱

Die Ausführlichkeit und Genauigkeit, mit denen die Ausnahmen vom Wallfahrtsgebot für Menschengruppen, denen das Pilgern schwer fällt, in den rabbinischen Quellen bedacht und bestimmt werden, zeigen die große Relevanz des Erscheinens vor Gott während eines Festes, auf das nicht grundlos verzichtet werden darf. Die Bedeutung, die dem Pilgerweg beigemessen wurde, ist ferner auch aus den Ausnahmeregelungen zu ersehen, mit denen z.B. die kultische Unreinheit der Landbevölkerung während ihres Aufenthaltes in Jerusalem aufgehoben wurde, um das Miteinander der Pilgerströme zu ermöglichen.[73]

Insofern ist es als erhebliche Beeinträchtigung zu verstehen, dass der Kranke in Joh 5 durch seine Unfähigkeit zu gehen von der Festteilnahme und der darin sich ereignenden Gottesbegegnung ausgeschlossen war.[74] Indem er durch Jesus nun zur Teilnahme am Fest und am Kult fähig ist, ist er mehr als nur körperlich „geheilt": Es ist ihm nun möglich, ein weiteres wichtiges Gebot zu erfüllen und Gottes Gegenwart im Tempel zu erleben.

Der räumliche wie der zeitliche Kontext der johanneischen Heilung – Tempel und Fest – bringen zum Ausdruck, welche theologische Aussage

---

[70] Vgl. Josephus, Ant 11,109; tSuk 2,1; SAFRAI, Temple, 329f.

[71] Vgl. yBer 2,3/10 (4c); MekhY Pischa 17 zu Ex 13,9. Allerdings mögen im Falle der Frau des Jona auch andere Gründe als ihr Geschlecht ausschlaggebend gewesen sein. Möglich ist z.B., dass sie nicht als Frau, sondern als Nichtjüdin abgewiesen wurde.

[72] Vgl. AVEMARIE, Tora, 284–290, der als Beleg für den hohen Stellenwert der Erfüllung eines Gebotes um seiner selbst willen und die Freude daran u.a. tPea 3,8 anführt.

[73] Vgl. mHag 3,6; yHag 3,6/2 (79d). S. auch die Darlegung bei SAFRAI, Wallfahrt, 170f; KNOHL, Sectarianism, 601f; SAFRAI, Temple, 308f.

[74] Als jemand, der nicht auf seinen eigenen Füßen gehen kann, gehört der Kranke zu der Menschengruppe, die selbst mit fremder Hilfe das als konstitutiv für die Wallfahrtsfeste verstandene Selbergehen nicht erbringen könnte.

für Johannes im Vordergrund steht: In und durch Jesus wirkt der Gott Isra-els.[75] Jesu Handeln ist dadurch eingebunden in die Heilsgeschichte dieses Gottes mit seinem Volk: Wie einst und immer wieder Gott selbst Gemein-schaft mit sich stiftete, Gottesbeziehung ermöglichte und unheilvolle Zu-stände der Gottesferne aufhob, so tut er dasselbe in seiner Wirkeinheit mit seinem Sohn. Das, was Jesus in der folgenden Auseinandersetzung für sich reklamieren wird, dass seine Taten Gottes Taten sind und in ihm Gott sel-ber wirkt, das kommt in der Heilungsgeschichte bereits narrativ zum Aus-druck.

3. Jesu Wirken am Schabbat: Die Berichterstattung des Geheilten und der Schabbatkonflikt (5,14–18; 7,21–24)

3.1 Die Berichterstattung des Geheilten (5,14–15)

Nachdem Johannes vom Erfolg der Heilung berichtet hat, fügt er in Vers 9b hinzu: „Es war aber Schabbat an jenem Tag." Der Evangelist leitet da-mit über zu einem Gespräch zunächst des Geheilten und anschließend Jesu mit „den Juden" über den Schabbat, das wiederum den Auslöser für die Offenbarungsrede Jesu in den Versen 5,19–47 darstellt, auf die das Kapitel hinausläuft. Die Episode des Schabbatkonflikts dient also vor allem als Scharnier zwischen Heilungsgeschichte und Offenbarungsrede.[76] Durch das Tragen der Matte über eine längere Strecke, das am Schabbat nicht erlaubt ist und daher auffällt,[77] werden Jesu spätere Konfliktpartner auf die

---

[75] Explizit formuliert wird dieser Anspruch dann in Joh 5,19.21.26f; 10,37f; 14,9f u.ö.

[76] Zur Diskussion der Forschung, in welcher Tradierungsphase das Heilungswunder mit der Schabbatproblematik verknüpft wurde, vgl. LABAHN, Lebensspender, 243ff.

[77] Zu den 39 am Schabbat verbotenen Hauptarbeiten gehört nach mShab 7,2 das Hi-nübertragen eines Gegenstandes aus einem Gebiet in ein anderes (also aus einem öffent-lichen Bereich in einen privaten bzw. umgekehrt; vgl. die Erklärung bei BANETH, Moed, 3f). Vgl. auch mShab 1,1; 11,1f; tShab 1,1–4 und schon Jer 17,21–27; Neh 13,15–19; Jub 2,29f; 50,8; CD 11,9ff. (Das Verbot des Heraustragens [הוציא] konkret einer Trage bzw. einer als Bett verwendeten Matte (מטה) ohne einen darauf liegenden Menschen wird im-plizit in mShab 10,5 vorausgesetzt.) Die meisten Kommentare gehen davon aus, dass dieses Verbot im Hintergrund des Vorwurfs „der Juden" in 5,10 steht; vgl. BROWN, John I, 208; BARRETT, Johannes, 270; WENGST, Johannesevangelium I, 187; LABAHN, Spuren-suche, 167f; THOMAS, Gospel, 171f; LOHSE, σάββατον, 27. Auch DOERING, Schabbat, 468f erwägt das Verbot des Heraustragens als halachischen Hintergrund von Joh 5, kommt aber zu dem Schluss, dass es in Joh 5,10 „wohl präziser um das Verbot des Tra-gens im Freien" gehe (kursiv im Original; vgl. DERS., Sabbath Laws, 244f). Er verweist dafür zunächst auf 4Q265 6, 7 und Philo, Migr 91 (das Verbot des Lastentragens, ἀχθθ φορεῖν) und führt weiter aus: „Tannaitisch hat man im ‚öffentlichen Bereich' einen ‚Sab-batsitz' von 4 Ellen zugestanden, über den hinaus man nicht tragen darf." Als Beleg da-für führt er mEr 4,5 an (ebd., 469 Anm. 403). Doering verweist außerdem auf BILLER-

geschehene Heilung aufmerksam und so wird die christologische Auseinandersetzung und Jesu Rede provoziert. Das wird erreicht, indem der Geheilte gegenüber den ihn zur Rede Stellenden auf den Auftrag Jesu verweist, seine Matte aufzuheben und zu gehen (5,11). Dabei wird deutlich, dass er die Identität seines Wohltäters nicht kennt. Das ändert sich in Vers 14. Durch die neuerliche Begegnung weiß der Geheilte nun um Jesu Identität, die er daraufhin „den Juden" mitteilt.

Diese Aktion ist immer wieder im scharfen Kontrast zum Glaubensbekenntnis des geheilten Blindgeborenen in Joh 9 als Verrat des ehemals Gelähmten verstanden worden, der seinen Wohltäter bei den Behörden als für den Schabbatbruch Verantwortlichen anzeigt: „In einer Lage, in der der Geheilte um seine eigene Sicherheit bangen muß, gibt er Jesus preis."[78] Diese Interpretation geht jedoch von der im Text nicht zu belegenden Voraussetzung aus, dass sich der Geheilte in einer bedrohten Situation befindet. Von einer Verfolgungsabsicht „der Juden" ist aber erst in 5,16 gegenüber Jesus die Rede[79] – dass der Grund für diese Verfolgung rein christologisch ist, wird unten zu zeigen sein –, gegenüber dem Geheilten ist eine solche Absicht zu keiner Zeit angedeutet.

Zu beachten ist auch, *was* der Geheilte laut Joh 5,15 eigentlich kundtut: Er berichtet *nicht*, dass Jesus für seine *Übertretung* verantwortlich ist, sondern, dass Jesus ihn *geheilt* hat. Hierbei handelt es sich inhaltlich also nicht um die Anzeige eines Vergehens, sondern um die Anerkennung und öffentliche Bekanntmachung Jesu als Wundertäter. Dem entspricht, dass das Verb ἀναγγέλειν bei Johannes sonst immer positiv konnotiert ist und

---

BECK, Kommentar II, 458f, der neben mEr 4,5.7f auf bEr 48a Bezug nimmt, in dem das Tragen eines Gegenstandes im öffentlichen Bereich auf vier Ellen beschränkt wird. M.E. ist es wenig sinnvoll, zwischen den verschiedenen rabbinischen Vorschriften, die das Tragen einer Last am Schabbat begrenzen, zu unterscheiden und eine bestimmte als Hintergrund von Joh 5 feststellen zu wollen. Den im Detail nur leicht variierenden Bestimmungen, die das Lastentragen betreffen, ist gemeinsam, dass sie diese Arbeit am Schabbat auf ein Minimum beschränken, da es sich um eine grundsätzlich dem Schabbat nicht angemessene Handlung handelt. Aufgrund dieser Grundbestimmung fällt das Mattetragen des Geheilten in jedem Fall auf.

[78] METZNER, Der Geheilte, 186f. Vgl. auch SANDERS, St. John, 162; MORRIS, Gospel, 272f; BARRETT, Johannes, 271; LABAHN, Lebensspender, 234; 247f; DERS., Spurensuche, 161f; CULPEPPER, Anatomy, 137f; 194; KRAFFT, Personen, 22; THEOBALD, Johannes, 380. HAMMES, Ruf, 179 Anm. 10 kommt zwar zu dem Schluss, dass Joh 5,15 „keine Denunziation berichtet", meint das Verhalten des Gelähmten jedoch als „Ausdruck seiner anhaltenden ‚Ignoranz'" deuten zu können. Vgl. BECKER, Johannes I, 232f; KOESTER, Symbolism, 52f.

[79] Vgl. BROER, Heilung, 148. Der Auslöser der Verfolgungsabsicht gegen Jesus ist die Heilung und nicht das Tragen der Matte bzw. der Auftrag dazu.

einen Akt theologischer Verkündigung bezeichnet.[80] Wenn auch ein explizites Glaubensbekenntnis, wie es in Joh 9 folgt, an dieser Stelle fehlt, kann das Verhalten des geheilten Mannes doch auch hier im selben Sinne verstanden werden wie das des Blindgeborenen.[81]

Die Möglichkeit, dass der Evangelist den Geheilten nach Ex 31,14 sogar mit der Todesstrafe bedroht gesehen haben könnte, lässt sich jedenfalls aus historischen Gründen so gut wie ausschließen. So hatte das Synhedrion, seit Judäa im Jahre 6 n.Chr. unter direkte römische Herrschaft gestellt worden war, keine Befugnis mehr zur Ausübung der Kapitalgerichtsbarkeit.[82] Das wissen auch die Evangelien. So überliefert selbst Johannes, der in seiner Passionsgeschichte die aktive Rolle „der Juden" im Prozess und sogar bei der Hinrichtung Jesu möglichst deutlich hervorhebt und so weit wie möglich gehen lässt,[83] dass jüdische Institutionen unter der römischen Herrschaft keine Hinrichtungen durchführen durften: „Da sprach Pilatus zu ihnen: Nehmt ihr ihn und richtet ihn nach eurem Gesetz. Die Juden sagten zu ihm: Uns ist es nicht erlaubt, jemanden hinzurichten." (Joh 18,31).[84] Ferner überliefern die synoptischen Erzählungen von Schabbatkonflikten Jesu zwar, dass Jesu Konfliktpartner ihm seine Nichteinhaltung der Schabbatruhe vorwerfen, jedoch wird nie von offiziellen Maßnahmen berichtet, den Verstoß zu ahnden oder Jesus zu bestrafen, und es tritt nie ein Richter auf, der eine Strafe verhängen könnte.[85]

---

[80] Von den vier übrigen Belegen von ἀναγγέλειν haben drei den Geist (16,13.14.15) und einer den Messias (4,25) zum Subjekt. Vgl. THYEN, Johannesevangelium, 301; THOMAS, Sinning, 18; HARTENSTEIN, Charakterisierung, 78: „M.E. werden hier nicht Wörter des gleichen Stammes teils im Sinne von angemessener Verkündigung, teils für Anzeigen oder Verraten verwendet, sondern auch im Falle des Geheilten wird mit der Bedeutung von Verkündigung gespielt – unabhängig von der Absicht der verkündigenden Person und der erzielten Reaktion."

[81] Vgl. die ausführliche Argumentation bei THYEN, Johannesevangelium, 301f; 305, der zu dem Schluss kommt, dass der Erzähler das Urteil über den Geheilten zumindest offen lässt. Vgl. weiterhin NICKLAS, Ablösung, 279; THOMAS, Sinning, 18f und ausführlich SCHOLTISSEK, Glaube, 79–90. Anders LABAHN, Lebensspender, 247f.

[82] Vgl. Josephus, Ant 20,202; ECK, Rom, 23f; 40f; DEMANDT, Prozess, 24f; KIRNER, Strafgewalt, 349f; MÜLLER, Möglichkeit, 44–58 u.ö.; HAENSCH, Provinzverwaltung, 150; SCHÄFER, Geschichte, 121f; HORSTKOTTE, Strafrechtspflege, 313; KELLERMANN, Recht, 263–265.

[83] Vgl. Joh 19,12–16 u.ö.

[84] In einzelnen Fällen wurde die vorübergehende Vakanz des Statthalterpostens ausgenutzt, um eine – rechtswidrige – Hinrichtung durchzuführen (so die Steinigung des Jakobus 62 n.Chr., vgl. Josephus, Ant 20,200–203). Solche Fälle haben den Charakter von Lynchjustiz und stellen die grundsätzliche Gültigkeit der Regelung nicht in Frage. Vgl. dazu MÜLLER, Möglichkeit, 55–57; DEMANDT, Prozess, 24f; KELLERMANN, Recht, 264. Die einzige Ausnahme, in der die Römer – unter gewissen Auflagen – den jüdischen Behörden offiziell Hinrichtungen zugestanden, war das Recht zur Tötung von Nichtjuden, die den inneren Tempelbezirk trotz angebrachter Warnschilder betraten. Vgl. dazu KELLERMANN, Recht, 264; MÜLLER, Möglichkeit, 66–74; KIRNER, Strafgewalt, 164f.

[85] Insofern als es die Möglichkeit zu ihrer Durchführung nicht gab, kann die Forderung der Todesstrafe in den zeitgenössischen Quellen, in denen sie sich findet (vgl. insbesondere Philo, SpecLeg 2,249), nur als theoretisches Ideal und nicht als praktische Norm verstanden werden (vgl. KRAUTER, Bürgerrecht, 329). Ihr Sinn ist es vor allem, die

Bei der Anrede des Geheilten durch „die Juden" (also vermutlich Vertreter der jüdischen Führung oder auch schlicht andere am Fest teilnehmende Gläubige)[86] handelt es sich um einen Hinweis, der den Angesprochenen auf die Unvereinbarkeit des Mattetragens mit der Schabbatheiligung aufmerksam macht. Dieser Hinweis impliziert sicherlich die Aufforderung, das Verhalten gemäß den Geboten zu ändern, von einer akuten Bedrohung kann aber nicht die Rede sein.[87] Insofern muss man keinesfalls eine Feindseligkeit in die Geschichte hineinlesen.

3.2 Jesu Konflikt mit „den Juden" um die Heilung am Schabbat: erster Argumentationsgang (Joh 5,16–18)

Narrativ hat die Berichterstattung des Geheilten vor allem den Sinn, dass sie nun die Konfrontation zwischen „den Juden" und Jesus (5,16ff) ermöglicht.[88] In dieser Konfrontation geht es um die Heilungshandlung Jesu – und gar nicht mehr um das Tragen der Matte, das völlig aus dem johanneischen Interesse verschwunden ist.[89] Streitpunkt ist dabei aber nicht das

---

Wertschätzung des Schabbats und damit verbunden den hohen Stellenwert seiner Heiligung zu untermauern. Dass die Todesstrafe im Jubiläenbuch durchgehend auf die Entheiligung des Schabbats angesetzt wird, entspricht seiner besonderen Hochschätzung der Schabbathalacha, vgl. Jub 2,25ff; 50,8–13. Josephus dagegen, der im Allgemeinen eine große Nähe zur tannaitischen Halacha aufweist, nennt zwar in Ap 2,215–217 die Todesstrafe als Ahndung diverser Vergehen, jedoch nicht des Schabbatbruchs. Vgl. zum Thema auch DOERING, Schabbat, 68f; 361ff; 506f. Im rabbinischen Judentum wird infolge der biblischen Bestimmungen Ex 31,14.15; 35,2 und Num 15,32–36 die bewusste, vorsätzliche Entheiligung des Schabbats als ein todeswürdiges Vergehen eingeschätzt. So findet sich in der umfangreichen Aufzählung mit Steinigung zu bestrafender Vergehen in mSan 7,4 auch die Entheiligung des Schabbats. mSan 7,8 und mKer 1,1–2 unterscheiden ausdrücklich zwischen der vorsätzlichen Entweihung des Schabbats, auf der der Tod steht, und einer irrtümlichen Übertretung, die den Täter lediglich zu einem Sündopfer verpflichtet. Einer Bestrafung wegen Schabbatbruchs muss eine Verwarnung vorausgehen. Vgl. auch mShab 7,1.

[86] Vgl. KLAPPERT, Mose, 620f; THYEN, Johannesevangelium, 304.

[87] Vgl. WENGST, Johannesevangelium I, 198: „Die Auslegung sollte den Text nicht dramatisieren. Es liegt nicht mehr als ein schlichter Hinweis vor, der *nicht* mit einer Androhung von Sanktionen verbunden ist, aber sicherlich erwartet, dass aus ihm die richtige Konsequenz gezogen wird." (Hervorhebung D.F.) Als „Warnung" bezeichnet auch DIETZFELBINGER, Johannes I, 193 den Satz „der Juden" in 5,10.

[88] Vgl. BACK, Jesus, 150 Anm. 14; BLANK, Johannes 1b, 18.

[89] Vgl. DOERING, Schabbat, 469f: „Joh 5,16 gibt als Grund für die Verfolgung Jesu durch ‚die Juden' an: ‚weil er dies getan hatte (ἐποίει) am Sabbat'. E.Haenchen hat die Auffassung vertreten, daß sich ἐποίει ‚wohl nicht auf die Heilung, sondern auf Jesu Weisung an den Geheilten' bezieht. Doch das ist ganz unwahrscheinlich: Wie S.-O. Back mit Recht gefordert hat, ist ἐποίει (V.16) mit ποιήσας ... ὑγιῆ (V.11.15) in Verbindung zu bringen; letzteres weist eindeutig auf die *Heilung*. Es wäre in diesem Kontext völlig unvermittelt, würde ἐποίει an den genannten Formulierungen vorbei auf ein *verbales* Geschehen Bezug nehmen, das ansonsten mit λέγει (V.8) bzw. εἶπεν (V.11) und εἰπών (V.12) bezeichnet wird. Es ist daher der Auffassung beizupflichten, daß V.16 die Verfolgung Jesu mit seinem sabbatlichen Heilen zusammenbringt." (Hervorhebungen im Origi-

halachische Problem, ob das Gesundmachen eines jahrzehntelang Krank-
gewesenen zu den am Schabbat erlaubten Tätigkeiten gehört – der johanneische Jesus behauptet gar nicht, dass es so sei –,[90] sondern der christologische Anspruch, mit dem Jesus die Heilungshandlung rechtfertigt. Thema
sind also *nicht* die konkrete Auslegung und Anwendung der Schabbathalacha bzw. deren Grenzen, sondern die Christologie und somit der Konflikt
zwischen johanneischer Gemeinde und Synagoge um eine Wirkeinheit von
Gott und Jesus und dessen Verehrung als Gottessohn.[91] Zwar dient der
Vorwurf, dass Jesus „dieses am Schabbat getan hatte" (5,16), als Ausgangspunkt des Konflikts und erster Anlass der Verfolgungsabsicht „der
Juden" gegenüber Jesus, jedoch wird dieser Vorwurf nur indirekt und äußerst knapp wiedergegeben und leitet sofort zum eigentlichen Ausein-
andersetzungspunkt, der Christologie, über (5,18).[92] Der christologische
Anspruch des johanneischen Jesus drückt sich in dessen Antwort auf den
Vorwurf seiner Gegenüber aus: „Mein Vater wirkt noch immer, und so
wirke ich." (5,17).[93] Jesus verteidigt sein Tun also weder durch eine Infra-
gestellung der Schabbatvorschriften noch mit einer bestimmten Auslegung
derselben. Weder greift er den Schabbat an oder negiert die Gültigkeit der
Halacha noch bemüht er sich zu erweisen, dass sein Handeln sich innerhalb des am Schabbat für Menschen Erlaubten befindet. Anders als in den
synoptischen Schabbatkonflikten wie z.B. Mk 2,23–28; 3,1–5, in denen die
Argumentation Jesu darauf zielt, die Übereinstimmung seines Handelns

---

nal, ebd. auch weitere Literatur; vgl. DERS., Sabbath Laws, 245). Vgl. auch BACK, Jesus,
150 Anm. 17, der allerdings annimmt, dass nicht nur die in den Versen 1–9 erzählte,
sondern noch weitere Heilungen durch Jesus am Schabbat im Blick sind. Anders BROER,
Heilung, 147 und HAENCHEN, Johannesevangelium, 272, der ταῦτα ἐποίει ἐν σαββάτῳ
auf Jesu Aufforderung an den Geheilten, die Matte aufzunehmen, bezieht. Es gilt aber
wieder, zu beachten, was der Geheilte in dem 5,16 unmittelbar vorausgehenden Vers
„den Juden" berichtet: Dass Jesus ihn geheilt hat, und nicht, dass er ihn zum Mattetragen
aufforderte.

[90] Zum Hintergrund des Heilungsverbotes und seiner Einordnung in die Schabbathalacha vgl. DOERING, Schabbat, 441–467.

[91] Vgl. LABAHN, Lebensspender, 258: „Der Sabbat wird nicht wie in den synoptischen
Überlieferungen durch das Anbrechen der Gottesbasileia aufgehoben, sondern es geht um
das Verhältnis Jesu zum Sabbat als eine *Überlegung zum Verhältnis zwischen Jesus, dem
Sohn, und Gott, dem Vater.*" (Hervorhebungen im Original). Vgl. auch KNÖPPLER, theologia crucis, 188f.

[92] Vgl. HAMMES, Ruf, 180; LABAHN, Lebensspender, 253.

[93] Zur Übersetzung des ἕως ἄρτι mit „noch immer" vgl. BERTRAM, ἔργον, 636; THY-
EN, Johannesevangelium, 307 (Die Formulierung betont „die verläßliche Dauer im Sinne
von ‚immer noch', ‚unaufhörlich', ‚auch am Sabbat'."). Vgl. DOERING, Schabbat, 470
Anm. 412: „Die Pointe liegt im *ununterbrochenen* Wirken Gottes." (Hervorhebung im
Original); DODD, Interpretation, 320: „Jesus claims that in healing (i.e. giving life) on the
Sabbath He is doing what God always is doing [...]. This puts the controversy at once on
the highest theological level."

mit den anerkannten Regeln der Schabbatruhe zu zeigen bzw. die Interpretation der Halacha zu weiten, reiht sich die Argumentation des johanneischen Jesus nicht in die vielfältige jüdische Diskussion um Grenzfälle und
Ausnahmen des Schabbatgebotes ein,[94] sondern liegt auf einer anderen
Ebene.[95] Während menschliches Arbeiten am Schabbat nicht gestattet ist,
gibt es einen, der auch an diesem Tag wirkt: Gott. Die Bedeutung des Satzes Jesu in Joh 5,17 erschließt sich vor dem Hintergrund der Vorstellungen
vom göttlichen Wirken am Schabbat, wie sie in Texten Philos zu Gottes
Schöpferwirken sowie der rabbinischen Schöpfungshaggada zum Ausdruck
kommen.

3.2.1 Gottes Wirken am Schabbat bei Philo und in der rabbinischen Haggada

Die Berichte Gen 2,2f; Ex 20,11; 31,17, dass Gott am siebten Tag ruhte,
haben im Judentum schon sehr früh zu der Frage geführt, ob Gott am
Schabbat sein Wirken unterbricht,[96] was sich nicht mit der Vorstellung
seiner kontinuierlichen, die Welt erhaltenden Schöpfungstätigkeit vereinbaren ließe. Schließlich gehen auch Gen 2,2 MT (וַיְכַל) sowie die Targume
Pseudo-Jonathan (ואשלים) und Onkelos (ושיצי) zur Stelle schon davon aus,
dass Gott am Schöpfungsschabbat sein Werk *vollendete*.[97] Was im hebräischen Bibeltext und den Targumen offensichtlich nicht als Widerspruch
empfunden wurde – das Ruhen Gottes bei gleichzeitiger schöpferischer
Wirksamkeit am Schabbat –, hat im hellenistischen und rabbinischen Judentum zu vielfältigen Diskussionen geführt.[98]

So nimmt Philo deutlich Anstoß an der Vorstellung, Gott habe am siebten Schöpfungstag geruht und also zu schaffen aufgehört. Er greift die Ar-

---

[94] Vgl. MekhY Schabbeta/Ki-tissa 1 zu Ex 31,12–16 u.v.a. Vgl. DOERING, Schabbat,
passim, v.a. 441–467; 566–578.

[95] Vgl. THYEN, Johannesevangelium, 303: „Geht es nämlich bei den Synoptikern vor-
wiegend um die Frage nach Recht und Grenzen der Sabbat-Halacha, darum also, was der
Mensch am Sabbat tun und was er nicht tun darf sowie darum, ob und in welchen Fällen
das Sabbatgebot hinter dem höheren Gebot der Liebe zurücktreten muß, so sind die beiden einzigen Sabbatkonflikte unseres Evangeliums in den Kapiteln 5 und 9 an diesen
Fragen überhaupt nicht interessiert. Ihnen gegenüber sind sie vielmehr streng *christologisch* orientiert" (Hervorhebungen im Original). Vgl. auch KRIENER, Glauben, 130 Anm.
265.

[96] Vgl. BERTRAM, ἔργον, 636.

[97] Im Targum Neofiti ist Gottes Memra (... ואשלם ממריה דייי) das Subjekt der Vollendung des Geschaffenen am siebten Tag.

[98] Vgl. DOERING, Schabbat, 470f inkl. Anm. 409; BURER, Background, 32–121;
WENGST, Johannesevangelium I, 203f; DODD, Interpretation, 320–322.

gumentation der zeitgenössischen Philosophenschulen auf[99] und bestimmt
Gott in De Cher 87 als „Urgrund aller Dinge", der „seinem Wesen nach
immer tätig ist und niemals aufhört das Beste zu wirken".[100] Und in All
1,5f heißt es:

[...] denn Gott hört niemals auf zu schaffen; wie vielmehr das Brennen zum Wesen des
Feuers und das Abkühlen zu dem des Schnees gehört, so das Schaffen zum Wesen der
Gottheit, umso gewisser, da sie ja für alle anderen Wesen den Quell der Tätigkeit bil-
det.[101]

Mit der Aussage der LXX in Gen 2,2: καὶ συνετέλεσεν ὁ θεὸς ἐν τῇ ἡμέρᾳ
τῇ ἕκτῃ τὰ ἔργα αὐτοῦ ἃ ἐποίησεν καὶ κατέπαυσεν τῇ ἡμέρᾳ τῇ ἑβδόμῃ
ἀπὸ πάντων τῶν ἔργων αὐτοῦ ὧν ἐποίησεν, bringt Philo diese Definition
des göttlichen Wesens in Einklang, indem er hervorhebt, dass die LXX das
Ruhen Gottes mit der aktiven Form κατέπαυσεν und nicht mit ἐπαύσατο
zum Ausdruck bringt (All 1,6). Er interpretiert den Ausdruck dementsprechend auch transitiv:

Vortrefflich ist daher auch der Ausdruck ‚er brachte zur Ruhe', nicht ‚er ruhte'; denn er
bringt zur Ruhe das scheinbar Schaffende, tatsächlich nicht Wirkende, hört aber selbst
niemals auf zu schaffen.[102]

Philo geht in All 1,5 davon aus, dass Gott, nachdem er am siebten Tag „die
Erschaffung der sterblichen Wesen abgeschlossen hatte, [...] mit der Bildung anderer, göttlicherer Wesen"[103] begann. Ein wenig anders argumentiert er in De Cher 86ff, wo er Gott als das einzig wirklich ausruhende Wesen bezeichnet. Dieses ‚Ausruhen' ist für Philo allerdings explizit nicht
Untätigkeit (ἀπραξία), sondern „die mühelose Tätigkeit ohne Beschwerde
und in vollster Leichtigkeit",[104] die von keinem der Wandlung und damit
auch der Müdigkeit unterworfenen Wesen ausgesagt werden kann.
   Völlig anders argumentieren die rabbinischen Überlieferungen in Bezug
auf das Verhalten Gottes am Schabbat. Doch gehen auch sie davon aus,
dass Gott seine schöpferisch-erhaltende Tätigkeit nicht unterbricht. So
fragt MekhY Bachodesch 7 zu Ex 20,11, wie vom Ruhen Gottes gesprochen werden kann, wenn es doch zugleich z.B. in Jes 40,28f heißt, dass

---

[99] Vgl. dazu und zu der Diskussion über das Ruhen Gottes nach Gen 2,2f im hellenis-
tisch-römischen (auch paganen) Raum COOK, Interpretation, 64–70; HEINEMANN, Philon,
111f. Vgl. z.B. Cicero, Vom Wesen der Götter I, 21f (GIGON/STRAUME-ZIMMERMANN,
Cicero, 34f).
[100] Übersetzung nach COHN, Werke III, 194.
[101] Übersetzung nach Heinemann in COHN, Werke III, 18.
[102] All 1,6. Übersetzung nach Heinemann in COHN, Werke III, 18.
[103] Übersetzung nach Heinemann in COHN, Werke III, 18. Vgl. All 1,16.
[104] Übersetzung nach COHN, Werke III, 194.

Gott nicht müde wird. Die Antwort der MekhY gibt der Rede vom Ruhen Gottes eine pädagogische Funktion:[105]

Es ist, als ob er über sich selbst schreiben ließ, dass er seine Welt in sechs Tagen schuf und am siebten ruhte. Und siehe, die Worte ergeben einen Kal-vaChomer-Schluss: Wenn der, vor dem es keine Erschöpfung gibt, über sich selbst schreiben ließ, dass er seine Welt in sechs [Tagen] schuf und am siebten ruhte, um wie viel mehr [soll] ein Mensch [am siebten Tag ruhen], über den geschrieben steht: ‚Der Mensch ist zur Mühsal geboren' (Hi 5,7).

Während diese Stelle der MekhY die Rede vom Ruhen Gottes am Schabbat anstößig findet, da sie den Eindruck erwecken könnte, Gott habe dieses Ruhen aus Gründen der Ermüdung nötig, expliziert BerR 11,5 die von Gott am Schabbat ausgeführte Tätigkeit genauer und zielt auf die Vereinbarkeit des Wirkens Gottes am Schabbat mit dem Gebot der Schabbatruhe. Der Midrasch setzt voraus, dass Gottes erhaltendes Schaffen am Schabbat für den Lauf der Welt nötig ist: Sonst würde kein Wind wehen und kein Regen fallen. Diese Aussage, die dem „Tyrannen Rufus" in den Mund gelegt wird, ist die unangefochtene Voraussetzung für den Vorwurf, den der Midrasch den Tyrannen gegenüber Rabbi Akiba formulieren lässt:[106] Gott ehre den Schabbat offensichtlich selbst nicht, da weder Wind noch Regen an diesem Tage ausbleiben. Die Antwort Rabbi Akibas zielt in ihrer Argumentation darauf ab, die Übereinstimmung des Handelns Gottes am Schabbat mit den geltenden Halachot zu zeigen: Es ist einem Menschen am Schabbat erlaubt, etwas innerhalb des eigenen Hofs fortzubewegen,

---

[105] Ed. Horovitz/Rabin, 230.

[106] Ein religiöses Problem und seine Lösung in Form eines Dialogs zwischen einem Rabbi und einem nichtjüdischen Gesprächspartner, der Anfragen an die jüdische Lehre stellt, narrativ zu entfalten, ist ein typisches haggadisches Motiv. Vgl. dazu Avemarie, Traces, 161–167; Holtz, Herrscher, 185–305. Bestimmte Dialog-Paare treten dabei immer wieder auf. (Vgl. z.B. Ilan, Matrona, 18–51; Jacobs, Institution, 124–154; Neusner, Life, 218–224.) „The stereotypical recurrence of these pairs leaves no doubt that behind the majority of these dialogues is a literary pattern rather than individual historical reminiscence." (Avemarie, a.a.O., 161). Wenn die Texte auch zeigen, dass den Rabbinen die Möglichkeit bewusst war, dass pagane Zeitgenossen Interesse am Judentum zeigen und Anfragen an seinen Glauben stellen und darauf vernunftmäßig zu begreifende Antworten erhalten könnten, so ist doch davon auszugehen, dass es sich bei den in Dialogform verhandelten Problemstellungen hauptsächlich um innerjüdische Problem- und Fragestellungen handelt. Das umso mehr als sicherlich kaum ein zeitgenössischer Nichtjude rabbinische Texte zur Kenntnis nahm (vgl. Avemarie, a.a.O., 164; Holtz, Herrscher, 296–300). Die Antworten auf Anfragen von Nichtjuden in rabbinischen Texten zielen also „to the needs of a Jewish readership rather than to non-Jewish thirst for knowledge. The *matrona* or the emperor simply serve to represent the otherness that is needed for shaping the own, Jewish, belief and identity" (Avemarie, a.a.O., 167, kursiv im Original).

wenn dieser ihm allein gehört.[107] Da die ganze Welt Gott gehört, kann er in ihr frei agieren.[108] Das heißt, Gottes erhaltendes Schöpferhandeln am Schabbat wird unbestritten vorausgesetzt, vehement wird aber seine Übereinstimmung mit den am Schabbat geltenden Regeln verfochten.

„Hier wird halachisch argumentiert, mit den Regelungen über das Verhalten am Sabbat und nicht gegen sie. Gott steht nicht über dem Sabbatgebot, das er doch selbst gegeben hat."[109]

3.2.2 Jesu Heilungshandeln und Gottes Wirken am Schabbat in Joh 5,17f

„Dass Gott als Schöpfer und Erhalter auch am Sabbat wirkt, was sich für diejenigen, die ihn als Schöpfer bekennen, nicht übersehen lässt, ist eine Voraussetzung, die Jesus in V.17 zunächst ausspricht."[110]

Indem er dann sein Heilungshandeln mit dieser erhaltenden Schöpfertätigkeit Gottes vergleicht, interpretiert der johanneische Jesus auch die Heilung des Kranken als Akt der bewahrenden und erneuernden Schöpfung.[111] Die Antwort Jesu in Vers 17 vertritt also den Anspruch, dass sein Tun nicht dem durch die Halachot geregelten und begrenzten menschlichen Arbeiten, sondern dem ununterbrochenen Schöpfungswirken Gottes entspricht: „his relation towards the Sabbath is thus the same as God's".[112] Damit bringt der johanneische Jesus schon in 5,17 zum Ausdruck, was in 5,19.21f explizit formuliert wird: Er handelt in Wirkeinheit mit Gott und die Werke, die er tut, sind Gottes Werke.[113] Die johanneischen Schabbatkonflikte

---

[107] Vgl. mEr; mShab.

[108] Weitere dementsprechende Argumentationen finden sich im deutlich späteren Midrasch ShemR, 30,9. Vgl. auch WENGST, Johannesevangelium I, 204.

[109] WENGST, Johannesevangelium I, 204. Der Schluss des Midrasch-Kapitels (BerR 11,10) bringt eine weitere Näherbestimmung und Charakterisierung der göttlichen Tätigkeit am siebten Tag, die sich auch MekhY Schabbeta/Ki-tissa 1 zu Ex 31,17, MekhSh Jithro zu Ex 20,11 und PesR 23 findet. Demnach ruht Gott am Schabbat zwar von seinem schöpferischen, nicht jedoch von seinem richtenden Handeln. Auf die Bedeutung der richtenden und lebensschaffenden/-erhaltenden Wirksamkeit Jesu in der folgenden Rede Joh 5,20ff ist verschiedentlich hingewiesen worden; vgl. DODD, Interpretation, 322; BERNARD, Guérison, 33. Zur Diskussion und Kritik dieser möglichen Verbindung im Johannesevangelium vgl. DOERING, Schabbat, 471.

[110] WENGST, Johannesevangelium I, 205.

[111] Dem entspricht auch die Bezeichnung des Tuns Jesu mit dem Wort ἐργάζεσθαι: Mit dem Begriff ἔργον wird in der LXX in Gen 2,2f und öfter das Schöpfungshandeln Gottes bezeichnet. Vgl. BERTRAM, ἔργον, 633f; THYEN, σημεῖον, 700.

[112] BACK, Jesus, 152. Vgl. HANSON, Gospel, 67.

[113] Vgl. BULTMANN, Johannes, 188; SCHNACKENBURG, Johannesevangelium II, 130; BACK, Jesus, 152; HÜBNER, Theologie, 166.

„kreisen [...] nicht um die Frage, was *Christen* am Sabbat dürfen. Im Zentrum steht vielmehr die Frage nach der Gottheit Jesu, der wie der Vater auch am Sabbat seine Schöpfung erhält".[114]

„Die Juden" in Joh 5 sehen sofort die theologischen Implikationen der Antwort Jesu und versuchen nun „umso mehr, ihn zu töten, weil er nicht nur den Schabbat auflöste, sondern auch Gott seinen eigenen Vater nannte und sich selbst Gott gleichmachte" (5,18). Der hier wiederum nur indirekt formulierte Vorwurf, Jesus löse den Schabbat auf, auf den im Folgenden in keiner Weise eingegangen wird, trifft nach johanneischem Verständnis weder in Bezug auf das vorher erzählte Geschehen noch auf sonstige Aussagen des johanneischen Jesus zu.[115] Der Vorwurf drückt vielmehr ein Missverstehen der Gegenüber Jesu aus. Da sie nicht glauben, dass in Jesus Gott selbst am Werk ist, beurteilen sie ihn nach menschlichen Maßstäben. „Sie mißverstehen die Heilung, weil sie nicht verstanden haben, daß Jesus wie sein Vater durch seine Tätigkeit den Sabbat nicht berührt."[116] Tatsächlich löst der johanneische Jesus den Schabbat nicht nur nicht auf, sondern zielt im Gegensatz zur synoptischen Argumentation nicht einmal auf eine freiere Auslegung der Ausnahmeregelungen zur Schabbatruhe ab. Die Schabbathalacha steht schlichtweg nicht zur Debatte.[117] Was dagegen zur Debatte steht, sind der Status Jesu und der Anspruch der johanneischen Gemeinde, dass in ihm der Schöpfergott wirkt.[118]

---

[114] THYEN, Art. Johannesevangelium, 203 (Hervorhebung im Original). Vgl. schon BULTMANN, Theologie, 356; AUGENSTEIN, Jesus, 166; PANCARO, Law, 14; MENKEN, Feste, 285. ONUKI, Gemeinde, 30 formuliert allgemeiner: Der johanneischen „Auseinandersetzung Jesu mit ,den Juden' fehlen ferner ihre synoptischen Topoi: die Probleme von Fasten, Reinheit, Ehebruch und Erwählung der Heiden. Sie ist eher eine dogmatische Auseinandersetzung um die Person Jesu." Vgl. ferner DOERING, Schabbat, 472: Eine „Abrogation des Sabbats, die auch für andere Menschen verbindlich wäre, ist nicht Gegenstand dieses Stücks".

[115] Vgl. WENGST, Johannesevangelium I, 205f. Ebd. findet sich auch eine Erklärung für diesen Vorwurf, in dem sich pauschalisierend ein Konflikt um die konkrete Schabbatpraxis zwischen johanneischer Gemeinde und ihrer Umgebung widerspiegeln könnte. Vgl. ferner FREY, Eschatologie III, 344 Anm. 90. Überhaupt ist es wenig plausibel, ausgerechnet in Joh 5 eine allgemeingültige johanneische Interpretation der Schabbathalacha zu suchen. Da die gesamte Perikope darauf hinzielt, Jesu Gottessohnschaft zu erweisen, also zu zeigen, dass Jesus in die Sphäre Gottes und nicht der Menschen gehört, wäre die Erzählung denkbar schlecht geeignet, um aus Jesu Handeln eine menschliche Verhaltensregel abzuleiten. Anders dagegen PANCARO, Law, 160; LOHSE, σάββατον, 28: „Jesus hat den Sabbat nicht nur durchbrochen, sondern er löst ihn auf."

[116] AUGENSTEIN, Jesus, 167.

[117] Wie oben dargestellt, steht nach rabbinischem Verständnis das Wirken Gottes am Schabbat klar mit der Schabbathalacha im Einklang!

[118] Anders scheint es sich auf den ersten Blick bei der in Joh 7,21ff folgenden erneuten Diskussion um die Berechtigung der Heilung zu verhalten. Dass die Argumentation von Joh 7 aber ebenso wie die in Joh 5 auf die christologische Bedeutung Jesu zielt, wird

Vermutlich liegt die Absicht, zu zeigen, dass Jesu Handeln Schöpfungshandeln ist, auch der seltsamen Perikope der Kindheitserzählung des Thomas KThom 2,1–5 zugrunde.[119] Hier wird berichtet, dass der fünfjährige Jesus an einem Schabbat zwölf Sperlinge aus Lehm formt. Ein anderer Jude, der ihn beobachtet hat, meldet seinem Vater Josef diese am Schabbat verbotene Tätigkeit. Als Josef seinen Sohn jedoch zur Rede stellt, klatscht dieser in die Hände, woraufhin die Sperlinge ihre Flügel öffnen und zwitschernd davonfliegen.[120] Das Formen der Spatzen aus Lehm enthält deutliche Anklänge an die Erschaffung des Menschen durch Gott in Gen 2. Daher liegt es nahe, hier das Handeln Jesu mit dem Handeln Gottes parallelisiert bzw. ausgedrückt zu sehen, dass in Jesus der Schöpfergott am Werk ist.[121]

3.2.3 Zusammenfassung

Indem der Evangelist zeitgenössische jüdische Überlegungen zu Gottes andauerndem Wirken am Schabbat aufgreift und das Handeln Jesu diesem Schöpfungswirken Gottes parallelisiert, kommt er über das Hilfsmittel der Schabbatdiskussion zu seinem eigentlichen Thema: Die Einheit von Gott und Jesus, deren Bekenntnis seine Gemeinde von der Synagoge trennt.[122] Zum ersten Mal im Evangelium wird in Joh 5,18 die Tötungsabsicht der Gegner Jesu ausdrücklich formuliert. Dass das an dieser Stelle geschieht, ist kein Zufall. Es geht nun um nicht weniger als um den Kern der johanneischen Christologie: Jesu Einheit mit seinem Vater. Dieser Anspruch trennt die Gemeinde des Evangelisten vom Judentum und ihn versucht er mit allen Mitteln zu verteidigen. Dementsprechend entzündet sich an diesem Anspruch die höchste Stufe der Feindschaft der Gegner Jesu: ihr Vor-

---

im Folgenden zu zeigen sein. Noch ein weiteres Mal klingt die Problematik der Berechtigung einer Heilung am Schabbat im Johannesevangelium an, nämlich in Bezug auf die Heilung des Blindgeborenen in 9,13–16. Der Vorwurf, Jesus könne nicht von Gott sein, da er den Schabbat nicht bewahre, kommt dieses Mal von Pharisäern und führt zu der folgenden ausführlichen Auseinandersetzung um die Person Jesu, die mit dem Glaubensbekenntnis des Blindgeborenen in 9,38 abschließt. Deutlich wird wiederum, dass der nicht näher behandelte Vorwurf der Schabbatentweihung den Zweck hat, einen christologischen Diskurs einzuleiten. „Again the story is not about the sabbath but about the status of Jesus" (MCKAY, Sabbath, 149).

[119] Der Grundbestand der KThom geht vermutlich ins 2. Jahrhundert zurück. Vgl. CULLMANN, Kindheitsevangelien, 352; KLAUCK, Evangelien, 100; SCHNEIDER, Kindheitsevangelien, 39; zur Textgeschichte vgl. KAISER, Jesus, 257–260.

[120] Vgl. CULLMANN, Kindheitsevangelien, 353.

[121] Vgl. SCHNEIDER, Kindheitsevangelien, 37: „Das Kind wird als Schöpfergott vorgestellt."; SCHALLER, Jesus, 3.

[122] Vgl. FREY, Eschatologie III, 324f: „Die vorliegende Perikope ist eine erzählerische Einheit, die in mehreren Szenen Jesu Wirken und den daraus resultierenden Streit um seine Identität und Vollmacht zur Darstellung bringt und seine Selbstoffenbarung vorbereitet. [...] Erzählerisch wird so die Aufmerksamkeit auf die Identität des Wundertäters gerichtet, um die Offenbarung der wahren Identität Jesu und seiner Vollmacht vorzubereiten."

haben, ihn zu töten.[123] Eben diesen christologischen Anspruch wird Jesus in der folgenden Rede verteidigen.

3.3 Jesu Konflikt mit „den Juden" um die Heilung am Schabbat: zweiter Argumentationsgang (Joh 7,19–24)

3.3.1 Der Zusammenhang von Joh 5,15–18 und Joh 7,19–24

Die Verse Joh 7,19–24 greifen die Auseinandersetzung um die in Joh 5 erzählte Heilung Jesu am Schabbat noch einmal auf und setzen sie fort. Zu einer literarkritischen Umstellungshypothese besteht dabei allerdings kein Anlass. Ich gehe davon aus, dass die Wiederaufnahme der Diskussion in 7,19–24 vom Evangelisten absichtsvoll an ihren jetzigen Ort im 7. Kapitel des Evangeliums gestellt wurde,[124] und werde auf die inneren Zusammenhänge der Kapitel 5 und 7 im Folgenden noch eingehen. Da die beiden Diskussionen über die am Schabbat geschehene Heilung aber auf ein- und dieselbe christologische Pointe zielen, wird hier der zweite Argumentationsgang direkt im Anschluss an den ersten besprochen.

Der johanneische Jesus bezieht sich in 7,19 auf die Tötungsabsicht „der Juden", die in 5,18 als Reaktion auf seinen in der Heilung am Schabbat zum Ausdruck gebrachten Anspruch geschildert wurde, und kommt so mitten während des in Kapitel 7 erzählten Laubhüttenfestes noch einmal auf die in 5,2–9 berichtete Heilung und den Konflikt um ihre Berechtigung zurück. Dieser Rückbezug ist für das vierte Evangelium typisch und reiht sich in eine ganze Anzahl von direkten Bezügen und motivlichen Verbindungen zwischen den Kapiteln 5 und 7 ein.[125] Die Wiederaufnahme der Diskussion um die Heilung wirkt zwar sehr unvermittelt. Offensichtlich jedoch ist für den Evangelisten die Verbindung durch den in Kapitel 5 und

---

[123] So lässt der Evangelist in Joh 10,33 „die Juden" ausdrücklich sagen: „Wegen eines guten Werkes steinigen wir dich nicht, sondern wegen Gotteslästerung, und weil du, der du ein Mensch bist, dich selbst zu Gott machst." Schon in 5,16–18 ist diese christologische Zuspitzung zu erkennen.

[124] Vgl. DOERING, Schabbat, 472.

[125] So nimmt Jesu Aussage in 7,18 „Wer aus sich selbst redet, sucht seine eigene Ehre; wer aber die Ehre dessen sucht, der ihn gesandt hat, der ist wahrhaftig, und Ungerechtigkeit ist nicht in ihm." das Thema der Verse 5,41.44 wieder auf. Weiterhin wird Mose in Joh 5,45.46 und gleich vier Mal in 7,19.22.23 erwähnt (dazwischen nur einmal in 6,32) und die Bezeichnung γραφή fällt nach 5,39 (im Plural) erst wieder in 7,38.42. Ebenso finden sich die Stichworte κρίσις/κρίνειν sowie die Bezugnahme Jesu auf Gott als den, „der mich gesandt hat" (ὁ πέμψας με) innerjohanneisch gehäuft in den Kapiteln 5 und 7 und das Wort ὑγιής kommt im Johannesevangelium überhaupt nur in diesen beiden Kapiteln vor. Die Analyse von LABAHN, Deuteronomy ergibt zudem, dass sich in Joh 5 und Joh 7–8 besonders viele Anspielungen auf das Deuteronomium finden (vgl. a.a.O., 97). Vgl. auch THYEN, Johannesevangelium, 383, der Joh 5 und 7 als Rahmen um das Galiläa-Kapitel Joh 6 versteht.

Kapitel 7 identischen Kontext des Tempelbesuchs während eines Festes deutlich genug gegeben, um die Diskussion aus Joh 5,16–18 ohne Einleitung wieder aufzugreifen. So identifiziert er auch „die Juden", die Jesus in Joh 7 gegenüberstehen, mit denen, die ihn in Joh 5 anklagten und ihm laut 5,18 nach dem Leben trachteten: „Warum sucht *ihr* mich zu töten?" (7,19). Antwort auf diesen Vorwurf Jesu geben in 7,20 allerdings nicht οἱ Ἰουδαῖοι, die noch in 7,15 die Frage stellten, woher Jesus die Schriften kennt, sondern ὁ ὄχλος. Das Verhältnis zwischen beiden Größen bleibt in diesen Versen merkwürdig ungeklärt. Zwar sind sie im Gesamtverlauf des 7. Kapitels insofern unterschieden, als mit οἱ Ἰουδαῖοι zumindest an einigen Stellen eine Jesus eindeutig negativ gegenüberstehende Personengruppe mit einer gewissen Macht bezeichnet ist (7,13), während Teile des ὄχλος durchaus wohlwollend Jesus gegenüber eingestellt sind (7,12.31. 40f). Allerdings ist diese Trennung nicht eindeutig durchzuhalten, da es auch im ὄχλος Ablehnung bis Feindschaft gegen Jesus gibt (7,12.43f) und zugleich einige Aussagen über οἱ Ἰουδαῖοι nicht unbedingt feindselig gemeint sein müssen (7,11.15). Die aktiven Verfolger Jesu werden hingegen genauer als οἱ ἀρχιερεῖς καὶ οἱ Φαρισαῖοι identifiziert (7,32). Angesichts des *einen* Gesprächgangs in 7,14–24, in dem Jesus „den Juden" antwortet (7,15f), dann „die Menge" spricht und Jesus wiederum dieser antwortet (7,20f) und in beiden Antworten Jesu die jeweils Angesprochenen als die in den Konflikt von Joh 5 Involvierten gedacht sind (7,19.23), halte ich es in diesen Versen nicht für plausibel, οἱ Ἰουδαῖοι und ὁ ὄχλος als zwei Gruppen zu trennen, von denen nur die Erstere als auch bei den Ereignissen in Kap. 5 anwesend gedacht wird.[126] Vielmehr dürfte es sich gerade bei der Kombination aus beiden um das Volk handeln, das auch in Joh 5 im Tempel ist. So werden die direkten Konfliktpartner Jesu in 5,15.16.18 zwar als οἱ Ἰουδαῖοι bezeichnet, 5,13 nennt jedoch auch den ὄχλος als anwesend.

Die Identifikation der Menschen, die Jesus in Joh 7 begegnen, mit denen, die ihm in Joh 5 gegenüber stehen, überrascht und irritiert angesichts

---

[126] Vgl. HOSKYNS, Gospel, 315: „[T]he distinction is not maintained (v. 25), and the phrase *the Jews* seems often to be simply equivalent to *the crowd*" (Hervorhebungen im Original). THYEN, Johannesevangelium, 393 dagegen unterscheidet zwischen den Ἰουδαῖοι, die eine Minderheit darstellten und das Subjekt der Tötungsabsicht seien, und dem ὄχλος, der von dieser Tötungsabsicht nichts wisse. Ebenso BULTMANN, Johannes, 208f. Tatsächlich ist es auffällig, dass die Menge in 7,20 die Tötungsabsicht gegenüber Jesus leugnet und ihm Besessenheit vorwirft. Die VV. 25f bestätigen dann allerdings das Tötungsvorhaben und berichten außerdem, dass zumindest einige der Bewohner und Bewohnerinnen Jerusalems davon auch wissen.

des dazwischen liegenden Kapitels 6.[127] Im Erzählablauf des Evangeliums hat Jesus zwischen den beiden Episoden Jerusalem und Judäa verlassen und in Galiläa gewirkt. Zudem muss demnach aufgrund des in Joh 6,4 erwähnten Pessachfestes zwischen dem Fest in Joh 5 und dem in Joh 7 ein zeitlicher Abstand von mindestens einem Jahr liegen (wenn das Fest in Joh 5 Rosch haSchana oder Sukkot ist; wenn es mit Schawuot zu identifizieren ist, beträgt der zeitliche Abstand sogar anderthalb Jahre[128]). Dass sich diese Schwierigkeit für den Evangelisten aber offensichtlich nicht stellt, wird plausibel, wenn man die Erzählungen von den Festbesuchen Jesu – wie es m.E. dem Johannesevangelium entspricht – nicht historisch auszuwerten versucht, sondern rein theologisch begreift.[129] Die Volksmenge, die sich zu einem Fest im Jerusalemer Tempel versammelt, repräsentiert, wie oben gezeigt, die Volks- und Kultgemeinde als Ganze, ist also die Größe derer, die im Bund mit Gott stehen und in der anamnetischen Feier der Heilsereignisse der Geschichte dieses Bundes bei den Festen Gott in besonderer Unmittelbarkeit begegnen. Setzt man dieses theologische Verständnis voraus, so handelt es sich bei den Menschen, mit denen Jesus in Joh 5 und Joh 7 redet, tatsächlich um ein und dieselbe Größe: das Volk Israel, das sich im Horizont des Bundes vor Gott versammelt. Diese Interpretation stützt noch einmal die oben dargelegte Vermutung, dass das in 5,1 erwähnte Fest absichtsvoll vom Evangelisten nicht spezifiziert wird. Es geht ihm nicht um eine historisierende zeitliche Abfolge der Reden und Taten Jesu, sondern um eine jeweilige theologische Verortung. Und diese ist durch die Motive „Jerusalemer Tempel" und „Menschenmenge, die sich zum Fest versammelt" in den beiden Kapiteln 5 und 7 tatsächlich identisch. Eine unmittelbare Anknüpfung an das Konfliktgespräch von 5,16–18 in 7,19ff ist daher möglich.

3.3.2 Heilung und Beschneidung am Schabbat im rabbinischen Judentum und in Joh 7

Wie aber sieht die Argumentation Jesu in diesem zweiten Argumentationsgang in Joh 7,21–24 aus? Auf den ersten Blick scheint sie sich deutlich von der in Joh 5 zu unterscheiden und nun doch darauf zu zielen, die Tat Jesu in Analogie zu einer bestimmten und allgemein anerkannten Ausnahmeregelung in Bezug auf die Schabbathalacha zu setzen und dadurch als

---

[127] Vgl. zu den literarkritischen Umstellungshypothesen der Kapitel 5 und 6 und der Verse 7,19–24 oben (III.1) und DOERING, Schabbat, 472 Anm. 421. Dagegen u.a. THYEN, Johannesevangelium, 393.

[128] Davon geht HAENCHEN, Johannesevangelium, 354 aus.

[129] Vgl. auch KÜGLER, Jünger, 169f: „Generell rufen Ortsangaben immer einen bestimmten Hintergrund auf, vor dem das Erzählte weiter zu deuten ist. Sie sind also weniger Lokalisierungen als vielmehr intertextuelle Links." (ebd., 170).

ebenfalls halachisch erlaubt zu erweisen. M.E. entspricht die zweite Rechtfertigung der Tat Jesu in Joh 7 aber in ihrer Grundrichtung der ersten Argumentation in 5,16–18, indem sie ebenfalls Jesu Wirken als Wirken Gottes charakterisiert. Dabei kommt dem – in Joh 7 wie in Joh 5 gegebenen –
Kontext des Festes als theologischem Deutehorizont eine entscheidende
Rolle zu, indem das hier debattierte Wirken Jesu inhaltlich ganz dem von
Gott angesichts der Feste Erhofften und Erwarteten entspricht.

Bevor diese These näher erläutert wird, folgt zunächst ein Durchgang
durch die Verse 7,21ff und ihre gängigen Interpretationen.

Die Verse Joh 7,21–24 lauten:

21 Jesus antwortete und sagte ihnen: Ein (einziges) Werk habe ich getan; und ihr alle
verwundert euch 22 darüber? Mose hat euch die Beschneidung gegeben – nicht, dass sie
von Mose wäre, sondern von den Vätern – und ihr beschneidet am Schabbat einen Menschen. 23 Wenn ein Mensch am Schabbat die Beschneidung empfängt, damit die Tora
des Mose nicht aufgelöst werde, warum zürnt ihr mir, weil ich einen ganzen Menschen
am Schabbat heil gemacht habe? 24 Urteilt nicht nach dem, was vor Augen ist, sondern
fällt ein gerechtes Urteil.

Dass das „eine Werk" (ἓν ἔργον), von dem Jesus in Vers 21 spricht, die
Heilung des Gelähmten in 5,2–9 – als einzige bisher erzählte Schabbathei-
lung – meint, wird durch die folgenden Verse zweifelsfrei deutlich. Vers
22 rekurriert auf die gängige, offensichtlich dem Evangelisten und seinem
Adressatenkreis vertraute Praxis, auch am Schabbat Beschneidungen
durchzuführen. Wenn ein männliches Kind am Schabbat geboren wird,
stehen sich grundsätzlich zwei einander widersprechende Gebote der Tora
gegenüber: Jeder männliche Jude ist am achten Tag zu beschneiden (vgl.
Gen 17,12; Lev 12,3) und am Schabbat darf keine Arbeit verrichtet werden
(vgl. u.a. Ex 20,10; Dtn 5,14; mShab 7,2). Die Frage, welches Gebot in
diesem Fall höher zu stellen ist, wird zugunsten der Beschneidung beantwortet. Auch am Schabbat wird diese durchgeführt.[130]

So erlaubt mShab 18,3; 19,1–6 nachdrücklich und ausführlich, alles für
die Beschneidung Nötige am Schabbat zu tun, und diverse weitere rabbinische Texte setzen diese Regel voraus.[131] Sie wird z.B. in MekhY Schabbe-
ta/Ki-tissa 1 zu Ex 31,13 und tShab 15,16 als anerkannter Konsens zur
Grundlage einer Argumentation für die Berechtigung der Lebensrettung
am Schabbat. In einem Kal-vaChomer-Schluss führen die Rabbinen aus:

---

[130] Vgl. PANCARO, Law, 162.
[131] Vgl. mNed 3,11; tShab 15,16; yShab 19,1–4 (16d–17b); bShab 132a und die im
Folgenden aufgeführten. Vgl. BLASCHKE, Beschneidung, 266f.

Wenn ein einzelnes Glied von ihm den Schabbat verdrängt, wird dann nicht er als Ganzer den Schabbat verdrängen?[132]

Die meisten Auslegungen verstehen die johanneische Argumentation in 7,21ff in Entsprechung zu dieser rabbinischen Argumentation. So schreibt R. Bultmann:

„[W]enn der Sabbat gebrochen werden darf, um durch Erfüllung des mosaischen Gebotes einen Menschen zu beschneiden, dann ist es doch wohl erst recht im Sinn des Mose, wenn der Sabbat gebrochen wird, um einen ganzen Menschen gesund zu machen, – eine typisch rabbinische Argumentation, sowohl hinsichtlich des Schlusses *a minori ad maius*, wie hinsichtlich seiner speziellen Anwendung".[133]

Auch K. Wengst verweist auf die entsprechenden rabbinischen Quellen und erläutert weiter, dass hinter dieser Lehre der in mYom 8,6 formulierte und zum Beispiel im Kontext der den Schabbat verdrängenden Beschneidung in TanB Lech lecha 20 zitierte Grundsatz „Jeder Verdacht auf Lebensgefahr verdrängt den Schabbat" steht:[134]

„Der Grundsatz, dass jede Situation möglicher Lebensgefahr den Sabbat verdrängt, wird sehr weit gefasst. In mJom 8,6 werden vor seiner Zitierung Halsschmerzen als eine solche Situation genannt, die heilendes Handeln nötig macht."[135]

Allerdings ist bei dieser „Weitfassung" des Begriffs von Lebensgefahr zu beachten, dass es bei der von Wengst angeführten Stelle darum geht, einer Person mit Halsschmerzen Medizin *einzuflößen*. Hier ist also offensichtlich an einen Fall gedacht, in dem der Kranke nicht mehr selbst dazu in der Lage ist, Medikamente zu sich zu nehmen. Insofern sollte sich die Auslegung vor einer Trivialisierung hüten: Die Mischna bezieht sich nicht auf jede Form von Halsweh, sondern auf dramatische – eben lebensgefährliche – Fälle von Halsschmerzen. Das ermöglicht kaum die Übertragung des Kal-vaChomer-Schlusses auf Jesu Heilung des Gelähmten. Die Heilung nicht-lebensbedrohlicher Leiden am Schabbat bleibt klar verboten[136] und es ist kaum plausibel, dass irgendjemand annehmen könnte, der seit 38 Jahren Kranke würde durch einen weiteren Tag ohne Heilung in akute Lebensgefahr geraten. Dass Jesu Argument so verstanden also nicht überzeugend ist, wurde von den Auslegungen auch immer wieder betont.

---

[132] tShab 15,16 (ed. LIEBERMAN, 74). Vgl. bYom 85b; bShab 132a.

[133] BULTMANN, Johannes, 208 (Hervorhebung im Original). Vgl. BILLERBECK, Kommentar II, 488; DODD, Interpretation, 79; HAENCHEN, Johannesevangelium, 355; THYEN, Johannesevangelium, 393; DOERING, Schabbat, 472ff; BLASCHKE, Beschneidung, 444; BACK, Jesus, 154; BLANK, Johannes, 1b, 69; ZAHN, Johannes, 388; SCHLATTER, Johannes, 196; SCHOLTISSEK, Glaube, 88f; HAKOLA, Identity Matters, 139ff; BEUTLER, Judaism, 20f.

[134] Vgl. z.B. bYom 85a–b; tShab 15,16; bShab 132a.

[135] WENGST, Johannesevangelium I, 294.

[136] Vgl. mShab 14,3f; 22,6.

„The weakness of such reasoning is obvious. Jesus was under no obligation to heal on the Sabbath (in the case of circumcision there is an obligation) nor was there any immediate urgency (as there is in the case of a man whose life is in danger)."[137]

S. Pancaro will dieses Problem lösen, indem er die johanneische Argumentation dahingehend versteht, dass die Beschneidung eines Mannes am Schabbat

„was commanded by Moses as a ‚type' or ‚figure' of the gift of life imparted by Jesus on the Sabbath. According to Jewish tradition, circumcision makes a man ‚clean' in the eyes of God, it is ordained to man's perfection. The intention of Moses, manifested in the precept of circumcising on the Sabbath was to show that the Law is ordained to life (cf. Jn 5,39f)."[138]

Das bringt Pancaro zu der zusammenfassenden Schlussfolgerung:

„Circumcision is not being contrasted with the healing of the paralytic in the sense that circumcision only heals one member, whereas Jesus has healed more than one member, indeed *all* members (is the healing of a paralytic enough to warrant the assertion of having healed the *whole* man?); but in the sense that circumcision was – like all Jewish rites and like Judaism itself – but the shadow of things to come. The Jewish rite of initiation, which made man a member of God's people, was unable to give man what Jesus came to bring. Jesus alone gives men the power to become children of God and to have life in abundance, and this is what was prefigured by circumcision."[139]

Das Urteil, das Pancaro hierbei nicht nur über die Beschneidung, sondern über alle jüdischen Riten fällt, geht klar am johanneischen Text vorbei.[140]

---

[137] PANCARO, Law, 163. Vgl. BARRETT, Johannes, 328; HAENCHEN, Johannesevangelium, 355; MENKEN, Feste, 276; BLASCHKE, Beschneidung, 446. SCHNACKENBURG, Johannesevangelium II, 188f dagegen erklärt die Argumentation Jesu als Kal-vaChomer-Schluss im Sinne der Rabbinen damit, dass Jesu Tat „‚Lebensrettung' in einem tiefen Sinn" gewesen sei und darum „das Gesetz des Moses nach seiner eigentlichen Intention" erfüllt habe.

[138] PANCARO, Law, 164.

[139] PANCARO, Law, 165 (Hervorhebungen im Original). GUILDING, Gospel, 106 sieht in den aus dem Kontext von Sukkot stammenden Motiven „Wasser" und „Licht" in Joh 7 die christliche Taufe symbolisiert und darin einen Gegensatz zur jüdischen Beschneidung eröffnet. Laut HAKOLA, Identity Matters, 141 beziehe sich der johanneische Jesus in seiner Argumentation auf Beschneidung und Schabbat „from the standpoint of an outsider in order to show that Jesus' opponents also act against the law because this law is not consistent".

[140] Man kann fragen, ob Pancaro sich mit diesen Aussagen nicht sogar antijudaistischer Muster bedient. Die Überheblichkeit gegenüber dem Judentum, die sich in christlicher Theologie immer wieder einschleicht, kommt auch darin zum Ausdruck, dass auf die Bräuche des Judentums wie die jüdische Religion an sich ausschließlich als *vergangene* Größen Bezug genommen wird, die vor Jesus bzw. dem Beginn des Christentums existierten, und ihre bleibende Existenz und Geltung völlig ignoriert werden. Ausdrücklich formuliert das BLANK, Johannes 1b, 69 in seiner Auslegung zu Joh 7,23: Die Heilung durch Jesus sei „‚Zeichen' der durch Jesus eröffneten neuen, eschatologischen Lebensordnung [...]. Demgegenüber gehört die Beschneidung der alten, vorläufigen Ordnung an,

Ein negatives Urteil wird in diesem weder über die Beschneidung noch das Schabbatgebot oder irgendeinen anderen jüdischen Brauch gefällt. Im Gegenteil wird die Autorität der nicht aufzulösenden Tora des Mose (Joh 7,23, vgl. 10,35) vom johanneischen Jesus in diesen Sätzen anerkannt und bestätigt.

„Jesu Diskussion mit den Juden würde ja buchstäblich bodenlos, wenn er nicht die biblische Sabbat-Tora als für beide Parteien verbindlich und unauflöslich voraussetzte".[141]

Weiterführend sind dagegen Pancaros Beobachtungen in Bezug auf die inhaltlich-theologische Bedeutung der Beschneidung in jüdischer Theologie: Sie macht die Menschen vor Gott rein, trägt zu ihrer Vollkommenheit bei und ist für Männer der sichtbare Ausdruck ihrer Zugehörigkeit zum Bund Gottes mit seinem Volk Israel. M.E. ist es für das Verständnis der Argumentation des johanneischen Jesus hilfreich, einen genaueren Blick auf die theologischen Implikationen zu werfen, die der Beschneidung in rabbinischen Texten beigemessen werden.

3.3.3 ברית – *Beschneidung und Bund im rabbinischen Judentum*

Das hebräische Wort „Bund", ברית, ist zugleich eine geläufige Bezeichnung für die Beschneidung und wird in der rabbinischen Literatur am häufigsten im Zusammenhang mit ihr gebraucht.[142] Gemäß der biblischen Erzählung wird die Beschneidung auf Abraham zurückgeführt und steht immer in Beziehung zum Väterbund.[143] Schon in der rabbinischen Terminologie wird deutlich, dass die Beschneidung den Abrahamsbund symbolisiert:

„Wer die Beschneidung ablehnt, bricht den ,Bund des Fleisches' oder den ,Bund unseres Vaters Abraham',[144] und mit Rücksicht auf den ,Bund unseres Vaters Abraham' verbietet es R. Jochanan, bei Kleiderspenden der Armenfürsorge die Empfänger auf ihre Bedürftigkeit zu überprüfen.[145„146]

---

deren Ende ja mit Jesus gekommen ist". Vgl. mit entsprechender Tendenz die Ausführungen von BOISMARD, Moses, 53 zur jüdischen Reinheitshalacha und zu den jüdischen Festen: „the system of purification of Judaism is imperfect, and thus out of date".

[141] THYEN, Johannesevangelium, 394; vgl. WENGST, Johannesevangelium I, 294. THYEN, ebd. bezeichnet es weiterhin als ein „ärgeres ,Mißverständnis' als dasjenige der fiktionalen Antagonisten Jesu auf der Ebene des Textes, [...] wenn ein realer Kommentator zu 5,18 etwa erklärt, daß Jesu Wort und Wirken nicht nur ,the violation of the law of the sabbath, but its complete overthrow and fulfilment' umfasse" (Zitat: HOSKYNS, Gospel, 267).

[142] Vgl. AVEMARIE, Bund, 191.

[143] Vgl. z.B. BerR 49,1f; PesK 12,1.

[144] Vgl. SifBam 112 zu Num 15,31; mAv 3,12.

[145] Vgl. yPea 8,7/6 (21a).

[146] AVEMARIE, Bund, 191f.

Die Beziehung der Beschneidung zum Abrahamsbund wird auch durch die Paranthese in Joh 7,22 betont: „Mose hat euch die Beschneidung gegeben – *nicht dass sie von Mose wäre, sondern von den Vätern* – und ihr beschneidet am Schabbat einen Menschen."[147] Mit der Betonung, dass der Ursprung der Beschneidung in der Geschichte der Erzeltern Israels liegt, verweist auch Johannes auf den Zusammenhang von Bund und Beschneidung. Die Beschneidung ist wie die Schabbatruhe ein Gebot, mit dessen Befolgung Israel die Bewahrung des Bundes ausdrückt, also Gott auf seine Verheißung antwortet.[148] Sowohl Schabbatheiligung als auch Beschneidung sind Bundeszeichen. Dass in der Situation, in der zwischen der Befolgung der beiden Gebote entschieden werden muss, die Beschneidung Vorrang zu haben scheint, da sie auch am Schabbat durchgeführt wird, weist darauf hin, dass

„sich mit der Beschneidung ein symbolischer Gehalt [verbindet], der sie vor den anderen Geboten einzigartig heraushebt. Sie ist nicht nur ein Zeichen der Sonderstellung Israels unter den Völkern und insofern ein Ausdruck seiner Erwähltheit, sondern zugleich auch der persönliche Ausweis der Zugehörigkeit zu diesem Volk und damit die Zusicherung der Teilhabe an dessen Heil. Das dürfte mit der dauerhaften physischen Objektivität dieses Zeichens zusammenhängen, die noch dadurch unterstrichen wird, daß der gebürtige Israelit normalerweise nicht aufgrund seines eigenen Entschlusses beschnitten wird und daher sein Beschnittensein nicht als persönliches Verdienst, sondern nur als eine ihm gewährte Gunst verstehen kann."[149]

Für die männlichen Mitglieder des Gottesvolkes ist die Beschneidung exponiertes Symbol ihrer persönlichen Zugehörigkeit zum Bund. Die MekhY legt den Vers Ex 31,16, „Und die Kinder Israels sollen den Schabbat bewahren, um den Schabbat zu halten für [all] ihre Generationen als einen ewigen Bund." (לַעֲשׂוֹת אֶת־הַשַּׁבָּת לְדֹרֹתָם בְּרִית עוֹלָם), folgendermaßen aus:

Rabbi Elieser sagt: ,um den Schabbat zu halten (לעשות) für [all] ihre Generationen als einen ewigen Bund' (Ex 31,16): [um] eine Sache [zu tun], für die der Bund geschlossen wurde. Und was ist das? Die Beschneidung.[150]

Rabbi Elieser greift also die Formulierung aus Ex 31,16 לַעֲשׂוֹת אֶת־הַשַּׁבָּת לְדֹרֹתָם בְּרִית עוֹלָם auf, die auch „um den Schabbat für [all] ihre Generationen zu einem ewigen Bund zu machen" übersetzt werden könnte, und deu-

---

[147] Auch rabbinisch wird die Beschneidung mit dem durch Mose vermittelten Dekalog in Verbindung gebracht und ausgeführt, dass sie dort deshalb nicht ausdrücklich erwähnt wird, weil sie bereits vorher geboten war, dass aber implizit auf sie Bezug genommen wird: in der Formulierung „meinen Bund halten" (וּשְׁמַרְתֶּם אֶת־בְּרִיתִי) in Ex 19,5 bzw. in der Erwähnung des (beschnittenen) Proselyten (וְגֵרְךָ אֲשֶׁר בִּשְׁעָרֶיךָ) im Schabbatgebot in Ex 20,10. Vgl. PesR 23; AVEMARIE, Bund, 192.

[148] Vgl. AVEMARIE, Bund, 192.

[149] AVEMARIE, Bund, 192f.

[150] MekhY Schabbeta/Ki-tissa 1 zu Ex 31,16 (ed. HOROVITZ/RABIN, 343).

tet sie dahingehend, dass am Schabbat das getan werden soll, was einen Bundesschluss symbolisiert, nämlich die Beschneidung. Umgekehrt formuliert heißt das: Die biblische Begründung dafür, dass die Durchführung der Beschneidung über das Schabbatgebot zu stellen ist, wird in ihrem besonders engen Zusammenhang mit dem Bund gesehen.[151]

Beschnitten zu sein bedeutet zwar keine uneingeschränkte Garantie des Heils und ebenso wenig sind Nichtbeschnittene unter allen Umständen von diesem Heil ausgeschlossen,[152] jedoch kann die Beschneidung für die Rabbinen zur Metapher des Heils werden. So eindrücklich in BerR 48,8:[153]

Dereinst in der Zukunft sitzt Abraham am Eingang der Hölle und läßt keinen beschnittenen Menschen aus Israel in sie hinabfahren. Was aber tut er mit jenen, die zuviel gesündigt haben? Er nimmt die Vorhaut von Säuglingen, die vor der Beschneidung starben, und hängt sie ihnen an und lässt sie zur Hölle fahren. Dies ist, was gesagt ist: *Er streckte die Hand nach seinen Friedlichen aus, er entweihte seinen Bund* (Ps 55,21).

Die Beschneidung ist ein gewichtiges Symbol für das Heil, das Gott seinem Bundesvolk verheißt und gewährt.[154] „Sie ist wie der Väterbund eine Stiftung Gottes zum Heil seines Volkes."[155] Dieser symbolische Gehalt, der die Verheißungen des Abrahamsbundes anklingen lässt, macht die Beschneidung für die Rabbinen so bedeutsam, dass sie selbst am Schabbat ausgeführt wird.

3.3.4 Nicht nur „gesund", sondern „heil" – die Bedeutung von ὑγιής in Joh 7,23

Vor dem Hintergrund des unlösbaren Zusammenhangs von Beschneidung und Bund im Judentum ergibt sich auch ein besseres Verständnis der johanneischen Argumentation in Joh 7,22f. Entscheidend dafür ist die Frage, was die Heilung des Gelähmten für Johannes eigentlich bedeutet. Wie bereits gesagt, handelt es sich nicht um einen Akt der physischen Lebensrettung. Auch ist S. Pancaro zuzustimmen, dass Johannes wohl kaum davon ausgeht, dass jedes einzelne Körperglied des ehemals Gelähmten durch

---

[151] Vgl. auch SCHNACKENBURG, Johannesevangelium II, 188.

[152] Vgl. AVEMARIE, Bund, 193f. Konstitutiv für das Heil an sich kann die Beschneidung schon deshalb nicht sein, weil sie nur der einen, männlichen, Hälfte des Gottesvolkes gilt. Für Frauen, die an diesem Bundeszeichen nicht partizipieren, bedeutet das selbstverständlich nicht den Ausschluss vom Bund und von der göttlichen Heilszusage.

[153] Die Übersetzung dieser Stelle samt Hervorhebung ist AVEMARIE, Bund, 193 entnommen. Vgl. dazu ebd.

[154] Vgl. auch MekhY Beschallach 3 zu Ex 14,15. AVEMARIE, Bund, 195 fasst zusammen: „Die Beschneidung ist es, die selbst dann, wenn Israel ganz und gar sündig dasteht, Gott zum Eingreifen bewegen kann." Für weitere rabbinische Texte zur Beschneidung s. a.a.O., 191–196.

[155] AVEMARIE, Bund, 194.

Jesus gesund wurde. Das ist es jedenfalls auch nicht, was Jesus in Joh 7,23 von seiner Tat sagt. Vielmehr heißt es in diesem Vers: „Warum zürnt ihr mir, weil ich einen ganzen Menschen am Schabbat heil gemacht habe (ὅλον ἄνθρωπον ὑγιῆ ἐποίησα)?" Jesu Heilung machte den „ganzen Menschen" ὑγιής. Gewöhnlich wird das im Deutschen mit „gesund" übersetzt.[156] Es stellt sich aber die Frage, ob diese Übersetzung wirklich das Bedeutungsspektrum und die Nuancen der griechischen Formulierung wiederzugeben vermag. Die Wortgruppe ὑγιαίνω/ὑγιής umfasst in der LXX ein recht weites Bedeutungsspektrum, das sich nicht auf körperliche „Gesundheit" beschränkt. Diese ist im Alten Testament sowieso nur selten und erst spät als isolierte Größe im Blick und hängt immer mit einem ganzheitlichen Wohlergehen, zu dem auch das Beziehungsgeflecht zwischen den Menschen und zu Gott gehört, zusammen.[157] So gibt ὑγιαίνω in knapp einem Viertel aller Belege das hebräische שלם wieder,[158] bezeichnet also ein über die körperliche Dimension hinausgehendes Wohlbefinden, das mit Frieden, Leben und Heil zu tun hat und auch mit „Ganzheit" übersetzt werden kann.[159] Insofern gibt das deutsche Wort „heil" sehr viel besser als „gesund" wieder, was ὑγιής meint. Auch im Neuen Testament, das sowohl Verb als auch Adjektiv in Kontexten der Heilungstaten Jesu verwenden kann,[160] ist der Zusammenhang der körperlichen Genesung mit ganzheitlichem „Frieden" noch zu erkennen. So sagt Jesus in Mk 5,34 zu der von ihm geheilten Frau: „Gehe in Frieden und sei geheilt / heil (ἴσθι ὑγιής) von deiner Plage." Und auch der Auftrag Jesu an den Geheilten in Joh 5,14 weist deutlich auf diese Dimension des Heilgewordenseins und dessen Zusammenhang mit der Gottesbeziehung des Geheilten hin: „Siehe, du bist geheilt worden / heil geworden (ὑγιὴς γέγονας), sündige nicht mehr, damit dir nicht etwas Schlimmeres geschehe." Das Johannesevangelium verwendet das Wort ὑγιής ausschließlich im Zusammenhang mit dem Gelähmten von Bethesda, da aber gleich sechs Mal: Joh 5,6.9.11.14.15; 7,23. Mit der Frage: „Willst du geheilt / heil (ὑγιής) werden?" tritt in 5,6 Jesus an den Kranken heran und setzt das Geschehen in Gang. Insofern bildet die letzte

---

[156] Z.B. die Einheits- und die Elberfelder Übersetzung sowie die M. Luthers (rev. Fassung von 1984), HAENCHEN, Johannesevangelium, 349; THYEN, Johannesevangelium, 391; WENGST, Johannesevangelium I, 278; BLANK, Johannes 1b, 69; LOHSE, σάββατον, 28.

[157] Vgl. LUCK, ὑγιής, 310f.

[158] Gen 29,6; 37,14; 43,27f; Ex 4,18; 1 Sam 25,6; 2 Sam 20,9. Vgl. entsprechend ὑγιής für בְּשָׁלוֹם in Jos 10,21.

[159] Vgl. ILLMAN, שָׁלֵם, 93. Diese Bedeutung kommt dem Verb ὑγιαίνω auch in hellenistischen Briefen zu, in denen es häufig als Grußformel gebraucht wird. „Daß es dabei nicht nur um körperliche Gesundheit geht, zeigt der Gebrauch als Abschiedsgruß auf Grabsteinen" (LUCK, ὑγιής, 308).

[160] Vgl. LUCK, ὑγιής, 311f.

Verwendung von ὑγιής im Johannesevangelium in 7,23 eine Inklusion mit 5,6: Hier wird das letzte Wort über diesen Vorgang gesprochen. Übersetzt man ὑγιής in Joh 7,23 mit „heil", dann lautet die abschließende johanneische Interpretation dieser Tat Jesu:

Wenn ein Mensch am Schabbat die Beschneidung empfängt, damit die Tora des Mose nicht aufgelöst werde, warum zürnt ihr mir, weil ich einen ganzen Menschen am Schabbat heil gemacht habe?

Diese johanneische Interpretation der Heilung entspricht dann der Deutung der Beschneidung als „Heil-" oder „Vollkommenmachen", wie sie sich z.B. in TanB Lech lecha 20 findet: Gott legt Abraham dar, dass er durch die Beschneidung – und erst durch diese – „ganz / heil" (שלם !) werden wird.[161]

3.3.5 Heilwerden im Bund – Die Heilung im Kontext des Festes

Dass es sich bei der Beschneidung und der Heilung durch Jesus um zwei Arten „of making a man whole" handelt, formuliert auch H.A. McKay, allerdings scheint sie im Gegensatz zur Beschneidung, die jemanden „spiritually whole" macht, die Heilung als Akt der physischen Ganzmachung („physically whole") zu verstehen.[162] Doch schildert Johannes – wie oben zum Heilungsgeschehen und insbesondere zu Joh 5,8.14 bereits ausgeführt – mehr als ein körperliches Gesundmachen. Die Heilung schließt auch die Dimension der Gottesbeziehung ein: Das *Heil*werden des Gelähmten ermöglicht ihm die Teilnahme an Fest und Kult und darin die Gottesbegegnung.[163] Ebenfalls wurde oben gezeigt, dass die Feste im Tempel für das antike Judentum in besonderem Maße mit dem Bundesgeschehen zwischen Gott und Israel verknüpft sind.

---

[161] Weitere Texte, in denen שלם (bzw. תמים) auf die Beschneidung angewendet wird, sind z.B. TPsJ Gen 17,1; mNed 3,11; BerR 46,1.4; PRE 29. Vgl. auch BLASCHKE, Beschneidung, 295f. Auch im rabbinischen Sprachgebrauch kann שלם sowohl „vollständig", als auch „vollkommen", „vollendet", „ganz", „unversehrt" bedeuten; vgl. LEVY, Wörterbuch IV, 563f. Insofern ist ZAHN, Johannes, 389 zu widersprechen, der meint, dass die Beschneidung vom Evangelisten als Gegensatz zum „Gesundmachen" eines Menschen gemeint sei: „Die Beschneidung macht nicht gesund und ändert überhaupt nicht den tatsächlichen Zustand des Menschen."

[162] MCKAY, Sabbath, 148f. Auch LABAHN, Lebensspender, 253 versteht den Hinweis auf die Beschneidung in Joh 7,22 als Erinnerung „daran, daß die Beschneidung nach jüdischem Verständnis den Menschen in die Gemeinschaft Gottes hineinsetzt. Die Beschneidung macht ihn somit in gewisser Weise ganz." DOERING, Schabbat, 474 dagegen hält es – ohne weitere Begründung – für „kaum vorstellbar, daß die Beschneidung im JohEv unmittelbar als ‚Heilung' qualifiziert worden wäre."

[163] Vgl. THOMAS, Sinning, 15.

Werden diese Ergebnisse und v.a. der Festkontext der Erzählung in die Auslegung einbezogen, so eröffnet sich ein neues Verständnis der in Joh 7 gegebenen Deutung der Heilung.

Am Fest teilzuhaben, darin realisiert und aktualisiert sich für einen Menschen die Teilhabe am Gottesbund. Ebenso ist die Beschneidung für männliche Juden wesentliches Zeichen ihrer Zugehörigkeit zu diesem Bund. Wird die *Heilung* des Gelähmten durch Jesus also als umfassendes *Heil*-Machen, Zum-*Heil*-Befreien-und-Befähigen verstanden – also als Ermöglichung eines Friedens- und Heilszustands, der neben körperlicher Genesung auch die intakte Gottesbeziehung einschließt, – dann besteht tatsächlich eine enge inhaltliche Entsprechung zwischen diesem Akt Jesu und der Beschneidungspraxis des antiken Judentums: Jesu Handeln an dem Kranken ist von seiner theologischen Symbolik her der Beschneidung vergleichbar, da es dem Geheilten die Partizipation am Fest und damit die Aktualisierung des Bundes und die Gottesbegegnung ermöglicht. Wiederum setzt diese Argumentation Jesu dann aber voraus, dass in ihm eben Gott selbst – der seinen Bund stiftet und den Angehörigen seines Volkes beim Fest heilvoll begegnet – präsent ist. Diese Rechtfertigung des Heilungshandelns Jesu ist aber für die nicht an ihn glaubende jüdische Gemeinde nicht nachvollziehbar. Vielmehr zielt sie genau wie die Aussage in Joh 5,17 darauf hin, dass Jesu Handeln dem Leben und Heil schaffenden Handeln Gottes entspricht.

Auf den Festen Israels im Tempel findet nach jüdischem Glauben die Begegnung Gottes mit dem Volk seines Bundes statt. Gott ist nach johanneischer Überzeugung in Jesus präsent. Insofern verweist der Festkontext der Kapitel 5 und 7 darauf, dass in den Begegnungen und Zusammenstößen Jesu mit den anderen Feiernden genau das geschieht: Gott begegnet – in der Person Jesu – seinem Volk.

Eine weitere Beobachtung, die diese Interpretation zu stützen vermag, ist die Art und Weise, wie Jesu Erscheinen und Auftreten im Tempel in Joh 5 und Joh 7 geschildert werden. Beide Male erfolgt das sehr unvermittelt. In 5,14 „findet" Jesus den Geheilten im Tempel; sein Weg dorthin wird nicht berichtet, er ist plötzlich da und handelt aktiv, indem er zu dem Geheilten in Beziehung tritt. In 7,6–9 lehnt Jesus es ab, mit seinen Geschwistern als gewöhnlicher Festpilger nach Jerusalem zu gehen, da „seine Zeit" (καιρός) noch nicht gekommen ist. Er begibt sich stattdessen laut 7,10 allein und heimlich auf das Fest und tritt dann in 7,14 auf der „Mitte des Festes" unvermittelt im Tempel öffentlich in Aktion, indem er in Form der Lehre wiederum die Festbesucher anspricht. Diese Art des unvermittelten In-Erscheinung-Tretens während des Festes erinnert, darauf hat schon

E. Hoskyns hingewiesen,[164] an Mal 3,1: „Und plötzlich kommt zu seinem Tempel der Herr, den ihr sucht, und der Bote des Bundes, den ihr herbeiwünscht, siehe, er kommt". Auch hier tritt die untrennbare Verbindung von Gottesbegegnung (im Tempel) und Bund zutage, die in Jesu Argumentation in Joh 7,23 durch die Parallelisierung der Heilung, die dem Gelähmten den Tempel- und Festbesuch ermöglicht, und der Beschneidung zumindest angedeutet ist.

Johannes ruft die mit Beschneidung und Bund, Tempel, Fest und sich dort ereignender Gottesbegegnung verbundenen Konnotationen ab, um zu verdeutlichen, was Kern seiner Christologie ist: Jesus kommt nicht als normaler Festpilger in den Tempel, der als Glied des Bundesvolkes die Gottesbegegnung sucht, sondern in ihm tritt *der* „plötzlich" im Tempel auf, der Bund und Gottesbegegnung *stiftet*. Die Begegnung mit ihm begründet und erneuert diese Beziehung für die Menschen, die zu ihm kommen und ihm glauben (7,37f).

Möglicherweise spielt der Evangelist mit der Unvermitteltheit der Auftritte Jesu im Tempel in Joh 5 und 7 sogar bewusst auf Mal 3,1 an. Der Vers ist schließlich in der urchristlichen Tradition mit Jesus in Verbindung gebracht worden. So spielt Mk 1,3 auf den ersten Teil des Verses an: „Siehe, ich sende meinen Boten, dass er den Weg vor mir bereite." Sicherlich war Johannes diese Tradition bekannt und auch an anderen Stellen zeigt sich, dass der vierte Evangelist bereits mit der Jesusbotschaft verknüpfte alttestamentliche Traditionen in sein Evangelium aufnimmt, sie jedoch so variiert, dass seine eigenen theologischen Schwerpunkte zutage treten.[165]

3.3.6 Zusammenfassung

Auf den ersten Blick scheint sich der zweite Argumentationsgang Jesu zu seiner in Joh 5,2–9 geschilderten Heilung am Schabbat in 7,19–24 von der

---

[164] HOSKYNS, Gospel, 313 zu Joh 7,14–24: „Once again (ii. 13) the Lord whom they sought (*v.* 11) came suddenly to His temple (Mal. iii. 1)".

[165] Als Beispiel möge die Zitation von Ps 69,10 in Joh 2,17 dienen. Ps 69 wurde schon in der vorjohanneischen Tradition zur Interpretation des Schicksals Jesu herangezogen. Bei den Synoptikern beschränken sich die Anspielungen auf Ps 69 jedoch auf die Passionsgeschichte und der Vers 10 wird nicht zitiert. Johannes zieht – wie die Tempelreinigung an sich – die Verwendung des Psalms aus der eigentlichen Passionsgeschichte heraus an den Anfang seines Evangeliums und zitiert mit Vers 10 einen in der synoptischen Tradition nicht zu findenden Teil des Psalms (lediglich die zweite Hälfte des Verses wird in Röm 15,3 zitiert). Damit rekurriert er einerseits auf die ihm vorgegebene Tradition der Deutung des Schicksals Jesu im Lichte dieses Psalms, setzt aber andererseits gleichzeitig eigene und neue Akzente, die seiner Christologie entsprechen. Vgl. dazu und zu weiteren Beispielen DALY-DENTON, David, 42f; 118–130 u.ö; REIM, Jochanan, 10ff; 161.

Argumentation in 5,17 deutlich zu unterscheiden.[166] Bei Berücksichtigung der theologischen Konnotationen des Fest- und Tempelkontextes in beiden Kapiteln sowie der rabbinischen Traditionen zur Bedeutung der Beschneidung ergibt sich jedoch, dass der zweite Argumentationsgang ganz auf der Linie des ersten liegt. Weder in Joh 5,17 noch in 7,19–24 geht es um die Veränderung, Weitung oder gar Auflösung der Schabbathalacha.[167] In beiden Texten will Johannes Jesu Einheit mit Gott ausdrücken, aufgrund deren er Leben und Heil schaffen kann und die exemplarisch darin zum Ausdruck kommt, dass sein Handeln am Schabbat nicht menschliches, durch die Halacha geregeltes Tun, sondern Schöpferwirken Gottes ist.

4. Die Jesusrede und die Frage nach dem unbekannten Fest (5,19–47)

Wie oben bereits dargelegt, gehe ich davon aus, dass die offene Formulierung von Joh 5,1 „Es war ein Fest der Juden." (ἦν ἑορτὴ τῶν Ἰουδαίων) in zweifacher Hinsicht absichtsvoll ist. Erstens verfolgt der Evangelist mit der Verortung des in Joh 5 Erzählten an einem Fest eine theologische Intention. Zweitens legt er sich und sein Lesepublikum bewusst nicht auf einen einzelnen bestimmten Festtag fest. Inwiefern der Festhintergrund theologische Implikationen für das in Joh 5,2–9 erzählte Heilungsgeschehen hat, wurde bereits behandelt. Dabei spielte die Frage, um welches Fest es sich gehandelt haben mag, tatsächlich keine Rolle. Da die relevanten theologischen Implikationen zumindest für alle Wallfahrtsfeste gleichermaßen gelten, war eine Spezifizierung nicht nötig. Die nächste Frage, die sich stellt, ist, ob der weitere Verlauf des Kapitels, genauer die Jesusrede 5,19–47, konkretere Hinweise bzw. Anspielungen auf eines oder mehrere Feste enthält. M.E. ist diese Frage zu bejahen. Es finden sich sowohl eine Fülle von Motiven, die auf Rosch haSchana verweisen (so v.a. im ersten Teil der Rede 5,19–30), als auch eine deutliche Nähe zur Thematik von Schawuot (v.a. in den Versen 5,31–47). Wenn dieser Befund richtig ist und der Evangelist in Joh 5 nicht nur auf eins, sondern auf mehrere Feste Bezug nimmt, dann könnte das eine plausible Erklärung für die so ungenau erscheinende Formulierung in 5,1 sein. Sie sensibilisiert durch das Stich-

---

[166] So schreibt BACK, Jesus, 154f: „There seems to be a tension between 5:17 and 7:22–23: whereas, in the former passage, Jesus defends his Sabbath act(s) of healing with an appeal to his unique relation to the Father, the latter passage, offering an argument known from Rabbinic literature, claims no unique status for Jesus." DOERING, Schabbat, 474–476 weist auf Ähnlichkeiten zwischen Joh 7,22f und synoptischen Jesuslogien zum Schabbat hin und erwägt eine authentische Jesustradition als Hintergrund.

[167] Anders z.B. KLAPPERT, Mose, 623ff.

wort „Fest" für die Bezüge und Anspielungen, die die folgenden Verse bringen, und ermöglicht es Johannes zugleich, mit den Assoziationen von (mindestens) zwei verschiedenen, individuellen Festen zu spielen.

Dabei geht es Johannes nicht um einen historischen Bericht von einer Aktion Jesu, der zu einem bestimmten Fest den Tempel aufsuchte.[168] Er benutzt den Verweis auf ein Fest um der damit verbundenen theologischen Aussagemöglichkeiten willen. In der folgenden Rede, die um Identität und Vollmacht Jesu ringt, sind die mit den Festen verbundenen Vorstellungen und Erwartungen Hilfsmittel, um die theologische Bedeutung Jesu, also die Christologie des vierten Evangeliums, vermitteln zu können. In den folgenden Abschnitten soll das im Einzelnen aufgezeigt werden.

4.1 Hintergrund: Rosch haSchana und der Tempel

Die explizit genannten Feste, zu denen Jesus im Johannesevangelium nach Jerusalem hinaufzieht, sind die Wallfahrtsfeste Pessach und Sukkot (2,13; 7,2.14). Grundsätzlich liegen sie und das dritte Wallfahrtsfest Schawuot nahe, wenn von einem Fest die Rede ist, zu dessen Begehung man sich nach Jerusalem begibt. Rosch haSchana ist dagegen kein Fest, zu dem der Pilgerzug nach Jerusalem angetreten wurde. Nun finden sich in Joh 5,19–30 jedoch erstaunliche Parallelen zu rabbinischen Aussagen über das Neujahrsfest Rosch haSchana und terminologische Übereinstimmungen mit v.a. dem rabbinischen Verständnis des Gerichts an Rosch haSchana. Da es sich bei Rosch haSchana nicht um eines der drei großen Wallfahrtsfeste handelt, stellt sich die Frage, ob dieses Fest trotzdem sinnvoll mit der Aussage von Joh 5,1 „Danach war ein Fest der Juden und Jesus ging nach Jerusalem hinauf." in Verbindung gebracht werden kann. Dafür sprechen folgende Beobachtungen:

Der Jerusalemer Tempel, den aufzusuchen an den Wallfahrtsfesten religiöse Verpflichtung war, war das ganze Jahr über der hervorgehobene Ort für religiöse und kultische Aktivitäten. Alttestamentliche wie rabbinische Texte beschreiben den Tempel als Ort der besonderen Gottesnähe.[169] So heißt es z.B. in MekhY Pischa 1 zu Ex 12,1, dass der göttlichen Gegenwart, der Schechina, seit der Erwählung des Tempels nur noch dort begegnet werden kann. Der Tempel ist der Ort, den der Gott Israels sich erwählte, um Wohnung zu nehmen. Diese Überzeugung machte ihn zum Mittelpunkt des religiösen Lebens.[170] Die täglichen Opfer wurden dort verrichtet

---

[168] Die Frage nach „Historizität" ist keine relevante Kategorie für Johannes, der nicht historische Fakten, sondern theologische Wahrheit zum Ausdruck bringen will.

[169] Vgl. 1 Kön 8,13; 2 Chron 7,16; Ps 5,8; 28,2; 43,3; 46,5f; 84,3; 138,2; u.ö; MekhY Pischa 1 zu Ex 12,1; MekhY Schirta 9 zu Ex 15,16; EkhaR 1,1,164f. Vgl. ferner FUHS, Haus, 261–264.

[170] Vgl. SAFRAI, Volk, 59f; DERS., Temple, 336; FLUSSER, Religion, 17.

und es war nicht ungewöhnlich, dass auch nichtpriesterliche Glieder des
Volkes, die keine Aufgabe im Kult hatten, den Tempel besuchten, um Op-
fergaben zu bringen, bei den Opferungen zugegen zu sein oder ihr Gebet
dort zu verrichten.[171] Aber der zweite Tempel war nicht nur Mittelpunkt
des religiösen, sondern auch ein wichtiger Ort des öffentlichen wirtschaft-
lichen und gesellschaftlichen Lebens.[172] Als Toralesungen und -studium
neben dem Opferkult an Bedeutung gewannen, entwickelte sich der Tempel zudem zunehmend zu einem Ort der Lehre und Schrifterforschung.[173]

War der Tempel schon an jedem gewöhnlichen Tag Ziel vieler Einwohnerinnen und Einwohner Jerusalems, so ist dies erst recht für besondere
Tage und Festzeiten anzunehmen, an denen auch besondere Opfer dargebracht wurden.[174] Auch wenn Rosch haSchana kein Anlass war, von weit
her die Pilgerfahrt nach Jerusalem anzutreten, kann der Tempel doch auch
an diesem Festtag als ein sehr wahrscheinlicher Aufenthaltsort für Juden
aus Jerusalem und seiner Umgebung angesehen werden. Dies umso mehr,
als die für Rosch haSchana charakteristische Zeremonie des Schofarblasens in eine in mRhSh 4 dargelegte längere gottesdienstliche Liturgie mit
verschiedenen Gebeten und Toralesungen eingebunden ist.[175] Auch wenn
schon vor der Tempelzerstörung Synagogen existierten,[176] an denen dieser
Gottesdienst ebenfalls vollzogen wurde, so war doch auf jeden Fall der
Tempel der Hauptort für die Zelebrierung der Neujahrsfestliturgie.[177]
Wenn auch nicht im selben Maße wie die Wallfahrtsfeste, so erscheint daher doch auch die Feier des Rosch haSchana als ein plausibler Anlass, Jerusalem und insbesondere den Tempel aufzusuchen.

---

[171] Vgl. Lk 1,10; Apg 2,46; 3,1; mTam 7,2. Vgl. SAFRAI, Temple, 294f: „Many Israel-
ites came daily to the Temple to observe the service, to receive the priestly blessing, to
pray when the incense was being offered, and to prostrate themselves before the Lord on
hearing the daily psalm sung by the Levites"; MAIER, Tempel, 379.

[172] Vgl. SAFRAI, Volk, 55; DÖPP, Tempel, 199; RÖHSER, Tempel, 181. Man denke nur
an die sogenannte „Tempelreinigung" Jesu (Joh 2,16parr), die von regem Handel im
Tempelbezirk zeugt.

[173] Vgl. tSan 7,1; Josephus, Ant 17,149ff; Mk 11,18; 14,49; Mt 21,23; 26,55; Lk 2,46;
19,47; 20,1; 21,37; Joh 7,14; 8,2.20; 18,20; Apg 4,1f. Vgl. DÖPP, Tempel, 198f; SAFRAI,
Wallfahrt, 4; DERS., Volk, 56: „Toralesung und Gebet wurden in den Kult einbezogen"
(kursiv im Original).

[174] Vgl. SAFRAI, Temple, 302; MAIER, Tempel, 378–380. Die Vorschriften für die Opfer am 1. Tischri finden sich in Num 29,1–6.

[175] Vgl. KÖRTING, Schall, 336f.

[176] Vgl. zu dieser Diskussion SCHWARTZ, Imperialism, 215–225; STRANGE, Texts,
passim; HORSLEY, Synagogues, passim; LEVINE, Synagogue, 19–41; WICK, Gottesdienste, 88–116; CLAUSSEN, Synagoge, 202 und die dort jeweils angegebene weitere Literatur.

[177] Vgl. SAFRAI, Volk, 56; DERS., Temple, 332; LEVINE, Synagogue, 37f; FLUSSER,
Religion, 19.

Falls zutrifft, was mRhSh 4,1, yRhSh 4,1 (59b), WaR 29,12 und PesK 23,12 überliefern, dass an einem auf Schabbat fallenden Rosch haSchana-Fest nur im Tempel das Schofar geblasen wurde,[178] so würde das für diesen Sonderfall des Neujahrsfestes den Anreiz, den Tempel aufzusuchen, noch verstärken.

So heißt es in mRhSh 4,1:[179]

Wenn der Feiertag von Rosch haSchana auf einem Schabbat zu liegen kam, hat man im Heiligtum [Schofar] geblasen, aber nicht auf dem Land. Nach der Zerstörung des Tempels hat Rabban Jochanan ben Sakkai verfügt, dass man an jedem Ort bläst, an dem es einen Gerichtshof gibt. Rabbi Leasar sagte: Rabban Jochanan ben Sakkai hat das allein für Javne verfügt. Sie sagten zu ihm: Sowohl für Javne als auch für jeden Ort, an dem es einen Gerichtshof gibt.

Da das Blasen und Hören des Schofars nach Lev 23,24 und Num 29,1 für Rosch haSchana konstitutiv ist, ist die Frage, wie mit dieser zentralen Handlung umgegangen wird, wenn das Fest auf einen Schabbat fällt, höchst bedeutsam. Die Mischna überliefert, dass bis zur Tempelzerstörung in diesem Fall das Schofar ausschließlich im Tempel geblasen wurde.[180] In diesem Fall ist es nur im Jerusalemer Heiligtum möglich, den Klang des Schofars zu vernehmen und somit das liturgische Proprium des Festes sensuell mitzuerleben. Für die Zeit nach der Zerstörung des Tempels gibt die Mischna verschiedene Lehrmeinungen wieder. Gegen die offenbar von der Mehrheit vertretene Tradition, Rabbi Jochanan ben Sakkai habe das Schofarblasen an jedem Ort mit Gerichtshof angeordnet, wendet Rabbi Leasar ein, die Anordnung ben Sakkais habe sich nur auf Javne bezogen. Die Bindung des Schofarblasens an Gerichtshöfe legt einen inhaltlichen Zusammenhang des Schofars mit dem Gerichtscharakter des Neujahrsfestes nahe, der später noch genauer untersucht werden wird.[181] Falls die Überlieferung, dass am Schabbat nur im Jerusalemer Heiligtum das Schofar erklang, auf einer historischen Grundlage basiert, könnte die Datierung der Jesusrede in Joh 5,9 auf einen Schabbat die Plausibilität auch von Rosch haSchana als Anlass des Weges Jesu nach Jerusalem und in den Tempel gestärkt haben.

4.2 „...und die sie hören, werden leben": Rosch haSchana in Joh 5 (5,19–30)

Im ersten Teil der Jesusrede in Joh 5 lassen sich m.E. deutliche und vielfältige Anspielungen auf das jüdische Neujahrsfest Rosch haSchana finden. Das soll im Folgenden gezeigt werden.

---

[178] Philo, SpecLeg 2,188 geht dagegen davon aus, dass das Schofar *immer* nur im Tempel geblasen wurde.

[179] Text der Hs Kaufmann (ed. KRUPP, 21). Zur Einordnung der Mischna in den Traktat „Rosch haSchana" vgl. unten III.4.2.3.

[180] Diese Lehre wird ebenfalls in der Diskussion in WaR 29,12/PesK 23,12 überliefert. Vgl. außerdem yRhSh 4,1/1–2 (59b).

[181] Vgl. dazu unten (III.4.2.4.1).

4.2.1 Wirkeinheit zwischen Vater und Sohn: ζωοποιεῖν und κρίνειν

Es geht in Joh 5,19–30[182] einmal mehr um das Zentrum johanneischer Christologie und Theologie. Der johanneische Jesus nimmt für sich in Anspruch, dass, indem er die Werke Gottes tut, der Gott Israels selbst in ihm wirkt. Diesen Anspruch formulierte er bereits in 5,17 und er wiederholt ihn in 5,19f.30. Die Aussage, dass der Sohn nichts von sich aus tun kann, ist nicht als unterordnende Demutsaussage zu verstehen, sondern bringt im Gegenteil seinen höchsten Anspruch zum Ausdruck: Jesus steht nicht als zweite Größe neben Gott, sondern verkörpert ihn. Laut R. Bultmann ist hier

„der Gedanke von Gottes Wirken in seinem Offenbarer vergeschichtlicht", was bedeutet, dass „Vater und Sohn nicht als zwei getrennte Personen betrachtet werden können, deren Tun einander ergänzt", vielmehr ist „das Wirken von Vater und Sohn *identisch*".[183]

Um diesen Anspruch zu verdeutlichen und zu untermauern, reklamiert der johanneische Jesus in 5,21–23.26–27 eben die Handlungen für sich, von denen im biblischen und jüdischen Konsens gilt, dass sie allein Gottes Werke sind, und die daher Gottes Gottsein besonders zum Ausdruck brin-

---

[182] Zur Zäsur zwischen Vers 30 und 31 vgl. FREY, Eschatologie III, 325f; MOLONEY, Son of Man, 71; HAMMES, Ruf, 181. Die Verse 5,19 und 30 bilden mit der Aussage der Wirkeinheit von Gott und Jesus eine Inklusion, die den Abschnitt zu Jesus als Lebensspender und Richter rahmt. Bei FREY, Eschatologie III, 334f findet sich eine detaillierte und sehr überzeugende Gliederung des Abschnittes 5,19–30. Vgl. auch OBERMANN, Erfüllung, 372ff.

[183] BULTMANN, Johannesevangelium, 188 (Hervorhebungen im Original). Vgl. a.a.O., 186f. FREY, Eschatologie III, 347 benennt das „Verhältnis des Wirkens Jesu zu dem des Vaters als *größtmögliche Einheit bei gleichzeitiger Abwehr jeglicher Selbstmächtigkeit*" (Hervorhebung im Original). Vgl. THYEN, Johannesevangelium, 309; HAMMES, Ruf, 202f. Es handelt sich also *nicht* um die Aussage einer Subordination des Sohnes unter den Vater, wie sie BARRETT, Father, 24 behauptet und HAENCHEN, Vater, 71–77 vorauszusetzen scheint; vgl. auch BARRETT, Johannes 272f; MEEKS, Equal, 311. Die Einheit von Gott und Jesus ist in der Liebe des Vaters zum Sohn begründet. In den angekündigten „größeren" Werken liegt ein Rückbezug auf die ansonsten in der Rede keine Rolle mehr spielende Heilung von 5,2–9 vor. Dem entspricht, dass die zeichenhaft über sich hinaus weisende Aufforderung Jesu an den Kranken in 5,8, ἔγειρε, in 5,21 durch das ἐγείρειν und ζωοποιεῖν von Vater und Sohn aufgegriffen wird (vgl. auch HAENCHEN, Probleme, 109). Welche „größeren Werke" gemeint sind, bleibt offen. Sicherlich ist die Ankündigung textimmanent auf die weiteren Wundertaten Jesu, insbesondere auf die Auferweckung des Lazarus zu beziehen, die wiederum die in 5,24f reklamierte Vollmacht Jesu über Leben und Tod narrativ entfaltet. Für die Leser und Leserinnen des Evangeliums klingen in den „größeren Werken" aber bereits Kreuz und Auferstehung und die von ihnen erfahrene nachösterliche Wirkmacht des Auferstandenen an. Dazu gehört auch seine Hoheit (als Menschensohn, vgl. 5,27) im eschatologischen Geschehen. Vgl. die Ausführungen bei FREY, Eschatologie III, 332; WILCKENS, Johannes, 116f; VAN DER WATT, Salvation, 112–114.

gen und es letztlich auch verbürgen: die Hoheit im Gericht und die Schöpfermacht über Leben und Tod.[184] Dementsprechend dominieren im ganzen Textabschnitt 5,19–30 die Wortfelder ζωοποιεῖν / ζωή / ζῆν (V. 21; 24; 25; 26; 29) und κρίνειν / κρίσις (V. 22; 24; 27; 29; 30).[185]

Die Aussagen, dass der Sohn lebendig macht „wie der Vater" und dass der Vater niemanden richtet, sondern das Gericht dem Sohn gegeben hat, implizieren sachlich dasselbe: Nicht neben, unter oder zusätzlich zum Vater schafft der Sohn Leben und vollzieht das Gericht, sondern *im* Sohn tut es der Vater. Die heilsgeschichtlich-irdischen wie die endzeitlichen Werke des *Vaters* geschehen und ereignen sich im Wirken Jesu.[186] So lautet der Anspruch des johanneischen Jesus und davon ausgehend zieht der vierte Evangelist den Umkehrschluss, dass der Vater *exklusiv* im Sohn zu verehren ist und dementsprechend die Ablehnung Jesu einer Nichtverehrung Gottes gleichkommt (5,23).

Diese Ineinssetzung von Sohn und Vater *im Wirken*[187] kommt auch in der in 5,24f folgenden Explikation des Wirkens des Sohnes zum Ausdruck: die gegenwärtige Lebensmitteilung durch den Sohn wird denen zuteil, die das Wort des *Sohnes* hören und – eben darin! – dem, der ihn gesandt hat, dem *Vater*, also dem Gott Israels, glauben.[188]

4.2.2 Die Argumentationsstruktur von Joh 5,24–29 – präsentische und futurische Eschatologie

Es ist hier nicht der Raum, die Diskussion über präsentische und futurische Eschatologie bei Johannes wiederzugeben, die seit den Anfängen historisch-kritischer Exegese über Joh 5,24f und ihr Verhältnis zu 5,28f geführt wird.[189] Es reicht hier, festzustellen, dass gegenwärtiges und zukünftiges eschatologisches Geschehen für den vierten Evangelisten nicht im Wider-

---

[184] Vgl. z.B. Dtn 32,39; 2 Makk 7,22ff und die zweite Benediktion des Achtzehngebets. Vgl. SCHLATTER, Johannes, 149; SEGAL, Powers, 216.

[185] Vgl. FREY, Eschatologie III, 325; ferner a.a.O., 335.

[186] Vgl. BULTMANN, Johannes, 192: „Der Vater also *bleibt* Richter [...]: eben *durch* den Sohn vollzieht Gott sein Richteramt." (Hervorhebungen im Original).

[187] Damit ist keine Identifikation der *Personen* Vater und Sohn gemeint. Eine Wirkeinheit kann jedoch nicht bestritten werden. Auch wenn der Sohn nicht der Vater ist (sonst hätten die Liebes- und Beziehungsaussagen zwischen Vater und Sohn ebenso wenig Sinn wie Jesu Gebet zum Vater), so können doch nach johanneischer Auffassung menschlicherseits ihr Handeln und ihre Taten nicht unterschieden oder getrennt werden.

[188] Vgl. WENGST, Johannesevangelium I, 211. Zur Vorstellung der Sendung Jesu durch den Vater und ihren Entsprechungen in rabbinischen Traditionen vgl. BORGEN, Agent, passim.

[189] Dazu vgl. FREY, Eschatologie I, 418ff; DERS., Eschatologie III, 322–401.

spruch stehen.[190] Weder sind endzeitliche Neuschöpfung und Gericht nur in ferner Zukunft liegende Ereignisse, noch sind sie gegenwärtig bereits in aller Fülle vollendet. Für die Gemeinde des vierten Evangelisten, die die eigentliche Adressatin der vorliegenden Rede ist, ist die eschatologische Wirkmacht des erhöhten Christus bereits Wirklichkeit geworden. Ihre Mitglieder haben das Geschenk des neuen Lebens und die Befreiung aus dem Tod bereits erfahren. Tod bedeutet dabei für Johannes, der von zwei Sphären ausgeht, denen der Mensch angehören kann, ein Sein in Gottesferne, Finsternis und Unwahrheit.[191] Davon und von den gottwidrigen Mächten des Kosmos erlebt die Gemeinde sich im Glauben bereits als befreit. In der Christus- und Gottesgemeinschaft, aus der sie niemand mehr zu reißen vermag,[192] haben die Gläubigen schon das ewige Leben.[193] Die fiktiven Adressaten der Rede – die jüdischen Gegner Jesu – verschließen sich dem Verständnis des Evangelisten nach durch ihre Ablehnung Jesu der Gottesgemeinschaft und verbleiben damit in dem Bereich von Finsternis, Lüge und Tod.[194] Die Möglichkeit des leiblichen Todes bleibt jedoch für die jo-

---

[190] Die Erwartung eines noch ausstehenden Gerichtsgeschehens findet sich auch an verschiedenen anderen Stellen im vierten Evangelium, z.B. 6,27 (auch hier ist der Menschensohn Akteur!); 6,39f; 6,44 (wiederum in größter Nähe zu der präsentischen Aussage ὁ πιστεύων ἔχει ζωὴν αἰώνιον in 6,47); 12,25.48; 14,2f, 16,13. Es ist also keinesfalls notwendig, die Verse 5,28f als Einträge eines späteren Redaktors aus dem ursprünglichen Text des Evangeliums auszuscheiden. (So exponiert BULTMANN, Johannes, 196; ferner SCHNACKENBURG, Johannesevangelium II, 144–149; HAENCHEN, Johannesevangelium, 280f. Zu den Vertretern dieses literarkritischen Urteils vgl. die Auflistung bei KAMMLER, Christologie, 189 Anm. 92; Vertreter der Gegenposition, die 5,28f für einen sachlich notwendigen ursprünglichen Bestandteil johanneischer Eschatologie halten, finden sich a.a.O., 191 Anm. 100. Kammler selbst lehnt zwar die literarkritische Ausscheidung der Verse 5,28f ab, bestreitet aber zugleich ihre futurische Bedeutung und behauptet, auch in ihnen läge eine rein präsentische Eschatologie vor [a.a.O. 209–225].) Es ist zudem nicht einleuchtend, wieso ein Redaktor, der die präsentische Eschatologie in eine futurische korrigieren wollte, 5,24f unverändert im Text hätte stehen lassen sollen. Vgl. zu weiteren Argumenten gegen ein literarkritisches Ausscheiden von 5,28f FREY, Eschatologie III, 338; ONUKI, Gemeinde, 115.

[191] Vgl. z.B. Joh 8,12.31–45; 12,35f.44–46; 15,19. Vgl. HAMMES, Ruf, 222.

[192] Joh 10,28.

[193] Joh 17,3: „Dies aber ist das ewige Leben: dass sie dich, den allein wahren Gott, erkennen und den, den du gesandt hast, Jesus Christus." Vgl. KÄSEMANN, Wille, 37; CULPEPPER, Eschatology, 269; 275f.

[194] Auf der Ebene der erzählten Geschichte warnt Jesus den Geheilten in 5,14 davor, sich der Begegnung mit Gott in seiner Person zu verschließen und sich damit noch „schlimmer" als vorher während seiner Krankheit von der Gottesgemeinschaft auszuschließen. Es ist bekannt und muss trotzdem immer wieder in Erinnerung gerufen werden, dass hinter diesem Exklusivismus des Evangelisten seine Lebenssituation steht: Er sieht seine Gemeinde bedrängt in einer mehrheitlich jüdischen Umgebung, gegen deren Anfragen – etwa in der Frage des unaufgebbaren Monotheismus – er den neuen Glauben, den er als lebensspendend erfährt, verteidigen muss. Die Aussage, Juden und Jüdinnen

hanneische Gemeinde real.[195] Die Überwindung auch dieses Todes und die Auferweckung der leiblich Gestorbenen zu neuem Leben bzw. zum Strafgericht können also weiterhin zukünftig erwartet werden.[196] Im Zusammenhang damit greift Johannes in Vers 27 auf den Menschensohn-Titel zurück, der nach jüdischer wie urchristlicher Tradition mit der Erwartung des Endgerichts verbunden ist.[197] Die Rolle des Menschensohnes im Gericht wird als bekannte und konsensfähige Tatsache vorausgesetzt, indem die Identifikation Jesu mit dem Menschensohn geradezu als alles erklärende Begründung gebracht wird: „Und er hat ihm Vollmacht gegeben, das Gericht zu vollziehen, weil er der Menschensohn ist."

Dabei trennt Johannes nicht kategorisch zwischen präsentischen und futurischen Elementen des bereits im Gang befindlichen Endzeitgeschehens. Auf kunstvolle Weise verschränkt er beides. So folgt auch in 5,25 auf die Aussage, dass die „kommende Stunde" schon jetzt *ist*, die Beschreibung dessen, was in dieser Stunde passiert, in futurischer Form: „Die Toten *werden* die Stimme des Sohnes Gottes hören, und die sie hören *werden*, *werden* leben."[198] J. Frey erklärt den Zusammenhang der Verse 24f einerseits und 28f andererseits überzeugend:

„Gegenüber allen Versuchen einer sprachlich nicht begründbaren Ausscheidung ist festzuhalten, daß die zwischen den V. 24f. und 28f. bestehenden Differenzen im vorliegenden Text durch logische Verknüpfungen (v.a. durch das μὴ θαυμάζετε τοῦτο ὅτι) überbrückt werden."[199]

In seiner sprachlichen Analyse zeigt J. Frey auf, dass das τοῦτο auf das vorher Gesagte (also insbesondere die Verse 24f) zurückweist, während ὅτι eine Begründung dafür einleitet, dass die Angesprochenen sich nicht darüber wundern sollen.

„Die Hörer der Rede, denen die Vorstellung von der endzeitlichen Auferstehung und vom künftigen Gericht durch den Menschensohn vertraut ist, sollen sich darüber nicht ver-

---

seien, wenn sie im Wirken Jesu nicht das Wirken Gottes erkennen, fern von Gott und ohne Hoffnung, kann und darf nicht Aussage christlicher Theologie im 21. Jahrhundert sein. Vgl. WENGST, Johannesevangelium I, 219; 329–331.

[195] Joh 11,25; 12,25; 15,13; 16,2.

[196] Diese Erwartung ist für die Gemeinde, in der der Tod Realität ist, sogar von großer Wichtigkeit. Vgl. u.a. STÄHLIN, Problem, 255; SCHNELLE, Anthropologie, 154–158; 170; BLANK, Krisis, 180f. Gegen KAMMLER, Christologie, 194–209.

[197] Vgl. Dan 7,13f; Mk 8,38; 13,26; 14,62 parr; äthHen 71,14–17. Vgl. REYNOLDS, Son of Man, 27–64; 137–146; MOLONEY, Son of Man, 81 zu der Nähe, die Joh 5,27–29 zu LXX Dan aufweist; HAMMES, Ruf, 216.

[198] Vgl. BARTH, Erklärung, 280f. Vgl. die Feststellung von FREY, Eschatologie III, 337, dass „die schroffe Alternative zwischen Gegenwartsgewißheit und Zukunftserwartung erst eine neuzeitliche Konstruktion ist". Ähnlich HENGEL, Frage, 212. Ferner vgl. FREY, Eschatologie I, 48–50; DERS., Eschatologie II, 261; ONUKI, Gemeinde, 115.

[199] FREY, Eschatologie III, 337.

wundern, d.h. daran keinen Anstoß nehmen, daß Jesus als der Menschensohn schon jetzt die eschatologische Vollmacht ausübt".[200]

4.2.3 ,Leben und Tod' und ,Gericht' in rabbinischen Rosch haSchana-Traditionen

Wie bereits erwähnt, sind also die in Joh 5,19–30 vorherrschenden Themenkomplexe ,Leben und Tod' und ,Gericht'. Dabei handelt es sich um „die Hauptthemen des Rosh ha-Shana".[201]

Der Neujahrstag am 1. Tischri galt in der jüdischen Tradition als Gerichtstag.[202] Einige rabbinische Texte mögen das beispielhaft veranschaulichen.

1. mRhSh 1,2:[203]

An vier Zeitpunkten wird die Welt gerichtet: an Pessach in Bezug auf die Ernte und am Wochenfest (עצרת wörtlich ,Schluss[fest]') in Bezug auf die Früchte der Bäume. Und an Rosch haSchana ziehen alle, die in die Welt gekommen sind, vor ihm [sc. Gott] vorbei wie registrierte Soldaten,[204] wie gesagt ist: ,Der ihre Herzen alle bildet, der auf alle ihre Taten acht gibt.' (Ps 33,15). Und am Fest (Sukkot) werden sie in Bezug auf das Wasser gerichtet.

Der Text gehört zum achten Traktat der Ordnung Moed, der die Überschrift „Rosch ha-Schana – Neujahr" trägt. Nach einer Aufzählung und Kurzbeschreibung der vier Neujahrstage (1. Nisan, 1. Elul, 1. Tischri, 1. Schebat) in 1,1–2 folgt eine Abhandlung über die Vorschriften bezüglich der Boten und Zeugen für den Neumond (1,3–3,1). Anschließend handelt der Traktat von der Begehung des eigentlichen Neujahrsfestes am 1. Tischri. Besonders wichtig an diesem Tag ist das Blasen bzw. Hören des Schofars, um das es in 3,2–8 und 4,8–9 geht. Dazwischen finden sich in 4,1–7 einige weitere Vorschriften bezüglich des Festes: 4,1–2 beschäftigen sich mit der Frage, was geschieht, wenn Rosch haSchana auf einen Schabbat fällt, die folgenden Mischnajot haben weitere Bräuche des Festes wie den Feststrauß und die Segenssprüche zum Inhalt.

---

[200] FREY, Eschatologie III, 389. Vgl. WEDER, Gegenwart, 77–82. Ähnlich DAHL, Wonder, passim, der zu der s.E. in Joh 5,28f vorliegenden Argumentationsstruktur *a maiori* mit μὴ θαυμάζετε sowohl innerjohanneische als auch rabbinische Parallelen anführt.

[201] BARRETT, Johannes, 277. Vgl. GUILDING, Gospel, 71ff; WILLIFORD, Study, 239.

[202] Vgl. tRhSh1,13; AVEMARIE, Tora, 482; 486; KÖRTING, Schall, 338.

[203] Text der Hs Kaufmann (ed. KRUPP, 3–5). Vgl. auch yRhSh 1,3/1–3 (57a); yRhSh 1,3/22 (57b); bRhSh 16a.

[204] Mit dieser Übersetzung folge ich der Lesart כבנומרון, die von KRUPP, Rosch Haschana, 3 wiedergegeben wird. Es handelt sich um ein Lehnwort, abgeleitet vom lateinischen *numerus,* das den Schreibern offensichtlich schon bald Schwierigkeiten bereitete, denn die Handschriften trennen im Wort und lesen כבנו מרון oder sogar כבני מרון. Vgl. zu Lesarten und Interpretationen KRUPP, a.a.O., 4; BANETH, Moed, 388f Anm. 11; KRAUSS, Lehnwörter II, 356.

Der Text nennt vier Zeitpunkte des göttlichen Gerichts über die Welt. Diese Zeitpunkte werden an den drei Wallfahrtsfesten und Rosch haSchana verortet, die in chronologischer Reihenfolge gemäß ihrem Auftreten im Jahresablauf genannt werden.

Das Gericht bezieht sich bei Pessach, Schawuot und Sukkot jeweils auf ein Element aus dem agrarischen Bereich, das mit der Jahreszeit des einzelnen Festes in Verbindung steht.[205] So ergeht der Richtschluss Gottes an Pessach über die Ernte der Feldfrüchte. Will Gott strafen, wird diese sehr mager, will er belohnen, dann wird sie sehr reichlich ausfallen. Von der Zeit des Pfingstfestes an werden die Baumfrüchte reif und auch hierbei erweist sich im Verständnis der Rabbinen, ob Gott dem Menschen wohlgesonnen ist oder ihnen zürnt – je nachdem wird die Ernte gut oder schlecht sein. Um Sukkot herum schließlich beginnt die Regenzeit. Es gehört zu diesem Fest, um den lebensnotwendigen Regen zu bitten. Und wiederum wird das Ausbleiben des Regens als göttliche Strafe, sein Eintreffen als Folge des göttlichen Wohlwollens interpretiert. Die Ernteerträge der Feld- und der Baumfrüchte sowie der Niederschlag in Herbst und Winter sind Elemente der Natur, von denen die von Landwirtschaft lebende Bevölkerung abhängig war und die sie nicht beeinflussen konnte. Diese Elemente werden mit den Festen der entsprechenden Jahreszeit verknüpft. Nach der Überzeugung der Rabbinen stehen sie ganz in Gottes Hand und sind Mittel seiner richtenden Gewalt über die Welt. Demgegenüber fällt die Aussage über das Gericht an Rosch haSchana heraus: Hier geht es *nicht* um ein jahreszeitlich bedingtes Element der Natur, um Ernte und materielle Lebensgrundlage für die Gemeinschaft:

An Rosch haSchana findet ein Gericht über Einzelpersonen statt: „Alle, die in die Welt gekommen sind", also schlichtweg alle Menschen, ziehen an diesem Tag an Gott vorbei wie „registrierte Soldaten". נומרון(כב) ist ein lateinisches Lehnwort. In der römischen Kaiserzeit war *numerus* die Bezeichnung für eine militärische Unterabteilung, der ein Soldat zugeteilt wurde. Von dieser Bezeichnung abgeleitet wurde der Ausdruck *in numeros referre* allgemein für die Registrierung der Rekruten verwendet.[206] בנומרון kann sich daher sowohl auf die Zugehörigkeit zu einer Heeresabteilung als auch grundsätzlich auf das Eingetragensein als Truppenmitglied beziehen. Wer *in numeros referre* – בנומרון – ist, ist jedenfalls registriert und kann sich so einem Appell nicht entziehen. Die Mischna unterstreicht mit dieser Formulierung also die Unmöglichkeit, dem göttlichen Gericht zu entgehen.

Mit dem folgenden Zitat von Ps 33,15 wird gesagt, auf welcher Grundlage das Gottesgericht ergeht. Gott bildet die Herzen und kennt alle Taten der Menschen. Rosch haSchana ist also der Tag des persönlichen Gerichts, an dem jeder Mensch vor Gott steht und gerichtet wird. Im Wortlaut von Ps 33,15 הַיֹּצֵר יַחַד לִבָּם („der ihnen allen das Herz formt") klingt die Schöpfung des Menschen durch Gott an: Gott kennt die Herzen der Menschen

---

[205] Vgl. KRUPP, Rosch Ha-schana, 3; KÖRTING, Schall, 332f; zum Traktat mRhSh vgl. a.a.O., 331–333.

[206] Vgl. ROWELL, Numerus, 1328f; BANETH, Moed, 388f Anm. 11.

nicht nur, er selbst *bildet* sie.[207] Auch die Formulierung, mit der die Mischna die Gesamtheit der Menschen benennt, כל באי העולם, lässt das menschliche Geschaffenwerden durch Gott anklingen, das die Menschen in die Welt kommen lässt.

Die Motive Schöpfung und Neuschöpfung im Zusammenhang des Gerichts von Rosch haSchana sind auch in verschiedenen anderen rabbinischen Texten zu finden:

2. PesK 23,1 und WaR 29,1:

Die Midraschim Pesiqta de Rav Kahana und Wayikra Rabba enthalten fünf gemeinsame Kapitel und zahlreiche Parallelen. Das genaue literarische Verhältnis der beiden Werke, die vermutlich etwa zeitgleich im 5. Jahrhundert in Palästina entstanden, ist umstritten.[208] Zu den gemeinsamen Traditionen gehört auch ein längerer Abschnitt über Rosch haSchana, der mit nur kleinen Unterschieden den Neujahrstag als Tag der Schöpfung und Neuschöpfung im Gericht beschreibt:

a) PesK 23,1:[209]

‚In Ewigkeit, Jah, steht dein Wort am Himmel' (Ps 119,89). Rabbi Elieser lehrt: Am 25. Elul wurde die Welt geschaffen. Und die Lehre Ravs entspricht der Lehre Rabbi Eliesers. In Ravs Teqiah[210] heißt es: Dieser Tag ist der Beginn deiner Werke, eine Erinnerung an den ersten Tag usw. ‚Denn es ist eine Satzung für Israel, eine Ordnung usw.' (Ps 81,5).

Über die Länder verkündigt er an ihm [an diesem Tag], welche für das Schwert [bestimmt] sind und welche für den Frieden, welche für die Hungersnot und welche für die Fülle, welche für den Tod und welche für das Leben. Und an ihm werden die Geschöpfe gemustert, um sie zu notieren zum Leben oder zum Tod.

Es ergibt sich, dass an Rosch haSchana der erste Mensch geschaffen wurde. In der ersten Stunde kam er in Gedanken auf, in der zweiten wurde mit den Dienstengeln beraten, in der dritten sammelte Er [Gott] den Staub für ihn an, in der vierten mischte Er ihn an, in der fünften formte Er ihn, in der sechsten stellte Er ihn als einen Golem [= unfertiger Körper] auf seine Füße, in der siebten blies Er ihm Atem ein, in der achten brachte Er ihn in den Garten Eden, in der neunten gebot Er ihm, in der zehnten übertrat er Sein Gebot, in der elften wurde er gerichtet, in der zwölften ging er heraus mit einer Begnadigung vor dem Angesichte des Heiligen, gelobt sei er.

Der Heilige, gelobt sei er, sagte zu ihm: Adam, das ist ein Zeichen für deine Kinder. Wie du vor mir zum Gericht eingegangen bist an diesem Tag und mit einer Begnadigung herausgingst, so werden zukünftig deine Kinder vor mir zum Gericht eingehen an diesem Tag und mit einer Begnadigung herausgehen. Wann? ‚Im siebten Monat, am ersten [Tag] des Monats' (Lev 23,24).

---

[207] Vgl. bRhSh 18a.

[208] Vgl. STEMBERGER, Einleitung, 285f; 290f; HEINEMANN, Leviticus Rabbah, 741; NEUSNER, Imitation, 205–223; DERS., Integrity, 182–215.

[209] Ed. MANDELBAUM II, 333f.

[210] Dreigeteiltes Musafgebet an Rosch haSchana, das von Schofartönen unterbrochen wurde. Vgl. ELBOGEN, Gottesdienst, 141–143.

Der Textabschnitt entstammt der 23. Piska der Pesiqta de Rav Kahana, eines Homilien-Midraschs, der „nicht einen durchlaufenden Kommentar bietet, sondern Leseabschnitte aus der Synagogenliturgie kommentiert".[211] Der Aufbau von PesK folgt der Ordnung der besonderen Schabbate und Festtage in der Reihenfolge des Kalenderjahres.[212] Piska 23 beschäftigt sich unter unterschiedlichen Aspekten mit dem Neujahrstag und der damit verbundenen Thematik des göttlichen Gerichts und Erbarmens.

b) WaR 29,1:[213]

‚Im siebten Monat, am ersten [Tag] des Monats...' (Lev 23,24).

‚In Ewigkeit, Jah, steht dein Wort am Himmel' (Ps 119,89). Es wird gelehrt im Namen von Rabbi Lieser, dass am 25. Elul die Welt geschaffen wurde. Die [Lehre] Ravs entspricht derjenigen des Rabbi Eliezer, denn in Ravs Teqiah heißt es: Dieser Tag ist der Beginn deiner Werke, eine Erinnerung an den ersten Tag. ‚Denn es ist eine Satzung für Israel, eine Ordnung des Gottes Jakobs' (Ps 81,5).

Und über die Länder verkündigt er an ihm [sc. an diesem Tag], welche für das Schwert [bestimmt] sind und welche für den Frieden, welche für die Hungersnot und welche für die Fülle. Und an ihm werden die Geschöpfe gemustert, um sie zu notieren zum Leben oder zum Tod.

Du findest, dass am 1. Tischri der erste Mensch erschaffen wurde. In der ersten Stunde kam er in Gedanken auf, in der zweiten wurde mit den Dienstengeln beraten, in der dritten mischte Er [sc. Gott] ihn an, in der vierten formte Er ihn, in der fünften machte Er ihn zu einem Golem [sc. zu einem unfertigen Körper], in der sechsten blies Er ihm Atem ein, in der siebten stellte Er ihn auf seine Füße, in der achten brachte Er ihn in den Garten Eden, in der neunten gebot Er ihm, in der zehnten übertrat er Sein Gebot, in der elften richtete Er ihn, in der zwölften gab Er ihm eine Begnadigung.

Der Heilige, gelobt sei er, sagte zu ihm: Adam, siehe, das ist ein Zeichen für deine Kinder. Wie du vor mir zum Gericht eingegangen bist und ich dir eine Begnadigung gegeben habe, so werden auch deine Kinder vor mir zum Gericht eingehen und ich werde ihnen eine Begnadigung geben. Wann? An Rosch haSchana, ‚im siebten Monat, am ersten [Tag] des Monats'.

Der Midrasch Wayikra Rabba gehört zu den Homilien-Midraschim und legt in 37 Abschnitten (Paraschot) das Buch Leviticus aus.[214] Dabei geht er nicht auf den ganzen Text, sondern auf herausgehobene kleinere Textabschnitte und einzelne Verse ein, die ausführlich interpretiert werden. Dazu werden viele Gleichnisse, Legenden, Erzählungen und Redensarten hinzugezogen.[215] Nachdem sich der Abschnitt 27 noch mit Lev 22,27 befasst hatte, springt die Parascha 28 in den Festkalender von Lev 23 und bringt eine Homilie zu Lev 23,10 und der darin angeordneten Erstlingsgarbe. WaR 30 wendet sich Lev 23,40 und damit Sukkot zu. Ohne nähere inhaltliche Verbindung zu dem voranstehenden und dem folgenden Abschnitt legt Parascha 29 die Anordnung des Neujahrsfestes am 1. Tischri in Lev 23,24 aus: „Rede zu den Kindern Israels und sage: Im siebten Monat, am

---

[211] STEMBERGER, Einleitung, 288; vgl. ebd., 289f; MANDELBAUM, Art. Pesikta, 11f.

[212] Vgl. BRAUDE/KAPSTEIN, Pĕsikṭa, XIV-XVI.

[213] Ed. MARGULIES, 668f.

[214] Vgl. STEMBERGER, Einleitung, 285f; HEINEMANN, Leviticus Rabbah, 740–742. Beide verorten die Endredaktion von WaR zwischen 400 und 500 n.Chr. in Palästina.

[215] Vgl. WÜNSCHE, Der Midrasch Wajikra Rabba, Einleitung, Vf.

ersten [Tag] des Monats, sei euch eine Ruhefeier der Erinnerung durch (Horn-)Blasen, eine heilige Versammlung."

PesK 23,1 und WaR 29,1 verknüpfen den Neujahrstag mit der Schöpfung, insbesondere mit der Erschaffung des Menschen. Dazu zitieren die Midraschim zunächst die Lehre Rabbi Eliesers, der 25. Elul sei der Tag der Weltschöpfung, und ein Wort Rabbis, das den Klang des Schofars als Erinnerung an den ersten Tag und den Beginn der göttlichen Schöpfung deutet.

Es folgt eine Art Exkurs, der die Charakterisierung des Neujahrsfestes als Gerichtstag enthält und das an Rosch haSchana ergehende Gericht ausführlicher beschreibt: Das Schicksal sowohl der verschiedenen Staaten als auch der einzelnen Menschen wird an diesem Tag entschieden. Den Staaten wird das neue Jahr entweder Frieden und Wohlstand oder Krieg und Not bringen. Für die einzelnen Menschen, die – entsprechend der Vorstellung mRhSh 1,2 – an diesem Tag gerichtet werden, geht es um nichts Geringeres als um alles oder nichts: Sie werden bestimmt zum Leben oder zum Tode. Der für die Menschen gewählte Begriff בריּוֹת, der von der Wurzel ברא/ברי „erschaffen" abgeleitet ist, ist am besten mit „Geschöpfe" wiederzugeben und lässt deutlich den Aspekt des Geschaffenseins anklingen.

Anschließend kommen die Midraschim wieder auf Rabbi Eliesers Datierung der Welterschaffung zurück. Da der Monat Elul 29 Tage hat,[216] ist der sechste Tag vom 25. Elul an gerechnet der 1. Tischri. Wenn also der 25. Elul als erster Schöpfungstag angesetzt wird, folgt daraus, dass der Mensch am 1. Tischri, am Tag von Rosch haSchana, erschaffen wurde.[217] Die Midraschim bieten eine haggadisch ausgeschmückte Beschreibung des Ablaufs dieses Tages.[218] Den zwölf Stunden des Tages wird je ein Schritt des Schöpfungswerkes zugeordnet. Zunächst entstand die Idee des Menschen in Gottes Gedanken, dann beratschlagte er sie mit seinen Dienstengeln. In der dritten bis siebten Stunde verorten die Midraschim die Herstellung des Menschen. Er wird aus Erde und Staub geformt und bekommt schließlich Gottes Atem der Lebendigkeit eingehaucht. In der achten Stunde wird der Mensch als ein nun lebendiges, stehendes Wesen in den Garten Eden gebracht. Die vier verbleibenden Stunden bringen Gottes Gebot, die menschliche Übertretung und als Folge davon das göttliche Gericht über den Menschen, das schließlich in der zwölften Stunde mit einer Begnadigung ausgeht.

In diesem Geschehen der zwölften Stunde unterscheidet sich die Darstellung in PesK 23 und WaR 29 einerseits auffallend von der in TanB Be-

---

[216] Das gilt unabhängig davon, ob es sich um ein Schaltjahr handelt oder nicht. Vgl. BASNIZKI, Kalender, 46ff.

[217] Vgl. LICHTENBERGER, Ich, 233.

[218] Vgl. TanB Bereschit 25.

reschit 25 und bSan38b andererseits, die beide ebenfalls die Erschaffung des ersten Menschen im Zwölfstundenschema des sechsten Schöpfungstages erzählen.

Alle Texte „setzen die Gabe des Gebots auf die neunte Stunde, die Übertretung auf die zehnte, das Gerichtetwerden auf die elfte. TanB Bereschit 25 und bSan 38b lassen in der zwölften Stunde die Vertreibung erfolgen, doch WaR 29 [und PesK 23 D.F.] interpretiert, hiervon völlig abweichend, den Weggang Adams als einen Freispruch, der Vorbild und Urbild für den Freispruch Israels ‚am ersten Tag des siebten Monats', also dem Neujahrsfest, ist."[219]

Das Geschehen des letzten Tagesdrittels interpretieren PesK 23 und WaR 29 in Form einer direkten Gottesrede an Adam als Paradigma für das Gericht, das jährlich an Rosch haSchana ergeht. Auch Adams Nachfahren werden an diesem Tag vor dem göttlichen Gericht stehen, jedoch, so die Verheißung und Zusage Gottes, daraus wie der erste Mensch begnadigt hervorgehen.

Wie mRhSh und andere rabbinische Texte, so verstehen auch PesK und WaR Rosch haSchana als Tag des Gerichts. Explizit wird dieses Gericht, das für jeden einzelnen Menschen sein Leben oder seinen Tod bringt, mit der ausführlich erzählten Erschaffung des Menschen durch Gott in Verbindung gebracht. In engster Zusammengehörigkeit ist Gott als der – ausgesprochen liebevoll und zärtlich dargestellte – Schöpfer auch der Richter. Vom ersten Menschen an, der gleich das erste Gebot übertrat, stehen alle Menschen einmal im Jahr, an Rosch haSchana, vor dem Gericht Gottes. Obwohl dieses Gericht zwei mögliche Ausgänge nehmen kann – das Leben und den Tod –, gibt es doch die göttliche Verheißung, die sich in seinem Verhalten gegenüber dem ersten Menschen gründet, dass der Schöpfergott seinen Geschöpfen gegenüber ein gnädiger Richter ist.

3. PesK 23,12 und WaR 29,12:[220]

a) PesK 23,12:[221]

Rabbi Tachlifa Qisriyya sagte: Bei allen Opfern [in Num 28f] steht geschrieben: ‚Und bringt nahe'. Aber hier [in Bezug auf Rosch haSchana] steht geschrieben: ‚Und macht' (ועשיתם Num 29,2). Der Heilige sagte: Von dem Moment an, da ihr eingegangen seid vor mir zum Gericht an diesem Tag und herausgegangen seid mit einer Begnadigung, sehe ich euch an, als ob ihr heute gemacht worden wäret (נעשיתם), als ob ich euch heute geschaffen hätte als neue Kreatur (בריה חדשה). ‚Denn wie der neue Himmel und die neue Erde usw.' (Jes 66,22).

---

[219] LICHTENBERGER, Ich, 232.

[220] Vgl. ganz ähnlich yRhSh 4,8/3 (59c).

[221] Ed. MANDELBAUM II, 346.

b) WaR 29,12:[222]

Rabbi Tachlifa Qisriyya sagte: Bei allen Musaf-Opfern [in Num 28f] steht geschrieben:
‚Und bringt nahe'. Aber hier [in Bezug auf Rosch haSchana] steht geschrieben: ‚Und
macht' (ועשיתם Num 29,2). Ja, wie? Der Heilige, gelobt sei er, sprach zu Israel: Meine
Kinder, von dem Moment an, da ihr eingegangen seid vor mir zum Gericht und herausgegangen seid mit einer Begnadigung, sehe ich euch an, als ob ihr heute vor mir gemacht
worden wäret (נעשיתם), als ob ich euch heute geschaffen hätte als neue Kreatur
(ברייה חדשה), wie gesagt ist: ‚Denn wie der neue Himmel usw.' (Jes 66,22).

Nach einer längeren und von haggadischen Einschüben unterbrochenen
Reflexion über die Bedeutung der Sieben (zu Lev 23,24 „Im *siebten* Mo-
nat...") und der Diskussion darüber, wie mit dem Blasen des Schofars um-
zugehen ist, wenn Rosch haSchana auf einen Schabbat fällt, schließen
PesK 23 und WaR 29 mit einer erneuten direkten Gottesrede, die in das
Zitat von Jes 66,22 mündet.

Nachdem die Midraschim das am Neujahrsfest ergehende Gericht bereits verschiedentlich mit der Schöpfung in Verbindung gebracht haben,
gehen sie nun über diese assoziative Verknüpfung hinaus und bestimmen
den Akt des Gerichtet- und Begnadigtwerdens selbst als Akt der Neuschöpfung.[223] Die Rabbinen erklären die ungewöhnliche Formulierung mit
עשה (machen) in der Opfervorschrift für Rosch haSchana in Num 29,2 damit, dass an diesem Tag Gott die Menschen als neu *gemacht* ansieht
(נעשיתם). Das Eingehen zum Gericht und Herausgehen mit einem Freispruch erscheinen wie der Weg zu neuem Leben: Wer diesen Weg gegangen ist, gilt Gott als neue Kreatur, deren Leben im Moment des Gerichts
begonnen hat. Diesen gerichteten und neu geschaffenen Geschöpfen gilt
die Verheißung Jes 66,22: Sie werden wie der neue Himmel und die neue
Erde ewigen Bestand haben.

4.2.4 Leben durch Hören: Rosch haSchana-Traditionen in Joh 5,19–30

Trotz der Übereinstimmung der Thematik von Joh 5,19–30 mit jüdischen
Rosch haSchana-Traditionen wird in der Literatur zu Joh 5 ein Zusammenhang zwischen der Jesusrede und dem jüdischen Neujahrsfest weitgehend
bestritten. C.K. Barrett argumentiert beispielsweise, dass die vorliegenden
Themen zu fundamental seien, als dass sie speziell mit Rosch haSchana in
Verbindung gebracht werden könnten.[224] Es ist nicht zu leugnen, dass es
sich bei der Erwartung des Gottesgerichts und der Hoffnung auf neues Leben um zentrale und weit verbreitete Theologumena handelt, die sich in

---

[222] Ed. MARGULIES, 686.

[223] Diese Vorstellung ist parallel auch in yRhSh 4,8/3 (59c) überliefert. Zu den um-
strittenen Abhängigkeitsverhältnissen von Wayikra Rabba und dem Yerushalmi vgl.
STEMBERGER, Einleitung, 286f. Beide Schriften weisen zahlreiche Parallelen auf.

[224] Vgl. BARRETT, Johannes, 277.

den verschiedensten Kontexten frühjüdischer und urchristlicher Literatur finden.[225] Jedoch verankert der vierte Evangelist selbst die Verse 5,19–30 in den Kontext eines jüdischen Festes. Aufgrund dieser Verortung in Vers 5,1 in Verbindung mit der Tatsache, dass die Thematik der Verse der Motivik von Rosch haSchana entspricht, ist es angebracht, nach weiteren Anklängen an frühjüdische Vorstellungen vom Gericht an Rosch haSchana und der damit verbundenen Neuschöpfung zu suchen. Und es lassen sich m.E. tatsächlich solche finden.

So ist neben den beiden oben genannten noch ein weiteres Wortfeld stark in den Versen 19–30 vertreten: ἀκούειν / φωνή (V. 24; 25; 28),[226] und zwar immer in enger Verbindung mit ζωή / ζῆν und κρίσις / κρίνειν. Die Beziehung zwischen Vater und Sohn wird zunächst mit Verben des Sehens (βλέπω und δείκνυμι) in visuellen Kategorien ausgedrückt: Der Sohn tut, was er den Vater tun *sieht* / der Vater *zeigt* dem Sohn alles, was er tut / wird ihm größere Werke *zeigen*. Nur in Vers 30 (καθὼς ἀκούω κρίνω) wird diese Beziehung einmal – und zwar im direkten Bezug zum Akt des Richtens – akustisch gedacht. Dagegen spielt sich die Verbindung zwischen dem Sohn (bzw. auch dem Vater als ihn Sendenden und in ihm Wirkenden) und den Glaubenden durchgehend in akustischen Kategorien ab (5,24. 25.28).

In 5,21 nimmt der johanneische Jesus in Anspruch, dass er in Wirkeinheit mit dem Vater die Toten, die er erwählt, lebendig macht. Vers 22 verortet diese Handlung in einem Akt des Gerichts (durch das γάρ ist der Satz eindeutig als Begründung für den vorhergehenden Vers gekennzeichnet). Vers 23 fügt den Zweck an (ἵνα), zu dem der Vater dem Sohn das Lebendigmachen und das Richten übergeben hat: Damit dem Sohn die gleiche Verehrung zuteil wird wie dem Vater. Die Verse 24f schließlich beschreiben das Wie des Lebendigmachens im Gericht durch den Sohn: Es ereignet sich im Hören des Wortes bzw. der Stimme des Sohnes.

Der Zusammenhang des Gerichtes über Leben und Tod mit dem Hören (die Unterscheidung zwischen Klang und Stimme findet sich weder im Griechischen noch im Hebräischen, wo beides mit φωνή bzw. קוֹל bezeichnet wird) ist charakteristisch für die rabbinische Vorstellung vom Gerichtstag Rosch haSchana. „The essential ritual of Rosh Ha-Shanah is the sounding of the *shofar*"[227] und der Schall des Schofars ist wesentliches

---

[225] Vgl. ATTRIDGE, Discord, 5.

[226] Vgl. HAMMES, Ruf, 189. Das „Hören der Stimme" wird im zweiten Teil der Jesusrede in der Negativaussage von 5,37 (hier in Bezug auf die Stimme des Vaters im Gegenüber zu der des Sohnes in VV. 25.28) noch einmal aufgenommen und verbindet nicht nur die beiden Teile der Rede miteinander, sondern auch die beiden motivlich anklingenden Feste. Das Moment des „Hörens" ist sowohl für den Gerichtstag Rosch haSchana als auch für Schawuot charakteristisch.

[227] JACOBS, Rosh Ha-Shanah, 464.

Merkmal dieses Tages. Das wird schon in den alttestamentlichen Namen des Festes deutlich, denn während die biblische Bezeichnung „Rosch ha-Schana" sich auf den Beginn des Jahres (je nach Zählung an verschiedenen Tagen) und nicht auf ein Fest bezieht, wird das Neujahrsfest am 1. Tischri, das in der Folgezeit den Namen „Rosch haSchana" bekam und ihn bis heute trägt, in Lev 23,24 שַׁבָּתוֹן זִכְרוֹן תְּרוּעָה, „Ruhefeier der Erinnerung durch (Horn-)Blasen", und in Num 29,1 יוֹם תְּרוּעָה, „Tag des (Horn-)Blasens", genannt.[228] Obwohl der Brauch essentiell für den Festtag ist, begründet die Bibel ihn nicht.[229] Um Begründungen bemühen sich deshalb diverse Ableitungsversuche in nachbiblischer Zeit, insbesondere rabbinische Traditionen. Der Klang des Schofars wird in diesen unter anderem mit dem Posaunenschall angreifender Armeen, den Worten der Propheten, der Auferstehung, der messianischen Zeit und dem Horn des Widders, der an Isaaks Stelle geopfert wurde, assoziiert.[230] In verschiedenen rabbinischen Texten und Targumen kommt jedoch eine enge inhaltliche Beziehung des Schofarschalls mit dem Gerichtsgeschehen am Neujahrstag zum Tragen. Diese soll im Folgenden an einigen Beispielen aufgezeigt werden.

4.2.4.1 Schofar und Gericht in antik-jüdischen Rosch haSchana-Traditionen

1. mRhSh 3,7–8:[231]

(3,7) Wenn jemand in den Brunnen oder in die Zisterne oder in den Krug hineinbläst: Wenn man den Klang eines Schofars hört, so ist man [von der Gebotspflicht] befreit, aber wenn man [nur] den Klang eines Widerhalls hört, so ist man nicht [von der Gebotspflicht] befreit. Und ebenso wer vorübergegangen ist hinter der Synagoge oder wer sein Haus nahe an der Synagoge hat und den Klang eines Schofars oder den Klang der Megilla [sc. Estherrolle an Purim] gehört hat: Wenn er sein Herz [darauf] gerichtet hat, so ist er [von der Gebotspflicht] befreit, wenn aber nicht, so ist er nicht [von der Gebotspflicht] befreit. Obwohl dieser gehört hat und jener gehört hat, richtete dieser sein Herz [darauf], aber jener richtete sein Herz nicht [darauf].

(3,8) ‚Und es geschah, wenn Mose seine Hand erhob, dann war Israel stark, und wenn er seine Hand sinken ließ, dann war Amalek stark.' (Ex 17,11) Und sind es denn Moses Hände, die den Kampf führen, oder sind es seine Hände, die den Kampf hindern? Vielmehr [heißt das]: Solange die Israeliten nach oben blickten und ihre Herzen auf ihren Vater im Himmel richteten, waren sie gestärkt, und wenn nicht, unterlagen sie.

Und entsprechend: ‚Und der Herr sprach zu Mose: Mache dir eine eherne Schlange und befestige sie [auf einer Stange, und jeder, der gebissen wurde und sie anblickt, wird leben].' (Num 21,8) Tötete denn die Schlange oder machte sie lebendig? Vielmehr [heißt

---

[228] Vgl. JACOBS, Rosh Ha-Shana, 463.

[229] Vgl. KÖRTING, Schall, 154–162.

[230] Vgl. JACOBS, Rosh Ha-Shana, 464f.

[231] Text der Hs Kaufmann (ed. KRUPP, 19–21). Vgl. auch yRhSh 3,7 (59a).

das]: Solange die Israeliten nach oben blickten und ihre Herzen ihrem Vater im Himmel unterwarfen, wurden sie geheilt, und wenn nicht, vergingen sie. (...)[232]

Nachdem sich die voranstehenden Mischnajot 3,2–6 mit der Frage befasst haben, welche Art von Horn als Schofar geeignet ist, wenden sich 3,7–8[233] dem Ton des Schofars und dem Akt des Hörens zu. Letzterem kommt eine besondere Rolle zu. Die Festlegung der Mischna 3,7, dass seine Gebotspflicht erfüllt, wer den Klang des Schofars aus einer nahen Synagoge hört, zeigt, dass der Fokus nicht auf dem Blasen des Horns liegt, sondern auf dem *Hören* seines Klanges.[234] Das rechte Hören wird dementsprechend auch ausführlich näher bestimmt. Nötig für die Erfüllung der Gebotpflicht ist die Intentionalität beim Hören. Einen unbestimmten Widerhall oder ein diffuses Dröhnen zu vernehmen, genügt nicht. Der Klang des Schofars muss als ein solcher wahrgenommen werden. So reicht es nicht aus, Schofarklänge im Hintergrund zu haben, ohne sie zu beachten. 3,7 betont, dass das Hören bewusst geschehen muss:

„What results is that though one may have physically performed a mitzvah, such as hearing the sounding of the shofar, the act alone is not sufficient to fulfill one's obligation; rather the proper state of mind or intention must accompany the act."[235]

Das Herz der Hörenden – das Gott bildet, kennt und richtet, vgl. mRhSh 1,2 – muss auf den Klang des Schofars gerichtet sein. Den Hintergrund und die Bedeutung dieser Regel erläutert 3,8, indem die Mischna mehrere Bibelstellen zum Vergleich anführt und interpretiert. Weder waren es in Ex 17,11 die Hände des Mose, die Israel verlieren bzw. siegen ließen, noch bewirkte in Num 21,8 die eherne Schlange Tod und Leben der Israeliten und Israelitinnen.[236] In beiden Fällen handelte es sich, dem Verständnis der Mischna nach, um Zeichen und Symbole, die die Aufmerksamkeit des Volkes auf seinen Gott lenkten:[237] Indem die Israeliten hoffend auf die erhobenen Hände des Mose bzw. auf die Schlange an der Stange blickten, richteten sie ihre Hoffnung auf den Gott, der durch Mose zu ihnen sprach und an ihnen handelte. Sie „unterwarfen ihm ihre Herzen", erkannten also seine

---

[232] Zum Kontext dieser Mischna im Traktat „Rosch haSchana" siehe oben III.4.2.3.

[233] Die Verse nehmen möglicherweise eine ältere haggadische Einheit auf. Vgl. FREY, Schlange, 165f; FLUSSER, Serpent, 544 Anm. 3. Zur Interpretation der Verse vgl. auch FREY, Schlange, 165–168.

[234] Es reicht also, das Schofar zu hören, man muss es nicht selbst blasen. Vgl. Anm. 30 zur Stelle bei BANETH, Moed.

[235] BIRKAN-SHEAR, Serpent, 420.

[236] Vgl. zu Num 21,4–9 und der frühjüdischen Interpretation dieser Verse FREY, Schlange, 154–177; BIRKAN-SHEAR, Serpent, 421f; ODEBERG, Gospel I, 105–108; NIELSEN, Dimension, 164.

[237] Vgl. FREY, Schlange, 165f: Anhand der biblischen Beispiele soll begründet werden, „daß es zur Erfüllung der halachischen Pflicht auf die ‚Kawwana', d.h. auf die Ausrichtung des Herzens auf Gott ankommt".

Vollmacht über Sieg und Niederlage, Tod und Leben an.[238] Mit dieser Interpretation von Ex 17,11 und Num 21,8 erklären die Rabbinen die Notwendigkeit, dem Klang des Schofars aufmerksam zu lauschen. Wie die
Hände des Mose und die Schlange, so ist auch der Schofarklang ein äuße-
res Zeichen, das die Zuwendung zu Gott und die Anerkennung seiner richtenden, also Leben und Tod schaffenden Macht fordert und fördert. Wer
„sein Herz" auf den Klang des Schofars „richtet", vernimmt in ihm die
Kunde von Gott, dem himmlischen Vater, dem er sein Herz verdankt und
der über es richtet. Darin liegt eine Anerkennung des Gottseins Gottes.[239]

3,7 spricht davon, dass, wer sein Herz auf den Schall des Schofars rich-
tet, „herausgegangen" (יצא) ist. יצא meint dabei zunächst einfach, dass die
Gebotspflicht bezüglich Rosch haSchana erfüllt ist. Diese rein halachische
Aussage wird dann aber assoziativ durch den Midrasch erweitert.[240] 3,8
parallelisiert die Forderung der Mischna, das Herz auf den Klang des
Schofars zu richten, mit zwei biblischen Erzählungen davon, dass die Israeliten und Israelitinnen angesichts eines bestimmten Zeichens ihre Herzen
Gott unterwarfen und dadurch Rettung erfuhren. Wenn sie auf Moses Hän-
de blickten, siegten sie. Wenn sie die eherne Schlange ansahen, wurde der
Tod abgewendet und ihnen Leben geschenkt. Mit dieser Erläuterung stellen die rabbinischen Interpreten auch das in Glauben und Hingabe gesche-
hende Lauschen auf den Klang des Schofars in den Zusammenhang des
Heilsgeschehens der Befreiung aus lebensbedrohender Not.

Was auch immer das Horn und das Blasen des Schofars ursprünglich
bedeutet haben mögen, der vorliegende Text bringt jedenfalls das Schofar
mit dem Gerichtscharakter von Rosch haSchana in enge Verbindung. Die
Analogien der Amalekiterschlacht und der ehernen Schlange legen nahe,
dass der Klang des Schofars bereits zum Geschehen des Gerichts gehört
und der Akt des Hörens schon Freispruch und Leben bewirkt und beinhaltet. Diese Deutung wird in einer den Midraschim Wayikra Rabba und Pesiqta de Rav Kahana gemeinsamen Überlieferung explizit.

2. WaR 29,2–6[241] (mit kleineren, inhaltlich nicht bedeutsamen, Abwei-
chungen findet sich der Text auch in PesK 23,2–8):[242]

(29,2) [...] Wann? An Rosch haSchana, ‚im siebten Monat, am ersten [Tag] des Monats'.
(29,4) Rabbi Joschia eröffnete: ‚Glücklich das Volk, das den Posaunenschall kennt.
Jah, im Lichte deines Angesichtes werden sie wandeln.' (Ps 89,16) [...] Die Schrift sagt:

---

[238] Vgl. FREY, Schlange, 167.

[239] Vgl. KÖRTING, Schall, 338.

[240] Vgl. BIRKAN-SHEAR, Serpent, 419: „an entire midrash-like Mishnah".

[241] Die Nummerierung der Abschnitte von WaR 29 entspricht nicht ihrer tatsächlichen
Reihenfolge.

[242] Ed. MARGULIES, 672–678.

‚Glücklich das Volk, das den Posaunenschall kennt.' Rabbi Joschia sagte: Wissen denn die Nationen der Welt nicht, die Posaune zu blasen? Wie viele Hörner haben sie! Wie viele Trompeten haben sie! Wie viele Posaunen haben sie! Und du sagst: ‚Glücklich das Volk, das den Posaunenschall kennt.'?! Allein das Volk ist glücklich, das es versteht, seinen Schöpfer mit Posaunenschall wohlwollend zu stimmen. Was tut der Heilige, gelobt sei er? Er steht auf vom Thron des Gerichts und setzt sich auf den Thron der Barmherzigkeit und wird erfüllt von Barmherzigkeit über sie und wandelt für sie das Maß des Gerichts in das Maß der Barmherzigkeit. Wann? An Rosch haSchana, ‚im siebten Monat, am ersten [Tag] des Monats'.

(29,3) Jehuda bar Nachmani eröffnete im Namen von Rabbi Schimon ben Lakisch: ‚Gott erhebt sich mit Posaunenschall, Jah mit dem Klang des Schofars' (Ps 47,6). Wenn der Heilige, gelobt sei er, sich erhebt, um sich an Rosch haSchana auf den Thron des Gerichts zu setzen, erhebt er sich zum Gericht, wie gesagt ist: ‚Gott erhebt sich mit Posaunenschall'. Aber in dem Moment, da die Israeliten ihre Schofarhörner nehmen und blasen, [gilt] sofort: ‚Jah mit dem Klang des Schofars' – was tut der Heilige, gelobt sei er? Er steht auf vom Thron des Gerichts und setzt sich auf den Thron der Barmherzigkeit und wird erfüllt von Barmherzigkeit über sie und wandelt für sie das Maß des Gerichts in das Maß der Barmherzigkeit.[243] Wann? An Rosch haSchana, ‚im siebten Monat, am ersten [Tag] des Monats'. [...]

(29,6) [...] ‚Beim Neumond' (בחדש) [sc. am 1. Tischri] – erneuert (חדשו) eure Werke! ‚Schofar' (שופר) – bessert (שפרו) eure Werke! Der Heilige, gelobt sei er, sagte zu ihnen: Meine Kinder, wenn ihr eure Werke bessert (שפרתם), werde ich für euch tun wie ein Schofar (שופר), in das man hinein [bläst] und es kommt [etwas] heraus. Wann? An Rosch haSchana, ‚im siebten Monat, am ersten [Tag] des Monats'.

WaR 29,2 bringt eine längere Erzählung über Jakob und seinen Traum von der Himmelsleiter, die in keinem direkten Zusammenhang mit Rosch ha-Schana steht, und kehrt dann über den Gedanken des Gerichts wieder zum Ausgangsvers Lev 23,24 zurück. Anschließend eröffnet 29,4 neu mit dem Zitat von Ps 89,16. Der Midrasch fragt, wie der Psalm „das Volk, das den Posaunenschall kennt", glücklich preisen kann, wo doch alle Nationen der Welt Hörner und Posaunen in Fülle besitzen. Jedoch, so entwickelt der Midrasch weiter, kommt die Preisung nur dem Volk zu, das den Posaunen-schall zur Beschwichtigung und Umstimmung Gottes einzusetzen weiß – nämlich in der Antwort auf die Posaunen des Gerichts durch Israel an Rosch haSchana. Über die Frage nach dem Zeitpunkt, an dem Gott den Thron des Gerichts besteigt, dann aber wieder verlässt und sich auf dem der Barmherzigkeit niederlässt, schließt 29,4 mit der erneuten Rückkehr zu Lev 23,24.

WaR 29,3 wiederholt diese Vorstellung, diesmal eingeleitet mit dem Zitat von Rabbi Schimon ben Lakisch, der Ps 47,6 „Gott erhebt sich mit Po-saunenschall, JHWH mit dem Klang des Schofars" aufnimmt, auf Rosch haSchana bezieht und näher erläutert. Das Neujahrsfest ist der Tag, an dem Gott begleitet von Posaunenschall auf dem Richterstuhl Platz nimmt. Das

---

[243] Zu den Begriffen מדת (ה)רחמים und מדת הדין vgl. SJÖBERG, Gott, 3f; 144f u.ö; UR-BACH, Sages I, 448–461.

Blasen der Schofarhörner ist die menschliche Antwort auf diesen Schall des Gottesgerichts. Die Israeliten können Gott durch den Klang des Schofars dazu bewegen, sich noch einmal zu erheben und vom Thron des Gerichts zum Throne der Barmherzigkeit zu wechseln.

Was schon in WaR 29,1 (par PesK 23,1) verheißen wurde, dass das Gericht am Neujahrsfest mit einer Begnadigung durch Gott endet, wird hier näher erläutert. Gott wechselt vom Thron des Gerichts zum Thron der Barmherzigkeit und „wandelt das Maß des Gerichts in das Maß der Barmherzigkeit". Auch das sagt nichts anderes aus als eine allein in Gottes Erbarmen gegründete Begnadigung.[244] Über WaR 29,1 hinaus wird hier erläutert, *wie* dieser Stimmungsumschwung Gottes herbeigeführt wird: durch den Klang der an Rosch haSchana geblasenen Schofarhörner. Noch deutlicher als mRhSh 3,7–8 bringen WaR 29 und PesK 23 den Gerichts- und insbesondere den Begnadigungsgedanken des Festes mit dem Klang des Schofars in Zusammenhang: Dieser Klang ist es, der die Gnade Gottes – und damit das Leben der Menschen – herbeiführt. Gegenüber mRhSh 3,7–8 ist der Akzent in WaR 29/PesK 23 insofern verschoben, als es hier nicht um das Hören der Menschen, die durch den Klang auf Gottes Gnade verwiesen werden, sondern um das Hören Gottes geht, der durch diesen Klang an sein eigenes Erbarmen erinnert und zur Barmherzigkeit bewegt wird.

Der Zusammenhang zwischen dem gnädigen Gerichtsausgang und dem Schofar wird in WaR 29,6 (entsprechend PesK 23,8) noch einmal aufgenommen und in einer kurzen Gottesrede an die Israeliten bekräftigt, in der Gott sich selbst mit dem Schofar vergleicht. Die Rabbinen spielen hier mit dem Gleichklang der Worte שׁופר (Schofarhorn) und שׁפר (schön machen, bessern). An die Israeliten und Israelitinnen ergeht die Aufforderung zur Umkehr: sie sollen ihre Werke erneuern und bessern. Diese Umkehr wird durch Wortanklänge mit dem Schofar an Rosch haSchana assoziiert.

3. Targum Pseudo-Jonathan Num 29,1:[245]

Und im siebenten Monat, das ist der Monat Tischri, am ersten [Tag] des Monats, sei Euch eine heilige Versammlung. Alle Dienstarbeit sollt ihr nicht tun. Ein Tag des (Trompeten-)Lärmens sei [er] Euch, um zu verwirren den Satan – der kommt, um euch anzuklagen – mit dem Klang eures (Trompeten-)Lärmens.

Der interpretierend den Pentateuch paraphrasierende Targum Pseudo-Jonathan bietet ebenfalls eine – wiederum ein wenig anders akzentuierte –

---

[244] Wobei auffällig ist, dass trotz des theoretisch offenen und damit möglicherweise positiven Ausgangs des Gerichts der Thron des Gerichts hier negativ konnotiert ist: Er steht als Gegenpol dem Thron der Barmherzigkeit und damit Gottes Gnade und dem Leben der Menschen gegenüber.

[245] Ed. Ginsburger, 284.

Deutung der Funktion des Schofarblasens für den gnädigen Ausgang des Gerichts an Rosch haSchana. Wie in mRhSh 3,7–8, WaR 29,3–4 und PesK 23,3–4 ist es auch für den Targum der Klang des Schofars, der den Israeliten zur Begnadigung verhilft. Allerdings kommt es weniger darauf an, dass die Menschen und Gott den Klang hören, vielmehr ist dieser eine Waffe gegen Satan, der durch ihn so verwirrt wird, dass er seine Anklagen gegen Israel nicht mehr vorbringen kann.[246]

4.2.4.2 Folgerung für Joh 5,19–30

Die Bedeutung des Hörens einer φωνή in Joh 5,19–30 weist eine beachtenswerte Nähe zu den hier vorgelegten frühjüdischen Beschreibungen des jährlichen Gerichtsgeschehens von Rosch haSchana auf. Die Übereinstimmungen und Parallelen lassen sich bis in diverse Details hinein aufzeigen.

Wie der Schall des Schofars am Neujahrsfest, so bringt in der johanneischen Jesusrede die Stimme des Gottessohnes das Gericht über die einzelnen Menschen. Und wie es laut mRhSh 3,7–8 darauf ankommt, dem Klang des Schofars mit der Aufmerksamkeit des ganzen Herzens zu lauschen, so hängt der Ausgang des Gerichts auch nach Johannes daran, wie die Stimme Jesu aufgenommen wird. So wie die achtlos Vorübergehenden nach mRhSh 3,7 aus der nahen Synagoge das Schofar hören können, ohne es wahrzunehmen und sich von ihm zu Gott zurückführen zu lassen, so hören nach Joh 5,25.28 *alle* Toten die Stimme Jesu. Und da in Johannes' Verständnis ein Sein ohne Christusgemeinschaft unweigerlich Tod bedeutet, sind damit alle Menschen bezeichnet.[247] Nicht für alle Menschen führt dieses „Hören" jedoch auch zum Leben.

„Obwohl dieser gehört hat und jener gehört hat, richtete dieser sein Herz [darauf], aber jener richtete sein Herz nicht [darauf]", heißt es in mRhSh 3,7, und nur wer sein Herz auf den Schofarklang und darin auf Gott richtet, hat seine Gebotspflicht erfüllt. mRhSh 3,8 erläutert, dass der Schall des Schofars als Zeichen zu verstehen ist, das daran gemahnt, sich Gottes richtender und Leben schenkender Macht zu überlassen.[248] Laut Joh 5,24 kommt es darauf an, in der Stimme Jesu dem zu glauben, der ihn ge-

---

[246] Vgl. bRhSh 16b.

[247] Vgl. HAMMES, Ruf, 223: „Die νεκροί (5,21.25) bezeichnen demnach die Gesamtheit der Menschen in ihrer Todessituation und Angewiesenheit auf das Geschenk wahren Lebens."

[248] Bemerkenswert ist, dass das eine von mRhSh 3,8 angeführte Beispiel aus der Heilsgeschichte Israels, die eherne Schlange aus Num 21,4–9, vom vierten Evangelisten in Joh 3 ebenfalls explizit als Illustration dafür herangezogen wird, wie Jesus den an ihn Glaubenden das Leben gibt. So heißt es in Joh 3,14f: „Und wie Mose die Schlange in der Wüste erhöht hat, so muss der Menschensohn erhöht werden, damit jeder, der an ihn glaubt, das ewige Leben hat." Vgl. dazu FREY, Schlange, 177–205; HANSON, Gospel, 46–50.

sandt hat. Und 5,25 wiederholt in auffallender Weise das Verb „hören":
„Es kommt die Stunde – und sie ist jetzt –, da die Toten die Stimme des
Sohnes Gottes *hören* werden, und die sie *hören*, werden leben". Mit demselben Verb, das zunächst beschreibt, was allen Toten gilt, wird anschließend eine Teilmenge dieser Toten bezeichnet und qualifiziert. Obwohl alle
„hören", „hören" also offensichtlich nicht alle so, dass es ihnen zum Leben
dient. Nur wer im tieferen Sinne „hört", also die Bedeutung des Gehörten
erfasst bzw. dem Gehörten Glauben und Ehre entgegenbringt, gewinnt dadurch das Leben.

Die Parallelität des Schalls des Schofars und der Stimme Jesu wird noch
einmal plausibler und leichter nachvollziehbar, wenn man bedenkt, dass im
Hebräischen und Griechischen beides mit demselben Wort (קוֹל, φωνή) bezeichnet wird. So berichtet Ex 19,19 im Zusammenhang mit der Gottesoffenbarung am Sinai, dass Gottes Rede „mit einer Stimme" (בְּקוֹל) von lau-
tem Schofarschall (קוֹל הַשּׁוֹפָר) begleitet wurde, entsprechend steht in der
LXX an beiden Stellen φωνή. Die Interpreten des Verses in MekhY Bachodesch 4 identifizieren dann auch die „Stimme" des Schofars mit der
Gottesstimme.[249]

4.2.5 Zusammenfassung

Die Übereinstimmungen zwischen dem nach Joh 5,19–30 in Jesus geschehenden Gericht und dem, was sich nach rabbinischer Tradition an Rosch
haSchana ereignet, sind frappierend und dürften kaum zufällig sein. Bei
allen Parallelen besteht aber ein gravierender Unterschied zwischen der
rabbinischen Vorstellung vom Schofarblasen an Rosch haSchana und der
johanneischen Rede von der Stimme des Gottessohnes: Während das Schofar und sein Klang zwar auf Gott verweisen, jedoch von ihm und jeglicher
göttlichen Ehre strikt zu trennen sind (es ist eben *nicht* das Schofar, das
lebendig macht, ebenso wenig wie die Hände des Mose oder die eherne
Schlange, vgl. ausdrücklich mRhSh 3,8), sind die Worte Jesu für Johannes
die wirkmächtigen Worte des Schöpfers selbst. Wer in Jesu Worten dem
glaubt, der ihn gesandt hat, der lässt eben deshalb Jesus selbst die volle
Verehrung zuteil werden (5,23). Der vierte Evangelist geht in seiner
Christologie hier ganz eigene und neue Wege, die den jüdischen Traditio-

---

[249] In der Auslegung des ersten Teils von Ex 19,19 „Und der Klang (קוֹל) des Schofars
wurde immer stärker" heißt es in MekhY Bachodesch 4: „Es ist üblich bei einem gewöhnlichen Menschen, dass immer, wenn er seine Stimme ertönen lässt, sie schwächer
wird. Aber hier: Immer wenn er seine Stimme ertönen lässt, wird sie stärker. Und warum
zuerst so? Um durch das Ohr das dringen zu lassen, was es zu hören vermag." (Ed. HO-
ROVITZ/RABIN, 216). Hierbei handelt es sich um eine Gegenüberstellung der Eigenschaften von menschlicher und göttlicher Stimme. Vgl. KUHN, Offenbarungsstimmen, 165.
Zum Bedeutungsspektrum von קוֹל und φωνή vgl. unten III.4.3.2.2.

nen und Erwartungen nicht mehr entsprechen. Genau das trennt ihn von
der jüdischen Gemeinde, mit der er hier ringt. Das schmälert aber nicht die
Bedeutung der aus jüdischer Rosch haSchana-Tradition stammenden Motive in seinem Text. Johannes nimmt diese Traditionen, die seinen Adressa-
tinnen und Adressaten vertraut sind, auf – und ernst –, verwendet sie, um
sein Publikum in einen bestimmten Vorstellungshorizont zu führen, und
interpretiert sie neu, um über jeden bisher bekannten Vorstellungshorizont
hinaus zu gehen.

Auch das Ineinander der präsentischen und futurischen Gerichts- und
Rettungsaussagen kann im Zusammenhang der rabbinischen Rosch ha-
Schana-Traditionen aufgezeigt werden.[250] Auch die Rabbinen kennen die
Erwartung eines endzeitlichen Gerichts mit Totenauferweckung.[251] Das
hindert sie jedoch nicht daran, in WaR 29,12/PesK 23,12 zu formulieren,
dass Gott die Menschen *von dem Moment an*, „da ihr eingegangen seid vor
mir zum Gericht und mit einer Begnadigung herausgegangen seid", als
eine neue Kreatur ansieht und betrachtet, als ob er sie *heute* geschaffen
hätte. In dem Gericht, das sich dem Verständnis von WaR 29/PesK 23
nach im Klang des Schofars vollzieht, geschieht demnach eine Neuschöpfung zu neuem Leben. Als Neuschöpfung wird auch in Joh 5,19–30 die
„aus dem Tode ins Leben" (5,24) führende, hörend glaubende Begegnung
mit Jesus verstanden. Wer in Jesu Wort dem Gott Israels, der ihn gesandt
hat, glaubt, der „kommt nicht in das Gericht, sondern ist hinübergegangen
aus dem Tod ins Leben" (5,24).

Ebenso wie in 5,29 meint κρίσις hier nicht ein neutrales Geschehen mit
doppeltem Ausgang, sondern ein eindeutig verurteilendes Strafgericht. Es
steht auf der Seite des Todes dem Leben gegenüber. In rabbinischen Re-
flexionen darüber, was während des Gerichtstags Rosch haSchana geschieht, gibt es ein entsprechendes Gegensatzpaar: Gott verlässt – aus
Gnade und vom Klang des Schofars bewegt – den Thron des Gerichts (כסא
הדין) und wechselt auf den der Barmherzigkeit (כסא רחמים). דין meint hier
also diejenige Seite göttlicher Gerechtigkeit, die Schuld mit tödlicher Strafe vergilt. Wie das Gericht in Joh 5 bedrohlich dem Leben gegenübersteht,
so in WaR 29,3f/PesK 23,3f der Barmherzigkeit Gottes, die die Israeliten
leben lässt (vgl. WaR 29,12/PesK 23,12; mRhSh 3,7f).

Die Verse Joh 5,28f sind von dem motivlich mit Rosch haSchana zu as-
soziierenden Vorstellungshintergrund deutlich weiter entfernt als die vorherigen Verse. Sie reden vom noch ausstehenden eschatologisch-schei-
denden Gericht, in dem auch der leibliche Tod ein Ende nehmen wird.
Dass Jesus in diesem Geschehen als Menschensohn Hauptakteur sein wird,

---

[250] Vgl. GUILDING, Gospel, 71.
[251] Vgl. dazu EGO, Geschichte, 159; SCHÄFER, Lehre, passim; STEMBERGER, Auferstehungslehre, passim; DERS., Auferstehung, 446–448.

ist natürlich nicht für die fiktiven jüdischen Gegner und Gegnerinnen in dieser Rede, wohl aber für die johanneische Gemeinde ein Unterpfand, das seine schon heute vollmächtig wirkende, richtende und neuschaffende Präsenz begründet.[252] Dieses aktuelle Gerichtsgeschehen, das die einzelnen Menschen in ein neues Verhältnis zu (wahrem, in einer geheilten Gottesbeziehung wurzelndem) Leben[253] und Tod stellt, beschreibt der Evangelist, indem er die Motiv- und Assoziationswelten des alljährlichen Gerichts am Neujahrsfest zum Klingen bringt. Diese bieten ihm ein Modell des sich im Hier und Jetzt bereits ereignenden Gerichts, das der bleibenden Leiblich- und Sterblichkeit zum Trotz den Menschen neues Leben schenkt und sie zu neuen Kreaturen macht.

A. Guilding zieht in ihrer Argumentation dafür, dass das Fest in Joh 5,1 mit Rosch ha-Schana zu identifizieren sei, noch eine weitere Parallele zwischen der Jesusrede in Joh 5 und dem Mischnatraktat Rosch haSchana. Sie weist darauf hin, dass das in Joh 5,31–39 zentrale Motiv der Zeugenschaft auch in mRhSh 1,7; 2,6.8 eine wichtige Rolle spielt. Die Mischna regelt, wer unter welchen Umständen gültiges Zeugnis für die Festlegung des Neumondes abgeben kann. Nach alttestamentlichem Recht reicht das Zeugnis eines Einzelnen nicht aus, mindestens zwei unabhängige Zeugen sind vonnöten.[254] In mRhSh 1,7 wird weiterhin festgeschrieben, dass Vater und Sohn zusammen kein zulässiges Zeugnispaar für den Neumond darstellen können. Jeder von ihnen einzeln kann jedoch mit einem weiteren Zeugen ein gültiges Paar bilden. Guilding führt aus: „The correspondence with John 5 seems to be something more than coincidence. The witness of Jesus alone is invalid (5.31). But the Father also bears witness (5.37). One would suppose that the Father and the Son together would constitute the pair of valid witnesses required by the Law, but in fact Jesus goes on to cite a further pair, John the Baptist and Moses in the scriptures."[255]

---

[252] Einmal mehr zeigt sich an dieser Stelle der johanneischen Argumentation, dass das Johannesevangelium „den Glauben der Glaubenden zu wecken" sucht (ZUMSTEIN, Johannesevangelium, 36), also „zunächst nicht auf die Gegner Jesu [zielt], die schon aufgrund ihrer weithin pauschalisierten Darstellung nicht ernsthaft als unmittelbare Adressaten in Frage kommen" (SCHOLTISSEK, Glaube 103). Es „zielt auch nicht auf die missionarische Erstanrede von Nichtchristen – seien es Juden oder Heiden. Adressaten des Joh sind vielmehr die Christen der joh Gemeinde selbst. Ihr christlicher Glaube soll bestärkt werden, ihr Glaube soll in der Auseinandersetzung mit einer weitgehenden Zurückweisung der Botschaft Jesu vertieft werden und in ein mündiges Zeugnis wachsen." (ebd.).

[253] Vgl. in diesem Sinne beispielhaft auch den Geheilten aus Joh 5,2ff. Vgl. WEDER, Gegenwart, 87f: „Lebendigkeit entsteht in der Gottesbeziehung, die der Inkarnierte schafft. Diese Lebendigkeit hat nun eine Qualität, die durch den Tod und das Vergehen der gegenwärtigen Weltzeit nicht mehr angetastet werden kann. Sie heißt insofern αἰώνιος, als sie die Äonen verbindet. Und deshalb ist sie eine Lebendigkeit, die das gegenwärtige Leben für die Zukunft offen hält, ohne daß es im apokalyptischen Glanz jener Zukunft zum Grau in Grau verblassen müßte."

[254] Vgl. Dtn 17,6; 19,15.

[255] GUILDING, Gospel, 71. Zustimmend dazu vgl. MORETON, Feast, passim; er zieht eine Parallele zwischen dem Streitgespräch in Joh 5, das „has as its principal contents the

M.E. findet sich die Motivik von Rosch haSchana gehäuft in den Versen 5,19–30. Im Gegensatz zu A. Guilding gehe ich davon aus, dass der zweite Teil der Rede, nach der Zäsur zwischen den Versen 30 und 31, überwiegend Assoziationen an ein anderes Fest, das Wochenfest, birgt. Jedoch ermöglicht das offen gehaltene „es war ein Fest der Juden" im ersten Vers des Kapitels das Mitschwingen der vielfältigen Rosch haSchana-Motive, ohne das Geschehen auf allein diesen Festtag festzulegen.

4.3 „und sein Wort habt ihr nicht in euch wohnen": Schawuot in Joh 5 (5,31–47)

4.3.1 Das Zeugnis der Werke – Die Argumentationsgrundlage in Joh 5,31–47

Nachdem das Leben schaffende und richtende Wirken Jesu das zentrale Thema der Verse 19–30 war, hat der Redeabschnitt 5,31–47 – bei vielen Verbindungslinien und Verknüpfungen zum ersten Teil der Rede, wie den Stichwortassoziationen ἔργα (5,20.36), φωνή (5,25.28.37), λόγος (5,24.38) und ζωή (5,24.26.29.39) – einen anderen Schwerpunkt. Mit der Zäsur zwischen 5,30 und 5,31 kommt m.E. auch die Motivik eines anderen jüdischen Festes in den Blick: die des Wallfahrtsfestes Schawuot.

Zwar geht es nach wie vor um die Legitimation Jesu und seines Handelns, doch dominieren ab 5,31 das vorher nicht gefallene Wort μαρτυρεῖν und das entsprechende Wortfeld.[256] Wer oder was kann für die Rechtmäßigkeit des von Jesus vertretenen Anspruchs, sein Wirken sei das Wirken des Gottes Israels, Zeugnis geben? Johannes der Täufer war ein Zeuge Jesu – diese Zeugenschaft ist schließlich seine hauptsächliche, wenn nicht einzige Aufgabe nach dem Bericht des vierten Evangeliums. Doch kann das Zeugnis eines Menschen, selbst wenn es wahr ist, angesichts des Anspruchs Jesu genauso wenig genügen wie ein Selbstzeugnis (5,31), das nach jüdischem Recht nicht aussagekräftig ist.[257] Jesus bedarf des Zeugnisses des Täufers jedoch nicht, denn er hat „ein größeres Zeugnis": „nämlich die Werke, die mir der Vater gegeben hat, damit ich sie vollende" (Vers 36). Hier wird endgültig deutlich, dass die vorliegende Rede nicht geeignet ist, Jesu fiktive Gesprächs- und Konfliktpartner, „die Juden" im Jerusale-

---

subjects of jugdment and witness" (a.a.O., 210), und Rosch haSchana als dem jüdischen Fest, „in which both jugdment and witness figure conspicuously" (ebd.).

[256] THYEN, Johannesevangelium, 319f führt überzeugend aus, dass die juristischen Termini μαρτυρεῖν und μαρτυρία mitten in den „entscheidende[n] Grundzug des gesamten jüdischen Gerichtswesens" hineinführen, in dem es darum geht, die Glaubwürdigkeit oder Unglaubwürdigkeit eines Zeugen zu erweisen.

[257] „Kein Mensch kann für sich selbst Zeugnis ablegen." mKet 2,9; vgl. mRhSh 3,1; tKet 3,2. Dasselbe gilt auch außerhalb des Judentums, vgl. Demosth Or 46,9: Neuer Wettstein, 312.

mer Tempel, zu überzeugen. Denn das, „was legitimiert, ist identisch mit dem, was legitimiert werden soll. Es liegt hier ein geschlossener Kreis vor."[258] Der Ausgangspunkt der Auseinandersetzung ist der Anspruch Jesu, in seinen Taten Gottes Werke zu vollbringen. Letztlich geht es also um die Legitimation seiner Handlungen. Die Heilung am Schabbat ist dann legitimiert, wenn sie die Tat des Schöpfergottes ist, der unaufhörlich erhaltend wirkt, und nicht die eines unter das Schabbatgebot gestellten Menschen. Dass dieser in den Versen 19–30 erhobene Anspruch Jesu legitim ist, dass der Vater ihn gesandt hat, seine Werke zu vollbringen, davon zeugt der Vater in den Werken selber.[259] *Im* Wirken Jesu, nicht aber daneben oder unabhängig davon, ist demnach das Zeugnis zu erfahren, das über Menschenzeugnis hinausgeht und größer als das des Täufers ist. Das bedeutet aber, dass dieses Zeugnis nur für diejenigen annehmbar und überzeugend sein kann, die in Jesus bereits den Gesandten Gottes und den Menschensohn erkannt haben. Wer daran zweifelt, dass Jesu Handeln rechtmäßig ist, wird kaum durch dieses Handeln umgestimmt werden. Wie schon in 5,27 kann die Argumentation auch hier nur für die Mitglieder der johanneischen Gemeinde tragen, die ihr Bekenntnis zu Jesu Gottes- und Menschensohnschaft bereits mitbringen. Sie ist nur für die Menschen nachvollziehbar, die die lebensschaffende Macht Jesu und die Vollmacht seiner Werke – nachösterlich vor allem seines allumfassenden Werkes in Kreuz und Auferstehung – bereits *erfahren* haben.

Letztlich geht es also um ein Vertrauen in Jesus, das kaum argumentativ-logisch aus dieser Rede folgen kann, sondern – als ein Geschenk des Vaters[260] – vorauszusetzen ist. Dieses Vertrauen beinhaltet den Glauben, dass in Jesus tatsächlich dem Gott Israels zu begegnen ist. Es geht um eine personale Beziehung, wie sie das Volk Israel zu seinem Gott hat. Nicht weniger, als dieses Vertrauens- und Glaubensverhältnis auf Jesus zu übertragen, ist die Forderung des vierten Evangelisten an sein Lesepublikum. Dazu setzt er sich im Folgenden mit der Beschaffenheit der Beziehung und den Begegnungsmöglichkeiten Gottes und Israels auseinander und greift

---

[258] WENGST, Johannesevangelium I, 218. STIMPFLE, Blinde, 105 spricht von einem „scheinbaren Legitimierungsversuch". Vgl. DAHL, Wonder, 330 zu 5,28f: „Only a Christian audience could find the argument persuasive". Kraus' Urteil: „Allein aufgrund ihrer Verstockung glauben die Juden Jesus nicht" (KRAUS, Johannes, 5; ähnlich BULTMANN, Johannes, 200f) übersieht dies und transportiert ein Pauschalurteil über „die Juden", das mit „Verstockung" eine eher unjohanneische Deutungskategorie einträgt.

[259] BLANK, Krisis, 199f; 212f weist darauf hin, dass der johanneische Zeugnisgedanke dem alttestamentlichen Gedanken vom Selbstzeugnis Gottes nahe ist, demnach Gott sein Gottsein gegenüber den Götzen durch sein Handeln und in seinem Handeln an Israel erweist (z.B. Jes 43,10ff). Vgl. SCHNACKENBURG, Johannesevangelium II, 171.

[260] Vgl. Joh 6,44.

das jüdische Verständnis davon auf. Hierbei spielt, wie zu zeigen sein wird, der Inhalt des Wallfahrtsfestes Schawuot eine tragende Rolle.

4.3.2 Gottes Selbstzeugnis gegenüber Israel – Stimme, Gestalt und Schrift

Joh 5,37 ist ein Angelpunkt der johanneischen Argumentation. Das Zeugnismotiv findet hier seine Klimax und die Gottesbeziehung Israels – und damit auch der Horizont von Schawuot – kommt in den Blick. Johannes sagt in diesem Vers, dass das wirklich relevante Zeugnis für Jesus vom Vater kommt, und spricht dann den fiktiven Gesprächspartnern Jesu ab, jemals Gottes Stimme gehört oder seine Gestalt gesehen zu haben.[261] Nach 1,14–18 liegt hier zum zweiten Mal im Johannesevangelium eine Anspielung auf die Offenbarung Gottes am Sinai vor.[262] Diese ist konstitutiv für die Beziehung des Volkes Israel zu seinem Gott. In Gottes Selbstmitteilung gründet jedes Verhältnis zu ihm.[263] Dieses Schlüsselereignis der Geschichte Israels wird mit differierenden Nuancen dreimal im Pentateuch erzählt: in Ex 19–20*; Dtn 4* und Dtn 5*. Gerade um die auditive und visuelle Wahrnehmung Gottes und deren Möglichkeit oder Unmöglichkeit geht es dann auch in der vielfachen Aufnahme dieser Erzählungen in der jüdischen Tradition, speziell bei Philo von Alexandrien und den Rabbinen. Um das Gewicht und die Implikationen der johanneischen Aussage „weder habt ihr jemals seine Stimme gehört noch seine Gestalt gesehen" erfassen zu können, lohnt es, dem alttestamentlichen und frühjüdischen Verständnis von sichtbaren und hörbaren Erscheinungsformen Gottes nachzugehen.

4.3.2.1 Sichtbare „Gestalt" Gottes in AT und Frühjudentum

Die Vorstellung einer sichtbaren „Gestalt" Gottes, von der in Joh 5,37 die Rede ist, ist sehr schwer zu greifen.[264] In den alttestamentlichen Texten differieren die Bezeichnungen dessen, was Menschen von Gott sehen können, erheblich (כבוד, גדל, תמונה, קול, τόπος, δόξα). Bei den Rabbinen wie bei Philo zeigt sich deutlich, dass sie solche Berichte als unvereinbar mit Ex 33,20 bzw. dem Bilderverbot (Ex 20,4; Dtn 4,16.23; 5,8) empfinden. Gott

---

[261] Die Formulierung εἶδος αὐτοῦ in Bezug auf Gott ist bemerkenswert. εἶδος kommt in Joh sonst nicht vor und im restlichen Neuen Testament nur vier Mal und nie auf Gott bezogen. Vgl. PANCARO, Law, 220.

[262] Dass Joh 5,37 mit der Perikope der Sinai-Theophanie spielt, haben viele, darunter schon sehr frühe, Kommentatoren gesehen. Vgl. THYEN, Johannesevangelium, 325f; Chrysostomus, Hom in Jo, XL (PG 59,232f); Cyrill, In Jo Ev, Lib. III (PG 73,413); DAHL, Church 130; PANCARO, Law, 220ff; HAKOLA, Identity Matters, 151f; ferner BEUTLER, Martyria, 261f.

[263] EkhaR Petichta 33,8 kann den Tag von מתן תורה sogar als Hochzeitstag Israels mit Gott bezeichnen; vgl. PesK 1,1.

[264] Vgl. dazu FRAADE, Hearing, passim.

sehen zu können ist biblisch wie nachbiblisch im Judentum ein anstößiger Gedanke. Visuell erfahrbare Theophanien bleiben – wenn sie überhaupt angenommen werden – absolute Ausnahmen und sind dann Gottesbegegnungen einer ganz besonderen Qualität und Dichte, die einzelnen exponierten Gestalten der Heilsgeschichte wie Mose und Jakob zuteil werden. Sowohl in den biblischen Texten selbst als auch bei Philo und in der rabbinischen Tradition sind Versuche zu beobachten, die anstößige Vorstellung, Gott selbst zu sehen, zu entschärfen, indem von verschieden benannten Erscheinungsformen Gottes – wie seiner Herrlichkeit, seinem Bild, seinem Engel oder auch Logos – gesprochen wird. Alle diesbezüglichen Traditionen verraten eine große Scheu davor, Gott eine für menschliche Augen sichtbare Gestalt zuzusprechen, und eine gewisse Unsicherheit und Befangenheit im Umgang mit Bibelstellen, die dies zu tun scheinen. Zu einer vollkommenen Theophanie scheint jedoch im weitgehenden Konsens der verschiedenen biblischen wie nachbiblischen Traditionen neben der hörbaren auch eine visuell wahrnehmbare Erscheinungsform Gottes zu gehören. Dagegen divergieren die Meinungen darüber, ob am Sinai das ganze Volk, Mose und einige andere Auserwählte oder nur Mose allein diese sah.

Bereits in den Texten des Alten Testaments zeigt sich die zunehmende Scheu vor der Rede von einem anthropomorphen und insbesondere sichtbaren Gott.[265] Diese Tendenz sowie ein Ringen mit den Bibeltexten, die eine Sichtbarkeit Gottes voraussetzen, setzen sich in späterer Zeit fort, wobei es unterschiedliche Positionen gibt. Einige Beispiele mögen das veranschaulichen.

Dem hebräischen Text von Ex 24,9–11 zufolge „sahen" Mose, Aaron, Nadab, Abihu und 70 Älteste Israels Gott. Bereits bei den antiken Übersetzungen ist zu beobachten, dass der Text modifiziert wird, um ihn mit dem Grundsatz Ex 33,20 „Kein Mensch kann mich sehen und leben" vereinbaren zu können. So spricht die LXX davon, dass sie den „Ort, an dem Gott stand", sahen (καὶ εἶδον τὸν τόπον οὗ εἱστήκει ἐκεῖ ὁ θεὸς τοῦ Ισραηλ),[266] und die Targume identifizieren das Objekt der Schau als Gottes „Herrlichkeit" (איקר).[267]

Num 12,8 MT spricht davon, dass Mose die תמונה JHWHs schaute, also genau das, was nach Dtn 4,12 explizit den Israeliten und Israelitinnen bei der Sinai-/Horeb-Offenbarung verwehrt blieb. In einer einzigartigen Ho-

---

[265] S. z.B. allein schon die Unterschiede zwischen nicht-priesterlicher und priesterlicher Schöpfungsgeschichte. Vgl. MCNAMARA, Targum, 98.

[266] Philo übernimmt den Text der LXX. Er kann „Ort" synonym zum Logos Gottes gebrauchen, Conf 96f; Som 1,62f. Vgl. auch die rabbinische Gottesbezeichnung מקום.

[267] Vgl. Joh 1,14 (καὶ ἐθεασάμεθα τὴν δόξαν αὐτοῦ) und Joh 12,41. Vgl. CHIBICI-REVNEANU, Herrlichkeit, 63f. Zum Umgang mit Ex 24,10 in den palästinischen Targumen vgl. MCNAMARA, New Testament, 41; DERS., Targum, 98f; CHESTER, Revelation, 80f; 360–362.

heitsaussage sagt Gott über Mose: „Von Mund zu Mund spreche ich mit ihm, sogar in Gestalt/in Sichtbarkeit (מראה) und nicht in Rätseln, und die Gestalt (תמונה) JHWHs sieht er." Die LXX übersetzt das von ihr sonst meistens mit dem Relationsbegriff ὁμοίωμα wiedergegebene תמונה in Num 12,8 mit δόξα.[268] Parallel dazu steht im hebräischen Text מראה und in der LXX εἶδος. Was Mose laut Num 12,8 zuteil wird, ist also eine herausragende Nähe in der Gottesbegegnung, die eine visuelle Dimension hat.[269] Num 12,8 zielt auf den Erweis der unvergleichlichen Gottesnähe und Autorität des Mose, die auch für seine Geschwister unerreichbar bleiben.[270] Dabei muss offen bleiben, was genau die Gestalt/die Sichtbarkeit JHWHs inhaltlich meint. Jedenfalls ist der Vers in rabbinischer Tradition als anstößig empfunden worden. SifBam 103 bezieht den מראה auf die Rede Gottes: „Das ist die Sichtbarkeit der Rede." Ausdrücklich wird hier die Möglichkeit verneint, dass Num 12,8 von der sichtbaren Gestalt der Schechina sprechen könnte. Zur Begründung zitieren die Rabbinen Ex 33,20. Die Aussage, dass Mose die תמונה Gottes erblickt, wird durch die Erläuterung integriert, dass es sich nur um die Rückseite, keineswegs aber um das Angesicht Gottes gehandelt haben könne.[271]

Dagegen hatte der Autor des Sirach-Buches offensichtlich weniger Schwierigkeiten mit der Rede von der Sichtbarkeit Gottes. Er spricht in Sir 45,5f ohne Scheu davon, dass Gott Mose seine Stimme hören ließ und ihm κατὰ πρόσωπον – also ausdrücklich „von Angesicht" – „die Gebote, die Weisung des Lebens und der Weisheit" gab (ἐντολάς νόμον ζωῆς καὶ ἐπιστήμης).[272]

Es lassen sich also in der biblischen und frühjüdischen Literatur verschiedene Vorstellungen zur Möglichkeit oder Unmöglichkeit einer direk-

---

[268] Zu Bedeutung und Übersetzungsmöglichkeiten von תמונה vgl. DOHMEN, Bilderverbot, 216–223; WASCHKE, תמונה, 677–680. In ähnlicher Weise benennt Dtn 5,24 das, was die Israeliten am Sinai von Gott sahen, als seinen כבוד und גדל (LXX: δόξα).

[269] Auch in Gen 32,31f wendet die LXX εἶδος auf die sichtbare Erscheinung Gottes an; vgl. KITTEL, εἶδος, 371. In Ex 24,17 bezeichnet מראה/εἶδος die visuell wahrnehmbare Gestalt der *Herrlichkeit* (δόξα/כבוד) JHWHs.

[270] Vgl. UEHLINGER, Nur mit Mose, 242: „Die Rede von Gottes ,Gestalt' zielt auf seine Realpräsenz. Dass Mose die Gestalt YHWHs sieht, soll abschließend unterstreichen, dass YHWH Mose seiner eigentlichen, wirklichen, nahezu leibhaftigen Gegenwart, seiner *gleichzeitig* verbal und visuell erfahrbaren Realpräsenz teilhaftig werden lässt." (Hervorhebung im Original); WASCHKE, תמונה, 679; DOHMEN, Bilderverbot, 221.

[271] Vgl. MEEKS, Equal, 317ff; PLAUT, Bemidbar, 126. Die Aussage aus Joh 1,18; 6,46, dass niemand (außer dem Logos Jesus) Gott je gesehen hat, bewegt sich also trotz alttestamentlicher Aussagen wie Num 12,8; Ex 24,9ff u.a. durchaus innerhalb der antiken jüdischen Auslegungstradition, wie das Bemühen der antiken Übersetzungen und der Rabbinen zeigt, die Texte so zu interpretieren, dass nicht mehr von einem direkten Schauen Gottes selbst die Rede ist.

[272] Vgl. auch Josephus, Ant 3,88.

ten Gottes-Schau aufzeigen. Selbst die Texte, die von einer Sichtbarkeit Gottes sprechen, verstehen das Schauen Gottes als etwas ausgesprochen Ungewöhnliches, das eine Einzelperson oder eine spezielle Gruppe auszeichnet und von der Allgemeinheit abhebt. Besonders deutlich wird das an Num 12,8 und Sir 45,5f: Die Texte preisen die herausragende Größe des Mose. Ihre Aussagen zielen also auf Moses außergewöhnliche Gottesbeziehung. Damit aber setzen sie voraus, dass das Schauen Gottes gerade *nicht* gewöhnlich und für alle Menschen möglich ist. Auch in den Textstellen, an denen außer Mose noch weitere Mitglieder des Volkes Gott sehen, handelt es sich um eine besondere Auszeichnung, die der Sinaigeneration zuteil wird.[273]

4.3.2.2 Stimme Gottes in AT und Frühjudentum

Das Hören der Stimme Gottes ist ein Grundelement der alttestamentlichen Gottesoffenbarung.[274] Da die Uroffenbarung JHWHs gegenüber dem Volk Israel die mit der Gabe der Tora verbundene Theophanie am Sinai/Horeb ist,[275] sind die sie behandelnden Texte und Traditionen für eine Untersuchung der biblischen und frühjüdischen Vorstellungen der hörbaren Stimme Gottes zentral. Die Gottesoffenbarung am Sinai/Horeb ist zuallererst und hauptsächlich eine gesprochene.[276] Der hörbare קול JHWHs steht im Vordergrund vor sichtbaren Formen der Erscheinung Gottes.[277] Das im Alten Testament häufig (486 Mal) belegte Lexem קול, im Deutschen zumeist mit „Stimme" wiedergegeben, kann verschiedene Arten von akustisch Wahrnehmbarem bezeichnen, z.B. Naturklänge, Tierstimmen, Geräte und Instrumente. Insbesondere wird es jedoch für die menschliche Stimme verwendet, also für die Laute, die der Mensch „mit Hilfe seiner Stimmorgane [...] als Ausdruck seines körperlichen und seelischen Zustands"[278] von sich gibt. Der von JHWH ausgehende קול kann einerseits „Donner" und andererseits „Rede", „Verkündigung", „Stimme" sein. Im letzteren Fall umfasst קול sowohl den Klang als auch den Inhalt der göttlichen Rede[279] und verweist auf Gott als *numen tremendum* (vgl. die Berufungsvisionen

---

[273] Vgl. FUHS, ראה, 250.

[274] Vgl. PANCARO, Law, 220f.

[275] Vgl. GESE, Johannesprolog, 181.

[276] Vgl. FRAADE, Hearing, 247f.

[277] Vgl. AURELIUS, Stimme, 70.

[278] KEDAR-KOPFSTEIN, קול, 1243. Vgl. zu Vorkommen und Bedeutung des Wortes sowie zu den folgenden Ausführungen ebd., 1237–1252; GESENIUS, Handwörterbuch, 706f; YADIN, קול, 617–621. In der LXX wird קול mit φωνή wiedergegeben, wofür dasselbe Bedeutungsspektrum gilt, vgl. BETZ, φωνή, 274ff; RADL, φωνή, 1068–1070.

[279] Vgl. BREITMAIER, Vielstimmigkeit, 155; KEDAR-KOPFSTEIN, קול, 1244.

Jesajas [6,8] und Ezechiels [1,28f; 10,5]).[280] Im Rahmen der Sinai-/Horeb-Erzählungen Ex 19,9–19, Dtn 4,10–14.30–36 und 5,2–31 findet קוֹל verschiedenartige Verwendung: In Ex 19,16 bezeichnet es Donner, in Ex 19,19 den Klang des Schofars und in Ex 19,19, Dtn 4,12 und 5,22ff Gottes Rede mit allgemein verständlicher Stimme.

I. Breitmaier weist in ihrem Aufsatz „Gottes Vielstimmigkeit. Die Stimme Gottes, ihre GesprächspartnerInnen und die Inhalte ihrer Rede in der Tora" auf den Unterschied zwischen „Wort" und „Stimme" hin, der v.a. in der körperlichen Dimension von „Stimme" liegt:

„Worte sind die akustischen Äußerungen, die von anderen gehört und verarbeitet werden. Bedingt durch ihre Gebundenheit an einen Körper ist ‚Stimme' aber mehr: Sie ist Teil der Körpersprache, und jede sprachliche Äußerung ist daher auch eine Darstellung des Körpers, eine Inszenierung."[281] Insofern erzeugt die „Erwähnung der ‚Stimme' Gottes [...] die Vorstellung von einem Gotteskörper, ohne ihn zu erwähnen. [...] Es geht nicht allein um die Worte, die vermittelt werden, sondern um die körperliche Begegnung."[282] Entsprechend deutet Breitmaier Dtn 4,12: „Zwar wird der Gedanke an eine Gestalt Gottes zurückgewiesen, aber gerade die Tatsache, dass dies ausdrücklich geschieht, macht deutlich, dass hinter der Rede von der ‚Stimme' Bilder eines Gotteskörpers gedacht wurden. Diese Vorstellungen werden abgewehrt. Als körperliches Bild besteht allein die Berührung, die durch den erzählten Klang der Stimme Gottes entsteht."[283]

Breitmaier weist weiterhin auf die jeweiligen Besonderheiten und Schwerpunktsetzungen der drei Perikopen hin, die von Gottes Stimme am Sinai/Horeb erzählen. Nachdem Gott Mose in Ex 19,9 angekündigt hat, dass er vor den Ohren des Volkes mit ihm reden werde, sieht laut 19,16.19 das ganze Volk Blitze und vernimmt Donner (קֹלֹת) und lauten Schofarklang (קֹל שֹׁפָר) und hört, wie Gott Mose „mit einer Stimme" (בְקוֹל) antwortet. Die Gottesbegegnung findet hier also in Form eines Gespräches zwischen Gott und Mose statt, bei dem das Volk Zuhörer ist.[284] Dagegen gehen die Perikopen Dtn 5,2–31 und Dtn 4,10–14.30–36, in denen Breitmaier Aktualisierungen des Exodustextes erkennt,[285] davon aus, dass Gott direkt zum

---

[280] Vgl. BETZ, φωνή, 277: „Die Stimme Jahwes, dh קוֹל ist Anruf, Hinweis auf Gottes gewaltige Gegenwart".

[281] BREITMAIER, Vielstimmigkeit, 156f.

[282] BREITMAIER, Vielstimmigkeit, 162f.

[283] BREITMAIER, Vielstimmigkeit, 167. Da „Stimme" zu einem Körper gehört, eignet ihr ein Moment der Individualität und ist sie Merkmal der Persönlichkeit des bzw. der Sprechenden. Vgl. THYEN, Johannesevangelium, 325. Die körperliche Implikation von „Stimme" hat wohl auch Philo wahrgenommen, der daraufhin einen zu starken Anthropomorphismus in der Rede von Gott am Sinai/Horeb abzuwehren versucht: Decal 32f (s. unten). Vgl. auch KUHN, Offenbarungsstimmen, 158ff; Ex 20,18; Dtn 4,12b; Philo, Migr 47ff; Decal 33; 46f. Vgl. YADIN, קוֹל, 622f.

[284] Vgl. BREITMAIER, Vielstimmigkeit, 158f.

[285] Vgl. BREITMAIER, Vielstimmigkeit, 163; 165; NIELSEN, Deuteronomium, 73f.

Volk spricht.[286] Daraus, dass Israel Gottes Stimme hörend dennoch am
Leben blieb, leiten die deuteronomistischen Texte (und später auch rabbinische Exegeten) die Besonderheit Israels unter den Völkern ab.[287] Laut Ex
20,19 und Dtn 5,25 fürchtet das Volk nach dieser Extremerfahrung der
göttlichen Gegenwart seine Nähe und bittet um Distanz: Wenn sie die
Stimme Gottes weiterhin hören, so fürchten die Israeliten, werden sie sterben. Mose soll zum Mittler zwischen ihnen und Gott werden und Gott nur
noch zu ihm sprechen. Die Theophanie vom Sinai bleibt also ein einmaliges Ereignis und die „‚Stimme Gottes' ist als zeit- und ortgebundenes,
körperliches Ereignis in Erinnerung und wird zum Garanten von Identität,
zum Ursprungsereignis."[288] In Verbindung damit geht in den deuteronomistischen Texten eine Abstrahierung der Wendung „Gottes Stimme hören" einher: In der Abwehr einer sichtbaren Gestalt Gottes konzentriert
Dtn 4,12 das Offenbarungsereignis am Sinai/Horeb ganz auf das Hören der
Stimme Gottes, das „von der numinosen Schau Gottes abgekoppelt" wird
und „eine deutliche Richtung, die auf Konsequenzen aus dem Hören besteht",[289] bekommt. Zum „Hören" der Stimme gehört das „Tun" des Bundes (Dtn 4,13) und der Ordnungen und Rechtssätze (4,14). Die Bedeutung
von „hören" öffnet sich also von der sinnlich-körperlichen Wahrnehmung
zum tätigen Gehorsam. Dem entspricht das Nebeneinander von „Worten"
(דברים) und „Stimme" (קול) Gottes in Dtn 4,10.12: Die „Stimme" Gottes,
die als individueller Klang eine unmittelbare Theophanie bedeutet, vermittelt zugleich den in den „Worten" liegenden *Inhalt* der Gottesoffenbarung.
Laut Dtn 4,13 handelt es sich bei dem unmittelbar durch Gott dem Volk
Gesagten um den Dekalog.[290] Die Hörbarkeit der Stimme Gottes hat zum
Ziel, dass dieses Grunddokument des Bundes befolgt, also der Bund gehalten wird. K. Finsterbusch weist auf die immense Bedeutung hin, die dafür
der auditiv-unmittelbaren Erfahrung Gottes zugeschrieben wird:

---

[286] Vgl. BREITMAIER, Vielstimmigkeit, 166.

[287] Dtn 4,32f; 5,26; ShemR 29,4; 29,9. Vgl. BREITMAIER, Vielstimmigkeit, 167.

[288] BREITMAIER, Vielstimmigkeit, 165; vgl. ebd., 162; 167: Man kann sagen, „dass das
staunend erinnerte Erlebnis am Sinai/Horeb hier zum Ursprungsmythos für das alltägliche Handeln geworden ist. Im gesetzmäßigen Handeln stehen die Israeliten immer wieder
vor Gott."

[289] BREITMAIER, Vielstimmigkeit, 166.

[290] Davon geht auch Ex 20 aus, denn die Bitte des Volkes, dass Gott von nun an nicht
mehr direkt zu ihm, sondern durch Mose als Mittler sprechen soll, steht in 20,19 unmittelbar nach dem Dekalog. Ebenso auch Philo, Decal 32; SpecLeg 2,189f; Josephus, Ant
3,89–93; MekhY Bachodesch 9 zu Ex 20,19. ShirR 1,2 geht dagegen davon aus, dass die
Israeliten aus Gottes Mund nur die ersten beiden Gebote hörten; ShemR 4,4 denkt nur
noch an die Worte „Ich bin JHWH, dein Gott". Sachlich nehmen sich diese Überlieferungen jedoch nichts, so oder so handelt es sich um die Grundoffenbarung Gottes als Bun-
despartner Israels. Vgl. NIELSEN, Deuteronomium, 60; LOHFINK, Verkündigung, 180: „In
[Dtn] 4,13 wird der ‚Bund' gleichgesetzt mit den ‚zehn Worten'".

„Laut V. 10aα rief JHWH Mose dazu auf, ‚das Volk' (העם) zu versammeln – sicherlich sind mit Volk hier Männer, Frauen und Kinder gemeint. JHWH gebietet diese Versammlung, um das Volk seine Worte hören zu lassen, ‚damit sie lernen, mich zu fürchten alle Tage, die sie auf der Erde leben'. *Gelernt* werden soll die JHWH-Furcht also durch das Hören der Worte. Wie ist dies zu verstehen? Sicherlich spielt die Art und Weise der Offenbarung JHWHs am Horeb für die Erzeugung der JHWH-Furcht eine wichtige Rolle (‚hören lassen'). Dem Erleben der Audition wird offensichtlich eine solch einzigartige Wirkung zugeschrieben, dass im Hinblick auf die Israelitinnen und Israeliten nur *eine* mögliche Reaktion denkbar ist: In ihnen wird JHWH-Furcht erzeugt."[291]

In Dtn 4,30 schließlich bedeutet „auf die Stimme Gottes hören" schlicht das Tun der Gebote und in diesem Sinne wird die Wendung im deuteronomistischen Geschichtswerk verwendet.[292] Im Zusammenhang mit dieser Abstrahierung ist auch Breitmaiers Beobachtung erwähnenswert, dass im Kontext der Rede von der Stimme Gottes auffallend oft die schriftliche Fixierung der Gebote genannt wird.[293]

Das unmittelbare Hören der Stimme Gottes in direkter Theophanie bleibt einmaliges Ereignis und Privileg der Sinai-/Horeb-Generation. Es wird, wie Ex 20,19 und Dtn 5,25 zeigen, als Grenzerfahrung ambivalent beurteilt.[294] In der vergegenwärtigenden Erinnerung dieses Ursprungsereignisses wird für die nachfolgenden Generationen Gottes Stimme mittelbar in den Texten der Tora hör- und erfahrbar. Schon Dtn 4,10 verbindet mit dem Hören der göttlichen Worte am Horeb den Auftrag an das Volk, diese Erfahrung und die gelernte Gottesfurcht an seine Kinder weiterzugeben: „Ich will sie meine Worte hören lassen, die sie lernen sollen, damit sie mich fürchten alle Tage, die sie auf der Erde leben, und ihre Kinder sollen sie sie lehren."[295]

„Der Horeb ist der ‚Urlernort' der JHWH-Furcht. Doch die JHWH-Furcht soll sich nicht nur auf das Volk beschränken, das am Horeb JHWH gegenüber stand: [...] Die nächste Generation muss durch entsprechende Erzählung gleichsam in die Situation versetzt werden, am Horeb vor dem sich offenbarenden und gesetzgebenden JHWH zu stehen, um ihn

---

[291] FINSTERBUSCH, Weisung, 153 (Hervorhebungen im Original).

[292] Vgl. BREITMAIER, Vielstimmigkeit, 168. Ebd.: „Von ‚Stimme Gottes' ist im Deuteronomium ausschließlich im Kontext der Horeb-Überlieferung oder in dieser Wendung die Rede." Vgl. KEDAR-KOPFSTEIN, קול, 1251; BETZ, φωνή, 278; NIELSEN, Deuteronomium, 65; AURELIUS, Stimme, 66–71.

[293] Vgl. Ex 24,12ff; Dtn 4,13; 5,22; BREITMAIER, Vielstimmigkeit, 160.

[294] Die klassischen Propheten sprechen im Zusammenhang mit dem Empfang des Gotteswortes – außer in den Berufungsvisionen (Jes 6,8; Ez 1,28f; 10,5) – interessanterweise nicht von der Stimme Gottes. BETZ, φωνή, 277 begründet das damit, dass sich die Propheten als Boten der Weisung und des klaren inhaltlichen Wortes Gottes verstehen, während Gottes „Stimme" das *numen tremendum* seiner gewaltigen Gegenwart impliziert.

[295] Dass es sich bei dem, was die Israeliten ihre Kinder lehren sollen, eher um die Gottesfurcht als um den Dekalog an sich handelt, vertreten FINSTERBUSCH, Weisung, 154 und BRAULIK, Deuteronomium, 141; anders KNAPP, Deuteronomium 4, 49.

fürchten zu lernen und um dann als Ausdruck dieser JHWH-Furcht die Gebote JHWHs
zu tun."[296]

Für alle folgenden Generationen Israels ist also das Offenbarungsgeschehen am Sinai/Horeb grundlegend. Wer auch immer wann auch immer in
Israel Gottes Wort weissagt, empfängt dieses vom Sinai. In jeder Generation stehen die Propheten und alle Weisen vor Gott am Sinai. Für das
Selbstverständnis des Volkes Israel als Gottes Volk, für sein Leben im

---

[296] FINSTERBUSCH, Weisung, 154. Vgl. ASSMANN, Katastrophe, passim; AURELIUS,
Stimme, 70. Dass die Sinai-/Horeb-Offenbarung für Israel eine bleibende und grundle-
gende Bedeutung weit über die eine am Gottesberg stehende Generation hinaus besitzt,
ist auch spätere rabbinische Überzeugung. Eine in den Midraschim TanB Schemot 22 und
ShemR 28,6 überlieferte Tradition erzählt, dass sich die eine Stimme Gottes am Sinai in
sieben Stimmen teilte, die sich ihrerseits in 70 Sprachen teilten, und unterstreicht so die
Bedeutung dieser einen Offenbarung für alle Völker und somit für die ganze Erde. (Bei
TanB handelt es sich um einen Homilien-Midrasch zum Pentateuch. Der Grundbestand
des Midraschs entstand in Palästina vor 400 n.Chr., es ist jedoch mit einer längeren Wei-
terentwicklung zu rechnen. Vgl. STEMBERGER, Einleitung, 298–301. Die Endredaktion
von ShemR, einem teilweise exegetischen und teilweise homiletischen Midrasch zum
Buch Exodus, ist wohl erst im 10. bis 13. Jahrhundert anzusetzen. Vgl. STEMBERGER,
Einleitung, 304.) Vor allem jedoch ist die Grund-Offenbarung Gottes am Sinai vor dem
Volk (im Gegensatz zu früheren Offenbarungen JHWHs, die sich immer an erwählte
Einzelpersonen richteten,) von unüberholbarer, Identität konstituierender Relevanz für
Israel. Laut TanB Schemot 22 tötete die Gottesstimme die Völker der Welt, weil diese
die Tora nicht annahmen, und gab gleichzeitig Israel aufgrund der Annahme der Tora das
Leben. ShemR 29 betont mehrfach, dass Gott sich am Sinai als Gott Israels und nicht als
Gott der Völker der Welt erwies (vgl. ShemR 29,4: Gott hat seinen Namen nicht mit den
Völkern der Welt, sondern nur mit Israel verbunden; 29,9: Schon die Israeliten konnten
es nicht ertragen, Gottes Stimme zu hören, die Völker hätten es um vieles weniger ge-
konnt). Ganz besonders hat er in dieser Theophanie seinen Namen mit dem Volk Israel
verbunden, und zwar nicht nur mit der Generation, die am Sinai stand, sondern auch mit
allen folgenden Generationen, die durch die Zeiten hindurch vom Sinai her ihre Gottesbeziehung empfangen und definieren. Besonders markant kommt dies in ShemR 28,6
zum Ausdruck: „Eine andere Auslegung: ‚Und Gott redete alle diese Worte und sprach'
(Ex 20,1). Rabbi Jizchak sagte: Was die Propheten in allen Generationen weissagen sollten, empfingen sie vom Berg Sinai. Denn so sagt Mose zu Israel: ‚sowohl mit dem, der
heute hier mit uns vor JHWH, unserem Gott, steht, als auch mit dem, der heute nicht hier
bei uns ist' (Dtn 29,14). Hier steht nicht: ‚... [der] heute [nicht] bei uns steht', sondern:
‚... [der] heute [nicht] bei uns ist'. Dies sind die Seelen, die zukünftig erschaffen werden,
in denen [noch] kein Wesen ist, bei denen man nicht von ‚Stehen' sprechen kann. Denn
obwohl sie zu dieser Stunde [noch] nicht waren, hat doch jeder einzelne das Seinige empfangen. [...] Und nicht nur alle Propheten empfingen ihre Weissagungen vom Sinai, sondern auch die Weisen, die in jeder Generation auftraten: jeder einzelne hat das Seine vom
Sinai empfangen. Und deshalb heißt es: ‚Und diese Worte redete JHWH zu eurer ganzen
Gemeinde ... mit großer Stimme und fügte nichts hinzu ...' (Dtn 5,22) Rabbi Jochanan
sagte: Die eine Stimme teilte sich in sieben Stimmen und diese teilten sich in 70 Sprachen. Rabbi Schimon ben Lakisch sagte: Von ihr haben alle Propheten, die auftraten, ihre
Weissagung empfangen."

Bund mit JHWH und seine andauernde lebendige Gottesbeziehung in Kommunikation mit ihm ist die Offenbarung durch Gottes Stimme am Sinai konstitutives Moment. Das Gewicht, das dabei der *Stimme* Gottes zukommt, wird dadurch unterstrichen, dass sich die rabbinischen Exegeten in verschiedenen Texten detailliert mit der Beschaffenheit der Stimme Gottes am Sinai beschäftigen.[297] Zentrales Medium der Offenbarung ist die *Stimme* Gottes und dementsprechend der in erster Linie angesprochene menschliche Sinn das Hören. Dtn 4,12 betont, dass, während das ganze Volk Gottes Stimme hörte, seine *Gestalt* verborgen blieb: „Und eine Gestalt (תמונה) saht ihr nicht, nur eine Stimme (קול)."[298] Trotzdem ist auch der visuelle Sinn eingeschlossen: Das zweite Objekt, קול, folgt ohne ein neues Bezugswort und scheint so ebenso wie תמונה dem Verb ראה zugeordnet zu sein.

Diese Beobachtung[299] hat v.a. Philo zu längeren Reflektionen über die Beschaffenheit der Gottesstimme herausgefordert.[300] Seinem Verständnis nach handelt es sich bei der Stimme Gottes nicht um „eine Lufterscheinung", die durch „die Organe des Mundes und der Zunge" hervorgebracht wird, sondern um ein „strahlendes Leuchten der Tugend, gleich einer vernünftigen Quelle" (Migr 47). Während die menschliche Stimme „sich mit Luft vermischt und zu dem ihr ähnlichen Ort verschwindet: den Ohren", entgeht die göttliche Stimme „dem Hören durch Feinheit, wird aber gesehen von der reinen Seele aufgrund ihrer Sehschärfe" (Migr 52). Philo wehrt jeden Anthropomorphismus[301] in der Rede von der Stimme Gottes ab, indem er betont (Decal 32f):[302]

Also hätte Gott eine Art Stimme gehabt [...]? Nicht doch! Solches darf uns gar nicht in den Sinn kommen. Denn nicht wie ein Mensch ist Gott, dass er des Mundes, der Zunge, der Arterien bedürfe. Vielmehr scheint er mir zu jener Zeit etwas Hehres und Wunderbares geschaffen zu haben, indem er befahl, dass ein unsichtbarer Schall in der Luft sich bilde, wunderbarer als alle Instrumente der Welt, ausgestattet mit vollkommenen Harmo-

---

[297] Vgl. MekhY Bachodesch 3 zu Ex 19,16; Bachodesch 4 zu Ex 19,19; ShemR 28,6; 29,1; 29,9.

[298] Dagegen spricht Dtn 5,4 davon, dass Gott „von Angesicht zu Angesicht" zu den Israeliten sprach (פָּנִים בְּפָנִים דִּבֶּר יְהוָה עִמָּכֶם בָּהָר מִתּוֹךְ הָאֵשׁ).

[299] Philo bezieht sich außerdem auf Ex 20,18, wo es heißt, dass das Volk den Donner (MT: הַקּוֹלֹת) „sieht". LXX liest: καὶ πᾶς ὁ λαὸς ἑώρα τὴν φωνήν.

[300] Zu Philos Interpretationen der Gottesstimme am Sinai vgl. KUHN, Offenbarungsstimmen, 158–172. Bei den Rabbinen dagegen steht sehr viel mehr das *Hören* der Stimme JHWHs im Zentrum der Betrachtungen. Auf die Möglichkeit, die Stimme zu *sehen*, gehen sie nur knapp ein: MekhY Bachodesch 9 zu Ex 20,18; MShem 9,4. Vgl. KUHN, Offenbarungsstimmen, 167 inkl. Anm. 78.

[301] Zur Abwehr der Gefahr des Anthropomorphismus in Philos Werk vgl. KUHN, Offenbarungsstimmen, 158ff; SEGAL, Powers, 161ff.

[302] Die Übersetzung dieses wie des nächsten Philo-Zitates folgt COHN, Werke I, 377f; 381.

nien, nicht ohne Seele, aber auch nicht wie ein aus Leib und Seele bestehendes Lebewesen, sondern bloß eine vernunftbegabte Seele voll Klarheit und Deutlichkeit; diese Seele,
der Luft Gestalt gebend und sie weithin spannend und zur feuerroten Flamme wandelnd,
ließ wie ein Lufthauch, der durch die Trompete gestoßen wird, eine Stimme mit so artikulierten Lauten ertönen, dass die ganz entfernt Stehenden in gleicher Weise wie die
Nächsten sie zu hören glaubten.

Dass Gott aus dem Feuer zum Volk sprach (Dtn 4,33; 5,4; Ex 19,18),
bringt Philo zu einer weiteren Deutung des „Sehens" der Stimme Gottes
(Decal 46):

Eine Stimme ertönte darauf mitten aus dem vom Himmel herabkommenden Feuer, alle
mit ehrfurchtsvollem Schrecken erfüllend, indem die Flamme sich zu artikulierten Lauten
wandelte, die den Hörenden vertraut waren, wobei das Gesprochene so deutlich klang,
dass man es eher zu sehen als zu hören glaubte.

Im Gegensatz zu hörbaren menschlichen Stimmen besteht die Gottesstimme nicht aus Redeteilen, in denen sich „Nomen und Verb" unterscheiden
ließen, sondern wird mit dem „seelischen Auge" wahrgenommen (Migr
48f). Das, was die göttliche Stimme redet, sind für Philo keine Worte, sondern Taten (ἔργα, Decal 47).

Besonders interessant ist Philos Identifikation der Stimme Gottes mit
dem Logos (Migr 52).[303] Den Logos kann Philo nämlich nicht nur als
„Name und Wort Gottes" (Conf 146), sondern auch als θεός selbst (All
3,207; Som 1,229–240) bezeichnen.[304] Indem er den Logos als „the hy-
postasized intelligence of God",[305] als Erscheinungsform Gottes versteht,
ist dieser für Philo, ähnlich wie für die Rabbinen die Denkfigur der Schechina, eine Möglichkeit, die biblischen Berichte, denen zufolge Menschen
wie Jakob (Gen 32,31), Mose und die Ältesten Israels (Ex 24,9ff) Gott sehen, mit der grundsätzlichen Unmöglichkeit, Gott zu sehen und am Leben
zu bleiben (Ex 33,20), zu vereinbaren. Der Logos ist für Philo die Form, in
der Gott sich offenbart[306] und in der er für Israel nicht nur zu hören, sondern auch zu *sehen* ist. Zugleich bezeichnet Philo Israel an zahlreichen
Stellen als „der Gott Schauende". Das entspricht einer philonischen Etymologie des Wortes Israel, nach der der Erzvater Jakob nach der Theophanie am Jabbok den Namen איש ראה אל, der „Mann, der Gott sah", be-

---

[303] Vgl. KUHN, Offenbarungsstimmen, 160f. Zum Logos-Begriff bei Philo vgl. UME-
MOTO, Königsherrschaft, 218f (ebd. Anm. 61 weitere Literatur); HEINZE, Lehre, 204–
298; WEISS, Untersuchungen, 216–282; SIEGERT, Logos, passim; DERS., Evangelium,
654–657; LEONHARDT-BALZER, Logos, passim; SLENCZKA, Logos, 496; MACK, Logos,
141–195; SEGAL, Powers, 159–181.
[304] Vgl. MACK, Logos, 190f.
[305] SEGAL, Powers, 162.
[306] Vgl. SEGAL, Powers, 162f.

kam.[307] Diese Bezeichnung bezieht sich dann aber nicht nur auf den Patriarchen, sondern auch auf seine Nachkommen, das ganze Volk Israel. Das Schauen Gottes ist für Philo ein zentrales Charakteristikum Israels und dem Hören seiner Stimme vorgeordnet.[308] Insofern das am Sinai/Horeb versammelte Volk wiederholt als „Kinder Israels" (בני ישראל) bezeichnet wird, kann Philo in Conf 148 beides verbinden, indem er „die Hörenden" als Kinder „des Sehenden" versteht.[309] Allerdings ist dieses „Sehen" für Philo kein sensuell-optischer, sondern ein rein intellektueller Vorgang.

Zusammenfassend lässt sich sagen, dass die Rede vom Hören der Stimme Gottes in den alttestamentlichen und frühjüdischen Traditionen eine unmittelbare Theophanie bedeutet, die am exponiertesten am Sinai/Horeb geschah,[310] worauf der Begriff des קול Gottes deshalb auch in erster Linie hinweist. Gottes Stimme zu hören zeichnet Israel gegenüber den Völkern aus und ist Privileg wie Merkmal des erwählten Gottesvolkes.[311] Als Medium der konstitutiven Offenbarung Gottes gegenüber Israel erhält Gottes „Stimme" schon in biblischer Zeit eine abstraktere Bedeutung, die in steter Bezogenheit zum einmaligen Ursprungsereignis am Sinai/Horeb über dieses hinausgeht. Vermittelt durch schriftliche (Tora), mündliche (Lehre) und kultische (Wallfahrtsfeste, besonders Schawuot) Überlieferungen und erinnernde Vergegenwärtigung steht jeder und jede dem Bundesvolk Angehörige am Sinai, wo sich Gott ein für allemal seinem Volk offenbart und dieses dadurch überhaupt erst konstituiert.[312] Ein besonderes Gewicht kommt dabei dem am Sinai von Gottes Stimme verkündeten Grunddokument des Bundes zu, dem Dekalog bzw. der Tora als Ganzer. Im Erinnern und Tun des darin Gebotenen erfüllen die Israeliten und Israelitinnen den Bund, in dem sie seit dem Sinai-/Horeb-Erlebnis stehen.[313] Gottes „Stimme" wird vom Sinai her hörbar für jeden und jede, der oder die die Tora bewahrt und achtet.[314] In stetem Bezug zum Ursprungsort Gottesberg be-

---

[307] Vgl. Philo, Ebr 82; Abr 57; Mut 81; Conf 56; 92; 146ff; Praem 44; All 2,34; 3,186 u.ö. Vgl. SEGAL, Powers, 167; KUHN, Offenbarungsstimmen, 169 inkl. Anm. 84; LEISEGANG, Geist, 224f inkl. Anm.3 (Bei den beiden letzteren finden sich auch umfangreichere Listen entsprechender Philostellen).

[308] Vgl. Philo, Conf 148; ferner Abr 57; Ebr 82. Vgl. auch MACK, Logos, 191.

[309] Für „unvollendete" Menschen besteht die „soteriologische Möglich[keit]" nach Philo „also darin, daß einer zum Sohn Israels" – und damit zum Sohn des Schauenden – „wird, indem er auf den Logos (=Mose) hört": so MACK, Logos, 192, vgl. ebd., 191.

[310] Nur hier wird sie dem Volk als gemeinsamer Größe zuteil. Ansonsten erfahren nur erwählte und ausgezeichnete Einzelpersonen diese Theophanie (z.B. Abraham, Samuel).

[311] Vgl. PANCARO, Law, 220–224.

[312] Vgl. DIETZFELBINGER, Aspekte, 209: „Israel wurde [...] durch Gottes Anrede zu Israel."

[313] Vgl. Ex 19,5; 2 Kön 18,12.

[314] Dass für die rabbinische Exegese „Bund" und „Tora" so eng zusammen gehören, dass sogar ihre Identifizierung möglich ist, zeigt AVEMARIE, Bund, 187–191.

zeichnet das „Hören der Stimme Gottes" so das Sein im Bund und die Zugehörigkeit zum Volk Israel.[315]

4.3.2.3 Die Verbindung von Schawuot mit der Sinai-Offenbarung und dem Empfang der Tora

Gottes Stimme zu hören ist Privileg des Gottesvolkes Israel und Kennzeichen seiner Beziehung zu seinem Gott. Für die Generationen nach dem Ursprungsereignis am Sinai gibt es gewisse Mittler, durch die die Stimme Gottes vernommen wird. Zum einen ist das die Tora, um die es in Joh 5 wiederholt geht. Zum anderen ermöglicht der Kult im Jerusalemer Tempel, insbesondere in Form der Wallfahrtsfeste, den Feiernden die Teilhabe an den konstitutiven Heilsereignissen der biblischen Vergangenheit.[316] In Bezug auf die Gottesoffenbarung am Sinai gilt dies besonders für Schawuot, das Wochenfest. Wie bei den anderen Wallfahrtsfesten so handelte es sich auch bei Schawuot ursprünglich um ein Fest aus dem agrarischen Kontext, genauer gesagt um ein Erntefest.[317] Bereits im Alten Testament wurden die Feste jedoch mit Geschehnissen der Heilsgeschichte verbunden.[318] Das Wochenfest wurde im Frühjudentum als Offenbarungsfest gefeiert.[319] Es ist in der Forschung umstritten, ob bereits zur Zeit des Zweiten Tempels der Zusammenhang von Schawuot mit dem Empfang der Tora am Sinai im Bewusstsein der wallfahrenden Bevölkerung verankert war.[320] Diese inhaltliche Verbindung lässt sich erst in späterer Zeit eindeutig zeigen, ist aber auch schon in sehr frühen Texten angedeutet. Einige Texte seien als Beispiele angeführt:

---

[315] Vgl. die Zentralstellung des „Hören" im „Glaubensbekenntnis" Israels: שְׁמַע יִשְׂרָאֵל (Dtn 6,4).

[316] Vgl. oben (II.2); ASSMANN, Katastrophe, 339–342.

[317] Mit dem Wochenfest begann die Zeit der Darbringung der Erstlingsfrüchte, die dann bis Sukkot dauerte. Vgl. mBik1,3; ferner JACOBS, Shavuot, 422; SAFRAI, Wallfahrt, 237; VELTRI, Feste, 90.

[318] Vgl. VELTRI, Feste, 90; PREUSS, Theologie, 226; ferner LAU, Juden, 158; BEN-CHORIN, Judentum, 154ff.

[319] Nach dem Lektionar des frühen Synagogengottesdienstes gehören neben Gen 15 und Num 17f die Kapitel Ex 19f mit dem Bericht der Ereignisse am Sinai inklusive der Gabe des Dekalogs zu den für Schawuot vorgesehenen Lesungen. Vgl. tMeg; ELBOGEN, Gottesdienst, 165; DIENEMANN, Schawuot, 283f; GUILDING, Gospel, 70; SALS/ AVEMARIE, Fest, 140. Nach der Chronologie von Ex 19–24 fällt der Tag des Wochenfestes, der 6. Siwan, in den Zeitraum, den Mose nach dem Empfang der Tora mit Gott auf dem Sinai verbrachte.

[320] Vgl. SAFRAI, Wallfahrt, 236f inkl. Anm. 144; TABORY, Festivals, 151–154; COLOE, Pentecost, 98f; BILLERBECK, Kommentar II, 601. Philo SpecLeg 2,188ff verbindet die Toragabe mit Rosch haSchana, wobei es sich allerdings auch um eine Verwechslung handeln kann (so GUILDING, Gospel, 70).

1. Die Assoziation des Bundesschlusses am Sinai im Zusammenhang mit dem Wochenfest findet sich schon im *Jubiläenbuch* und somit in einem palästinischen Text aus deutlich vorchristlicher Zeit.

Jub entstand vermutlich in einer priesterlichen Gruppierung zur Abwehr hellenistischer Einflüsse und beinhaltet eine freie und teilweise breit ausgeschmückte Nacherzählung der Genesis und darüber hinaus der Geschehnisse bis zum Bundesschluss am Sinai.[321] Jub 1,1–4 und 1,27–2,1 stellen das ganze Buch als von Gott kommende Offenbarung an Mose durch einen Engel am Sinai dar. Der Kalender Israels (insbesondere der Schabbat und die anderen Feste) und seine strukturierende und an die Heilsgeschichte rückbindende Ordnung der Zeit spielen in Jub eine bedeutende Rolle und sollen wohl als Bollwerk gegen eine „nivellierende[] Anpassung an den Hellenismus"[322] dienen.

Die in Qumran gefundenen hebräischen Textfragmente legen für die Entstehung von Jub ca. das Jahr 100 v.Chr. als *terminus ante quem* fest. Die erkennbaren zeitgeschichtlichen Bezüge lassen auf eine Entstehung des Werkes in der Mitte des 2. vorchristlichen Jahrhunderts schließen.[323]

Das sechste Kapitel des Jubiläenbuchs bringt das „Fest der Wochen" zunächst in Verbindung mit dem Noahbund, der jährlich an diesem Fest erneuert werden soll, und dann mit dem Bund vom Sinai.[324] Das Fest ist „von *ewiger Dauer*":[325] Es wurde seit Beginn der Schöpfung im Himmel gefeiert, von dem Bundesschluss mit Noah an soll es auch auf der Erde gehalten werden, was die Israeliten jedoch, mit Ausnahme von Noah mit seinen Kindern (bis zum Tode Noahs), sowie Abraham, Isaak und Jakob nicht taten, bis Gott das Fest durch die Vermittlung des Mose am Sinai erneuerte: „Und in deinen [des Mose] Tagen haben es die Kinder Israels vergessen, bis daß ich es ihnen erneuert habe bei diesem Berg."[326] So wird eindeutig der Bezug des Festes auch zum Bundesschluss am Sinai vorausgesetzt.[327] Auch die Datierung des Toraempfangs durch Mose im Jubiläenbuch legt diesen Zusammenhang nahe: Mose steigt in der Mitte des dritten

---

[321] Vgl. BERGER, Jubiläen, 279–285; BERGER, Jubiläenbuch, 594f; SCHELBERT, Jubiläenbuch, 285–288; ALBECK, Jubiläen, 4.

[322] BERGER, Jubiläen, 282.

[323] Vgl. zur Datierung in die Mitte des 2. Jhd. v.Chr. mit kleinen Differenzen BERGER, Jubiläen, 298–300; SCHELBERT, Jubiläenbuch, 287f; VANDERKAM, Jubilees, 17–21; ULFGARD, Story, 156f; SEGAL, Jubilees, 35–40; 319–322.

[324] Zum Wochenfest in Jub vgl. EISS, Wochenfest, passim.

[325] ALBECK, Jubiläen, 4 (Hervorhebung im Original).

[326] Jub 6,19 (Übersetzung BERGER, Jubiläen, 358); vgl. 6,17–22.

[327] Vgl. ALBECK, Jubiläen, 16: „Hier wird das Wochenfest schon als *Bundes- und Gesetzgebungsfest* ausgegeben, was auf das hohe Alter dieser jüdischen Tradition schließen läßt" (Hervorhebung im Original); HEINEMANN, Philon, 128f; SPAULDING, Identities, 46f. Die Qumran-Gemeinde zelebrierte nach 1QS I 16 - II 26 an Schawuot ein Bundeserneuerungsfest (vgl. 4Q270 7 II, 11–12). Vgl. EISS, Wochenfest, 173–175.

Monats auf den Sinai, um die Gebote zu empfangen, während Schawuot im Jubiläenbuch auf den 15. Siwan datiert wird.[328]

2. Ein Hinweis auf die Tradition, nach der Schawuot als Tag des Empfangs zumindest des Dekalogs galt, findet sich in *Seder Olam Rabba (SOR) 5*:[329]

Im dritten [Monat], am sechsten [Tag] des Monats wurden ihnen die zehn Worte gegeben, und es war ein Freitag.

Es handelt sich bei SOR um einen chronographischen Text, der die Geschehnisse von Adam bis zum Ende der Perserzeit berichtet sowie einen Ausblick darüber hinaus bietet. Die Tradition schreibt das Buch Rabbi Jose ben Chalafta zu, einem Tannaiten der dritten Generation, der um 160 n.Chr. lebte.[330] Das Werk wurde jedoch wahrscheinlich über einen längeren Zeitraum hin redigiert und erweitert, nach Stemberger vermutlich bis in frühamoräische Zeit, also zu Beginn des dritten nachchristlichen Jahrhunderts.[331]

3. Laut *yRhSh 4,8/3 (59c)* gilt Schawuot als der Tag, an dem die Israeliten „das Joch der Tora" auf sich genommen haben:[332]

Rabbi Leasar, Sohn des Rabbi Jose, [sagte] im Namen des Rabbi Josi bar Kazarta: Bei allen Opfern [sc. in Num 28f] steht geschrieben: ‚Und bringt nahe'. Aber hier [sc. in Bezug auf Rosch haSchana] steht geschrieben: ‚Und macht' (Num 29,2). Der Heilige, gelobt sei er, sagte zu ihnen: Seit ihr an Rosch haSchana eingegangen seid vor mir zum Gericht und herausgegangen seid in Frieden, sehe ich euch an, als ob ihr geschaffen worden wäret als neue Kreatur.

Rabbi Mescharschaja [sagte] im Namen des Rabbi Idi: Zu allen Opfern steht geschrieben: ‚Sünd[opfer]', aber zum Azeretfest[333] steht nicht ‚Sünd[opfer]' geschrieben. Der Heilige, gelobt sei er, sagte zu ihnen: ‚Da ihr das Joch der Tora auf euch genommen habt, sehe ich euch an, als ob ihr euer Lebtag lang nicht gesündigt hättet.'

---

[328] Jub 15,1; 16,13; 44,4 (Mitte des dritten Monats); Jub 1,1 (BERGER, Jubiläen, 313 Anm. zu 1). Vgl. auch SAFRAI, Wallfahrt, 237 Anm. 144; ALBECK, Jubiläen, 16; EISS, Wochenfest, 168; 172–176; AVEMARIE, Tauferzählungen, 207f inkl. Anm. 169; NOACK, Pentecost, 83ff; BETZ, Zungenreden, 62f; KEE, Good News, 30f; VELTRI, Feste, 90. Vgl. die Datierungsdiskussion der Rabbinen in bYom 4b.

[329] Ed. MILIKOWSKY, 245.

[330] Vgl. STEMBERGER, Einleitung, 319; MARX, Seder Olam, Vf; MILIKOWSKY, Seder Olam, 15–17; ROSENTHAL, Seder Olam, 235f.

[331] Vgl. STEMBERGER, Einleitung, 319; MARX, Seder Olam, VI.

[332] Text: MS Leiden und Ed. princ. Venedig (ed. SCHÄFER/BECKER, Synopse zum Talmud Yerushalmi II/5–12, 202).

[333] Azeret, „Schlussfest", ist die geläufige rabbinische Bezeichnung für das in der Bibel u.a. Schawuot, „Wochenfest", (vgl. Num 28,26) genannte Fest. Es wird sieben Wochen nach dem Pessachfest gefeiert und der Name „Schlussfest" interpretiert es vermutlich als dessen Abschluss.

Der Abschnitt entstammt dem vierten und letzten Kapitel des Yerushalmitraktats Rosch haSchana. Dieses Kapitel kommentiert, wie auch der überwiegende Teil des vorigen Kapitels, die Ordnungen und Vorschriften für das Schofarblasen am Neujahrsfest in den Kapiteln 3,2–4,10(9) des entsprechenden Traktats der Mischna. Der Ausspruch, der Rabbi Mescharschaja zugeschrieben wird, schließt assoziativ an eine Beweisführung von Rabbi Leasar an, in der es um die Formulierung von Num 29,1f über das Opfer für Rosch haSchana geht, welche sich von denen zu den Opfern der anderen Tage unterscheidet. Aus dieser Besonderheit wird eine in direkter Gottesrede ausgedrückte theologische Konsequenz abgeleitet. Die Schawuot betreffende Aussage knüpft daran insofern an, als auch sie sich mit einer ungewöhnlichen Formulierung in Bezug auf ein Festtagsopfer beschäftigt: Während in Num 28f für Neumond, Pessach, Rosch haSchana und Yom Kippur das Opfer einer Ziege als „Sündopfer" (חַטָּאת) vorgeschrieben wird, heißt es im Bezug auf das Wochenfest in Num 28,30 „einen Ziegenbock, um euch Sühne zu erwirken" (שְׂעִיר עִזִּים אֶחָד לְכַפֵּר עֲלֵיכֶם) ohne den Zusatz חַטָּאת.[334] Das Opfer des Ziegenbocks schafft also Sühne für die Israeliten, auf „Sünde" wird jedoch nicht angespielt. Wiederum in Form einer direkten Gottesrede wird diese Auffälligkeit theologisch gedeutet: Gott sieht die Israeliten an Schawuot als sündlos an, weil sie an diesem Tag „das Joch" der Tora auf sich nahmen. Der einmalige – vergangene – Akt der Toraannahme, dem sühnende Qualität zugesprochen wird, wird also in der jährlich wiederholten Begehung von Schawuot vergegenwärtigt und für die Feiernden erfahrbare Wirklichkeit.[335]

Der Text bietet damit einerseits ein Beispiel für die rabbinische Vorstellung, dass ein Fest die es Begehenden in die mit ihm assoziierten Heilsereignisse hineinstellt und diese in der Gegenwart des Festes erfahrbare Realität werden. Andererseits stellt er einen Beleg für die Verknüpfung des Toraempfangs mit der Feier des Wochenfestes dar. Bei den im vorliegenden Abschnitt genannten Rabbinen handelt es sich um Amoräer, die vermutlich ins beginnende fünfte Jahrhundert zu datieren sind, in dem auch die Endredaktion des Yerushalmi stattfand.[336] Der Text belegt für diesen Zeitraum einen gewissen Bekanntheitsgrad der vorliegenden Tradition, ohne den die unvermittelte, nicht näher erläuterte Aussage „ihr habt das

---

[334] Vgl. Num 28,15.22; 29,5.11.16.19 u.ö.; ferner LEHNARDT, Rosch haSchana, 165 Anm. 203.

[335] Dass hierbei nicht nur das Israel der Sinaigeneration, sondern das gegenwärtige Israel der Rabbinen angesprochen ist, ergibt sich aus dem parallelen Aufbau des Stücks mit dem vorangehenden Abschnitt zu Rosch haSchana, dessen Bezug eindeutig ist, da es um die jährlich am Neujahrsfest zu vollziehenden Bräuche geht.

[336] Vgl. STEMBERGER, Einleitung, 173f; BACHER, Palästinensische Amoräer III, 704ff datiert Rabbi Idi noch ins vierte Jahrhundert.

Joch der Tora auf euch genommen" kaum als plausible Begründung einer
Auffälligkeit hätte gelten können.

4. Ein weiterer Text, der das Schawuotfest ausdrücklich mit dem Empfang
der Tora zusammenbringt, ist *PesK 12,1*:[337]

Der Heilige, gelobt sei er, sagte zu Israel: Meine Kinder, lest diese Parascha [Perikope]
in jedem Jahr und ich werde euch ansehen, als ob ihr vor dem Berg Sinai stehen und die
Tora empfangen würdet. Wann? ‚Im dritten Monat nach dem Auszug der Kinder Israels
aus dem Lande Ägypten' (Ex 19,1).

Der Textabschnitt entstammt der zwölften Piska der Pesiqta de Rav Kahana,[338] die die Lesung aus Ex 19 kommentiert und sich mit dem Schawuotfest beschäftigt.

Ganz im Sinne des Grundgedankens, dass die Feier eines Festes das gefeierte Ereignis der Vergangenheit anamnetisch vergegenwärtigt und erlebbar macht, wird hier in direkter Gottesrede formuliert, dass das Begehen
des Festes (inklusive der entsprechenden Perikopenlesung) der Gegenwart
am Sinai und dem Entgegennehmen der Tora entspricht. Gott sieht demnach die Festteilnehmenden an, als gehörten sie zu der Generation, die ihm
am Sinai begegnete.[339]

Die assoziativen Verbindungen des Sinaigeschehens mit Schawuot im Jubiläenbuch und die späteren klaren Belege dafür, dass das Wochenfest als
Feier des Toraempfangs begangen wurde, erlauben es m.E., von einer Tra-

---

[337] Ed. MANDELBAUM I, 204.

[338] Der Aufbau von PesK folgt der Ordnung der besonderen Schabbate und Festtage in
der Reihenfolge des Kalenderjahres. Vgl. BRAUDE/KAPSTEIN, Pĕsiḳta, XIV-XVI.

[339] Auch bPes 68b geht davon aus, dass die Tora am Wochenfest empfangen wurde. In
einer Diskussion, ob die gebotene Freude an Festtagen Freude für die Menschen (die sich
weltlich in Essen und Trinken ausdrückt) oder Freude für den Herrn (zum Ausdruck gebracht durch Lernen im Lehrhaus) oder eine Kombination aus beiden sein soll, wird der
Ausspruch Rabbi Eleasars überliefert: „Alle stimmen überein, daß man sich am Wochenfest auch der eigenen Freude hingeben müsse, weil an diesem Tag die Tora gegeben
wurde." Bei den im Abschnitt genannten Rabbinen (außer R. Eleasar noch Rabba und R.
Josef) handelt es sich um Amoräer der dritten und vierten Generation, die in der ersten
Hälfte des vierten Jahrhunderts n.Chr. wirkten. Die Redaktion des Bavli ist jedoch erst
deutlich später anzusetzen. (Vgl. STEMBERGER, Einleitung, 193f; 99; 101; BILLERBECK,
Kommentar VI, 96; 119.) Unabhängig davon, wie die vorliegende Tradition genau zu
datieren ist, zeigt die Erwähnung in der babylonischen Überlieferung doch ihre weitge-
streute Verbreitung. bShab 86b berichtet, dass der Dekalog nach der Lehre der Rabbanan
am 6. Siwan (also Schawuot) gegeben wurde, überliefert allerdings weiter, dass R. Jose
dieser Ansicht widerspricht: Ihm zufolge fand der Gebotsempfang erst am 7. Siwan statt.
Die entsprechende Diskussion findet sich ausführlicher in bYom 4b. Die Datierung des
Toraempfangs auf das Wochenfest wird hier als alte – wenn auch umstrittene – Tradition
bezeichnet.

ditionslinie auszugehen, in der sich diese Verknüpfung immer deutlicher herauskristallisierte. Eine solche Annahme wird dadurch gestützt, dass sich diese Verbindung auch in den frühen samaritanischen Überlieferungen findet.[340] Auch wenn also die Frage, ob das Fest schon im Tempelkult als Fest des Toraempfangs gefeiert wurde, nicht sicher bejaht werden kann, liegt dies doch im Rahmen des Möglichen.

4.3.3 Joh 5,37–40 vor dem Hintergrund von Schawuot

Noch bevor die „Schriften" Israels in Joh 5,39 explizit genannt werden, sind sie bereits in 5,37 durch die deutliche Anspielung auf die Sinaioffenbarung und damit auf die Gabe der Tora implizit Thema des Textes. Die Verse 5,37b-39.45–47 kreisen um die heilige Schrift und versuchen von verschiedenen Ansätzen her, das Verhältnis Jesu zu ihr und ihrem Mittler Mose zu bestimmen. Dass in 5,37 nicht auf die Tora selbst, sondern auf das Heilsereignis Bezug genommen wird, in dem Israel sie empfing, steht dazu nicht im Widerspruch. Denn zum einen ist das Hören der Stimme Gottes, wie oben gezeigt, bereits in biblischer und dann auch in nachbiblischer, z.B. rabbinischer, Tradition zum Synonym für das Sein und Bleiben im Bund geworden. Es bleibt damit zwar in steter Bezogenheit zum Ursprungsereignis am Sinai, schließt aber auch das Studium und die Anerkennung der Tora ein, durch die spätere Generationen „Gottes Stimme" vernehmen. Zum anderen ist die Tora nicht von der Heilsgeschichte Israels zu trennen. Gottes Offenbarung gegenüber seinem Volk geschieht in Worten und Taten, beides ist ineinander verwoben. Die Heilstaten Gottes, die zur Heilsgeschichte Israels geworden sind, sind in der Tora erzählt und werden in ihr für die Lesenden oder Hörenden zur eigenen Wirklichkeit. Gleichzeitig ist die Tora selbst Teil der Heilsgeschichte und Heilsgabe Gottes. Mit H. Thyen kann man die Tora als die „Schrift gewordene Geschichte"[341] des Gottesvolkes begreifen. Insofern gehören die Erinnerung des Heilsereignisses des Hörens Gottes am Sinai und dessen Überlieferung in der Tora eng zusammen. „God is revealed through the revelation of his Torah, Sinai becoming identified, in rabbinic parlance, with מתן תורה (the 'giving of Torah')."[342] Die Tora ist die Mittlerin, durch die das jüdische Volk der Zeit Jesu und Johannes' Gottes Stimme hört.[343]

---

[340] Vgl. SAFRAI, Wallfahrt, 237 Anm. 144; COWLEY, Liturgy, 406ff; ALON, Jews, 132f Anm. 91.

[341] THYEN, Johannesevangelium, 326. Vgl. HENGEL, Schriftauslegung, 275.

[342] FRAADE, Hearing, 247.

[343] Das übersieht THEOBALD, Schriftzitate, 363 Anm. 141, wenn er in Bezug auf Joh 10,35 den jüdischen Gegenübern Jesu zwar den Empfang der Tora, aber nicht das Hören der Stimme Gottes zugesteht und beides voneinander trennt bzw. gar als einen Gegensatz

Wie der erste Teil der Jesusrede in Joh 5, so ist auch der zweite Teil von 5,1 her an einem Fest und von 5,14 her im Tempel verortet. Der mehrfache Hinweis auf die Tora und insbesondere der auf die Sinaioffenbarung, bei der die Tora empfangen wurde, in 5,37f lässt vor diesem Hintergrund durchaus an Schawuot denken. Wenn die Wallfahrtsfeste die Feiernden das jeweils erinnerte Ereignis erfahren lassen und Schawuot die Kultteilnehmenden dementsprechend in die Situation der Gemeinde am Sinai versetzt, dann gilt für dieses Fest in besonderer Weise, dass eine außergewöhnliche Gottesbegegnung möglich wird: Die am Wochenfest Versammelten stehen vor dem Sinai und hören den קול יהוה, die φωνή Gottes.[344]

Was bedeutet es vor diesem Hintergrund, wenn der johanneische Jesus seinen Gesprächspartnern in 5,37 abspricht, jemals Gottes Stimme gehört und seine Gestalt gesehen zu haben? Letzteres bewegt sich, wie gezeigt, durchaus im Bereich jüdischer Traditionen: Gottes Gestalt zu sehen ist für gewöhnliche Menschen unmöglich, was sicher weder Jesu Gegenüber noch die Konfliktpartner des Evangelisten bestritten hätten. Zwar sprechen biblische Traditionen davon, dass am Sinai Mose bzw. auch das ganze Volk – als Auszeichnung und Ausnahme – Gott schauten. Jedoch hat, wie oben gezeigt, die antik-jüdische Auslegungstradition gegenüber dem Gedanken einer visuellen Wahrnehmung einer quasi-körperlichen Gottesgestalt massive Vorbehalte. Demgegenüber setzt der Vers Joh 5,37 einen sarkastischen Gegenakzent, indem er diese Vorbehalte in die Feststellung eines Defizits ummünzt und dies noch steigert, indem er auch das Gehört-Haben von Gottes Stimme bestreitet.

Damit aber wird ein konstitutives Merkmal Israels bestritten. Wer zum Volk des Bundes gehört, vernimmt – vermittelt durch Tora und Kult – vom Sinai her Gottes Stimme. Ja mehr noch, als abstrahierende Formel bezeichnet das Hören der Stimme Gottes schon seit deuteronomistischer Zeit das Befolgen der Gebote und damit das Wahren des Bundes. Wer Gottes Stimme nicht hört und nie gehört hat, kann demnach nicht dem Gottesvolk zugehören. Insofern bedeutet die Aussage des johanneischen Jesus in 5,37 einen ungeheuren Affront, spricht sie doch den Angeredeten ab, im Bund mit Gott zu stehen.[345] Diese Aussage ist höchst problematisch, scheint sie

---

fasst: „Das Ergehen des λόγος Gottes meint also keine Auditionen Gottes im Sinne von 5,37, sondern den λόγος Gottes im Geschriebenen der Tora."

[344] Vgl. PesK 12,1.

[345] Das Wort διαθήκη kommt im Johannesevangelium nicht vor. Dass ich es dennoch für dem johanneischen Denken angemessen halte, vom *Bund* Gottes mit Israel zu sprechen, gründet in zwei Sachverhalten. Zum einen implizieren die unmissverständlichen Anspielungen auf die Sinai-/Horeb-Offenbarung im vierten Evangelium m.E. notwendigerweise den am Gottesberg ergangenen Bundesschluss, der für Israel Identität wie Heil stiftet ist. Zum anderen sehe ich das Bundesdenken auch ohne den expliziten Gebrauch des Wortes in der johanneischen Redeweise angelegt. Die jüdischerseits dem Bundesge-

doch eine Enterbung des Gottesvolkes Israel zu implizieren. Jedoch beinhaltet der Vers keinesfalls die Preisgabe der Kontinuität der Gottesoffenbarungen und der Heilsgeschichte Israels durch Johannes.[346] Tatsächlich ist geradezu das Gegenteil der Fall: Die Heilsgeschichte Israels ist für Johannes sowohl der Rahmen, in den Jesus einzuordnen ist, als auch das Kriterium, anhand dessen sich seine Relevanz und Berechtigung erweisen. Keineswegs werden hier grundsätzlich frühere Offenbarungen Gottes geleugnet. Der Gott, der sich in seinem Sohn Jesus offenbart, ist kein unbekannter „neuer" Gott, sondern der Gott des Mose und des Abraham, der Gott, von dem die Schriften zeugen.[347] Zudem übersieht die Position, die „den Juden" in 5,37 jede Gotteskenntnis abgesprochen sieht,[348] den Kontext des Verses, in dem „nicht ein ‚Christ' über die Juden *urteilt*, sondern ein Jude

---

danken zugehörigen Termini „Erwählung" und „Eigentum" spielen bei Johannes wiederholt eine Rolle. So steht nicht zuletzt in der Nachbarschaft der Sinai-Anspielungen in Joh 1,14–18 der Hymnusvers 1,11: „In das Seine (τὰ ἴδια) kam er, und die Seinen (οἱ ἴδιοι) nahmen ihn nicht an." Vgl. dazu GESE, Johannesprolog, 166: „Es sollte keine Frage sein, daß nach der Menschheit (V. 10) hier in V. 11 nur von Gottes Eigentumsvolk, Israel, die Rede sein kann, zu dem der Logos ‚kam' (ἦλθεν), was auf den heilsgeschichtlichen Vollzug im Unterschied zur sozusagen ‚natürlichen' Gegebenheit (ἦν) weist." Vgl. Joh 10,3f.12; 13,1; 17,2.6.9.24. Ich halte es daher für plausibel, davon auszugehen, dass hinter dem johanneischen Ringen mit der Gottesbeziehung „der Juden", die sich dem Anspruch Jesu bzw. dem Bekenntnis der johanneischen Gemeinde verweigern, eine Auseinandersetzung mit dem Bund Gottes mit seinem Volk steht. Vgl. unten zu Pessach im Johannesevangelium (VI.3.4–VI.5).

[346] So dezidiert PLÜMACHER, Bibel, 18. THEOBALD, Schriftzitate, 362 spricht von der „Entkoppelung der Schrift als eines exklusiv christologisch beanspruchten *Textes* von der ihm ursprünglich inhärierenden *Geschichte* Israels. Diese wird abgestoßen und in einen Raum theologischer Irrelevanz entlassen: Was einst der Wüstengeneration unter Mose widerfuhr, hat – gemessen an der soteriologischen Exklusivität des ‚Christusereignisses' – mit Heil oder ζωή im (johanneisch strengen) Sinne nichts zu tun" (Hervorhebungen im Original). Vgl. ebd., 362–36; KRAUS, Johannes, 20f; SÖDING, Gott, 354; 338 Anm. 138. Dagegen HENGEL, Schriftauslegung, 262f.

[347] Vgl. z.B. Joh 1,23.45.49; 3,14f; 6,14.20.45; 8,56; 12,12–16.37–41; 19,24.28.36f und die vielen weiteren Anspielungen auf die alttestamentliche Geschichte – nicht nur auf die Heilsgeschichte Israels im engeren Sinne wird Bezug genommen, sondern z.B. gleich in Joh 1,1 auch auf den priesterlichen Schöpfungsbericht am Beginn der Genesis. BECKER, Johannes I, 255f, der behauptet, für Joh gebe es in der alttestamentlichen Heilsgeschichte „keine Kenntnis des vor Christus unbekannten Gottes", ist klar zu widersprechen.

[348] Laut THEOBALD, Fleischwerdung, 363f bedeutet Joh 5,37b: „Eine unmittelbare Gotteserfahrung (sei sie auditiv *oder* visionär) ist den Juden überhaupt nie zuteil geworden." (Hervorhebung im Original). Vgl. STRATHMANN, Johannes, 108; BULTMANN, Johannes, 200; BECKER, Johannes I, 254ff; THEOBALD, Schriftzitate, 363. Dagegen u.a. THYEN, Johannesevangelium, 324; WENGST, Johannesevangelium I, 219; LABAHN, Deuteronomy, 92.

mit anderen Juden über die ihnen gemeinsame Überlieferung streitet."[349]
Wie an verschiedenen anderen Stellen auch[350] setzt Johannes in 5,37 die
Heilsgeschichte Israels nicht nur voraus, sondern bestimmt die Rolle Jesu
und seiner Gegner *innerhalb* dieser Geschichte. Die Rede von „Stimme"
und „Gestalt" Gottes verweist auf das basale Heilsereignis am Sinai und
ruft die damit verbundenen Assoziationen wach. Jesus ist ein Teil der Erwählungsgeschichte Israels, nur deshalb kann es sinnvoll sein, von der
Haltung eines Menschen gegenüber Jesus auf seine Stellung in dieser Geschichte zu schließen (5,38).

Allerdings entschärft das nicht die Härte des Vorwurfs, der in Joh 5,37
geäußert wird. Im Gegenteil, gerade weil die Heilsgeschichte ernst genommen und *nicht* relativiert wird, ist er von noch größerer Tragweite.
Den fiktiven Gegnern und Gegnerinnen Jesu, das heißt den nicht an *ihn*
glaubenden Gläubigen im Jerusalemer Tempel, wird abgesprochen, zu der
Gemeinde zu gehören, die sich zum Fest im Heiligtum versammelt, um
dem Gott zu begegnen, der sie am Sinai seine Stimme hören ließ und sie
damit zu seinem Volk machte. Jüdische Gotteserkenntnis und Erwählung
und die Geltung der Heilsgeschichte an sich werden nicht in Frage gestellt,
sondern bestätigend aufgenommen.[351] Einzelnen Menschen jedoch – auf
literarischer Ebene konkret den Gegnerinnen und Gegnern Jesu, die seinen
Selbstanspruch ablehnen, und darin impliziert den jüdischen Gegenübern
der johanneischen Gemeinde, die das Bekenntnis zu Jesus verneinen, –
wird ihre Zugehörigkeit zur Gemeinde Gottes abgesprochen.[352] Nicht der
Bund an sich ist strittig, wohl jedoch das Kriterium, das über die Zugehörigkeit eines Menschen zu ihm entscheidet.

Um dieses Kriterium und den johanneischen Vorwurf von 5,37 erklären
zu können, ist es nötig, die johanneische Position gegenüber Israels heiliger Schrift und ihrem Mittler Mose zu verstehen. Dazu wird im Folgenden

---

[349] THYEN, Johannesevangelium, 324 (Hervorhebung im Original).

[350] Vgl. z.B. Joh 1,14–18; 3,14; 6,31ff; 8,33.37ff.56ff; 12,12–15.37–41.

[351] Es handelt sich bei 5,37 *nicht* um eine Grundsatzaussage, die, wie DIETZFELBIN-
GER, Aspekte, 208f meint, einfach „weg[...]wischt", dass „das Alte Testament unzählige
Male das unmittelbare Reden Gottes zu Israel bezeugt und daß es im zeitgenössischen
Judentum als eine umfassende Anrede Gottes an Israel verstanden wurde". (DIETZFEL-
BINGER, a.a.O., 210f kommt selber zu dem Schluss, dass diese Aussage nach seiner Inter-
pretation „das ziemlich genaue Gegenteil" von 10,34f behauptet. Zu seiner Annahme
zweier bewusst nebeneinander gestellter gegensätzlicher Auffassungen von Wert und
Bedeutung des Alten Testaments im Johannesevangelium vgl. a.a.O., 203–217.) Seine
Brisanz gewinnt der johanneische Satz vielmehr gerade innerhalb dieser jüdischen Über-
zeugungen und vor ihrem Hintergrund, indem er – die Traditionen aufnehmend und spe-
zifizierend bestätigend – bestimmten Einzelpersonen ihre Zugehörigkeit zu den von Gott
Angeredeten abspricht.

[352] Eine entsprechende Argumentation liegt in Joh 8,37–45 in Bezug auf die Abra-
hamskindschaft vor.

zunächst ein Überblick über die johanneische Verwendung von γραφή, γράμματα und νόμος gegeben.[353] Anschließend werden die zentralen Perikopen Joh 1,16–18 und 5,39f.(.45–47) untersucht.

4.3.3.1 Die heilige Schrift Israels (γραφή, γράμματα und νόμος) im Johannesevangelium

Das Lexem γραφή findet sich im vierten Evangelium zwölf Mal. Davon steht es elf Mal im Singular und nur 5,39 im Plural. Unabhängig davon ist die Bedeutung jedoch in allen Fällen dieselbe: Gemeint ist der (im Umfang noch nicht endgültig festgelegte) Komplex der heiligen Schriften Israels.[354] Auffallend ist ein durchgehend positiver Gebrauch des Wortes. Sowohl in wörtlicher Jesusrede als auch in erläuternden Kommentaren des Evangelisten wird davon geredet, dass die Schrift (durch bzw. in Jesus) „erfüllt" (πληρόω: 13,18, 17,12, 19,24.36) bzw. „vollendet" (τελειόω: 19,28) werden soll.[355] Ohne diese explizite Formulierung erscheint γραφή zudem in 2,22, 7,38.42, 19,37, 20,9 als autoritätsvolle Quelle, aus der das Christusgeschehen verstanden und gedeutet wird. Wiederum wird sie dabei teilweise von Jesus selbst angeführt (7,38). In 2,22 erscheint die „Schrift" parallel zum Wort Jesu als Objekt des (nachösterlichen und richtigen!) Glaubens der Jünger und Jüngerinnen. Höchst wertschätzend ist die Verwendung auch in den Versen 10,34f, in denen der johanneische Jesus ein Schriftzitat (Ps 82,6) als Argument verwendet und dann ausdrücklich formuliert: „die Schrift kann nicht aufgelöst werden".[356] Angesichts dieses Befundes liegt auch in 5,39 eine positive Konnotation der „Schriften" nahe.[357]

Ohne gravierenden Bedeutungsunterschied zu γραφή verwendet Johannes zur Bezugnahme auf die jüdische Bibel an zwei Stellen das Wort γράμμα im Plural. Während die γράμματα in 5,47 durch die Zugehörigkeit zu Mose näher bestimmt und auf den Pentateuch eingegrenzt werden,[358] ist in 7,15 die Gesamtheit der heiligen Schriften gemeint, denen das Studium gilt, wobei die Tora innerhalb dieses Schriftenkomplexes den zentralen Platz einnimmt.

---

[353] Vgl. zu diesem Wortfeld bei Johannes u.a. OBERMANN, Erfüllung, 38–63.

[354] Vgl. OBERMANN, Erfüllung, 39ff. KRAUS, Johannes, 2 meint, dass mit γραφή „in der Regel die einzelne Schriftstelle bezeichnet ist, jedoch auch die Schrift als ganze gemeint sein kann".

[355] Zu den „Erfüllungszitaten" bei Johannes vgl. HENGEL, Schriftauslegung, 277–282. Ohne γραφή ausdrücklich zu nennen, finden sich Schriftbeweise mit der Formel γεγραμμένον ἐστίν noch öfter im Johannesevangelium: s. 2,17; 6,45; 12,14(.16).

[356] Vgl. HENGEL, Schriftauslegung, 262f; FREY, Heil, 484; MENKEN, Use, 370f; unten V.5.3.

[357] Zu der Auslegung von 5,39 und der Frage, wie die Tradition, in den Schriften sei das ewige Leben zu finden, von Johannes beurteilt wird, vgl. das Folgende.

[358] So auch OBERMANN, Erfüllung, 43.

Νόμος steht (abgesehen von der nicht ursprünglichen Stelle 8,5) 14 Mal im Johannesevangelium.[359] Es muss zunächst gefragt werden, ob νόμος ein einzelnes Gesetz oder die „Tora" bzw. die heiligen Schriften als Ganzes meint. An einigen Stellen bezeichnet νόμος offensichtlich einzelne Rechtssätze der Tora, so vor allem im Munde von Pilatus in 18,31.[360] Auch in 7,51 und 19,7 (2x) erscheint diese Interpretation naheliegend (wobei die Übersetzung „Tora" in 7,51 ebenfalls gut möglich ist). Allerdings kann mit S. Pancaro davon ausgegangen werden,

„that the Law in its most comprehensive sense is always present in the Johannine use of νόμος. In line with Jewish usage and with the Pharisaical conception in particular, the part represents the whole, the whole is present in its parts."[361]

An allen übrigen johanneischen Stellen meint νόμος in Entsprechung zum hebräischen תורה die jüdische heilige Schrift. In 1,45 („Von dem Mose in der Tora [ἐν τῷ νόμῳ] geschrieben hat und die Propheten, den haben wir gefunden.") bezeichnet νόμος eindeutig den Pentateuch, der von den prophetischen Büchern unterschieden wird. Im selben Sinne sind die Stellen zu interpretieren, an denen davon die Rede ist, dass Mose den νόμος gegeben hat: 1,17; 7,19. Auch die zweite Nennung in 7,19: „Und niemand von euch tut die Tora (τὸν νόμον)." ist so zu verstehen: Es geht hier nicht um ein konkretes einzelnes Gebot, sondern um das Tun, also Bewahren der Tora als Ganzer. Ähnliches gilt für 7,23.49 und 8,17. In 10,34, 12,34 und 15,25 schließlich wird der νόμος als Quelle von Schriftzitaten angegeben, die nicht (nur) dem Pentateuch, sondern darüber hinaus auch anderen Schriften der jüdischen Bibel entstammen (Ps 82,6 zu Joh 10,34, Ps 89,37, 110,4, Jes 9,6, Ez 37,25 zu Joh 12,34 und Ps 35,19, 69,5 zu Joh 15,25). Ohne Zweifel ist νόμος an diesen Stellen also im Sinne von „(heiliger) Schrift" zu verstehen.[362]

Die nächste Frage zielt auf die Bewertung, die dem Wort im johanneischen Sprachgebrauch innewohnt. Positiv wird νόμος von Jesus (8,17, 10,34, 15,25, wobei die Formulierung „eure" bzw. „ihre Tora" nicht unbe-

---

[359] Vgl. zu νόμος in Joh PANCARO, Law, 514–534 und zur Übersetzung des johanneischen νόμος HENGEL, Schriftauslegung, 268f. Zu νόμος als Übersetzung von תורה vgl. URBACH, Sages I, 288–290.

[360] Anders urteilen OBERMANN, Erfüllung, 51 und KRAUS, Johannes, 2, die 1,17.45; 7,19.49 und erstaunlicherweise auch die Nennung durch den Nichtjuden Pilatus 18,31 auf die Tora beziehen, νόμος dagegen in 7,23.51; 8,17 und 19,7 als „konkrete Einzelweisung" (KRAUS, ebd.) verstehen. Vgl. die Einteilung bei PANCARO, Law, 515.

[361] PANCARO, Law, 515; vgl. a.a.O., 517.

[362] Vgl. OBERMANN, Erfüllung, 56f; PANCARO, Law, 515; HÜBNER, νόμος, 1171; GUTBROD, νόμος, 1075. Die drei letzteren benutzen allerdings die für Johannes anachronistische Bezeichnung „AT". Auch die Rabbinen können von einem Beleg aus der „Tora" sprechen und dann aus dem Schriftkomplex der Propheten oder Schriften zitieren; vgl. z.B. PesK 12,8; bAZ 52b; URBACH, Sages I, 287f.

dingt eine Distanzierung bedeuten muss[363]), seinen Anhängern (1,45, 7,51) und seinen Gegnern (12,34) als Autorität herangezogen, um Meinungen und Argumentationen zu belegen und Geschehnisse zu deuten – in diesen Fällen steht νόμος parallel zu γραφή. Einen negativen Beigeschmack von νόμος könnte man am ehesten im Passionsbericht vermuten, wo Jesu Tod von seinen Gegnern darin begründet wird (18,31, 19,7). Jedoch ist dabei zu bedenken, dass auch für Johannes Jesu Tod in der Tora bzw. der Schrift begründet ist: Er ist die Erfüllung des göttlichen Willens (Joh 19,30!), der in den heiligen Schriften dargelegt ist, auch wenn die Gegner Jesu das nicht begreifen und die Tora missbrauchen (vgl. auch die höchst theologische Deutung des Todes Jesu als Tod für das Volk durch Kaiphas in Joh 11,50).

Auch an den übrigen Stellen bei Johannes, an denen νόμος vorkommt und eindeutig und meistens ausdrücklich die durch Mose am Sinai vermittelte Tora meint, wird in der Auslegung vielfach von einer abschätzigen Wertung ausgegangen, hauptsächlich begründet durch die angebliche Antithese zwischen Mose und Tora einerseits und Jesus andererseits in 1,17.[364] Aber weder das Verständnis von 1,17 als Antithese noch die negative Bewertung der Tora ist m.E. im johanneischen Text begründet. Das werde ich im Folgenden vor allem aus der Schlüsselperikope 1,16–18 heraus zu belegen versuchen.

4.3.3.2 Jesus, Mose und Tora in Joh 1,16–18

Im Vers 1,17 kommt zum ersten Mal im Evangelium das Wort νόμος vor. Zugleich findet sich hier die erste Nennung des Eigennamens Jesus, nachdem zuvor nur vom Logos die Rede war. Es ist durchaus bemerkenswert, dass Jesus in einer Parallelsetzung mit Mose ins Evangelium eingeführt wird. Die Verse 1,14–18 weisen vielfache Bezüge und Parallelen zu 5,37b–39.45–47 auf: Zum einen findet sich in beiden Textpassagen ein

---

[363] Eine Distanzierung nimmt z.B. BULTMANN, Johannes, 212 an. Möglich ist aber auch, die Verbindung von νόμος mit „den Juden" durch die Possessivpronomen wie folgt zu deuten: „precisely the Law to which you appeal and on which you rely" (PANCARO, Law, 518). Vgl. die Diskussion zum Verständnis der Wendung bei PANCARO, Law, 517–522; (dort auch weitere Literatur). Dass es sich bei der Rede Jesu von „eurer"/„deren" Tora nicht um eine Abwertung derselben oder eine antijüdische Tendenz handelt, zeigt auch OBERMANN, Erfüllung, 57ff; vgl. THYEN, Johannesevangelium, 393 zu Joh 7,19; AUGENSTEIN, Jesus, 165f; DERS., Gesetz, 311ff. Zu der Beobachtung, dass nur νόμος und nie γραφή durch ein Possessivpronomen „den Juden" zugesprochen wird, vgl. HENGEL, Schriftauslegung, 277, OBERMANN, Erfüllung, 62; PANCARO, Law, 327ff; 521f.

[364] Vgl. BECKER, Johannes I, 84f; GRÄSSER, Polemik, 139f. Dagegen betont EDWARDS, XAPIN, 8f: „John invariably alludes to Moses and the Law in a neutral or clearly affirmative manner", vgl. ebd., 10. Vgl. auch PETERSEN, Brot, 30 inkl. Anm. 8.

Geflecht von Anspielungen auf die Sinaiperikope.[365] So klingt bereits in 1,14 im ἐσκήνωσεν ἐν ἡμῖν das Wohnungnehmen Gottes unter seinem Volk in der Stiftshütte während der Wüstenzeit an[366] und ἐθεασάμεθα τὴν δόξαν αὐτοῦ verweist nicht zuletzt auf Ex 33,18ff. Zum anderen geht es sowohl in 1,14–18 als auch in 5,37b–39.45–47 um die Möglichkeit Gott zu sehen, um Mose und die durch ihn vermittelten Schriften und deren Bedeutung für den Heilsempfang sowie um Jesu Verhältnis zu ihnen. Dieses Verhältnis wird zumeist als ein Gegensatz oder zumindest als Überbietung bestimmt: Jesus übertreffe Mose und die Tora, ersetze sie oder erweise, dass durch sie kein Heil komme.[367] Als Hauptargument dafür dient v.a. Vers 1,17 – ὁ νόμος διὰ Μωϋσέως ἐδόθη, ἡ χάρις καὶ ἡ ἀλήθεια διὰ Ἰησοῦ Χριστοῦ ἐγένετο –, in dem seit Origenes und Augustin viele Kommentare eine Antithese sehen.[368] So nimmt z.B. S. Schulz in seiner Übersetzung des Verses ein textkritisch sicher nicht ursprüngliches „aber" auf[369] und liest: „Denn das Gesetz wurde durch Mose gegeben, die Gnade und die Wahrheit (aber) kamen durch Jesus Christus."[370] Entsprechend bestimmt er den Satz als „Mose-Christus-Antithese" und „die typisch johanneische Fassung von Gesetz und Evangelium".[371] Χάρις (und ἀλήθεια) wird vielfach als Gegensatz zu νόμος verstanden, wodurch der „aus der

---

[365] In Joh 1,14–18 besonders auf Ex 33,7–34,35. Vgl. THYEN, Johannesevangelium, 104; MCGRATH, Christology, 151; GESE, Johannesprolog, 181–186; SCHONEVELD, Thora, 45; 155f; HANSON, Gospel, 21ff; DERS., John I.14–18, passim; DERS., Use, 122; HÜBNER, Theologie, 158; BOISMARD, Prologue, 169; DERS., Moses, 94–97; LOADER, Law, 448f; BEUTLER, Johannes-Prolog, 95; ZUMSTEIN, Prolog, 118; CHIBICI-REVNEANU, Herrlichkeit, 77f; DENNIS, Presence, 106.

[366] Vgl. Ex 33,7–11; 40,34–38; Lev 1,1 u.ö.; NIELSEN, Dimension, 234f. GESE, Johannesprolog, 185 schreibt: „Die Inkarnation wird als σκηνῶσαι (vgl. škn) bezeichnet und damit in die große Tradition von der einwohnenden Offenbarung Gottes auf dem Zion gestellt, die die priesterschriftliche Zeltkonzeption sogar für die Urzeit der Sinaioffenbarung vertritt – so auch Sir 24,10a."

[367] Vgl. z.B. BULTMANN, Johannes, 53; WILCKENS, Johannes, 35; DIETZFELBINGER, Apekte, 206; 212f; SCHULZ, Johannes, 34; WEDER, Anliegen, 320; SCHNACKENBURG, Johannesevangelium I, 252f.

[368] Vgl. Origenes, Comm in Jo VI, 106f (PG 14,209–212); Augustin, In Joannis Evangelium III, 16 (PL 35,1402); HOFIUS, Schoß, 169 inkl. Anm. 44; KITTEL, λέγω, 138; HÜBNER, νόμος, 1172; FREY, Schlange, 184 Anm. 148; SÄNGER, Von mir, 124f inkl. Anm. 55; BOISMARD, Moses, 98. Vgl. WEDER, Anliegen, 320, der eine Antithese annimmt, obwohl er selber sieht, dass es kein „philologisch faßbare[s] Signal" dafür gibt. S. auch die ausführliche Diskussion der Frage bei LINDEMANN, Mose, passim.

[369] Ein δέ steht im griechischen Text nur in P[66] und später in verschiedenen Übersetzungen.

[370] SCHULZ, Johannes, 13.

[371] SCHULZ, Johannes, 34.

paulinischen Schule stammende Gegensatz νόμος – χάρις eingebracht"[372] werde. Aus diesem angenommenen Gegensatz heraus folgt dann eine Abqualifizierung des „Gesetzes", das der „Gnade" der Christusoffenbarung entgegenstehe.[373] V.a. neuere Kommentare haben sich jedoch von diesem antithetischen Denken gelöst und erkannt, dass in 1,17 keine antithetische Satzkonstruktion vorliegt. Formal handelt es sich um einen synthetischen Parallelismus.[374] Dieser wird durch das einleitende ὅτι als Begründung für 1,16 gekennzeichnet.[375] Nimmt man die vorliegende Argumentationsstruktur ernst, muss man also fragen, inwiefern 1,17 den vorangehenden Vers erklärt. Das Verständnis von 1,16 ist jedoch nicht ganz einfach. Nach einem Einschub über den Täufer als Zeugen für den Logos in 1,15 wechselt Vers 16 wieder in die erste Person Plural und setzt das bereits in 1,14 begonnene Wir-Bekenntnis fort: Die Sprechenden bekennen, aus der Fülle des Logos χάριν ἀντὶ χάριτος empfangen zu haben. Diese Wendung wird üblicherweise mit „Gnade um Gnade"[376] oder „Gnade über Gnade"[377] wiedergegeben und als Superlativ im Sinne von „überreiche und unerschöpfliche Gnade"[378] gedeutet. Diese Interpretation entspricht jedoch nicht der lexika-

---

[372] BULTMANN, Johannes, 53; vgl. PAINTER, Light, 37. DIETZFELBINGER, Aspekte, 206 behauptet, 1,17 stelle den in Jesus Fleisch gewordenen Logos „in den entschiedensten Gegensatz zu Tora". Vgl. SCHLATTER, Johannes, 32; HENGEL, Schriftauslegung, 266; THEOBALD, Fleischwerdung, 360; WEBSTER, Jesus, 56; DAUER, Passionsgeschichte, 301; HAACKER, Stiftung, 32f; KÜGLER, König, 68.

[373] Vgl. BULTMANN, Johannes, 53; HOFIUS, Schoß, 169f; DERS., Struktur, 3; GRÄSSER, Polemik, 139–141. BECKER, Johannes I, 84f spricht sogar davon, dass Joh 1,17f nicht nur „Mose und sein Gesetz", sondern damit auch „die jüdische Religion" abwerten würden.

[374] Vgl. JEREMIAS, Μωυσῆς, 877; GESE, Johannesprolog, 168; THYEN, Johannesevangelium, 104f; DERS., Art. Johannesevangelium, 203 (Thyen bestimmt die Konstruktion hier noch genauer als „synthetisch-klimaktischen Parallelismus: Beschrieben wird ein in beiden Gliedern heilvolles Nacheinander."); DE LA POTTERIE, Vérité I, 140; 156f; BARTH, Erklärung, 151–154; WENGST, Johannesevangelium I, 79; SCHNACKENBURG, Johannesevangelium I, 253 Anm. 1; OBERMANN, Erfüllung, 54f. LABAHN, Autorität, 191–194 schlägt einen Mittelweg ein und formuliert: „Wo das Gesetz ohne Zeugnisfunktion wahrgenommen wird, steht es in Antithese zu Gnade und Wahrheit, sonst in einer Klimax." (ebd., 194).

[375] Vgl. DE LA POTTERIE, Vérité I, 142.

[376] So die Übersetzung der Lutherbibel; SCHULZ, Johannes, 13; WILCKENS, Johannes, 20; BARTH, Erklärung, 13; SCHNACKENBURG, Johannesevangelium I, 208 (vgl. a.a.O., 251); BECKER, Johannes I, 70; THEOBALD, Fleischwerdung, 257; MÜLLER, Geschichte, 17; BEUTLER, Johannes-Prolg, 97; LAUSBERG, Johannes-Prolog, 250 u.a.

[377] So z.B. die Einheitsübersetzung; WENGST, Johannesevangelium I, 42; HOFIUS, Struktur, 23.

[378] HOFIUS, Struktur, 23; vgl. BULTMANN, Johannes, 53; SCHLATTER, Johannes, 32; BARTH, Erklärung, 146ff. Vgl. die Aufzählung weiterer Vertreter dieser Übersetzung und die Kritik daran bei EDWARDS, XAPIN, 5f.

lischen Bedeutung des griechischen Ausdrucks, da die Präposition ἀντί nie „über/um" im Sinne einer Steigerung bedeutet, sondern „immer und ausschließlich im Sinn von *anstelle* gebraucht wird".[379] Auch Bultmann bemerkt in seinem Kommentar: „'Αντί heißt ‚anstatt'", behauptet jedoch ohne weitere Begründung, dies könne keinesfalls der Sinn für den Evangelisten gewesen sein.[380] M.E. ist H. Thyen zuzustimmen, dass hinter der üblichen Wiedergabe der Wendung mit „Gnade über/um Gnade" „eher dogmatische Vorurteile als philologische Gründe" stehen.[381] Übersetzt man in 1,16 dagegen grammatikalisch korrekt mit „Gnade anstelle von Gnade", dann schließt 1,17 hervorragend als Begründung dafür an:[382]

Denn aus seiner Fülle haben wir alle empfangen, ja, Gnade anstelle von Gnade, denn die Tora wurde durch Mose gegeben, die Gnade und die Wahrheit sind durch Jesus Christus geworden.[383]

Die Gläubigen haben aus Jesu Fülle Gnade anstelle von Gnade empfangen, nämlich die Gabe des Werdens von „Gnade und Wahrheit" anstelle der (ebenfalls gnädigen!) Gabe der „Tora".[384] Wie die Tora durch Mose gegeben wurde, *eben so* sind – an ihrer Stelle – Gnade und Wahrheit durch Jesus geworden: Der Vers 17 erläutert also, wie der Empfang der durch Jesus verliehenen Gnade vorzustellen und einzuordnen ist, und zwar indem er ihn in den Rahmen der Heilsgeschichte Israels einordnet und in Beziehung und Parallelität zur früheren – und bekannten, in ihrer Bedeutsamkeit vorausgesetzten – durch Mose vermittelten Gnade „Tora" setzt.[385] Noch deutlicher wird dieser Zusammenhang, wenn man der m.E. überzeugenden

---

[379] THYEN, Johannesevangelium, 103 (Hervorhebung im Original); vgl. EDWARDS, XAPIN, 3f (dort auch Beispiele der entsprechenden Verwendung von ἀντί in LXX und NT); SIEGERT, Evangelium, 211; LIDDELL/SCOTT, Lexicon, 153: „*instead, in the place of*, [...] often to denote equivalence, [...] to denote exchange" (Hervorhebung im Original). Vgl. zum Problem der Übersetzung ausführlich EDWARDS, XAPIN, passim; DE LA POTTERIE, Vérité I, 142–149; HAENCHEN, Prolog, 132.

[380] BULTMANN, Johannes, 53 Anm. 1.

[381] THYEN, Johannesevangelium, 103f.

[382] Vgl. EDWARDS, XAPIN, 8.

[383] Entsprechende Interpretationen finden sich schon bei Cyrill, In Jo Ev, Lib. I, 101f; Origenes, Comm in Jo VI, 103–107 (PG 14,201–212); Theophylactus, Enarr in Jo I, 518f (PG 123,1161–1164). Die griechischen Kirchenväter interpretieren Vers 1,16 dann allerdings in dem Sinne, dass er die „Ersetzung" der Gnade des Alten Testaments durch die des Neuen ausgesage. Vgl. DE LA POTTERIE, Vérité I, 142–150; EDWARDS, XAPIN, 7; BARTH, Erklärung, 145; MOLONEY, Belief, 47f; LOADER, Law, 450.

[384] Vgl. SIEGERT, Evangelium, 211f.

[385] Vgl. LINDEMANN, Mose, 334: „Nicht von einem Gegensatz zwischen Gesetz und Gnade (bzw. Wahrheit) ist in Joh 1,17 die Rede, sondern von heilsgeschichtlicher Kontinuität – ausgehend freilich von der Voraussetzung, diese Kontinuität werde nur dort bewahrt, wo man erkennt, daß das Gesetz auf Jesus Christus verweist und umgekehrt nur von ihm her verstanden werden kann."

Übersetzung Thyens folgt und χάριν ἀντὶ χάριτος mit „Gnadengabe anstelle von Gnadengabe" wiedergibt.[386] Joh 1,17 qualifiziert also keineswegs das „Gesetz" des Mose ab, indem dieses in den Gegensatz zur in Jesus gewordenen Gnade und Wahrheit gestellt würde.[387] Eine negative Wertung des νόμος wäre im Rahmen der vorliegenden Argumentationsstruktur auch gar nicht möglich, da eine solche im Parallelismus zugleich eine Abwertung der mit dem νόμος verglichenen Gabe Jesu bedeuten würde. Als Vergleichs- und Bezugspunkt für die Gnade des in Jesus empfangenen Heils braucht Johannes vielmehr ein möglichst hochgeschätztes Gegenüber.[388] Tatsächlich ist die Bedeutung und Wertschätzung der Tora als Gnadengabe das als Konsens vorausgesetzte Element der vorliegenden Argumentation, mit dem – in Parallelsetzung – das Bekenntnis, aus und durch Jesus eine Gnadengabe zu empfangen, erst *begründet* wird. Die Tora, der νόμος, steht also keineswegs als unbarmherziges Gesetz der Gnade entgegen, sondern ist selber Gnadengabe. Beide Elemente aus 1,17 – die durch Mose gegebene Tora und die durch Jesus gewordene Gnade und Wahrheit – sind von Vers 16 her als *Gnade* charakterisiert.[389]

---

[386] Vgl. THYEN, Johannesevangelium, 104. Für die Übersetzung des ἀντί mit ‚anstatt' plädiert auch OBERMANN, Erfüllung, 53 inkl. Anm. 80, der beide Elemente der Wendung als „Gnadenhandeln Gottes" versteht.

[387] Schon K. Barth betont in seiner Johannes-Vorlesung: „Es scheint mir vor allem wichtig, festzustellen, daß irgendeine Disqualifizierung sei es des Mose, sei es des Gesetzes in diesem Sätzchen mit keiner Silbe stattfindet und daß, was nachher folgt: ‚die Gnade ...' diesem Sätzchen wiederum mit keiner Silbe adversativ gegenübergestellt wird." (BARTH, Erklärung, 151). Vgl. KRIENER, Glauben, 129 Anm. 264.

[388] Merkwürdigerweise findet sich in christlicher und speziell exegetischer Literatur immer wieder das Phänomen, dass das Christentum vor einer möglichst dunkel gezeichneten Hintergrundfolie charakterisiert wird, was offensichtlich dazu verhelfen soll, seine Eigenschaften umso heller erstrahlen zu lassen. J. HARTENSTEIN, Überlegungen, 363 beschreibt dieses Phänomen wie folgt: „Die schöne neue Botschaft hebt sich von einer Folie ab, die gar nicht unbedingt dunkel sein muss, aber jedenfalls weniger hell. In vielen [...] Fällen wird diese Folie erst bei der Interpretation produziert, immer dunkler gemalt und mit dem Judentum identifiziert". (Vgl. auch SCHALLER, Billerbecks Kommentar, 68–75 zu demselben Phänomen in Billerbecks Darstellung des Frühjudentums und in der Folge in weiten Teilen der neutestamentlichen Wissenschaft. S. auch a.a.O., 73 Anm. 40.) Dieses Bestreben ist auch in der Auslegung von Joh 1,16f (und vielen anderen Johannesstellen) zu beobachten: Um die durch und in Christus gewordene Gnadengabe hochschätzen zu können, meinen offensichtlich viele Kommentare deren Gegenüber, den jüdischen νόμος bzw. die Tora, möglichst stark abwerten zu müssen. M.E. ist es dagegen für die johanneische Argumentation um vieles sinnvoller, Jesus und seine Bedeutung anhand von möglichst positiv und hoch geschätzten Vergleichsgegenständen, Personen oder früheren „Modell"-Ereignissen zu erweisen als anhand von negativ besetzten Anti-Modellen. Vgl. zum ebenfalls nicht abwertend angeführten Mannawunder als Verstehenshilfe für die Person Jesu in Joh 6 AUGENSTEIN, Jesus, 178f Anm. 81.

[389] Diese Feststellung findet sich auch schon bei den oben aufgezählten Kirchenvätern sowie bei EDWARDS, XAPIN, 8; 10; AUGENSTEIN, Jesus, 171. Die enge Zusammengehö-

So wie die Tora durch (διά) Mose gegeben wurde, so sind Gnade und Wahrheit durch (διά) Jesus geworden, d.h. beide Personen werden gleichermaßen als Mittler verstanden, während das logische Subjekt beider Satzhälften Gott ist, von dem sowohl die erste als auch die zweite Gnadengabe kommt.[390] Dennoch besteht zwischen beiden Vershälften ein Unterschied. Dieser liegt in den Verben, mit denen das jeweilige Geschehen der Gnadenmitteilung bezeichnet wird: Die Tora wurde durch Mose *gegeben* (ἐδόθη), Gnade und Wahrheit sind durch Jesus Christus *geworden* (ἐγένετο). Die vereinzelt getroffene Schlussfolgerung, die Formulierung des Gegebenwerdens der Tora bedeute eine qualitative Abwertung gegenüber „gewordener" Gnade und Wahrheit,[391] lässt sich nicht begründen. Ihr ist mit K. Barth zu widersprechen: „Was liegt denn Abschätziges darin, daß das Gesetz ‚gegeben' wurde? Als ob nicht im Neuen Testament an so vielen Stellen auch vom Geben der Gnade die Rede wäre!"[392] Die Formulierung bedeutet kein negatives Werturteil, enthält aber weiterführende inhaltliche Implikationen. Wie R. Bultmann richtig bemerkt, entspricht die ungriechische Formulierung vom „Geben" der Tora der rabbinischen Rede vom מתן תורה.[393] Mit dieser Bezeichnung wird konkret die Offenbarung Gottes am Sinai mit der „Gabe" der Tora als Gottes Gabe per excellence bezeichnet.[394] Es scheint nahe liegend, dass diese Wendung in Joh 1,17 bewusst anklingt. Die Gnade, zu der das durch Jesus gewordene Heil parallel gesetzt wird, ist die Grundoffenbarung Gottes gegenüber seinem Volk am Sinai, die, wie oben gezeigt wurde, mit einer Gottesbegegnung von besonderer Qualität und Nähe einhergeht.[395]

---

rigkeit von Tora und Gnade und Wahrheit im jüdisch-biblischen Kontext (vgl. Ps 119; Ex 33,7–34,35), die z.B. THEOBALD, Fleischwerdung, 257 beschreibt, wird also von Johannes nicht auseinander gerissen, sondern bleibt vorausgesetzt (gegen THEOBALD, ebd.). Anders urteilt BECKER, Johannes I, 84: „Die Gnade ist nicht auf der Seite des Mose zu verbuchen."; vgl. BARRETT, Johannes, 194.

[390] Vgl. WENGST, Johannesevangelium I, 79 inkl. Anm. 75; DE LA POTTERIE, Vérité I, 157; JEREMIAS, Μωυσῆς, 877.

[391] So WEDER, Anliegen, 320; SCHNACKENBURG, Johannesevangelium I, 253; DE LA POTTERIE, Vérité I, 157.

[392] BARTH, Erklärung, 151. Vgl. WENGST, Johannesevangelium I, 79 Anm. 75.

[393] Vgl. BULTMANN, Johannes, 53 Anm. 3. Vgl. THEOBALD, Fleischwerdung, 258; SCHLATTER Johannes, 32. Eine bewusste Anspielung in 1,17 auf den מתן תורה wird noch wahrscheinlicher, wenn man bedenkt, dass Johannes in 10,35 durchaus auch vom *Werden* (ἐγένετο) des λόγος Gottes im Sinne der *Tora* sprechen kann.

[394] Vgl. u.a. MekhY Bachodesch 9 zu Ex 20,18; BerR 44,21; EkhaR Petichta 33,8; SifDev 343; 351. Vgl. auch Josephus, Ant 4,318; DE LA POTTERIE, Vérité I, 157; DERS., Vérité II, 687.

[395] Diese Parallelität wird durch einen weiteren bemerkenswerten Bezug zwischen Joh 1 und der rabbinischen Tradition bezüglich des Toraempfangs am Sinai gestützt: In Joh 1,51 antwortet Jesus Nathanael, der sich zu ihm bekannt hat: ὄψεσθε τὸν οὐρανὸν

Dass die Gottesoffenbarung in Jesus *anstelle* derjenigen in der Tora (und damit verbunden derjenigen am Sinai) steht, ist nicht – oder zumindest nicht in erster Linie – eine Aussage über die Tora, sondern gibt – und darauf zielt Johannes hin – eine Definition der Gnadengabe *Jesu*. Diese oft übersehene Zielrichtung der johanneischen Argumentation ist von großer Bedeutung für ihre Auslegung. Johannes zielt nicht darauf ab, die Bedeutung der Tora und des jüdischen Gottesglaubens an sich darzulegen oder zu diskutieren, sondern den „neuen" christlichen Glauben, den seine Gemeinde als tragend erlebt, für den sie aber auch angefeindet wird, zu erklären und zu rechtfertigen.[396] Die Tora und die mit ihr verbundene Gottesoffenbarung sind als bekannt vorausgesetzt. Sie bestimmen die Heilsgabe durch Jesus, die neu und deshalb noch unbekannt ist, näher, indem sie sie einordnen in die Offenbarungsgeschichte Gottes gegenüber Israel. Es ist derselbe „Logos", dasselbe Gnaden(!)-Wort Gottes, Gottes Heil für sein Volk (und den ganzen Kosmos), das durch Mose gegeben wurde und nun in einer neuen Form der Offenbarung durch Jesus (Fleisch) geworden ist. Die Erwähnung der Tora in 1,17 zeigt, wer Jesus ist: Er „ist selbst Thora, neue Thora".[397] Es besteht also zwischen den beiden Offenbarungen kein inhaltlicher oder qualitativer Unterschied.[398]

So „ist das ἀντί-Moment in 1,16b nicht als Gegensatz zu verstehen, bei dem eine Gnade durch eine andere abgelöst und ihr die Wirkmächtigkeit genommen wird, sondern als Fortschritt eines einzigen Gnadenhandelns, welches immer wieder in neuer Konkretion ergeht. In einem organischen Prozeß erwächst eine Konkretion aus einer vorherigen und stellt nun zwar gegenüber der früheren eine höhere Stufe der Konkretion dar (hier klingt das ἀντί-Motiv an), ohne jedoch die frühere Gnade in ihrer bleibenden Gültigkeit in Fra-

---

ἀνεῳγότα καὶ τοὺς ἀγγέλους τοῦ θεοῦ ἀναβαίνοντας καὶ καταβαίνοντας ἐπὶ τὸν υἱὸν τοῦ ἀνθρώπου. Das Motiv der eröffneten Verbindung von Himmel und Erde begegnet in PesK 12,11 in Bezug auf die Gabe der Tora: „Bevor die Tora gegeben war, [galt:] ‚Die Himmel sind die Himmel Jah's, die Erde aber usw.' (Ps 115,16). Aber seit die Tora aus dem Himmel gegeben wurde, [gilt]: ‚Und Mose stieg hinauf zu Gott.' (Ex 19,3) ‚Und Jah stieg hinab auf den Berg Sinai.' (Ex 19,20)."

[396] Er spricht somit in einem Kontext, in dem er die ungemeine Hochschätzung von Tora und Mose als bekannt – und verbreiteten Konsens – voraussetzen kann, während er die Stellung Jesu erst erweisen muss. Seine Aussagen zielen also, wenn überhaupt, dann erst in zweiter Linie auf eine Qualifikation des Mose und der Tora und in erster Linie auf die – erst zu erweisende – Berechtigung seines Bekenntnisses zu Jesus. Christliche Auslegung in einem Kontext, in dem die Hoheit Jesu grundlegender Konsens ist, ein Wissen über das jüdische Verständnis der Gabe der Tora aber oft nur marginal vorhanden ist, führt oft zu einer sehr verzerrten Perspektive auf die Textaussagen und v.a. die in ihnen enthaltenen Wertungen. Vgl. dazu HARTENSTEIN, Überlegungen, 361f.

[397] KITTEL, λέγω, 139.

[398] Vgl. GESE, Johannesprolog, 190. Anders HOFIUS, Schoß, 163, der meint, „daß das Heil Gottes (ἡ χάρις καὶ ἡ ἀλήθεια) einzig und allein in dem menschgewordenen Logos, d.h. in Jesus Christus beschlossen liegt".

ge zu stellen, auch wenn sie im Licht der neuen Gnade als eine vermeintlich schwächere erscheinen mag."[399]

Χάρις und ἀλήθεια in 1,17 sind als Hendiadyoin zu verstehen, das das Heil bezeichnet.[400] An vielen Stellen seines Evangeliums bringt Johannes zum Ausdruck, dass sich dieses Heil für ihn nicht von der Person Jesus Christus unterscheiden oder gar trennen lässt.[401] Nicht nur in den Ich-bin-Worten wird deutlich, dass Jesus selbst das heilbringende Leben *ist*. Dem entspricht auch die Formulierung vom „Werden" der Gnade und der Wahrheit in 1,17. In Jesus wird das Heil, das der Logos, das Gnadenwort Gottes bedeutet, Fleisch, wie es zuvor in 1,14 hieß. Ihm kann somit anders begegnet werden als in der Tora. Insofern bringt Jesus, so schließt 1,18 an, auf eine einzigartige Weise Kunde von Gott, den doch kein Mensch sehen kann. Denn in der Person des fleischgewordenen Logos kann diesem unsichtbaren Gott auch visuell begegnet werden. Und so kann der johanneische Jesus in 14,9 sagen: „Wer mich sieht, sieht den Vater".[402]

Die Gottesoffenbarung in Jesus zeichnet also aus, dass er zugleich selbst der Gnaden-Inhalt der Offenbarung ist, der in 1,17 als „Gnade und Wahrheit" bezeichnet wird. Auch wenn das zweifache διά in Vers 17 Jesus parallel zu Mose stellt, erscheint es mir angemessen, zu fragen, ob Jesus durch die Formulierung „die Gnade und die Wahrheit sind durch Jesus Christus *geworden*" nicht auch in eine Parallelität zum νόμος, zur Tora gesetzt wird.[403] Jesus selbst *ist*, was durch ihn wird: Heil. Mose dagegen ist

---

[399] OBERMANN, Erfüllung, 53.

[400] Dafür spricht der Singular des Verbs ἐγένετο. Vgl. BULTMANN, Johannes, 49f; HOFIUS, Schoß, 163 Anm. 3; SCHONEVELD, Thora, 45; DE LA POTTERIE, Vérité I, 139.

[401] Vgl. z.B. 14,6, wo Jesus sich selbst als ἀλήθεια bezeichnet, und die übrigen Ich-bin-Worte.

[402] Vgl. WEISS, Untersuchungen, 310f: „Die theologische Hauptfrage schließlich, was nämlich den Prolog des Johannesevangeliums dann überhaupt noch von den ihm zugrunde liegenden jüdischen Weisheits- bzw. Toraspekulationen unterscheidet, kann nur mit dem Hinweis auf Joh 1,14 beantwortet werden: Allein dieser Vers bzw. die hier gemachte Aussage, daß ‚das Wort Fleisch wurde', stellt *das* in jeder Beziehung neue und aus keiner der sachlich und historisch vorauszusetzenden religionsgeschichtlichen Erscheinungen abzuleitende Faktum dar." (Hervorhebung im Original).

[403] Die Parallelität von Jesus und Tora in Joh 1,17 wird unterstützt durch die Formulierung ὁ ὢν εἰς τὸν κόλπον τοῦ πατρὸς in Vers 18. Das Bild vom Sein im Schoß des Vaters findet sich bezogen auf die mit der Weisheit identifizierte Tora in einer Interpretation von Prov 8,30 in Aboth RN 31; vgl. auch die Parallelsetzung von λόγος und σοφία Gottes in Weish 9,1f.9. Vgl. HOFIUS, Schoß, 166ff; HÜBNER, Theologie, 157; STUHLMACHER, Theologie, 235; SCOTT, Sophia, 94–115. Zu fragen ist auch, ob die Doppeldeutigkeit der gesamten Aussagen über den λόγος im Joh-Prolog, die anhand der jüdischen Weisheitstradition, welche die Weisheit mit der Tora identifizieren kann, auch auf die Tora bezogen sein könnten, beabsichtigt ist. S. Sir 24,23–34; Bar 4,1–4 (vgl. URBACH, Sages I, 198; 287; WEISS, Untersuchungen, 289–294; ZUMSTEIN, Prolog, 117). Vgl. OBERMANN, Erfüllung, 383ff; LEE, Thought, 100ff; SIEGERT, Evangelium, 651f; BOR-

unterschieden von der Gnadengabe, die er vermittelt.[404] Die Tora dagegen, als das, was durch ihn gegeben wird, *ist* nach biblischer wie nachbiblischer jüdischer Vorstellung ebenfalls selbst das Heil, das sie in sich hat.

4.3.3.3 Leben in der Schrift und in Jesus – Joh 5,39–40

Joh 5,39 zitiert explizit die frühjüdische Vorstellung, nach der die Tora selbst Heil ist und Heil schenkt. Auf den Vorwurf Jesu in 5,37b, seine Gesprächspartner und -partnerinnen hätten nie Gottes Stimme gehört oder seine Gestalt gesehen, folgt in Vers 38f:

> Und sein Wort habt ihr nicht bleibend in euch, denn dem, den jener gesandt hat, diesem glaubt ihr nicht. Ihr erforscht die Schriften, weil ihr meint, in ihnen ewiges Leben zu haben. Und jene sind es, die von mir zeugen.

Nachdem in 5,37b in der Bezugnahme auf die Sinaioffenbarung die „Schriften" implizit schon Thema waren, werden sie nun ausdrücklich genannt. Jesu Satz „Ihr erforscht die Schriften, weil ihr meint, in ihnen ewiges Leben zu haben." (5,39) ist zunächst die sachlich konstatierende Beschreibung einer Überzeugung seiner Gegenüber: In den biblischen Schriften, und damit zuallererst in der Tora, glauben seine Gesprächspartner und -partnerinnen das Leben zu finden.

Die Formulierung „in ihnen ewiges Leben haben" (ἐν αὐταῖς ζωὴν αἰώνιον ἔχειν) lässt sich dabei nicht auf den Gedanken eines Gesetzesgehorsams mit entsprechender Lohnerwartung reduzieren. Die Beschäftigung mit der Tora ist hier nicht als Handlung verstanden, die dem von ihr unterschiedenen Zweck dient, dass die Forschenden in ihrer Folge – z.B. als Lohn – das Leben bekommen werden, sondern geschieht aus dem Glauben heraus, dass in den Schriften selbst das Leben zu finden ist. Zu der recht vielschichtigen Lehre des Frühjudentums, dass und inwiefern in der Tora Leben zu finden ist, und ihren beachtlichen Verbindungslinien zur johanneischen Soteriologie lohnt ein Exkurs.

GEN, Logos, passim. KITTEL, λέγω, 138 verweist auf den Wechsel zwischen דָּבָר und תּוֹרָה (bzw. LXX: λόγος und νόμος) in Ps 119 und bezeichnet die beiden Termini als „in vollem Sinn Wechselbegriffe". GESE, Johannesprolog, 182ff zeigt die alttestamentlich-zwischentestamentliche Verknüpfung der Weisheit mit dem heilsgeschichtlichen Offenbarungsgeschehen, insbesondere der Tora, unter Bezug auf Sir 24 auf. Dass ‚Logos' im Joh-Prolog als ‚Tora' zu verstehen ist, vertritt J. SCHONEVELD in seinem Aufsatz „Die Thora in Person". In Joh 10,35 wird die Tora ausdrücklich als λόγος Gottes bezeichnet.

[404] Vgl. MCGRATH, Christology, 156: „the Word *spoke* to Moses, but *became* Jesus. Or to paraphrase Johannine terminology, the Word *gave* revelation through Moses, but *appeared on the scene of human history* as the human being Jesus. [...] the one whom Moses revealed has now appeared on the scene of human history as a human being, Jesus Christ". (Hervorhebungen im Original).

Exkurs: Leben in der Tora nach frühjüdischer Vorstellung und die johanneische Rede vom Leben in Jesus

Die Vorstellung, dass Menschen in der oder durch die Tora Leben finden bzw. von ihr zum Leben geführt werden, ist in allen Schichten der frühen rabbinischen Literatur belegt.[405] Auch wenn an diversen Stellen davon die Rede ist, dass das Tun, Halten und Bewahren einzelner Gebote zum Leben führt,[406] lässt sich die Funktion der Tora nicht einfach in das System eines Vergeltungsglaubens einfügen und auf die eines Gesetzbuches reduzieren. Die rabbinischen Vorstellungen von der Heilsbedeutung der Tora lassen sich überhaupt nicht in ein einheitliches System zwängen.[407] Überlieferungen, die einen Gesetzesgehorsam mit Lohngedanken implizieren, stehen neben solchen, die nicht das Befolgen von Einzelgesetzen, sondern das Studium der Tora als Weg zum Leben nennen.[408] Vielfach erscheint die

---

[405] Vgl. AVEMARIE, Tora 382f. Zum gesamten Exkurs vgl. AVEMARIE, a.a.O., passim, besonders 376–445.

[406] Die Vorstellung, dass im Befolgen der Gebote Gottes Leben liegt, ist biblisch. Vgl. neben vielen anderen Beispielen Lev 18,5; Dtn 4,1; 8,1; 30,15–20. Rabbinisch findet sich der Gedanke z.b. tShab 15(16),17; Sifra zu Lev 18,5.

[407] Ein solches System wurde in der Forschung immer wieder postuliert. Nur zwei Beispiele seien hier äußerst knapp skizziert. P. BILLERBECK beschreibt das „soteriologische System der alten Synagoge" (Kommentar IV.1, 3) als „Lohnlehre" (Kommentar IV.1, 484 u.ö.), bei der das „zahlen- u. wertmäßige Verhältnis, das zwischen Verdienst u. Schuld besteht, [...] den jeweiligen Gerechtigkeitsstand des Menschen vor Gott" ergibt (Kommentar IV.1, 5). Die „altjüdische Religion" sei daher „eine Religion völligster Selbsterlösung" (Kommentar IV.1, 6). E.P. Sanders dagegen bestreitet, dass der – durchaus vorhandene – Vergeltungsgedanke die Heilsteilhabe bedingt, die allein an die Zugehörigkeit zu Israel gebunden sei, also auf Erwählung basiert (SANDERS, Paulus, passim, z.B. 138). In dem von Sanders angenommenen „covenantal nomism" („Bundesnomismus"; DERS., Judaism, 262–275) geht es um das „‚getting in and staying in' the people of God", also den Gottesbund mit Israel (DERS., Judaism, 262). Sein Verständnis der „Gesamtstruktur der rabb. Religion" (DERS., Paulus, 170), nach dem es für die Israeliten v.a. um die sich im guten Willen und der Absicht der Gebotserfüllung manifestierende Anerkennung Gottes und seines Bundes geht, fasst SANDERS, Paulus, 170 zusammen: „In seiner Rolle als König gab Gott Israel Gebote, die es so gut wie möglich halten soll. Gehorsam wird belohnt und Ungehorsam bestraft. Im Falle des Ungehorsams hat man jedoch Zugang zu von Gott verordneten Sühnmitteln, die sämtlich Buße voraussetzen. Solange wie jemand an seinem Wunsch festhält, innerhalb des Bundes zu bleiben, hat er Anteil an den Bundesverheißungen, einschließlich des Lebens in der zukünftigen Welt. Gehorsamsvorsatz und -anstrengung sind die *Bedingungen für das Verbleiben im Bund*, sie *erwerben* es aber nicht." (Hervorhebungen im Original). Eine ausführliche und differenzierte Darstellung und Kritik der Ansätze von Billerbeck und Sanders finden sich bei AVEMARIE, Tora, 16–19; 34–44. Vgl. weiterhin den Aufsatz von AVEMARIE mit dem aussagekräftigen Titel „Erwählung und Vergeltung. Zur optionalen Struktur rabbinischer Soteriologie". Zu weiteren Positionen und der Forschungsgeschichte zur rabbinischen „Soteriologie" vgl. AVEMARIE, Tora, 11–49.

[408] Vgl. SifDev 48; mAv 2,7; CN Dtn 4,4 u.a.; ferner AVEMARIE, Tora, 399–418.

Tora als aktive Heilsmittlerin, die selbst das Leben gibt.[409] Wiederholt findet sich die Aussage: „Die Worte der Tora sind Leben für die Welt" bzw. „Die Worte der Tora bringen Leben in die Welt".[410] Ein Rabbi (sc. Jehuda ha-Nasi) zugeschriebener Ausspruch in yBer 7,1 geht noch weiter, indem er die Tora direkt mit dem (ewigen) Leben identifiziert:[411]

Rabbi sagt: Wenn einer, nachdem er gegessen und sich gesättigt hat, einen Segen sprechen muss, (sollte er es dann) nicht erst recht, wenn er zu essen begehrt?

Bis jetzt (ist nur bewiesen, dass die) Speise (vorher und nachher einen Segen erfordert). (Wie lässt sich dies auch für) die Tora (beweisen)?

Wenn die Speise, die nur Leben der Stunde (חיי שעה) ist, vorher und nachher einen Segen erfordert, (erfordert) die Tora, die ewiges Leben ist (תורה שהיא חיי עד), (dies dann) nicht erst recht?

Dass der Talmud ohne weitere Erläuterung selbstverständlich davon sprechen kann, dass die Tora das ewige Leben ist, und dies sogar als Beweis innerhalb einer Argumentation anführt, setzt eine gewisse Bekanntheit und Konsensfähigkeit dieser Vorstellung voraus. Auch wenn in der unmittelbaren Gleichsetzung der Tora mit dem Leben eine elliptische Ausdrucksweise vorliegt, kann davon ausgegangen werden, dass diese Formulierung doch mehr will, als nur

„Wortballast [...] eliminieren: Tora und Leben werden in diesen Formulierungen, die ja nichts Geringeres besagen als beider Identität, so eng miteinander verbunden, daß jeder Gedanke einer Mittelbarkeit ausgeschlossen wird. Wer die Tora hat, hat das Leben, er hat es in und mit ihr, hier und jetzt."[412]

Auf die Nähe dieses Vorstellungshorizonts zu johanneischer Rede von Jesus, insbesondere zu Joh 5,24f und den Ich-bin-Worten 11,25 und 14,6 braucht kaum hingewiesen zu werden. Auch andere Metaphern, die sich in den johanneischen ἐγώ εἰμι-Worten finden, wie ‚Brot' und ‚Licht', können die Rabbinen auf die Tora anwenden.[413]

---

[409] Vgl. AVEMARIE, Tora, 376–445, besonders 381ff.

[410] tSot 7,11; MekhSh Jithro zu Ex 19,18; SifDev 48; 343. Ähnliche Formulierungen liegen in SifBam 119 und WaR 1,11 (in Bezug auf Israel) vor. MekhY Wayassa 1 zu Ex 15,26 bezeichnet die Worte der Tora als „Leben für euch", SifDev 306 als „Leben für dich". Vgl. ferner WaR 30,2; PesK 12,5; SifDev 45 (die Worte der Tora werden mit einer „Medizin des Lebens" [סם חיים] verglichen). Zu all diesen Texten s. die ausführliche Erklärung bei AVEMARIE, Tora.

[411] yBer 7,1/10 (11a). Die Übersetzung dieser Stelle samt Ergänzungen ist AVEMARIE, Tora, 395 entnommen. Vgl. dazu ebd., 395ff. Dass die Tora „in ihrer Ganzheit Leben ist", formuliert auch ShemR 41,4.

[412] AVEMARIE, Tora, 401.

[413] Vgl. BerR 43,6; PesK 27,1; SifBam 41; SifZ zu Num 6,25 und die weiteren bei AVEMARIE, Tora, 400 angeführten Beispiele. Vgl. zu der johanneischen Übertragung jüdischer Bezeichnungen und Bilder für die Tora auf Jesus ferner GLASSON, Moses, 86–94; EDWARDS, XAPIN, 9.

Eine frappierende Nähe zur johanneischen Soteriologie ist auch in rabbinischen Vorstellungen von der Unverfügbarkeit des Lebensempfangs aus der Tora einerseits und einer Notwendigkeit der persönlichen aktiven Annahme der Tora andererseits festzustellen. Die Tora wird Israel (und der Welt)[414] als ein Geschenk gegeben. Dennoch fordern die rabbinischen Lehrer zum Studium der Tora auf, durch das der Mensch ihrer Heilsgabe, des Lebens, teilhaftig wird. Trotz des Geschenkcharakters des Heils spielt also das rechte Verhältnis der Einzelnen gegenüber diesem Geschenk und dem Heilsträger Tora eine entscheidende Rolle.[415] Wer sich dem Heilsempfang aus der Tora verweigert, wer sich also von der Tora abwendet und ihr Studium vernachlässigt, bringt sich damit um das in ihr gegebene Leben und liefert sich dem Tod aus.

„Wenn der Mensch im Festhalten an der Tora das Leben gewinnt, so muß es für ihn den Tod bedeuten, wenn er sich von ihr abwendet; das ist die natürliche Kehrseite. Gibt nun, rabbinischer Redeweise entsprechend, anstelle einer übergeordneten Vergeltungsinstanz die Tora selbst dem Gehorsamen das Leben, so bedarf es umgekehrt auch zur Ahndung des Ungehorsams keiner solchen übergeordneten Instanz. Wirkt die Tora selbst das Leben, so liegt schon in der Trennung von ihr auch die Abkehr vom Leben und damit der Tod – das ist die eine Möglichkeit, jene Kehrseite auf den Begriff zu bringen; die andere ist: Wenn die Tora das Leben gibt, so kann sie auch den Tod herbeiführen."[416]

Wiederum sind die Parallelen zur johanneischen Forderung des Glaubens an Jesus kaum zu übersehen. Auch das in Jesus mitgeteilte Leben ist unverfügbare Gabe des Vaters.[417] Ob die Begegnung mit Jesus für den einzelnen Menschen jedoch Heil oder Unheil, Leben oder Tod bedeutet, entscheidet sich an seinem Verhältnis zu Jesus. Nur im glaubenden Hören auf sein Wort, in der Aufnahme des Logos und dem Bekenntnis zu seiner Gottessohnschaft empfangen die Glaubenden das Leben, während die Verweigerung des Glaubens und des Gehorsams Jesus gegenüber unweigerlich das Verbleiben im Tode mit sich bringt – und mit sich bringen muss, da es

---

[414] Darüber, ob die Tora auch den Heiden und Heidinnen gilt und sie zu ihrer Bewahrung eingeladen sind, herrscht innerhalb der rabbinischen Überlieferung Uneinigkeit; vgl. AVEMARIE, Tora, 488–501. Dass die Tora auch den außerisraelitischen Völkern zum Heil dient, ist z.B. in SifDev 48 (die Welt wurde mit Hilfe der Tora erschaffen) und MekhY Bachodesch 1 zu Ex 19,2 (jeder Mensch, ausdrücklich auch aus den Völkern, ist eingeladen, die Tora anzunehmen) vorausgesetzt. Dagegen ist die Tora laut WaR 1,11 nur für Israel Leben, für die Völker aber eine Medizin des Todes (סם המות). Allerdings lässt sich die tödliche Wirkung der Tora für die Völkerwelt auch im Sinne ihrer grundsätzlichen und auch für Israel geltenden (vgl. im Folgenden) Kehrseite verstehen und in ihrer Nichtannahme begründen.

[415] Vgl. AVEMARIE, Tora, 402.

[416] AVEMARIE, Tora, 430f. Vgl. z.B. SifDev 306: „Wenn du die Worte der Tora nicht um ihretwillen getan hast, töten sie dich."

[417] Vgl. z.B. Joh 6,44; 17,6.

eben *nur* im Kommen zu Jesus und im Bleiben bei ihm Leben gibt.[418] Auch im Johannesevangelium handelt es sich bei dem aus der Ablehnung Jesu resultierenden Tod also um die unweigerliche Kehrseite dessen, dass Jesus das Leben ist.

In yBer 7,1 wird, wie oben gesehen, die Tora als „ewiges Leben" bezeichnet. Im Blick auf das Gesamtspektrum der rabbinischen Aussagen vom Leben der Tora kann eine rein zukünftige Jenseitigkeit dieses Lebens jedoch klar verneint werden. Vielmehr hat das in der Tora zu findende Leben doppelten Charakter. SifBam 119 formuliert ausdrücklich, dass die Tora den Menschen zum „Leben dieser Welt und zum Leben der kommenden Welt" führt.[419] Irdisches Leben und irdischer Segen sind also aus dem Leben, das die Tora schenkt, keinesfalls ausgenommen.

> „Was aber ist das diesseitige Leben, das die Haggada neben dem ewigen als Gabe der Tora verheißt? Daß es nicht einfach das geschöpfliche Dasein des Menschen zwischen Geburt und Tod sein kann, liegt auf der Hand. [...] Es ist Leben, das das alltägliche Dasein übersteigt, von diesem unterschiedenes eigentliches Leben."[420]

Allgemein gilt, dass „Leben" in der rabbinischen Literatur in einem umfassenden Sinne als das zu verstehen ist, was von der christlichen Theologie als „Heil" bezeichnet wird:

> „Das in den frühen rabbinischen Schriften wohl am häufigsten gebrauchte Wort, das in umfassendem Sinne ‚Heil' zum Ausdruck bringt, ist ‚Leben' – womit die leiblich-irdische Existenz des Menschen und sein diesseitiges Wohlergehen ebenso gemeint sein können wie sein paradiesisches Weiterleben nach der Totenauferstehung und seine Teilhabe an der kommenden Welt."[421]

Der Zuspruch des unmittelbar gegenwärtigen Empfangs dieses Heilsguts steht neben seiner Verheißung für die kommende Ewigkeit und wird mit ihr verschränkt. Einmal mehr steht diese Gedankenkonstruktion bis ins Detail in Parallelität zur johanneischen Rede vom ewigen Leben in Joh 5,24f.28 und der Verschränkung des gegenwärtigen Lebensempfangs „jetzt" und dem für die „kommende Stunde" verheißenen.[422]

Zusammenfassend sei festgehalten, dass die Tora in der rabbinischen Überlieferung jenseits eines Vergeltungssystems oder einer einheitlichen systematischen Zuordnung von menschlicher Aktivität und unverfügbarer Heilsgabe als unmittelbare Mittlerin, Quelle und Spenderin des Lebens verstanden wird. Ohne einer weiteren übergeordneten Instanz zu bedürfen und weit umfassender als nur als formales Kriterium gewährt die Tora de-

---

[418] Vgl. Joh 3,18; 5,24.

[419] Zu diesem Text vgl. AVEMARIE, Tora, 391ff.

[420] AVEMARIE, Tora, 379.

[421] AVEMARIE, Tora, 2. Das gleiche gilt für ζωή im Neuen Testament.

[422] Vgl. oben III.4.2.2.

nen, die sich ihr – v.a. im Studium – zuwenden, das Leben, das so unbedingt zu ihr gehört, dass sie mit ihm identifiziert werden kann. Bei diesem Leben handelt es sich um eine über bloßes geschöpfliches Dasein hinausgehende Heilsgabe, die unmittelbar im Hier und Jetzt empfangen wird und zugleich als ewiges Leben der kommenden Welt über diese Weltzeit hinausreicht. Als Kehrseite dieser Lebensgabe bedeutet die Verweigerung der Tora gegenüber den Tod.

***

Die johanneische Aussage gegenüber der jüdischen Gemeinde in Form der fiktiven Konfliktpartner Jesu in Joh 5,39 – „Ihr erforscht die Schriften, weil ihr meint, in ihnen ewiges Leben zu haben" – ist, wie der Exkurs gezeigt hat, für die frühjüdische Vorstellungswelt zutreffend. Zumal da das Lexem ἐραυνᾶν dem hebräischen דרש entspricht, das im Rabbinischen das Erforschen und Studieren der Tora bezeichnet. Der johanneische Satz in 5,39 ist also die zunächst neutrale – und richtige! – Feststellung einer Tatsache, in der noch keine Polemik liegt. Der Sachverhalt wird nicht bestritten oder angegriffen. Tatsächlich behauptet der Evangelist nirgendwo, dass die Überzeugung „der Juden", in den Schriften sei das Leben zu finden, einen Irrtum darstellt.[423] Allerdings stellt der johanneische Jesus im zweiten Teil des Verses die Schriften sowie die an diese gerichteten Erwartungen in einen bestimmten Zusammenhang mit sich selbst: „Und jene sind es, die von mir zeugen." Und darauf folgt in Vers 40 (aber eben erst hier!) eine polemisch-vorwurfsvolle Schlussfolgerung: „Und ihr wollt nicht zu mir kommen, damit ihr Leben habt."

Mit „Und jene sind es, die von mir zeugen." in Vers 39 wird das Zeugnismotiv aus den Versen 31–35 wieder aufgegriffen. In die Reihe der Zeugen für Jesus gehören demnach nach dem Täufer, Jesu Werken und Gott selbst auch die Schriften Israels, aus denen die jüdische Gemeinde das Leben empfängt. Wie aber ist das Verhältnis Jesu zu den Schriften Israels in Bezug auf die Gabe des Lebens gedacht? Dass Jesus in höchster Vollmacht über das Leben verfügt und es denen, die seine Stimme hörend annehmen, gibt, war das Thema der Verse 5,21–29 und gehört somit zu den Werken, die für ihn zeugen. Dieses Leben ist genau das, was seine Gegenüber in der Tora suchen (und finden).[424] Darauf wird in Joh 5,40 wieder explizit Bezug

---

[423] Das hat schon M. Luther in seiner Predigt über Joh 5,39–43 gesehen (WA 51, 1f). Vgl. KLAPPERT, Mose, 627; EDWARDS, XAPIN, 9; WENGST, Johannesevangelium I, 220; BARTH, Erklärung, 294f; AUGENSTEIN, Jesus, 163 inkl. Anm. 20. Gegen GLASSON, Moses, 90; BETZ, φωνή, 290; KRAUS, Johannes, 7; HOFIUS, Schoß, 170 Anm. 51; SÄNGER, Von mir, 125; BECKER, Johannes I, 256; PANCARO, Law, 227f.

[424] Im Johannesevangelium bezeichnet ζωή (oft mit dem Zusatz αἰώνιος) im Gegensatz zu ψυχή als leiblich-irdischem Leben, das verloren und hingegeben werden kann (10,11.15.17; 12,25; 15,13), ein über dieses weit hinausreichendes wahres und eigentli-

genommen: Die Leserinnen und Leser des Johannes wissen bereits, dass, wer – glaubend – zu Jesus kommt, das Leben empfängt. Formuliert ist hier allerdings ein direkter Vorwurf an Jesu fiktive Gesprächspartner: Obwohl sie bei ihm das Leben haben könnten, „wollen" sie nicht zu ihm kommen. Für Johannes steht fest, dass der Weg für einen Menschen, der das Leben haben will, zu Jesus führen muss. Dass die jüdischen Gegenüber Jesu stattdessen weiterhin in den Schriften forschen, bewertet er als eine Entscheidung gegen Jesus: „Ihr *wollt* nicht zu mir kommen".[425]

Eine solche kann aber nur dann vorliegen, wenn das Wissen um die Möglichkeit des Lebensempfangs durch Jesus gegeben ist. Und nach der Textstruktur kann dieses Wissen nur dem Zeugnis der Schriften selbst für Jesus entstammen. Inwiefern aber zeugen die Schriften von Jesus und wie ist dieses Zeugnis zu verstehen?

4.3.3.4 Das Zeugnis der Schriften und des Mose für Jesus

Es ist zu kurz gegriffen, für das Zeugnis der Schriften für Jesus nach Joh 5,39 ausschließlich auf einzelne alttestamentliche Verheißungen zu rekurrieren, die im Kommen des Messias Jesus ihre Erfüllung finden,[426] obwohl

---

ches Leben, das sich in einer ungebrochenen Gottesnähe und -beziehung ausdrückt (17,3) und das der Tod nicht zu berühren vermag (11,25f). Vgl. BULTMANN, ζάω, 872. Zu Recht lehnen z.B. VAN HARTINGSVELD, Eschatologie, 47–50 und THYEN, Johannesevangelium, 314f die Unterscheidung zwischen „geistigem" und „leiblichem" Tod ab, die manchmal in Bezug auf die in Joh 5,24f Gemeinten gemacht wird. Die ζωή, die Jesus als der Sohn denen gibt, die seine Stimme hören, ist nicht etwa ein „Auferstehen aus dem Tode in Sünden und Gesetzesübertretungen zum Leben in Reinheit und Wahrheit; nicht [...] die Bekehrung von den heidnischen Ungerechtigkeiten zu den christlichen Tugenden" (VAN HARTINGSVELD, Eschatologie, 50). Sie ist ewiges Leben, das völlig jenseits der Grenzen von leiblichem Leben und Tod schon gegenwärtig hier und jetzt in der Begegnung mit Jesu beginnt, jedoch den ganzen Menschen in jeder Dimension seiner Existenz umfasst und nicht spiritualisiert oder nur auf einen Teil des menschlichen Daseins – etwa seinen Geist oder seine Lebensführung – beschränkt werden kann. Vgl. BULTMANN, ζάω, 873. Das durch und in Jesus geschenkte Leben ist ein gegenwärtig zu empfangendes, das zukünftig bleiben wird. Vgl. BULTMANN, ζάω, 872. Wie der rabbinische so meint auch den johanneische Lebensbegriff ein „Leben, das das alltägliche Dasein übersteigt, von diesem unterschiedenes eigentliches Leben" (AVEMARIE, Tora, 379), das gegenwärtig gegeben wird und bleibt. Vgl. zum Lebensbegriff im Johannesevangelium auch VAN DER WATT, Familiy, 201–203 und den Exkurs bei SCHNACKENBURG, Johannesevangelium II, 434–445.

[425] Allerdings weist OBERMANN, Erfüllung, 373 Anm. 25 zu Recht darauf hin, dass in dieser Wendung nach johanneischem Verständnis nicht eine menschliche Möglichkeit zur Sprache kommt, da das „‚Zu Jesus-Kommen' ein Ausdruck des ‚Zum-Glauben-Kommens' ist, dem im Joh konstitutiv ein theonomes Moment zukommt".

[426] Vgl. dazu ausführlich und pointiert THYEN, Johannesevangelium, 329. THYEN, ebd. gegen W. Bauer: „Die ‚Schrift' ist für Johannes keinesfalls nur ‚eine Sammlung von Weissagungen auf Jesus Christus', sondern von ihrem ersten bis zu ihrem letzten Wort

auch auf solche plausibel verwiesen werden kann. So bietet sich z.B. Dtn 18,18 als Hintergrund von Joh 5,46.47 an („Einen Propheten wie dich werde ich ihnen aus der Mitte ihrer Brüder erstehen lassen. Und ich werde meine Worte in seinen Mund geben, und er wird zu ihnen alles reden, was ich ihm gebieten werde.").[427] Zudem wurde schon dargelegt, dass Johannes wiederholt von der „Erfüllung" bestimmter alttestamentlicher Texte im Christusgeschehen spricht.[428] Durchaus können also einzelne Passagen aus der heiligen Schrift Israels Aspekte der johanneischen Christusverkündigung erhellen. Im Kontext von 5,39 scheint die Tora aber mehr zu sein als nur ein „pedagogical tool used by God to prepare his people to accept Christ as his Son and the Revealer".[429] Vom Jesus-Zeugnis der Schriften ist die Rede im unmittelbaren Kontext von Aussagen über das von Jesus gegebene Leben und den jüdischen Glauben an die Leben gebende Tora. In diesem Kontext und aus ihm heraus will auch die Zeugenschaft der Schriften verstanden werden.

In oben stehendem Exkurs wurde aufgezeigt, wie nah die Rede der Rabbinen vom Leben in der Tora der johanneischen Rede vom Gottessohn und Logos Jesus kommt.[430] Jesus hat, gibt und ist für Johannes in eben dem Sinne das Leben wie die Tora für das rabbinische Judentum.[431]

„Im Neuen Testament wird die Aufgabe der Tora als Bringerin des Lebens [...] weithin von Jesus, dem Messias und Sohn Gottes, übernommen – und es ist sicher nicht von ungefähr, daß diejenige Schrift, die davon am nachdrücklichsten zeugt, Christus als das fleischgewordene Gotteswort bekennt".[432]

Das Leben spendende Gotteswort, das dem jüdischen Volk in der Tora gegeben ist,[433] ist für Johannes in Jesus von Nazareth Mensch geworden.

---

die Erzählung der Geschichte Gottes mit seinem Volk Israel." Zu kurz greifen insofern auch die Deutungen von GLASSON, Moses, 90ff; BETZ, φωνή, 290.

[427] Vgl. HENGEL, Schriftauslegung, 268. BOWMAN, Identity, 55 dagegen, der Jesus von seiner Interpretation der Begegnung mit den Samaritanerinnen und Samaritanern in Joh 4 her als den seiner Überzeugung nach von den Samaritanern erwarteten Josua redivivus versteht, bezieht Joh 5,46 auf Ex 17,14 LXX.

[428] Z.B. Joh 12,37f; 19,24.28. Vgl. dazu auch FREY, Heil, 487.

[429] PANCARO, Law, 526.

[430] Vgl. AVEMARIE, Tora, 404 Anm.30.

[431] Vgl. MCGRATH, Christology, 153f: „John presents Jesus as the embodiment, as the appearance in human history, of that which ‚the Jews' claimed was to be found in Torah, namely Wisdom and light." Ferner GLASSON, Moses, 87f, der mit seinen Beobachtungen allerdings eine Abwertung des Judentums verbindet, vgl. a.a.O., 88 u.ö.

[432] AVEMARIE, Tora, 376.

[433] BLANK, Krisis, 206 bemerkt zu Joh 5,37ff: „In sachlicher Hinsicht ist hier der Anspruch des Alten Testamentes, Gottes Wort zu sein, so ernst genommen, wie er nur ernst genommen werden kann." Die Schlussfolgerungen, die er jedoch aus dieser an sich richtigen Beobachtung zieht – „die Juden" würden dafür getadelt, dass die Schrift für sie v.a. „die Urkunde der eigenen religiösen und volksgeschichtlichen Begründung, des ‚Ruhmes

Es hat eine andere, neue Gestalt angenommen, ist jedoch dasselbe Wort des einen Gottes geblieben und weist nach wie vor dieselben – schöpferischen, heil- und lebenbringenden – Eigenschaften auf.[434]

Dass die heilvolle Offenbarung Gottes in der Menschwerdung seines Logos in Parallelität mit der Gabe der Tora am Sinai steht, wurde bereits in den Versen 1,16f im Prolog des Evangeliums deutlich. Zudem erweist Joh 10,35, dass Johannes auch die Tora als λόγος Gottes verstehen und bezeichnen kann.[435] In 5,37–40 wird die Parallelität der beiden Offenbarungen noch einmal entfaltet und zwar konkret im Bezug auf die Heilsmittlerschaft des Gotteswortes Tora und des Gotteswortes Jesus. Die Qualität der Schrift Israels, Mittlerin und Quelle des Lebens zu sein, ist die Qualität Jesu. Das Heilsgeschehen des Sinaibundes und des Toraempfangs ist somit auch für die johanneische Gemeinde von bleibender Gültigkeit, jedoch wird es verkörpert im menschgewordenen Gotteswort Jesus.

Die Frage, warum – wenn doch die Selbstmitteilung Gottes in Jesus der in der Gabe der Tora entspricht – ein neues Heilsereignis und die Offenbarung in Jesus überhaupt nötig waren, scheint sich dem Evangelisten, für den die Wirkmächtigkeit des Auferstandenen Erfahrung war, nicht gestellt zu haben. Allerdings lässt sich sagen, dass dieses neue Heilsgeschehen – die Inkarnation des Gotteswortes in Jesus, sein Leben, Wirken, Sterben und Auferstehen – für die christliche Gemeinde des Johannes, die aus Juden *und* Heiden besteht, an die Stelle des für Israel grundlegenden Heilsgeschehens des Sinaibundes mit der Toragabe tritt.[436] Das neue Heilsereignis der Inkarnation des Logos ist also für die johanneische Gemeinde nötig, weil es diese erst konstituiert. Gleichzeitig aber legt Johannes Wert darauf, die Identität des Vaters Jesu als des Gottes Israels ebenso wie die Einheit seines einen Wortes, das in der Tora und in Jesus von Nazareth mitgeteilt wird, zu zeigen. Und zumindest für den judenchristlichen Teil seiner Gemeinde erschließt der Evangelist die Stellung und Bedeutung Jesu anhand des Vergleiches mit der Tora: Das ihr Gottesverhältnis konstituierende Heilsgeschehen der Inkarnation, des Lebens und Sterbens Jesu tritt für die johanneische Gemeinde an *die Stelle* (vgl. 1,16f) des das Bun-

---

Israels' [...] und somit eine religiöse Selbstbestätigung" sei, und sie wollten „aus der Schrift primär erfahren, was sie selber sind (ihr Selbstverständnis), nicht, was ihnen Gott zu sagen hat" –, entbehren jedes Anhaltspunktes im johanneischen Text.

[434] Vgl. HENGEL, Schriftauslegung, 270. Vgl. zur Schöpfungsmittlerschaft der Tora z.B. mAv 3,15; BerR 1,1.4; PesK 12,24. Vgl. zur Tora als Schöpfungsmittlerin bei den Rabbinen URBACH, Sages I, 198–202; WEISS, Untersuchungen, 283–304.

[435] Vgl. HENGEL, Schriftauslegung, 262f. Gegen HOFIUS, Schoß, 171 Anm. 55.

[436] Vgl. auch unten zu Pessach VI.4–5. Ähnlich fasst N. Walter die Bedeutung des Christusgeschehens für Matthäus: „Nur dieses neue Heilsgeschehen kann ja für (Heiden-) Christen, für die sich mit dem Exodus Israels aus Ägypten keine Heilsbedeutung verbindet, bedeutsam werden." (WALTER, Problematik, 352).

desverhältnis Israels begründenden Toraempfangs, ohne diesen zu verdrängen oder zu entkräften.

Die ‚Schrift' zeugt also von Jesus, indem sie den Kundigen ‚beweist', dass und wie im Wort Gottes Leben zu finden ist. Wer weiß, wie es sich mit dem Leben in der Tora – als offenbartem Gotteswort – verhält, kann – so die Überzeugung des Evangelisten – auch nachvollziehen, wie Jesus als der fleischgewordene Logos das Leben in sich hat und aus sich heraus gibt.[437] Die Schrift zeugt in Ganzheitlichkeit von Jesus, indem in ihr gegeben ist, was die johanneische Gemeinde in Jesus findet.

Grundsätzlich wird die Überzeugung der Gegenüber Jesu, die in den Schriften das Leben zu finden meinen, also bestätigt. Und zwar nicht nur insofern sie die Tora als Weissagung auf Christus hin lesen, sondern in einem in den Eigenschaften und dem Eigenwert der Tora selbst begründeten Sinne.[438] *Cum grano salis* lässt sich sagen, dass laut Johannes in Jesus ein zweiter מתן תורה geschieht, der der ursprünglichen Mitteilung des Gotteswortes am Sinai inhaltlich wie qualitativ entspricht.

Schon im Prolog als der Logos Gottes eingeführt, wird Jesus im vierten Evangelium wiederholt (vgl. 1,14–18) in Bezug zur Gottesoffenbarung am Sinai und dem Offenbarungs- und Toramittler Mose gesetzt und bekommt die Attribute und Qualitäten zugesprochen, die im jüdischen Umfeld der johanneischen Gemeinde der Tora gelten. All diese Bezüge laufen zusammen in Joh 5,37b–39.45–47 als einem Teil der Jesusrede 5,19–47, in der es grundlegend um die Legitimation Jesu geht und also um die Frage, wer er ist. In einem dichten Netz von Anspielungen auf die Sinaioffenbarung und die Schriften Israels, in denen sich die Heilsgeschichte manifestiert, wird hier einmal mehr gezeigt, dass Jesus das Israel vom Vater gesandte Gotteswort in Person ist. Das, was nach jüdischem – von Johannes nicht kritisiertem! – Glauben im Gotteswort Tora zu finden ist, nämlich umfassendes Heil, *das* ist nun im Gotteswort – im Logos – Jesus von Nazareth Mensch und Person, der begegnet, die gehört und gesehen werden kann. Wer Jesus ist und was er vermittelt, das versucht Johannes zu erweisen anhand bekannter Kategorien, nämlich der Träger der Heilshoffnungen Israels: der Tora und ihres Mittlers Mose. Zwar steht Jesus in gewisser Weise auch parallel zu Mose, weil sie beide als Mittler des Heils fungieren (1,17),

---

[437] Wichtig ist diese Reihenfolge: Die *Schriften* zeugen von *Jesus* (entsprechend auch in 5,46f: der Glaube an Moses Schriften verhilft zum Christusglauben). Der oft gezogene Rückschluss, dass, wer nicht an Jesu glaube, die Schriften und ihr Gotteszeugnis verkenne (vgl. z.B. THEOBALD, Schriftzitate, 363), findet sich zwar ähnlich in anderer Stelle auch im Evangelium, geht an dieser Stelle aber zu weit, indem er die johanneische Denkfolge von der Schrift zu Jesus umkehrt.

[438] Die Tora hat also nicht „a purely prophetic or pedagogical function" (PANCARO, Law, 539). Vgl. auch KRAUS, Johannes, 20; THEOBALD, Schriftzitate, 363f.

doch ist Jesus zugleich selbst die Heilsgabe, die Leben schenkt, wie bisher die Tora.

Die Gegenüber Jesu haben also im Prinzip Recht, wenn sie in der Schrift das Leben zu finden meinen. Nach johanneischem Verständnis (5,40) müssten sie jedoch das Wort, das sie bisher in der Tora hatten, nun in Jesus erkennen. S. Pancaro konstatiert als „insoluble dilemma" des johanneischen Verhältnisses zur Tora, dass „Jn dissociates himself from the Law and yet is closer to the Law than Paul".[439] Die Lösung dieses Dilemmas sieht er in der Situation der Auseinandersetzung zwischen johanneischen Judenchristen und der Synagoge:

> „There is a sense in which the Law retains all its value for Jn and Christians [...], but it is impossible to give the Law the same value it had before the coming of Christ after he had come [...]. This is what the Jews (normative Judaism) attempted to do. Nothing had changed for them, one's relationship to God was determined by one's relationship to the Law and the Law was still interpreted as it had been in the Jewish tradition which supposedly went back to Moses. What characterized Judaism was the Law – in the interpretation given to it traditionally by the Jews. What characterized Jewish-Christians was not the Law, but faith in Christ."[440]

Wie an diversen anderen Stellen seines Evangeliums, vollzieht Johannes auch in 5,40–47 implizit den für ihn typischen exklusivistischen Umkehrschluss: Da dem *einen* Leben spendenden Wort Gottes im Menschen Jesus zu begegnen ist, ist es nach Auffassung des Evangelisten nicht unabhängig von Jesus daneben auch noch in der Tora zu finden.[441] Folgt man dieser Überzeugung, dann kann es, um des Lebens teilhaftig zu werden, jetzt nur noch einen Weg geben: zu Jesus zu kommen. Diese Folgerung ergibt sich aber evidenter Weise nicht für die nicht an Jesus glaubende jüdische Gemeinde, die in ihm nicht die „fleischgewordene Tora" erkennt und der daher vorgeworfen wird, nicht zu Jesus kommen zu „wollen" (5,40), die Liebe Gottes nicht in sich zu haben (5,42) und seine Ehre nicht zu suchen (5,44).[442] Setzt man wie Johannes die Identität Jesu mit dem einen Gna-

---

[439] PANCARO, Law, 519. A.a.O., 526 stellt Pancaro fest, dass „Jn would probably not deny that the Law *was* all this [Brot, Wasser und Licht des Lebens und Lebensspenderin, D.F.], but he is interested in the situation which has come to be through Jesus". (Hervorhebung im Original).

[440] PANCARO, Law, 519f.

[441] Ähnliches geschieht in den Versen 7,16–19, in denen der Evangelist aus der Aussage, dass Jesu Lehre von Gott und daher mit dem Willen Gottes (der in der Tora dargelegt ist) gleichzusetzen ist, den Umkehrschluss zieht, dass, wer seiner Lehre nicht glaubt, die Tora nicht tut. Vgl. WENGST, Johannesevangelium I, 292. Vgl. zu der Problematik dieses exklusivistischen Umkehrschlusses unten Kap. VII.

[442] Können schon diese Urteile dem Evangelisten keineswegs nachgesprochen werden, so entbehrt die Behauptung von STRATHMANN, Johannes, 108, „den Juden" werde „völlige Unkenntnis Gottes vorgeworfen" (vgl. ähnlich BECKER, Johannes I, 257) jeglicher textlicher Grundlage und steht dem johanneischen Verständnis geradezu diametral ge-

denwort Gottes voraus, dann ist es nur konsequent und stimmt mit der rabbinischen Ansicht über die Ablehnung der Tora überein (s. oben im Exkurs), dass der als Urheber und Mittler der Tora verstandene Mose sich angesichts der Nichtaufnahme Jesu (5,43) als Ankläger gegen Israel wenden *muss* (5,45). So heißt es in 5,46: „Wenn ihr nämlich Mose glaubtet, würdet ihr mir glauben, denn über mich hat jener geschrieben."

Umgekehrt ist es nach 5,47 kaum möglich, Jesu Worten zu glauben, ohne den Schriften des Mose zu glauben. Das ist zum einen darin begründet, dass sie derselben Autorität entstammen: Die Reden Jesu sind wie die Schriften des Mose das Offenbarungswort des Gottes Israels. Zum anderen aber sind die Schriften des Mose für Johannes Verstehenshilfe, ja, hermeneutischer Schlüssel für die Gottesoffenbarung in Jesus. In den Schriften des Mose, also in der Tora, ist über Jesus geschrieben. Nicht nur in Form von einzelnen Prophezeiungen auf Zukunft hin, sondern v.a. im zentralen Thema des Pentateuchs: der Erzählung von der Gottesoffenbarung am Sinai/Horeb, also der Selbstmitteilung Gottes an sein Volk. Wie zu zeigen versucht wurde, dient die Sinaioffenbarung Johannes als Modell für die Fleisch- bzw. Personwerdung des Gotteswortes in Jesus. Jesus ist als Logos Gottes Gnadengabe an der Stelle der Tora (1,16f) und bringt das Heil und Leben, das die Tora mitteilt (5,39f). Deshalb kann der johanneische Jesus sagen, dass Mose selbst der Ankläger derer wird, die das fleischgewordene Gotteswort ablehnen. Damit aber entzieht er seinen Konfliktpartnern ihren größten Fürsprecher[443] und kehrt ihn gegen sie.

4.3.3.5 Gottes Offenbarung am Sinai und in Jesus

Wie sich Gottesoffenbarung und -erkenntnis in der Vorstellung des rabbinischen Judentums auf das Geschehen am Sinai/Horeb und die Mitteilung der Tora konzentrieren, so konzentrieren sie sich für Johannes auf die Fleischwerdung des Logos in Jesus, seine Selbstoffenbarung und seinen Kreuzestod. Es ist für Johannes dasselbe Gotteswort, das Israel für alle Zeiten am Sinai empfing, das nun in Jesus begegnet.[444] Vor diesem Hinter-

---

genüber. Vgl. THYEN, Johannesevangelium, 324; WENGST Johannesevangelium I, 219; WALTER, Problematik, 351; 355.

[443] Vgl. z.B. Ex 32,11–13; Jub 1,19–22; AssMos 1,14; 11,17; Philo, VitMos 2,166; EkhaR Petichta 24,18–23; PesK 1,1; BerR 19,7; Sifra zu Lev 26,46; SifZ zu Num 10,36; PesR 10. Vgl. MEEKS, Prophet-King, 118; 159–161; 200–204; 254f; 294 u.ö.; SÄNGER, Von mir, 126 inkl. Anm. 63; PANCARO, Law, 256ff, der darauf hinweist, dass in Joh Jesus die Rolle des gerichtlichen Fürsprechers für die Seinen übernimmt.

[444] Bezogen auf den Ursprung und den Inhalt des in Jesus inkarnierten Gotteswortes ist daran festzuhalten, dass beides nicht von der Offenbarung Gottes in seinem Heilshandeln an Israel zu trennen ist. Die von Johannes angenommene Exklusivität, nach der dieses eine Wort Gottes seit der Inkarnation *nur* noch in Jesus gegeben ist, kann christliche Theologie am Beginn des 21. Jahrhunderts dagegen nicht mehr mitsprechen. Für

grund ist auch die Aussage von Joh 5,37b zu verstehen. Da die Gottesoffenbarung des Sinai sich nach johanneischem Verständnis in Jesus ereignet und in ihm aufgeht, entscheidet die Annahme oder Ablehnung seiner Person über den Empfang dieser Grundoffenbarung Gottes und damit auch über die Zugehörigkeit zum Gottesbund. Die vergegenwärtigende Erfahrung des Sinaiereignisses – insbesondere an Schawuot – begründet das Stehen eines Menschen im Bund mit Gott. Eben das ereignet sich nach Johannes aber in der Begegnung der Menschen mit Jesus auf dem Fest. Demnach nehmen die, die Jesu Anspruch bestreiten und nicht an ihn glauben, Gottes Offenbarungswort nicht an. So folgt auf den Vorwurf von 5,37b die Begründung in Vers 38: „Und sein Wort habt ihr nicht bleibend in euch, denn dem, den jener gesandt hat, diesem glaubt ihr nicht." Das göttliche Offenbarungswort, das Heil bewirkt, haben Jesu Gegenüber demnach deshalb nicht bleibend in sich, weil sie seine Verkörperung in ihm nicht erkennen und ihm nicht glauben.

„Die ganze Kraft, die im Geheimnis Israels lag, wird hier [...] in die Christologie hineinverborgen, weil in Jesus Christus das Geheimnis Israels gesucht und gefunden wird."[445]

Da in Jesus das Gotteswort aber Fleisch und Person geworden ist, kann in ihm Gott, dem Vater, nicht nur auditiv, sondern auch visuell begegnet werden.[446] Das aber bedeutet eine Theophanie, wie sie bisher höchstens einzelnen ausgezeichneten Menschen möglich war.

Israel ist dieses eine Gotteswort nach wie vor ebenso wahrhaftig in der Tora gegeben, wie für das Christentum in Jesus Christus. Die doppelte Wirkungsgeschichte der Offenbarung des einen Gottes Israels hat trotz der Untrennbar- und Unteilbarkeit des einen Gotteswortes in seinem Ursprung erwiesen: „Der in Israel fleischgewordene Logos und das in Israels Lehrhäusern weitergereichte Gotteswort – beide mit dem Anspruch, dem Menschen das Leben zu bringen – sind, *nach dem Gang der Geschichte*, zweierlei." (AVEMARIE, Tora, 596, Hervorhebung D.F.).

[445] MICHEL, Dienst, 174. Vgl. KLAPPERT, Mose, 622. Dass es sich für Johannes bei Jesus um den λόγος Gottes handelt, der von der Welt und den Seinen nicht aufgenommen wird (1,10f.14–18), ist der Leserschaft des Evangeliums seit dem Prolog bekannt.

[446] So lautet jedenfalls die Aussage von Joh 14,9. Dem scheinen Joh 1,18 und 6,46 zu widersprechen. In 14,9 (und indirekt 5,37) liegt jedoch ein ähnliches Verfahren vor, wie es auch im antiken Judentum immer wieder angewandt wurde, um die biblischen Berichte, dass jemand Gott sieht, mit der grundsätzlichen Unmöglichkeit der Gottesschau zu vereinbaren. Wie in den jüdischen Texten das Objekt des menschlichen Schauens als Engel, Herrlichkeit oder auch Rückseite Gottes spezifiziert wird, so dass zwar Gott von ihm repräsentiert wird und in ihm präsent ist, aber keinesfalls das göttliche Angesicht selbst sichtbar ist, so spricht auch Joh 14,9 davon, dass Gott in seinem ihn repräsentierenden Logos, Gesandten bzw. Sohn gesehen wird. Auch wenn die Nähe zwischen Jesus und dem Vater im Johannesevangelium ausgesprochen groß ist und eine völlige Wirk- und Handlungseinheit einschließt, bleiben dabei dennoch die Personen Sohn und Vater unterschieden. Insofern bewegt sich die Aussage von 14,9 im Bereich des prinzipiell jüdischerseits Sagbaren: Gott wird zwar so unmittelbar wie nur möglich, aber immer

Nach rabbinischer Überzeugung empfingen alle Generationen von Propheten und Weisen ihre Gottesbotschaft in Wahrheit am Sinai. In verblüffend ähnlicher Weise kann Johannes wiederholt davon sprechen, dass die Gottesbegegnung und -erkenntnis Abrahams, Moses oder Jesajas durch Jesus vermittelt oder zumindest auf ihn bezogen waren.[447] Diese zeitliche Entgrenzung der Bedeutung Jesu in die Vergangenheit und die vorchristliche Heilsgeschichte hinein ist in der von Johannes beschriebenen Präexistenz des Logos begründet, die – wiederum in Analogie zu rabbinischen Aussagen über die Tora – bis zur Schöpfungsmittlerschaft geht. Bleibt zu fragen, ob die Entgrenzung auch nach vorne hin gilt, so dass die Gottesbegegnung in Jesus Christus in der nachösterlichen Zukunft und also der Situation der johanneischen Adressaten möglich ist. M.E. kann diese Frage für Johannes klar bejaht werden. Zwar kann das Auditorium des Evangeliums dem göttlichen Logos nicht mehr in Jesus von Nazareth in Fleisch und Blut begegnen, doch bleibt für den vierten Evangelisten auch nachösterlich die Gottesbeziehung der christlichen Gemeinde aufs engste mit der Person Jesu verbunden.[448] Deutlich kommt das in den Ankündigungen der Sendung des Parakleten in den johanneischen Abschiedsreden zum Tragen. In Joh 14,16 verspricht der johanneische Jesus seinen Jüngern und Jüngerinnen einen anderen Beistand, den der Vater ihnen nach Jesu Tod senden

---

noch in einem Mittler geschaut. Die Möglichkeit, Gott bzw. seine Gestalt *in*, und das heißt *vermittels* Jesus zu sehen, widerspricht also nicht der grundsätzlichen Unmöglichkeit des vollkommen mittlerlosen Schauens Gottes. Ein solches Schauen Gottes bleibt in seiner Hoheit und Exklusivität allein dem Gottessohn und Logos Jesus selbst vorbehalten, der präexistent im Schoß des Vaters ist (1,18; 6,46). Vgl. WENGST, Johannesevangelium I, 81; GESE, Johannesprolog, 188f zu Joh 1,18.

[447] In Joh 8,56 heißt es, dass Abraham sich freute, als er *Jesu* Tag sah. Interessanterweise gibt es in der antik-jüdischen Tradition (z.B. BerR 44,21f; 49,2; MekhY Bachodesch 9 zu Ex 20,18; IV Esr 3,14; syrBar 4,5; ApkAbr 9–31; vgl. BILLERBECK, Kommentar II, 525f) die Überlieferung, dass Gott Abraham alles im Voraus offenbarte, weil er sein ganz besonderer Freund war, ohne dessen Wissen er nichts unternahm. Bei der Aufzählung dessen, was Gott Abraham bereits offenbarte (u.a. die Gehenna, die täglich neu im Himmel verkündeten Gesetze, den zukünftigen Namen Jerusalems, den endzeitlichen Erlöser Israels) nennen die Rabbinen in MekhY an zweiter Stelle den מתן תורה. Auch HENGEL, Schriftauslegung, 265 geht davon aus, dass Joh 8,56 „die Kenntnis der jüdischen Tradition von der Zukunftsvision Abrahams nach Gen 15,9f voraus" setzt. Vgl. DAHL, Church, 131; GRELOT, Jean 8,56, passim. Joh 12,41 spricht davon, dass Jesaja *Jesu* δόξα sah und von ihm sprach: ταῦτα εἶπεν Ἡσαΐας ὅτι εἶδεν τὴν δόξαν αὐτοῦ, καὶ ἐλάλησεν περὶ αὐτοῦ. Vgl. CHIBICI-REVNEANU, Herrlichkeit, 195f; REIM, Targum, 6–8; CULLMANN, Heil, 261. S. auch 1,45; 5,45ff. Vgl. dazu MENKEN, Observations, 134f und mit anderer Schlussfolgerung KRAUS, Johannes, 11.

[448] Vgl. KÄSEMANN, Wille, 39: „Die präsentia Christi ist die Mitte seiner [sc. des Johannesevangelisten, D.F.] Botschaft. Nach Ostern meint das die Gegenwart des Auferstandenen."

wird,[449] und kündigt gleich darauf in Vers 18 an, dass *er selbst* (wieder) kommen und die Seinen nicht als Waisen lassen wird. Der für die Gemeinde des Evangelisten die Gottesbeziehung vermittelnde Geist, der die Worte Jesu in Erinnerung bringt (16,26) und nicht aus seinem, sondern aus Jesu Eigenem heraus die Wahrheit verkündigt und Jesus verherrlicht (16,13f), ist also untrennbar und bis hin zur Identifikation mit Jesus verbunden.[450] Insofern ereignet sich auch die durch den Paraklet vermittelte Gottesbeziehung der johanneischen Gemeinde in der personalen Relation zum Mensch gewordenen Logos Jesus.[451] Immer wieder (14,21.23 u.ö.) ist in den Abschiedsreden von der wechselseitigen Liebe zwischen Gott, Jesus und seinen Jüngerinnen und Jüngern, die in 15,13f als Jesu φίλοι bezeichnet werden, die Rede. Allein in dieser Beziehung ist die Möglichkeit begründet, den „Geist der Wahrheit" zu empfangen, den die restliche Welt weder sieht noch erkennt (14,15–17).

Auch nachösterlich werden also Gotteserkenntnis und -beziehung in der nach wie vor personal gedachten Begegnung mit Jesus eröffnet (14,7.9). Das gilt, obwohl die Verkündigung der Wahrheit nachösterlich notwendigerweise wieder wesentlich durch einen Text, nämlich das Evangelium, geschieht.[452] „Das vierte Evangelium selbst stellt die verschriftete Funktionalität des Geist-Parakleten dar; es ist der Schrift, aber auch personales Zeugnis und damit wahre Tradition gewordene Paraklet."[453]

4.3.4 Ergebnis für Joh 5,31–47

Johannes verdeutlicht in Joh 5,31–47 (insbesondere 5,37b–47), wer Jesus ist und was er vermittelt, anhand des basalen Ereignisses der Heilsgeschichte Israels: der Offenbarung Gottes vor seinem Volk am Gottesberg und dem Bundesschluss in der Gabe des göttlichen heilvollen Wortes in der Tora. In Jesus begegnet eben dieses Gotteswort als Person und Mensch

---

[449] Nach 15,26 dagegen sendet der zum Vater heimgekehrte Jesus selbst den Parakleten.

[450] Vgl. BULTMANN, Johannes, 230; RAHNER, Erinnerung, 88–90; MARTYN, History, 135–142: „The coming of the Paraclete is the return of Jesus to his own. [...] The two-level drama makes clear that the Word's dwelling among us and our beholding his glory are not events which transpired only in the past." (a.a.O., 141f). STUHLMACHER, Theologie, 261f: „Der Paraklet ist der als Geist vor Gott und unter den Menschen wirkende lebendige Christus." PORSCH, Pneuma, 379: „Die ‚Zeit des Geistes' ist nicht die Zeit der Abwesenheit Jesu! Vielmehr ist es gerade das charakteristische Werk des Geistes, die Verbindung zwischen den Glaubenden und Jesus zu erhalten und Jesus durch alle Zeiten und für alle Menschen zu vergegenwärtigen."

[451] Vgl. RAHNER, Erinnerung, 76–80.

[452] Vgl. Joh 19,35; 20,31. Vgl. unten Kap. VII und OBERMANN, Erfüllung, 46; 402–408 zur Vergegenwärtigung der Offenbarung durch den Parakleten.

[453] RAHNER, Erinnerung, 79.

und ist deshalb Gott zu hören und zu sehen. Die Begegnung mit Jesus entspricht daher einem neuen מתן תורה und dem Stehen vor Gott am Sinai.

Damit aber greift Johannes die Erwartungen auf, die, wie gesehen, im
antiken Judentum mit der Feier von Schawuot verbunden waren. Das ist
vor dem Hintergrund des Verses Joh 5,1 besonders interessant. Im Hintergrund der ganzen Jesusrede steht „ein Fest der Juden". Verschiedene
Kommentare haben die Anspielungen auf מתן תורה in Joh 5 gesehen und
vorgeschlagen, das Fest von 5,1 mit Schawuot zu identifizieren.[454] Wie
oben dargelegt, halte ich die offene Formulierung von 5,1, die den Vorstellungshorizont der Lesenden nicht auf ein einziges Fest einschränkt, für
absichtsvoll: In den Versen 5,19–30 greift der Evangelist Motive von
Rosch haSchana auf und in 5,37b–47 ruft er die Assoziation von Schawuot
wach. Jesus, der Geheilte und die übrigen jüdischen Menschen, von denen
einige zu den Gesprächs- und Konfliktpartnern Jesu werden, befinden sich
alle im Tempel, um ein Fest zu feiern. Zu den großen Wallfahrtsfesten, die
dafür am nächstliegenden erscheinen, gehört Schawuot, an dem des Toraempfangs am Sinai gedacht wird und die Feiernden in der Anamnese des
Ursprungsereignisses dem sich am Sinai offenbarenden Gott begegnen.
Oben wurde bereits zu der Begegnung des Geheilten mit seinem Wohltäter
Jesus im Tempel (5,14) ausgeführt, dass sich nach johanneischem Verständnis hier eine Hoffung Israels an seine Feste erfüllt, nämlich dem Gott
Israels selbst zu begegnen. Wenn Johannes nun im letzten Teil der Jesusrede von Kapitel 5 Jesus als fleischgewordenes Gotteswort zu erweisen
versucht, als Heil und Leben bringende Tora in Person, in der Gott sich
wie in einem zweiten מתן תורה selbst mitteilt, dann kann man m.E. davon
sprechen, dass hierin besonders die Erwartung an Schawuot erfüllt wird,
Teil *der* Gemeinde zu werden, die am Sinai Gottes Stimme hört und sein
Wort empfängt. Indem Jesus als Logos Gottes vor den Feiernden steht,
werden ihre Erwartungen an das Fest, das Wieder-Erlebbar-Werden und
die Vergegenwärtigung des vergangenen Heilsgeschehens, erfüllt. Die
Gottesgabe der Tora unter dem Hörenlassen seiner Stimme *wird* erlebbar,
indem sie wiederholt wird: Jesus in Person ist ja das ewige Gotteswort, das
Gott Israel und der Welt gibt. Hier und jetzt ist es zu empfangen. Und wer
Jesus als lebendiges Wort des Vaters annimmt, kann dessen Stimme vernehmen und durch sie – wie im ersten Teil der Rede schon herausgestellt
wurde – leben.[455] Nach johanneischer Überzeugung geschieht also in Jesus

---

[454] Vgl. THEOBALD, Johannes, 369; BROWN, John I, 206.

[455] In Jesus als dem fleischgewordenen Gotteswort fallen der personale Aspekt von
φωνή und der inhaltliche von λόγος zusammen. Er ist sowohl Inhalt als auch Träger der
Offenbarung Gottes an Israel. Schon in 5,24f stand das Hören seines *Wortes* parallel zu
dem Vernehmen seiner *Stimme*. Als Mitteilender der Offenbarung ist er – wie die Tora
im Judentum – zugleich ihr Inhalt. Dieselbe Parallelsetzung von φωνή und λόγος findet

eine tatsächliche Wiederholung des am Schawuotfest vergegenwärtigten Heilsereignisses. Das Volk empfängt Gottes Wort, hört in Jesu Stimme Gottes Stimme und sieht in Jesu Gestalt den Vater.

Die nicht an Jesus glaubende jüdische Gemeinde kann das nicht so sehen. Wiederum ist das vom Evangelisten geforderte Glaubensverhältnis zu Jesus die Voraussetzung dafür, seiner Argumentation folgen zu können.

4.4 Fazit: Rosch haSchana und Schawuot in Joh 5

Entgegen den vielfachen, oft gezwungen wirkenden und im Ergebnis äußerst differierenden Versuchen, das „Fest der Juden" aus Joh 5,1 mit einem einzelnen Fest des jüdischen Festkalenders zu identifizieren, erscheint es mir angemessener, von einer Assoziation von (mindestens) zwei Festen auszugehen. Die Untersuchung der Jesusrede in Joh 5,19–47 unter der Einbeziehung frühjüdischer Texte hat gezeigt, dass Motive der beiden Feste Rosch haSchana und Schawuot im Hintergrund der johanneischen Theologie stehen.[456] Die Verbindung gerade dieser beiden Feste legt sich aus der jüdischen Tradition heraus nahe und ist keinesfalls willkürlich. Rosch haSchana und Schawuot weisen in ihren Themenkomplexen weitreichende Zusammenhänge und Parallelen auf[457] und zum Beispiel yRhSh 4,8 behandelt die beiden Feste mit großer Selbstverständlichkeit im selben Zusammenhang. Diese Nähe kann bis hin zu Identifizierungen und Verwechslungen gehen. So datiert Philo die Gabe der Tora nicht auf Schawuot, sondern auf Rosch haSchana,[458] und in der samaritanischen Tradition werden die beiden Feste miteinander kombiniert und gehört die Lesung des Dekalogs zu beiden Festtagen. Ferner weisen die frühsynagogalen Lesungen für die beiden Festtage große thematische Übereinstimmungen auf: Sie konzentrieren sich auf die Bundesschlüsse Gottes mit Israel und insbesondere die Gabe der Tora und das Hören der göttlichen Stimme am Sinai bzw. Horeb.[459]

Für die beiden in Joh 5 motivlich assoziierten und im Hintergrund stehenden Feste Rosch haSchana und Schawuot gilt, dass die jüdischerseits mit ihnen verbundenen Erwartungen nicht negiert werden. Sie werden auch

---

sich mit Bezug auf den Vater in 5,37f. In diesem Sinne handelt es sich auch bei den ῥήματα Jesu in 5,47 um Selbstmitteilung und nicht um einen abstrakten Inhalt, der von der Person Jesus unterschieden wäre: Er gibt, was er ist, nämlich sich selbst. Vgl. RADL, ῥῆμα, 507.

[456] Vgl. ähnlich auch GUILDING, Gospel, 72: „The possibility that the Evangelist deliberately telescoped the themes of Pentecost and New Year ought, however, to be borne in mind."

[457] Vgl. GUILDING, Gospel, 70.

[458] Philo, SpecLeg 2,188ff.

[459] Vgl. GUILDING, Gospel, 70.

nicht inhaltlich oder qualitativ überboten. Denn genau das, was für Rosch haSchana erhofft wird – das Zum-Leben-Finden durch Klang und Stimme – sowie eben das, was Schawuot bedeutet – die Unmittelbarkeit der Gottesbegegnung, das Hören seiner Stimme und der Empfang seines Leben schenkenden Wortes – geschieht. Neu und völlig anders als alle Erwartungen ist jedoch, dass es in einer menschlichen Person geschieht.[460]

Johannes nimmt in der Rede Joh 5,19–47, die grundlegende Aspekte seiner Christologie entfaltet, die Motive der beiden Feste auf und ruft bei seinen Leserinnen und Lesern die entsprechenden Assoziationen wach. Die vertrauten Vorstellungen dienen ihm als Hilfsmittel, um seinen ungeheuren, radikalen und neuen christologischen Anspruch zu vermitteln. Sie verankern das, was laut seinem Bericht in Jesus geschieht, in der Heilsgeschichte, den Hoffnungen und den gelebten Traditionen Israels und bringen so zum Ausdruck, dass zwar die Art und Weise der göttlichen Offenbarung in Jesus unerwartet neu und anders ist, nicht aber ihr Inhalt. Die vom Festkontext abgerufenen Assoziationen sind gleichsam Brückenköpfe altvertrauter und gewohnter theologischer Denk- und Glaubenswelten und Erwartungshorizonte, die das Beschreiten des theologischen Neulands erleichtern und unterstützen sollen. Mit ihrer Hilfe bringt der Evangelist zum Ausdruck, was das Zentrum seiner Theologie ist: Dass und wie Jesus als der fleischgewordene Logos Gottes denen, die sich darauf einlassen, in ihm Gott selbst zu begegnen, das Leben mitteilt. Damit tut er das Werk Gottes, des Vaters, und dementsprechend fordert er die „Ehre, die beim einzigen Gott ist" (Joh 5,44), und allein diesem gilt.

---

[460] Eine inhaltliche Überbietung scheint dagegen bei MENKEN, Feste, 285f intendiert, wenn er Jesus als „den Antitypus zum Heilsinhalt der jüdischen Feste" bezeichnet, der dem Typus einerseits gleicht, ihn aber „andererseits übertrifft". Menken spricht von einer „typologische[n] Erfüllung" der Feste durch Jesus: „Soweit Festinhalte im zeitgenössischen Judentum Objekte eschatologischer Erwartung geworden sind, sieht der Evangelist Jesus als ihre eschatologische und die Erwartung überbietende Verwirklichung an." Vgl. ULFGARD, Story, 258; 260.

IV. Joh 7–9 – Sukkot

1. Der Kontext

Nachdem in Joh 6,4 das Pessachfest „der Juden" als „nahe" bezeichnet worden (ἦν δὲ ἐγγὺς τὸ πάσχα, ἡ ἑορτὴ τῶν Ἰουδαίων), Jesus jedoch in Galiläa geblieben war, wird in Kapitel 7 wieder ein „Hinaufziehen" Jesu zu einem Fest und sein Agieren im Tempel während des Festes geschildert. Zunächst konstatiert Joh 7,2, parallel zu 6,4, dass das Laubhüttenfest „der Juden" nahe ist (ἦν δὲ ἐγγὺς ἡ ἑορτὴ τῶν Ἰουδαίων ἡ σκηνοπηγία). Von seinen Geschwistern aufgefordert, zum Fest nach Judäa zurückzukehren (7,3f), zögert Jesus zunächst (7,6–9), zieht dann aber doch hinauf nach Jerusalem (7,10) und tritt ab der „Mitte des Festes" öffentlich im Tempel auf (7,14). Im Folgenden werden mehrere Lehr- und Streitgespräche Jesu mit anderen Mitgliedern der Festgemeinde (οἱ Ἰουδαῖοι, ὁ ὄχλος) sowie Diskussionen der Menge, der Oberpriester und Pharisäer über Jesu Identität und seine Dignität geschildert, die in die scharfe Auseinandersetzung zwischen Jesus und „den Juden" in Joh 8,30–59 gipfeln. Erst nach dem Versuch „der Juden", ihn zu steinigen, verlässt Jesus in 8,59 den Tempel, den er in 7,14 betreten hat.[1] Unmittelbar anzuschließen scheint sich Jesu Begegnung mit dem Blindgeborenen (Joh 9,1ff), den Jesus nach dem Verlassen des Tempels im „Vorübergehen" (παράγων) am Teich Schiloach[2] trifft. Ob Johannes diese Episode zeitlich immer noch an Sukkot verortet, bleibt offen, zumindest schließt sie sich aber unmittelbar an die Erzählung dieses Festes an und es wird keine abweichende Datierung genannt.[3] Da der Schiloach eng mit der Feier des Laubhüttenfestes verbunden ist, besteht auch ein inhaltlicher Bezug von Joh 9 zum vorher thematisierten Fest.

---

[1] Die Erzählung von der Begegnung Jesu mit der Ehebrecherin in Joh 7,53–8,11, die den Komplex unterbricht, fehlt in den ältesten Textzeugen und war ursprünglich nicht Bestandteil des Johannesevangeliums. Vgl. u.a. WENGST, Johannesevangelium I, 313f. Sie ist deshalb hier außer Acht zu lassen.

[2] Zur Lage des Teiches bzw. Staubeckens s. KÜCHLER, Jerusalem, 64.

[3] PETERSEN, Brot, 237 geht davon aus, dass „[d]er gesamte Abschnitt 7,37–10,21[...] am letzten Tag des Laubhüttenfestes in Jerusalem" spielt. Vgl. MENKEN, Feste, 270f; KRIENER, Glauben, 32.

Die Heilung des Blindgeborenen durch Jesus am Schiloach führt narrativ den Selbstanspruch Jesu aus 8,12 aus, „das Licht der Welt" zu sein.[4]

Aus den Lehr- und Streitgesprächen der Kapitel 7 und 8 stechen zwei Selbstoffenbarungssätze Jesu mit besonderem Gewicht heraus: die Verheißung in 7,37f und das Ich-bin-Wort in 8,12. Beide Male handelt es sich um Bildworte und die verwendeten Metaphern – lebendiges Wasser und Licht – entsprechen den zentralen Elementen des Sukkotfestes im Tempel. Im Folgenden sollen die Jesusworte in 7,37f und 8,12 im Kontext und vor dem Hintergrund der antik-jüdischen Theologie des Laubhüttenfestes und insbesondere der Bedeutung von Wasser und Licht im Festritus interpretiert werden.

2. Lebendiges Wasser – Joh 7,37f und Sukkot

Die zentrale Frage, die sich als roter Faden durch Joh 7 und die anschließenden Kapitel zieht, ist die Frage nach Jesu Identität, seiner Autorität und seinem Auftrag.[5] Schon das Gespräch Jesu mit seinen Geschwistern in 7,3–8 dreht sich um diese Frage. Zwar bleibt die Aufforderung der sehr unvermittelt auftretenden – wahrscheinlich *leiblichen* – Geschwister Jesu, nach Judäa aufzubrechen, damit Jesu Jünger und Jüngerinnen (μαθηταί σου) seine Werke sehen, in vielerlei Hinsicht rätselhaft.[6] Jedoch stellen diese Verse die folgenden Ereignisse unter das Thema des Verborgenbleibens oder Offenbarwerdens Jesu. Jesu Geschwister fordern ihn auf, sich zu offenbaren: „Denn niemand tut etwas im Verborgenen und will [selbst] in der Öffentlichkeit sein. Wenn du diese [Werke] tust, offenbare dich selbst der Welt." (7,4). Dieses Ansinnen wird vom Evangelisten in Vers 5 als ungläubiges Verhalten interpretiert („Seine Geschwister glaubten nämlich nicht an ihn.") und dementsprechend lehnt Jesus es ab: „Jesus sagte ihnen also: Mein Zeitpunkt (καιρός) ist noch nicht da, euer Zeitpunkt aber ist immer bereit. Die Welt kann euch nicht hassen, mich aber hasst sie, weil ich über sie bezeuge, dass ihre Werke schlecht sind. Geht ihr hinauf zum Fest, ich gehe nicht zu diesem Fest hinauf, denn mein Zeitpunkt ist noch nicht erfüllt. Nachdem er dies gesagt hatte, blieb er in Galiläa." (7,6–9).[7] Vers 10 berichtet dann aber, dass Jesus getrennt und unabhängig von seinen Geschwistern doch hinaufzieht, allerdings ausdrücklich im Verborge-

---

[4] Vgl. PETERSEN, Brot, 237f; MENKEN, Feste, 279.

[5] Vgl. KOESTER, Symbolism, 152–159; DERS., Zeit, 799f; THYEN, Ich bin, 239; SCHWANKL, Licht, 192f.

[6] Vgl. ausführlich THYEN, Johannesevangelium, 385–388; LABAHN, παρρησία, 324–328.

[7] Vgl. dazu FRÜHWALD-KÖNIG, Tempel, 184ff.

nen. Da Jesus erst in Vers 14 „in den Tempel hinaufgeht" (ἀνέβη Ἰησοῦς εἰς τὸ ἱερόν), bezieht sich sein „Hinaufziehen" (ἀνέβη) in Vers 11 wohl auf Jerusalem außerhalb des Tempelbezirks. Da Jesus die exponierte Öffentlichkeit des Tempels während eines Festes[8] meidet und sich verborgen hält, suchen die Menschen auf dem Fest ohne Erfolg nach ihm (7,11).

Mit dem Fortschreiten des Festes steigert sich aber auch die Öffentlichkeit, die Jesus sucht: In der „Mitte des Festes" tritt er plötzlich im Tempel auf und lehrt (7,14). Die Öffentlichkeit dieses Auftretens erscheint umso unvermittelter, als sie im direkten Widerspruch zu den vorher beschriebenen Intentionen Jesu, nicht zum Fest zu kommen und sich verborgen zu halten, steht. Der Evangelist erzeugt damit für seine Lesenden denselben Überraschungseffekt, den das öffentliche Erscheinen Jesu mitten am Fest in der Erzählhandlung für die anderen Mitglieder der Festgemeinde hat, die ihn vorher vergeblich suchten. Die Parallelität zu Joh 5 springt geradezu ins Auge. Wie der von „den Juden" und dem Geheilten Gesuchte, aber nicht Aufzufindende (5,10–13) in 5,14 unvermittelt den, der ihn sucht, „findet", so erscheint der von der Menge gesuchte Verborgene auch in 7,14 plötzlich in der Öffentlichkeit des Tempels und des Festes. Hier wie da geht alle Aktivität und Souveränität allein von Jesus aus, der nicht gefunden wird, sondern findet, der sich nicht an den Erwartungen und Zeiten „der Welt" orientiert, sondern seinen eigenen καιρός bestimmt. Und hier wie da ist dieser καιρός mitten auf dem Fest im Tempel. Hier wie da entspricht das Auftreten Jesu der Hoffnung an die Gottesbegegnung Israels an den Festen: „Und plötzlich kommt zu seinem Tempel der Herr, den ihr sucht".[9] Nachdem er das von seinen Geschwistern geforderte Offenbarmachen seines Wirkens abgelehnt hat, erfolgt ab 7,14 und exponiert in 7,37f also doch eine im höchsten Maße öffentliche Selbstoffenbarung Jesu.

In den Versen 37 und 38 ist m.E. die Klimax des gesamten 7. Kapitels, wenn nicht des ganzen Komplexes Joh 7–9, zu sehen.[10] Der johanneische Jesus verleiht seinen hier gerufenen Worten durch vorheriges Aufstehen besonderen Nachdruck – sie heben sich somit von der Lehre, die er an den vorherigen Tagen bereits betrieb (vgl. 7,14ff), deutlich ab.[11] Johannes verortet diese Selbstoffenbarung zeitlich „am letzten, dem großen Tag des Festes" (ἐν δὲ τῇ ἐσχάτῃ ἡμέρᾳ τῇ μεγάλῃ τῆς ἑορτῆς). Die Rede von Jesu καιρός in 7,6.8 lenkt das Augenmerk auf den Zeitpunkt seines Offenbarungsrufes. Der so nachdrücklich von Jesus selbst bestimmte Zeitpunkt scheint daher bedeutsam für das Verständnis der Selbstaussage Jesu zu sein. Um seine theologische Implikation erfassen zu können, muss zu-

---

[8] Vgl. oben (II.3).
[9] Mal 3,1, vgl. oben III.3.3.5.
[10] Vgl. FRÜHWALD-KÖNIG, Tempel, 190.
[11] Vgl. THYEN, Johannesevangelium, 400.

nächst geklärt werden, welcher Tag des Sukkotfestes gemeint ist und welche Bedeutung ihm innerhalb des Gesamtfestes zukam.[12]

2.1 Die Feier von Sukkot und „der große Tag des Festes"

Weder die biblische noch die rabbinische Überlieferung bezeichnet einen der Festtage von Sukkot als „der große Tag".[13] Als „letzter" Tag des Festes wird von den Rabbinen an verschiedenen Stellen der achte Tag genannt,[14] der jedoch „ebenso regelmäßig als ein Fest für sich betrachtet wird".[15] Sein Zurücktreten gegenüber den vorigen Tagen – und vor allem dem siebten Tag – lässt es unwahrscheinlich erscheinen, dass ihm der Beiname „großer Tag" gegeben wurde. Um entscheiden zu können, ob Johannes mit der Bezeichnung ἐν δὲ τῇ ἐσχάτῃ ἡμέρᾳ τῇ μεγάλῃ τῆς ἑορτῆς den siebten oder den achten Tag des Sukkotfestes meint, ist deshalb zunächst ein Überblick über den Verlauf und die Riten des Laubhüttenfestes zur Zeit des Zweiten Tempels nötig.

Das Laubhüttenfest Sukkot ist nach Pessach und Schawuot das dritte Wallfahrtsfest, ein Herbstfest, das am 15. Tischri beginnt (Lev 23,34.39; Num 29,12).[16] Ebenso wie die beiden anderen Wallfahrtsfeste hat es seinen Ursprung in einem jahreszeitlichen Erntefest (Ex 23,16; 34,22),[17] das dann mit einem Ereignis der israelitischen Heilsgeschichte verbunden wurde, dessen Erinnerung im Festvollzug aktualisiert wird. Das Sukkotfest erinnert an das Wohnen der Israeliten in Hütten während der Zeit der Wüstenwanderung und damit an den Schutz, den Gott Israel zuteil werden lässt.[18] Diese Erfahrung wird durch den Brauch vergegenwärtigt, während des Festes sieben Tage in Laubhütten zu wohnen (Lev 23,42f). Von diesem

---

[12] Vgl. JEREMIAS, Golgotha, 81.

[13] Vgl. BILLERBECK, Kommentar II, 491.

[14] Vgl. z.B. mSuk 2,6; 4,8; tSuk 1,7; 4,17; TanB Pinḥas 13.

[15] BILLERBECK, Kommentar II, 490; vgl. a.a.O., 808. Vgl. z.B. tSuk 4,17; bSuk 47a; 48a.

[16] Während der Termin des Festes wie seine theologische Sinngebung in vorexilischer Zeit variierten, wird der 15. Tag des siebten Monats exilisch zum feststehenden Datum des Laubhüttenfestes; vgl. OTTO, Feste, 101. Vgl. zu Sukkot auch KRONHOLM, סכך, 849–854; KUTSCH, Sukkot, 299f; WEYDE, Festivals, 113–142; 145–236; den Exkurs bei BILLERBECK, Kommentar II, 774–812; WENGST, Johannesevangelium I, 281; JACOBS, Sukkot, 300–302; PATAI, Man, 24–53; GUILDING, Gospel, 92f; SPRINGER, Neuinterpretation, 13–108.

[17] Vgl. z.B. KRONHOLM, סכך, 849.

[18] In BerR 48,10 wird die Einladung Abrahams an die drei Männer, sich im Schatten eines Baumes auszuruhen (Gen 18,4), dahingehend gedeutet, dass Abraham ihnen eine Sukka errichtete. Als Belohnung für diese Tat verspricht Gott, den Nachkommen Abrahams in der Endzeit ebenfalls eine schützende Sukka zu errichten. Auch für weitere endzeitliche Heilsverheißungen ist die Sukka in rabbinischer Tradition ein Symbol. Vgl. HOROWITZ, Sukkah, 8; BODI, Hintergrund, 140; WEYDE, Festivals, 142.

Brauch, dessen halachische Einzelheiten ausführlich in mSuk 1 und 2 geregelt werden, hat das Fest seinen Namen: חַג הַסֻּכּוֹת, das „Fest der Hütten". Seine besondere theologische Relevanz seit biblischer Zeit erweisen die weiteren Bezeichnungen, die dem Fest gegeben wurden: „Fest JHWHs" (Lev 23,39; Ri 21,19; vgl. Jub 16,27 u.ö.) und „das Fest" schlechthin (הֶחָג, vgl. 1 Kön 8,2.65; Ez 45,25 u.ö.),[19] seine eschatologische Dimension zeigt sich in Sach 14,16ff: die Feier des Sukkotfestes durch alle Völker ist Kennzeichen der eschatologischen Zeit. „Das Laubhüttenfest war das messianische und eschatologische Fest par excellence."[20] Nach Lev 23,33–43 (vgl. Num 29,12–38) dauert das Fest sieben Tage, an denen Opfer dargebracht werden, die Israeliten in Hütten wohnen, sich einen Feststrauß machen und diesen schwenken (vgl. mSuk 3), und an denen Festfreude geboten ist. Der erste dieser sieben Tage hat schabbatlichen Charakter, Arbeit ist verboten und das Volk soll sich zu einer „heiligen Versammlung" zusammenfinden. Diese Anordnung wiederholt sich für den achten Tag: auch er ist wie ein Schabbat ohne Arbeit zu verbringen, auch an ihm soll eine „heilige Versammlung" stattfinden und auch an ihm sind Feueropfer darzubringen.[21] Dieser dem Fest hinzugefügte achte Tag, an dem heute im Judentum das Fest der Torafreude gefeiert wird,[22] wird im rabbinischen Judentum teilweise als zu Sukkot gehörender Abschlusstag, teilweise aber auch als ein eigenständiges Fest betrachtet.[23]

Der Mischnatraktat Sukka beschreibt in den Kapiteln 4 und 5 den Ablauf des Festes im Tempel.[24] Demnach sind die für das Fest wichtigen Elemente Feststrauß (לולב), Weidenumzug (ערבה), Hallel (הלל), Festfreude (שמחה), Laubhütte (סוכה), Wasserspende (ניסוך המים) und Flöte (חליל). Wäh-

---

[19] Vgl. Josephus, Ant 8,100. Vgl. auch SAFRAI, Wallfahrt, 238f; KRONHOLM, סכך, 849; KÖRTING, Schall, 56f; THYEN, Ich bin, 239. In Jub 16,27 trägt das Fest außerdem noch den Namen „Freude über das Annehmen des höchsten Gottes". Laut 1 Kön 8,2.65 fand die Einweihung des Tempels durch Salomo an Sukkot statt; vgl. WEYDE, Festivals, 153f; KÖRTING, Schall, 65f.

[20] BODI, Hintergrund, 142; vgl. VELTRI, Feste, 90. Zur Diskussion und Interpretation der Feier von Sukkot durch die Übriggebliebenen der Völker in Sach 14,16–21 vgl. WEYDE, Festivals, 210–213.

[21] Vgl. zum achten Tag des Laubhüttenfestes nach Lev 23 WEYDE, Festivals, 113–130.

[22] Vgl. MACH, Feste, 111.

[23] Vgl. MACH, Feste, 110; JACOBS, Sukkot, 301; BILLERBECK, Kommentar II, 808ff.

[24] Vgl. KÜBLER, Sukka, XI: „Der Traktat zerfällt in zwei Teile, den ersten Teil, Kapitel 1 bis 3, der die Halachot der Laubhütte, des Feststraußes und einiger Bräuche des Laubhüttenfestes behandelt, und den zweiten Teil, Kapitel 4 und 5, der den Ablauf des Festes zur Zeit des Zweiten Tempels auf dem Tempelplatz beschreibt." Beschreibungen des Festes finden sich neben tSuk und ySuk auch bei Josephus, Ant 3,244–247; Philo, SpecLeg 2,204–213; Plutarch, Quaestiones Convivales IV 6,2. Vgl. ALON, Jews, 133–137; RUBENSTEIN, History, 69–84; 94–97.

rend das Hallel und die Festfreude für acht Tage geboten sind, gelten die
übrigen Gebote für höchstens sieben Tage des Festes (mSuk 4,1ff; ySuk
4,1). Das Wohnen in der Laubhütte und die Wasserspende sind für die sieben eigentlichen Festtage geboten (vgl. tSuk 3,16). Der Feststrauß wird
ebenfalls an sieben Tagen geschwenkt, wenn der Schabbat der Festwoche
auf den ersten Festtag fällt. Fällt der Schabbat aber auf einen anderen Tag,
so wird an diesem kein Feststrauß geschwenkt und der Brauch damit nur
an sechs Tagen vollzogen (mSuk 4,2; ySuk 4,1). Das Schwenken des Feststraußes ist also offensichtlich besonders mit dem ersten Feiertag verbunden, an dem es auf keinen Fall ausfallen darf.[25] Analoges gilt für den Weidenumzug um den Altar und den siebten Tag: Grundsätzlich für die sieben
Festtage geboten, findet der Umzug am Schabbat nur dann statt, wenn dieser auf den siebten Festtag fällt, an dem der Umzug besonders wichtig ist
(mSuk 4,3.5; tSuk 3,1; ySuk 4,4). Das Flötenspiel schließlich findet weder
am Schabbat noch am ersten Feiertag statt (mSuk 5,1).[26]

Außer Hallel und Festfreude wird also keiner der von der Mischna als
konstitutiv angesehenen Festbräuche am achten Tag vollzogen. Die Mischna bemüht sich sogar darum, den achten Tag deutlich vom Sukkotfest ab-
zusetzen, indem sie vorschreibt, die Einrichtung der Laubhütte am Nachmittag des siebten Festtages wieder ins Haus zu bringen und somit das na-
mensgebende Wohnen in der Sukka demonstrativ vor Einbruch des achten
Tages zu beenden (mSuk 4,8). Dieser Befund macht es unwahrscheinlich,
dass Johannes den achten Tag, der demnach nicht als voller Festtag angesehen wird und hinter den Festvollzügen der vorangegangenen Tage deutlich zurücksteht, als den „großen Tag des Festes" bezeichnet.[27] Dies umso
mehr, als das Jesuswort in Joh 7,37f deutliche Bezüge zu einer weiteren
Zeremonie aufweist, die unbedingt an den sieben eigentlichen Festtagen,
nicht aber am achten Tag stattfindet: die Wasserspende. Der Verlauf dieser
Zeremonie, ihre theologischen Interpretationen und die im Zusammenhang
damit stehenden Implikationen der Verse Joh 7,37ff werden weiter unten
zu behandeln sein. An dieser Stelle genügt es zu konstatieren, dass auch
dieser von Johannes besonders aufgegriffene Sukkotbrauch nicht am achten Tag stattfand,[28] weshalb die Mehrheit der Exegetinnen und Exegeten

---

[25] Nach WaR 30,2; PesK 27,2; TanB Emor 27 kann der Feststrauß als ein Symbol des
Sieges bzw. des Begnadigtwerdens Israels im Gericht gedeutet werden. Vgl. BILLER-
BECK, Kommentar II, 789f.

[26] S. dazu die Diskussion ySuk 5,1/1–3 (55a).

[27] Anders BAUER, Johannesevangelium, 112; SCHLATTER, Johannes, 199f; WESTCOTT,
St. John, 123; GODET, Johannes II, 309f; BERNARD, St. John I, 280f.

[28] In mSuk 4,9; tSuk 3,16 wird die Sondermeinung Rabbi Jehudas überliefert, dass
auch am achten Tag eine Wasserspende vollzogen worden sei. Diese Überlieferung zeigt
zwar, dass es im rabbinischen Judentum eine Debatte über den Vollzug der Wasserspen-

m.E. zu Recht davon ausgeht, dass unter ἐν δὲ τῇ ἐσχάτῃ ἡμέρᾳ τῇ μεγάλῃ τῆς ἑορτῆς in Joh 7,37 der siebte Tag des Festes zu verstehen ist.[29] Die Bezeichnung des siebten Sukkottages als „großer Tag" ist zwar im rabbinischen Judentum nicht überliefert, aber dennoch sehr plausibel.[30] Die Besonderheit des siebten Tages innerhalb der Festwoche tritt in der Mischna nämlich deutlich zutage, v.a. im Zusammenhang der Vorschriften für den Weidenumzug[31]. Der Weidenumzug hat seinen Namen daher, dass der Altar vorher, begleitet von Posaunenschall, mit eigens aus dem westlich von Jerusalem gelegenen Ort Moza[32] geholten Weidenästen geschmückt wird. Der Umzug selber besteht dann in einer Umkreisung des Altars, während der Gott angerufen wird mit den Worten: אנא ייי הושיעה נא אנא והושיעה נא,[33] „Ach, Jah, hilf doch, ach, hilf doch". Diese Umkreisung und Anrufung, die an den ersten sechs Festtagen je einmal stattfindet, wird am siebten Tag sieben Mal wiederholt (mSuk 4,5; ySuk 4,3) und so zu einem besonderen Charakteristikum dieses Tages.[34] Der siebte Festtag wird daher auch „Tag des Zweigabschlagens" (יום חבוט חריות, mSuk 4,6) und „Tag des Hoschana" (יומא דהושענא, WaR 37,2) genannt.[35] Die Bedeutsamkeit des Gott um Rettung und Heil anrufenden Weidenumzugs zeigt sich nicht zuletzt auch darin, dass die Tradition auch nach der Tempelzerstö-

---

de am achten Tag gab, jedoch weicht Rabbi Jehuda auch in der Frage nach der Wassermenge von der Mehrheitsmeinung ab.

[29] Vgl. z.B. BULTMANN, Johannes, 228 Anm. 4; BROWN, John I, 320; BILLERBECK, Kommentar II, 491; DIETZFELBINGER, Johannes I, 226; BECKER, Johannes I, 272; WENGST, Johannesevangelium I, 302f; JEREMIAS, Golgotha, 81; KUTSCH, Sukkot, 300; ULFGARD, Story, 259.

[30] Vgl. BILLERBECK, Kommentar II, 491.

[31] Vgl. BANETH, Moed, 351 Anm. 24.

[32] Zu Moza (מוצא) vgl. KÜBLER, Sukka, 24 Anm. 11.

[33] mSuk 4,5 (Text der HS Kaufmann, ed. KÜBLER, 25). Offensichtlich wurde im rabbinischen Judentum darüber diskutiert, ob der Gottesname bei der Anrufung ausgesprochen wurde. Ein abweichender Text, der den Gottesnamen nicht nennt, wird in mSuk 4,5 im Namen Rabbi Jehudas überliefert. Vgl. ySuk 4,3/2 (54c); KÜBLER, Sukka, 24f Anm. 14; BANETH, Moed, 350f Anm. 23; BILLERBECK, Kommentar II, 797; HOROWITZ, Sukkah, 12; MENKEN, Feste, 279f.

[34] Jub 16,31 geht dagegen von sieben Umkreisungen an jedem Tag aus. Eine ausführliche Diskussion darüber, ob nur die Priester oder aber alle Israeliten an der Prozession teilnahmen, führt BILLERBECK, Kommentar II, 794–797. SAFRAI, Wallfahrt, 239–242 geht von einer aktiven Beteiligung des ganzen Volkes aus (ebenso KNOHL, Sectarianism, 603), während BILLERBECK, a.a.O. vermutet, dass das Volk der Priesterprozession nur zusah.

[35] In MTeh 17,5 (ed. BUBER, 648) findet sich sogar die Bezeichnung „Tag des großen Hoschana", was der johanneischen Bezeichnung „der große Tag des Festes" am nächsten zu kommen scheint. Vgl. JACOBS, Sukkot, 301; BILLERBECK, Kommentar II, 491; 798; HOROWITZ, Sukkah, 11; WENGST, Johannesevangelium I, 302.

rung im Rahmen des Synagogengottesdienstes beibehalten wurde.[36] Man kann also m.E. zuverlässig davon ausgehen, dass die Lesenden des Johannesevangeliums neben der Tradition der Wasserspende v.a. die des „Hoschia῾na"-Rufens der Festgemeinde mit dem „letzten und großen Tag des Festes" verbanden, die an diesem Tag ihren Höhepunkt erreichte, die Anrufungen der ganzen Festwoche bündelte und vervielfachte. Wenn dem so ist, dann gewinnt die Aktion Jesu in Joh 7,37f vor diesem Hintergrund eine spezifische Bedeutung.

2.2 Joh 7,37f am siebten Festtag

In Joh 7,37 verändert Jesus die Kommunikationssituation zwischen sich und der übrigen Festmenge. Er erhebt sich (εἰστήκει) und verlässt somit die auf Kontinuität und Diskurs angelegte Position eines Lehrers, der inmitten seines Auditoriums sitzt. Stattdessen wird er in stehender und laut rufender (ἔκραξεν) Position zum Gegenüber der – ganzen – Festgemeinde. Das Verb κράζω findet sich vier Mal im Johannesevangelium, davon zwei Mal in Joh 7. Außer in 7,37 steht es auch schon in 7,28, wo es ebenfalls einen vollmächtigen Selbstoffenbarungssatz Jesu aus dessen Lehre im Tempel hervorhebt:

> Jesus rief (ἔκραξεν) also, während er im Tempel lehrte, und sagte: Ihr kennt mich und ihr wisst auch, woher ich bin. Und ich bin nicht von mir selbst gekommen, sondern der, der mich gesandt hat, ist wahrhaftig, den ihr nicht kennt.

In ähnlichem Kontext leitet das Verb auch in 12,44f einen Offenbarungssatz Jesu ein, der Glauben an seine Person fordert und darin die Gottesbegegnung verheißt: „Jesus aber rief (ἔκραξεν) und sagte: Wer an mich glaubt, glaubt nicht an mich, sondern an den, der mich gesandt hat, und wer mich sieht, sieht den, der mich gesandt hat." In 1,15 schließlich, wo das Verb nicht wie an den drei übrigen Stellen im Aorist, sondern im Perfekt steht, hat es den Täufer zum Subjekt und bezeichnet dessen Tätigkeit, christologisches Zeugnis zu geben (parallel zu μαρτυρέω): „Johannes zeugt über ihn und rief (κέκραγεν), indem er sagte: Dieser war es, von dem ich gesagt habe: Der nach mir kommt, ist vor mir geworden, weil er vor mir war." Die mit κράζω eingeleiteten Worte erhalten durch das Verb also ein besonderes Gewicht.[37] Sie werden als vollmächtige Offenbarung der Person Jesu gekennzeichnet.[38]

---

[36] Vgl. MTeh 17,5; MACH, Feste, 111; WENGST; Johannesevangelium I, 302.

[37] Vgl. FENDRICH, κράζω, 775; WENGST, Johannesevangelium I, 76f; FREY, Eschatologie III, 311 zu Joh 12,44; OBERMANN, Erfüllung, 223; KÜHSCHELM, Verstockung, 223f.

[38] Vgl. ODEBERG, Gospel I, 283; BROWN, John I, 320: „in this chapter it [sc. das Verb κράζειν, D.F.] is used twice of Jesus [...] when he makes a solemn proclamation of a

Auf dem Höhepunkt des Festes kommt also auch die Selbstoffenbarung Jesu in diesem Kapitel zu ihrem Höhepunkt (7,37f). Nachdem die feiernden Gläubigen sieben Tage um den Altar gezogen sind und Gott um Hilfe angerufen haben: „Hoschiaʿna", erhebt sich Jesus und ruft laut aus: Ἐάν τις διψᾷ ἐρχέσθω πρός με καὶ πινέτω ὁ πιστεύων εἰς ἐμέ, καθὼς εἶπεν ἡ γραφή, ποταμοὶ ἐκ τῆς κοιλίας αὐτοῦ ῥεύσουσιν ὕδατος ζῶντος. Wenn es stimmt, dass Johannes und sein Umfeld mit dem „großen Tag" des Festes den siebten Sukkot-Tag und somit insbesondere Wasserspende und „Hoschiaʿna"-Ruf verbinden, dann liegt es nahe, in Jesu Verheißung in Joh 7,37f eine Antwort auf die im Ruf „Hoschiaʿna" (von ישע: „hilf/rette doch") ausgedrückte Bitte zu sehen.[39] Können die Verse 37f aus Jesu Mund als die Zusage eben jener Hilfe verstanden werden, die im Bittruf an Gott speziell am Laubhüttenfest erbeten und erhofft wurde?

Dazu ist zunächst zu klären, welche konkreten Heilsinhalte sich mit dem Fest im Ganzen und der Wasserspende im Besonderen verbanden und inwiefern die Jesusworte in 7,37f diese Inhalte aufnehmen. Das wird im Folgenden durchgeführt in einer sehr knappen Übersicht über die Entwicklung der an Sukkot geknüpften Hoffnungen in alttestamentlicher Zeit und die Ausdeutung des Festes im Jubiläenbuch. Anschließend folgt eine ausführliche Untersuchung der speziell mit dem Ritus der Wasserspende verbundenen Erwartungen, hauptsächlich in rabbinischer Theologie.

2.3 Die Deutung des Laubhüttenfests in alttestamentlicher Zeit

Der Ursprung des Sukkotfestes liegt im altisraelitischen Herbstfest, das ein Fest der Ernte von Wein, Baumfrüchten und Getreide war (z.B. Ex 23,16; 34,22: „das Fest des Einsammelns"; Dtn 16,13.15: „Das Laubhüttenfest sollst du sieben Tage lang halten, wenn du einsammelst von deiner Tenne und deiner Weinpresse. [...] Denn es wird dich segnen JHWH, dein Gott, in deiner ganzen Ernte und im ganzen Werk deiner Hände, und du sollst wirklich fröhlich sein.").[40] Der genaue Zeitpunkt dieses Festes richtete sich nach dem jeweiligen Stand der Ernte und der Bittruf „Hoschiaʿna" an Sukkot war zunächst wohl einfach ein Gebet um gute Ernte.[41]

---

[39] Der Ruf „Hoschiaʿna", der auch als Akklamationsruf für Könige dient, drückt neben der Bitte ein Bekenntnis zu der rettenden Macht des Herrschers aus.

truth concerning his person and work". S. auch BULTMANN, Johannes, 228 und CORY, Rescue, 100 Anm. 6, die das Verb in der Weisheitstradition verortet.

[40] Vgl. KRONHOLM, סכך, 849; VOLZ, Neujahrsfest, 36; ANGERSTORFER, Laubhüttenfest, 591–593; TABORY, Festivals, 156f. Zu Sukkot in den alttestamentlichen Texten vgl. ausführlich ULFGARD, Story, passim; MÜLLNER/DSCHULNIGG, Feste, 46–48; KÖRTING, Schall, passim; RUBENSTEIN, History, 13–50; SPAULDING, Identities, 55–61.

[41] Vgl. JACOBS, Sukkot, 301.

Im Laufe der exilisch-nachexilischen Zeit wird Sukkot als „das Fest"
schlechthin jedoch immer mehr von der Erntethematik gelöst und sein
bleibender Termin am 15. Tischri festgelegt.[42] Das Fest wurde enger mit
dem Glauben an JHWH und der israelitischen Heilsgeschichte, speziell
dem Exodus und der Wüstenwanderung verknüpft und dadurch stärker
vom kanaanäischen Herbstfest abgesetzt.[43] Zudem erhielt es sühnende
Funktionen, was sich in der höheren Anzahl von Opfern ausdrückt, die an
diesem Tag im Vergleich zu den anderen Festen vorgeschrieben sind (Num
29,12–38).[44]

Aber auch mit anderen Traditionen wird das Laubhüttenfest in einzelnen Texten verknüpft, so z.B. in 1 Kön 8,2.65 mit dem Tempel, indem die
salomonische Tempelweihe „am Fest im siebten Monat" terminiert wird.[45]
Vermutlich in Aufnahme dieser Tradition datieren Esra 3 und Neh 8 auch
den Beginn der Wiedererrichtung des Zweiten Tempels bzw. die Wiederaufnahme des Opferdienstes in den siebten Monat und verbinden sie mit
dem Sukkotfest.[46] Inhaltlich liegt die Verbindung des Laubhüttenfestes und
der Tempeleinweihungen im Motiv des Wohnungnehmens Gottes bei seinem Volk. Während Gott nach dem Auszug aus Ägypten im Zelt Wohnung
beim wandernden Volk Israel nahm und ihm so seine Nähe garantierte, so
nimmt er in der deuteronomistischen und priesterlichen Theologie im
Tempel in Jerusalem dauerhafte Wohnung bei seinem Volk.[47] Der Aspekt
der Gegenwart Gottes scheint dem Fest also in seinen verschiedenen alttestamentlichen Deutungen zu eignen.[48]

Wenn das nachexilische Gebot Lev 23,42f das siebentägige Wohnen aller Israeliten in Laubhütten vorschreibt, schafft es eine Kontinuität zwischen der Wüstengeneration und den nachfolgenden Generationen, die das
Fest im Tempel begehen. Sie sollen, wie ihre Vorfahren in der Wüste, die

---

[42] Vgl. KRONHOLM, סכך, 852f; ULFGARD, Story, 95.

[43] Z.B. Lev 23,42f: „In Laubhütten sollt ihr wohnen sieben Tage lang; alle Einheimi-
schen in Israel sollen in Laubhütten wohnen. Damit eure Generationen wissen, dass ich
in Laubhütten wohnen ließ die Kinder Israels, als ich sie herausführte aus dem Land
Ägypten." Vgl. KRONHOLM, סכך, 851; SPRINGER, Neuinterpretation, 83–94; ULFGARD,
Story, 213–221.

[44] Vgl. OTTO, Feste, 101; KRONHOLM, סכך, 852f.

[45] Vgl. dazu WEYDE, Festivals, 147–162.

[46] Vgl. WEYDE, Festivals, 160. Neh 8,14–17 verbindet das Fest explizit mit der Wüstenwanderung, wenn berichtet wird, dass die aus dem Exil Zurückgekehrten gemäß dem
mosaischen Gesetz „am Fest im siebten Monat" in Laubhütten wohnten, was die Israeliten seit den Tagen Josuas nicht mehr getan hätten. Verknüpfungen des Tempels und des
in ihm vollzogenen Kults mit Sukkot finden sich z.B. auch in 1Mak 10,21 und 2Mak
1,18; 10,5–8.

[47] Vgl. zur Entwicklung der Theologie vom Wohnen Gottes im Tempel und bei seinem Volk JANOWSKI, Mitte, passim.

[48] Zur engen Verbindung von Sukkot mit dem Tempel vgl. ULFGARD, Story, 196ff.

Gegenwart und den Schutz Gottes erfahren. Während der Feststrauß und die Festfreude an Sukkot Gott als Schöpfer preisen und an den ursprünglichen Erntedank an Sukkot erinnern, wird im Brauch der Laubhütten Gott als Retter und schützender Begleiter vergegenwärtigt.[49] Der Bittruf „Hoschia῾na" wird vor diesem Hintergrund neben der eher agrarisch orientierten Bitte um gute Ernte auch ein heilsgeschichtlich geprägtes Flehen um Beistand und Errettung aus Not und Bedrängnis beinhaltet haben.[50]

In Sach 14 schließlich erhält das Sukkotfest eine eschatologische Dimension. Während nach Lev 23 nur Israeliten und Israelitinnen das Fest begehen,[51] werden nach Sach 14,16 in der Endzeit die Übriggebliebenen aller Völker jährlich zur Feier des Festes nach Jerusalem kommen:

Und es wird geschehen: alle Übriggebliebenen von allen Völkern, die gegen Jerusalem gekommen sind, werden jedes Jahr hinaufziehen, um den König, JHWH Zebaoth anzubeten und das Laubhüttenfest zu feiern.

„Das Laubhüttenfest wird hier ein universales Anliegen [...]: alle Völker sollen unter Androhung von harter Strafe nach Jerusalem kommen, nicht um allgemeine religiöse und politische Angelegenheiten im Rahmen des Herbstfestes zu behandeln (vgl. Ri 9,26–29; 1Kön 8,1–13; 2Kön 23,1.3), sondern zur Huldigung des Königs JHWH, des Weltherrschers."[52]

Schwerpunkt dieser eschatologischen Festfeier ist also die universale Herrschaft des Gottes Israels und deren universale Anerkennung.[53]

„Diese Herrschaft ist noch Verheißung, als solche ausgedrückt durch die Redewendungen ‚und es wird geschehen' (Sach 14,16.17) und ‚an jenem Tag' (Sach 14,20.21)."[54]

Die Hoffnung auf die allgemeine weltweite Anerkennung der Herrschaft Gottes und die Wallfahrt der Völker nach Jerusalem am Ende der Zeiten nach dem Gotteskampf beinhaltet für die israelitische Gemeinde die Hoffnung auf die endgültige Errettung aus Not und Bedrängnis. Diese Hoffnung ist die Hoffnung auf die eschatologische Wiederholung der Befreiungserfahrung des Exodus. Indem das Laubhüttenfest die Verheißung dieser endzeitlichen Befreiung symbolisiert, wird in seinem Festvollzug einmal mehr der Aspekt Gottes als Retter und Erlöser betont. Eben diese spät-

---

[49] Vgl. TanB Emor 30.

[50] Vgl. WEYDE, Festivals, 142.

[51] Vgl. auch Jub 16,25: „Und es war kein Fremder bei ihm und keiner, der nicht beschnitten war." (Übersetzung: BERGER, Jubiläen, 414).

[52] KRONHOLM, סכך, 854. Vgl. OTTO, Feste, 101.

[53] Vgl. auch HARRELSON, Celebration, 93: „The fall festival was in ancient times the occasion for covenant renewal. Is it not in this text [sc. Sach 14,16ff D.F.] to be understood as the consummation of God's covenant with the foreign nations?"

[54] SPRINGER, Neuinterpretation, 102. Vgl. auch ULFGARD, Story, 147, der einen generellen eschatologischen Gehalt des Festes zur Zeit Sacharias jedoch abstreitet.

alttestamentliche eschatologische Interpretation des Sukkotfestes wurde in der rabbinischen Theologie aufgenommen.[55]

Zusammenfassend lässt sich nach diesem knappen Durchgang durch verschiedene alttestamentliche Sukkot-Traditionen sagen, dass Gott im Vollzug dieses Festes zunächst als der Schöpfer angerufen wird, der die lebensnotwendige Ernte schenkt. Darüber hinausgehend wird er jedoch in Bezug auf die heilsgeschichtliche Erfahrung der Wüstenwanderung als der angerufen, der bleibend bei seinem Volk gegenwärtig ist, es schützt, vor Feinden rettet und aus Bedrängnis erlöst. Spätestens seit Sacharia kann mit dem Laubhüttenfest auch die eschatologische Hoffnung auf die universale Herrschaft Gottes und damit die endgültige Erlösung Israels verbunden werden. Alle diese Aspekte können also bei dem Bittruf „Hoschiaʿna", der besonders den siebten Festtag prägt, mitgehört werden und sind für die Deutung von Joh 7,37f im Blick zu behalten.

2.4 Sukkot im Jubiläenbuch

Das Jubiläenbuch führt das Laubhüttenfest auf Abraham zurück.[56] Jub 16,20–31 schildert, wie der Erzvater das Fest zum ersten Mal begeht. Sukkot ist demnach v.a. ein Freudenfest, mit dem Abraham Gott für seine Rettung und das Geschenk der Geburt Isaaks dankt und ihn dafür ehrt: „Und er machte ein Freudenfest in diesem Monat, sieben Tage lang in der Nähe des Altares, den er erbaut hatte bei dem Brunnen des Schwures. Und er baute Hütten für sich und für seine Sklaven an diesem Fest. Und er war der erste, das Fest der Hütten auf der Erde zu feiern."[57] Die anschließenden Verse (Jub 16,22–24) zählen die diversen Opfer auf, die Abraham während der sieben Festtage darbringt.

Auch die eschatologische Dimension des Festes ist im Jub präsent. Weil er das Fest begangen hat, wird Abraham mitsamt all seinen Nachkommen gesegnet und Israel das Gebot gegeben, das Fest in jedem Jahr zu halten und zwar als „Gesetz für die Ewigkeit":

Und wir segneten ihn für ewig und all seinen Samen, der nach ihm sei in allen Generationen der Erde, weil er dieses Fest gemacht hatte zu seiner Zeit nach dem Zeugnis auf den Tafeln des Himmels. Deswegen ist angeordnet auf den Tafeln des Himmels über Israel, daß sie das Fest der Hütten sieben Tage hielten in Freude im siebenten Monat, welches angenommen wurde vor dem Herrn als Gesetz für die Ewigkeit für ihre Generationen in jedem Jahr und Tag. Und es gibt für dieses keine Grenze der Tage, denn für Ewigkeit ist es angeordnet über Israel, daß sie es halten und daß sie wohnen in Hütten und daß sie

---

[55] S. unten. Vgl. VELTRI, Feste, 90.

[56] Zu Sukkot in Jub vgl. ULFGARD, Story, 155–173; KÖRTING, Schall, 276–281; SPAULDING, Identities, 61f; RUBENSTEIN, History, 50–56.

[57] Jub 16,20f (Übersetzung: BERGER, Jubiläen, 413).

Kränze auf ihre Häupter setzen und daß sie Blätterzweige nehmen und Weiden vom Fluß.[58]

Den Schwerpunkt legt Jub aber auf das Motiv der Freude Abrahams, die immer wieder betont wird (Jub 16,20.25.27.29.31) und die so konstitutiv ist, dass Abraham das Fest „Fest des Herrn, Freude über das Annehmen des höchsten Gottes"[59] nennt.[60] Auch wenn Jub das Laubhüttenfest also nicht in der Erfahrung der göttlichen Begleitung während der Wüstenwanderung Israels begründet, so ist doch auch hier die Charakterisierung Gottes als Schöpfer (16,26) und Retter (16,20) im Festvollzug grundlegend, denn ihr gilt die Freude Abrahams. Abrahams ausgesprochen enge Gottesbeziehung und seine Freude darüber sind nach Jub die Hauptmotive des Laubhüttenfestes. Interessant ist, dass im Verlauf der Diskussionen zwischen Jesus und der übrigen Festmenge in Joh 8,33–58 Abraham eine tragende Rolle in der Argumentation spielt und in Joh 8,56 ebenfalls von Abrahams Freude die Rede ist: „Abraham, euer Vater, war froh, dass er meinen Tag sehen sollte, und er sah ihn und freute sich."[61] Wie für das Johannesevangelium üblich, wird die Gottesbeziehung hier gänzlich auf die Beziehung zu Jesus konzentriert. Dementsprechend gilt Abrahams Freude auch dem Sehen des Tages *Jesu*.[62] Das entspricht aber wiederum dem johanneischen Bemühen, Jesus als denjenigen zu erweisen, in dem die am Laubhüttenfest erhoffte und gefeierte Gottesbeziehung Israels stattfindet.[63]

2.5 Die Wasserspende an Sukkot in der rabbinischen Tradition

Die Jesusworte in Joh 7,37f nehmen eindeutig Bezug auf die für das Laubhüttenfest – und wie gesehen insbesondere für seinen siebten Tag – zur Zeit des Zweiten Tempels konstitutive Tradition der Wasserspende.[64] Die Wasserspende gehört nicht zu den biblisch bezeugten Bräuchen am Laubhüttenfest, in der rabbinischen Literatur kommt ihr jedoch eine große Bedeutung zu.[65] Wie dieser Ritus ablief und mit welchen theologischen Inhalten, Hoffnungen und Erwartungen er gefüllt war, wird deshalb im Folgenden anhand eines Durchgangs durch die rabbinische Literatur untersucht.

---

[58] Jub 16,28–30 (Übersetzung: BERGER, Jubiläen, 414f).

[59] Jub 16,27 (Übersetzung: BERGER, Jubiläen, 414).

[60] Vgl. ULFGARD, Story, 168.

[61] Vgl. auch PETERSEN, Brot, 238; ZAHN, Johannes, 431–433.

[62] Vgl. REIM, Targum, 6f.

[63] Vgl. dazu z.B. auch unten IV.2.8.

[64] Vgl. mSuk 4,1.9f; tSuk 3,3–18; ySuk 4,6; bSuk 48a–50a; 51b–53a. BORNHÄUSER/MAYER, tSuk, 30 Anm. 30 betonen: „Die Wasserspende ist der für das Tempelritual wichtigste Teil des Laubhüttenfestes." Vgl. auch ULFGARD, Story, 247f; DERS., Feast, 128f.

[65] Vgl. TABORY, Festivals, 198–200.

Die Mischna beschreibt den Ablauf der Wasserspende, die an den sieben eigentlichen Festtagen stattfindet, wie folgt (mSuk 4,9):[66]

Ein goldener Kelch, der drei Log fasste, wurde aus dem Schiloach[-Teich] gefüllt. Wenn man zum Wassertor kam, blies man einen gedehnten, einen schmetternden und einen gedehnten Ton. Er [sc. der Priester] stieg die Rampe [des Altars] hinauf und wandte sich nach links, wo zwei silberne Schalen waren. Rabbi Jehuda sagt: Aus Kalk waren sie, aber sie waren dunkel geworden vom Wein. Sie hatten je einen Spalt in Form zweier Schnäbel, die eine einen breiteren, die andere einen schmaleren, damit sich beide auf einmal entleerten. Die westliche war für das Wasser und die östliche für den Wein. Goss er aus dem [Kelch] des Wassers in die [Schale] für den Wein oder aus dem [Kelch] des Weins in die [Schale] für das Wasser, so war er [von der Pflicht] befreit. [...] Und vor dem Ausgießen ruft man ihm zu: ‚Erhebe deine Hand!‘; denn einmal goss er es auf seine Füße und das ganze Volk bewarf ihn mit ihren Etrogim.[67]

Der Schiloach-Teich, der in Joh 9 als Ort der Blindenheilung eine Rolle im vierten Evangelium spielt, ist eine künstliche Quelle und entstand durch die Wasserleitungen Hiskijas um 700 v.Chr.[68] Für den Kult wurde das fließende Wasser des Teiches gebraucht, da es als rein galt. Zudem wurden ihm wunderbare Eigenschaften zugesprochen, vor allem aufgrund seines unregelmäßigen Flusses (Intermittenz). So übersetzt nicht zuletzt Joh 9,7 den Namen „Schiloach" (griechisch: Σιλωάμ) von der hebräischen Wurzel שלח (senden) her mit „Gesandter" (Ἀπεσταλμένος).[69] „Damit ist ausgesagt, dass das unregelmäßig fließende (intermittierende) Wasser in jenem Augenblick aus dem Kanal sprudle, wenn Gott es [...] so anrichtet. [...] Stets wurde in der Intermittenz des Wassers, die auf einen Syphon im Innern des Südosthügels zurückgeht, ein geheimnisvolles Wirken Gottes gesehen, das sich zum Heil oder Unheil auswirken kann."[70]

Dem aus dem Schiloach geschöpften Wasser, das für die Wasserspende an Sukkot gebraucht wird, eignet bereits per se eine gewisse Wunderhaftigkeit bzw. Wirkmächtigkeit. Seine Verwendung in der Wasserspende soll dem Volk zum Heil dienen. Dabei ist die vermutlich ursprünglichste Bedeutung der Wasser-Zeremonie die Bitte um Regen, die mit der jahreszeitlichen Verortung des Festes zusammenhängt.[71] So heißt es mRhSh 1,2:[72]

---

[66] Text der Hs Kaufmann (ed. KÜBLER, 27). Vgl. ySuk 4,6.

[67] Die Sadduzäer lehnten die Prozedur der Wasserspende ab, da sie nicht in der Tora angeordnet wird. Offenbar hatte ein sadduzäischer Hohepriester vor diesem Hintergrund das Ritual nur zum Schein vollzogen und das Wasser auf den Boden statt in die Schale gegossen, woraufhin ihn das Volk mit seinen Etrogim bewarf. Vgl. tSuk 3,16 (hier: ein Boëthosäer), ySuk 4,8/3–5 (54d) und den Bericht des Josephus über Alexander Jannai in Ant 13,372; ferner BANETH, Moed, 352f Anm. 57; KÜBLER, Sukka, 27 Anm. 30.

[68] Zu Schiloach vgl. KÜCHLER, Wasser, 26f; DERS., Jerusalem, 64–72; BIEBERSTEIN, Schiloach, 476–478.

[69] Vgl. dazu THYEN, Johannesevangelium, 459ff; KRIENER, Glauben, 124.

[70] KÜCHLER, Wasser, 26. Vgl. z.B. auch Josephus, Bell 5,409ff.

[71] Vgl. PATAI, Man, 35ff; DERS., Control, 259f; GUILDING, Gospel, 92; VOLZ, Neujahrsfest, 30.

[72] Text der Hs Kaufmann (ed. KRUPP, 3–5).

An vier Zeitpunkten wird die Welt gerichtet: an Pessach in Bezug auf die Ernte und am Wochenfest in Bezug auf die Früchte der Bäume. Und an Rosch haSchana ziehen alle, die in die Welt gekommen sind, vor ihm [sc. Gott] vorbei wie registrierte Soldaten [...]. Und am [Laubhütten-]Fest werden sie in Bezug auf das Wasser gerichtet.[73]

Und tSuk 3,18 führt aus:[74]

R. Akiba sagte: Die Tora sagte: Bringe eine Garbe von Gerste an Pessach dar, denn das ist die Zeit der Gerste, dass deinetwegen die Ernte gesegnet werde. Bringe Weizen als Erstlingsfrüchte [am] Wochenfest dar, denn das ist die Zeit des Baumes, dass deinetwegen die Früchte des Baumes gesegnet werden. Vollziehe [die] Wasserspende am [Laubhütten-]Fest, dass deinetwegen der Regen gesegnet werde, denn es ist gesagt: ,Und es wird geschehen: Die, die nicht hinaufziehen aus den Geschlechtern der Erde nach Jerusalem, um anzubeten den König J''H Zebaoth, über die wird der Regen nicht kommen. Und wenn das Geschlecht Ägyptens nicht hinaufzieht und nicht kommt, wird auch über sie kein [Regen kommen] usw.'

Das Schriftzitat, mit dem die Tosefta die Biblizität der in Lev 23 und Num 29 nicht erwähnten Wasserspende an Sukkot erweisen möchte,[75] stammt aus Sach 14,17f. Der dem zitierten Text vorangehende Vers 14,16 lautet: „Und es wird geschehen: alle Übriggebliebenen von allen Völkern, die gegen Jerusalem gekommen sind, werden jedes Jahr hinaufziehen, um den König JHWH Zebaoth anzubeten und das Laubhüttenfest zu feiern." Die Strafe, die den Völkern droht, die Gott nach seinem endzeitlichen Sieg nicht in Jerusalem ehren – und zwar insbesondere mit der Feier des Laubhüttenfestes –, ist ausbleibender Regen. Von dieser biblischen Grundlage ausgehend schließt tSuk, dass umgekehrt die Feier von Sukkot Regen für Israel erwirbt.[76]

Ist ausreichender Regen für von der Landwirtschaft abhängige Menschen bereits eine Leben ermöglichende und erhaltende Notwendigkeit, so findet sich schon im direkten Umfeld des Zitats aus Sach 14,17f eine darüber noch hinausgehende eschatologische Deutung des fließenden, „lebendigen" Wassers: die Verheißung der endzeitlichen Tempelquelle in Sach 14,8. Die Tosefta nimmt diese Tradition auf und beschäftigt sich im Traktat Sukka 3 ausführlich mit ihr. So heißt es tSuk 3,3:[77]

---

[73] Zum Text s.oben III.4.2.3. Vgl tRhSh 1,12f; yRhSh 1,3/12 (57a); yRhSh 1,3/24 (57b); PesK 28,8.

[74] Ed. LIEBERMAN, 271.

[75] In ySuk 4,1 und 4,6 finden sich andere Ableitungen des Ritus, die ebenfalls dem Bemühen entspringen, die Wasserspende aus der Bibel herzuleiten.

[76] In mTaan 1,1 findet sich eine Diskussion darüber, ob die Bitte um Regen in der neunten Benediktion des Achtzehngebets, die von Pessach an in der Sommerzeit ausgelassen wurde, vom ersten oder vom letzten Tag des Laubhüttenfestes an wieder gesprochen wurde. Unfraglich ist für die Mischna also, dass von Sukkot an wieder um Regen gebetet wurde. Auch das ist ein Hinweis auf die Verbindung des Festes mit der Hoffnung auf Regen. Vgl. auch bTaan 2b und BILLERBECK, Kommentar II, 791f; 800.

[77] Ed. LIEBERMAN, 266f.

Und warum wird sein Name Wassertor genannt? Weil man durch es den Kelch mit Wasser für die [Wasser-]spende am Fest hineinbringt. R. Lieser ben Jakob sagt: In ihm ‚quillt das Wasser' (Ez 47,2). Das lehrt, dass es quillt und hinausfließt wie das Wasser dieses Kruges. In der Zukunft wird es ‚unter der Schwelle des Tempels hinausfließen' (Ez 47,1). Und so sagt er [sc. der Text]: ‚Und als der Mann nach Osten ging, eine Messschnur in seiner Hand, maß er tausend [Ellen] und ließ mich durch das Wasser hindurchgehen: knöchelhohes Wasser.' (Ez 47,3). Das lehrt, dass ein Mensch Wasser durchqueren [kann], das bis zu seinen Knöcheln [reicht]. ‚Und er maß tausend [Ellen] und ließ mich durch das Wasser hindurchgehen: kniehohes Wasser (מים ברכים).' (Ez 47,4a). Das lehrt, dass ein Mensch Wasser durchqueren [kann], das bis zu seinen Knien [reicht].

Das Wasser, das aus dem Schiloach geholt und durch das Wassertor zum Altar getragen wird, wird also als Symbol für das Wasser gedeutet, das einst aus der Tempelschwelle hervorströmen wird.[78] „Unter Zuhilfenahme des Bibelverses wird das Geschehen im Tempel als Vorwegnahme messianischen Geschehens gedeutet."[79] Die Tosefta fährt fort, das Wasser der Wasserspende im Lichte der Tempelquelle von Ez 47 zu deuten. Zunächst spielt sie in tSuk 3,5 mit der Doppelbedeutung des hebräischen Wortes ברך: „Knie"/„segnen" und bietet eine Alternativdeutung des Verses Ez 47,4a:[80]

Eine andere Auslegung: ‚Kniehohes Wasser' (מים ברכים) [heißt: Wasser], das immer gesegneter wird (שמתברכין והולכין).

Anschließend werden weitere Verse aus dem Abschnitt Ez 47,1–12 zitiert und besprochen, die beschreiben, wie das Wasser immer tiefer wird und schließlich weder schwimmend noch rudernd zu überqueren ist (tSuk 3,6–7). Zur Erklärung, weshalb der Strom auch mit einem Schiff nicht mehr überquert werden kann, zitiert tSuk 3,7 dann aus Jes 33,21 und schließt diese Thematik mit dem Zitat von Sach 14,8 ab, das zugleich zur nächsten Frage überleitet, nämlich der nach der Bedeutung und Wirkung des Tempelquells:[81]

Er kann ihn nicht mit einem kleinen Schiff hinüberbringen; aber bringt er ihn mit einem großen Schiff hinüber? Die Schrift sagt: ‚Keine Ruderflotte fährt darauf.' (Jes 33,21) Er kann ihn nicht mit einem großen Schiff hinüberbringen; aber bringt er ihn mit einer großen Liburne[82] hinüber? Die Schrift sagt: ‚Und kein mächtiges Schiff wird es überqueren.' (Jes 33,21) Und er [sc. der Text] sagt: ‚An jenem Tag werden Wasser von Jerusalem ausgehen...' (Sach 14,8)

---

[78] Vgl. ySheq 4,3 (49d).

[79] BORNHÄUSER/MAYER, Moëd, 31 Anm. 37.

[80] Ed. LIEBERMAN, 267.

[81] Ed. LIEBERMAN, 267.

[82] בורני: „Liburne, ein leicht gebautes, schnell segelndes Schiff" (LEVY, Wörterbuch I, 203, vgl. BORNHÄUSER/MAYER, Moëd, 32 Anm. 56).

Die folgenden Abschnitte des Toseftatraktats erörtern die Leben und Heil
schaffende Wirkung der Tempelwasser mit weiteren Zitaten aus Sach 13
und Ez 47:[83]

Kann [es sein], dass sie [sc. die Wasser aus dem Tempel] sich mit dem Wasser anderer
Quellen vermischen? Die Schrift sagt: ‚An jenem Tag wird eine Quelle geöffnet sein [für
das Haus Davids und die Einwohner Jerusalems gegen Sünde und gegen Unreinheit].‘
(Sach 13,1) Eine Quelle, die gegen Sünde und Unreinheit [wirkt]. Wohin fließt sie? In
das Große Meer, in das Meer von Tiberias und in das Meer von Sodom, um ihre Wasser
zu heilen, wie gesagt ist: ‚Und er sprach zu mir: Diese Wasser fließen in das östliche
Gebiet hinaus und fließen hinab in die Ebene. Und sie kommen ins Meer, in das Meer
fließen sie und die [salzigen] Wasser werden geheilt.‘ (Ez 47,8) ‚Diese Wasser fließen in
das östliche Gebiet hinaus‘ – das ist in das Meer von Sodom; ‚und fließen hinab in die
Ebene‘ – das ist in das Meer von Tiberias; ‚Und sie kommen ins Meer, in das Meer fließen sie und die [salzigen] Wasser werden geheilt.‘ – das ist das Große Meer. Und [die
Schrift] sagt: ‚Und es wird geschehen: jedes Lebewesen, das sich überall dort tummelt,
wo der Fluss hinkommt, wird leben. Und es wird eine große Menge Fische geben. Und
wenn diese Wasser dorthin kommen, wird alles geheilt und lebendig, wohin der Fluss
kommt.‘ (Ez 47,9)
Und [die Schrift] sagt: ‚Und es wird geschehen: Es werden Fischer an ihm stehen,
[von En-Gedi bis En-Eglajim werden Trockenplätze für Netze sein. Fische von allen
Arten werden in ihm sein, wie die Fische des Großen Meeres: eine große Menge].‘ (Ez
47,10) ‚In seinen Sümpfen und in seinen Teichen [wird es (sc. das Wasser) nicht geheilt
werden, zur Salzgewinnung sind sie bestimmt].‘ (Ez 47,11) Und sie sagt: ‚Und an dem
Fluss werden an dem einen und dem anderen Ufer wachsen [allerlei Bäume mit Früchten
zum Essen. Ihre Blätter werden nicht welken und ihre Früchte nicht zur Neige gehen.
Jeden Monat werden sie frische Früchte tragen, denn ihre Wasser fließen aus dem Heiligtum hinaus. Und ihre Früchte werden zur Speise sein und ihre Blätter zur Heilung].‘ (Ez
47,12)
Das lehrt, dass alle Wasser der Schöpfung einst hinausfließen werden wie aus der
Öffnung dieses Kruges.

Mit mehreren Zitaten v.a. aus Ez 47, aber auch aus Sach 13f hebt die Tosefta in diesem midraschartigen Abschnitt die Leben und Heil schaffende
Wirkmacht der Tempelwasser hervor. Wohin sie auch kommen, bringen
sie Leben und Heilung in Fülle und Überfluss hervor. tSuk 3,10 schlägt
einen Bogen zurück zum Beginn des Midraschs in tSuk 3,3, indem die zukünftig erwarteten Wasserströme wieder mit dem Wasser verglichen werden, das aus der Öffnung des Kruges fließt, mit dem die Wasserspende an
Sukkot vollzogen wird: Die Wendung „wie aus der Öffnung dieses Kruges" am Ende von tSuk 3,10 bezieht sich auf die ganz ähnliche Wendung
in tSuk 3,3 zurück und unterstreicht, dass die langen Zitate in den vorigen
Abschnitten alle der Interpretation der Wasserspende dienen. Das Hinausfließen des Schiloach-Wassers aus dem Krug auf den Altar symbolisiert
die endzeitlich erwarteten Wasserströme aus dem Heiligtum, die Sünden-

---

[83] tSuk 3,9–10; ed. LIEBERMAN, 267f.

vergebung und Reinigung (vgl. Sach 13,1), Leben für alle Lebewesen (vgl. Ez 47,9) und umfassendes Heil (vgl. Ez 47,12) spenden werden.

Die endzeitlichen Wasserströme aus dem Tempel werden im Schlusssatz von tSuk 3,10 mit den Urwassern der Schöpfung in Verbindung gebracht, indem sie als „alle Wasser der Schöpfung" (כל מימי בראשית)[84] bezeichnet werden. Urzeit und Endzeit werden von der Tosefta zusammengedacht. Das eschatologische Heil entspricht dem Urzustand der Schöpfung. Im selben Sinne kann es zusammengedacht werden mit den Wundern der Wüstenzeit, deren Wiederholung in messianischer Zeit im antiken Judentum erwartet wurde.[85] Diese Verknüpfung findet sich in tSuk 3,11ff, wo die endzeitliche Tempelquelle, die Wasser der Schöpfung und das Schiloachwasser an Sukkot dem Wasser aus dem Felsen in Israels Wüstenzeit gleichgestellt werden. Dass von der wunderbaren Wasserquelle aus einem Felsen in der Wüste im Pentateuch zweimal berichtet wird (Ex 17,6; Num 20,10f), begründet wohl die rabbinische Haggada, nach der der Felsen samt wunderbarem Brunnen mit Israel mitwanderte.[86] So heißt es tSuk 3,11–13:[87]

Und ebenso war der Brunnen, der mit Israel in der Wüste war. Er ähnelte einem Felsen mit der Länge einer Strecke[88]. Er quoll und stieg empor wie aus der Öffnung dieses Kruges. Er stieg mit ihnen hinauf auf die Berge und stieg mit ihnen hinab in die Täler. An dem Ort, an dem die Israeliten lagerten, lagerte er ihnen gegenüber, an einem erhöhten Ort wie gegenüber dem Eingang des Zelts der Begegnung. Die Fürsten Israels kamen und umringten ihn mit ihren Stöcken und sangen über ihn das Lied: ‚Steige hinauf, Brunnen! Singt für ihn! Steige hinauf, Brunnen! Singt für ihn!' (Num 21,17) Und sie [sc. die Wasser] quollen empor und stiegen wie eine Säule nach oben. Und jeder einzelne scharrte mit seinem Stock, jeder nach seinem Stamm und jeder nach seinem Geschlecht, wie gesagt ist: ‚Der Brunnen, gegraben von Fürsten usw.' (Num 21,18)
‚Und von Mattana [zogen sie] nach Nachaliel und von Nachaliel nach Bamot und von Bamot ins Tal usw.' (Num 21,19f) Er [sc. der Brunnen, bzw. sein Wasser] floss umher im ganzen Lager Israels und tränkte die ganze Wüste, wie gesagt ist: ‚Und er überblickt die Fläche der Wüste.' (Num 21,20) Und er brachte große Flüsse hervor, wie gesagt ist: ‚Und Flüsse strömten.' (Ps 78,20) Sie saßen in Booten und kamen der eine zum anderen, wie gesagt ist: ‚Sie fuhren auf Schiffen des Flusses.' (Ps 105,41)[89]

---

[84] Vgl. zu dieser Wendung BORNHÄUSER/MAYER, Moëd, 34f Anm. 88.

[85] Vgl. neben Mi 7,15; Jes 11,11; Joh 6,14.30f; 7,40 und Offb 2,17 z.B. syrBar 29,8; Josephus, Ant 20,97–99; PesR 15; MekhY Pischa 14 zu Ex 12,42; JEREMIAS, Golgotha, 82f; DERS., Μωυσῆς, 864–867; MENKEN, Remarks, 139.

[86] Diese Vorstellung ist auch schon Paulus bekannt, der sie in 1Kor 10,4 erwähnt. Vgl. CN Num 21,19; TPsJ Num 21,19; Philo, All 2,84–87; Det 115–118.

[87] Ed. LIEBERMAN, 268f.

[88] כברה bezeichnet „wahrsch. ein Längenmaß für eine Wegstrecke, [...] wahrsch. d. Länge eines vollen Pfluglandes v. 4 Sea, d.h. 100 Ellen" (GESENIUS, Handwörterbuch, 334).

[89] Die Tosefta deutet den Psalmvers um. Vgl. zur Stelle BORNHÄUSER/MAYER, Moëd, 37 Anm. 112: „Wörtlich heißt es da [sc. in Ps 105,41]: פתח צור ויזובו מים הלכו בציות נהר

Wer rechts hinauffuhr, fuhr rechts hinauf, wer links hinauffuhr, fuhr links hinauf. Ja, [das] Wasser, das [aus dem Felsen] rechts herausgepresst wurde, wurde zu einem großen Fluss und man fuhr ins Große Meer und brachte von dort alle Kostbarkeit der Welt, wie gesagt ist: ‚Diese vierzig Jahre war Jah, dein Gott, mit dir; an nichts fehlte es dir.' (Dtn 2,7)

Anhand von Bibelzitaten aus Num 21, wo der Brunnen besungen wird, und von Psalmen, die das Wasserwunder preisen, malt die Tosefta in diesem Exkurs also das aus dem Wüstenfelsen fließende Wasser als immer größeren Strom aus, der bis zum Meer reicht, über den die Israeliten und Israelitinnen mit allen Gütern versorgt werden können, und der somit dafür sorgt, dass es ihnen in den vierzig Jahren in der Wüste an nichts mangelt. In seiner Leben schaffenden wie erhaltenden Funktion und dem Übermaß an Fülle entspricht diese Schilderung des Wüstenwassers der vorangehenden Beschreibung der endzeitlichen Tempelströme. Ob in der Urzeit, während der Wüstenwanderung oder in eschatologischer Zukunft – den geschilderten Wasserströmen ist als konstitutives Charakteristikum das überfließende Heil und Leben gemein, das sie für Israel bewirken. Genau das symbolisiert nach tSuk das Schiloachwasser in der Wasserspende an Sukkot.[90]

Im Traktat Sukka des Talmud Yerushalmi fehlt ein derartiger Abschnitt, der die eschatologische Heilsdimension des Wasserschöpfens unterstreicht. Dafür bringt ySuk 5,1 wiederholt das an Sukkot aus dem Schiloach geschöpfte Wasser mit dem heiligen Geist in Verbindung. Zunächst wird der Name בית שואבה anhand von Jes 12,3 auf den heiligen Geist hin gedeutet:

Rabbi Jehoschua ben Levi sagte: Warum wird ihr [sc. der Stätte] Name ‚Stätte des Schöpfens' genannt? Weil man von dort den heiligen Geist schöpft, im Sinne von: ‚Und ihr werdet Wasser schöpfen in Freude aus den Quellen des Heils' (Jes 12,3).[91]

Anschließend wird von einem Lehrdisput zwischen Rabbi Levi und Rabbi Jochanan berichtet, in dem es um den Stamm geht, dem der Prophet Jona entstammt, und im Zusammenhang damit um die Frage, wo Jona sich befand, als der Geist Gottes ihn beauftragte, nach Ninive zu gehen. Dazu wird u.a. die Meinung Rabbi Jonas angeführt:

,er öffnete den Felsen und es floß Wasser heraus, lief durch die Wüste als ein Strom.' An unserer Stelle wird nun הלכו auf die Israeliten bezogen und בציות nicht von ציה ‚trockene Steppe', sondern von צי ‚Schiff' abgeleitet."

[90] In tSuk 3,11 wird auch das Wasser des Wüstenbrunnens noch einmal explizit mit dem aus dem Krug hervorquellenden Wasser der Wasserspende an Sukkot verglichen: כמפי הפך הזה. Die „Wasser der Schöpfung" und das Wasser des Schiloach werden auch in tTaan 1,8 nebeneinander genannt und hier als die beiden kostbarsten und reinigendsten Wasser schlechthin bezeichnet.

[91] ySuk 5,1/3 (55a). Text: MS Leiden und Ed. princ. Venedig (ed. SCHÄFER/BECKER, Synopse zum Talmud Yerushalmi II/5–12, 177). Vgl. BerR 70,8.

Rabbi Jona sagte: Jona ben Amitai war [einer] derer, die zu den Wallfahrtsfesten hinaufsteigen [nach Jerusalem]. Und er trat ein zur Freude der Stätte des Schöpfens. Und der
heilige Geist kam auf ihn.[92]

Der Durchgang durch Mischna, Tosefta und Yerushalmi hat die Deutungs-
horizonte aufgezeigt, mit denen im antiken Judentum die Wasserlibation
an Sukkot theologisch interpretiert wurde. Mit unterschiedlichen Nuancen
ist den verschiedenen Deutungsansätzen eines gemeinsam: Das Wasser an
Sukkot symbolisiert eschatologisches Heil. Dieses umfasst den heiligen
Geist, die endzeitlichen Tempelwasser und in Kombination damit die rettenden Wasser der Wüstenzeit und die Urwasser der Schöpfung. Alle diese
Elemente sind Ausdruck der Zuwendung Gottes zu Israel, seines Schutzes
und Beistandes, durch die er Leben in dieser und Heil in der kommenden
Welt überhaupt ermöglicht.

Was bedeutet nun dieser theologische Kontext für das Verständnis der
Jesusworte in Joh 7,37f? Diese Frage soll im Folgenden beantwortet werden. Als Voraussetzung dafür sind jedoch zunächst einige Fragen zu diskutieren, die den inneren Zusammenhang der Verse betreffen. Jesu Selbstoffenbarung in 7,37f wird von ihm selbst als Schriftzitat gekennzeichnet:
καθὼς εἶπεν ἡ γραφή (7,38). Dieses Zitat gibt der neutestamentlichen Forschung von Beginn an mehrere Rätsel auf. Sein Umfang und seine inhaltliche Struktur sind ebenso umstritten wie seine Quelle.

2.6 Interpunktion und Übersetzung von Joh 7,37f

Am Höhepunkt des Sukkotfestes – und als Klimax von Joh 7 – erhebt sich
Jesus und ruft: Ἐάν τις διψᾷ ἐρχέσθω πρός με καὶ πινέτω ὁ πιστεύων
εἰς ἐμέ καθὼς εἶπεν ἡ γραφή ποταμοὶ ἐκ τῆς κοιλίας αὐτοῦ ῥεύσουσιν
ὕδατος ζῶντος.

Bevor nach der Quelle bzw. den Quellen des Schriftzitats gefragt werden kann, sind Umfang und Inhalt des zitierten Textes zu klären. Diese
hängen von der Punktierung der Sätze ab, konkret davon, ob ὁ πιστεύων
εἰς ἐμέ noch zum Vorangehenden oder bereits zum Folgenden gehört. Die
Strukturierung der Verse ist jedoch höchst umstritten. H. Thyen fasst die
unterschiedlichen Lösungsvorschläge wie folgt zusammen:

„Die Zuordnung der Wendung ὁ πιστεύων εἰς ἐμέ ist seit der Zeit der Alten Kirche strittig. Grammatisch bestehen dafür die folgenden drei Möglichkeiten: (1) Die Wendung

---

[92] ySuk 5,1/6 (55a). Text: MS Leiden und Ed. princ. Venedig (ed. SCHÄFER/BECKER,
Synopse zum Talmud Yerushalmi II/5–12, 177). In Joh 7,39 deutet der Evangelist in
ähnlicher Weise das „lebendige Wasser" auf den heiligen Geist. Auch diese Interpretation bewegt sich also im Rahmen rabbinischer Interpretationen der Wasserlibation an Sukkot. M.E. kann diese Parallele als ein weiterer Hinweis darauf gelten, dass die Verheißung des johanneischen Jesus in Joh 7,37f im Zusammenhang dieses Sukkotritus zu verstehen ist.

bildet zusammen mit dem Vorausgegangenen einen chiastischen *parallelismus membrorum* der Form A – B / B´ – A´: ἐάν τις διψᾷ ἐρχέσθω πρός με / καὶ πινέτω ὁ πιστεύων εἰς ἐμέ. Die diesem Offenbarungsruf folgende Zitationsformel καθὼς εἶπεν ἡ γραφὴ wäre dann, wie bei Joh und auch sonst üblich, die Ankündigung eines ihr *folgenden* Schriftzitats. (2) Oder die Wendung ὁ πιστεύων εἰς ἐμέ will mit dem Folgenden so zusammengenommen sein, daß die Zitationsformel das Schriftzitat als Paranthese unterbräche: ὁ πιστεύων εἰς ἐμέ – καθὼς εἶπεν ἡ γραφὴ – ποταμοὶ ἐκ τῆς κοιλίας αὐτοῦ ῥεύσουσιν ὕδατος ζῶντος."[93]

Der dritte von Thyen aufgezählte Lösungsvorschlag (3) ist der W. Bauers:

„Was zunächst die Einzelheiten betrifft, so könnte ὁ πιστεύων εἰς ἐμέ wohl noch zum Vorhergehenden gehören. Besser aber beginnt man damit den neuen Satz und faßt die Worte als Nominativus absolutus nach Art von 6,39; 8,45; 15,2; 17,2. [...] Das καθὼς εἶπεν ἡ γρ. gehört dann aber nicht zu den Anfangsworten, als sei von schriftgemäßem Glauben die Rede".[94] Stattdessen paraphrasiert Bauer die Stelle: Jesus „rief also: wenn jemand dürstet, der komme zu mir und trinke. Wer an mich glaubt (, der wird erleben, daß es so zugeht,) wie die Schrift gesagt hat: ‚Ströme werden aus seinem (des Erlösers) Leibe fließen lebendigen Wassers'".[95]

Der Hauptunterschied zwischen den Varianten (1) und (3) einerseits und (2) andererseits ist der Bezug des Personalpronomens αὐτοῦ. Während dieses in (1) und (3) christologisch zu interpretieren ist – die Ströme lebendigen Wassers fließen aus *Jesu* Leib –, bezieht es sich bei Lesart (2) auf ὁ πιστεύων εἰς ἐμέ, strömt das lebendige Wasser also aus den an Jesus Glaubenden. Offensichtlich wurde letztere Interpretation bereits von dem Schreiber von P[66] vertreten, der hinter πινέτω einen Punkt setzte.[96] Auch Origenes interpretierte den Text in diesem Sinne[97] und ihm folgen die meisten griechischen Väter[98] sowie einige moderne Auslegungen.[99]

---

[93] THYEN, Johannesevangelium, 400 (Hervorhebungen im Original).

[94] BAUER, Johannesevangelium, 113.

[95] BAUER, Johannesevangelium, 112. Ähnlich, BARTH, Erklärung, 330: „Wenn jemand dürstet, der komme zu mir und trinke! Wer zu mir kommt [sic], dem wird es bei mir gehen, wie die Schrift sagt: Ströme lebendigen Wassers werden aus seinem Leibe fließen." Vgl. ebd., 349. Und MENKEN, Feste, 278: „Wenn jemand Durst hat, komme er zu mir und trinke! Wer an mich glaubt, für den werden, wie die Schrift gesagt hat, Ströme lebendigen Wassers aus seinem Innern hervor fließen." Vgl. DERS., Rivers, 193f. Einen weiteren alternativen Lösungsvorschlag macht KILPATRICK, Punctuation, 341, der es für möglich hält, „to take ὁ πιστεύων εἰς ἐμέ with both the preceding verbs and to construe as follows: ‚If any man thirst, let him who believes in me come to me and drink'".

[96] Vgl. THYEN, Johannesevangelium, 401.

[97] Origenes, Hom in Gen XIII, 3f (PG 12,234). Vgl. RAHNER, Flumina I, 273–282.

[98] So das Ergebnis der Untersuchungen Rahners und Boismards: RAHNER, Flumina I, 270; BOISMARD, De son ventre, 525f. Vgl. Chrysostomus, Hom in Jo, LI (PG 59,283f). Vgl. REIM, Studien, 56–61; DERS., Jochanan, 63; THYEN, Johannesevangelium, 401f.

[99] Vgl. REIM, Studien, 62–88; DERS., Jochanan, 56–88; HAHN, Worte, 53f; SCHLATTER, Johannes, 201; BERNARD, St. John I, 282; GODET, Johannes, 311; WESTCOTT, St. John, 123; WEBSTER, Jesus, 56; FREED, Quotations, 21.23f; LEE, Thought, 217; HRUBY,

M.E. ist jedoch R. Bultmanns Urteil zuzustimmen, der diese Variante aus sprachlichen, v.a. jedoch aus inhaltlichen Gründen ablehnt:

„Das ὁ πιστεύων εἰς ἐμέ ist mit dem vorhergehenden πινέτω als dessen Subj. zu verbinden. Nicht nur, weil sich, wenn das ὁ πιστ. εἰς ἐμέ zum folgenden gezogen wird, schlechterdings kein passendes Schriftwort finden läßt, sondern auch, weil der Satzrhythmus diese Verbindung verlangt, vor allem aber, weil sich sonst die grotesk-komische Vorstellung ergeben würde, daß aus dem Leib des Trinkenden, der seinen Durst stillt, Wasserbäche strömen."[100]

Während sprachlich alle Varianten als johanneisch denkbar sind,[101] ist die Variante (2) inhaltlich weder mit dem direkten Kontext der Verse noch mit dem Gesamtduktus der johanneischen Christologie vereinbar. Ihre Verfechter und Verfechterinnen führen Joh 4,14 als Referenztext für die Möglichkeit an, ἐκ τῆς κοιλίας αὐτοῦ auf die Glaubenden zu beziehen.[102] In 4,14 verheißt Jesus der Samaritanerin: „Wer aber von dem Wasser trinkt, das ich ihm geben werde, wird in Ewigkeit nicht (mehr) durstig werden, sondern das Wasser, das ich ihm geben werde, wird in ihm zu einer Quelle von Wasser werden, das ins ewige Leben fließt." Im Gegensatz zu 7,38 ist in 4,14 aber nicht die Rede davon, dass das Wasser *aus* dem Leib des Glaubenden *hinaus* fließt. Es handelt sich also nicht um eine Quelle des Wassers bzw. des Heils für andere, sondern verheißt den einzelnen Gläubigen die Endgültigkeit und Unverlierbarkeit des Heils, das sie – von Jesus! – empfangen haben und das eben *ewiges* Leben bedeutet.[103] Insofern entspricht die Aussage in 4,14 inhaltlich den Verheißungen in Joh 6,35 („Wer zu mir kommt, wird nicht hungern, und wer an mich glaubt, wird niemals mehr dürsten."), 10,27f („Und ich gebe ihnen ewiges Leben und sie werden nicht zugrunde gehen in Ewigkeit und niemand wird sie aus meiner Hand reißen.") und 11,26 („Jeder, der lebt und glaubt an mich, wird

---

Fête, 173; ODEBERG, Gospel I, 284; ULFGARD, Feast, 117. (ULFGARD, a.a.O., 117f betont jedoch, dass die Entscheidung nicht eindeutig gefällt werden kann.) Übersichten über weitere Vertreter der verschiedenen Lesarten sowie deren ausführliche Diskussion finden sich bei BROWN, John I, 320f; REIM, Studien, 62ff; DERS., Jochanan, 56–70; THYEN, Johannesevangelium, 400ff; SCHNACKENBURG, Johannesevangelium II, 211ff.

[100] BULTMANN, Johannes, 228 Anm. 6.

[101] Vgl. BECKER, Johannes I, 273; BROWN, John I, 320f.

[102] Vgl. z.B. WESTCOTT, St. John, 123; BERNARD, St. John I, 282f; HAHN, Worte, 53; REIM, Studien, 64; 69; 88; FREED, Quotations, 24.

[103] Vgl. THYEN, Johannesevangelium, 401; MENKEN Origin, 165; SCHNACKENBURG, Johannesevangelium II, 214. Zudem ist in 4,14 nicht von „lebendigem Wasser" die Rede, wohl aber in 4,10, wenn Jesus der Samaritanerin sagt, dass *er* ihr „lebendiges Wasser" (ὕδωρ ζῶν) geben könnte.

in Ewigkeit nicht sterben.""). Dass andere Menschen wie Jesus zu Heils-
spendern werden, ist innerhalb der johanneischen Theologie undenkbar.[104]
Das macht auch der unmittelbare Kontext der Verse deutlich. Selbst
wenn man ὁ πιστεύων εἰς ἐμέ von πινέτω trennt und zum nachfolgenden
Satz hinzuzieht, bleibt die johanneische Aufforderung in 7,37 eindeutig:
Wen dürstet, der komme „zu *mir*" – zu *Jesus* und keinesfalls zu anderen
Menschen, selbst wenn diese bereits an Jesus glauben! Noch deutlicher
wird dies, wenn der erläuternde Nachsatz des Evangelisten Joh 7,39 mit in
den Blick genommen wird: „Dieses sagte er aber über den Geist, den die
empfangen sollten, die an ihn glaubten. Denn der Geist war noch nicht
[da], denn Jesus war noch nicht verherrlicht." Johannes löst sein Bildwort
selbst auf: Das Wasser, dessen im Sukkotritus präsenten, auf das eschatologische Heil verweisenden, symbolischen Gehalt das Jesuswort voraussetzt, steht für den Geist, den die an Jesus Glaubenden in der Stunde der
Verherrlichung Jesu empfangen.[105] Die Bindung der Geistgabe an den
Zeitpunkt der Verherrlichung Jesu bestimmt unmissverständlich den Tod
Jesu am Kreuz als Heil schaffendes Ereignis. Und die volle und alleinige
Souveränität Jesu in diesem Geschehen gehört zu den theologischen Poin-
ten des vierten Evangeliums.[106] Ja, das aus Jesu (!) als des Gekreuzigten –
und also des Verherrlichten – Leib fließende Wasser wird sogar in Joh
19,34 explizit geschildert.[107] M.E. kann 7,39 als ein klarer Vorausverweis
auf 19,34 verstanden werden und schließt somit aus, dass sich ἐκ τῆς
κοιλίας αὐτοῦ in 7,38 auf den Leib eines anderen als Jesus allein beziehen
könnte.

Die fraglichen Jesusworte in Joh 7,37f sind demnach so zu übersetzen:
Wen da dürstet, der komme zu mir. Und es trinke, wer an mich glaubt. Wie
die Schrift gesagt hat: ‚Ströme lebendigen Wassers werden aus seinem
Leib fließen'.[108]

---

[104] Vgl. BARTH, Erklärung, 348; DIETZFELBINGER, Johannes I, 226; BECKER, Johannes
I, 273ff; HÜBNER, Theologie, 178; HAACKER, Stiftung, 51.

[105] Zum johanneischen Zusammenhang von Wasser und Geist vgl. auch Joh 3,5.

[106] Vgl. Joh 3,14f; 10,17f; 12,27f; 13,26f; 18,4–11; 19,30.

[107] Vgl. OBERMANN, Erfüllung, 322.

[108] Diese Lesart wird u.a. vertreten von THYEN, Johannesevangelium, 400; BROWN,
John I, 319f; DIETZFELBINGER, Johannes I, 224ff; WILCKENS, Johannes, 132; DODD,
Interpretation, 349; WENGST, Johannesevangelium I, 279; HENGEL, Quelle, 321; DERS.,
Schriftauslegung, 272; JEREMIAS, Golgotha, 81f; BECKER, Johannes I, 270; THEOBALD,
Johannes, 533; GUILDING, Gospel, 104f; SCHWANKL, Licht, 192; DAVIES, Rhetoric, 235;
HOFIUS, Erwählung, 82; AUDET, Soif, 379; HÜBNER, Theologie, 178; JOHNSTON, Spirit-
Paraclete, 48; KOESTER, Symbolism, 193; FARELLY, Disciples, 50.

2.7 Die Quelle(n) des Zitats in Joh 7,38

Der vom johanneischen Jesus in Joh 7,38 als Zitat aus der Schrift bezeichnete Text findet sich in seinem Wortlaut weder im Alten Testament noch in einem bekannten apokryphen Text. Will man nicht eine verschollene Schrift voraussetzen, die Johannes noch vorlag,[109] ist davon auszugehen, dass Johannes nicht wörtlich zitiert, sondern seine Quelle(n) sehr frei wiedergibt, und dass im Hintergrund des Jesuswortes nicht nur eine, sondern mehrere Textstellen stehen.[110] Verschiedene Texte aus dem Alten Testament und apokryphen Schriften kommen dann einzeln oder in Kombination als Referenztexte in Frage. Einige von ihnen scheinen sich besonders nahe zu legen, da sie im antiken Judentum mit Sukkot und speziell der Wasserspende verbunden waren. M.E. stellen die Traditionen einer eschatologischen Tempelquelle und des Wasser spendenden Felsens während der Wüstenwanderung den hauptsächlichen Deutehorizont des Jesuswortes in Joh 7,38 dar und ich werde darauf ausführlicher eingehen. Jedoch mögen durchaus auch weitere Schrifttexte für Johannes und sein Auditorium mitgeklungen haben, die hier zunächst kurz angeführt seien.[111]

2.7.1 Wasser für die Dürstenden

Jes 48,21 lautet im masoretischen Text:

וְלֹא צָמְאוּ בָּחֳרָבוֹת הוֹלִיכָם מַיִם מִצּוּר הִזִּיל לָמוֹ וַיִּבְקַע־צוּר וַיָּזֻבוּ מָיִם.

„Und sie dürsteten nicht, als er sie durch verlassenes Land gehen ließ, Wasser aus dem Felsen ließ er für sie fließen und er spaltete den Felsen und es floss Wasser heraus". Der Text der LXX weicht jedoch erheblich vom MT ab: καὶ ἐὰν διψήσωσιν δι' ἐρήμου ἄξει αὐτοὺς ὕδωρ ἐκ πέτρας

---

[109] Vgl. BARTH, Erklärung, 349; BAUER, Johannesevangelium, 113; ODEBERG, Gospel I, 284. BODI, Hintergrund, passim, will zeigen, dass es sich in Joh 7,38 um die Aufnahme eines altorientalischen ikonographischen Themas handelt: In altorientalischen Kultbildern fließt oft Wasser aus Gefäßen, die Gottheiten beidseitig in Höhe ihres Gürtels halten. Laut Bodi wurde dieses Thema in der mesopotamischen Literatur aufgenommen und fand dann über den im Exil wirkenden Ezechiel Eingang in die biblische Vorstellungswelt.

[110] Vgl. BECKER, Johannes I, 272; FREED, Quotations, 37; HANSON, Use, 120; DERS., Technique, 161f; HÜBNER, Theologie, 178f.

[111] Vgl. THYEN, Johannesevangelium, 402f; WENGST, Johannesevangelium I, 304; BROWN, John I, 321ff; GUILDING, Gospel, 105; FREED, Quotations, 21ff. BILLERBECK, Kommentar II, 492f geht davon aus, dass nach Joh 7,38 „der Glaubende ein Quellort lebendigen Wassers sein werde" und schlägt als möglicherweise im Hintergrund stehende Schriftverse Prov 5,16; 18,4; Ez 36,25; Joel 3,1; Hld 4,15 vor. Zudem führt er als Beispiele dafür, dass ein Lehrer als sprudelnde Wasserquelle bezeichnet werden kann, Jes 58,11 und Sir 24,28–32 an. Vgl. ähnlich auch BAUER, Cruces, 84f. M.E. sind diese Traditionszusammenhänge jedoch den johanneischen Versen fern. Johannes denkt an Wasserströme, die aus Jesus und nicht aus den Gläubigen hervorgehen, und diese stehen auch nicht im Kontext von weisheitlicher Lehre.

ἐξάξει αὐτοῖς σχισθήσεται πέτρα καὶ ῥυήσεται ὕδωρ καὶ πίεται ὁ λαός μου, „Und wenn sie dürsten, während er sie durch die Wüste führen wird, wird er ihnen Wasser aus dem Felsen hervorbringen, er wird einen Felsen spalten und Wasser wird herausfließen und mein Volk wird trinken." In der LXX-Fassung enthält dieser Vers also eine Verheißung für die Zukunft, in der sich zahlreiche Motive aus der Verheißung Joh 7,37f wiederfinden. Denen, die dürsten, wird nach Jes 48,21 LXX von Gott ὕδωρ ἐκ πέτρας hervorgebracht, geschieht also eine Wiederholung des Wasserwunders der Wüstenzeit. Dementsprechend gilt die Verheißung, von dem fließenden Wasser zu trinken, auch dem Volk insgesamt. In Joh 7,38 fließen die Wasserströme aus dem Leib Jesu,[112] wer sie daraus hervorbringt, wird nicht expliziert, sicherlich ist aber Gott als Urheber des Wasserquells vorgestellt. Die Zusage aus Jes 48,21, dass das Volk trinken wird, wird – falls Johannes auch an diesen Text dachte – in Joh 7,37 an Jesus gebunden, auf die an ihn Glaubenden eingeengt und als Aufforderung an diese formuliert.

Jes 12,3 (וּשְׁאַבְתֶּם־מַיִם בְּשָׂשׂוֹן מִמַּעַיְנֵי הַיְשׁוּעָה, „Und ihr werdet Wasser schöpfen in Freude aus den Quellen des Heils.") verbindet wie Joh 7,37f eine eschatologische Heilsverheißung mit dem Bild des aus Quellen sprudelnden Wassers.[113] Über die Motive „schöpfen" und „Freude" wird der Vers in rabbinischer Tradition mit der Wasserzeremonie an Sukkot verknüpft, über die es in mSuk 5,1 heißt: „Jeder, der die Freude der Stätte des [Wasser-]Schöpfens (בית השואבה) nicht gesehen hat, hat sein Lebtag lang keine Freude gesehen."[114] So deutet ySuk 5,1/3 (55a) anhand von Jes 12,3 – parallel zu Joh 7,37–39 – das geschöpfte Wasser als den heiligen Geist:

Rabbi Jehoschua ben Levi sagte: Warum wird ihr [sc. der Stätte] Name ‚Stätte des Schöpfens' genannt? Weil man von dort den heiligen Geist schöpft, im Sinne von: ‚Und ihr werdet Wasser schöpfen in Freude aus den Quellen des Heils' (Jes 12,3).[115]

Die entsprechende Deutung findet sich in dem etwas später als der Yerushalmi endredigierten Midrasch Bereschit Rabba.[116] In der Auslegung von Gen 29,3 heißt es in BerR 70,8:[117]

---

[112] Inwiefern gerade die Wendung ἐκ τῆς κοιλίας in Joh 7,38 auf den Fels der Wüstenzeit bezogen sein mag, vgl. unten IV.2.7.3.

[113] Vgl. MARCUS, Rivers, passim.

[114] Text der Hs Kaufmann (ed. KÜBLER, 29). Vgl. ySuk 5,1. Die Freude ist konstitutives Moment des Laubhüttenfestes im Jubiläenbuch. Jub 16,20–31 führt das „Fest der Hütten" auf Abraham zurück, der es als „Freudenfest" anlässlich Saras Schwangerschaft und der Isaak geltenden Verheißungen beging. S. oben IV.2.4.

[115] ySuk 5,1/3 (55a). Text: MS Leiden und Ed. princ. Venedig (ed. SCHÄFER/BECKER, Synopse zum Talmud Yerushalmi II/5–12, 177). Vgl. oben IV.2.5.

[116] Vgl. zur Datierung STEMBERGER, Einleitung, 275 und zur literarischen Beziehung der beiden Werke BECKER, Sammelwerke, passim. Die Tradition wird später auch aufgenommen in RutR 4,12; PesR 1; vgl. WENGST, Johannesevangelium I, 302.

[117] Ed. THEODOR/ALBECK II, 806.

Eine andere Auslegung: ‚Und er [sc. Jakob] schaute, und siehe: ein Brunnen auf dem Feld' (Gen 29,2) – das ist Zion; ‚und siehe da: drei Schafherden' (Gen 29,2) – das sind die drei Wallfahrtsfeste; ‚denn aus dem Brunnen wurden sie getränkt' (Gen 29,2) – [das heißt], dass man von dort den heiligen Geist schöpfte; ‚und der Stein [auf der Öffnung des Brunnens] war groß' (Gen 29,2) – das ist die Freude der Stätte des Schöpfens. R. Hoschija sagte: Warum nannte man sie ‚Freude der Stätte des Schöpfens'? Weil man von dort den heiligen Geist schöpfte. ‚Und sie versammelten dort alle Herden.' (Gen 29,3) – Sie kommen von Lebo-Chamath und bis zum Strom von Ägypten herbei. ‚Und sie rollten den Stein weg von der Öffnung des Brunnens und tränkten das Vieh.' (Gen 29,3) – [Das heißt], dass man von dort den heiligen Geist schöpfte; ‚und sie brachten den Stein zurück auf die Öffnung des Brunnens an seinen Platz' (Gen 29,3) – er ruhte bis zum nächsten Wallfahrtsfest.

Jes 44,3 (כִּי אֶצָּק־מַיִם עַל־צָמֵא וְנֹזְלִים עַל־יַבָּשָׁה אֶצֹּק רוּחִי עַל־זַרְעֶךָ וּבִרְכָתִי עַל־צֶאֱצָאֶיךָ „Denn ich werde Wasser ausgießen auf das Durstige und Ströme auf das Trockene, ich werde meinen Geist ausgießen auf deinen Samen und meinen Segen auf deine Nachkommen.") enthält bereits die metaphorische Gleichsetzung von Wasser und Geist Gottes. Zudem findet sich in diesem Vers die Verheißung des Wassers für das *durstige* Land (צָמֵא, LXX: διψει), während in Joh 7,37 die *durstigen* Menschen (τις διψᾷ) eingeladen werden, zu Jesus zu kommen.

Jes 35,6f (כִּי־נִבְקְעוּ בַמִּדְבָּר מַיִם וּנְחָלִים בָּעֲרָבָה וְהָיָה הַשָּׁרָב לַאֲגַם וְצִמָּאוֹן לְמַבּוּעֵי מָיִם) verheißt ebenfalls Wasserströme im dürren (35,6: בָּעֲרָבָה, die LXX übersetzt wiederum mit „durstig": γῆ διψώσῃ) und Wasserquellen im durstigen Land (צִמָּאוֹן, LXX: διψῶσαν γῆν).

Jer 2,13 und 17,13 bezeichnen zwar Gott als „Quelle lebendigen Wassers": מְקוֹר מַיִם חַיִּים / πηγή (ὕδατος) ζωῆς, erscheinen aber ansonsten vom johanneischen Sinnzusammenhang weit entfernt.[118]

Johannes zitiert trotz der expliziten Zitationsformel in 7,38 nicht *einen* Vers der Schrift, sondern assoziiert einen Traditionszusammenhang, zu dem mehrere Schriftstellen gehören.[119] M.E. soll den Leserinnen und Le-

---

[118] Das gilt auch für weitere alttestamentliche und apokryphe Texte, in denen Gott als Quelle bzw. den Durst der Gläubigen Stillender bezeichnet wird (Ps, 36,9 [vgl. 36,10]; 42,2f; Jes 8,6f; Am 8,11f; 1QH VIII, 14; Weish 11,7f) oder die Gottes Wort und Gesetz eine Quelle nennen oder mit Wassersymbolik von ihnen sprechen (Sir 24; Prov 14,27 u.a.), wie sie PORSCH, Pneuma, 62f aufzählt. Vgl. WEBSTER, Jesus, 55f.

[119] Vgl. BECKER, Johannes I, 272: „Zwar gibt es eine Reihe Stellen, die anklingen können, zumal wenn man auch die Targumine mitberücksichtigt [...], aber es setzt sich mit Recht immer mehr die Meinung durch, daß man [...] mit einer freien sachbezogenen Wiedergabe mehrerer atl. Stellen in kontaminierter Form zu rechnen hat." Vgl. WILCKENS, Johannes, 134. Anders REIM, Studien, 70: „Gegenüber den vielen Versuchen, in Joh 7,38 eine Kombinierung mehrerer Zitate zu sehen, muß man sagen, daß ἡ γραφή eine einzelne Schriftstelle bedeutet." Reim geht davon aus, dass das Zitat in Joh 7,38 der Zitationsformel vorausgeht, und meint die zitierte Schriftstelle in Jes 28,16 gefunden zu ha-

sern des Evangeliums nicht eine Textstelle, sondern eine breitere biblische Tradition präsent gemacht werden, vor deren Hintergrund das Jesuswort zu interpretieren ist. Der assoziierte Traditionskomplex ist am wahrscheinlichsten die Erwartung der heilvollen eschatologischen Wasserquelle im Tempel, die mit Sukkot und der Tradition des Wasser spendenden Felsens der Wüstenzeit verknüpft war.[120]

2.7.2 Die endzeitliche Tempelquelle aus Ez 47 und Sach 14

Sucht man nach einer alttestamentlichen Vorlage für die johanneische Rede vom „lebendigen Wasser" in Joh 7,38, so wird man fündig in der Verheißung von Sach 14,8:[121] „Und an jenem Tag wird lebendiges Wasser (מַיִם־חַיִּים, ὕδωρ ζῶν) ausgehen von Jerusalem."[122] H. Thyen geht davon aus, dass Sach 14,7f die Quelle des johanneischen Zitates ist, da die letzten Kapitel des Sachariabuches im Johannesevangelium, nicht nur in Form der Zitate von Sach 9,9 in Joh 12,15 und Sach 12,10 in Joh 19,37, eine prominente Rolle spielen:

> „Die Szenerie von Sach 14 ist die endzeitliche Freude, mit der die Erlösten im befreiten Jerusalem das Laubhüttenfest feiern und zusammen mit den ‚Übriggebliebenen aus allen Völkern' JHWH Zebaoth als den universalen König anbeten. [...] Und im unmittelbaren Kontext der Ankündigung, daß sie auf den blicken werden, den sie durchbohrt haben, und um ihn trauern werden, wie man einen ‚einzigen Sohn' beklagt, erklärt Gott, daß er über die Bewohner Jerusalems ‚einen Geist des Erbarmens und des Gebetes' ausgießen will, und daß sich ‚an jenem Tage eine Quelle gegen Sünde und alle Befleckung für das Haus Davids und alle Bewohner Jerusalems öffnen werde' (12,9–13,1)."[123]

Tatsächlich sprechen all diese Verbindungslinien dafür, dass die Sacharia-texte zu den Traditionen gehören, die Johannes in 7,37ff von seinen Lesern und Leserinnen assoziiert haben will. In Sach 13f findet sich neben dem Motiv der eschatologischen Heilsquelle nämlich auch noch ein weiteres

---

ben. Jesus identifiziere sich mit dem dort erwähnten Stein. Vgl. ebd., 70–85; DERS., Jochanan, 70ff.

[120] Vgl. Sach 13,1; 14,8; Ez 47,1–12; Joel 4,18. Vgl. HAHN, Worte, 66; BULTMANN, Johannes, 229 Anm. 2; PORSCH, Pneuma, 59f; REIN, Heilung, 123f; RUBENSTEIN, History, 89f. BÖCHER, πηγή, 1860 dagegen sieht in Joh 7,38 konkret den Vers Ez 47,1 angesprochen.

[121] Vgl. GRELOT, Jean VII,38, 48. Der Text Sach 14 gehört nach bMeg 31a als Prophetenlesung zum ersten Tag von Sukkot.

[122] In Num 19,17 dagegen bezeichnet die Wendung profan fließendes Wasser. Vgl. PLAUT, Bemidbar, 182.

[123] THYEN, Johannesevangelium, 404.

Motiv, das mit der Feier von Sukkot im Tempel verbunden war und das auch Johannes im Kontext des Festes aufnimmt (Joh 8,12): das Licht.[124]

Doch ist m.E. Sach 13f nicht der einzige Text, der im Hintergrund von Joh 7,38 steht. Ausführlicher noch als in Sach 13f wird die endzeitliche Wasserquelle in Ez 47,1–12 beschrieben. Das Wasser fließt demnach aus dem Tempel nach Osten (Ez 47,1: „Und er führte mich zurück zum Eingang des Hauses. Und siehe, Wasser floss unter der Schwelle des Hauses hervor nach Osten, denn die Vorderseite des Hauses ging nach Osten. Und das Wasser floss hinab unten, an der rechten Seite des Hauses, südlich vom Altar."), es wird zu einem großen und tiefen Strom (Ez 47,2–5), der das salzige Wasser des Toten Meeres „heilt" (Ez 47,8) und Leben und Heil für alle Lebewesen an seinen Ufern hervorbringt (Ez 47,9–12). Auch wenn das Wasser aus dem Heiligtum in diesem Text also nicht als „lebendiges Wasser" bezeichnet wird, so werden sein Zusammenhang mit „Leben" und sein Leben schaffender Charakter doch wiederholt betont:

Und es wird geschehen, jedes Lebewesen, das da wimmelt, überall, wo der Fluss hinkommt, wird leben (יִחְיֶה, ζήσεται). Und es wird eine große Menge Fische dort geben, denn da, wo dieses Wasser hinkommt, wird [das Salzwasser] heil werden und alles wird leben (ζήσεται) da, wo der Fluss hinkommt. (Ez 47,9)

Die beiden genannten Texte liegen als Hintergrund von Joh 7,38 umso näher, als sie, wie oben gesehen, in tSuk 3,3–10 zur Interpretation der Wasserspende am Laubhüttenfest herangezogen werden.

2.7.3 Κοιλία, der Felsen in der Wüste und Ps 78

Während also die Wendung ὕδωρ ζῶν in Sach 14,8 und die Verbindung von ὕδωρ, ποταμός und ζάω in Ez 47,9 steht,[125] findet sich der Ausdruck ἐκ τῆς κοιλίας αὐτοῦ weder in diesen beiden Texten noch irgendwo sonst innerhalb des Alten Testaments in einem annähernd passenden Zusammenhang. Κοιλία bezeichnet in der LXX sowie im Neuen Testament zunächst den „Bauch", die „Eingeweide", „Magen und Därme" und vor allem den „Mutterleib".[126] Mit letzterer Bedeutung steht die Vokabel auch im einzigen weiteren Vorkommen im Johannesevangelium Joh 3,4. Daneben kann das Wort jedoch auch in übertragener Bedeutung für „das verborgene

---

[124] In Sach 14,7 heißt es, dass es „an jenem Tag" weder Tag noch Nacht geben, sondern auch am Abend hell sein wird. Vgl. MENKEN, Feste, 279; PETERSEN, Brot, 237f. Zum Illuminationsritus des Laubhüttenfestes sowie zu Joh 8,12 s. unten IV.3.

[125] Vgl. auch Joel 4,18, wo sich die Tradition ebenfalls findet und auch das Verb ῥέω steht: καὶ ἔσται ἐν τῇ ἡμέρᾳ ἐκείνῃ ἀποσταλάξει τὰ ὄρη γλυκασμὸν καὶ οἱ βουνοὶ ῥυήσονται γάλα καὶ πᾶσαι αἱ ἀφέσεις Ιουδα ῥυήσονται ὕδατα καὶ πηγὴ ἐξ οἴκου κυρίου ἐξελεύσεται καὶ ποτιεῖ τὸν χειμάρρουν τῶν σχοίνων.

[126] Vgl. WIBBING, κοιλία, 1278; BEHM, κοιλία, 786f; UNTERGASSMAIR, κοιλία, 744.

Innere des Menschen"[127] im Sinne des sonst vielfach verwendeten καρδία stehen.[128] In diesem Sinne repräsentiert es dann die Person und kann als Synonym zum Personalpronomen aufgefasst werden.[129] „Die Wendung ἐκ τῆς κοιλίας αὐτοῦ kann daher mit ‚von ihm selbst aus', ‚aus seinem Inneren' wiedergegeben werden".[130] Da Jesus in Joh 2,21 ausdrücklich als Tempel bezeichnet wird,[131] ist es möglich, die nach Joh 7,38 von Jesus bzw. aus seinem Inneren/seinem Leib ausgehenden Wasserströme in der Tradition der für die Endzeit verheißenen Tempelquelle zu verstehen: Jesus als der Ort der Gottesbegegnung bringt diese heilvollen, Leben wirkenden Wasser hervor.[132]

Die Formulierung ἐκ τῆς κοιλίας αὐτοῦ bleibt dennoch äußerst rätselhaft, v.a. innerhalb des als Schriftwort bezeichneten Satzes. Eine mögliche Erklärung für den Ursprung der Wendung bietet sich jedoch, wenn man eine zweite biblische Wassertradition, die bereits im antiken Judentum mit der eschatologischen Tempelquelle verknüpft werden konnte,[133] in die Überlegungen einbezieht: Die Tradition des Wasser spendenden Felsens in der Wüste, von dem außer in Ex 17,6; Num 20,7–11 auch in Ps 78,16.20 die Rede ist, der sich als weiterer Bezugstext von Joh 7,38 anbietet.[134]

Die eschatologischen Verheißungen des aus dem Tempel strömenden Wassers wurden in der jüdischen Exegese bald mit der Tradition des wasserspendenden Felsens in der Wüstenzeit verbunden und zwar ausdrücklich auch im Rahmen der Interpretation der Wasserspende an Sukkot. So deutet tSuk 3,3–10 den Wasserritus des Festes auf Ez 47 und Sach 14 hin, bevor es dann in 3,11 heißt: „Ebenso war der Brunnen, der mit Israel in der Wüste war. Er ähnelte einem Felsen..."[135] Auch in Joh 7,38 ist eine Verbindung beider Motive möglich und sogar wahrscheinlich.[136] So klingt in dem als

---

[127] BEHM, κοιλία, 787.

[128] Z.B. Hiob 30,27; Prov 18,20; 20,27; Thr 1,20; Jes 16,11; Ps 39,9; Sir 19,12; 51,21 u.ö. Vgl. WIBBING, κοιλία, 1278.

[129] Vgl. UNTERGASSMAIER, κοιλία, 745; BILLERBECK, Kommentar II, 492.

[130] UNTERGASSMAIER, κοιλία, 745.

[131] Zur Darstellung Jesu als Tempel Gottes und Ort der Gottesbegegnung im Johannesevangelium vgl. auch RAHNER, Tempel, passim; HANSON, Theme, passim; FRÜH-WALD-KÖNIG, Tempel, 93–96; ØSTENSTAD, Patterns, passim (vgl. a.a.O., XXI); CHIBICI-REVNEANU, Herrlichkeit, 533ff; SCHRÖDER, Israel, 67ff; GUILDING, Gospel, 171–211; SCHNELLE, Tempelreinigung, 368ff; CULLMANN, Jesus, 394–402.

[132] Vgl. auch die Aufnahme der Tradition in der Offb. Dort tritt an die Stelle des Tempels „als Quellort des Flusses der Thron Gottes und des Lammes [...] (Offb 22,1); Gott selbst verströmt fortan in Christus das Lebenswasser (Offb 21,6)" (BÖCHER, πηγή, 1860).

[133] Vgl. WILCKENS, Johannes, 133.

[134] Vgl. WILCKENS, Johannes, 134.

[135] Vgl. THYEN, Johannesevangelium, 403; WENGST, Johannesevangelium I, 304.

[136] Vgl. HAHN, Worte, 67; GRELOT, Jean VII,38, 49.

Schriftzitat bezeichneten Satz auch Ps 78,16.20 an:[137] „Er brachte Bäche hervor aus dem Felsen und ließ Wasser hinabfließen wie Flüsse. [...] Siehe, er hat den Felsen geschlagen und Wasser flossen hinaus und Bäche strömten." (וַיּוֹצִא נוֹזְלִים מִסָּלַע וַיּוֹרֶד כַּנְּהָרוֹת מָיִם [...] הֵן הִכָּה־צוּר וַיָּזוּבוּ מַיִם וּנְחָלִים יִשְׁטֹפוּ bzw. in der Fassung der LXX[138] καὶ ἐξήγαγεν ὕδωρ ἐκ πέτρας καὶ κατήγαγεν ὡς ποταμοὺς ὕδατα [...] ἐπεὶ ἐπάταξεν πέτραν καὶ ἐρρύησαν ὕδατα καὶ χείμαρροι κατεκλύσθησαν.)

Der Psalm 78 (77 LXX) erzählt zur Belehrung des Volkes die Geschichte der Erwählung Israels, indem er – nicht ganz chronologisch – die Heilstaten Gottes während des Exodus (die Teilung des Meeres, das Wasser aus dem Felsen, die Speisungen mit Manna und Wachteln, die Plagen in Ägypten) aufzählt und dazwischen immer wieder von Israels Untreue gegen den Bund mit Gott und der darauf folgenden Zerstreuung und Fremdherrschaft berichtet. Die Geschichte der Untreue Israels wird eingebettet in das wiederholte Bekenntnis zu Gottes Treue und Barmherzigkeit und mündet schließlich in die Erwählung Judas, des Zions und Gottes Heiligtums dort. So ruft dieser Psalm der Gemeinde am Tempel die Heilsgeschichte des Volkes als grundlegend für ihre Gottesbeziehung in Erinnerung.

Johannes zitiert aus Ps 78 (77 LXX) bereits in Joh 6,31 den Vers 24, der die Gabe des Mannas beinhaltet.[139] Insofern liegt eine Bezugnahme auf das Wunder des Wassers aus dem Felsen als Pendant zur wunderbaren Speisung mit Manna in Joh 7,38 durchaus nahe.[140] M.J.J. Menken vertritt in seinem Aufsatz „The Origin of the Old Testament Quotation in John 7:38", dass dem johanneischen Schriftzitat *eine* alttestamentliche Stelle zugrunde liege und diese am ehesten in Ps 77,16.20 LXX zu finden sei, in zwei Versen des Psalms also, die sich auf dasselbe Ereignis, nämlich das aus dem Felsen hervorgebrachte Wasser, beziehen.[141]

Anders als Menken bin ich der Meinung, dass das „Zitat" in Joh 7,38 nicht auf *einen* Ursprungstext festzulegen und zu beschränken ist, sondern bewusst die Assoziationen an mehrere alttestamentliche Schriftstellen hervorrufen will. Jedoch gehört zu diesen m.E. *auch* Ps 77,16.20 LXX, von woher sich mit Menken auch die größte Schwierigkeit des „Zitats" Joh 7,38, der Ursprung des ἐκ τῆς κοιλίας αὐτοῦ, erklären lässt:[142]

---

[137] Vgl. dazu DALY-DENTON, David, 149–153 (dort auch weitere Literatur); MENKEN, Origin, 167ff; BROWN, John I, 322. Ps 78,20 wird auch in tSuk 3,12 zitiert.

[138] Die LXX bietet in beiden Versen eine weitgehend dem MT entsprechende Übersetzung.

[139] Vgl. MENKEN, Provenance, 44ff.

[140] Vgl. PORSCH, Pneuma, 59 Anm. 34.

[141] Vgl. MENKEN, Origin, 162; 169 u.ö.

[142] Vgl. zum Folgenden detailliert MENKEN, Origin, 167–175, dem DAILY-DENTON, David, 151f folgt.

In den Versen Ps 77,16.20 LXX findet sich wie in Joh 7,38 die Verbindung von ποταμοὶ ὕδατος/ὕδατα und ῥέω. Zudem wird die Nacherzählung des Wasserwunders in Ps 77,15 LXX mit der Aussage eingeleitet, dass Gott sein Volk tränkte: ἐπότισεν αὐτούς. Dem kommt die Aufforderung Jesu, zu ihm zu kommen und zu trinken, in Joh 7,37f sehr nahe. Der am schwierigsten zu erklärende Teil des „Schriftzitats" von Joh 7,38 ist die Wendung ἐκ τῆς κοιλίας αὐτοῦ. In Ps 77,16 LXX heißt es von dem Wasser, dass es ἐκ πέτρας hervorkommt. Menken legt überzeugend dar, wie durch im antiken Judentum und Christentum übliche exegetische Techniken aus dieser Formulierung die ungewöhnliche Wendung ἐκ τῆς κοιλίας αὐτοῦ abgeleitet werden kann. Dafür sind zwei Exegeseschritte nötig: Der erste Schritt ist die Regel, dass eine Näherbestimmung eines Wortes, die sich an *einer* biblischen Stelle findet, auf alle inhaltlich verwandten Stellen übertragen werden kann.[143] Demnach ist es möglich, einen anderen Schriftvers, der das Wasserwunder in der Wüste zum Thema hat, mit Ps 78,16.20 zu verbinden. Als solcher legt sich Ps 114,8 nahe, also ein Vers aus einem der Psalmen, die zum Hallel gehören, das an Sukkot täglich gesungen wurde.[144] Ps 114,8 lautet: הַהֹפְכִי הַצּוּר אֲגַם־מָיִם חַלָּמִישׁ לְמַעְיְנוֹ־מָיִם, „der verwandelte den Felsen in einen Wasserteich, hartes Gestein in eine Wasserquelle". Die Gleichsetzung von Gestein/Felsen (חַלָּמִישׁ) und Quelle (מַעְיָן) kann von hier aus auf andere Textstellen mit entsprechender Thematik übertragen werden. Da die Wörter צוּר, חַלָּמִישׁ und סֶלַע weitgehend synonym verwendet werden,[145] gilt das auch für die Wendung מִסֶּלַע (ἐκ πέτρας) in Ps 78,16. Demnach kann also in Ps 78,16 מַעְיָן anstelle von סֶלַע gelesen werden. Der zweite Schritt, der von der „Quelle" (מַעְיָן) zur griechischen Wendung ἐκ τῆς κοιλίας führt, ist dann sehr einfach und betrifft die Vokalisation des hebräischen Psalmtextes. Liest man nicht מַעְיָן, sondern מְעִין (oder das mischnische Äquivalent מֵעִין) so hat man die aramäische Form des biblisch-hebräischen מֵעִים, „Eingeweide, Leibesinnere, Mutterleib, Unterleib",[146] das in der LXX meistens mit κοιλία übersetzt wird. Auf dem Weg über zwei im antiken Judentum wie im Urchristentum gut denkbare exegetische Schritte kann so aus מִסֶּלַע/ἐκ πέτρας in Ps 78(77),16 die Wendung ἐκ τῆς κοιλίας in Joh 7,38 geworden sein.[147] Der Artikel

---

[143] Zu einem Beispiel der Verwendung dieser Regel bei Philo s. MENKEN, Origin, 173. Deutlich später wird diese exegetische Regel auch als eine der Middot Hillels unter der Bezeichnung „Gründung einer Familie" tradiert. Vgl. BACHER, Terminologie I, 9; STEMBERGER, Einleitung, 29.

[144] Vgl. mSuk 4,1; ySuk 3,8ff.

[145] Vgl. FABRY, צוּר, 976.

[146] Vgl. GESENIUS, Handwörterbuch, 442f; RINGGREN, מֵעִים, 1036f.

[147] Andere Herleitungsvorschläge für die Wendung bringen BOISMARD, De son Ventre, 542–545 und MARCUS, Rivers, 329. Vgl. GRELOT, De son Ventre, 369; JEREMIAS, Golgotha, 82. BODI, Hintergrund, 158 erklärt die Wendung von mesopotamischen

ebenso wie das Possessivpronomen αὐτοῦ sind Ergänzungen des Evangelisten, der im Sinne seiner christologischen Aussageabsicht die Eingeweide bzw. den Leib, aus dem die Wasserströme fließen, präziser als den Leib Jesu bestimmt.

2.7.4 Joh 7,38; 6,31 und 2,17: Psalmen und Feste im Johannesevangelium – Aktualisierung der Heilsgeschichte

Nach dem Verweis auf das Mannawunder in Joh 6,31 ruft Johannes also in 7,38 die Erinnerung an ein zweites, mit der Gabe des Manna eng verbundenes Ereignis der Heilsgeschichte Israels wach. Beide Male nimmt er auf die Wüstenzeit Israels in Form eines wenn auch recht freien Schriftzitats Bezug, das mit einer expliziten Zitationsformel eingeleitet wird: καθώς ἐστιν γεγραμμένον in 6,31 und καθὼς εἶπεν ἡ γραφή in 7,38. Mit M.J.J. Menken und den meisten Auslegern und Auslegerinnen gehe ich davon aus, dass die Vorlage des Zitats in Joh 6,31 Ps 78(77),24 ist. Der Evangelist nimmt also auf die beiden Ereignisse der Wüstenzeit Israels in Form von Schriftzitaten Bezug, zitiert aber nicht direkt aus dem Pentateuch, sondern aus einem Psalm. Das heißt, er zitiert einen Text, der die vergangenen Ereignisse der Geschichte Israels bereits in Kult bzw. Gebet und privater Frömmigkeit für spätere Generationen aktualisiert. Unabhängig von der Frage, ob (und welche) Psalmen im Tempelkult gebetet wurden oder ob sie mehr in den Bereich der privaten, häuslichen oder synagogalen Frömmigkeit gehörten,[148] kann mit Sicherheit gesagt werden, dass die Psalmen Gebetstexte des Judentums waren, in denen sich die Gemeinde oder einzelne ihrer Mitglieder ihrer aktuellen aus der Geschichte des Volkes erwachsenen Gottesbeziehung versicherten, diese vergegenwärtigten und für sich aktualisierten.[149] Gerade in Ps 78 wird diese Zielrichtung deutlich. Die Verse 3–7 des Psalms lauten:

Was wir gehört haben und wissen und unsere Väter uns erzählt haben, werden wir nicht verbergen vor ihren Kindern, dem kommenden Geschlecht erzählen wir die Ruhmestaten JHWHs und seine Macht und seine Wunder, die er getan hat. Denn er richtete ein Zeugnis auf in Jakob und stellte eine Weisung auf in Israel, die er unseren Vätern gebot, ihren Kindern kundzumachen, damit die kommende Generation sie kenne, die Kinder, die noch geboren werden, aufstehen und es ihren Kindern erzählen, dass sie auf Gott ihr Vertrauen setzen und die Taten Gottes nicht vergessen und seine Gebote bewahren.

Kultbildern her, auf denen Gottheiten zu sehen sind, die aus Krügen Wasser ausgießen. Da sie diese Krüge in der Höhe ihres Bauches halten, fließt das Wasser „buchstäblich aus dem Schoß der dargestellten Gottheit".

[148] Vgl. dazu Zenger, Psalter, passim, und die Literatur a.a.O., 115 Anm. 2 sowie Janowski/Zenger, Jenseits, 81.

[149] Vgl. Zenger, Psalter, 126; Kratz, Tora, 34; Bester, Körperbilder, 94.

Explizit nennt der Psalmtext die Gottesbeziehung zukünftiger Generationen als Ziel und Zweck der wiederholt erzählten Geschichte der vergangenen Zeit. Wir haben es also mit einer Form der Mnemotechnik zu tun, die vergangenes Geschehen für die Gegenwart fruchtbar und aktuell macht.[150] Dass dieser Aspekt der Aktualisierung der Heilsgeschichte auch den Festen im Jerusalemer Tempel eignet, wurde bereits mehrfach hervorgehoben. M.E. ist dieser Aspekt für den vierten Evangelisten wichtig und von ihm bewusst akzentuiert. Dass die meisten alttestamentlichen Zitate im Johannesevangelium aus dem Psalter stammen und dass alle Psalmzitate im vierten Evangelium im Kontext eines Festes angeführt werden, sind zwei Beobachtungen, die zwar nicht überraschen angesichts der Tatsachen, dass erstens die Psalmen im gesamten Urchristentum neben Jesaja als Hauptbezugstexte für die Interpretation des Lebens und Sterbens Jesu herangezogen wurden,[151] und dass zweitens der Großteil des Johannesevangeliums im Kontext eines Festes situiert ist. Dennoch denke ich, dass ein inhaltlicher Zusammenhang besteht und es sich lohnt, ihn näher zu betrachten. Der Prozess der Aktualisierung und Vergegenwärtigung ist nämlich auch in der konkreten Anwendung der Psalmzitate im Johannesevangelium zu erkennen.

Wie bereits gesagt, findet sich in Ps 77,16.20 LXX ebenso wie in Joh 7,38 die Kombination der Worte ποταμοὶ ὕδατος/ὕδατα und ῥέω. Ein Unterschied besteht jedoch in der Zeitform der Verben: in Ps 77,20 LXX steht ῥέω im Aorist (ἐρρύησαν), ebenso wie die Verben in Vers 16. Vom erzählten Geschehen, auch wenn es für die Gemeinde der Gegenwart eine Bedeutung hat, wird als Vergangenem geredet. Anders in der Aussage Jesu in Joh 7,38: hier steht ῥέω im Futur (ῥεύσουσιν). Das Jesuswort lässt zwar deutlich die Erinnerung an das vergangene Geschehen, das Wasser aus dem Felsen in der Wüste, anklingen, verheißt aber ein Geschehen in der Zukunft, das für diejenigen Aktualität werden wird, die glaubend zu Jesus kommen.

Dieselbe Veränderung der Zeitform von Aorist zu Futur nimmt Johannes auch im Zitat von Ps 68,10 LXX in Joh 2,17 vor.[152] An dieser Stelle ist die Änderung noch augenfälliger, da es sich in 2,17 um ein wörtliches Zitat der ersten Hälfte des Psalmverses handelt, in dem lediglich die Zeitform von κατεσθίω variiert: ὁ ζῆλος τοῦ οἴκου σου κατέφαγέν με wird zu ὁ

---

[150] Vgl. ZENGER, Psalter, 126f: „Wer die Psalmen ‚privat‘ rezitiert, tut dies doch nicht ‚privat‘: Er reiht sich ein in die ‚liturgische‘ Gemeinschaft der Psalmenbeter mit ‚David‘ als ihrem Vorbeter – wo auch immer *diese* Psalmen aktuell gebetet werden mögen. Und zugleich gilt: Diesen Texten wohnt buchstäblich die rettende, schützende, tröstende und vergebende Gegenwart Gottes inne." (Hervorhebung im Original).

[151] Vgl. DALY-DENTON, David, 5.

[152] Vgl. dazu auch unten VI.1.2.

ζῆλος τοῦ οἴκου σου καταφάγεταί με.[153] Der Zeitpunkt, zu dem der Eifer um das Haus Gottes Jesus „verzehren" wird, liegt also von der erzählten Zeit in Joh 2,17 – dem Zeitpunkt der Tempelreinigung – aus gesehen in der Zukunft. Der Kontext der Stelle, der auf Tod und Auferstehung Jesu als Abbrechen und Aufrichten des „Tempels seines Leibes" (2,21) verweist und für die Zeit nach seiner Auferstehung damit rechnet, dass die Jünger und Jüngerinnen Jesu sich an sein Wort erinnern und ihm glauben, macht deutlich, dass der Zeitpunkt, an dem das Futur aus Joh 2,17 zur Gegenwart wird, der Zeitpunkt des Todes Jesu ist. Für die nachösterliche Gemeinde des Evangelisten ist das mit den Worten des Psalms im Futur angekündigte Geschehen also bereits Gegenwart.[154]

Dass das Heilsgeschehen in der – glaubenden – Begegnung mit Jesus Gegenwart wird,[155] bringt Johannes wiederum in der Veränderung der Zeitformen des Psalmzitats in Joh 6,31 zum Ausdruck, in dem es um eine andere Gabe Gottes in der Wüstenzeit Israels neben dem Wasser geht: das Manna. In 6,31 zitiert das Volk, das von Jesus verlangt, sich mit einem entsprechenden Zeichen als der Menschensohn, als der er sich in V. 27 bezeichnet, zu legitimieren, die Schrift, indem es an das Mannawunder erinnert: „Unsere Väter aßen das Manna in der Wüste, wie geschrieben steht: Brot aus dem Himmel gab er ihnen zu essen." Die wahrscheinlichste Quelle dieses Schriftzitats ist Ps 77,24 LXX: „Und er ließ Manna auf sie regnen zum Essen und Himmelsbrot gab er ihnen."[156] Jesus antwortet auf das Zitat der Menge in Joh 6,32: „Amen, amen, ich sage euch, nicht Mose hat euch das Brot aus dem Himmel gegeben, sondern mein Vater gibt euch das wahre Brot aus dem Himmel." In dieser Antwort ist eine dreifache Korrektur der von der Menge angebrachten Erwartung enthalten. Erstens betont Jesus, dass nicht Mose, sondern Gott der Geber des Himmelsbrotes

---

[153] Vgl. DALY-DENTON, David, 124; MOLONEY, Reading, 443.

[154] Dass es sich im Tode Jesu um ein den an ihn Glaubenden Heil schaffendes Geschehen handelt, wird den Lesern und Leserinnen des Evangeliums an diversen Stellen deutlich. Nicht zuletzt auch im direkten Kontext von Joh 7,38, wenn in dem kommentierenden Satz des Evangelisten in 7,39 die Wasserströme, die die Glaubenden tränken, als der Geist gedeutet werden, der durch Jesu Verherrlichung – am Kreuz – gesendet wird. Vgl. auch Joh 3,14f; 12,32f etc.

[155] Vgl. PETERSEN, Jesus, 111: „Auf diese Weise wird die vom Zitat aufgerufene Situation (die Gabe des Manna zur Zeit der Wüstenwanderung) aktualisiert: der johanneische Jesus ist jetzt ‚Brot vom Himmel', so wie es damals das Manna war."

[156] Alternativ werden Ex 16,4.15 und Neh 9,15 u.a. als mögliche Quellen des Zitats vorgeschlagen. Vgl. BORGEN, Bread, 40–43; WENGST, Johannesevangelium I, 248f; THYEN, Johannesevangelium, 351; PETERSEN, Brot, 211f. Zur ausführlichen Argumentation für Ps 78(77),24 als Vorlage von Joh 6,31 s. MENKEN, Provenance, passim. Vgl. auch OBERMANN, Erfüllung, 132–135; THEOBALD, Schriftzitate, 328f; ZUMSTEIN, Schriftrezeption, 125; DALY-DENTON, David, 133 und FREED, Quotations, 11–16, der für eine Kombination aus Ex 16,4 und Ps 78,24 plädiert.

ist. Allerdings entspricht das eindeutig auch den alttestamentlichen Texten ebenso wie denen der antik-jüdischen Auslegung, so dass auf diesem Punkt kaum ein großes Gewicht liegen dürfte.[157] Zweitens wird das Brot, das der Vater Jesu gibt, näher als das „wahre" Brot aus dem Himmel bestimmt. Drittens und vor allem aber stellt Jesus der Vergangenheitsform der Aussage seiner Gesprächspartner eine betonte Gegenwart gegenüber. Der Aorist des alttestamentlichen Zitates, das die Menge als solches wiedergibt, wird in Jesu verneintem Satz zunächst zum Perfekt: „Nicht Mose *hat* euch das Brot vom Himmel *gegeben*", dem dann umso deutlicher das Präsens entgegengestellt wird: „sondern mein Vater *gibt* euch das wahre Brot aus dem Himmel". Das zentrale Wort der Aussage, „Brot", wird dann im Folgenden, nachdem es schon durch ἀληθινός präzisiert wurde, durch verschiedene weitere Attribute näher bestimmt.[158] Es ist ἄρτος τοῦ θεοῦ und gibt der Welt das Leben (V. 33), als solchem wird ihm himmlischer Ursprung zugeschrieben, und in Vers 35, der die Klimax dieses Abschnittes bildet, wird es im ersten johanneischen Ich-bin-Wort als „Brot des Lebens" ausdrücklich mit Jesus identifiziert: „Ich bin das Brot des Lebens (ὁ ἄρτος τῆς ζωῆς)". Die Bezeichnung „Brot des Lebens" stellt ein neues Element dar, das keine Entsprechung mehr in der semantischen Matrize der alttestamentlichen Manna-Erzählung findet. Der Ausdruck ist ohne inner-biblische Parallele und vermutlich eine johanneische Schöpfung.[159] Das typisch johanneische Motiv „Leben" (ζωή) meint wie auch sonst im vierten Evangelium ein über irdisch-leibliches Leben hinausgehendes umfassendes Heil, „ewiges" Leben (6,40.47), was spätestens im Anschluss an die Wiederholung des Ich-bin-Wortes in 6,48ff deutlich wird:

Ich bin das Brot des Lebens. Eure Väter aßen in der Wüste das Manna und starben. Dieses ist das Brot, das aus dem Himmel herabkommt, damit wer von ihm isst, nicht stirbt. Ich bin das lebendige Brot, das vom Himmel herabgekommen ist. Wenn jemand von diesem Brot isst, wird er leben in Ewigkeit.

Die Möglichkeit, Jesus in Person mit dieser umfassenden Leben spendenden Heilsgabe, dem „Brot des Lebens", zu identifizieren, hat sich der Evangelist durch eine kleine Veränderung im Schriftzitat gegenüber dem Ursprungsvers Ps 77,24 LXX geschaffen: Statt vom „Himmelsbrot" (ἄρτον οὐρανοῦ) spricht das Zitat Joh 6,31 ausdrücklich vom „Brot aus dem Him-

---

[157] Vgl. dazu PETERSEN, Brot, 212f.

[158] Diese sukzessive und attributive Näherbestimmung eines zentralen Wortes aus einem Bibeltext entspricht durchaus verbreiteter Midrasch-Exegese. Vgl. BORGEN, Bread, 66f.

[159] Die frühesten bekannten wörtlichen Parallelen finden sich in Joseph und Aseneth (JosAs 8,5.9; 15,5 u.ö.). Vgl. GERBER, Blickwechsel, 206–208; SCHNACKENBURG, Johannesevangelium II, 57f. Zu den Ich-bin-Worten in Joh 6 vgl. PETERSEN, Brot, 201–234, THYEN, Ich-Bin-Worte, passim.

mel" (ἄρτον ἐκ τοῦ οὐρανοῦ). Durch die Ergänzung von ἐκ τοῦ bereitet
der Evangelist die Personifizierung des Brotes als „der, der aus dem Himmel herabkommt", (ὁ καταβαίνων ἐκ τοῦ οὐρανοῦ) vor.[160] Die Vokabel
καταβαίνω verwendet Johannes auch an anderen Stellen, um Jesu Herkunft
aus dem Himmel bzw. der Sphäre Gottes auszusagen.[161] Das Motiv des
Kommens Jesu aus dem Himmel, formuliert mit ἐκ/ἀπὸ τοῦ οὐρανοῦ oder
ἐξ οὐρανοῦ, bringt Jesu Herkunft von Gott zum Ausdruck. Nachdem Jesus
im Kontext des Psalmzitates in Joh 2 als Tempel und Ort der Gottesbegegnung dargestellt wurde, der im Ereignis seines Todes Heil schafft, wird er
in Joh 6 ausgehend vom Zitat aus Psalm 77 LXX als die Heilsgabe selbst,
das umfassende Heil und ewige Leben in Person gezeichnet. Die Menge
erhält auf ihre Forderung hin also tatsächlich ein Zeichen, wenn sie es auch
nicht begreifen kann – ebenso wenig wie einige Jüngerinnen und Jünger
Jesu, wie die Verse 6,60–66 berichten. Denn dieses Zeichen ist nach johanneischem Verständnis Jesus selbst. Er ist nicht nur Geber der Speise,
die unvergänglich ist und ins ewige Leben bleibt, sondern er selbst *ist* diese Speise, *ist* die alles umfassende Heilsgabe.[162] Was Jesus ist und was er
für die an ihn Glaubenden bedeutet, wird in Bezug zur Heilsgabe der Wüstenzeit auf der Folie der alttestamentlichen Mannaerzählung herausgestellt,
auch da, wo die Bedeutung Jesu als ἄρτος τῆς ζωῆς über das Manna der
Wüste hinausreicht: Im Gegensatz zum den Vätern gegebenen Manna
schenkt Jesus *ewiges* Leben. Vor dem Hintergrund des alttestamentlichen
Textes trägt der Evangelist hier ein über diesen hinausgehendes eschatologisches Moment ein, das das Heil, das Jesus ist und gibt, qualifiziert.

Die enge inhaltliche Verbindung zwischen Joh 6,31ff und 7,38 wird neben der Zusammengehörigkeit der beiden Heilsereignisse Manna und Wasser aus dem Felsen und der Anspielung auf bzw. Zitation aus Versen desselben Psalms auch in der Explikation des Ich-bin-Wortes in 6,35 deutlich,
das der Verheißung in 7,37f sehr nahe kommt: „Wer zu mir kommt, wird
niemals hungern, und wer an mich glaubt, wird nie mehr dürsten."[163]

2.7.5 Zusammenfassung

In Joh 7,37f fordert Jesus die Dürstenden auf, zu ihm zu kommen, und lädt
die an ihn Glaubenden ein, zu trinken. Zum Verständnis dessen, dass und
inwiefern er den Durst derer, die glaubend zu ihm kommen, zu stillen ver-

---

[160] Vgl. MENKEN, Provenance, 44f.

[161] Joh 3,13; 6,38.41.42.50.51.58; vgl. 3,31.

[162] Vgl. MENKEN, Remarks, 146. Die Rede vom „wahren Brot aus dem Himmel" impliziert jedoch keineswegs, dass das Manna der Wüstenzeit als „falsches Brot" abgewertet würde, wie PETERSEN, Brot, 228f überzeugend darlegt.

[163] Vgl. zur Verbindung von Joh 6,35 und 7,37f auch MARITZ/VAN BELLE, Imagery,
342f.

mag, führt er dann die als Schriftzitat gekennzeichneten Worte ποταμοὶ ἐκ
τῆς κοιλίας αὐτοῦ ῥεύσουσιν ὕδατος ζῶντος an, die neben dem Bezug auf
das Motiv der endzeitlichen Wasserströme aus dem Tempel auch auf das in
Ps 78,16.20 nacherzählte Wunder der Wüstenzeit Israels verweisen. In den
Versen Ps 77,16.20 LXX finden sich die Worte ποταμοὶ ὕδατος/ὕδατα und
ῥέω, und aus ihnen lässt sich, wie ich oben dargelegt habe, auch die Wendung ἐκ τῆς κοιλίας erklären. Schon der Psalm, der die Ereignisse der
Heilsgeschichte in einer Nacherzählung betend und erinnernd in die Beziehung zwischen den Betenden und Gott holt, bedeutet eine Aktualisierung
dieser Geschehnisse für die Gegenwart der Betenden. Der Evangelist bedient sich dieser bereits im Psalmtext enthaltenen Anamnese und verstärkt
sie durch eine weitere Aktualisierung im Christusgeschehen. Dazu verändert er einerseits die Zeitform. Das, was dem Volk in der Vergangenheit
widerfuhr und was für die betende Gemeinde immer wieder neu – erinnernd – aktualisiert wird, wird nach Johannes noch einmal ganz neu Gegenwart werden. Nicht in einem immer wiederholbaren Sinne jedes Mal,
wenn sich ein Mensch betend in die Gemeinschaft des Gottesvolkes stellt,
sondern zu einem konkreten Zeitpunkt, der vom erzählten Moment des
Auftretens Jesu im Jerusalemer Tempel am letzten Tag von Sukkot aus
gesehen in der Zukunft liegt: „von seinem Leib *werden* Ströme lebendigen
Wassers fließen". Der Zeitpunkt, an dem dieses Ausgießen des Heils von
Zukunft zu Gegenwart wird, ist, wie der Kommentar des Evangelisten in
7,39 eindeutig klärt, der Zeitpunkt der Verherrlichung Jesu am Kreuz. Für
die nachösterliche Gemeinde also ist der Geist- und Heilsempfang durch
Jesu Tod Gegenwart geworden.[164]

Außer der Zeitform aktualisiert der Evangelist das erzählte Heilsgeschehen aber auch durch Personifizierung, indem er es in der Person Jesu
konkretisiert. Dazu verwendet er zum einen das Possessivpronomen αὐτοῦ
in Vers 38 und kennzeichnet somit den Leib, aus dem die Wasserströme
fließen, als Leib Jesu. Zum anderen setzt er das Wort ζῶντος als Attribut

---

[164] Vgl. WENGST, Johannesevangelium I, 304f; MARTYN, History, 135–142; WEBS-
TER, Jesus, 56f. PETERSEN, Brot, 230 spricht in ihrer Analyse von Joh 6 davon, dass in
der johanneischen Aufnahme jüdischer Traditionen „Erinnerung und Erwartung zusammen[fallen]", „und auf diese Weise verdichtet sich die Zeit zur messianischen Zeit. Ausführlicher gesagt: Die intertextuellen Bezüge von Joh 6 rufen einerseits vergangene Geschichte (die Gabe des himmlischen Manna) auf, wobei die Wüstenerzählungen nicht
historisierend betrachtet, sondern in der erzählten Geschichte aktualisiert und reinszeniert
werden. Die Zeit als erinnerte Zeit ist gleichzeitig die gegenwärtige Zeit. Andererseits
wird durch die Bezugnahme auf die erwartete messianische Zeit der Gottesgelehrtheit,
die sich in der Einladung Jesu konkretisiert, auch diese erwartete Zeit als gegenwärtig
dargestellt. Im Reden (und Handeln) Jesu fallen also die erinnerte und die erwartete Zeit
zusammen: Was in Joh 6 passiert, ist mithin eine Verdichtung der Zeit, durch die ihre
Linearität aufgehoben wird."

zum Wasser. Anders als bei dem Ereignis der Wüstenzeit handelt es sich nicht einfach um „Wasser", sondern um „lebendiges Wasser".[165] Wie gesehen stammt diese Wendung aus Sach 14,8 und entspricht der eschatologischen Erwartung der Tempelquelle. Auch wenn das Motiv des lebendigen Wassers in diesen Traditionen seinen Ursprung hat, fällt doch die Parallele zu Joh 6 auf, wo der Evangelist die durch das Zitat aus Ps 77,24 LXX aufgerufene semantische Matrize des Mannawunders verlässt, indem er das „wahre" Brot aus dem Himmel, das Jesus ist, als „lebendiges Brot" (6,51) und „Brot des Lebens" (6,35.48) charakterisiert. Eben diese für den Heilsbegriff des vierten Evangeliums so bedeutsame Charakterisierung wird in 7,38 auch der zweiten Heilsgabe der Wüstenwanderung, dem Wasser zuteil. In eben diesem Punkt geht das in Jesus geschenkte Heil über die Heilsgaben der Vergangenheit – in deren Kontext es unbedingt zu verstehen ist – hinaus: die Begegnung mit Jesus schenkt das ewige Leben.[166]

Auffallend ist jedoch, dass in Joh 7 kein Ich-bin-Wort folgt, in dem Jesus sich selbst als das lebendige Wasser oder als Wasser des Lebens bezeichnen würde. Anders als in Joh 6 mit dem Brot des Lebens wird er in Joh 7 mit der Heilsgabe des lebendigen Wassers nicht unmittelbar identifiziert.[167] Vielmehr erscheint er als der *Felsen*, aus dem das Wasser und also Heil und Leben strömen. Die Identifizierung Jesu mit dem Wasser spendenden Felsen der Wüstenzeit findet sich schon bei Paulus in 1Kor 10,4.[168] Durch die Verbindung der beiden Motive, des Wasser spendenden Felsens und der Wasserströme aus dem eschatologischen Tempel, entspricht die Personifizierung des Felsens als Leib Jesu innerhalb der johanneischen Konzeption aber der Aussage der Verse 2,17–21 und der Darstellung Jesu als Tempel und Ort der Gottesbegegnung.[169] Jesus in Person ist es also, aus dem die eschatologischen Tempelwasser fließen werden, deren Erwartung den Wasserritus von Sukkot bestimmt.

---

[165] „Lebendiges Wasser", מים חיים, bedeutet im geläufigen jüdischen Verständnis zunächst einfach „fließendes Wasser" bzw. „Süßwasser, Quellwasser". Johannes spielt mit dieser Bedeutung, übersteigert sie aber eschatologisch.

[166] Vgl. u.a. Joh 5,24; 11,25f.

[167] Durch die Kombination beider Erzählungen wird einmal mehr deutlich, dass Jesus „is both the giver of the gift and the gift itself" (WEBSTER, Jesus, 57).

[168] HÜBNER, Theologie, 179 zieht in Erwägung, „daß 1Kor 10 und Joh 7 in einem gemeinsamen traditionsgeschichtlichen Prozeß stehen".

[169] Vgl. SPAULDING, Identities, 156. Vgl. auch Joh 4,23, in dessen Kontext Jesus sich als Spender des lebendigen Wasser bezeichnet (4,10.14).

2.8 Anwendung und Ergebnis: Joh 7,37f als Antwort auf den Hoschia'na-Ruf der Festgemeinde

Der vierte Evangelist entwirft in der Selbstoffenbarung Jesu in Joh 7,37f eine Antwort auf die Frage nach Jesu Identität. Diese wird auf den „großen", also den siebten Tag des Sukkotfestes datiert und spielt auf den Ritus der Wasserspende an, der für diesen Festtag zentral ist. Um die Verse 7,37f in ihrer vollen Bedeutung zu verstehen, muss man daher die theologischen Implikationen verstehen, die dem Laubhüttenfest und seiner Wasserlibation zur Zeit des Zweiten Tempels und danach zukamen. Auf den Verstehens- und Glaubenshorizont dieses Festes verweisen die Verortung der Jesusworte am „großen Tag" von Sukkot, die Bezüge zu Wasser und Geist sowie die im Schriftzitat anklingenden Assoziationen an Tempelquelle und Wüstenfelsen. In diesem Kontext ist Jesu Selbstaussage zu verstehen.

„So öffnet sich ein weiter, vielfältiger Horizont von Schrifttexten im Zusammenhang der liturgischen Traditionen des jüdischen Sukkot-Festes. Der Joh.evangelist und seine Lesergemeinde sind in einem erstaunlichen Ausmaß nicht nur mit dem AT als der Bibel der Urkirche, sondern auch mit Glauben und Leben der jüdischen Gemeinde vertraut, und zwar tief hinein in die Zeit vor der Zerstörung des Tempels i.J. 70 n.Chr."[170]

Mehr vielleicht als mit allen anderen Festen verbindet sich für die feiernde jüdische Gemeinde mit Sukkot die Hoffnung auf das eschatologische Heil Gottes. Sukkot ist das Fest der messianischen Zeit, das Fest, das nach dem endzeitlichen Gottessieg von allen Völkern gefeiert werden wird (Sach 14,16). Es ist das Fest, zu dem die Wasserspende gehört, die symbolisch schon die eschatologischen Heilswasser im Tempel fließen lässt. Es ist das Fest, in dem Gott besonders intensiv um Rettung angerufen wird: „Hoschia'na – hilf doch" lautet der immer wiederholte Ruf beim Umzug um den Altar.

Was bedeutet es also, wenn der Evangelist in diesem Kontext Jesus sagen lässt: „Wen da dürstet, der komme zu mir. Und es trinke, wer an mich glaubt. Wie die Schrift gesagt hat: ‚Ströme lebendigen Wassers werden aus seinem Leib fließen'"? Im Kontext des Laubhüttenfestes ist diese Aufforderung eine Antwort auf das bittende Hoschia'na der Gemeinde. Was Johannes seinem Lesepublikum über Jesu Identität sagt, ist eben dies: In ihm begegnet derjenige, um dessen Gegenwart und Rettung im Hoschia'na-Ruf gebeten wird.[171] Indem der johanneische Jesus auf die insbesondere im Hoschia'na geäußerten Hoffnungen der Menschen auf eine eschatologische

---

[170] WILCKENS, Johannes, 135. Dagegen bezweifelt BECKER, Johannes I, 276, dass Johannes „oder die joh. Gemeinde soviel spezielle Kenntnis jüdischer Festtradition noch besaß".

[171] Vgl. die Tradition des „Hoschia'na" beim Einzug Jesu in Jerusalem: Mk 11,1–10; Mt 21,1–11; Joh 12,13; Lk 19,35–38.

Heilserfahrung im Fest antwortet, gibt er der Volksmenge – und gibt darin der vierte Evangelist seinen Lesenden – die Antwort auf die Frage, wer er ist.[172]

Es ist entscheidend, dass Jesus in Joh 7 – anders als in Joh 6 mit dem Manna – *nicht* mit der Heilsgabe selbst identifiziert wird. Kein Ich-bin-Wort bezeichnet Jesus selbst als das lebendige Wasser. Vielmehr ist er der Ort, von dem die Heilsgabe ausgeht. Auffallend ist hierbei auch die unpersönliche Formulierung: Anders als in Jesu Gespräch mit der Samaritanerin in Joh 4,14 heißt es in 7,37f nicht, dass Jesus den Dürstenden Wasser *geben* wird. Die Formulierung „Ströme lebendigen Wassers werden aus seinem Leib fließen" lässt Jesus selbst merkwürdig passiv erscheinen. Wie der Felsen in der Wüste, wie der Tempel in der Heilszeit, so ist er der Ort, aus dem Gott seinem Volk Heil in Fülle zuteil werden lässt.[173]

Und indem der Evangelist in 7,39 den Vorgang des Wasserströmens aus Jesu Leib auf den Zeitpunkt seiner Verherrlichung deutet und in 19,34 noch einmal darauf zurückverweist, interpretiert er für die Leserinnen und Leser seines Evangeliums den Kreuzestod Jesu.[174] Das Heil, das buchstäblich aus seinem Körper strömt, ist das Heil, das an Sukkot symbolisch aus dem Krug der Wasserspende fließt: das Heil der Leben schaffenden Zuwendung Gottes zu seinem Volk vor, in und nach aller Zeit. Die Wasser der Schöpfung, das Wasser während der Wüstenwanderung als der Zeit, in der die Geschichte Israels als Gottesvolk begann, und die zukünftig aus dem Tempel strömenden Wasser, die eschatologisches Heil mit sich bringen, fließen zusammen in der Wasserspende von Sukkot und im Kreuzestod Jesu.[175] Und sie beinhalten gemeinsam die ganze Geschichte Gottes mit seinem Volk, in die – durch die Universalität der Schöpfung und die Hineinnahme der „Übriggebliebenen" der Völker in die endzeitliche Sukkot-Feier – letztlich alle Menschen hineingenommen sind.[176]

---

[172] Vgl. BARTH, Erklärung, 347: „Die Frage: Ist er's? Ist er's nicht? hat sich im Vorangehenden totgelaufen. Der Mensch frage sich, ob er *Durst* hat. [...] Findet er sich als Durstiger, dann komme er. Dann wird er zu trinken bekommen. Dann und damit *hat* er die Antwort auf die Frage: Ist er's oder ist er's nicht?" (Hervorhebung im Original).

[173] Vgl. SCHWANKL, Licht, 210.

[174] Vgl. CHIBICI-REVNEANU, Herrlichkeit, 535; SCHNELLE, Tempelreinigung, 370f; CORY, Rescue, 113f, die den ganzen Komplex Joh 7,1–8,59 für eine apologetische Antwort auf das Problem des Todes Jesu durch seine Feinde hält.

[175] Vgl. GRELOT, Jean VII,38, 48f.

[176] Der Aspekt der Universalität der Heilsverheißung, der schon in der Erwartung des endzeitlichen Sukkotfestes für die Übriggebliebenen aller Völker begründet liegt, wird bestätigt durch die universale Formulierung des Ich-bin-Wortes in Joh 8,12, das Jesus als das Licht *der Welt* bezeichnet. Vgl. die Beobachtung von POPKES, Licht, 649, dass fast alle lichtmetaphorischen Texte des Johannesevangeliums universal ausgerichtet sind. Vgl. auch SCHWANKL, Licht, 213.

Aus Jesus geht dieses Heil – bzw. Heilwerden – hervor, in ihm als personifiziertem Ort der Gotteszuwendung begegnet es. Das, was die Offenbarungsworte Jesu im Kontext von Sukkot in 7,37f sagen, wird in Joh 9 weiter entfaltet. Jesu Selbstoffenbarung ruft – wie der Evangelist durchgängig und realistisch schildert – Glauben und Unglauben hervor. In Joh 7,40 bis 8,59 werden weitere Diskussionen und scharfe Streitgespräche über Jesu Anspruch erzählt. Sie gipfeln in der Eskalation der Feindschaft derer, die seinem Selbstanspruch keinen Glauben schenken können: Jesu Gegner wollen ihn steinigen, woraufhin Jesus den Tempel verlässt (8,59).

3. Das Licht der Welt – Joh 8,12 und Sukkot

Jesu Worte in Joh 7,37f entfachen neue kontroverse Diskussionen im Volk, die in 7,40–51 geschildert werden. Von einer direkten Konfrontation mit Jesus berichtet Johannes jedoch nicht. Die von den Oberpriestern und Pharisäern ausgesandten Diener wagen es nicht, Jesus zu ergreifen, und so bleibt er wohl unbehelligt. Der erneute Ausspruch Jesu in Joh 8,12, eingeleitet durch πάλιν οὖν αὐτοῖς ἐλάλησεν ὁ Ἰησοῦς λέγων, erscheint dadurch als mehr oder weniger unmittelbare Fortsetzung seiner Rede in 7,37ff.[177] Und tatsächlich gehören die beiden Aussagen eng zusammen. Mit der Selbstbezeichnung als Licht der Welt in seinem zweiten Ich-bin-Wort greift der johanneische Jesus nach dem Wasser auf ein zweites Element zurück, das im Tempelritual von Sukkot eine Rolle spielt und eschatologisch konnotiert ist.[178]

3.1 Die Illumination an Sukkot

Der Illuminationsritus fand in den Nächten des Sukkotfestes vom ersten Festtag an statt. Im Frauenvorhof des Tempels wurden riesige Leuchter entzündet und offensichtlich nahmen viele Pilger und Pilgerinnen an den Tänzen und Feiern teil, die die ganze Nacht hindurch dauerten, bis man morgens zum Wasserschöpfen zum Schiloach ging.[179] In mSuk 5,2–4 wird diese Feier wie folgt beschrieben:[180]

---

[177] Vgl. WENGST, Johannesevangelium I, 324.

[178] Vgl. KOESTER, Zeit, 800; SCHNACKENBURG, Johannesevangelium II, 237. Zur Lichtmetaphorik, die im gesamten Johannesevangelium und insbesondere in seinem ersten Hauptteil eine große Rolle spielt, vgl. POPKES, Licht, passim; DERS., Theologie, 229–239; PETERSEN, Ich-bin-Worte, passim; DIES., Brot, 235–285; FREY, Hintergrund, passim; SCHWANKL, Licht, 74–278; DERS., Metaphorik, passim; MALMEDE, Lichtsymbolik, 76–112.

[179] Vgl. SAFRAI, Wallfahrt, 245ff; BILLERBECK, Kommentar II, 805f.

[180] Text der Hs Kaufmann (ed. KÜBLER, 29–31).

Beim Ausgang des ersten Feiertages des Festes ging man hinab in den Frauenhof und errichtete dort eine große Vorrichtung. Und Leuchter aus Gold waren dort mit Schalen aus Gold auf ihren oberen Enden und vier Leitern an jedem einzelnen Leuchter. Und vier Jungen aus dem Nachwuchs der Priesterschaft [waren dort] und in ihren Händen Ölkrüge [mit dem Volumen] von 120 Log, die jede einzelne der Schalen füllten. Aus Fetzen von den Gewändern der Priester und aus ihren Gürteln hatte man Dochte gemacht. Und mit denen zündete man [die Leuchter] an. Und es gab keinen Hof in Jerusalem, der nicht widerstrahlte vom Licht der Stätte des Schöpfens. Die Frommen und die Männer der Tat tanzten vor ihnen mit Fackeln und rezitierten vor ihnen die Worte der Loblieder. Und die Leviten [musizierten] auf Harfen und auf Lauten und auf Cymbeln und auf allen [anderen] Musikinstrumenten ohne Zahl auf den fünfzehn Stufen, die herunter führten vom Vorhof der Israeliten zum Frauenhof, gemäß den fünfzehn Stufenliedern aus den Psalmen. Auf ihnen standen die Leviten beim Gesang. Es standen zwei Priester im obersten Tor, das vom Vorhof der Israeliten zum Frauenhof hinunter führt, und [sie hatten] zwei Trompeten in ihren Händen. Wenn der Hahn krähte, bliesen sie gedehnt, schmetternd und [wieder] gedehnt. Wenn sie an die zehnte Stufe gelangten, bliesen sie gedehnt, schmetternd und [wieder] gedehnt. Wenn sie zum Hof gelangten, bliesen sie gedehnt, schmetternd und [wieder] gedehnt. Und sie bliesen und gingen, bis sie an das Tor gelangten, das nach Osten hinaus geht. Waren sie an dem Tor, das nach Osten hinaus geht, angelangt, wandten sie ihre Gesichter nach Westen und sprachen: ,Unsere Väter standen, wenn sie an diesem Ort waren, *mit dem Rücken zum Heiligtum des Herrn und mit ihren Gesichtern nach Osten und sie warfen sich nieder in Richtung Osten zur Sonne[181]*. Wir [aber] zu Jah, und auf Jah sind unsere Augen [gerichtet].' Rabbi Jehuda sagt: Sie wiederholten [den Gottesnamen] und sagten: ,Wir [aber] zu Jah und auf Jah sind unsere Augen [gerichtet].'[182]

Das Ende von mSuk 5,4 scheint die Vermutung nahezulegen, dass in der Illumination der Sukkotfeier Überreste früherer Sonnenanbetungsrituale aufgenommen worden sein könnten. Sukkot als Herbstfest wird zu Beginn der dunklen Jahreszeit begangen, wenn das Sonnenlicht weniger zu werden beginnt.[183] Philo, SpecLeg 2,210 begründet die Festlegung des ersten Festtages auf den 15. Tischri damit, dass zu diesem Zeitpunkt Vollmond ist und so „nicht am Tag allein, sondern auch nachts die Welt erfüllt sei von dem herrlichen Licht der Natur, indem Sonne und Mond an jenem Tag einander abwechselnd ununterbrochen scheinen, ohne dass die Finsternis ihren Übergang trennt."

Im Vergleich mit den „Vätern" betont die Mischna jedoch, dass im Sukkotfest nicht die Sonne, sondern der Gott Israels angebetet wird. Von ihm wird ein Licht erwartet, das das der Sonne, des Mondes und aller Sterne außer Kraft setzt. So heißt es in Sach 14,6f in der Beschreibung der

---

[181] Der kursive Teil ist Zitat aus Ez 8,16.

[182] Vgl. tSuk 4,1–10.

[183] Vgl. auch Josephus, Ant 3,244. Vgl. THACKERAY, Septuagint, 64: „The illuminations, I have no doubt, commemorate the autumnal equinox; they mark the beginning of the descent to the long winter nights, and were in their origin a charm or prophylactic against the encroaching powers of darkness". Vgl. auch GUILDING, Gospel, 92f.

eschatologischen Zeit, unmittelbar vor der Erwähnung der endzeitlichen
Wasserströme und des Laubhüttenfests für die Übriggebliebenen der Völker, dass Gott den natürlichen Rhythmus von Tag und Nacht mit Licht und
Finsternis aufheben wird. Der MT von Sach 14,6 lautet:
וְהָיָה בַּיּוֹם הַהוּא לֹא־יִהְיֶה אוֹר יְקָרוֹת יְקִפָּאוֹן, „Und es wird geschehen an diesem Tag: es wird kein Licht sein und die prächtigen [Gestirne] ziehen sich
zusammen." In der LXX lautet der Vers: ἐν ἐκείνῃ τῇ ἡμέρᾳ οὐκ ἔσται
φῶς καὶ ψῦχος καὶ πάγος, „An jenem Tag wird weder Licht sein noch
Kälte noch Eis." Den unterschiedlichen Interpretationen ist gemeinsam,
dass sie das Ende des natürlichen Lichtes ankündigen. Und Sach 14,7 – in
Übereinstimmung von MT und LXX – beschreibt, dass Gott den Wechsel
von Tag und Nacht aufheben wird. Es wird *ein* einziger Tag sein und auch
abends wird es Licht geben: „Und es wird ein Tag sein – er ist JHWH bekannt –, es wird nicht Tag und nicht Nacht [sein] und es wird geschehen:
zur Zeit des Abends wird Licht sein." Ein Licht also, das über die Macht
der Sonne, die die Vorväter anbeteten, weit hinausgeht, gehört zur eschatologischen Erwartung von Sach 14, einem Text, den die Rabbinen ausführlich zur Interpretation der Sukkottraditionen heranzogen. Es liegt daher
sehr nahe, auch die Illumination des Tempels, die für Jerusalem die Nächte
des Festes zum hellichten Tag macht, von Sach 14 her zu interpretieren.
Das Licht in diesen Nächten nimmt bereits das eschatologische Licht Gottes vorweg, das nach seinem Erscheinen die Welt erleuchten wird. In der
nächtlichen Freudenfeier von Sukkot wird proleptisch bereits der Tag- und
Nachtrhythmus aufgehoben. So heißt es in ySuk 5,3/2 (55b), dass die
Frauen in Jerusalem im Licht der Tempelillumination ihren Weizen sieben
konnten. Und mehrfach berichten die Rabbinen, dass die Feiernden während des Laubhüttenfestes kaum zum Schlafen kamen.[184]

3.2 Joh 8,12 im Licht der Sukkot-Illumination

Das Ich-bin-Wort des johanneischen Jesus in Joh 8,12 ist mit einer Verheißung verbunden und lautet: „Ich bin das Licht der Welt. Wer mir nachfolgt, wird nicht wandeln in der Finsternis, sondern das Licht des Lebens
haben." In den Nächten des Sukkotfestes machte das im Tempel entzündete Licht Jerusalem taghell und symbolisierte das eschatologische Licht
Gottes, das die natürliche Ordnung von Tag und Nacht außer Kraft setzt
und keine Finsternis mehr zulässt. Die Rabbinen stellen dieses Licht Gottes dem der Sonne gegenüber: Nicht auf sie, sondern auf Gott allein gilt es
den Blick zu richten.

Im Kontext dieses Festes lässt Johannes Jesus sich selbst als das „Licht
der Welt" bezeichnen und denen, die ihm nachfolgen, verheißen, dass sie

---

[184] Vgl. tSuk 4,5; ySuk 5,2/1 (55b); SALS/AVEMARIE, Fest, 142.

„nicht mehr in der Finsternis wandeln werden, sondern das Licht des Lebens haben".[185] Wiederum bringt Johannes zum Ausdruck, dass für die, die – nachösterlich – an Jesus glauben, die Verheißungen der heilvollen Endzeit bereits Gegenwart geworden sind. Wiederum beschwört er seine Leser und Leserinnen, bei ihrem Bekenntnis zu Jesus zu bleiben. Wenn sie das tun und ihm also „nachfolgen", dann kann die Dunkelheit der Welt ihnen nichts mehr anhaben, weil sie bereits im eschatologischen Licht des nicht endenden Tages Gottes leben.[186]

Auch in Joh 8,12 nimmt Johannes also ein mit eschatologischen Heilshoffnungen verbundenes Element des Sukkotfestes auf, um von ihm her die heilvolle Bedeutung Jesu zu vermitteln. Eben die Verehrung des einzig wahren Gottes, die Israel im Fest ausübt, geschieht nach johanneischer Überzeugung in der Nachfolge Jesu, also im Bekenntnis der johanneischen Gemeinde. Und darin wird deshalb auch die im Fest erhoffte eschatologische Heilszuwendung Gottes, das nicht endende und von der Finsternis nicht zu überwindende Licht empfangen. Das in Sach 14 beschriebene Szenario der eschatologischen Zeit verbindet mit dem Ende des natürlichen Tag-Nacht-Wechsels die Präsenz des ewigen göttlichen Lichtes und also die Gegenwart Gottes selbst bei den Menschen. Die eschatologische Zeit ist gekennzeichnet durch ein Sein im Licht, in der strahlenden Gegenwart Gottes selbst. Eben dieses endzeitliche Sein in der Gegenwart und Sphäre Gottes verheißt Joh 8,12 denen, die Jesus als das „Licht der Welt" bekennen und damit ihm nachfolgen: Sie befinden sich nicht mehr in der gottfernen Sphäre der Finsternis und des Todes, sondern haben in der Gegenwart Gottes „das Licht des Lebens".

3.3 Die Heilung des Blindgeborenen in Joh 9

Wie sich die ab 9,1 geschilderte Heilung des Blindgeborenen zeitlich zu dem vorher erzählten Sukkotfest im Tempel verhält, wird nicht expliziert. Jedoch ist sie über mehrere Motive mit den vorangegangenen Kapiteln verbunden: Die Aussage Jesu gegenüber seinen Jüngern und Jüngerinnen

---

[185] Selbstverständlich steht die Aussage Jesu „Ich bin das Licht der Welt" im Zusammenhang mit zahlreichen weiteren alttestamentlichen, apokryphen und antiken Traditionen, auf die hier nicht eingegangen werden kann. S. dazu u.a. WENGST, Johannesevangelium I, 324; THYEN, Johannesevangelium, 422f; KOESTER, Zeit, 799f; PETERSEN, Brot, 235–285. Zu den johanneischen Ich-bin-Worten vgl. PETERSEN, Brot, passim; THYEN, Ich-Bin-Worte, passim; DERS., Ich bin, passim; SCHWEIZER, Ego eimi, 9–45; THEOBALD, Herrenworte, 245–334; KLEIN, Vorgeschichte, passim.

[186] „In der Finsternis wandeln" ist, wie oben (III.2.3) gezeigt wurde, auch ein johanneischer Ausdruck für ein Sein/Leben in Abkehr von Gott, getrennt von seiner Sphäre des Lichts. Wer sich an Jesus hält, so betont Joh 8,12, dem kann diese Trennung von Gott nicht mehr widerfahren. Zur ethischen Komponente der johanneischen Lichtmetaphorik vgl. PETERSEN, Brot, 241f.

in 9,5: „Solange ich in der Welt bin, bin ich das Licht der Welt." nimmt das Ich-bin-Wort aus 8,12 wieder auf und verweist darin auch auf die Illumination an Sukkot zurück, während 9,7 mit der Erwähnung des Schiloach das Motiv der Wasserspende an Sukkot wieder aufgreift und damit auch auf 7,37f zurückverweist.[187] Ausdrücklich dienen nach 9,3 der Blindgeborene bzw. seine Heilung dazu, die Werke Gottes offenbar zu machen, die in und durch Jesus geschehen. Indem Jesus dem Blinden das Augenlicht schenkt, erweist er sich als das, als was er sich in 8,12 bezeichnet hatte: als Licht der Welt. Interessant ist aber auch, wie die Heilung geschieht. Jesus spuckt auf die Erde, macht einen Brei aus dem Speichel, den er dem Blinden auf die Augen schmiert (9,6),[188] und befiehlt ihm anschließend, sich im Schiloach zu waschen (9,7). Nachdem er dies getan hat, kann der Mann sehen. Die Vorstellung von den reinigenden und heilenden Wunderkräften, die dem Schiloach in der jüdischen Tradition – auch und gerade im Sukkotritus – zukommen, wird also von Johannes aufgegriffen. Und das nicht etwa als Folie einer überholten oder verneinten Tradition, der Jesus entgegengestellt wird. Denn anders als das Wasser von Bethesda in Joh 5 spielt das Schiloachwasser in Joh 7 eine Rolle bei der Heilung des Mannes. Es vollbringt das Wunder allerdings nicht allein, sondern in Kombination mit dem Brei aus Jesu Speichel, also einer Flüssigkeit, die aus Jesu Innerem kommt. Auch wenn es sich nicht um Ströme handelt, die hier aus Jesus sprudeln – diese werden ja auch erst am Kreuz erwartet –, so scheint mir doch auch hier eine Veranschaulichung des in Joh 7,37f Angekündigten vorzuliegen. Der bedürftige – „durstige" – Blinde empfängt durch das aus Jesus als dem Licht der Welt kommende Wasser, das dem Wunderwasser des Schiloach korreliert, seine Heilung. Und nach all den unterschiedlichen Reaktionen auf Jesu Selbstoffenbarung und den Diskussionen der Menge über seinen Anspruch in den Kapiteln 7 und 8 reagiert der geheilte Blinde in 9,38 nun auf die einzig angemessene Weise auf Jesu Worte und Taten: mit Glaubensbekenntnis und Proskynese – „Er aber sagte: Ich glaube, Herr. Und er fiel vor ihm nieder (προσκυνέω)."[189]

---

[187] Vgl. GUILDING, Gospel, 93f; HENGEL, Quelle, 322; SCHWANKL, Licht, 225: „Die Blindenheilung wird damit zu einem narrativen Kommentar, zur anschaulichen *Nacherzählung und Inszenierung des Offenbarungswortes* 8,12." (Hervorhebung im Original).

[188] Hierin liegt eine Parallele zu der Erzählung Mk 8,22–26, in der Jesus einem Blinden, um ihn zu heilen, auf die Augen spuckt. Zu rabbinischen und weiteren antiken Traditionen, nach denen Speichel heilende Kraft gegen Augenleiden hat, vgl. WENGST, Johannesevangelium I, 369.

[189] Προσκυνέω bezeichnet den Vollzug von kultischen Handlungen im Tempel (s. Joh 4,20f; 12,20). Innerhalb des Johannesevangeliums liegt auch ein Rückbezug auf das Jesuswort in 4,23f vor. Vgl. KRIENER, Glauben, 132.

4. Das Verhältnis von Jesus und Sukkot
im johanneischen Verständnis

Der Bezug der Aussagen Jesu in Joh 7,37f und 8,12 zu der Feier von Sukkot und ihren Riten wird von fast allen Auslegern und Auslegerinnen gesehen, benannt und anerkannt. Keine Einigkeit besteht jedoch darüber, wie
das Verhältnis Jesu bzw. des Evangelisten zu den Sukkotriten zu bestimmen ist. So stellt J. Jeremias zwar fest, dass „nicht fraglich erscheinen
[kann], daß Jesus mit seinem Aufruf, bei ihm Wasser zu schöpfen, an die
Vorstellungswelt des Hüttenfestes anknüpft". Er deutet dann jedoch weiter: „Dem heiligen Felsen, der die Welt mit Wasser versorgt, stellt er sich
selbst gegenüber als den, der dem Dürstenden *besseres* Wasser zu geben
vermag."[190] Dieser Gegensatz scheint mir künstlich in den Text eingetragen. Johannes schildert nicht, dass Jesus *besseres* Wasser zu geben hat als
das, das aus dem Felsen kam und aus dem Tempel erwartet wird. Vielmehr
charakterisiert er das, was Jesus zu geben hat, als *eben diese* heilvollen
Wasser, die im Schiloachwasser an Sukkot repräsentiert sind.

Deutlich weiter als Jeremias geht C. Dietzfelbinger mit der Behauptung,
dass Joh 7,37f die Bedeutung nicht nur der Wasserspende, sondern auch
der mit ihr verbundenen Traditionen negiere:

> „Man muß sich Rechenschaft über das hier Gesagte geben: Indem Jesus der kultischen
> Wasserspende ihre Bedeutung abspricht, bestreitet er den gesamten kultischen Zusam-
> menhang, die Bedeutung des Brandopferaltars, des heiligen Felses."[191]

Tatsächlich bestreitet der johanneische Jesus in Joh 7f aber mit keiner Silbe die Bedeutung des Jerusalemer Kultes.[192] Im Gegenteil setzt er dessen
tiefen theologischen Gehalt voraus, indem er ja eben von diesem her die
Frage nach Jesu Identität beantwortet. Die Zielrichtung der Kapitel Joh 7–
9 und insbesondere der Verse 7,37f ist mitnichten die Abwertung oder Ne-
gierung der Sukkotriten. Sie enthalten m.E. keinerlei Kultkritik. Ihre Zielrichtung ist im Gegenteil die Erläuterung dessen, wer Jesus ist und was er

---

[190] JEREMIAS, Golgotha, 81 (Hervorhebung D.F.). Vgl. auch SCHNELLE, Tempelreini-
gung, 370, der Jesu Aufforderung in Joh 7,37 als in „deutlicher Antithese zum Ritus der
Wasserspende am Laubhüttenfest" stehend bezeichnet. Anders PETERSEN, Brot, 238
Anm. 11.

[191] DIETZFELBINGER, Johannes I, 226. Vgl. mit ähnlicher Aussagerichtung ULFGARD,
Story, 261: „Thus, there are no signs in John that the author perceives *sukkot* as he knew
it, or the waterdrawing ceremony, to which there seems to be an allusion, as being in
itself a festival, charged with eschatological significance." (Hervorhebung im Original).

[192] Dass die Bedeutung des Schiloachwassers eben nicht negiert wird, wird nicht zuletzt in Joh 9,7 deutlich: Das Schiloachwasser ist an der Heilung des Blinden beteiligt. Es
mischt sich mit dem aus Jesus kommenden Speichel, wird aber nicht durch diesen ersetzt
oder abgelöst.

– im Tod am Kreuz – der Welt gibt. Um diese Frage zu beantworten, bedient sich der Evangelist der – von ihm fraglos vorausgesetzten! – theologischen Bedeutsamkeit des Sukkotkultes. Insofern ist K. Wengst zuzustimmen, der zusammenfasst:

„Was mit Sukkot verbunden ist – heilvolle Fülle des Lebens –, sieht Johannes in Jesus gegeben und vergewissert seine Gemeinde und spricht ihr zu, im Glauben an Jesus *solche* Fülle des Lebens zu haben.“[193]

Es handelt sich in Joh 7,37f um eine inhaltliche Qualifizierung dessen, was in Jesus empfangen werden kann: eine *solche* Fülle des Lebens und des Heils, wie sie in der Wasserspende von Sukkot symbolisiert ist, die die Urwasser der Schöpfung und die Heilswasser der Wüstenzeit und der Endzeit in sich vereint.

Auch in Joh 7–9 beschreibt der Evangelist Jesus – als Ort des Heilsempfangs und der Gottesbegegnung – also im engen inhaltlichen Bezug zu der Heilsgeschichte Israels und zu dem am Fest Erwarteten. Wie er in Joh 6 im Kontext von Pessach das für dieses Fest bedeutsame Element der Heilsgeschichte, das Brot, aufgreift, so nimmt er in Joh 7 mit dem Wasser ein zweites Motiv der Heilsgeschichte auf, das wiederum für den Kult des Festes, an dem das Kapitel verortet wird, zentrale Bedeutung hat. Das in der Vergangenheit erfahrene Heil, das im Kult von Sukkot anamnetisch vergegenwärtigt und mit eschatologischer Heilserwartung verbunden wird, wird zur Zukunft für die, die in der Erzählung dem vorösterlichen Jesus begegnen, und ist zugleich Gegenwart für die nachösterliche Gemeinde.

Weder in Joh 6 in Bezug auf das Manna noch in Joh 7 in Bezug auf das Wasser aus dem Felsen ist eine Abwertung der alttestamentlichen Heilsgaben zu sehen. Die angebliche Antithese, die verschiedene Exegeten und Exegetinnen gerade in Joh 6 immer wieder zwischen Mose und Jesus sehen wollen,[194] entspricht nicht dem johanneischen Text und seinem Umgang mit den Traditionen. Dass der Evangelist die besondere Würde Jesu vor dem Hintergrund der Heilsmotive der für Israels Selbstverständnis grundlegenden Wüstenzeit darstellt, zeugt implizit auch von der Würde, die er den alttestamentlichen Traditionen zuerkennt. Nur weil diese Traditionen eben *nicht* abgewertet werden, sondern ihnen eine große Autorität zugemessen wird, sind sie ja geeignet, die Semantik, also die Sprach- und Motivwelt zu stellen, mit der die Hoheit Jesu ausgedrückt wird. Weil diese Hoheit nach der johanneischen Christologie einzigartig ist, muss sie notwendigerweise alles andere übertreffen. Ganz deutlich jedoch will der vierte Evangelist die Hoheit Jesu *im Kontext* dieser alttestamentlich-

---

[193] WENGST, Johannesevangelium I, 306 (Hervorhebung D.F.).

[194] Vgl. DIETZFELBINGER, Johannes I, 157; 226; BECKER, Johannes I, 205f; THEOBALD, Johannes, 460–462.

frühjüdischen Traditionen verstanden wissen. Nur so wird ihre Bedeutung für ihn sachgemäß erfasst.[195]

---

[195] Vgl. dazu anschaulich PETERSEN, Brot, 229; KRIENER, Glauben, 129 Anm. 264: „Der johanneische Jesus stellt sich nie als Alternative zu Mose hin. Er behaftet seine Diskussionsgegner bei Mose [...]. Das Auftreten Jesu stellt also gerade keine Konkurrenz zu Mose dar. Vielmehr steht es im Einklang mit dem, was Mose und die Propheten geschrieben haben."

V. Joh 10,22–39 – Chanukka

1. Der Kontext

Die erste Zeitangabe nach Joh 7,2 folgt in Joh 10,22 und nennt wiederum ein jüdisches Fest: Chanukka, gut zwei Monate nach dem Laubhüttenfest. Da alle anderen johanneischen Erwähnungen der Feste als chronologische Marker einen erzählerischen Neueinsatz kennzeichnen und auf die nachfolgenden Textpassagen bezogen sind, erscheint es sinnvoll, auch die Angabe in 10,22 auf die folgenden Verse zu beziehen und sie als Signal für den Beginn einer neuen Texteinheit zu werten.[1] Die vorangehenden Verse 10,1–21 beziehen sich auf die Diskussion über Jesu Legitimität im Anschluss an die in Kapitel 9 erzählte Blindenheilung. In 9,41 wirft Jesus seinen Gegnern Blindheit und bleibende Sündhaftigkeit vor. Diesem Vorwurf folgt eine typisch johanneische, ausführlichere Jesusrede in 10,1–18,[2] die Jesu Selbstoffenbarung entfaltet, sie in zwei Ich-Bin-Worten pointiert (Tür und Hirte, 10,7.9 bzw. 10,11.14) und zugleich denen, die „vor ihm gekommen sind", unterstellt, Diebe und Räuber zu sein, die der Herde des guten Hirten Schaden zufügen wollen (10,8). Mit den κλέπται und λῃσταί sind im johanneischen Kontext eindeutig die Gegner Jesu und der johanneischen Gemeinde gemeint, auf der Erzählebene also eben jene Vertreter des pharisäischen Judentums, mit denen Jesus in Kapitel 9 aneinander geraten war. Insofern kann die Hirtenrede schlüssig als Weiterführung des

---

[1] Vgl. auch DODD, Interpretation, 354f; THYEN, Johannes 10, 131; DIETZFELBINGER, Johannes I, 316; VANDERKAM, John 10, 203. Vgl. dazu und zu verschiedenen literarkritischen Umstellungshypothesen für Joh 10,22–39 DAISE, Feasts, 19ff. ZIMMERMANN, Christologie, 244–250 plädiert für die enge Zusammengehörigkeit der Abschnitte 10,1–21 und 10,22–42 trotz des zeitlichen Neueinsatzes in Vers 22.

[2] Das einleitende ἀμὴν ἀμὴν λέγω ὑμῖν zu Beginn der Hirtenrede in 10,1 kennzeichnet keinen Neueinsatz, sondern kann als „Fortsetzungs- oder Gliederungsformel" (KRIENER, Glauben, 27) bezeichnet werden, die im Johannesevangelium meistens innerhalb von Jesusreden steht: vgl. 1,51; 5,24.25; 6,47; 8,51; 10,7; 12,24; 13,16.20.21.38; 14,12; 16,20.23; 21,18. In 5,19 steht die Formel analog zu 10,1 ebenfalls am Beginn der Selbstoffenbarungsrede Jesu, die hier jedoch ausdrücklich als Antwort auf die Anfeindungen seiner Konfliktpartner gekennzeichnet ist. Zur sogenannten Hirtenrede vgl. KOWALSKI, Hirtenrede, passim, DIES., Ruf, passim; POPP, Tür, passim; MAHR, Schafe, passim; HECKEL, Hirtenamt, 108–123.

Konflikts um die Blindenheilung interpretiert werden.[3] Noch deutlicher als
die Hirtenrede, die man auch als Exkurs innerhalb der geschilderten Auseinandersetzung bezeichnen kann, setzen die Verse 19–21 nahtlos die Auseinandersetzung aus Kapitel 9 fort, indem es dort heißt, dass Jesu Rede
„wieder" (πάλιν) zu einer Spaltung seiner jüdischen Zuhörer und Zuhörerinnen führt, da einige ihn für besessen halten, während andere diesem
Vorwurf widersprechen, weil ein böser Geist es nicht vermag, einem Blinden das Augenlicht zu geben. Der Rückbezug zur Blindenheilung als Auslöser der Konflikte in Joh 9 wird also explizit hergestellt.

Die an Chanukka in der Halle Salomos im Tempel verortete Debatte um
Jesu Identität in Joh 10,22–39[4] setzt dagegen die Auseinandersetzung von
Kapitel 7 fort und ist in verschiedener Hinsicht theologisch eng mit dem an
Sukkot verorteten Geschehen verknüpft. Rückbezüge finden sich aber auch
zu dem Festkapitel Joh 5, in dem es ebenfalls schon um die Legitimität des
Anspruchs Jesu ging, in Wirkeinheit mit Gott zu handeln. Um diese theologischen Implikationen geht es dem vierten Evangelisten. Wie sich der
zeitliche Ablauf der vorangegangenen Ereignisse zwischen Sukkot und
Chanukka im Einzelnen darstellt, ist für ihn dagegen nicht relevant. Ebensowenig wie Johannes sich am Beginn des 5. Kapitels an unvermittelten
Ortswechseln stört, ist der unklare Zeitablauf zwischen Kapitel 7 und 10
für ihn ein Problem. Wie im gesamten Evangelium, so verwendet er, wie
zu zeigen sein wird, auch hier seine Zeit- und Ortsangaben allein um ihrer
theologischen Bedeutung willen. Es kann daher darauf verzichtet werden,
den chronologischen Ablauf quasi historisch nachvollziehen zu wollen.[5]
Stattdessen soll im Folgenden nach den theologischen Implikationen der
Erwähnung von Chanukka in 10,22 und den vielschichtigen Verknüpfungen zwischen Kapitel 10 und den vorangehenden Festkapiteln 5 und 7 gefragt werden.

---

[3] Vgl. THYEN, Johannes 10, 123: „Die grammatische Verbindung von Joh 10:1ff. mit
Kapitel 9, insbesondere mit 9:40–1 ist derart eng und unmittelbar, daß das neue zehnte
Kapitel fast besser mit 9:40 begönne." Auch KRIENER, Glauben, 27: „Daß 10,1 über-
gangslos auf 9,41 folgt, ist offensichtlich. Es gibt weder Orts- noch Adressatenwechsel."

[4] Die Abgrenzung der Texteinheit nach hinten ist sinnvoll zwischen 10,39 und 10,40
vorzunehmen, wo m.E. eine nächste Zäsur vorliegt: Durch Jesu Weggehen aus Jerusalem
und die neue Ortsangabe „jenseits des Jordans" gehören die Verse 10,40–42 nicht mehr
unmittelbar zum vorher erzählten Geschehen im Tempel. Vgl. ZIMMERMANN, Christologie, 241f: „Auf den den Dialog mit den Juden beschließenden V. 39 folgt in Joh 10,40–
42 eine *szenische Überleitung*, die den Ortswechsel Jesu anzeigt (andere Jordanseite, V.
40) und mit einem summarischen Satz endet (‚viele glaubten an ihn', V. 42), der für den
Evangelisten typisch ist (vgl. Joh 4,39; 7,31; 11,45; 12,10)." (Hervorhebung im Original). S. auch KRIENER, Glauben, 32, der die Notiz in Joh 10,40 als Abschluss der Erzähl-
einheit seit 7,2 deutet.

[5] Vgl. ZIMMERMANN, Christologie, 246; RISSI, Aufbau, 48–50; THYEN, Johannes 10,
125.

2. Joh 10,22–39 im Zusammenhang von Joh 5–10

Die Verse Joh 10,22–39 lauten:[6]

22 Es war zu der Zeit das Weihefest (τὰ ἐγκαίνια[7]) in Jerusalem. Es war Winter 23 und Jesus ging im Tempel umher, in der Säulenhalle Salomos. 24 Da umringten ihn die Juden und sagten zu ihm: Wie lange hältst du uns noch hin? Wenn du der Messias[8] bist, sage es uns offen. 25 Jesus antwortete ihnen: Ich habe es euch gesagt und ihr glaubt nicht. Die Werke, die ich im Namen meines Vaters tue, diese zeugen für mich. 26 Aber ihr glaubt nicht, weil ihr nicht zu meinen Schafen gehört. 27 Meine Schafe hören meine Stimme und ich kenne sie und sie folgen mir. 28 Und ich gebe ihnen ewiges Leben und sie gehen nicht verloren in Ewigkeit und niemand wird sie aus meiner Hand rauben. 29 Mein Vater, der sie mir gegeben hat, ist größer als alle, und niemand kann [etwas] aus der Hand des Vaters rauben. 30 Ich und der Vater sind eins.

31 Die Juden hoben wieder Steine auf, um ihn zu steinigen. 32 Jesus antwortete ihnen: Viele gute Werke habe ich euch gezeigt vom Vater. Wegen welches dieser Werke wollt ihr mich steinigen? 33 Die Juden antworteten ihm: Nicht wegen eines guten Werkes steinigen wir dich, sondern wegen Gotteslästerung, weil nämlich du, der du ein Mensch bist, dich selbst zu Gott machst. 34 Jesus antwortete ihnen: Ist nicht in eurer Tora geschrieben: ‚Ich habe gesagt: Ihr seid Götter‘? 35 Wenn sie jene Götter nennt, an die das Wort Gottes ergangen ist, – und die Schrift kann nicht aufgelöst werden – 36 wie könnt ihr zu dem, den der Vater geweiht[9] und in die Welt gesandt hat, sagen: ‚Du lästerst Gott‘, weil ich gesagt habe: ‚Ich bin Gottes Sohn‘? 37 Wenn ich nicht die Werke meines Vaters tue, dann glaubt mir nicht! 38 Wenn ich sie aber tue und falls ihr mir nicht glaubt, dann glaubt den Werken, damit ihr erkennt und versteht, dass in mir der Vater ist und ich im Vater bin. 39 Sie versuchten nun wieder ihn zu verhaften und er entfloh ihren Händen.

In 10,24 wird also die Frage nach Jesu Identität wieder aufgegriffen, die das ganze Kapitel 7 bestimmt hatte.[10] Nach den Diskussionen und dem

---

[6] Die Szene enthält Motive des synoptischen Verhörs Jesu durch den Hohepriester vor dem Synhedrion (vgl. Mk 14,55–64), das bei Johannes fehlt: Die Frage nach Jesu Messianität, die bestätigende und zugleich uminterpretierende Antwort Jesu, die Feststellung der Blasphemie. Vgl. LIGHTFOOT, Gospel, 209; KRIENER, Glauben, 138 Anm. 296; THYEN, a.a.O., 497; BARRETT, Johannes, 378f; 380; SABBE, John 10, 75 u.ö; SCHNELLE, Johannes, 183. Zur Auslegung des Abschnittes vgl. auch ZIMMERMANN, Christologie, 269–276.

[7] Joh 10,22 ist der älteste Beleg für die Bezeichnung des Festes als ἐγκαίνια, die grammatisch als „typischer ‚Festplural‘" zu bestimmen ist: „eine Abkürzung von αἱ ἡμέραι τῶν ἐγκαινίων" (HENGEL, Quelle, 317 Anm. 89; vgl. BLASS/DEBRUNNER/REHKOPF, Grammatik, 117 Anm. 7).

[8] Zur Übersetzung von χριστός in diesem Vers mit „Messias" vgl. die überzeugende Begründung von KRIENER, Glauben, 138 Anm. 295.

[9] Zur Übersetzung von ἡγίασεν mit „geweiht" s. unten (V.4.1).

[10] Vgl. WENGST, Johannesevangelium I, 402f; SCHNACKENBURG, Johannesevangelium II, 382f; KRIENER, Glauben, 138: „Damit wird eine Diskussion aus Kap. 7 wieder aufgegriffen. Diese Wiederaufnahme wird veranlaßt durch die Hirtenmetapher, die starke messianische Konnotationen hat. Der Evangelist geht auf diese Konnotationen ein, lenkt sie

Rätselraten innerhalb der Jesus umgebenden Menschen in Joh 7,12.25–
27.31.40–43, ob er der erwartete Messias sein könne oder nicht, wird diese
Frage von den wiederum als „die Juden" bezeichneten Gegenübern Jesu
nun direkt und explizit ihm selber gestellt.

„Der Mittelteil des Evangeliums (Kap. 7–10) endet mit einem [...] Abschnitt, der hauptsächlich christologisch ist. Die Frage, wer Jesus sei, wird geradeheraus gestellt (V. 24)
und beantwortet, zwar nicht in dem Sinn, in welchem sie gestellt wurde, aber doch mit
gleicher Direktheit."[11]

Der johanneische Jesus bejaht weder, der Messias zu sein, noch verneint er
es. Seine Antwort verweist auf seine Werke, das Hören seiner Stimme,
durch das seine Schafe ewiges Leben empfangen, und seine Einheit mit
dem Vater, die v.a. in den Versen 30 und 38 zugespitzt ausgesagt wird.
Alle diese Motive sind in den vorangegangenen Kapiteln vielfältig vorge-
kommen und vorbereitet worden. Sie verweisen nicht nur auf Kapitel 7,
sondern auch schon auf Kapitel 5 zurück, wo sich alle drei bereits finden –
samt dem Vorwurf seiner Gegner, Jesus betreibe Blasphemie, der zur Tötungsabsicht führt (5,18).[12]

M.E. schlägt der Abschnitt 10,22–39 also nicht nur einen Bogen zu Kapitel 7, sondern ebenfalls zu Kapitel 5, in welchem die öffentlichen Auseinandersetzungen Jesu mit „den Juden" und seine Offenbarungsauftritte im
Tempel begannen. Joh 10,22–39 schließt mit Chanukka als dem *Tempel*fest
schlechthin Jesu öffentliches Wirken an den Jerusalemer Festen ab, das in
5,1 begann. So unterstreicht das wiederkehrende Festmotiv den Zusammenhang zwischen den Kapiteln 5, 7 und 10: Das nicht näher bestimmte
Fest in Joh 5,1 leitet Jesu Auftreten, Lehren, Reden, Wirken und Streiten
im Tempel während der Feste ein, und gerade dadurch, dass dieses Fest
unbestimmt bleibt, wird der Vorstellungshorizont der Lesenden für das
folgende Szenario der vielfältigen jüdischen Feste im Jerusalemer Tempel
generell geöffnet. Die Klimax der Kapitel 5 bis 10 wird mit dem Laubhüttenfest als dem wichtigsten Fest des alttestamentlichen und rabbinischen
Judentums in Joh 7 erreicht, an dessen höchstem Festtag auch Jesu Selbstoffenbarung ihren Höhepunkt findet. Abgeschlossen wird diese Einheit
schließlich in 10,22–39 mit einer erneuten Auseinandersetzung über Jesu

---

dann jedoch in eine andere Richtung." Vgl. zur Frage „der Juden" in 10,24 auch LA-
BAHN, παρρησία, 328–331.

[11] BARRETT, Johannes, 378; vgl. DIETZFELBINGER, Johannes I, 317.

[12] ZIMMERMANN, Christologie, 242 verweist auf die Erwähnung des Täufers in Joh
10,40f, die einen „Rückbezug zu Joh 5,31–40, wo Johannes d.T. zuletzt genannt wurde",
darstellt. Eine weitere Verbindung zwischen den Kapiteln 5 und 10 könnte in der jeweiligen Erwähnung einer bzw. mehrerer Säulenhallen – die fünf Säulenhallen in der Anlage
von Bethesda in 5,2 und die Säulenhalle Salomos im Jerusalemer Tempel in 10,23 – gesehen werden.

Person an Chanukka, dem Fest, das dem Tempel gilt, der für alle jüdischen Feste wichtig und vorausgesetzt ist.

Bevor die Chanukkamotive in Joh 10,22–39 und die vielfältigen Verknüpfungen des Textabschnitts mit den Festkapiteln Joh 5 und 7 im Einzelnen untersucht werden, empfiehlt sich zunächst ein kurzer Überblick über Entstehung, Traditionen und Bedeutung von Chanukka im alttestamentlichen, zwischentestamentlichen und rabbinischen Judentum.

3. Chanukka – Entstehung und Bedeutung

3.1 Chanukka in 1/2Makk

Das Chanukkafest[13] geht auf die Wiederweihung des Tempels durch Judas Makkabäus am 25. Kislew 164 v.Chr. zurück. 1Makk 4,36–59 und 2Makk 10,1–8 berichten, wie die Makkabäer den Tempel nach dem Sieg über die Seleukiden von allem Heidnischen reinigen und auf den Tag genau drei Jahre nach seiner Entweihung durch Antiochus IV. Epiphanes durch Wiederaufnahme des schriftgemäßen Opferkultes neu dem Gott Israels weihen.[14] Anschließend ergeht der Beschluss, in einem jährlichen achttägigen Fest vom 25. Kislew an die Erinnerung an dieses Ereignis zu feiern:

> Und Judas und seine Brüder und die ganze Gemeinde Israel setzten fest, dass man die Tage der Einweihung des Altars (αἱ ἡμέραι τοῦ ἐγκαινισμοῦ τοῦ θυσιαστηρίου) zu ihrer Zeit Jahr für Jahr begehen sollte, acht Tage lang vom Fünfundzwanzigsten des Monats Kislew an mit Jubel und Freude. (1Makk 4,59; vgl. 2Makk 10,8)

Dieser Beschluss wird schriftlich auch an die jüdischen Gemeinden in der Diaspora weitergegeben, wobei allerdings nicht von der „Weihe", sondern eigenartigerweise von einem „Laubhüttenfest" gesprochen wird:[15]

> Und nun haltet die Tage des Laubhüttenfestes des Monats Kislew (καὶ νῦν ἵνα ἄγητε τὰς ἡμέρας τῆς σκηνοπηγίας τοῦ Χασελευ μηνός). (2Makk 1,9)

> Da wir beabsichtigen, am fünfundzwanzigsten Kislew die Reinigung des Tempels zu begehen, sahen wir uns verpflichtet, euch dies mitzuteilen, damit auch ihr sie begeht wie [die Tage] des Laubhüttenfestes und des Feuers, als Nehemia, nachdem er den Tempel und den Altar erbaut hatte, das Opfer wieder aufnahm. (2Makk 1,18)

Während die Bezeichnung des Festes als ἐγκαινισμὸς τοῦ θυσιαστηρίου in 1Makk 4,59 dem johanneischen Ausdruck τὰ ἐγκαίνια und dem hebräi-

---

[13] Vgl. zum folgenden Abschnitt auch HERR, Ḥanukkah, 331–333; DOMMERSHAUSEN, חנכ, 22; BALZ, ἐγκαίνια, 910f; MÜLLNER/DSCHULNIGG, Feste, 48f; ELBOGEN, Gottesdienst, 130f; TREPP, Gottesdienst, 91f.

[14] Zur Chronologie vgl. BICKERMANN, Gott, 12–16; 155–168.

[15] Zur historischen Bewertung dieser Briefe vgl. HENGEL, Quelle, 320.

schen Äquivalent חֲנֻכָּה in der rabbinischen Literatur entspricht, fällt in 2Makk 1 der Vergleich des Chanukkafestes mit Sukkot auf, der in 2Makk 1,9 sogar zu der Bezeichnung als „Laubhüttenfest des Monats Kislew" führt.[16] Die Gemeinsamkeit der beiden Feste besteht nicht nur in ihrer Dauer von acht Tagen, sondern auch in dem beiden Festen gemeinsamen Charakteristikum der Festfreude und des Jubels (vgl. 1Makk 4,59; 2Makk 1,18; 10,6) sowie ihrer inhaltlichen Verknüpfung mit dem Tempel.[17] Nach 2Makk 10,6 gedachte die das erste Chanukkafest feiernde Gemeinde des vorangegangenen Laubhüttenfests, das sie in Ermangelung des Tempels noch in den Bergen und Höhlen „wie wilde Tiere" hatte halten müssen. Wie oben gezeigt,[18] wurde im Laufe der alttestamentlichen Traditionen das Laubhüttenfest sowohl mit der salomonischen Tempelweihe als auch mit der Weihe des zweiten Tempels unter Esra und Nehemia verbunden, die beide auf Sukkot datiert wurden. Dieselben Traditionen werden in 2Makk mit Chanukka verbunden, indem die Neuweihe des Tempels durch Judas Makkabäus in einer Reihe mit den früheren Tempelweihen gesehen wird (2Makk 1,18ff; 2,8–12).

Hauptaspekt des Festes ist der Sieg über die Tempelfrevler und Unterdrücker durch Gottes Hilfe, aber ineins damit auch das Bekenntnis zum einen wahren Gott, dem der Tempel wieder rechtmäßig geweiht wird. Israel erhält mit dem Tempel den zentralen Raum seiner Kommunikation mit Gott zurück, in dem es ihm wieder voller Freude in Fest und Gottesdienst begegnen kann. Der Tyrann, der den Tempel entweiht hatte, ist gestürzt. Zu allen diesen Motiven wird sich in Joh 10,22–39 ein inhaltlicher Bezug zeigen lassen.

3.2 Das Lichterfest – Chanukka bei Josephus und den Rabbinen

Flavius Josephus berichtet in Ant 12,316–326 in Anlehnung an 1Makk von der Wiederweihe des Tempels durch Judas Makkabäus und überliefert anschließend den Beschluss, dass das Fest jährlich acht Tage lang begangen werden soll. Die Bezeichnung ἐγκαίνια bzw. ἐγκαινισμός verwendet er dabei nicht, sondern er nennt das Fest in Ant 12,325 „Lichterfest" (φῶτα):[19]

Und seit jener [Zeit] bis jetzt begehen wir das Fest, das wir Lichter[-fest] nennen; ich denke, wir gaben dem Fest diesen Namen, weil uns unverhofft diese Freiheit leuchtete (φανῆναι).

---

[16] Zu den verschiedenen Bezeichnungen für das Fest vgl. NODET, Dédicace, 331–337.

[17] Vgl. HENGEL, Quelle, 318.

[18] Vgl. IV.2.3.

[19] Es handelt sich hierbei um die einzige Erwähnung des Chanukkafestes bei Josephus.

Josephus erklärt den Namen φῶτα, der seinem Zeugnis nach die im Volk übliche Bezeichnung des Festes war, also als Sinnbild: Die wiedergewonnene Freiheit zur Religionsausübung war für das jüdische Volk wie ein unerwarteter Lichtstrahl.[20]

In einer Baraita in bShab 21b findet sich eine ausführlichere Legende, die die Lichtsymbolik des Chanukkafestes und den bis in die Gegenwart praktizierten Brauch erklärt, an jedem der acht Festtage eine Kerze mehr anzuzünden:[21]

Was ist Chanukka? Die Rabbinen lehrten: Am 25. Kislew [beginnen] die acht Chanukka-Tage; man hält keine Trauerklagen an ihnen und man fastet nicht an ihnen. Denn als die Griechen in den Tempel eindrangen, verunreinigten sie alles Öl, das im Tempel war. Und als das Königtum des Hasmonäer-Hauses die Oberhand gewann und sie besiegte, suchte man und fand nicht mehr als einen Krug mit Öl, der mit dem Siegel des Hohepriesters versehen war, und in ihm war nicht mehr [Öl] als um einen Tag lang [das Licht] brennen zu lassen. Es geschah mit ihm ein Wunder und man ließ damit acht Tage lang [das Licht] brennen. Im nächsten Jahr wurde festgesetzt, [die Tage] als Feiertage zu begehen, mit Hallel und Dankliedern.

Sowohl für Josephus als auch für die Rabbinen ist das Licht also zentrales Element des Festes. Jenseits aller legendarischen Ausschmückungen ist es wahrscheinlich, dass die Verbindung von Chanukka mit Licht auf das Wiederentzünden der Menora und des Altarfeuers im Tempel zurückgeht. Davon berichten 1Makk 4,50.53 sowie Josephus in Ant 12,319.

2Makk 1,18ff verbindet die Tempelreinigung am 25. Kislew nicht nur mit Sukkot, sondern auch mit der Einweihung des Tempels durch Nehemia und führt aus, dass Nehemia das Holz und das Opfer auf dem Altar mit eben dem Feuer neu entzündete, das auch im ersten Tempel gebrannt hatte und bei der Wegführung ins Exil von einigen Priestern in einem Brunnen versteckt worden war. Zu Nehemias Zeiten hatte es sich in dickflüssiges Wasser verwandelt, das sich, nachdem es auf Nehemias Befehl hin auf Holz und Opfer gegossen worden war, von selbst wieder entzündete.[22] Überhaupt ist es angesichts der engen inhaltlichen Verbindung von Chanukka und Sukkot und der Rolle, die der Illumination des Tempels beim

---

[20] Vgl. DOMMERSHAUSEN, חֲנֻכָּ, 22; HERR, Ḥanukkah, 331f; MARCUS, Josephus, 168 Anm. b.

[21] Ed. Wilna Bd. 2, 42. Ausführliche Diskussionen über die Durchführung dieses Brauchs finden sich in bShab 21a.b und in PesR 2. Vgl. ferner u.a. ySuk 3,4/5 (53d); 5,1/10 (55b); bShab 23a; bBQ 62b. Das Fest, das in der rabbinischen Literatur durchgehend den Namen חֲנֻכָּה trägt, wird noch verschiedentlich erwähnt. Vgl. BILLERBECK, Kommentar II, 539ff; NODET, Dédicace, 357–366. Als achttägiges Fest, das ab dem 25. Kislew begangen wird, gehört es auch zu den in der Fastenrolle (MegTaan 9) aufgeführten Freudentagen, an denen Fasten verboten ist. Vgl. zu MegTaan und ihrer Datierung um 70 n.Chr. BEYER, Texte I, 354ff.

[22] Vgl. BALZ, ἐγκαίνια, 911; DOMMERSHAUSEN, חֲנֻכָּ, 22.

Laubhüttenfest zukam,[23] nur nahe liegend, dass Licht und Feuer im Tempel auch an Chanukka die Bräuche bestimmten.[24]

PesR 2 stellt das makkabäische Chanukkafest nicht nur in eine Reihe mit den anderen Tempelweihen der Geschichte Israels, sondern verbindet es darüber hinaus mit weiteren bedeutsamen Ereignissen der vergangenen und eschatologisch-erhofften Heilsgeschichte:[25]

> Und wie viele Chanukkot sind es? Es sind sieben Chanukkot. Und diese sind sie: Das Chanukka des Himmels und der Erde, denn es ist gesagt: ‚Und es wurden vollendet Himmel und Erde' (Gen 2,1). Und was war dort Chanukka? ‚Und Gott setzte sie [sc. die beiden großen Lichter] an das Gewölbe des Himmels, um zu leuchten' (Gen 1,17). Und das Chanukka der Mauer, denn es ist gesagt: ‚Und bei der Einweihung (ובחנכת...) der Mauer von Jerusalem' (Neh 12,27). Und das Chanukka der Rückkehrer aus dem Exil, denn es ist gesagt: ‚Und sie opferten zur Einweihung (לחנכת...) des Hauses unseres Gottes usw.' (Esra 6,17). Und das Chanukka der Priester: das, an dem wir [Lampen] anzünden. Und das Chanukka der kommenden Welt, denn es ist gesagt: ‚Ich werde Jerusalem suchen mit Kerzen' (Zef 1,12). Und das Chanukka der Fürsten: ‚Das ist die Einweihung des Altars... ' (Num 7,84). Und das Chanukka des [ersten] Heiligtums, über das man liest: ‚Ein Psalm: Ein Lied zur Einweihung (חנכת...) des Hauses für David' (Ps 30,1).

Indem der Text den Abschluss der Erschaffung von Himmel und Erde, also der ersten Schöpfung, und den Beginn der kommenden Welt, also der eschatologischen Neuschöpfung, als Chanukka, „Einweihung", bezeichnet und mit den diversen Weihen von Heiligtümern innerhalb der Geschichte in eine Reihe stellt, gewinnt das Chanukka-Ereignis eine kosmologisch-eschatologische Dimension. Nicht nur an mehreren Punkten *innerhalb* der Geschichte Israels gab es ein Weiheereignis, das mit der Gottesbeziehung Israels zu tun hatte, sondern auch Anfang und Ende der Geschichte überhaupt sind durch ein solches Weiheereignis gekennzeichnet.[26] Während die verschiedenen Tempelweihen durch menschliche Akteure vollzogen werden – Nehemia, die Rückkehrer aus dem Exil, die hasmonäischen Priester, die Fürsten Israels, Salomo –, ist beim ersten und letzten Chanukka Gott selbst der Handelnde. Er weiht die erste und die zweite Schöpfung ein, wie Israel seine Heiligtümer weiht. Das verbindende Motiv, mit dem die Rabbinen die Bezeichnung der göttlichen Tätigkeiten als „Chanukka" begründen, ist dabei das Licht. Es ist der Augenblick der Schöpfungsgeschichte, an dem Gott Mond und Sonne als Lichter, die die Erde erleuchten sollen, an den Himmel setzt, der als „Chanukka des Himmels und der Erde" bezeichnet wird. Und es ist die Ankündigung, Gott werde Jerusalem „mit

---

[23] Vgl. oben IV.3.1.

[24] Vgl. FLUSSER, Religion, 18.

[25] Text: ed. pr. 2b; vgl. Parma 120a (ULMER I, 14).

[26] Auch andere Feste werden von den Targumen und den Rabbinen in Urzeit und Eschaton übertragen. Vgl. z.B. Pessach in CN Ex 12,42; TPsJ Ex 12,42 und mPes 10,6.

Kerzen" suchen, aufgrund derer der „große Tag JHWHs" (Zef 1,14) das „Chanukka der kommenden Welt" genannt wird.

Auch dieser Text zeigt somit die große Bedeutung, die dem Licht an Chanukka im rabbinischen Verständnis zukam.

4. Jesus als Tempel am Fest der Tempelweihe: Chanukkamotive in Joh 10,22–39

Nach diesem Durchgang durch jüdische Chanukkatraditionen soll nun gezeigt werden, welche Chanukkamotive sich in Joh 10,22–39 finden und in welchem Bezug zu ihnen Jesus dargestellt wird.

Die Frage nach der Identität Jesu, die spätestens seit Joh 7,3 immer virulent ist und die „die Juden" in 10,24 in Form der Messiasfrage an Jesus explizieren, wird aus johanneischer Sicht klar beantwortet. Jedoch erfolgt die Antwort nicht in dem Sinne, in dem die Fragenden sie erwartet haben könnten. Sie wird auf eine Art und Weise gegeben, in der sie für die fragenden Gesprächspartner Jesu überhaupt nicht zu verstehen ist. Klar beantwortet wird die Frage nach der Identität und Würde Jesu aber für die Lesenden des Johannesevangeliums, die bereits ihr Bekenntnis zu Jesus als Christus mitbringen und seit dem Prolog über seine präexistente Abstammung von Gott informiert sind. Zu dieser Antwort gehört das sorgfältig geschilderte Szenario der Auseinandersetzungen im Tempel während der Feste – nach Joh 10,22ff konkret in der Säulenhalle Salomos[27] an Chanukka. Der vorletzte Aufenthalt Jesu in Jerusalem mit den Auseinandersetzungen um seinen Auftrag, seine Vollmacht und seine Identität wird gerahmt von den beiden Tempelfesten Sukkot und Chanukka.[28] Sicherlich liegt der Schwerpunkt der Kapitel 7–10 auf dem Laubhüttenfest, auf das vielfach in Joh 7–9 Bezug genommen wird. Schon dem Laubhüttenfest eignet eine besondere Tempelbezogenheit und in seinem Kontext und unter Rückgriff auf seine Motivwelt wird Jesus v.a. in Joh 7, wie oben gezeigt, als der Ort der Gottesbegegnung geschildert.[29] Diese Identifikation Jesu mit dem Tempel, in dem Gott in besonderer Nähe begegnet werden kann, wird in

---

[27] Die Erwähnung der στοά τοῦ Σολομῶνος an der Ostseite des Tempels weist einmal mehr auf eine Detailkenntnis der Jerusalemer Traditionszusammenhänge durch den Evangelisten hin. Sie galt als Überrest des salomonischen und damit als ältester Teil des herodianischen Tempels (vgl. Josephus, Ant 20,220–222; 15,401; Bell 5,185). Vgl. dazu ZIMMERMANN, Christologie, 246; 269; 356; VANDERKAM, John 10, 205f. Somit steht die „Säulenhalle Salomos" in besonderem Maße für die Kontinuität der Tempel Israels, in der nach johanneischem Verständnis nun Jesus als Ort der Gottesbegegnung und -anbetung (vgl. Joh 2,21; 4,21–24) steht.

[28] Vgl. KRIENER, Glauben, 32f.

[29] Vgl. oben z.B. IV.4.

Joh 10,22–39 fortgesetzt und erfährt durch die Chanukka-Motivik noch einige bestärkende und explizierende Ausschmückungen, wie ich im Folgenden zeigen möchte.[30]

4.1 Blasphemie und die Weihe des Tempels

Chanukka feiert die Reinigung und Wiederweihe des Heiligtums nach seiner gewaltsamen Entweihung. Die Tempelschändung durch Antiochus IV. Epiphanes steht im Zeichen der Selbstüberhöhung eines Herrschers, der sich anders als seine in hellenistischer Tradition stehenden Vorgänger massiv in die jüdische Religionsausübung einmischte und sie in Dekreten verbot. Die Plünderung und Entweihung des Jerusalemer Tempels bilden die Spitze dieser antijüdischen Provokationen, in deren Rahmen ein Zwang zum heidnischen Kult eingeführt wurde.[31] Das Thema von Chanukka ist somit einerseits ein Akt der Blasphemie und andererseits dessen Überwindung durch die erneute Weihe des Tempels für den einen Gott Israels.

„Thus in New Testament times Hanukkah would doubtless be associated in Jewish and Christian minds with two contrasting sets of ideas: the blasphemy of false worship, the Man of Sin,[32] and the Temple defiled: the true worship of a regathered Israel (an idea found already in 2 Maccabees 2.18), the return of the Shekinah, and the Temple restored.“[33]

Die Frage nach der wahren Gottesverehrung und dem rechten Heiligtum sowie der Vorwurf der Blasphemie sind nun aber auch die Themen von Joh 10,22–39, wie schon J.C. VanderKam gesehen hat:

„Jesus' strong assertions that he and the Father are one (10:30), that he was the Son of God (10:36), and that the Father was in him as he was in the Father (19:38) were uttered at a time when the blasphemous pretensions of Antiochus IV to be a god would have

---

[30] Deshalb ist Barretts Urteil, Johannes wolle mit der Erwähnung Chanukkas „lediglich auf den Verlauf einer kurzen Zeitspanne hinweisen", denn „es scheint nicht möglich, irgendeine symbolische Entsprechung zwischen dem Verlauf des Festes und der anschließenden Auseinandersetzung zu finden" (BARRETT, Johannes, 379), zu widersprechen. Auch wenn Joh 10,22–39 keine formale Parallele zum Festablauf an Chanukka bietet, hat doch die mit Chanukka verbundene Symbolik durchaus Parallelen im johanneischen Text und auch Relevanz für die johanneischen Aussagen über Jesus. Vgl. so auch VANDERKAM, Joh 10, 213f; MENKEN, Feste, 282f.

[31] Vgl. zu Antiochus IV. Epiphanes und seiner Religionspolitik BICKERMANN, Gott, passim; BRINGMANN, Reform, passim (Bringmann datiert die Entweihung des Tempels von der Forschungsmehrheit abweichend auf Dezember 168 v.Chr. und dementsprechend die Neuweihe in das Jahr 165 v.Chr.; vgl. a.a.O., 26–28 u.ö.); SCHWARTZ, Antiochus, 553f; MAIER, Geschichte, 40f; VANDERKAM, John 10, 211ff; APPLEBAUM, Judaea, 9–29; SANDERS, Judaism, 17f. Vgl. Josephus, Ant 12,234ff.

[32] GUILDING, Gospel, 129 Anm. 1 nimmt an, dass „the idea of Antichrist can be traced back to the persecuting king Antiochus Epiphanes."

[33] GUILDING, Gospel, 129. Vgl. VANDERKAM, John 10, 211.

been particularly fresh in the minds of Jewish people. The vigorous reactions of the Jewish audience to Jesus' claims are especially understandable against this historical backdrop."[34]

Die erneute Diskussion zwischen Jesus und seinen Gegenübern wird in 10,24 mit einer Frage und einer Aufforderung „der Juden" eröffnet: „Wie lange hältst du uns noch hin? Wenn du der Messias bist, sage es uns offen." Dieser Vers zeigt nicht nur ein ehrliches Bemühen um ein Verständnis der Person Jesu und seines Auftretens;[35] v.a. die am Anfang stehende Frage beinhaltet eine Ungeduld, der im Kontext von Chanukka tiefere Bedeutung zukommt. Vom Messias wird im Judentum auch eine politische Befreiung von Fremdherrschaft erwartet.[36] Wenn Johannes die Gesprächspartner Jesu ausgerechnet an Chanukka explizit und drängend nach Jesu Messianität fragen und um die Offenbarung seiner Messianität bitten lässt, dann kann darin innerhalb der Erzählung die Bitte und die Hoffnung mitgehört werden, Jesus möge sich endlich öffentlich als Messias erweisen und also auch das Volk von der heidnischen Fremdherrschaft durch die Römer befreien. Dieser Wunsch ist an Chanukka besonders nahe liegend, feiert das Fest doch eine Befreiung von drückender Fremdherrschaft in der Vergangenheit.[37] In der Frage „der Juden" in Vers 24 mag also durchaus die Bitte um eine Wiederholung des Chanukka zugrunde liegenden Heilsereignisses impliziert sein. Der Evangelist greift damit vielleicht auch zweifelnde Stimmen innerhalb seiner eigenen Gemeinde oder aus deren jüdischem Umfeld auf, die anmerken, dass mit Jesus eben diese politisch-messianische Befreiungshoffnung nicht in Erfüllung ging.

In der Antwort Jesu in den Versen 25–30 stellt der Evangelist dieser Erwartung sein eigenes Verständnis des Heils, das in Jesus begriffen ist, entgegen. Seiner Überzeugung nach haben die an Jesus Glaubenden ewiges Leben und zwar durchaus in einem Sinne, der es einschließt, dass ihnen keinerlei (irdische) Macht mehr etwas anhaben kann (10,28f).[38] Vers 30

---

[34] VANDERKAM, John 10, 211. Vgl. auch ZIMMERMANN, Christologie, 358; FLEBBE, Feasts, 120f.

[35] Vgl. PAINTER, Tradition, 67f; anders THYEN, Johannesevangelium, 496; SCHNEIDER, Johannes, 206; ZAHN, Johannes, 465.

[36] Vgl. DIETZFELBINGER, Johannes I, 320f.

[37] Vgl. NODET, Dédicace, passim.

[38] Der leibliche Tod bleibt schmerzvolle Realität, tangiert aber nicht das „ewige Leben", das laut johanneischer Vorstellung in der Gemeinschaft mit Gott besteht. Vgl. Joh 17,3; WENGST, Johannesevangelium I, 404; CULPEPPER, Eschatology, 264; 269. Vgl. auch KÄSEMANN, Wille, 40f, der allerdings meint, der Tod sei für die an Jesus Glaubenden „nicht mehr ernsthaft und realiter".

bringt die Grundlage dieser Überzeugung auf den Spitzensatz johanneischer Theologie: „Ich und der Vater sind eins."[39]

Die Reaktion der Zuhörer und Zuhörerinnen Jesu macht einmal mehr deutlich, dass die Kommunikation an diesem Punkt scheitert. Die jüdischen Menschen, die das Bekenntnis zu Jesus als präexistentem Gottessohn nicht teilen, können diesen Satz nur als Gotteslästerung verstehen. Sie können darin nur die Selbstüberhöhung und Selbstvergottung eines Menschen (V. 33!) und damit einen Angriff auf die Einheit und Einzigkeit Gottes hören, der letztlich der Intention der Tempelschändung durch Antiochus IV. Epiphanes und die hellenistischen Kultreformer entspricht. Wiederum dürfte dieser Vorwurf, den Johannes hier durch die Nähe zum Chanukka-Thema verstärkt, zugleich der zentrale Vorwurf der jüdischen Gemeinde an die johanneische sein.

Auch hier begegnet Johannes diesem Vorwurf mit dem Gegenvorwurf, der ebenfalls unerschütterlich an der Einheit Gottes festhält: Angesichts der vorzeitlichen und ewigen Einheit Jesu mit dem Vater begehen eben diejenigen die Blasphemie, die Jesus ablehnen.[40] Und auch diese seine Antwort auf den jüdischen Vorwurf der Gotteslästerung verstärkt der Evangelist in Vers 36 durch den Verweis auf Chanukka. Der johanneische Jesus bezeichnet sich hier als der, „den der Vater *geweiht* (ἡγίασεν) und in die Welt gesandt hat". Das Verb ἁγιάζω, „heiligen, weihen", bedeutet „dem kultischen Gebr. übergeben od. dafür geeignet machen [...], kult. Charakter verleihen".[41] Es bezeichnet in der LXX z.B. in Num 7,1 die

---

[39] Zur Näherbestimmung dieser Einheit von Vater und Sohn und der Abgrenzung „sowohl von einem moralischen, als auch von einem metaphysischen, mystischen oder mythologischen Verständnis des Eins-Seins Jesu und des Vaters" vgl. überzeugend THYEN, Johannesevangelium, 499f. SCHOLTISSEK, In ihm, 326 spricht von einer „Handlungsund Willensgemeinschaft", dem schließt sich ZIMMERMANN, Christologie, 271 an. Zur Entsprechung der Wirkeinheit von Gott und Jesus und dem Verhältnis zwischen Gott und Mose nach MekhY Beschallach 4 zu Ex 14,21 vgl. WENGST, Johannesevangelium I, 405.

[40] Vgl. THEOBALD, Erinnert euch, 122f: Die johanneische Antwort auf den Blasphemievorwurf der Synagoge, die er Jesus selbst in den Mund legt, „bezieht derart stark die theozentrisch strukturierte Sendungsvorstellung mit ein, dass deutlich wird: Die ‚hohe Christologie' des johanneischen Kreises widerspricht dem biblisch-jüdischen Monotheismus nicht!" Theobald spricht weiterhin allerdings von einer „Mutation" des Monotheismus, denn im Johannesevangelium werden „Figuren und Modelle der Mittlerschaft zwischen dem transzendenten Gott und Israel bzw. den Menschen aus der jüdisch-hellenistischen Theologie (Weisheit, Logos etc.) bzw. der Apokalyptik (Menschensohn, göttliche Boten = Engel etc.) auf ihn als *Menschen* übertragen (was ein Novum ist), wobei dieser ‚Mittler' so nah an Gott herangeführt wird, dass der (in Jesus inkarnierte) Logos *nicht* dem Geschöpflichen, sondern der Welt des Schöpfers zugerechnet wird." (ebd., kursiv im Original). Vgl. DIETZFELBINGER, Johannes I, 327.

[41] BAUER, Wörterbuch, 14f.

Weihe des Stiftszeltes und des Altares durch Mose[42] und in 1Kön 8,64 die Weihe des Platzes in der Mitte des Tempelvorhofs durch die Darbringung verschiedener Opfer durch Salomo. In 1Kön 9,3 wird es in der Antwort Gottes auf Salomos Gebet verwendet:

> Ich habe die Stimme deines Gebets und deines Bittens gehört, die du vor mich gebracht hast. Ich habe alles getan, wie du es erbeten hast: Ich habe dieses Haus geweiht/geheiligt (ἡγίακα), dass mein Name dort wohne in Ewigkeit und meine Augen und mein Herz dort seien alle Tage.

Indem Johannes in 10,36 also gerade dieses Wort auf Jesus bezieht, spielt er einmal mehr auf das Ereignis an, dessen an Chanukka gedacht wird: Die rechtmäßige Weihe des Tempels für den einen Gott Israels. Jesus ist seinem Verständnis nach rechtmäßig – durch Gott selbst – *geweiht*.[43] Damit bekräftigt 10,36 was vorher, v.a. in Aufnahme der Sukkotmotivik in Joh 7, schon mehrfach gesagt wurde: Jesus in Person ist für den vierten Evangelisten rechtmäßiges und wahres Heiligtum, in dem Gott begegnet werden kann und in dem dieser zu verehren ist. Das bedeutet dann aber auch, dass, indem seine Gegner Jesus steinigen wollen, nach johanneischem Verständnis *sie* diejenigen sind, die sich am Heiligtum Gottes vergreifen und es zu schänden beabsichtigen.[44]

Mit Hilfe der mit Chanukka assoziierten Symbolik bestärkt der Abschnitt 10,22–39 also die johanneische Darstellung Jesu als personifizierter Tempel. Dabei ist zu bedenken, dass der Evangelist und seine Gemeinde bereits mit der Tatsache der Zerstörung des herodianischen Tempels durch die Römer leben und sie voraussetzen. Jesus hat die in der Messiasfrage implizierte politisch-messianische Hoffnung also nicht erfüllt. Aber auch wenn der johanneische Jesus diese Erwartungshaltung seiner Gegenüber enttäuscht und ablehnt, nimmt Joh 10,22–39 und insbesondere Vers 36 doch die Chanukkathematik auch *positiv* auf. Mit dem Verlust des Jerusalemer Tempels muss gelebt werden. Laut Johannes ist mit Jesus aber ein neuer, im Bekenntnis zu ihm und in seiner Gegenwart im Geist über seine irdische Gegenwart hinaus andauernder Tempel gegeben.[45] Und so geschieht laut Joh 10,22–39 in der Selbstoffenbarung Jesu letztlich nichts

---

[42] VANDERKAM, John 10, 206, der diese Beobachtung ebenfalls macht, verweist weiterhin darauf, dass es sich bei Num 7 um die Tora-Lesung an Chanukka handelt: mMeg 3,6; vgl. bMeg 31a. Vgl. GUILDING, Gospel,128; HENGEL, Quelle, 318; BARRETT, Johannes, 384; BROWN, John I, 404; 411.

[43] Vgl. MENKEN, Feste, 282; ØSTENSTAD, Patterns, 161f.

[44] Vgl. HENGEL, Quelle, 318: „Da aber er [sc. Jesus, D.F.] selbst für den Evangelisten der Ort der Gegenwart Gottes, man könnte auch sagen: das ‚Heiligtum Gottes auf Erden‘, ist, bedeutet dies nichts anderes als den Versuch, ‚Gottes Heiligtum‘ zu schänden und zu entweihen – eben am Fest der Tempelweihe." Vgl. a.a.O., 318f; DIETZFELBINGER, Johannes I, 329; MENKEN, Feste, 282f.

[45] Vgl. ZIMMERMANN, Christologie, 368; MARTYN, History, 135–142.

Geringeres als eine Wiederholung des an Chanukka gefeierten Ereignisses: Die Weihe bzw. Heiligung des Tempels in der Person Jesu.[46]

Dieses symbolische Verständnis von Jesu Auftreten am Fest steht jedoch wiederum in dem Zirkelschluss, der das christliche Bekenntnis voraussetzt. Und so endet die Kommunikation Jesu und seiner jüdischen Gesprächspartner notwendigerweise auch dieses Mal in völligem Unverständnis und gegenseitigen Vorwürfen.[47]

4.2 Licht

Angesichts der Tatsache, dass „Licht" schon bei Josephus und in rabbinischen Traditionen ein wichtiges, wenn nicht das wichtigste Charakteristikum des Chanukkafestes ist, erscheint es bemerkenswert, dass Joh 10,22–39 dieses Motiv nicht explizit aufgreift.[48] Tatsächlich könnte das Ich-bin-Wort aus Joh 8,12 gut auch im Kontext von 10,22–39 stehen und würde sich hervorragend in die Chanukka-Szenerie einfügen. Dass eine solche Bezeichnung Jesu als Licht und auch darüber hinaus jede direkte Erwähnung eines Lichts in den Versen 10,22ff fehlt, heißt jedoch keineswegs, dass dieses Motiv nicht mitgedacht sein will. Das Licht ist nicht nur das zentrale Motiv des Chanukkafestes, sondern auch Charakteristikum von Sukkot. Im Kontext des Herbstfestes steht in 8,12 die Bezeichnung Jesu als Licht der Welt und im selben Kontext wird diese Identifikation in der Blindenheilung in Kapitel 9 entfaltet, auf die auch in 10,21 noch einmal ausdrücklich zurückverwiesen wird. Implizite Hinweise auf die Blindenheilung liegen aber auch in 10,25.32.37f vor. Mit den „(guten) Werken" (ἔργα), die für Jesus zeugen, sind mit Sicherheit auch die σημεῖα gemeint, die Jesus als Ausweise seiner Vollmacht und Wirkeinheit mit Gott bereits erbracht hat.[49] Lesende, die mit Chanukka vertraut sind, werden automa-

---

[46] Es ist bemerkenswert, dass sich gerade im Johannesevangelium kein Bericht der Tempelzerstörung findet. Dieses historische Ereignis als solches wird von Johannes ignoriert, da ihm auf theologischer Ebene insofern keine Bedeutung zukommt, als der Tempel in Jesus weiter existiert – und ewigen Bestand hat. Johannes erkennt dem Tempel somit als christologischer Matrix bleibende Bedeutung und dauerhaften Bestand zu. Ein ähnlicher Umgang ist in der Mischna zu beobachten, die von der Tempelzerstörung ebenfalls weitgehend schweigt und „weithin Regelungen über den Ablauf des Kults [trifft], als ob der Tempel noch immer stünde" (STEMBERGER, Reaktionen, 207f).

[47] Vgl. auch WENGST, Gemeinde, 122 zu Joh 10,34–36: „Aber ob der in seinem Kal-Wachomer-Schluß für Jesus erhobene Anspruch, daß Gott selbst in ihm präsent ist, zu Recht besteht, läßt sich außerhalb des Glaubens nicht erweisen." Vgl. DERS., Johannesevangelium I, 410; WILCKENS, Johannes, 171.

[48] Vgl. BARRETT, Johannes, 379.

[49] Vgl. BARRETT, Johannes, 382: „Nicht ‚viele' Werke sind im Evangelium bis jetzt beschrieben worden – tatsächlich nur sechs; aber Joh wußte sehr wohl darum, daß viele andere Zeichen gewirkt worden waren (20,30f)".

tisch an 8,12 und die Blindenheilung zurückdenken. Schließlich hat sich
Jesus aus Sicht des Evangelisten in dieser Heilung, indem er einem Blindgeborenen das Augenlicht schenkte, als das Licht der Welt erwiesen. Wenn
auch das Lichtmotiv in 10,22–39 nicht explizit wiederholt wird, so
schwingt es doch durchgehend mit. Und nach dem Zeugnis des Josephus
kann auch davon ausgegangen werden, dass mit der jüdischen Tradition
Vertraute Chanukka automatisch mit dem Licht assoziierten, das dem Fest
seinen gebräuchlichen Namen gab.

Dass Johannes allerdings eben diesen Namen nicht verwendet, sondern
stattdessen mit der Bezeichnung ἐγκαίνια das Motiv der Weihe des Heiligtums hervorhebt, ist sicherlich absichtsvoll. In diesem Abschnitt steht für
den Evangelisten nicht die Darstellung Jesu als Licht der Welt, sondern als
Heiligtum Gottes im Vordergrund. Aber wie die Tempelbezogenheit so ist
auch die Lichtsymbolik eine Gemeinsamkeit von Sukkot und Chanukka,
die die Zusammengehörigkeit der beiden Feste und damit auch die der
Einheit der Kapitel 7 bis 10 unterstreicht.

Die Überlieferungen in PesR 2,2 und bShab 21b zeigen zudem, dass das
Licht an Chanukka zumindest in der späteren rabbinischen Tradition keineswegs ein von der Weihethematik unabhängiger zweiter Motivstrang
war, sondern beide Elemente inhaltlich eng miteinander verknüpft wurden.
So ist das Licht nach PesR 2,2 geradezu das, was ein Ereignis zu einer
חנוכה, zu einer Weihe macht. Und nach bShab 21b lag die tiefere Bedeutung des Lichtwunders bei der Neuweihe des Tempels durch die Makkabäer in der Tatsache, dass dieses ihnen erlaubte, das ewige Licht im Tempel
mit reinem Öl durchgehend brennen zu lassen, und somit die Wiederaufnahme des rechten Tempelbetriebs möglich machte.

5. Joh 10,22–39 als Abschluss der Festauftritte Jesu in Joh 5–10

Die Tempelfeste Sukkot (Joh 7,2ff) und Chanukka (Joh 10,22ff) rahmen
also den Zusammenhang der Kapitel 7 bis 10, in denen die Auseinandersetzung um Jesu Identität und Vollmacht ihre Klimax erreicht. Der Textabschnitt Joh 10,22–39 schlägt außerdem einen Bogen zurück zum 5. Kapitel, in dem diese Auseinandersetzung – ebenfalls im Jerusalemer Tempel
während eines Festes – begann.[50] In Joh 5,18 wurde die Tötungsabsicht der
Gegner Jesu zum ersten Mal ausdrücklich formuliert, und zwar aufgrund
von Jesu Anspruch auf Wirkeinheit mit Gott, den seine Gegenüber – wie
auch die dem Evangelisten vor Augen stehende jüdische Gemeinde seiner

---

[50] Dass auch die Kapitel 5 und 7, v.a. durch das Wiederaufgreifen der Diskussion über
die Legitimität der Heilungshandlung Jesu am Schabbat aus 5,16–18 in 7,19–24, miteinander verknüpft sind und aufeinander Bezug nehmen, wurde bereits gezeigt.

Zeit[51] – nur als schwerste Blasphemie verstehen können, nämlich als die Selbstvergottung eines Menschen:[52] „Deswegen suchten die Juden umso mehr, ihn zu töten, weil er nicht nur den Schabbat auflöste, sondern auch Gott seinen eigenen Vater nannte und *sich selbst Gott gleichmachte.*" (Joh 5,18) Dem entspricht der Vorwurf „der Juden" in 10,33: „Nicht wegen eines guten Werkes steinigen wir dich, sondern wegen Gotteslästerung, weil nämlich du, der du ein Mensch bist, *dich selbst zu Gott machst.*" Es ist das Grundbekenntnis der johanneischen Christologie, die Einheit Jesu mit dem Vater, um die in den Auseinandersetzungen auf den Festen Israels in Joh 5 bis 10 gerungen wird. Der sich an diesem Grundbekenntnis entzündende, von Johannes als tödlich geschilderte Vorwurf der Blasphemie rahmt diese Kapitel und verdeutlicht so ihr Thema.[53] Dazu werden auch verschiedene weitere Motive aus Joh 5 in 10,22–39 wieder aufgegriffen.

5.1 Das Zeugnis der ἔργα

Es besteht eine Parallelität von 10,25 („Die Werke, die ich im Namen meines Vaters tue, diese zeugen für mich.") zu 5,36 („Ich aber habe ein größeres Zeugnis als das des Johannes: nämlich die Werke, die mir der Vater gegeben hat, damit ich sie vollende. Diese Werke, die ich tue, zeugen von mir, dass der Vater mich gesandt hat.").[54] Bereits oben zu Joh 5 wurde ausgeführt, dass Johannes eine Wirkeinheit von Jesus und Gott denkt, in dem Sinne, dass die Werke Jesu die Werke des Vaters sind, die er im Sohn und durch den Sohn wirkt. Die Rede von den ἔργα, die für Jesus zeugen, in Joh 10 bestätigt diese Interpretation. Konkret bezeugen Jesu Werke demnach seine Einheit mit dem Vater, aufgrund deren ihm eine gottgleiche Verehrung in legitimer Weise zukommt. Die Werke, die Jesus „im Namen" des Vaters tut (10,25), sind zugleich die Werke *des Vaters* (10,37), und Jesus tut sie, „damit ihr erkennt und versteht, dass in mir der Vater ist und ich im Vater bin" (10,38).[55] Die Rede von den ἔργα Jesu in Joh 10,22–39 schlägt einen Bogen zurück zu Joh 5,20.36 und rahmt dadurch interpretie-

---

[51] Wie im ganzen Evangelium, so ist auch an dieser Stelle die jüdische Gemeinde zur Zeit des Evangelisten das eigentliche Gegenüber im Konflikt. Anstoß der Auseinandersetzung ist ein Vorwurf, „der auf der Ebene der Gemeinde des Evangelisten und ihrer Kontrahenten eine Rolle spielt. Auf der Zeitebene Jesu ist ein solcher Vorwurf nicht gut denkbar, wohl aber gegenüber der Verkündigung der nachösterlichen Gemeinde. Zur Debatte steht der von ihr für ihn erhobene hohe Anspruch – gleichgültig, was er Gutes getan haben mag –, und der wird als Gotteslästerung empfunden und gilt deshalb als unerträglich." So WENGST, Johannesevangelium I, 406f. Vgl. DERS., Gemeinde, 119f; ferner SCHNACKENBURG, Johannesevangelium II, 389.

[52] Vgl. SCHENKE, Johannes, 206; SCHNACKENBURG, Johannesevangelium II, 389.

[53] Vgl. PAINTER, Tradition, 53f.

[54] Vgl. KRIENER, Glauben, 139; SCHNACKENBURG, Johannesevangelium II, 392.

[55] Vgl. DIETZFELBINGER, Johannes I, 318.

rend die dazwischen liegenden Kapitel. Insbesondere erscheinen die Verse 5,20 und 10,32 aufeinander bezogen zu sein. In 5,19 war die Rede davon, dass der Sohn nichts aus sich selbst heraus, also unabhängig vom Vater wirkt, sondern in gleicher Weise das tut, was der Vater tut. 5,20 schließt an: „Denn der Vater liebt den Sohn und zeigt ihm alles, was er tut. Und größere Werke als diese wird er ihm zeigen, damit ihr euch verwundert." In 10,32 konstatiert Jesus: „Viele gute Werke habe ich euch gezeigt vom Vater." Während also in Joh 5 die Ankündigung steht, dass der Vater dem Sohn, der in gleicher Weise wirkt, was der Vater tut, größere Werke zeigen *wird*, spricht Jesus in Joh 10,32 davon, dass er seinem jüdischen Publikum viele Werke – die vom Vater sind – bereits *gezeigt hat*. Zumindest ein Teil der in Joh 5 angekündigten Offenbarung der „größeren Werke" des Vaters im und durch den Sohn ist in Joh 10 also bereits geschehen.

Zu fragen ist, was genau mit diesen ἔργα gemeint ist. In 5,20 spricht Jesus von „größeren Werken" im Vergleich zu der vorangegangenen Heilung des Gelähmten in Bethesda. 10,32 bezieht sich auf die in Joh 9 erzählte Heilung des Blindgeborenen.[56] Dazwischen wurden in Kapitel 6 mit der Speisung der Fünftausend und Jesu Seewandel noch zwei weitere der johanneischen σημεῖα geschildert. Aber auch wenn diese zeichenhaften Wundertaten Jesu zweifelsfrei einen wesentlichen Teil der Werke des Sohnes ausmachen, schließen diese m.E. noch mehr ein. Es ist Sinn und Zweck der ἔργα, die Erkenntnis zu vermitteln, dass der Vater in Jesus und Jesus im Vater ist (10,38; vgl. 5,36). Das heißt aber, dass es sich bei ihnen um die Selbstoffenbarung Jesu handelt, die zwar auch in den σημεῖα, in erster Linie aber in Jesu Selbstaussagen, Offenbarungsreden und in seinem vollmächtigen Auftreten als Ganzes geschieht.[57] In Joh 5 und 7–10 findet diese Selbstoffenbarung Jesu in seinem Auftreten im Jerusalemer Tempel auf den Festen Israels statt.[58] Johannes schildert Jesus in diesen Kapiteln mit den Zügen des auf den Festen erhofften, seinem Volk begegnenden Gottes und als den personifizierten Ort dieser Gottesbeziehung, den Tempel. In 10,33 betonen Jesu Gegner, dass sie ihn nicht wegen einer guten Tat – wie einer Heilung – steinigen wollen, sondern weil sein Anspruch aus

---

[56] Laut Joh 9,3 dient die Blindheit des Mannes ausdrücklich dazu, dass die Werke Gottes an ihm offenbar werden: ἀλλ' ἵνα φανερωθῇ τὰ ἔργα τοῦ θεοῦ ἐν αὐτῷ.

[57] Vgl. BULTMANN, Johannes, 296: „Es sind seine [sc. Jesu, D.F.] Wunder; aber sie sind es doch nur als σημεῖα, nur sofern sie mit seinem Wirken durch das Wort zu einer Einheit zusammengehören. Zu den (καλὰ) ἔργα gehören also die Worte so gut wie die Wunderwerke, ja sie sind es im Grunde eigentlich und allein." Vgl. ebd., 298.

[58] So fordern Jesu Geschwister ihn, bevor er zu Sukkot in den Tempel geht, in Joh 7,3f auf: „Brich von hier auf und gehe hinüber nach Judäa, damit auch deine Jünger und Jüngerinnen deine Werke (σοῦ τὰ ἔργα) sehen, die du tust. Denn niemand tut etwas im Verborgenen und trachtet doch danach, in der Öffentlichkeit zu sein. Wenn du dieses tust, offenbare dich selbst der Welt."

ihrer Sicht den Tatbestand der Gotteslästerung erfüllt.[59] Dieser Vorwurf, der im Motiv der Blasphemie wiederum einen Bezug zu Chanukka enthält, zielt auf die von Jesus beanspruchte Einheit mit Gott. Für diese Einheit, die er in 10,30 explizit behauptet, zeugen seine Offenbarungstätigkeiten vorher, indem er handelte, wie es vom Gott Israels auf den Festen erhofft, erwartet und geglaubt wird. Wie in Joh 5 beschrieben, wirkte in Jesu Auftreten auf den Festen Gott selbst in seinem Sohn.

Der strittige Punkt ist das Verhalten Jesu während der Feste, in dem eine göttliche Vollmacht zum Ausdruck kommt. Dass Jesu Wirken und Handeln den Anspruch auf diese Vollmacht impliziert, darin sind sich Jesus und die ihn Angreifenden einig. Uneinigkeit besteht darüber, ob die von Jesus in Anspruch genommene Vollmacht ihm legitim zusteht – weil er von Anbeginn der Zeit an in Einheit mit dem Schöpfergott steht und wirkt – oder ob sie der blasphemische Anspruch eines Menschen ist, der sich selbst zu Gott machen will.

Durch die Interpretation der ἔργα Jesu als Zeugen für seine Wirkeinheit mit Gott während des ersten und des letzten der in diesem Abschnitt geschilderten Festbesuche Jesu rahmt der vierte Evangelist also die Kapitel 5 bis 10. M.E. gibt diese Rahmung damit auch eine Verstehenshilfe für Jesu Handeln während der Feste: Er tritt auf als derjenige, in dem Gott seine ureigenen Werke wirkt.

5.2. „Meine Schafe hören meine Stimme" – Leben durch Hören

Zwar ist die in Kapitel 9 geschilderte Blindenheilung in Joh 10,22–39 sicherlich weiterhin präsent und es wird auf sie angespielt. Doch wechselt in 10,27 die Bildsprache, mit der die Gottesbeziehung der Menschen ausgedrückt wird, von der visuellen Kategorie des Sehen-Könnens oder Blind-Seins und der Wahrnehmung des Lichtes hin zur auditiven Wahrnehmung, dem Hören der Stimme Jesu:[60]

10,26 Aber ihr glaubt nicht, weil ihr nicht zu meinen Schafen gehört. 27 Meine Schafe *hören meine Stimme* und ich kenne sie und sie folgen mir. 28 Und *ich gebe ihnen ewiges Leben* und sie gehen nicht verloren in Ewigkeit und niemand wird sie aus meiner Hand rauben. 29 Mein Vater, der sie mir gegeben hat, ist größer als alle, und niemand kann aus der Hand des Vaters rauben. 30 Ich und der Vater sind eins.

Dabei handelt es sich um eine Aufnahme der Metaphorik von Joh 5,24–29. Die Verse 10,27f korrespondieren insbesondere mit Joh 5,24–26:[61]

5,24 Wahrlich, wahrlich, ich sage euch: wer mein Wort hört und dem glaubt, der mich gesandt hat, hat ewiges Leben und kommt nicht in das Gericht, sondern ist hinüberge-

---

[59] Der Begriff βλασφημία steht im Johannesevangelium nur an dieser Stelle.

[60] Vgl. dazu auch ZIMMERMANN, Christologie, 307f.

[61] Vgl. ZIMMERMANN, Christologie, 349.

gangen aus dem Tod ins Leben. 25 Wahrlich, wahrlich, ich sage euch: es kommt die Stunde und sie ist jetzt, da die Toten hören werden *die Stimme des Sohnes Gottes,* und *die sie hören werden, werden leben.* 26 Wie nämlich der Vater Leben hat in sich selbst, so hat er auch dem Sohn gegeben, Leben zu haben in sich selbst.

Dass Jesus es vermag, wie Gott selbst ewiges Leben zu geben, wurde bereits in Joh 5 ausgeführt, ebenso, dass diese Mitteilung des Lebens durch Jesus im rechten Hören seiner Stimme geschieht. Mit demselben Vokabular wird die Leben schenkende Beziehung der Hörenden zu Jesus in Joh 10 beschrieben. Ergänzend findet sich hier aber noch eine prädestinatianische Erklärung dafür, dass nicht alle Menschen Jesu Stimme auf die rechte – glaubende und vertrauende – Art und Weise hören, die zum Leben führt. Nur diejenigen, die zu Jesu Schafen gehören, weil der Vater sie Jesus gegeben hat, können Jesu Stimme glaubendes Hören entgegenbringen.[62]

Joh 10,26 liefert so die Begründung dafür, dass die Menschen in Jesu Umgebung seine Vollmacht anzweifeln und sich seiner Identität nicht sicher sind, obwohl sie die ἔργα gesehen haben, die laut Vers 25 für Jesus und seine Wirkeinheit mit Gott zeugen. Nach dem prädestinatianischen Denken des Johannes *konnten* Jesu Gegner und Gegnerinnen ihm keinen Glauben entgegenbringen, weil sie nicht zu seiner Herde gehören.[63] Johannes erklärt dadurch das Phänomen, dass die seiner Meinung nach vollmächtige Selbstoffenbarung Jesu, die dem Handeln und Wort des Schöpfergottes selbst entspricht, dennoch nicht von allen angenommen wird. Er erklärt die immer wieder scheiternde und in scharfe Konfrontation mündende Kommunikation zwischen Jesus und seinen Gegenübern, zwischen der johanneischen Gemeinde und dem Synagogenjudentum. Allerdings schreibt er das Scheitern der Kommunikation dadurch zugleich als unabänderliche Tatsache fest: Wenn die Gegner und Gegnerinnen Jesu von vornherein keine Möglichkeit haben, ihn als Messias oder Gottessohn zu erkennen, weil sie seinen Worten und seiner Stimme gar keinen Glauben schenken *können,* dann gibt es aus johanneischer Sicht auch keine Möglichkeit, an ihrer Gegnerschaft je etwas zu ändern.

Mit der auditiven Kategorie des Hörens der Stimme Jesu, die ewiges Leben schenkt, greift Johannes in 10,22–39 also ein weiteres Motiv aus

---

[62] Vgl. Joh 6,37–47. Zu den unterschiedlichen Interpretationsansätzen der Forschung bezüglich der dualistischen und prädestinatianischen Aussagen des Johannesevangeliums vgl. POPKES, Theologie, 22–39.

[63] Die Rede von Jesu „Schafen" in Joh 10,26ff greift die in der vorangegangenen Rede vorherrschende Hirtenmetaphorik auf, auf deren alttestamentliche und frühjüdische Verbreitung und Bedeutung an dieser Stelle nicht weiter eingegangen werden kann. S. dazu z.B. HÜBNER, Theologie, 183–185; ZIMMERMANN, Christologie, 290–302; 316–344; DERS., Jesus, 100–113; JANOWSKI, Leben, 99–104; NIELSEN, Dimension, 191–193; BEUTLER, Judaism, 91–97; DERS., Hintergrund, passim; NIELSEN, Old Testament, 76–80; KÜGLER, König, 109–120.

Joh 5 auf, das in beiden Kapiteln weiterhin auf die Beziehung Jesu zur Tora Israels hin entfaltet wird.

5.3. Das Wort Gottes – Jesus und die Tora

In Joh 10,33 begründen Jesu Gegner und Gegnerinnen ihren Angriff mit
dem Vorwurf der Blasphemie: Indem Jesus von der Einheit zwischen sich
und dem Vater spricht, erhebt er den Anspruch der Gottgleichheit und der
gottgleichen Verehrung. Jesu Antwort darauf in den Versen 10,34–36
stimmt dieser Interpretation seiner vorherigen Aussagen zu: Die Menge
sieht richtig, dass er sich als Gottes Sohn bezeichnet und eine entsprechende Verehrung fordert. Diese Forderung ist allerdings gerade keine Blasphemie, sondern kommt ihm legitim zu. Als Beleg dafür führt der johanneische Jesus ein Zitat aus Ps 82,6 an, dessen Interpretation zu so mancher
Schwierigkeit geführt hat:[64]

Jesus antwortete ihnen: Ist nicht in eurer Tora[65] geschrieben: ‚Ich habe gesagt: Ihr seid
Götter‘? Wenn sie jene Götter nennt, an die das Wort Gottes ergangen ist, – und die
Schrift kann nicht aufgelöst werden – wie könnt ihr zu dem, den der Vater geweiht und in
die Welt gesandt hat, sagen: ‚Du lästerst Gott‘, weil ich gesagt habe: ‚Ich bin Gottes
Sohn‘? (10,34–36)

Bei der Wendung ἐγὼ εἶπα θεοί ἐστε handelt es sich um ein wörtliches
Zitat der ersten Vershälfte von Ps 81,6 LXX (Ἐγὼ εἶπα θεοί ἐστε καὶ
υἱοὶ ὑψίστου πάντες.)[66] bzw. um die direkte Übersetzung des hebräischen

---

[64] Vgl. HANSON, Citation, 158f: „We have here one of the most difficult of John's
O.T. references, not because its source is obscure, but because the argument it enshrines
seems on the surface so trivial. ..." Vgl. MAIER, Verständnis, 15f.

[65] Mit νόμος, „Tora", ist hier nicht der Pentateuch im engeren Sinne gemeint, sondern
als *pars pro toto* die gesamte heilige Schrift des Judentums bezeichnet, die im folgenden
Satz γραφή genannt wird. Die Formulierung „eure (ὑμῶν) Tora" impliziert keine Distanzierung des Evangelisten von den heiligen Schriften Israels – wie schon die Paranthese
im folgenden Vers deutlich macht. Vielmehr betont Johannes, dass er sich mit seiner
Argumentation für die Jesusverehrung auf dem Boden keiner anderen als der jüdischen,
ihm und seinen Gegenübern gleichermaßen als Autorität geltenden Tradition bewegt und
sich ihr verpflichtet fühlt. Vgl. neben WENGST, Johannesevangelium I, 407 und THYEN,
Johannesevangelium, 501f auch schon ZAHN, Johannes, 469 und SCHNACKENBURG, Johannesevangelium II, 389: „Alle Erklärungen, die darin nur eine Ironisierung jüdischer
Schriftauslegung, etwa auf Grund der Distanz wahrenden Wendung ‚in *eurem* Gesetz',
erblicken wollen, gehen fehl. Dem Evangelisten liegt im Horizont zeitgenössischer Auseinandersetzung mit dem Judentum an einer wirklichen Schriftbegründung." (Hervorhebung im Original). Vgl. OBERMANN, Erfüllung, 177: „Den Juden wird das Gesetz zugeeignet, wobei eindeutig eine positive Wertschätzung der Juden wie auch des Gesetzes
impliziert ist." THYEN, Johannes 10, 167 Anm. 49 deutet die Formulierung „euer Gesetz"
dahingehend, „daß Jesus hier aus der hoheitlichen Distanz Gottes über Israels Tora
spricht".

[66] Vgl. MENKEN, Use, 367–370.

Textes von Ps 82,6: אֲנִי־אָמַרְתִּי אֱלֹהִים אַתֶּם וּבְנֵי עֶלְיוֹן כֻּלְּכֶם, „Ich habe gesagt, ihr seid Götter, und Kinder des Höchsten ihr alle."

5.3.1. Die rabbinische Interpretation von Ps 82,6: Israel am Sinai

Psalm 82 entwirft eine Gerichtsszene, in der Gott als Richter in der „Götterversammlung" Recht spricht.[67]

> „Dieser eine [sc. richtende] ‚Gott' ist zweifelsohne der Gott Israels, der im Psalm (in V 8) beschworen wird, endlich die universale Weltherrschaft zu übernehmen, damit die Ungerechtigkeit auf Erden und die Macht der Frevler zu Ende gehen und den Armen der Erde endlich Rettung und Recht zuteil wird."[68]

Schwieriger zu bestimmen ist die Identität der um den einen richtenden Gott herum versammelten „Götter". Dementsprechend sind auch in der rabbinischen und sonstigen frühjüdischen Interpretation des Psalms verschiedene Deutungen belegt.[69] So werden die אֱלֹהִים im Psalmentargum, in Qumrantexten, der Peschitta und bei Origenes auf die Engel bezogen, die Gott nach Dtn 4,19 und Dan 10 den Völkern zugewiesen hat und die diese als ihre Götter wahrnehmen.[70] Das Bekanntwerden von 11QMelch brachte den Beleg für eine Deutung von אֱלֹהִים in Ps 82 auf Melchisedek.[71] Nach bBer 6a und MTeh 82,1 dagegen sind mit אֱלֹהִים die Richter Israels gemeint.[72] Die drei genannten Deutungsmöglichkeiten passen jedoch sämtlich nicht in den johanneischen Kontext des Psalmzitats in Joh 10,34; ihr Zusammenhang mit der johanneischen Argumentation wäre völlig rätselhaft.[73] Wie schon Billerbeck, Hanson, Neyrey und andere bin ich deshalb

---

[67] Zur Exegese des Psalms vgl. z.B. HOSSFELD/ZENGER, Psalmen, 479–492; MAIER, Verständnis, 17–26; OBERMANN, Erfüllung, 168f; zu seiner Aufnahme in Joh 10 vgl. ACKERMANN, Interpretation, passim; HANSON, Citation, passim; DERS., Citation reconsidered, passim; NEYREY, I said, passim; OBERMANN, Erfüllung, 169–185.

[68] HOSSFELD/ZENGER, Psalmen, 480.

[69] Zu den verschiedenen antiken Interpretationen und den ihnen folgenden Vorschlägen in der modernen Forschung vgl. HANSON, Citation reconsidered, 365f; NEYREY, I said, 647–649; BEASLEY-MURRAY, John, 176f; OBERMANN, Erfüllung, 173–176; THYEN, Johannesevangelium, 502f. HOSSFELD/ZENGER, Psalmen, 485–492 verstehen unter אלהים die Götter der Völker, die im Urteilsspruch des Gottes Israels in Vers 6 entmachtet werden; vgl. auch ZIMMERMANN, Christologie, 349; BULTMANN, Johannes, 296 Anm. 9.

[70] Vgl. die Belege bei EMERTON, Notes, 330–332. Vgl. MENKEN, Use, 373; zu den Völkerengeln: MACH, Entwicklungsstadien, 22–25; 257–262.

[71] EMERTON, Melchizedek, 400f verbindet die Deutung in 11QMelch mit seiner vorher vertretenen Interpretation der אֱלֹהִים als Engel, indem er Melchisedek mit dem Erzengel Michael identifiziert. Vgl. VAN DER WOUDE, Melchisedek, passim; MENKEN, Use, 373f.

[72] Vgl. auch bSot 47b; bSan 6b; 7a. Diese Deutung wird für Joh 10,34 angenommen von LAGRANGE, Jean, 290; LIGHTFOOT, Gospel, 209; MORRIS, Gospel, 467–469.

[73] EMERTON, Notes, 330–332, der vertritt, hinter dem johanneischen Zitat von Ps 82,6 stehe das Verständnis der אֱלֹהִים als Völkerengel, argumentiert, der johanneische Jesus

der Meinung, dass im Kontext von Joh 10 nur die vierte – und verbreitetste – der antik-jüdischen Deutungen sinnvoll zugrunde gelegt werden kann, die in dem Psalmvers „Ich habe gesagt: Ihr seid Götter" Israel am Sinai angeredet sieht.[74]

So heißt es in MekhY Bachodesch 9 zu der in Ex 20,19 beschriebenen Bitte des Volkes am Sinai, Mose möge zu ihm sprechen, da die direkte Anrede durch Gott den Tod bedeuten würde:[75]

Rabbi Jose sagt: Unter dieser Bedingung stand Israel vor dem Berg Sinai: unter der Bedingung, dass der Engel des Todes keine Herrschaft über sie haben solle. Wie gesagt ist: ‚Ich habe gesagt: Ihr seid Götter, und Kinder des Höchsten ihr alle.' (Ps 82,6) [Aber] ihr habt euer Handeln verdorben, ‚deshalb werdet ihr sterben wie ein Mensch und wie einer der Fürsten fallen.' (Ps 82,7)[76]

SifDev 320 führt zur Interpretation der Ankündigung Gottes, sein Angesicht vor seinen Söhnen und Töchtern, die ihn schmähen, zu verbergen, in Dtn 32,19f aus:[77]

Ihr standet am Berg Sinai und sagtet: ‚Alles, was Jah' gesagt hat, werden wir tun und befolgen.' (Ex 24,7) ‚Ich habe gesagt: Ihr seid Götter'. (Ps 82,6) [Aber] als ihr zum [goldenen] Kalb sagtet: ‚Dies ist dein Gott, Israel' (Ex 32,4), da sagte ich euch: ‚aber wie ein Mensch werdet ihr sterben' (Ps 82,7).

Die rabbinischen Texte können Ps 82,6 also anführen, um zu belegen, dass Israel aufgrund der Annahme der Tora am Sinai Unsterblichkeit erlangte. Mit den angeredeten „Göttern" und „Kindern des Höchsten" im Psalmvers wird das am Sinai stehende Volk Israel identifiziert und seine Göttlichkeit wird in erster Linie als Unsterblichkeit verstanden.[78] Unter Heranziehung

---

habe keinen alttestamentlichen Text gefunden, der zeige, dass Menschen ‚Gott' genannt werden können und er sich daher nicht der Blasphemie schuldig mache. Weil er einen direkten Schriftbeweis nicht finde, greife er auf die Bezeichnung der Engel als Götter zurück: „He goes back to fundamental principles and argues, more generally, that the word ‚god' can, in certain circumstances, be applied to beings other than God himself, to whom he has committed authority." (a.a.O., 332). EMERTON, a.a.O., 330 gesteht allerdings selber zu, dass „the argument of John x. 33 ff. remains strange to modern readers". Nicht nur für moderne Lesende scheint sich mir diese Argumentation aber in den johanneischen Kontext schlecht einzufügen.

[74] Vgl. BILLERBECK, Kommentar II, 543; DERS., Kommentar III, 18; HANSON, Citation reconsidered, 366f; DERS., Use, 121; NEYREY, I said, 649. Diese Interpretation ist innerhalb der rabbinischen Schriften weit verbreitet: „In general, it can be stated that when Psalm 82 is cited in Jewish midrash, writers generally understand that Israel is called *god* because of its holiness and/or its deathlessness." (NEYREY, I said, 658; kursiv im Original). Vgl. BARRETT, Johannes, 383f.

[75] Ed. HOROVITZ/RABIN, 237.

[76] Vgl. sehr ähnlich bAS 5a und weiterhin TanB Wa'era 9 (13a); WaR 4,1; 11,3; PesK 4,4; PRE 47; PesR 1; 14; BemR 16,24; SER 24.

[77] Ed. FINKELSTEIN, 366.

[78] Vgl. NEYREY, I said, 655f.

des folgenden Verses, Ps 82,7 „Aber wie ein Mensch werdet ihr sterben und wie einer der Fürsten fallen.", binden MekhY und SifDev diese Unsterblichkeit an das Halten der Tora: Mit ihrer Übertretung ging auch die Unsterblichkeit der Israeliten und damit ihre Göttlichkeit verloren. Die Annahme und Bewahrung der Tora bedeuteten nach diesen rabbinischen Vorstellungen also ewiges Leben für Israel, ihre Ablehnung bzw. der Abfall von ihr brachte den Verlust dieses Lebens und damit den Tod.

5.3.2 Das Zitat von Ps 82,6 in Joh 10,34–36

R. Bultmann urteilt zu dem Psalmzitat in Joh 10,34: „Zitiert ist ohne Rücksicht auf den ursprünglichen Sinn und Zusammenhang des Verses."[79] Tatsächlich denkt Johannes wohl nicht an den Zusammenhang der Entmachtung der Fremdgötter durch die Akklamation des einen Gottes Israels.[80] Die Gerichtsszenerie jedoch, die Ps 82 entwirft, ist als Kontext des zitierten Verses vom Evangelisten wohl mitbedacht:[81] Durch das Stichwort „steinigen" gewinnt das bis dahin eher freundlich verlaufene Gespräch ab Vers 31 einen forensischen Zug. Indem der Zusammenhang der Gerichtsszene in Ps 82,6 aufgegriffen wird, dreht der johanneische Jesus mit diesem Zitat die Rollen von Anklägern und Richtern auf der einen und Angeklagten auf der anderen Seite um. Indem er als Beweis für die Legitimation seiner Ansprüche ein Gotteswort anführt, das Gott als Richter an die von ihm Angeklagten und Verurteilten spricht, werden in der direkten Anrede in der zweiten Person die von Jesus Angesprochenen zu den Angeklagten, während Jesus die Rolle des – göttlichen – Richters übernimmt.[82]

---

[79] BULTMANN, Johannes, 296 Anm. 9. Vgl. SCHNACKENBURG, Johannesevangelium II, 390; WILCKENS, Johannes, 172. Zur Frage, wer die bei Johannes mit dem Psalmvers Angeredeten sind, vgl. den Überblick bei SCHUCHARD, Scripture, 62f.

[80] Obwohl auch dieser Gedanke dem Kontext von Chanukka nicht fern ist. Zudem ist im Vorwurf der jüdischen Gegner und Gegnerinnen Jesu, in ihm vergöttliche ein Mensch sich selbst, das Thema der einzigen Gottheit JHWHs gegenüber allen anderen als Gott verehrten Wesen sehr präsent.

[81] Ebenso will sicher auch der zweite Teil des zitierten Psalmverses mitgehört werden, in dem die Angesprochenen als „Kinder des Höchsten" bezeichnet werden. Dieser Anrede stellt Joh 10,36 die Selbstbezeichnung Jesu als „Gottes Sohn" entgegen. Vgl. u.a. THYEN, Johannesevangelium, 502f; ZAHN, Johannes, 471.

[82] Vgl. HANSON, Citation reconsidered, 367. In den synoptischen Evangelien und bei Paulus (1Kor 15 u.ö.) wird Jesus als eschatologischer Richter dargestellt, indem Ps 110,1 („JHWH sprach zu meinem Herrn: Setze dich zu meiner rechten Hand, bis ich deine Feinde zum Schemel deiner Füße mache.") zitiert bzw. darauf angespielt wird: Mk 12,36; 14,62; 16,19; Mt 22,44; 26,64; Lk 20,42f; 22,69. Diese Bezugnahmen auf Ps 110 fehlen im Johannesevangelium, da die Vorstellung, dass Jesus aus einem niedrigeren in einen höheren Status erhoben wird, nicht mit der johanneischen Christologie vereinbar ist, nach der er von Anbeginn an als Schöpfungsmittler bei Gott war. Stattdessen klingt die Vorstellung von Jesus als göttlichem Richter im Zitat von Ps 82,6 an – dieser ist er zudem

Vers 35 präzisiert, dass als „Götter" diejenigen bezeichnet werden, an die Gottes *Wort* ergangen ist. Wenn dieses Argument bei den Gegenübern verfangen soll, ist hier mit Wort nicht Jesus, sondern die Tora gemeint. Die Tora aber erging an Israel in der Sinaioffenbarung. Damit ist wahrscheinlich, dass Joh 10,34f auf eine Tradition anspielt, wie sie sich später auch in MekhY und SifDev niedergeschlagen hat.[83] Das am Sinai stehende, die Tora empfangende Israel wird in Joh 10,34ff allerdings von der Jesus als nicht an ihn glaubend gegenübertretenden Menge repräsentiert. Und der rabbinischen Gegenüberstellung von Israel am Sinai und der Tora als Gottes Wort, an dessen Annahme oder Ablehnung für das Volk die Entscheidung über Tod und Leben hängt, entspricht die johanneische Gegenüberstellung der Volksmenge und Jesu, in dessen Stimme für die, die sie glaubend hören, Leben liegt und dessen Verwerfung die Todesbehaftung der ihn Ablehnenden erweist.

Die Argumentation Jesu im Anschluss an das Psalmzitat in Joh 10,34–36 erschöpft sich also nicht in einem Kal-vaChomer-Schluss, wie Bultmann ihn formuliert:

> „Es enthält ja Ps 82,6 ein Wort, in dem Gott Menschen als Götter anredet. Kann nun schon ein Mensch durch Gottes ausdrückliche Anrede als Gott bezeichnet werden, dann folgt – a minori ad maius –, daß Jesus erst recht sich Gottes Sohn nennen darf. Denn ihn hat Gott ‚geheiligt und in die Welt gesandt'."[84]

Es sind ja nicht irgendwelche Menschen, die Gott ganz allgemein als „Götter" bezeichnen würde, sondern nach rabbinischer Tradition sind es konkret die Menschen, die am Sinai die Tora empfangen, die *eben dadurch* zu „Göttern" – nämlich unsterblich wie Gott – werden und es auch nur solange bleiben, wie sie die Tora glaubend bewahren.[85] Und nach johanneischem Verständnis entspricht das der Situation der Menschen, denen Jesus sich offenbart. Das Thema der Unsterblichkeit durch das Hören und Bewahren des Wortes Gottes entspricht dem Thema der Verse 10,26–28, in denen Jesus ausführte, dass das Hören seiner Stimme für die Seinen ewiges

---

nicht zukünftig eschatologisch erwartet, sondern bereits gegenwärtig. Interessant ist im Kontext von Joh 9f und insbesondere der Blindenheilung auch, dass die angeklagten „Götter" in Ps 82,5/81,5 LXX als ohne Erkenntnis in der Finsternis wandelnd beschrieben werden (לֹא יָדְעוּ וְלֹא יָבִינוּ בַּחֲשֵׁכָה יִתְהַלָּכוּ / οὐκ ἔγνωσαν οὐδὲ συνῆκαν, ἐν σκότει διαπορεύονται). Vgl. ZIMMERMANN, Christologie, 349f.

[83] Vgl. THYEN, Johannesevangelium, 503: „Daß wir in Joh 10,31ff der frühsten bisher bekannten Spur dieser Tradition des Midrasch begegnen, scheint uns keine Frage zu sein."

[84] BULTMANN, Johannes, 296f; vgl. SCHNELLE, Johannes, 183; SCHNACKENBURG, Johannesevangelium II, 389; ZIMMERMANN, Christologie, 272; KOTILA, Zeuge, 92; LINDARS, Gospel, 373f.

[85] Vgl. BARRETT, Johannes, 384; SCHNACKENBURG, Johannesevangelium II, 390.

Leben bedeutet. Johannes greift mit dem Psalmzitat also eine weitere Tradition des Zusammenhangs von Leben durch Hören des Gotteswortes auf.

Dass für Johannes aber Jesus selbst „persongewordene[s] Schöpferwort"[86] und fleischgewordene Tora ist, hat der vierte Evangelist bereits zu Beginn seines Werkes im Prolog,[87] ausführlich in Kapitel 5 und eben noch einmal in der vorliegenden Textpassage in 10,26ff deutlich gemacht. Es wird also mit dem Psalmzitat nicht nur das Thema „Leben durch Hören" aufgegriffen, sondern einmal mehr Jesus als das in die Welt gekommene Gotteswort, die Tora in Person dargestellt.[88] Insofern liegt dann in der Argumentation tatsächlich *auch* ein Kal-vaChomer-Schluss vor, denn wenn allein schon die Annahme des göttlichen Wortes Menschen zu der Anrede als „Götter" und „Kinder des Höchsten" berechtigt, dann können diese Bezeichnungen dem persongewordenen Gotteswort selbst fraglos nicht abgesprochen werden.[89]

In der Anwendung des Zitats aus Ps 82,6 in Joh 10,34–36 wird also wie schon im Prolog und besonders in 5,31–47 der Logos Jesus – in Entsprechung zur Tora – als das Wort Gottes in Person dargestellt, das Leben in sich selber hat und aus sich selber gibt – und zwar denen, die es glaubend und bewahrend aufnehmen.

---

[86] JANOWSKI, Mitte, 192.

[87] Joh 1,1–18. Auf Jesus als präexistenten Logos spielt auch die Formulierung ὃν ὁ πατὴρ ἡγίασεν καὶ ἀπέστειλεν εἰς τὸν κόσμον in 10,36 an.

[88] Insofern geht Dietzfelbingers Behauptung: „Jesus als der Christus steht im Johannesevangelium nicht in der traditionellen positiven Beziehung zur Tora." (DIETZFELBINGER, Johannes I, 323) völlig fehl. Die Tora könnte kaum höher oder positiver eingeschätzt werden. In einer *speziellen* Beziehung zur Tora steht der johanneische Jesus aber insofern, als er selbst als persongewordene Tora bezeichnet werden kann. Vgl. THYEN, Johannesevangelium, 500. Vgl. auch OBERMANN, Erfüllung, 180.

[89] Eine Bestätigung dafür, dass Johannes in 10,34–36 seine Behauptung Jesu als Wort Gottes und Tora in Person untermauert, liegt m.E. in der Formulierung in 10,35: „Wenn sie jene Götter nennt, an die das Wort Gottes ergangen ist, – und die Schrift kann nicht aufgelöst werden ...". Während der Nachsatz καὶ οὐ δύναται λυθῆναι ἡ γραφή die allgemeine und bleibende johanneische Hochschätzung der heiligen Schriften Israels unterstreicht, so lässt die Formulierung πρὸς οὓς ὁ λόγος τοῦ θεοῦ ἐγένετο die Worte des Prologs anklingen. Zwar meint Bultmann, „ὁ λόγος τ. θ. ist hier nicht Gottes Wort überhaupt, sondern jene Anrede Gottes Ps 82,6" (BULTMANN, Johannes, 297 Anm. 2), jedoch widerspricht dieses Verständnis m.E. dem ganzen Textzusammenhang. Wäre in 10,35 mit „Wort Gottes" nur die Anrede Gottes in Ps 82,6 gemeint, wäre die Aussage von V. 35 eine Tautologie (vgl. MENKEN, Use, 372). Sinngemäß würde die Argumentation Jesu dann lauten: „Wenn Gott [in Ps 82,6] die ‚Götter' nennt, die er [in Ps 82,6] ‚Götter' nennt,..." Eine Spezifizierung der Menschengruppe, der diese Anrede gilt, würde dann aber nicht stattfinden. Demgegenüber steht die rabbinische Identifikation der als ‚Götter' Angeredeten mit Israel am Sinai, also mit dem Volk, an das die Tora erging. In diesem Sinne verstanden, bringt V. 35 also eine Näherbestimmung der im Psalmzitat als ‚Götter' Bezeichneten.

6. Resümee

Der Textabschnitt Joh 10,22–39 schließt mit seiner Datierung an Chanukka die Selbstoffenbarungen Jesu auf den Festen im Jerusalemer Tempel in Joh 5 und 7f(.9f) ab. Diverse in den vorangegangenen Reden Jesu verwendete christologische Motive werden in diesen Versen wieder aufgegriffen und abschließend gebündelt. Eine besondere Prägnanz erhalten sie durch ihre inhaltlichen Verbindungen zu Chanukka und den an diesem Fest erinnerten Ereignissen. Das für das Weihefest wichtige Lichtmotiv steht nicht im Vordergrund der johanneischen Erzählung, ist aber – durch die vorangehende Blindenheilung, auf die auch in Joh 10,22–39 Bezug genommen wird, – implizit präsent und schlägt damit eine Brücke zur Lichtmotivik von Sukkot, die in Joh 8,12 aufgenommen ist. Der johanneische Schwerpunkt liegt auf den Hauptthemen der makkabäischen Ätiologie Chanukkas: auf den Motiven der Blasphemie und der diese überwindenden Weihe des Tempels. Während Jesu Gegenüber in seinem Anspruch auf Wirkeinheit mit Gott einen Akt ärgster Gotteslästerung sehen, stellt für den Evangelisten ihr Bestreben, Jesus zu steinigen, den Versuch der Heiligtumsschändung dar. Weil für ihn Jesus in Person der Tempel ist, ist jeder Angriff gegen ihn eine Entweihung des göttlichen Heiligtums. Der Hintergrund des Chanukkafestes stellt dabei nicht nur eine enge Beziehung zum Sukkotfest her, während dessen sich Jesus bereits in Joh 7 als Tempel und Ort der Gottesbegegnung offenbart hatte, sondern bringt als Tempelweihfest diese Identifikation noch einmal zu einer neuen Pointierung. In Jesus ist für den vierten Evangelisten der von Gott geweihte neue Tempel gegeben und als solcher wird er gerade an dem Fest präsentiert, das an die Neuweihe des Tempels nach der frevlerischen Entweihung durch Antiochus IV. Epiphanes erinnert. Die an diesem Fest präsente Thematik von Blasphemie und Schändung des Heiligtums gegenüber der treuen Verehrung des einen Gottes Israels wird von Johannes aufgegriffen und umgedeutet.

Dass Jesus sich während des Chanukkafestes gerade in der Säulenhalle Salomos als ältestem Teil des Tempels aufhält, unterstreicht seine Präsentierung als Heiligtum, das in der Kontinuität zu den – entweihten und zerstörten – Jerusalemer Heiligtümern steht. Die Vorstellung von Jesus als Ort der Gottesbegegnung und Heiligtum beinhaltet daher keinesfalls eine Abwertung der Tempel Israels. Gerade das Gegenteil ist der Fall: Die Größe, Würde und Heiligkeit des Jerusalemer Tempels werden uneingeschränkt vorausgesetzt und bilden das Fundament, auf dem Jesu Bedeutung als Heiligtum Gottes überhaupt erst entfaltet werden kann.[90] Es darf nicht

---

[90] Vgl. SCHWARTZ, Imperialism, 62; RÖLVER, Jesus, 20: „Zunächst einmal ist festzuhalten, dass der Jerusalemer Tempel und der dort stattfindende Kult die selbstverständliche kulturelle Matrix für die Ereignisse rund um Jesus von Nazareth bildet, die in den

vergessen werden, dass für die johanneische Gemeinde der Verlust des
Jerusalemer Tempels Realität ist. Der Evangelist *muss* deshalb notgedrun-
gen einen Weg finden, seiner Gemeinde das Leben ohne dieses Heiligtum
zu ermöglichen. Diesen Weg findet er, indem er Jesus in Kontinuität zu
den Tempeln Jerusalems als personifiziertes Heiligtum Gottes und legiti-
men Ort der Anbetung darstellt. Insofern kann Jesu Chanukka-Auftritt im
Tempel von den an ihn Glaubenden als eine Wiederholung des Chanukkae-
reignisses bzw. als Erfüllung der mit diesem Fest verbundenen Befreiungshoffnung verstanden werden: Zwar bringt er keine politisch-messianische Befreiung von heidnischer Fremdherrschaft, jedoch ist in seiner –
leiblichen wie geistigen – Gegenwart der Tempel und Ort der Gottesbegegnung bleibend gegeben und kann im Hören seiner Stimme ewiges Leben empfangen werden, das keine feindliche Macht mehr bedrohen kann.

Evangelien erzählt werden. Und auch theologisch bleibt der Tempel in der Sicht der
Evangelien der archimedische Punkt in der Offenbarungsgeschichte Gottes und knüpft an
die vielen positiven und theologisch gewichtigen Konnotationen an, die er in den vergangenen Jahrhunderten erhalten hatte."

VI. Pessach im Johannesevangelium

Anders als die Synoptiker, die nur von einem Pessachfest berichten, während dessen sich die Passion Jesu ereignet, erwähnt das Johannesevangelium drei Pessachfeste: Das erste in Joh 2,13 (mit einem Rückbezug darauf in 2,23), das zweite in Joh 6,4 und schließlich das Todespessach Jesu, das ab Joh 11,55 als „nah" angekündigt wird und auf das in den folgenden Kapiteln wiederholt Bezug genommen wird (explizit in Joh 12,1; 13,1; 18,28.39; 19,14). Bedingt durch die spezielle johanneische Chronologie, nach der der Jesus bereits am 14. Nisan, dem Rüsttag des Pessachfestes, stirbt – und zwar zu der Stunde, in der die Pessachlämmer im Tempel geschlachtet werden –, ergeben sich im Johannesevangelium auch spezifische theologische Verbindungslinien zwischen Jesus und insbesondere seinem Tod und dem Pessachfest und den mit ihm verbundenen Theologumena. Jesus wird als vollkommenes Pessachlamm Gottes dargestellt.[1] Was das im Einzelnen bedeutet und inwiefern die vorherigen Erwähnungen des Pessachfestes auf das Todespessach vorverweisen und seine Implikationen präludieren,[2] soll im Folgenden gezeigt werden. Der Abschnitt kann allerdings verhältnismäßig knapp ausfallen, da die Bedeutung des Pessachfestes im

---

[1] Vgl. u.a. SCHLUND, Knochen, 130f; 170ff u.v.ö.; FRÜHWALD-KÖNIG, Tempel, 226; SCHNELLE, Tempelreinigung, 364f; HENGEL, Schriftauslegung, 271; MENKEN, Feste, 285; FREY, theologia crucifixi, 209; BUSSE, Tempelmetaphorik, 425f; BARRETT, Johannes, 201; 535 u.ö.; WILCKENS, Johannes, 289f; SCHNACKENBURG, Johannesevangelium III, 307; PORTER, Exegesis, 406; NIELSEN, Understanding, 251; WILKENS, Entstehungsgeschichte, 11ff; NIELSEN, Dimension, 143f; BOENDERMAKER/MONSHOUWER, Johannes, 157; KUTSCH, Passover, 681. Eine explizite Christus-Pessach-Typologie findet sich in 1 Kor 5,7 und bei Melito von Sardes; vgl. dazu z.B. SCHLUND, Deutungen, passim. Dagegen zweifeln ANDERSON, Gradations, 163f und GNIESMER, Prozeß, 185–194 eine ausgeprägte Pessach-Theologie im Johannesevangelium an.

[2] Vgl. z.B. auch MENKEN, Feste, 275; 278; SCHLUND, Knochen, 167; SCHRÖDER, Israel, 78; THYEN, Johannesevangelium, 168f.

vierten Evangelium bereits vielfältig und ausführlich behandelt wurde und hinlänglich bekannt ist.[3]

1. Das erste Pessachfest Joh 2,13ff

1.1 Der Kontext

Die erste Erwähnung eines Pessachfestes im Johannesevangelium findet sich in Joh 2,13. Nachdem Jesus sich zuvor in Galiläa aufgehalten hat, begibt er sich in 2,13 nach Jerusalem hinauf. Zeitlich wird der Jerusalemaufstieg näher bestimmt durch die Aussage: „Und nah war das Pessach der Juden" (Καὶ ἐγγὺς ἦν τὸ πάσχα τῶν Ἰουδαίων). Der Anlass für Jesu Aufenthalt in Jerusalem und im Tempel ist also das Wallfahrtsfest Pessach.[4] Es handelt sich bei Joh 2,13 um die erste Erwähnung eines jüdischen Festes im Johannesevangelium überhaupt und um die erste Festreise Jesu nach Jerusalem. Dieses erste johanneische Fest bildet also einen Rahmen mit dem letzten – wiederum ein Pessachfest –, während dessen Verlauf Jesus stirbt, um fast das ganze Evangelium.[5] Die am ersten Pessachfest geschilderte Tempelreinigung (Joh 2,13–22)[6] stellt nicht nur den Beginn der Auseinandersetzungen Jesu mit „den Juden" dar, sondern hier wird auch zum ersten Mal im vierten Evangelium auf den bevorstehenden Tod Jesu verwiesen. Bekanntlich steht die Erzählung der Tempelreinigung in den synoptischen Evangelien am Beginn der Passionsgeschichte und läutet die letzte Lebenswoche Jesu ein.[7] Dass Johannes diese Begebenheit an den Anfang des Wirkens Jesu stellt, ist programmatisch:[8] Von Anfang an sind Jesu irdischer Weg und seine Sendung ganz auf ihr Ziel, die Erhöhung am Kreuz, ausgerichtet.[9] Doch außer der Umstellung der Perikope im Gesamt-

---

[3] Vgl. u.a. SCHLUND, Knochen, passim; MENKEN, Feste, 274–278; 283–285; FRÜHWALD-KÖNIG, Tempel, 225ff; FREY, theologia crucifixi, 209ff; FORD, Blood, 337f; WENGST, Johannesevangelium I, 92; DERS., Johannesevangelium II, 245 u.ö.

[4] Auch in Joh 2,23 werden Jesu Gegenwart in Jerusalem während des Festes und seine Festteilnahme erwähnt.

[5] Vgl. STEGEMANN, Tempelreinigung, 505; 514f; THYEN, Art Johannesevangelium, 202; WILKENS, Entstehungsgeschichte, 24.

[6] Vgl. zu dieser Perikope neben den einschlägigen Kommentaren z.B. STEGEMANN, Tempelreinigung, passim; SCHNELLE, Tempelreingung, passim; BUSSE, Tempelmetaphorik, 406–410; SPAULDING, Identities, 99ff; SCHNIDER/STENGER, Johannes, 26–53.

[7] Vgl. Mk 11,15–19; Mt 21,12–17; Lk 19,45–48.

[8] Vgl. dazu SCHNELLE, Tempelreinigung, passim; FREY, theologia crucifixi, 198.

[9] Vgl. KNÖPPLER, theologia crucis, 117; WENGST, Johannesevangelium I, 116; FREY, theologia crucifixi, 191f; RAHNER, Tempel, 310; HENGEL, Schriftauslegung, 271; THYEN, Johannesevangelium, 180; WILCKENS, Johannes, 60.

kontext des Evangeliums nimmt Johannes noch weitere charakteristische Veränderungen an ihr vor.[10]

1.2 Das Zitat von Ps 69,10/Ps 68,10 LXX in Joh 2,17

In den synoptischen Versionen der Erzählung von der Tempelreinigung wird Jes 56,7 (bei Mt und Lk nur der erste Teil) zitiert: „Denn mein Haus soll ein Haus des Gebets genannt werden für alle Völker."[11] Dieses Schriftzitat fehlt in der johanneischen Version. Die Aussage würde sich auch nicht reibungslos in das johanneische Konzept der Person Jesu als Tempel und Ort der Gottesbegegnung einfügen.[12] Stattdessen zitiert der vierte Evangelist in Joh 2,17 Ps 69,10 bzw. 68,10 LXX: Die Jünger und Jüngerinnen Jesu erinnern sich, dass geschrieben steht: „Der Eifer um dein Haus wird mich verzehren".[13] Der Ps 69 (bzw. 68 LXX) ist in den Passionserzählungen auch der Synoptiker präsent: Dass Jesus in Mk 15,36, Mt 27,48[14] und Joh 19,29 mit Essig getränkt wird, ist eine klare Anspielung auf Ps 69,22 (68,22 LXX).[15] Wie die Tempelreinigung an sich, so ist also auch der Kontext des deutenden Schriftworts aus der Passionstradition an den Anfang der Wirksamkeit Jesu gezogen und verdichtet die Vorverweise auf Jesu Tod an einem zukünftigen Pessachfest.[16]

Wie oben[17] bereits dargelegt, übernimmt Joh 2,17 zwar wörtlich die erste Vershälfte aus Ps 68,10 LXX, verändert aber die Zeitform des Verbs

---

[10] Vgl. zu einem ausführlichen synoptischen Vergleich der Perikopen RAHNER, Tempel, 204–331; FRÜHWALD-KÖNIG, Tempel, 75ff; STEGEMANN, Tempelreinigung, 507ff; STOWASSER, Tempelaktion, passim; SABBE, Cleansing, passim; ÅDNA, Stellung, 157–190; MOHR, Johannespassion, 86ff; BROWN, John I, 116–120; SCHNACKENBURG, Johannesevangelium I, 368ff.

[11] Vgl. Mk 11,17; Mt 21,13; Lk 19,46.

[12] Nach MOLONEY, Reading, 441f stünde das Jesaja-Zitat außerdem der besonderen Relation Jesu zu Gott entgegen, die auch ein spezielles Verhältnis Jesu zum Tempel einschließt: „While Israel relates to God through its Temple, Jesus now challenges such a relationship by claiming that even their Temple belongs to him in a special way, as it is the house of his Father." Tatsächlich bezeichnet der johanneische Jesus in Joh 2,16 zum ersten Mal Gott als „meinen Vater".

[13] Vgl. DALY-DENTON, David, 118–131; MOO, Old Testament, 233f.

[14] Vgl. Mt 27,34; Lk 23,36.

[15] Röm 15,3 zitiert Paulus die zweite Vershälfte von Ps 69,10: „Die Schmähungen derer, die dich schmähen, sind auf mich gefallen". Aus Ps 69,5 zitiert der johanneische Jesus in Joh 15,25: „Sie haben mich ohne Grund gehasst".

[16] Vgl. BULTMANN, Johannes, 87; SCHNACKENBURG, Johannesevangelium I, 362; SCHNIDER/STENGER, Johannes, 49f; WENGST, Johannesevangelium I, 120; FRÜHWALD-KÖNIG, Tempel, 86; STEGEMANN, Tempelreinigung, 511f; BECKER, Johannes I, 124. Vgl. auch die Diskussion um die genuine Zugehörigkeit der Erzählung zum Passionsbericht bei REINBOLD, Bericht, 112–118.

[17] Vgl. oben IV.2.7.4.

κατεσθίω von Aorist zu Futur: „Der Eifer um dein Haus hat mich verzehrt
(κατέφαγέν με)." wird zu „Der Eifer um dein Haus wird mich verzehren
(καταφάγεταί με)."[18] Der Zeitpunkt, zu dem der Eifer um das Haus Gottes
Jesus „verzehren" wird, liegt also von der erzählten Zeit in Joh 2,17 – dem
Zeitpunkt der Tempelreinigung – aus gesehen in der Zukunft. Das Psalmzitat erfährt dadurch eine Aktualisierung auf Jesus, konkret auf den Moment
seines Todes hin, wie die anschließenden Verse Joh 2,21f unterstreichen.
Wie an diversen Stellen des Evangeliums so gibt es auch für das Psalmzitat
in 2,17 mehrere Verstehensebenen.[19] Zum einen die der Jünger und Jüngerinnen in der erzählten Situation, die sehen, dass Jesus sich durch seine
Handlung in Gefahr bringt, und zum anderen die des Evangelisten und seiner Leserinnen und Leser, für die Jesu Tod Schrifterfüllung in einem viel
weiter reichenden Sinn ist.[20]

Das Zitat von Ps 68,10 LXX zur Deutung der Tempelaktion Jesu anstelle von Jes 56,7 verdeutlicht den Verweis auf Jesu Tod und macht von Anfang an klar, dass dieser das Ziel des irdischen Weges Jesu und als solches
Schrifterfüllung ist.[21]

1.3 „Er aber sprach vom Tempel seines Leibes"

Auch der Fortgang der Erzählung bei Johannes unterscheidet sich von der
Version der Synoptiker. Auf die Frage „der Juden", welches Zeichen Jesus
ihnen zeige, um die Legitimation seines Handelns zu erweisen (Joh 2,18),
antwortet der johanneische Jesus in 2,19: „Reißt diesen Tempel ab und in
drei Tagen werde ich ihn aufrichten." In Mk 14,58 (vgl. 15,29) und Mt
26,61 (vgl. 27,40) wird ein ähnliches Tempelwort Jesu im Verhör vor dem
Synhedrion als Anschuldigung gegen Jesus von seinen Feinden ange-

---

[18] Vgl. DALY-DENTON, David, 124; MOLONEY, Reading, 443. Dem Aorist der LXX
entspricht im MT das Perfekt אֲכָלָתְנִי.

[19] Vgl. STEGEMANN, Tempelreinigung, 505ff; KLAUCK, Geschrieben, 146; RAHNER,
Tempel, 277ff.

[20] DALY-DENTON, David, 125ff weist darauf hin, dass das Wort κατεσθίω, das „verzehren, aufzehren, aufessen, verschlingen" und übertragen „umbringen" bedeutet (vgl.
BAUER, Wörterbuch, 858; BALZ, κατεσθίω, 669) und das sonst im vierten Evangelium
nicht vorkommt, in der LXX u.a. für das Feuer gebraucht wird, das Gott zur Annahme
von Opfern sendet. Evtl. könnte also in dem Zitat in Joh 2,17 unterschwellig auch eine
Deutung des Todes Jesu als Opfer mitschwingen: „We posit a third and more figurative
level at which it would point to the Father's acceptance of that death as a perfect sacrifice." (DALY-DENTON, a.a.O., 126; vgl. KLAUCK, Geschrieben, 147). Dass Jesus in der
johanneischen Passion als vollkommenes Pessachlamm präsentiert wird, macht diese
Deutung plausibel. Welches Opferverständnis mit dem Pessachlamm allerdings verbunden war, wird unten näher zu erörtern sein.

[21] Vgl. SCHNELLE, Tempelreinigung, 362; 364f; FREY, theologia crucifixi, 198.

führt.[22] Allerdings werfen die Ankläger ihm in beiden Fällen vor, gesagt zu haben, *er selbst* werde den Tempel abreißen und in drei Tagen neu errichten. Als direkte Jesusrede fehlt ein entsprechender Satz in den synoptischen Evangelien. Der johanneische Jesus aber führt ihn als Antwort auf die Frage nach seiner Vollmacht zur Tempelreinigung an. Deutlicher als in den synoptischen Versionen wird in Joh 2,19 der Zusammenhang mit Jesu Tod und Auferstehung hergestellt: Die ihm feindlich Gegenüberstehenden, im Sprachgebrauch des Evangelisten also „die Juden", werden den Tempel abreißen, bevor Jesus ihn in drei Tagen neu errichten wird. Die Zerstörer des Tempels sind also diejenigen, die Jesus ans Kreuz bringen.[23] Und für das Aufrichten des Tempels wird im Jesuswort Joh 2,19 mit ἐγείρω dasselbe Verb gebraucht, das in Joh 2,22, wie auch sonst oft im gesamten Neuen Testament, die Auferstehung Jesu bezeichnet.[24] Dass Jesus mit dem Tempel, der von seinen Gegnern abgerissen und von ihm selbst in drei Tagen wieder errichtet wird, sich selbst meint, wird endgültig durch einen deutenden Kommentar des Evangelisten in Joh 2,21 deutlich: „Er aber sprach vom Tempel seines Leibes".

Der erste Verweis auf den gewaltsamen Tod Jesu und seine Auferstehung enthält also zugleich schon ausdrücklich die im weiteren Verlauf des Evangeliums immer wieder implizierte und ausgeführte Identifikation der Person Jesu mit dem Tempel. Insofern ist Jesu Aussage auch eine Antwort auf die Legitimationsfrage: Da er selbst Heiligtum und Ort der Gottesbegegnung in Person ist,[25] hat er Vollmacht über den Tempel Gottes und die rechte Art der Gottesbegegnung dort.[26]

---

[22] Vgl. SIEGERT, Zerstört, 108–122.

[23] Vgl. STEGEMANN, Tempelreinigung, 509; SCHNELLE, Tempelreinigung, 368; THYEN, Johannesevangelium, 178f. Das entspricht der Aussage von Joh 10,22–39 vor dem Hintergrund der Chanukkageschichte.

[24] Dagegen steht in Mk 14,58 und Mt 26,61 οἰκοδομέω. Vgl. SCHNELLE, Tempelreinigung, 364; STEGEMANN, Tempelreinigung, 509; SCHNACKENBURG, Johannesevangelium I, 364. Dass Jesus wie immer auch bei seiner Auferstehung aktiv handelndes Subjekt ist, bringt auch 10,17f zum Ausdruck.

[25] Vgl. VAN DER WATT, Familiy, 106. Vgl. auch Joh 4,23. Dass laut Joh 2,19ff Jesu Leib sowohl vor als auch *nach* seinem Tod und seiner Auferstehung als Tempel bezeichnet wird, belegt die Annahme, dass der Evangelist davon ausgeht, dass das, was in Jesu irdischer Gegenwart präsent war, auch in seiner nachösterlichen Präsenz im Geist bleibend gegeben ist. Auch in Bezug auf das Tempellogion ist zu beachten, was bereits oben zur johanneischen Verhältnisbestimmung zwischen Jesus und dem Jerusalemer Tempel gesagt wurde: Dass Jesus in Person als Ort der Gottesbegegnung dargestellt wird, bedeutet keine Abwertung des Jerusalemer Tempels. Eine grundlegende Kultkritik ist m.E. nicht Thema dieser Verse. Vgl. WENGST, Johannesevangelium I, 122: „Wie Gott im Tempel gegenwärtig ist, so ist er es auch in Jesus. Nichts weist darauf hin, dass Johannes das im Sinne eines Ablösungsmodells verstanden hat", und FRÜHWALD-KÖNIG, Tempel, 89: „Wichtiger als ein eventuelles kultkritisches Moment ist in dieser Deutung des Tem-

1.4 Zusammenfassung

Spezifische Pessachmotive spielen in Joh 2,13ff keine Rolle.[27] Höchstens kann das Wort κατεσθίω im Psalmzitat in Joh 2,17 als eine Anspielung auf ein Opfer und damit auch den Kontext des Pessachopfers, in dem Jesus stirbt, verstanden werden. Jedoch bietet diese erste an einem Pessachfest datierte Perikope des Evangeliums vielfältige Vorverweise auf Jesu Tod. Jesu erster Pilgergang zum Pessach in Jerusalem kündigt bereits im Detail an, was bei seinem letzten Pessachfest geschehen wird.[28] An diesem Fest beginnen die Auseinandersetzungen mit „den Juden" um Jesu Legitimation und Vollmacht, die sich im Verlauf der weiteren Festkapitel immer mehr zuspitzen werden, bis sie schließlich mit Jesu Hinrichtung enden. Dieser Tod – so wird in Joh 2,13ff unmissverständlich deutlich – ist aber von Anfang an das Ziel des Erdenweges Jesu, er ist das Ergebnis seines „Eiferns" um das Haus Gottes. Und dieses Haus Gottes ist er selber in Person. Das erste und das dritte Pessachfests des Johannesevangeliums rahmen den Großteil des Wirkens Jesu, all seine Aufenthalte in Jerusalem und seine Auseinandersetzungen auf den Festen. Joh 2,13ff nimmt in Kurzform schon vorweg, was in den folgenden Kapiteln immer neu ausgeführt wird,[29] deutet Jesu Wirken als von Beginn an auf seinen Opfertod am Kreuz ausgerichtet und diesen Tod als von Jesus aktiv herbeigeführtes schrifterfüllendes Ereignis.

---

pelwortes [sc. Joh 2,21f, D.F.] die christologische Konzentrierung, für die die vermeintlich kultkritische Aussage nur Vehikel ist." Anders z.B. SCHNELLE, Tempelreinigung, 373; SCHNACKENBURG, Johannesevangelium I, 370; BLANK, Johannes 1a, 207; SIEGERT, Zerstört, 118.

[26] Vgl. SCHLUND, Knochen, 167f.

[27] MENKEN, Feste, 274f verortet auch das an die Tempelreinigung anschließende Gespräch Jesu mit Nikodemus Joh 3,1–21 noch am Pessachfest und sieht so im Verweis auf die eherne Schlange aus Num 21,4–9 in Joh 3,14 die Aufnahme eines mit der Auszugs- und Wüstentradition des Pessachfestes im Zusammenhang stehenden Motivs: „Diese Tat des Mose wird dann typologisch verglichen mit Jesu Erhöhung am Kreuz: die Ereignisse sind in materieller Hinsicht ähnlich und beide schenken Leben." (ebd., 275). Vgl. SCHLUND, Knochen, 168f.

[28] Vgl. KLAUCK, Geschrieben, 147; GNIESMER, Prozeß, 184.

[29] Vgl. MENKEN, Feste, 275: „Die joh. Bedeutung dieses ersten Passafestes liegt vor allem auf innerjoh. Ebene: es präludiert das letzte im JohEv erzählte Passa, das Todespassa Jesu."

2. Das zweite Pessachfest Joh 6,4ff

2.1 Der Kontext

Nachdem der johanneische Jesus in Joh 5 zum zweiten Mal zu einem Fest nach Jerusalem hinaufgestiegen ist und dort seine Selbstoffenbarung und Auseinandersetzungen mit seinen Gegenübern stattgefunden haben, spielt Kapitel 6 wieder in Galiläa, bevor Jesus in Joh 7 zum Laubhüttenfest nach Jerusalem zurückkehrt.[30] Joh 6,1–15 erzählt die Speisung der 5000, es folgen Jesu Seewandel (6,16–21) und anschließend die ausführliche sogenannte Brotrede Jesu, die wiederum Auseinandersetzungen um Person und Vollmacht Jesu enthält (6,22–59). Zeitlich näher bestimmt wird auch dieses Kapitel durch den Hinweis auf das Pessachfest. In großer Ähnlichkeit zu Joh 2,13 heißt es in 6,4: „Es war aber nahe das Pessach, das Fest der Juden." (ἦν δὲ ἐγγὺς τὸ πάσχα, ἡ ἑορτὴ τῶν Ἰουδαίων). Anders als bei der ersten Pessacherwähnung in Joh 2,13ff finden sich in Joh 6 mit den Motiven des Leben schenkenden Brotes (und Blutes) und des Mannas in der Wüste zentrale Motive des Pessachfestes.[31] Zudem erfüllt auch dieses zweite johanneische Pessach die Funktion auf das Todespessach vorzuverweisen, indem es deutliche Hinweise auf Jesu Tod und dessen (Heils-) Bedeutung enthält.[32]

2.2 Das „Brot des Lebens"

Das zentrale Motiv des gesamten 6. Kapitels ist das „Brot". Der Höhepunkt der Brotrede ist das Ich-bin-Wort Joh 6,35 (und 6,48), in dem Jesus sich als das „Brot des Lebens" bezeichnet. Durch das Speisungswunder eingeleitet, in dem das Brot zum Zeichen dient, durch das die Menge in Jesus den erwarteten Propheten wie Mose erkennt,[33] ist das Motiv „Brot" Thema der Diskussion Jesu mit der Menge und der Jesusrede in 6,22–59

---

[30] Zum unvermittelten Ortswechsel zwischen Joh 5,47 und 6,1, den literarkritischen Umstellungshypothesen der beiden Kapitel und den Argumenten gegen sie siehe oben (III.1).

[31] Vgl. SPAULDING, Identities, 108–112. Anders BULTMANN, Johannes, 156 inkl. Anm. 5 und 6.

[32] Vgl. WENGST, Johannesevangelium I, 229; THYEN, Johannesevangelium, 336.

[33] Joh 6,14 verweist auf Dtn 18,15.18. Der verheißene Prophet „wie Mose" wurde im Frühjudentum zu einer eschatologischen Heilsgestalt, von der die Wiederholung der Wunder der Wüstenzeit erwartet wurde (z.B. syrBar 29,8). Als solch eine Wiederholung des Mannawunders wird in Joh 6,14 also die Speisung durch Jesus interpretiert. Vgl. z.B. auch MENKEN, Feste, 277; SCHNACKENBURG, Johannesevangelium II, 25ff; MÜLLNER/DSCHULNIGG, Feste, 102.

und wird vor allem im Bezug auf das Manna in der Wüstenzeit auf verschiedene Weise näher bestimmt.[34]

Der Bezug zu Pessach ist dabei augenscheinlich, denn Brot ist ein wichtiges Motiv des Pessachfestes, spätestens seit dieses Fest der Erinnerung an den Auszug aus Ägypten mit dem siebentägigen Fest der ungesäuerten Brote verbunden wurde.[35] Das ungesäuerte Brot, das die Israelitinnen und Israeliten nach Ex 12,34 beim Auszug aus Ägypten mitnehmen, ist zum tragenden Symbol eben dieses Auszugs und der Befreiungstat Gottes geworden. Das siebentägige Verbot alles Gesäuerten ist daher Charakteristikum des Pessachfestes.

Aber zur Tradition des Pessachfestes gehört auch die Erinnerung an die auf den Exodus folgende Zeit der Wüstenwanderung und die bewahrende Begleitung Gottes, die sich insbesondere in der wunderbaren Speisung durch das Manna manifestiert.[36] Und gerade das Mannawunder, das also im Rahmen von Pessach besonders präsent ist,[37] wählt Johannes in Joh 6 um die Heilsbedeutung Jesu auszusagen. Im Horizont des Pessachfestes symbolisiert „Brot" – sei es der ungesäuerte Brotteig als Proviant beim Aufbruch in Ägypten, sei es die wunderbare Mannaspeisung in der Wüste – den bewahrenden, schützenden und Leben erhaltenden Beistand Gottes für sein Volk. Und eben diese Leben schenkende Gegenwart Gottes ist nach Joh 6 nun in der Person Jesu gegeben. Wie Gott seinem Volk in Ägypten und in der Wüste beistand und es bewahrte, so verspricht Jesus in Joh 6,37ff den Seinen Beistand und Bewahrung über den Tod hinaus.[38]

---

[34] Vgl. dazu und insbesondere zum Schriftzitat in Joh 6,31 und der folgenden Auseinandersetzung damit oben IV.2.7.4. Vgl. BORGEN, Bread, passim; DERS., John 6, passim; THYEN, Ich bin, 231–236.

[35] Vgl. zum Fest der ungesäuerten Brote: Ex 23,14–17; 34,18; zu Pessach: Ex 12,1–28; zur Verbindung der Feste: Lev 23,5–8; Num 28,16–25; Dtn 16,1–8. Für Josephus, Ant 14,21 ist die Verschmelzung der beiden Feste zu einem selbstverständlich: „Dieses aber fand statt zur Zeit des Festes der ungesäuerten Brote, das wir Pascha nennen."; vgl. Philo, SpecLeg 2,154ff.150. Vgl. PREUSS, Theologie, 246ff; MENKEN, Feste, 274; HAAG, Pascha, 64ff; DERS., Mazzenfest, passim; OTTO, חסֵפ, 674ff; DERS., Pascha, 78; SALS/ AVEMARIE, Fest, 138; SANDERS, Judaism, 132f; GEIGER, Befreiung, 41; PLAUT, Schemot, 127ff; SCHLUND, Knochen, 38f; WEYDE, Festivals, 19–68. SEGAL, Passover, 175ff geht dagegen davon aus, dass das Pessachfest und das Fest der ungesäuerten Brote ursprünglich ein einziges Fest waren und im Laufe der Zeit auseinanderdividiert wurden. FRÜH-WALD-KÖNIG, Tempel, 226 bestreitet den Zusammenhang zwischen der Mannatradition in Joh 6 und dem Pessachfest.

[36] Die Versorgung des Volkes mit Manna endet dann in Jos 5,10–12 auch mit einer erneuten Feier des Pessachs. Vgl. HARTENSTEIN, Abendmahl, 191.

[37] Vgl. SCHNACKENBURG, Johannesevangelium II, 18f.

[38] Vgl. auch Joh 6,35.47.50f.58. Zur Diskussion der Kategorie „Schutz und Bewahrung" in der johanneischen Soteriologie vgl. SCHLUND, Knochen, 131–139; DIES., Schutz, passim.

Indem Jesus als das Heil in Person und als „Brot des Lebens" *ewiges* Leben schenkt, reicht das, was er ist und gibt, noch über das Manna, das irdisches, sterbliches Leben schenkte, hinaus. Jesus wird also in Joh 6 unter Rekurs auf das Pessachmotiv „Brot" als eschatologischer Heilsgeber und eschatologische Heilsgabe in einem präsentiert.[39] Darüber hinaus enthält der johanneische Text aber auch deutliche Hinweise darauf, dass das Heil in und durch Jesus sich in seiner Lebenshingabe ereignet. Und auch dabei wird ein mit Pessach verbundenes Motiv aufgegriffen.

2.3 Leben schenkendes Blut

In Joh 6,51 bestimmt der johanneische Jesus das lebendige Brot, das er geben wird (Futur!) und das das ewige Leben schenkt, als sein Fleisch, das er für das Leben der Welt gibt: καὶ ὁ ἄρτος δὲ ὃν ἐγὼ δώσω ἡ σάρξ μού ἐστιν ὑπὲρ τῆς τοῦ κόσμου ζωῆς. Unmissverständlich verweist dieser Vers also auf Jesu Lebenshingabe am Kreuz.[40] Dort, im Zeitpunkt seines Todes, seiner Erhöhung und Verherrlichung, ereignet sich das Heil für die Welt, das für die, die es glaubend annehmen, ewiges Leben bedeutet.[41] Das Futur des Satzes verweist einmal mehr darauf, dass dieses Ereignis in der erzählten Situation der Brotrede noch aussteht.[42] Die Lesenden des Evangeliums wissen aber, dass es für sie bereits Gegenwart geworden ist. In den folgenden Versen kommt parallel zu dem Fleisch, das als Brot des Lebens Speise ist, das Blut Jesu als Trank dazu. Mehrfach wird wiederholt, dass das Essen des Fleisches und das Trinken des Blutes Jesu ewiges Leben schenkt (6,53ff). Oftmals werden die Verse 6,51c-58 auf die Eucharistie gedeutet.[43] Bekanntlich überliefert das Johannesevangelium keine Einsetzung des Abendmahls. Nur hier, in Joh 6, im Kontext des Pessachfestes, ist vom Essen des Fleisches Jesu und vom Trinken seines Blutes die Rede. Während Jesu Fleisch mit dem Brot aus der Exodus- und Mannatradition identifiziert und vor deren Hintergrund inhaltlich-theologisch definiert wird, wird das Blut in Joh 6,53 unvermittelt daneben gestellt und nicht weiter

---

[39] Zur weisheitlichen Tradition, in der die Frau Weisheit ebenfalls Gastgeberin und sich selbst anbietende Speise in einem ist, vgl. STROTMANN, Weisheit, passim; MARITZ/VAN BELLE, Imagery, 345ff.

[40] Vgl. MENKEN, Eucharist, 13 u.ö.

[41] Ausdrückliche Verweise auf Jesu Tod folgen auch in Joh 6,62.64.71.

[42] Vgl. Joh 6,27.

[43] Vgl. SIEGERT, Restaurieren, 195f und die Vertreter dieser Deutung bei MENKEN, Eucharist, 1 Anm. 3. Selbst wenn die Deutung der eucharistischen Elemente Brot und Wein nicht im Vordergrund der Verse 6,51c-58 steht, will der Bezug zu ihnen doch mit Sicherheit zumindest mitgehört werden. Vgl. die Diskussionen bei PETERSEN, Brot, 206–210; DIES., Jesus; 109ff; MENKEN, Eucharist, passim; KLOS, Sakramente, passim, insbes. 59–69; BORGEN, Bread, 90–94; SCHNACKENBURG, Johannesevangelium II, 85ff; WENGST, Johannesevangelium I, 262.

erläutert. Im Kontext von Pessach allerdings spielt auch „Blut" eine grundlegende Rolle. Lange bevor dem Blut des geopferten Pessachlammes sühnende Kraft zugeschrieben wurde,[44] war dieses Blut in der Tradition von Ex 12,7.13 das Zeichen des göttlichen Schutzes für sein Volk: An die Türrahmen der Israeliten gestrichen hielt es den Tod, der alle anderen Häuser traf, ab.[45] Wenn Jesu Blut in Joh 6,53ff also als zum Leben dienend beschrieben wird, so liegt auch dieser Vorstellung eine Pessachtradition zugrunde.[46] Indem Jesu Blut die Schutz und Leben gebende Funktion des Blutes des Pessachlammes übernimmt, wird dieser in Vorgriff auf das Todespessach[47] bereits mit dem Pessachlamm identifiziert, bzw. als eschatologisches Pessachlamm dargestellt, das nicht nur irdisches, sondern ewiges Leben schenkt.[48]

2.4 Zusammenfassung

Bei Joh 6,4ff handelt es sich um die einzige Erwähnung eines jüdischen Festes im Johannesevangelium, zu dem kein Gang Jesu nach Jerusalem und in den Tempel geschildert wird. Das ist ein deutliches Indiz dafür, dass Johannes das zweite Pessachfest weniger um seiner selbst willen erwähnt, als vor allem als Vorverweis auf das dritte Pessachfest, an dem Jesu endgültiger Gang nach Jerusalem und in den Tod erzählt wird, der von Anfang an das Ziel seines Erdenweges ist.[49] So steht im Kontext des zweiten Pessachfestes – wie auch schon in Joh 2,13ff, aber noch deutlicher – die Ankündigung des Todes Jesu. „Am zweiten Passafest im JohEv kün-

---

[44] Vgl. SCHLUND, Knochen, 225 u.ö; NIELSEN, Dimension 146f.

[45] Diese konkrete Schutzwirkung des Pessachlammes in der Ursprungserzählung des Exodus wird z.B. in Jub 49 verallgemeinert. Vgl. Jub 49,13.15; Tragiker Ezechiel 156–159; 184–192; HARTENSTEIN, Abendmahl, 189f; BUSSE, Tempelmetaphorik, 426; FÜGLISTER, Heilsbedeutung, 89f; NIELSEN, Dimension, 145–147.

[46] PesK 7,4 spricht dem Blut des Pessachlammes wie dem Blut der Beschneidung explizit Leben gebende Funktion zu: vgl. unten VI.3.4.

[47] Aus dem Körper des toten Jesus am Kreuz strömt nach Joh 19,34 Blut.

[48] SCHLUND, Schutz, 534 formuliert: „In der an Pesach eintretenden ‚Stunde Jesu' wird das Böse in Gestalt des ἄρχων τοῦ κόσμου τούτου aus dem Heilsraum der aus Juden und Heiden sich neu formierenden Gemeinschaft herausgeworfen (ἐκβληθήσεται ἔξω), es hat fürderhin keinen Zugriff mehr (vgl. auch 1 Joh 5,18!). Dieser Heilsraum ist dann nach Jesu Tod nicht mehr durch seine Präsenz unter den Seinen markiert, sondern durch das Zeichen seines Blutes – parallel zum geschützten Raum der Israeliten in Ägypten in Ex 12."

[49] Vgl. WILCKENS, Johannes, 96. SCHLUND, Knochen, 168 dagegen sieht in der Tatsache, dass Jesus in Joh 6 nicht nach Jerusalem zieht, impliziert, dass der dortige Tempel für die johanneische Gemeinde keine Bedeutung mehr hat. Angesichts dessen, dass Jesus zu allen anderen Festen im Johannesevangelium – sowohl vor als auch nach Joh 6 – sehr wohl den Jerusalemer Tempel aufsucht, vermag diese Argumentation jedoch nicht zu überzeugen.

digt der joh. Jesus also unmissverständlich an, was am dritten und letzten Passafest mit ihm geschehen wird".[50] Noch ausführlicher als in Joh 2 wird Jesu Tod in Joh 6 theologisch gedeutet. Der Schwerpunkt liegt dieses Mal auf der Heilsbedeutung seines Todes. Und diese wird anhand zentraler Motive des Pessachfestes dargestellt: Jesu Tod schenkt denen, die an ihn glauben, die schützende und bewahrende Präsenz Gottes, die Israel beim Auszug aus Ägypten und in der Wüste zuteil wurde. Als eschatologische Heilsgabe geht Jesu Fleisch als „Brot des Lebens" über die wunderbare Mannagabe in der Wüste insofern noch hinaus, als dass es das ewige Leben gibt, das vom irdischen Tod nicht mehr tangiert werden kann. Entsprechendes gilt für Jesu Blut, das im Vorgriff auf Jesu Tod als Pessachlamm während des dritten Pessachfestes bereits in Joh 6,53ff die Leben spendende Funktion des Blutes der Pessachlämmer der Israeliten in Ägypten übernimmt.

3. Das Todespessach Jesu ab Joh 11,55

3.1 Der Kontext

Nach der Schilderung der Auferweckung des Lazarus (Joh 11,1–44) berichtet Johannes in 11,45–53 vom Todesbeschluss des Hohen Rates gegen Jesus und der prophetischen Ankündigung des Kaiphas, Jesus werde für das Volk sterben, die der Evangelist in einem Kommentar in 11,52 ergänzt: „Und nicht für das Volk allein, sondern um auch die zerstreuten Kinder Gottes zusammen zu führen zu einem". Auf den Todesbeschluss folgt in 11,54 der Rückzug Jesu und seiner Jünger und Jüngerinnen nach Ephraim und schließlich in 11,55 die 2,13 und 6,4 entsprechende Angabe „es war aber nahe das Pessach der Juden" (Ἦν δὲ ἐγγὺς τὸ πάσχα τῶν Ἰουδαίων). Weiter berichtet derselbe Vers, dass viele Gläubige schon zur Reinigung vor dem Fest nach Jerusalem hinaufzogen. Joh 12,1 präzisiert die Zeitangabe noch einmal: Jesu Gang nach Bethanien, mit dem das Kapitel beginnt, findet sechs Tage vor dem Pesssachfest statt.[51] Alles Folgende findet also in der Woche vor dem Pessachfest, die der Vorbereitung auf das Fest dient, bzw. am Fest selbst statt. Joh 12,1–8 erzählt die Salbung Jesu in Bethanien, die wiederum einen klaren Vorverweis auf seinen Tod enthält (vgl. 12,7). Anschließend erfolgt der Einzug Jesu in Jerusalem – zum Pessachfest (12,12ff). Alles, was nun noch berichtet wird, steht also unter dem Zeichen des letzten und eigentlichen Pessachfests.

---

[50] MENKEN, Feste, 278; vgl. MÜLLNER/DSCHULNIGG, Feste, 102.

[51] Vgl. zu der Notiz in Joh 12,1 und ihrer möglichen Bedeutung in der Chronologie der Pessachvorbereitungen SCHLUND, Knochen, 141f.

3.2 Jesus als Pessachlamm I: Die Chronologie der johanneischen Passion

Einige weitere Zeitangaben in Bezug auf das Pessachfest finden sich im Fortgang des Evangeliums. Zunächst wird in 13,1 klargestellt, dass das Pessachfest zu diesem Zeitpunkt noch nicht angebrochen ist (Πρὸ δὲ τῆς ἑορτῆς τοῦ πάσχα). In 18,28 dann wird Jesus von der jüdischen Führung an Pilatus übergeben und zum Prätorium gebracht. Aus der Aussage, dass diejenigen, die Jesus zu Pilatus bringen, selbst das Prätorium nicht betreten, um sich nicht zu verunreinigen, damit sie das Pessachlamm essen können, geht hervor, dass der Sederabend, also der Vorabend des 15. Nisan, noch bevorsteht. Eindeutig zeigt sich hier die von den Synoptikern abweichende Passionschronologie des vierten Evangeliums.[52] Während Jesus nach den synoptischen Berichten das Pessachmahl in der Nacht vom 14. auf den 15. Nisan noch feiert[53] und anschließend am ersten Festtag, also dem 15. Nisan, hingerichtet wird, finden Verhaftung und Hinrichtung Jesu nach dem johanneischen Bericht einen Tag früher, am Rüsttag des Festes, dem 14. Nisan statt. Die Datierung der Hinrichtung Jesu auf den 14. Nisan wird ausdrücklich bestätigt und weiter präzisiert in 19,14: „Es war aber der Rüsttag des Pessach, es war um die sechste Stunde."[54]

Damit werden sowohl die Königsproklamation Jesu durch Pilatus als auch die Verurteilung und die anschließende Kreuzigung Jesu und sein Tod von Johannes explizit auf den Nachmittag des 14. Nisan datiert.[55] Das hat theologische Bedeutung. Es handelt sich um eben die Zeit, zu der im Jerusalemer Tempel die Pessachlämmer geschlachtet wurden.[56] Jesus stirbt also gleichzeitig mit den Pessachlämmern. Die betonte Todesstunde Jesu ist ein deutliches Indiz dafür, dass Johannes Jesus in seinem Tod als das wahre Pessachlamm darstellen will.[57] Einige weitere Motive des Pessach-

---

[52] Auf die Diskussion, welche Datierung historisch plausibler ist, wird hier verzichtet. S. dazu z.B. RITT, Plädoyer, passim; BARRETT, Johannes, 64–68; STROBEL, Termin, passim. M.E. spricht die dichte christologische Aussagekraft der johanneischen Chronologie in Verbindung mit den weiteren Pessachmotiven in der johanneischen Passion eher dafür, dass es sich bei der johanneischen Chronologie um eine theologisch und nicht historisch begründete Komposition handelt. Vgl. HENGEL/SCHWEMER, Jesus, 556f; BARRETT, Johannes, 67f; KLAUCK, Geschrieben, 154. Anders z.B. BLANK, Johannespassion, 154; 176f; STROBEL, Termin, 100f; STANDHARTINGER, Abendmahl, 27f; HENGEL, Christologie, 28.

[53] Vgl. Mk 14,12ff; Mt 26,17ff; Lk 22,7ff.

[54] Dass der Tag der Hinrichtung Jesu der Rüsttag ist, wiederholen Joh 19,31.42.

[55] Vgl. dazu SCHLUND, Knochen, 121.

[56] Vgl. Philo, SpecLeg 2,145; Josephus, Bell 6,423; Jub 49,10–12; mPes 5,1.3.10; SAFRAI, Wallfahrt, 221ff; MENKEN, Feste, 284; KLAUCK, Geschrieben, 154; PORTER, Exegesis, 419; WENGST, Johannesevangelium II, 245; YEE, Feasts, 68.

[57] Vgl. FREY, theologia crucifixi, 210; ZUMSTEIN, Interpretation, 231; NIELSEN, Dimension, 143; HENGEL/SCHWEMER, Jesus, 556f. Die Pessachlammtypologie wird dagegen bestritten von HASITSCHKA, Befreiung, 66ff; DERS., Beobachtungen, 155–158; DAU-

festes, die im Zusammenhang mit Jesu Sterben aufgegriffen werden, unterstützen diese Deutung nachdrücklich.

3.3 Jesus als Pessachlamm II:
Pessachmotive in der johanneischen Passion

3.3.1 Joh 19,29: Ysop

Einen Hinweis auf die mit Pessach verbundene Exoduserzählung enthält Joh 19,29. Nach Jesu Aussage „Ich habe Durst" in 19,28 stecken die Soldaten nach 19,29 einen mit Essig getränkten Schwamm auf einen Ysopzweig und führen diesen an Jesu Mund. Die Szene enthält eine Anspielung auf Ps 69,22 („Und sie gaben mir als Speise Gift und für meinen Durst tränkten sie mich mit Essig."), welche sich auch in Mk 15,36 und Mt 27,48 findet. Der Ysopzweig, auf den der Essigschwamm gesteckt wird, ist dagegen von Johannes in diese Szene eingetragen.[58] Beim Ysop (ὕσσωπος, אֵזוֹב) handelt es sich um eine Buschpflanze, deren mit dichten Blütenkolben bewachsene Stängel ungeeignet sind, um einen nassen Schwamm darauf hochzuhalten.[59] Dass Johannes ihn dennoch in die Szene einträgt, muss daher einen anderen Sinn haben. Der Ysop spielt in der Exoduserzählung eine Rolle:[60] Nach Ex 12,22 streichen die Israeliten und Israelitinnen das Blut der Pessachlämmer mit einem Büschel Ysop an ihre Türpfosten.[61] Indem Johannes ihn in 19,29 erwähnt, ruft er im unmittelbaren Zusammenhang mit Jesu Tod das im Pessachfest erinnerte erste Pessach während des Auszugs der Israelitinnen und Israeliten aus Ägypten in Erinnerung.[62] Insbesondere wird auf das Blut der ersten Pessachlämmer verwiesen, das die Mitglieder des Gottesvolkes vor dem Tod bewahrte.[63]

ER, Passionsgeschichte, 141f; WEIDEMANN, Tod, 446f. Inhaltliche Bezüge der johanneischen Passion zum Pessachfest bestreiten jedoch auch diese nicht.

[58] In Mk 15,36 wird der Schwamm auf ein Rohr (κάλαμος) gesteckt.

[59] Vgl. ZOHARY, Pflanzen, 96f; SCHLUND, Knochen, 122; MENKEN, Feste, 284; KLAUCK, Geschrieben, 153f.

[60] Zudem wird er in Reinigungsriten verwendet, indem man mit seinen Stengeln Wasser oder Blut versprengt (vgl. Lev 14,4.6.49.51.52; Num 19,6.18; Ps 51,9). Als sprichwörtlich kleinsten Baum stellt man ihn der mächtigen Zeder gegenüber (vgl. 1Kön 5,13). Vgl. MAIBERGER/LANG, Ysop, 1148; CEBULJ, Wettstreit, 265; SILBERSTEIN, Pflanze, 38ff; RIEDE, Zeder, 11; 14; KEEL, Wald, 101.

[61] Vgl. Tragiker Ezechiel 185–187.

[62] Vgl. NIELSEN, Dimension, 143; DIETZFELBINGER, Johannes II, 304; 311; BOENDERMAKER/MONSHOUWER, Johannes, 157.

[63] Vgl. PORTER, Exegesis, 420. Zu der Schwierigkeit dieser Anspielung, dass nicht Jesu Blut mit dem Ysop verteilt, sondern er selbst mit ihm getränkt wird, vgl. die Diskussion bei SCHLUND, Knochen, 122ff.

3.3.2 Joh 19,32–37: Vermeidung des Crurifragiums und Lanzenstich

Der deutlichste Hinweis auf die Identifizierung Jesu mit dem Pessachlamm steht in Joh 19,32–37. Um den Tod der Gekreuzigten zu beschleunigen, zerschlagen die Soldaten ihnen die Beine (19,32). Da Jesus aber bereits gestorben ist, werden seine Beine nicht angerührt (19,33). Stattdessen sticht ein Soldat mit einer Lanze in Jesu Seite, aus der daraufhin Blut und Wasser fließen (19,34). In 19,35 folgt dann als Kommentar des Evangelisten eine Versicherung des wahren Zeugnisses des Jüngers am Kreuz als Augenzeuge des Geschehens, der für die Wahrheit der Überlieferung bürgt. Anschließend deutet Johannes das Geschehen mit zwei weiteren Schriftzitaten:

> 19,36 Denn dieses ist geschehen, damit die Schrift erfüllt werde: ‚Sein Knochen soll nicht zerbrochen werden‘ (ὀστοῦν οὐ συντριβήσεται αὐτοῦ). 37 Und wiederum eine andere Schrift sagt: ‚Sie werden sehen auf den, den sie durchbohrt haben‘.

Obwohl beide Sätze explizit als Schriftzitate eingeleitet werden, handelt es sich beide Male nicht um das wörtliche Zitat einer alttestamentlichen Stelle, wohl aber um eine deutliche Anspielung und das Aufgreifen zentraler Motive.

Für das erste Zitat in Joh 19,36 werden im Allgemeinen zwei alttestamentliche Bezugsrahmen vorgeschlagen.[64] So überliefern Ex 12,46 (ὀστοῦν οὐ συντρίψετε ἀπ' αὐτοῦ, וְעֶצֶם לֹא תִשְׁבְּרוּ־בוֹ), Ex 12,10 LXX (ὀστοῦν οὐ συντρίψετε ἀπ' αὐτοῦ) und Num 9,12 (ὀστοῦν οὐ συντρίψουσιν ἀπ' αὐτοῦ, וְעֶצֶם לֹא יִשְׁבְּרוּ־בוֹ) als Vorschrift für die Zubereitung des Pessachlamms das Verbot, ihm einen Knochen zu brechen.[65] Der Wortbestand der LXX-Texte stimmt mit dem Zitat in Joh 19,36 überein, wenn auch nicht die Verbform, denn die passive Formulierung συντριβήσεται aus Joh 19,36 steht an keiner der drei alttestamentlichen Referenzstellen.

Diese Passivform findet sich im anderen oft als Bezugstext von 19,36 vorgeschlagenen Vers Ps 33,21 LXX, wo über die leidenden Gerechten die Verheißung ergeht, dass Gott alle ihre Knochen bewahren wird, so dass keiner von ihnen zerbrochen wird: κύριος φυλάσσει πάντα τὰ ὀστᾶ αὐτῶν ἓν ἐξ αὐτῶν οὐ συντριβήσεται. Die Formulierung ist allerdings ansonsten deutlich weiter von der johanneischen entfernt. Auch ist nicht nur von „den Knochen" im Plural die Rede, sondern auch von ihren Eigentümern, „den Gerechten".[66] Zudem ist der Psalmvers inhaltlich im Kontext von Joh 19,36 nicht sinnvoll anzuführen, da es in ihm um die Verschonung und Er-

---

[64] Vgl. KLAUCK, Geschrieben, 155; SCHLUND, Knochen, 124f.

[65] Vgl. SifBam 123.

[66] In Ps 34,21 MT allerdings ist zwar von mehreren Knochen die Rede, das Suffix, das sich auf den leidenden Gerechten bezieht, steht aber im Singular: כָּל־עַצְמוֹתָיו.

rettung der Gerechten vom Tod geht, was als Deutewort für den gerade hingerichteten Jesus kaum plausibel zu machen ist.

Insofern liegen die Pessachlamm-Vorschriften aus Ex 12,10 LXX; 12,46 und Num 9,12 als Quelle des Zitates in Joh 19,36 näher.[67] Jesus wird in diesem Vers eindeutig als Pessachlamm identifiziert: Dass seine Beine nicht gebrochen werden, ist insofern Schrifterfüllung, als damit an ihm die Vorschriften für das Pessachlamm eingehalten werden.[68]

Gut möglich ist allerdings, dass auch der Anklang von Ps 33,21 LXX bewusst vom Evangelisten gewollt ist.[69] Die Kombination der Vorschrift für die Pessachlämmer mit der Verheißung der Bewahrung für Israel findet sich nämlich auch schon im Jubiläenbuch.[70] Jub 49,13ff heißt es:

> 13 [...] Und es gibt kein Zerbrechen irgendeines Knochens aus ihm [sc. dem Pessachlamm]. Denn nicht wird zerbrochen werden aus den Kindern Israels irgendein Knochen. 14 Deswegen hat der Herr den Kindern Israels geboten, daß sie Passah hielten am Tage seiner Zeit. Und es soll kein einziger Knochen von ihm zerbrochen werden. [...] 15 Und du gebiete deinen Kindern, daß sie Passah halten in ihren Tagen in allen Jahren, einmal im Jahr, am Tage seiner Zeit! Und es wird kommen als Gedächtnis(opfer) vor den Herrn, das er annehmen wird. Und keine Plage wird über sie kommen, zu töten und zu schlagen in diesem Jahr, wenn sie Passah halten zu seiner Zeit nach allem, gleichwie es geboten ist.[71]

Laut Jub 49,13ff bedeutet das Pessachfest für alle, die es begehen, in jedem Jahr das, was es in seinem Ursprung für die aus Ägypten fliehenden Israeliten und Israelitinnen bedeutete: Schutz und Bewahrung.[72] Diesen Schutz bewirkt, wie in der ersten Pessachnacht das Blut des Lammes an

---

[67] Vgl. KLAUCK, Geschrieben, 155; SCHLUND, Knochen, 125f; FREY, theologia crucifixi, 209 Anm. 190; PORTER, Exegesis, 404f; MOO, Old Testament, 314f; NIELSEN, Understanding, 251; NIELSEN, Dimension, 143f; DAVIES, Rhetoric, 305. Anders DODD, Interpretation, 233f; DERS., Scriptures, 98f; HASITSCHKA, Befreiung, 65f; DERS., Beobachtungen, 156ff; DAUER, Passionsgeschichte, 139ff.

[68] Vgl. BULTMANN, Johannes, 525; LINDARS, Gospel, 590. Entsprechend liegt in der Abnahme Jesu vom Kreuz am selben Tag (Joh 19,31.38) eine Einhaltung der Vorschrift vor, dass vom Pessachlamm nichts bis zum nächsten Tag übrig bleiben darf (Ex 12,8.10). Vgl. PORTER, Exegesis, 420.

[69] Vgl. MENKEN, Bone, 152; 165; DERS., Feste, 284f; OBERMANN, Erfüllung, 309; SCHNACKENBURG, Johannes III, 342; BARRETT, Johannes, 536; METZNER, Verständnis, 147f; PORTER, Exegesis, 404; BEASLEY-MURRAY, John, 355; WILKENS, Entstehungsgeschichte, 13. Entsprechend kombinieren möglicherweise schon Joh 1,29.36 das Pessachlamm und den leidenden Gottesknecht aus Jes 53,7. Vgl. NIELSEN, Lamb, passim; DERS., Dimension, 143–145; 157–160; HENGEL, Schriftauslegung, 271; BLANK, Johannespassion, 160; FREY, theologia crucifixi, 211f; ZUMSTEIN, Interpretation, 220; NIELSEN, Understanding, 250f; FÜGLISTER, Heilsbedeutung, 264. Anders SCHLUND, Knochen, 173ff; PAINTER, Sacrifice, 293; BIERINGER, Lamm, passim mit ausführlicher Diskussion.

[70] Vgl. MENKEN, Bone, 161–164; SCHLUND, Knochen, 126ff.

[71] Übersetzung BERGER, Jubiläen, 549.

[72] Vgl. BERGER, Jubiläen, 549 Anm. 15 d.

den Türpfosten, das vorschriftsmäßig geopferte Pessachlamm. Auch den einzelnen Vorschriften kommt auf dieser Grundlage theologische Bedeutung zu. Die ungebrochenen Knochen des Pessachlammes bedeuten in diesem Kontext den entsprechenden Schutz für Israel: Auch seinen Kindern wird kein Knochen gebrochen werden.

Durch die Kombination der Pessachvorschrift mit Ps 33,21 LXX erfährt diese, analog zu Jub 49,13f, auch in Joh 19,36 schon eine erste theologische Deutung: Dass Jesu Knochen nicht zerbrochen werden, weist ihn als vorschriftmäßig dargebrachtes Pessachlamm aus. Als solches bedeutet er aber zugleich göttlichen Schutz für die feiernde Gemeinde, deren Knochen ebenfalls Bewahrung zuteil wird.[73] Durch das Schriftzitat in Joh 19,36 bringt Johannes seine Deutung des Todes Jesu ein: Jesu Schicksal beschert den an ihn Glaubenden Schutz und Leben.

Diese Deutung wird unterstützt durch das zweite Schriftzitat, das in 19,37 folgt. ὄψονται εἰς ὃν ἐξεκέντησαν ist kein wörtliches Schriftzitat, spielt aber doch eindeutig auf Sach 12,10 an, in dem es heißt: וְהִבִּיטוּ אֵלַי אֵת אֲשֶׁר־דָּקָרוּ. In Sach 12,10 redet Gott selbst und dementsprechend lautet der Vers „Sie werden sehen auf *mich*, den sie durchbohrt haben". Das Akkusativobjekt der 1. Person ist in dem als Kommentar des Evangelisten angeführten Zitat in Joh 19,37 weggelassen, vermutlich, um ihn einfacher auf den durchbohrten Jesus beziehen zu können. Der Verweis auf Sach 12,10 deutet den Lanzenstich in Jesu Seite ebenso als Schrifterfüllung wie die Unversehrtheit seiner Beine. Beachtenswert ist aber auch hier der Kontext, in dem der Vers steht. Sach 12 beschreibt die eschatologische Errettung Judas und Jerusalems[74] und verheißt in Form direkter Gottesrede den Einwohnern und Einwohnerinnen Jerusalems und dem Haus Davids Gottes bewahrende Gnade und seinen Leben rettenden Schutz.[75]

Das entspricht der ursprünglichen Funktion des Pessachlammes und insbesondere seines Blutes für die Israelitinnen und Israeliten in Ägypten. Eben in diesem Sinne wird Jesu Tod für die Seinen bzw. für die Welt in Joh 19,36f gedeutet.[76]

3.4 Jesus als Pessachlamm III: Christologische Deutung

Johannes stellt also, wie gezeigt, durch die Chronologie seiner Passionserzählung, das Eintragen des Ysopzweigs in die Leidensszene Jesu am Kreuz

---

[73] Vgl. SCHLUND, Knochen, 128.

[74] Vgl. die Sach-Anspielungen in Joh 7 (s. oben IV.2.7.2).

[75] Vgl. SCHLUND, Knochen, 129.

[76] Das entspricht dem Duktus von Joh 3,14f mit dem Verweis auf Num 21,8f, demnach der erhöhte – also der gekreuzigte – Jesus den an ihn Glaubenden Leben schenkt, wie es die Schlange in der Wüste tat, die zur göttlichen Bewahrung Israels beim und nach dem Exodus gehört. Vgl. KLAUCK, Geschrieben, 156; SCHLUND, Knochen, 129.

und die deutenden Schriftworte nach Jesu Tod Jesus als Pessachlamm dar.[77] Als solches wird er den Pessachlämmern gegenübergestellt, die nach johanneischer Darstellung gleichzeitig zu Jesu Kreuzigung von denen geopfert werden, die ihn zu Tode brachten.[78] Um die theologische Bedeutung der Identifikation Jesu mit dem Pessachlamm erfassen zu können, ist zu fragen, welche Bedeutungen dem Pessachfest und insbesondere dem Pessachlamm und seinem Blut im frühen Judentum zukamen. Das hat C. Schlund in ihrer Dissertation „Kein Knochen soll gebrochen werden" umfassend untersucht. Ihre Ergebnisse können hier zugrunde gelegt werden.[79] Schlund kommt nach der Analyse der kanonischen Pessachtexte und der Darstellung des Pessachfestes bei Philo und in sonstigen Schriften des alexandrinischen Judentums, bei Josephus und im Jubiläenbuch zu dem zusammenfassenden Ergebnis:

> „Das Pesach verfügte also in frühjüdischer Zeit über ein weitgefächertes Interpretationspotential: Es verkörperte Schutz und Bewahrung vor Verderben bringenden Mächten und die Überwindung des Todes im Moment der Konfrontation genauso wie die Vergewisserung des rechten Gottesverhältnisses und die Konstitution bzw. Bestärkung der Identität des Gottesvolkes. ‚Apotropäische' und ‚ekklesiologische' Dimension gehen dabei Hand in Hand."[80]

Wenn Johannes vor diesem Hintergrund Jesus als Pessachlamm darstellt, dann betont er, wie gesehen, besonders den Aspekt der Bewahrung und des Schutzes. Dass Jesus – speziell in der Hingabe seines Leibes und in seinem Blut – Leben bewahrt und schenkt, wurde unter Rekurs auf zentrale Pessachmotive bereits im Kontext des zweiten johanneischen Pessachfestes in Joh 6 ausgesagt. Die Pessachbezüge in der johanneischen Passion und insbesondere der Verweis auf die ungebrochenen Knochen des Pessachlammes, in dem der entsprechende Schutz Gottes für die leidenden Gerechten nach Ps 33,21 LXX anklingt und mit dem z.B. auch im Jubiläenbuch Got-

---

[77] Vgl. MENKEN, Feste, 285; KRAUS, Johannes, 19; SCHLUND, Knochen, 130f; THYEN, Johannesevangelium, 747.

[78] Dass Jesu Ankläger in den Verhörszenen extra das Prätorium nicht betreten, um ihre rituelle Reinheit für das Pessachmahl zu bewahren, wird vor diesem Hintergund zur bedeutungsvollen Ironie, betont es doch, dass sie das wahre Pessachlamm Jesus nicht erkennen. Genau dadurch aber betreiben sie seinen Opfertod, der ihn als Pessachlamm erweist. Dieser theologischen Pointierung ist die johanneische Darstellung der jüdischen Institutionen und Vertreter als hauptverantwortlich für die Hinrichtung Jesu (nach Joh 19,16ff führen sie die Kreuzigung sogar aktiv durch) geschuldet. Historisch ist sie unhaltbar, wie der vierte Evangelist selbst sehr wohl weiß: Joh 18,31. Vgl. STEGEMANN, Beteiligung, passim; KELLERMANN, Recht, 264f; WENGST, Johannesevangelium II, 210.

[79] Vgl. ferner SCHLUND, Deutungen, 400ff; OTTO, פֶּסַח, passim; HAAG, Pascha, 20–120; NIELSEN, Lamb, 233ff; HARTENSTEIN, Abendmahl, 188ff; SPAULDING, Identities, 50–55.

[80] SCHLUND, Knochen, 113f. Vgl. auch OTTO, פֶּסַח, 671ff; FÜGLISTER, Heilsbedeutung, 89f.

tes Schutz für sein Volk verbunden wird, untermauern und pointieren diese Aussage. Verstärkt wird die Deutung des Todes Jesu als Heilsereignis, das Leben und Bewahrung schenkt, durch die Anspielung auf Sach 12.

Auch der andere, „ekklesiologische" Aspekt des frühjüdischen Pessachverständnisses, den Schlund herausgearbeitet hat,[81] ist im Johannesevangelium präsent. Das Pessachfest als anamnetische Vergegenwärtigung der konstituierenden Gründungserfahrung Israels als Gottesvolk – des Ägyptenauszugs – vergewissert die das Fest Begehenden in besonderer Weise ihrer Identität als Gottesvolk, also ihrer Zugehörigkeit zum Bund Gottes mit Israel.[82] Darauf ist nicht zuletzt auch im Kommentar des Evangelisten in Joh 11,52 angespielt, Jesus werde in seinem Tod die zerstreuten Kinder Gottes zusammenführen. Letztlich wird hier eine eschatologische Rekonstituierung des Gottesvolkes verheißen.[83]

Indem der vierte Evangelist Jesus als Pessachlamm präsentiert, verknüpft er also Jesu Schicksal wie das derer, die an ihn glauben, mit *dem* Grundereignis der Heilsgeschichte Israels und *der* Basiserfahrung von Befreiung und rettender und bewahrender Gegenwart Gottes.[84] Zwar kommt das Wort „Bund" ($\delta\iota\alpha\theta\acute{\eta}\kappa\eta$) im Johannesevangelium nicht vor, doch ist Pessach neben dem Toraempfang am Sinai das Bundesereignis Israels schlechthin. Dass das Blut des Pessachlamms eng mit dem Bundesschluss verbunden, ja sogar mit ihm parallelisiert und gleichgesetzt wurde, zeigen der Targum Pseudo-Jonathan sowie rabbinische Texte, die das Blut des Pessachlammes und das Blut der Beschneidung parallelisieren:[85]

TPsJ Ex 12,13:[86] Und es sei das Blut des Pessachopfers und [das] des Schnittes der Beschneidung vermischt für euch, um daraus zu machen ein Zeichen auf die Häuser, in welchen ihr wohnt. Und ich werde sehen das Verdienst des Blutes und ich werde euch

---

[81] Vgl. SCHLUND, Knochen, 147ff.

[82] Vgl. auch Weish 18,6ff und dazu HARTENSTEIN, Abendmahl, 193. HARTENSTEIN, a.a.O., 198 stellt in ihrer Untersuchung des Pessachfestes im erzählerischen Kontext der lukanischen Einsetzungsworte fest: „Pessachfeiern leiten auch in anderen jüdischen Erzählungen neue Phasen der Geschichte Israels ein und stehen in Verbindung mit Bundeserneuerungen." Vgl. auch FÜGLISTER, Heilsbedeutung, 93f; 235–246.

[83] Vgl. SCHLUND, Knochen, 142–147; 149ff; FREY, Heiden, 243ff; DAVIES, Rhetoric, 235: „Hence, Jesus' death, like that of the Passover lamb, inaugurates a new community, united in love of God and humanity".

[84] Vgl. SCHLUND, Knochen, 130f; ASSMANN, Das kulturelle Gedächtnis, 200ff.

[85] Vgl. OTTO, פסח, 681; SCHLUND, Knochen, 224f. Vgl. auch Weish 18,6ff und dazu HARTENSTEIN, Abendmahl, 193, die feststellt: „Die Verbindung von Pessach und Bund wird also im Laufe der Zeit stärker". Vgl. zum Zusammenhang von Beschneidung und Pessach BLASCHKE, Beschneidung, 277f.

[86] Ed. GINSBURGER, 117.

beschützen. Und nicht soll über euch herrschen der Engel des Todes, dem Gewalt gegeben ist, durch Töten zu verderben im Lande Ägypten.[87]

MekhY Pischa 5 zu Ex 12,6:[88] ‚Und ihr sollt es bewahren usw.' (Ex 12,6) Warum zieht die Schrift die Beschaffung des Pessach auf vier Tage vor seiner Schlachtung vor? Rabbi Matia ben Cheresch sagt: Siehe, sie [sc. die Schrift] sagt: ‚Und ich ging an dir vorüber und sah dich, und siehe, deine Zeit war die Zeit der Liebe.' (Ez 16,8) Es war gekommen der Schwur,[89] den der Heilige, gelobt sei er, dem Abraham geschworen hat, dass er seine Kinder errette. Aber sie hatten keine Gebote, die sie befolgen konnten, damit sie gerettet würden, wie gesagt ist: ‚Die Brüste wuchsen und dein Haar wurde lang, doch du warst nackt und bloß' (Ez 16,7): [Nämlich] bloß aller Gebote. Der Heilige, gelobt sei er, gab ihnen [deshalb] zwei Gebote: Das Blut des Pessach und das Blut der Beschneidung, dass sie sie befolgten, damit sie gerettet würden, wie gesagt ist: ‚Und ich ging an dir vorüber und sah dich in deinem Blut strampelnd usw.' (Ez 16,6) Und sie [sc. die Schrift] sagt: ‚Auch du – um des Blutes deines Bundes willen lasse ich deine Gefangenen aus dem Brunnen frei, in dem kein Wasser ist.' (Sach 9,11) Deshalb zieht die Schrift die Beschaffung des Pessach auf vier Tage vor seiner Schlachtung vor, weil man keinen Lohn empfangen kann ohne Taten.

PesK 7,4:[90] Eine andere Auslegung: ‚Wegen der Gerichte deiner Gerechtigkeit.' (Ps 119,62) Wegen der Gerichte, die du in Ägypten auf die Ägypter gebracht hast. Und wegen der Gerechtigkeit, die du in Ägypten unseren Vätern erwiesen hast, die keine Gebote

---

[87] Dieselbe Tradition findet sich noch ausführlicher in dem im 8. oder 9. Jhd. in Palästina entstandenen haggadischen Werk Pirke de-Rabbi Elieser (PRE) 29: „Von hier lernst du, dass die Söhne Jakobs beschnitten waren und ihre Söhne beschnitten. Und sie vererbten es weiter als ewige Anordnung, bis Pharao aufstand, über sie schwere Verordnungen verhängte und ihnen den Bund der Beschneidung verweigerte. Aber an dem Tag, an dem Israel aus Ägypten auszog, wurden alle beschnitten, von groß bis klein, wie gesagt ist: ‚Denn beschnitten war das ganze Volk, das auszog.' (Jos 5,5). Und sie nahmen das Blut der Beschneidung und das Blut des Pessachlammes und gaben es auf die Schwelle ihrer Häuser. Und als der Heilige, gelobt sei er, vorbeiging, um die Ägypter zu schlagen, und das Blut des Bundes und das Blut des Pessachlammes sah, wurde er erfüllt von Erbarmen über Israel, wie gesagt ist: ‚Und ich ging an dir vorüber und ich sah dich, zappelnd in deinen Bluten (דמיך Plural), und ich sagte zu dir: In deinen Bluten lebe.' (Ez 16,6) {‚In deinem Blut (דמך Singular)' steht nicht geschrieben, sondern ‚In deinen Bluten (דמיך Plural)': In zwei Blutarten (דמים), dem Blut des Bundes der Beschneidung und dem Blut des Pessachlammes.} Rabbi Eleasar sagte: Weswegen sah es die Schrift [als nötig an], zweimal zu sagen: ‚In deinen Bluten lebe' (Ez 16,6)? [Es ist keine Doppelung], sondern der Heilige, gelobt sei er, sagte: Um des Blutes des Bundes der Beschneidung und des Blutes des Pessachlammes willen habe ich euch erlöst aus Ägypten. Und um ihretwillen werdet ihr zukünftig erlöst werden am Ende des vierten Königreiches. Deshalb ist zweimal gesagt: ‚In deinen Bluten lebe' (Ez 16,6)." PRE nimmt zwar viele ältere Traditionen auf, wie weit die einzelnen Stücke zurückgehen, ist jedoch nicht bestimmbar. Vgl. STEMBERGER, Einleitung, 321f; BÖRNER-KLEIN, Pirke, XXXIX-XLVIII. Bei dem Text in { } handelt es sich um eine Ergänzung im hebräischen Text; vgl. BÖRNER-KLEIN, Pirke, XLIX; 325.

[88] Ed. HOROVITZ/RABIN, 14. Vgl. BLASCHKE, Beschneidung, 274–277.

[89] Gemeint ist, dass die Zeit der Erfüllung des Schwurs gekommen ist.

[90] Ed. MANDELBAUM I, 125.

hatten, durch die sie gerettet würden, außer zwei Geboten: dem Blut des Pessach und dem Blut der Beschneidung. Dies ist, was gesagt ist: ‚Und ich ging an dir vorüber und sah dich in deinem Blut strampelnd und ich sagte dir: In deinem [oder: durch dein] Blut lebe!' (Ez 16,6) Durch dein Blut: das Blut des Pessach und das Blut der Beschneidung.

Wenn Johannes also Jesus in seinem Tod als Pessachlamm darstellt und sein Blut am Kreuz somit mit dem Blut des Pessachlammes parallelisiert, rekurriert er damit auf den Bund zwischen Gott und seinem erwählten Volk Israel und setzt Jesu Tod dazu in Beziehung. Immer wieder bewegt sich das Johannesevangelium zwischen den Polen universeller Aussagen, nach denen Jesus Heil für die Welt, den Kosmos, bedeutet, einerseits[91] und der partikularistischen bis dualistischen Rede von der Erwählung der zu Jesus gehörenden „Seinen" andererseits.[92] Die Aussagen der zweiten Kategorie kommen den Vorstellungen des durch den Bundesschluss konstituierten Eigentumsvolkes sehr nahe. Laut Joh 6,53ff ist das ewige Leben durch Jesus denen geschenkt, die sein Fleisch essen und sein Blut trinken. Vor dem Hintergrund des Pessachrahmens in Joh 6 und in der Passion sind also diejenigen gemeint, die in Jesus das wahre Pessachlamm erkennen und durch seinen Tod in den Bund hinein genommen werden. Diejenigen, die an die Heilsbedeutung des Todes Jesu glauben, erfahren dadurch eine Neukonstituierung als Gottesvolk. Die Konstituierung eines „neuen" bzw. „erneuerten" Bundes für die an Christus glaubende Gemeinde geschieht nicht wie bei den Synoptikern beim gemeinsamen Verspeisen des Pessachmahls mit Jesus, sondern in seinem Tod als Pessachlamm.[93]

4. Resümee

Die drei Pessachfeste im Johannesevangelium rahmen fast das gesamte Wirken Jesu und korrespondieren eng miteinander. Von Joh 2,13ff an steht Jesu Weg unter dem Vorzeichen des letzten Pessachfestes, an dem er als

---

[91] Vgl. Joh 1,29; 3,16f; 4,42; 6,33.51; 8,12; 9,5; 12,47.

[92] Vgl. Joh 1,11; 10,3f.14f; 13,1; 15,19; 17,2.6.9.24.

[93] Vgl. SCHLUND, Knochen, 170: „An Pesach konstituiert sich die wahrhaft zu Gott gehörige Gemeinde als vor Tod und Verderben geschützte Gruppe. Sie bildet einen Bereich, zu dem die ‚Welt' und ihr ‚Herrscher' keinen Zugang haben. Dieser Bereich wird markiert durch das Blut Jesu, das den ‚Verderber' von der Gruppe der ‚Gotteskinder' fernhält. Pesach ist die Erinnerung (und Vergegenwärtigung), dass Gott seine Kinder vor dem Zorngericht verschont und ihnen einen Raum des Lebens schafft [...]. Ermöglicht wird die Entstehung dieses Raumes durch die apotropäische Kraft des Blutes eines geschlachteten Tieres – für das Johannesevangelium durch das Blut des χριστός." Zur Verbindung des „neuen Bundes" mit Pessach bei Lk vgl. HARTENSTEIN, Abendmahl, passim.

wahres Pessachlamm den Tod finden wird.[94] Die erste Pessachperikope des
Evangeliums verdeutlicht, dass dieser Tod kein Scheitern Jesu und nicht
der Sieg anderer Mächte über ihn ist, sondern sein von Anfang an beste-
hendes Ziel, dass er selbst aktiv und souverän erreicht,[95] um nach seinem
Opfertod als Auferstandener der Ort der Gottesbegegnung und Tempel für
die an ihn Glaubenden zu sein. Die zweite Pessachfestperikope definiert in
Joh 6,4ff mit den Pessachmotiven „Brot" und „Blut" das Heil, das Jesus in
Person ist, inhaltlich. Er ist das „Brot des Lebens", zu verstehen vor dem
Hintergrund des Brotes beim Auszug aus Ägypten und in der Wüste, das
als Gottes Gabe das Leben seines Volkes bewahrte. Indem er aber nicht
nur irdisches, sondern ewiges Leben schenkt, geht Jesus als Heilsspender
und Heilsgabe in einem über das Brot der Wüstenzeit Israels noch hinaus.
Um Anteil an diesem Heil zu bekommen, müssen die Gläubigen Anteil an
seinem Fleisch – als Brot – und seinem Blut haben. Das Blutmotiv entstammt ebenfalls dem Pessachkontext, in dem es für die Israeliten und Israelitinnen zu dem Zeichen wurde, das sie vor dem Tod bewahrte. Beim
letzten Pessachfest schließlich, das ab Joh 11,55 das Geschehen bestimmt,
stirbt Jesus zur Zeit der Pessachlammschlachtung und unter Einhaltung
einer wichtigen Vorschrift für die Pessachlämmer. Mit deutenden Schriftzitaten interpretiert der Evangelist Jesu Tod als schutzbringend für das
Volk bzw. die Seinen. Damit erfüllt er eben die Funktion, die das Pessachlamm für die aus Ägypten Ausziehenden hatte und die es in anamnetischer
Vergegenwärtigung im Ritus für alle Pessach feiernden Generationen erhält.[96]

Wie bei den anderen Festen im Johannesevangelium gilt also auch für
Pessach, dass Jesus in Person als der Heilsinhalt des Festes dargestellt
wird. Johannes versteht die Bedeutung des Todes Jesu in Analogie zum
geschlachteten Pessachlamm, in dem sich Gottes Schutz und Beistand für
sein Volk manifestieren. Auch in der Passion gilt für Johannes: Jesus ist in

---

[94] Vgl. RAHNER, Tempel, 192: „Wann immer Johannes vom Paschafest spricht, ist
seine Orientierung auf das letzte Paschafest, das Todespascha Jesu, impliziert."

[95] Vgl. Joh 10,17f; 19,30 u.ö. und NIELSEN, Understanding, 238f.

[96] Wie v.a. SCHLUND, Knochen, 199f u.ö. herausgearbeitet hat, geht es bei dem durch
das Pessachlamm gegebenen Heil „nicht um ein ‚Sühnopfer' für individuell begangene
Sünden, sondern um die Zugehörigkeit zu einer durch Jesus bestimmten Heils-Sphäre"
(a.a.O., 199). Vgl. PAINTER, Sacrifice, 292f; NIELSEN, Lamb, 239. KNÖPPLER, theologia
crucis, 84f vertritt allerdings, dass in neutestamenlicher Zeit bereits sühnende Wirkung
auf das Pessachopfer übertragen wurde (s. dazu SCHLUND, Knochen, 90f). Vgl. METZ-
NER, Verständnis, 157f; FREY, theologia crucifixi, 212. Vgl. die Diskussion über sühne-
theologische Vorstellungen im Johannesevangelium bei FREY, theologia crucifixi, 200–
219.

Person das Heil, das im Pessachfest erhofft, erwartet und in anamnetischer Wiederholung des Ursprungspessach erfahren wird.[97]

„Wie einst in Ägypten das Blut des Lammes dem Todesengel die Tür zu den Kindern Israels verschlossen hatte, so verschließt ihm nun das vergossene Blut Jesu den Zutritt zu allen, die an ihn glauben, und eröffnet ihnen den Weg zum Vater und den Einzug des Vaters und des Sohnes bei ihnen."[98]

5. Christologisch motivierte Außerkraftsetzung des jüdischen Pessach?

Dadurch, dass erstens Jesus als Pessachlamm parallel zu den Pessachlämmern stirbt, die seine Gegner – im Sprachduktus des Evangeliums „die Juden" – gleichzeitig im Tempel opfern, und dass es zweitens im Pessachfest um das Bundesverhältnis Israels geht, stellt sich bei diesem Fest besonders dringend die Frage, wie Johannes das Verhältnis Jesu und der christlichen Gemeinde zum ursprünglichen jüdischen Pessachfest und zum ursprünglichen Gottesbund mit Israel bestimmt. Der Gedanke der Ablösung des Pessachfestes durch das „wahre" christliche Pessachfest Ostern scheint hier besonders nahe zu liegen.[99] So brachte die Typologisierung Jesu als Pessachlamm in der johanneischen Passion z.B. R. Bultmann zu der Aussage: „Das Ende des jüdischen Kultes bzw. die Nichtigkeit seines ferneren Vollzuges ist damit behauptet."[100] Und H.-J. Klauck, der diesen

---

[97] In besonderem Maße gilt für das Pessachfest, dass die rituelle kultische Feier die Wiederholung des gefeierten Ursprungsereignisses bedeutet. Die Feiernden erfahren das Pessach der Auszugsnacht. Vgl. z.B. mPes 10,5; Jub 49,1–15; Josephus, Ant 2,312f; und SCHLUND, Knochen, 112: „Viele [...] Texte [...] verknüpfen die historisch-ätiologische Bedeutung des Pesach mit derjenigen der (den Schreibern) zeitgenössischen rituellen Praxis. ‚Pesach Ägyptens' und ‚Pesach der Generationen' sind so aufs engste miteinander verquickt und ineinander verwoben. Elemente der späteren Pesachfeier werden in die Beschreibung des ägyptischen Pesach eingeflochten (Jub, Ez Trag, Weish) und umgekehrt Perspektiven des ägyptischen Pesach auf die alljährliche Feier bezogen: Dies ist am stärksten bei Josephus und im Jubiläenbuch der Fall." Vgl. a.a.O., 82f; ASSMANN, Das kulturelle Gedächtnis, 90; HAAG, Pascha, 115ff; FÜGLISTER, Heilsbedeutung, 226–231. Schon „im dtn Pessachgebot (Dtn 16,1–8) wird vorgezeichnet, wie die Zeitmodi während des Festes füreinander durchlässig werden sollen: Jede und jeder Einzelne sollen durch ihre Handlungen den Exodus vergegenwärtigen, der zugleich die Grundlage ihrer Handlungsfähigkeit ist." (GEIGER, Befreiung, 40; vgl. a.a.O., 52f; 55–58).

[98] THYEN, Johannesevangelium, 747.

[99] Vgl. BLANK, Johannespassion, 152; WILKENS, Entstehungsgeschichte, 10; WEIDEMANN, Tod, 446f; RITT, Plädoyer, 189; CHIBICI-REVNEANU, Herrlichkeit, 532f Anm. 65.

[100] BULTMANN, Johannes, 525. Vgl. die Aufnahme dieser Behauptung bei PORTER, Exegesis, 419. DIETZFELBINGER, Johannes I, 230 behauptet: „Der Jesus, der am 14. Nisan zu der Zeit stirbt, in der auf dem Tempelplatz die Passalämmer geschlachtet werden, ist

Satz zitiert, ist sich seiner Problematik zwar voll bewusst, muss aber konstatieren:

„Würde es sich hier nur um einen exegetischen Missgriff des Auslegers handeln, könnten wir rasch zur Tagesordnung übergehen. Aber dem ist leider nicht so. Sehr wahrscheinlich hat Bultmann den Johannesevangelisten durchaus richtig verstanden. Es genügt dann allerdings nicht mehr, diese problematische Dimension johanneischen Denkens, die in letzter Konsequenz auf eine Entleerung des Eigenwertes der Schrift des Ersten Bundes und eine Enteignung des Gottesvolkes Israel hinausläuft, zustimmend zur Kenntnis zu nehmen."[101]

Tatsächlich besteht eine „problematische Dimension johanneischen Denkens" darin, alle Gotteserkenntnis und jeden Zugang zu Gott an das Bekenntnis zu Jesus zu binden.[102] Das gilt auch für Jesu Darstellung als Pessachlamm, an dessen Annahme auch das Eigentums- und damit letztlich das Bundesverhältnis geknüpft wird. Hier findet in der Tat eine Enteignung des Gottesvolkes Israel statt, die keineswegs zustimmend nachgesprochen werden darf. Diese äußerst problematische Ebene ist aufgrund seines exklusiv christologischen Denkens bei Johannes unbestritten angelegt. Dennoch ist dies m. E. nur *eine* Dimension des johanneischen Umgangs mit dem Gottesbund Israels, neben der auch noch andere Dimensionen im Evangelium vorhanden sind.

Erstens ist einmal mehr zu bedenken, dass Johannes sein Evangelium zu einem Zeitpunkt verfasst, an dem der Jerusalemer Tempel bereits zerstört ist. Die Alternative, die er für die Menschen in Jesu Umgebung schildert, die zwischen den Pessachlämmern im Tempel und dem Pessachlamm Jesus auf Golgatha entscheiden müssen, besteht für ihn und sein Zielpublikum also nicht mehr. Er befindet sich vielmehr in der Situation, in der er mit der Unmöglichkeit des Vollzuges des Pessachritus im Tempel konfrontiert ist und diesen kompensieren muss. Die Übertragung der Bedeutungen der Pessachfeier und insbesondere des Pessachlammes auf den auferstandenen Jesus ist also kein Alternativmodell zu dem ebenfalls bestehenden Tempelfest, das dadurch abgewertet würde, sondern eben dessen Fortführung nach dem Tempelverlust. Wie die Rabbinen in ihren Texten – insbesondere in der Pessach-Haggada –, so sucht auch Johannes – auf seine Art – nach einer Möglichkeit, die vormals im Tempel begangene Vergegenwärtigung und Aneignung der göttlichen Zuwendung und des Heils des Pessach für die Zeit nach dem Verlust des Tempels zu bewahren und seiner Gemeinde zu ermöglichen.[103] Damit wird dieses Fest als rekonstituierendes Bundes-

---

das wahre Passalamm [...], und unnütz ist darum der jüdische Brauch, die Passalämmer zu schlachten und zu essen."

[101] KLAUCK, Geschrieben, 157. Vgl. KRAUS, Johannes, 19–23.

[102] Vgl. z.B. Joh 3,18; 5,37f; 8,42; 14,6.

[103] Vgl. SCHLUND, Knochen, 167f; 179.

ereignis aber gerade nicht ab-, sondern im höchsten Maße aufgewertet. Eben seine Funktionen werden in ihrer Übertragung auf den gekreuzigten Jesus bewahrt und damit in ihrer grundlegenden Bedeutung bestätigt. Dass Johannes allerdings seinen Weg des gekreuzigten Jesus als Pessachlamm als den einzig möglichen Weg der Fortführung des Pessachereignisses ansieht, bleibt zweifelsfrei problematisch.

Dass das Pessachfest für Johannes und seine Gemeinde keineswegs bedeutungslos ist, bestätigen zweitens die zahlreichen Detailkenntnisse seiner Traditionen, die Johannes in seinen Pessachperikopen aufnimmt und deren Verständnis er bei seinen Leserinnen und Lesern offensichtlich voraussetzen kann. Sie zeugen von einer großen Vertrautheit mit dem Fest, das somit zweifelsohne eine Rolle in ihrem Glaubensleben spielte.[104]

Drittens muss die Perspektive im Blick behalten werden, aus der Johannes schrieb, bzw. die Zielrichtung seiner Argumentation. Anliegen seiner Darstellung ist es nicht oder höchstens sehr am Rande, Urteile über das Pessachfest abzugeben. Vielmehr zielt sie darauf hin, seinen Lesenden zu vermitteln, wer Jesus war und ist und wie seine Rolle in der Gottesbeziehung und Heilsvermittlung einzuordnen ist. Er will seine Gemeinde, die Jesus als den Sohn Gottes bereits bekennt,[105] in diesem Bekenntnis vergewissern und bestärken und das Heil, das in Jesus ist, näher erläutern.[106] Eine besondere Aufgabe ist es dabei, Jesu Tod seine Anstößigkeit zu nehmen und ihn gerade als Zentrum des Heils aufzuzeigen. Dass er dabei auf das Pessachfest als fundamentales Bundesfest zurückgreift, zeigt somit auch die Hochschätzung dieses Bundes und die Wichtigkeit, die er für Johannes hat. Wäre der im Pessachritus erinnerte, vergegenwärtigte und rekonstruierte Bund Gottes mit Israel für ihn bedeutungslos, würde er nicht ihn als das durch Jesus am Kreuz geschenkte Heil beschreiben.

Johannes hat, im Gegensatz zu den Rabbinen, nicht nur mit dem Verlust des Tempels zu ringen, sondern auch mit der Tatsache, dass die Mehrheit des Judentums sein Bekenntnis zu Jesus ablehnt. Er und seine Gemeinde haben somit nicht nur den Verlust des traditionellen Kultortes, sondern auch ihre Trennung vom Mehrheitsjudentum zu bewältigen. Zudem stehen sie vor der Herausforderung Juden und Jüdinnen sowie Heiden und Hei-

---

[104] Vgl. SCHLUND, Knochen, 176; WENGST, Johannesevangelium II, 267 Anm. 254: „Die Vorstellung, an Jesus als Messias glaubende Jüdinnen und Juden im 1. Jh. hätten die Feste ihres Volkes für überholt angesehen und nicht mehr an ihnen teilgenommen, ist pure Rückprojektion aus späterer Zeit, als die Abgrenzung so scharf geworden war, dass sie gezwungen wurden, ihre jüdische Identität aufzugeben, wollten sie in der – dominant heidenchristlich gewordenen – Kirche bleiben." Anders die thetische Behauptung von DIETZFELBINGER, Johannes I, 73 u.ö.

[105] Vgl. Joh 20,31. Zum präsentischen Verständnis des Verses vgl. BARRETT, Johannes, 551; THYEN, Johannesevangelium, 775f; WENGST, Gemeinde, 51f.

[106] Vgl. MEEKS, Funktion, 279f.

dinnen in einer Gemeinde zu integrieren.[107] In dieser Situation gibt Johannes den ursprünglichen Gottesbund mit Israel *nicht* als bedeutungslos auf,[108] sondern versteht in seiner Darstellung Jesu als wahres Pessachlamm die Christen und Christinnen als in *diesen* Bund hineingenommen. Die Erzählung vom Kreuzestod Jesu kann als „christliche Pessach-Haggada" bezeichnet werden.[109] Diese „Grundgeschichte der Angehörigen des neuen Gottesvolkes" existiert nach Johannes aber nicht losgelöst von der Grundgeschichte des Gottesvolkes Israel, sondern erhält ihre Legitimation überhaupt nur von der ursprünglichen Grundgeschichte des Exodus her und, indem sie an dieser partizipiert.[110]

Ist zwar die Exklusivität, mit der Johannes den Bund auf das Bekenntnis zu Christus beschränkt,[111] kritisch zu hinterfragen und ihr theologisch zu widersprechen,[112] so zeigt sich hier dennoch deutlich auch die ehrfurchtsvolle Wertschätzung des Ersten Bundes und seiner Traditionen, also der

---

[107] Auf die Bedeutung Jesu als Pessachlamm, in dessen Blut die Bundeserneuerung stattfindet, für Jesusgläubige aus dem Heidentum weist WENGST, Johannesevangelium II, 267 hin: „Dem Pessachlamm, das Israel einst Schutz bot und ihm Befreiung erwirkte, dessen sich die Judenheit in der Pessachfeier erinnert im Lobpreis Gottes, der sie aus Ägypten, aus dem Sklavenhaus, herausführte, entspricht Jesus als ‚das Lamm Gottes, das die Sünde der Welt trägt' – und das damit so wirkte, dass Menschen aus den Völkern durch es den Weg zum Gott Israels fanden." Nicht eine *Ablösung* des Gottesbundes mit Israel findet somit in dem erneuten Bundesschluss in Jesu Blut statt, sondern in ihm wird den Menschen aus den Völkern eine Möglichkeit eröffnet, an *eben diesem Bund* zu partizipieren.

[108] U.a. hier zeigt sich, dass BULTMANN, Theologie, 360 irrt, wenn er meint, es fehle „bei Johannes überhaupt die heilsgeschichtliche Perspektive", da „der Gedanke des Bundes Gottes mit Israel bzw. des neuen Bundes, die Erwählung Israels und die Führung des Volkes [...] keine Rolle" spielten. Vgl. zur Auseinandersetzung mit dieser Ansicht Bultmanns und ähnlichen Positionen FREY, Heil, 479–491; 507–510.

[109] Vgl. BLANK, Johannespassion, 152: „Die Passionsgeschichten sind die christliche Pessach-Haggada"; KRAUS, Johannes, 18: „[V]on der *Funktion* her ist das Evangelium vergleichbar mit der Geschichte der Erwählung und Aussonderung des Gottesvolkes im AT. Es stellt als Ätiologie die ‚Grundgeschichte' der johanneischen Gemeinde dar, wobei analog zum Umgang mit Geschichte etwa in der Exoduserzählung *nicht Jesus vergegenwärtigt*, sondern die johanneische Gemeinde *mit Jesus gleichzeitig* wird. Das Christusgeschehen ist nach Johannes die Grundgeschichte der Angehörigen des neuen Volkes Gottes, die als Jesusgläubige ‚Kinder Gottes' sind." (Hervorhebungen im Original).

[110] Eine komplette Loslösung des Jesusgeschehens von der Geschichte und dem Bund Israels, wie WEIDEMANN, Tod, 446f sie annimmt, würde den Pessachmotiven in der Jesusgeschichte und damit letztlich auch dieser selbst ihren Sinn nehmen.

[111] Z.B. in Joh 6,53.

[112] Z.B. indem mit Paulus in Röm 11,29 die Unaufhebbarkeit der Erwählung Israels und die Unauflösbarkeit des Gottesbundes mit Israel betont wird.

Heils- und Erwählungsgeschichte Israels, deren einzigartige und bleibende Bedeutung aufzugeben der Evangelist gerade nicht bereit ist.[113]

---

[113] Vgl. BIERINGER/POLLEFEYT, Open to Both Ways...?, 18: „The community of disciples is not the *new* Israel (the position of classical supersessionism), but rather the true, *genuine* Israel". (Hervorhebungen im Original). Zustimmend dazu: SPAULDING, Identities, 89.

VII. Schluss

Nach dem Durchgang durch die johanneischen Festperikopen sollen nun die eingangs gestellten Fragen nach der christologischen Bedeutung der Feste und dem Verhältnis Jesu zu ihnen wieder aufgegriffen werden.

Deutlich ist zunächst eines geworden: Die Feste sind für Johannes mitnichten nur literarische Mittel und Anlässe, Jesus den Weg nach Jerusalem antreten zu lassen. Ihr soteriologischer Inhalt ist immer mitgedacht. Der johanneische Jesus wird durch sein Reden und Handeln auf den Festen als eben das Heil beschrieben, das Israel durch ihre Feiern erhofft und erfährt.

Wie an Rosch haSchana beim Klang des Schofars, so ist in und durch Jesu Stimme und Wort ein Gerichtsgeschehen zu erfahren, das die Glaubenden schon jetzt in eine erneuerte und heilvolle Gottesbeziehung stellt, die für sie neues – ewiges – Leben bedeutet.[1]

Wie an Schawuot beim Gedenken an den Toraempfang am Sinai und seiner Vergegenwärtigung empfängt die Gemeinde in der Begegnung mit Jesus das Heil und Leben spendende Gotteswort, in dem Gott sich selbst mitteilt und die Beziehung zu ihm stiftet und verbürgt.[2]

Wie an Sukkot bei Wasserspende und Illumination dem feiernden Israel aus dem Tempel schon die Ströme des Heils und das Licht der erwarteten Heilszeit zuteil werden und Gott selbst sich seinem Volk rettend zuwendet, so wird Jesus für die an ihn Glaubenden zum Heiligtum, in dem heilvolle Gottesbegegnung und -nähe möglich sind und aus dem das Heil in Fülle ausströmt und ausstrahlt.[3]

Wie an Chanukka Gott seine Präsenz im wiedergeweihten Tempel manifestiert und wundersam erweist, so ist er in seinem von ihm gesandten und „geweihten" Sohn heilvoll gegenwärtig.[4]

Wie an Pessach das Lamm mit seinem Blut Gottes Schutz und Beistand für sein Volk bedeutet und es vor dem Tod bewahrt, so werden im Kreuzestod Jesu als eschatologisches Pessachlamm seiner Gemeinde Gottes

---

[1] Vgl. oben III.4.2.
[2] Vgl. oben III.4.3.
[3] Vgl. oben IV.
[4] Vgl. oben V.

Leben schenkender und bewahrender Schutz und die bleibende Zugehörigkeit zu ihm zuteil.[5]
    Wie bei der Feier aller Feste des jüdischen Festkalenders im Jerusale-
mer Tempel die grundlegenden Ereignisse der Heilsgeschichte Israels nicht
nur erinnert, sondern für die feiernde Gemeinde vergegenwärtigt und aktualisiert werden,[6] so werden eben diese heilsgeschichtlichen Erfahrungen
der Gemeinschaft und des Bundes mit Gott in Jesus auch den an ihn Glaubenden zugeeignet. Das Johannesevangelium ist also, trotz des auffälligen
Fehlens gewisser „heilsgeschichtlicher" Termini, wie sie sich etwa bei
Paulus finden,[7] weit davon entfernt, die Heilsgeschichte Israels nicht mehr
zu kennen, auszublenden oder zu marginalisieren.[8] Im Gegenteil: Reden
und Handeln des johanneischen Jesus auf den Festen Israels weisen ihn als
eben das Heil aus, das als die Aktualisierung der fundierenden Heilserfahrungen Israels in seiner Ur-Geschichte mit Gott erlebt wird. Die Feier der
Feste nimmt die Feiernden in den Bund Gottes mit Israel immer wieder
neu hinein und rekonstituiert und vergewissert die Festgemeinde als Volk
des Bundes. Angesichts dessen gibt das vierte Evangelium, indem es eben
dieses Geschehen in das Bekenntnis zu Jesus als Gottessohn hineintrans-
formiert, dem alttestamentlich-jüdischen Gedanken des Bundes zwischen
Gott und Israel sogar mehr Gewicht als die synoptischen Evangelien. Ohne
dass der Begriff διαθήκη auch nur einmal genannt würde, ist die Thematik
des Gottesbundes – verstanden als eine auf Erwählung gründende, in der
Geschichte Israels wurzelnde und auf endzeitliches Heil zielende, unauf-
lösliche Gemeinschaft zwischen Gott und seinem Volk – in den Festperikopen andauernd präsent.[9]
    In seinem Reden und Handeln auf den Festen fließen in Jesus also die
zentralen Heilsinstitutionen Israels bis 70 n.Chr., der Tempel und die Feste, sowie die Israels Gottesbeziehung begründenden Ereignisse der Heilsgeschichte und das erhoffte eschatologische Heil zusammen. Jesus ist sowohl die Heilsgabe in Person als auch der Spender des Heils und das Hei-

---

[5] Vgl. oben VI.
[6] Vgl. oben II.2.
[7] Vgl. z.B. BULTMANN, Theologie, 360f; FREY, Heil, 479f.
[8] So die Urteile von BULTMANN, Theologie, 360; DIETZFELBINGER, Johannes I, 323;
KRAUS, Johannes, 20; PLÜMACHER, Bibel, 18; GRÄSSER, Bund, 11f; SÖDING, Gott, 338
Anm. 138; 354.
[9] Gegen GRÄSSER, Bund, 11–13. BEUTLER, Angst, 55–86 zeigt, dass der Abschnitt
Joh 14,15–24 „einheitlich und durchgängig geprägt [ist] von der alttestamentlichen Bun-
destheologie" (ebd., 83). Und GRÄBE, Bund, 139f deutet das „neue Gebot der Liebe" in
Joh 13,34 als ein Zeichen, das die Jünger und Jüngerinnen von anderen unterscheidet,
analog zum Dekalog, der an Israel im Kontext des Sinaibundes erging. In diesem Sinne
versteht er die Formel „Bleibt in mir und ich in euch" (Joh 15,4) als johanneische Bun-
desformel (a.a.O., 142f).

ligtum, von dem das Heil ausgeht, weil sich in ihm Gottesbegegnung ereignet. *In* Jesus begegnet der feiernden Kultgemeinde nach johanneischer
Überzeugung eben das in den Festen erhoffte Heil und eben derjenige, dessen heilvolle Nähe während der Feste im Tempel erfahrbar wird: Gott
selbst. Sucht man nach einer Formel, die Jesu Verhältnis zu den jüdischen
Festen und der in ihnen lebendig gehaltenen Heilsgeschichte Israels ausdrückt, so lässt sich vielleicht sagen, dass Jesus für Johannes der *Brennpunkt* der ganzen Heilsgeschichte Israels ist. Im physikalischen Sinn ist der
Brennpunkt ein einzelner Punkt, in dem alle parallel auf eine gewölbte
Linse fallenden Lichtstrahlen gebündelt zusammenlaufen. Bildlich gesprochen ist der johanneische Jesus der Brennpunkt, in dem alle „Strahlen" der
jüdischen Heilsgeschichte zusammentreffen und eins werden: Die Feste
und der Tempel als die Institutionen, die heilvolle Gottesbegegnung – in
Zeit und Raum – ermöglichen, und die Ereignisse der Heilsgeschichte Israels, in denen seine Gottesbeziehung wurzelt, in deren Aktualisierung auch
gegenwärtiges und zukünftiges Heil begründet sind und deren Zentrum der
in dem Auszug aus Ägypten und der Toragabe am Sinai geschlossene Gottesbund ist. Wie kein Lichtstrahl am Brennpunkt vorbeigehen kann, so
geht von den Heilshoffnungen und -erfahrungen Israels keine an Jesus
vorbei, sondern sind sie alle in ihm präsent. S. Petersen kommt in Bezug
auf die Manna-Episode in Joh 6 zu dem Ergebnis:

> „Im Reden (und Handeln) Jesu fallen also die erinnerte und die erwartete Zeit zusammen:
> Was in Joh 6 passiert, ist mithin eine *Verdichtung* der Zeit, durch die ihre Linearität auf-
> gehoben wird."[10]

Und in Rückgriff auf W. Benjamins geschichtsphilosophische Thesen fährt
sie fort: „Das Auftreten Jesu ist nicht einfach eine Episode im linearen
Ablauf aufeinanderfolgender Ereignisse, sondern ein *Kristallisationspunkt*
der Geschichte."[11] Diese Ergebnisse gelten m.E. nicht nur für Joh 6, sondern sind auf die Gesamtheit der johanneischen Festperikopen übertragbar:
In Jesus verdichtet sich die Geschichte zum einen im zeitlichen Sinne –
konkret die Heilsgeschichte Israels von der Israels Gottesbezug gründen-
den Vergangenheit bis zur erwarteten eschatologischen Zukunft. Und in
Jesus verdichtet sich zum andern ebenso auch die Topographie der Gottesbeziehung Israels, indem auch im räumlichen Sinne alle Orte der Gottesbegegnung – Sinai, Wüste, Tempel – in ihm an einem Punkt zusammenlaufen.

---

[10] PETERSEN, Brot, 230 (Hervorhebung D.F.).
[11] PETERSEN, Brot, 231 (Hervorhebung D.F.).

So verstanden kann der johanneische Jesus vielleicht als die Erfüllung der jüdischen Feste bezeichnet werden, jedoch sicher nicht als ihre Überbietung oder Ablösung.

„Jenseits der Deutungskategorien ‚Antithese' und ‚Überbietung' bleibt festzuhalten, dass der johanneische Jesus die jüdischen Überlieferungen nicht suspendiert, sondern dass er vermittels ihrer gedeutet wird; d.h. die Bedeutung Jesu wird mit Motiven der jüdischen Tradition expliziert."[12]

Eine Überbietung der Heilsinhalte der Feste findet nicht statt. Allerdings wird ihr Heil in Jesus *eschatologisch* überhöht. Das Leben, das seine Stimme schafft, bzw. das er als „Brot des Lebens" selber ist, ist bereits *ewiges* Leben und geht insofern – und nur insofern – über die Neuschöpfung, die rabbinische Texte an Rosch haSchana verorten, und das Leben, das das Manna in der Wüste schenkte, hinaus. Entsprechendes gilt für die „Ströme lebendigen Wassers", die aus Jesu Leib als Heiligtum strömen, und seine Lebenshingabe als Pessachlamm für die Seinen. Dabei ist die eschatologische Dimension durchaus auch in den Festen selbst und ihren rabbinischen Deutungen angelegt und gehört unbedingt zu ihnen dazu. Aber anders als für die Rabbinen und den Großteil des antiken Judentums, der eine eschatologische Heilszeit als noch ausstehend zukünftig erwartet, ist diese für Johannes mit der Kreuzigung und Auferstehung Jesu bereits angebrochen und hier und jetzt schon Gegenwart.[13] Insofern ist das eschatologische Potential des Heils in Jesus schon ganz verwirklicht, während sie in den Festen des Judentums als Vorgriff auf etwas noch nicht Vollendetes antizipiert wird.

Für die Bestimmung des Verhältnisses Jesu zu den jüdischen Festen im Johannesevangelium muss immer auch die Situation im Blick behalten werden, in der das Evangelium entstand. Johannes schreibt in einer Zeit, zu der der Jerusalemer Tempel bereits zerstört ist und die Feste dort nicht mehr in traditioneller Weise begangen werden können. Mit dem Verlust dieser vorher zentralen Heilsinstitutionen zu leben und theologisch umzugehen, ist die Herausforderung, vor der alle jüdischen und aus dem Judentum hervorgehenden Gruppen nach 70 n.Chr. stehen,[14] Johannes ebenso wie die Vertreter des sich erst langsam etablierenden rabbinischen Judentums. Bemerkenswert ist, dass weder der eine noch die anderen die grundlegende Bedeutung des Tempels und der Feste aufgeben.[15] Die Verfasser der rabbinischen Schriften transformieren den Kult in ihre Texte.[16] In der

---

[12] PETERSEN, Brot, 230. Vgl. auch MENKEN, Feste, 285.

[13] Vgl. Joh 5,24f u.ö.

[14] Vgl. MAIER, Schriftrezeption, 70.

[15] Vgl. BUSSE, Tempelmetaphorik, 398f.

[16] Ähnliches gilt für Flavius Josephus. Vgl. z.B. die Beschreibungen in Ap 2,77.102–110.193–198.

minutiösen Beschreibung der liturgischen Abläufe der Feste im Tempel
und aller damit zusammenhängenden Vorschriften halten sie nicht nur die
Erinnerung an den früheren Kult lebendig, sondern geben den Lesenden
die Möglichkeit, diesen Kult durch den Text selber zu erfahren und für
sich zu aktualisieren. An der Bedeutung der Feste – zum Beispiel für die
Gottesbegegnung – halten die Rabbinen fest und entwickeln mit ihren
Lehrhäusern und den dort entstehenden Texten – und dem Wortgottes-
dienst der Synagoge – eine neue Form, dieser Bedeutung teilhaftig zu werden.

Ebenso gibt auch Johannes die Bedeutung der alttestamentlich-jüdischen Heilsinstitutionen nicht auf, sondern hält an ihnen fest. Für ihn sind
die Feste, der Tempel und ihr soteriologischer Inhalt in größter Konzentra-
tion in der Person Jesu *aufgehoben*, im Sinne von *bewahrt*. In Jesus ist
Gott nicht nur irgendwie gegenwärtig, sondern ist konkret *die Gottesge-
genwart der jüdischen Feste* mit all ihren heilvollen Konnotationen präsent.

Die Darstellung Jesu als die so verstandene Erfüllung der Feste Israels
und die detaillierten Beschreibungen und Interpretationen der Feste in den
rabbinischen Texten sind also zwei unterschiedliche Lösungen desselben
Problems, das der Verlust des Tempels und damit der Möglichkeit, die
Feste dort zu feiern, bedeutet. Beiden Lösungen ist gemeinsam, dass sie
die Bedeutung der Feste und ihres Kultes nicht aufgeben, sondern daran
festhalten, indem sie diesen Kult in anderer Form erfahrbar machen: In
seinem Nachvollzug in schriftlicher Form in den rabbinischen Texten bzw.
im Bekenntnis zu Jesus als neuem Heiligtum, das sämtliche soteriologischen Funktionen des zerstörten Tempels wie der dort gefeierten Feste
übernimmt.

Nachösterlich – also in der Situation der johanneischen Gemeinde –
kann Jesus als dem fleischgewordenen Logos Gottes begegnet werden im
Geist, im sich entwickelnden christlichen Gottesdienst und ebenfalls in
Texten – wie eben dem Johannesevangelium, dessen erklärtes Ziel es ist,
seine Leserinnen und Leser im Glauben an Jesus zu bestärken (20,31).[17]
Auch Johannes vermittelt die in Jesus konzentrierte, bleibende Bedeutung
der Feste und des Tempels Israels letztlich durch einen Text. Für ihn jedoch bleibt diese Vermittlung wesentlich an Jesus gebunden. Nur durch
ihn als den „Brennpunkt", in dem das ganze Heil Gottes für Israel gebündelt zusammentrifft, kann es nach johanneischem Denken auch wieder aus-
strahlen in die neuen Texte und neuen liturgischen Vollzüge hinein, die das

---

[17] Vgl. ZUMSTEIN, Johannesevangelium, 32f; 36f; RAHNER, Erinnerung, 79f.

junge Christentum hervorbringt.[18] Die Frage, die Johannes in den diversen Auseinandersetzungen seines Jesus mit „den Juden" – auch und gerade während der Feste – mit so kategorischer Exklusivität beantwortet,[19] ist letztlich die Frage nach dem wechselseitigen Verhältnis der beiden Wege, mit dem Verlust von Tempel und traditionellem Kult umzugehen, die im entstehenden Christentum einerseits und im entstehenden Nachtempeljudentum andererseits beschritten werden. Dass Johannes den Weg, den die Rabbinen beschreiten, kennt, steht angesichts seiner Vertrautheit mit jüdischer Schriftauslegung und Lehre außer Frage. Er weiß, dass die Mehrheit des Judentums einen Weg sucht und findet, seine Gottesgemeinschaft ohne Tempel und den dortigen Festkult zu bewahren und zu aktualisieren, bei dem Jesus keine Rolle spielt.[20] Anscheinend sieht sich Johannes mit Apostatentum in seiner Gemeinde konfrontiert, damit, dass Menschen sich vom Bekenntnis zu Jesu Messianität wieder abwenden und den Weg der sich etablierenden Synagoge beschreiten.[21] Gerade weil Johannes und seine Adressatenschaft um diesen anderen Weg wissen, muss der Evangelist erweisen, dass und wie das Bekenntnis zu Jesus das Heil der in den Festen vergegenwärtigten Heilsgeschichte vermittelt.[22] Um die Leser und Leserinnen des Evangeliums davon zu überzeugen, auf dem eingeschlagenen Weg des christlichen Bekenntnisses weiterzugehen, muss er ihnen aufzeigen, dass eben dieses Heil zur Gänze in der Person Jesu gegeben ist.[23] Den Glauben an Jesus als Messias und Gottessohn setzt Johannes dabei voraus. Diesen Glauben hat er als Leben schenkend und tragend erfahren. Er steht für ihn außer Frage.

Außer dem Verlust des Tempels und damit der Möglichkeit, dort die Feste zu begehen, stellt sich dem Evangelisten zusätzlich die Aufgabe, für seine Gemeinde, in der sich Gläubige aus dem Judentum mit solchen aus dem Heidentum mischen, eine gemeinsame Grundlage und eine gemeinsame, die Gottesbeziehung begründende Ätiologie des Heils zu schaffen. Zu dieser gehören Jesu Inkarnation, sein Auftreten auf den Festen und

---

[18] So bleibt auch der Geist, der nachösterlich Gottesbeziehung stiftet, aufs Engste – bis hin zur Identifikation – mit Jesus verbunden und auf ihn bezogen. Vgl. insbesondere Joh 14,16–18; 16,13–15.

[19] Vgl. z.B. 5,23.37f; 8,42–45; 14,6.

[20] So erwähnt er beispielsweise in Joh 5,39 explizit die zentrale Rolle, die der Tora als Mittlerin des Lebens gerade im Nachtempeljudentum zukommt, und bemüht sich, zu erweisen, dass Jesus eben diese Rolle des Leben spendenden Gotteswortes erfüllt. Vgl. dazu oben III.4.3.3.3 und den Exkurs „Leben in der Tora nach frühjüdischer Vorstellung und die johanneische Rede vom Leben in Jesus".

[21] Vgl. z.B. Joh 6,60–71; 8,30–59; WENGST, Gemeinde, 124–126; ZUMSTEIN, Johannesevangelium, 36f.

[22] Vgl. AUGENSTEIN, Liebesgebot, 184f.

[23] Vgl. ZUMSTEIN, Geschichte, 9f.

dann insbesondere der Kreuzestod Jesu.[24] In diesem wird sein Blut wie das Blut des Pessachlammes beim Auszug aus Ägypten zum Kennzeichen derer, denen im Bekenntnis zu ihm sein eschatologischer Schutz zuteil wird. Durch ihn werden sie aus der Herrschaft des Todes und der „Welt" in den Herrschaftsbereich Gottes übereignet und empfangen ewiges Leben. Leben und Sterben Jesu werden so zu einem neuen Gründungsereignis, auf das sich die heilvolle Gottesbeziehung der christlichen Gemeinde aufbaut. Dieses neue Gründungsgeschehen in Christus tritt aber nicht ablösend an die Stelle der ihm vorangehenden Heilsgeschichte Israels, noch steht es als ein zweites davon unabhängiges Geschehen neben ihr, sondern es umfasst – wie der Brennpunkt die Lichtstrahlen – die Gesamtheit der Heilserfahrungen und -hoffnungen Israels. Das bedeutet einerseits, dass Johannes nichts davon preisgibt! Das Heil in Jesus ist kein zweites oder anderes Heil neben dem Heil in Israels Festen, die seine ganze Geschichte mit Gott beinhalten, sondern es ist die Bündelung und Zusammenfassung der Gesamtheit dieses Heils in einem Punkt: der Person Jesus von Nazareth als dem fleischgewordenen Logos Gottes.[25] Die Heilserwartungen, -hoffnungen und -erfahrungen, die im Judentum mit den Festen verbunden sind, werden somit bewahrt und in ihrer Bedeutung und Würde bestätigt, indem sie eben das sind, was in Jesus der christlichen Gemeinde aus jüdischen und heidnischen Menschen zuteil wird.

Für den Johannesevangelisten bedeutet die Aufgehobenheit aller Heilsmomente Israels in Jesus andererseits aber auch, dass sie *nur* noch in ihm erfahren und empfangen werden können. Wie kein Lichtstrahl am Brennpunkt vorbeigehen kann, so ist für Johannes die Möglichkeit ausgeschlossen, dass das Heil, das sich für Israel in den Festen manifestiert, nun unabhängig von Jesus und an ihm vorbei zu vermitteln wäre. Der „andere Weg", den das Nachtempeljudentum beschreitet, ist für Johannes kein gangbarer. Der Umkehrschluss, dass, weil Jesus die *Gesamtheit* des Heils zu vermitteln vermag, dieses Heil gar nicht mehr unabhängig von ihm zu erfahren ist, ist kein logisch zwingender, wird vom Evangelisten aber vorausgesetzt. Der Grund dafür mag zum einen in der historischen Situation des Johannes und seiner Gemeinde liegen: Angesichts massiver Bedrängungen und Unsicherheiten in einer doppelten Minderheitensituation gegenüber Mehrheitsjudentum und römischer Besatzung war es für aus dem Judentum kommende Gemeindeglieder vermutlich eine Verlockung, in die relative Sicherheit der Synagogengemeinde zurückzukehren.[26] Um dies zu

---

[24] Vgl. FREY, Heil, 505–510.

[25] Vgl. KRIENER, Glauben, 149; VAN DER WATT, Salvation, 103: „Jesus is not introducing a new religion, but represents the continuation of the worship of the God of Israel".

[26] Vgl. WENGST, Gemeinde, 81f; 123–127; SCHNACKENBURG, Johannesevangelium II, 259.

verhindern, malt Johannes die Folgen einer Abkehr vom christlichen Bekenntnis in den schwärzesten Farben aus, indem er sie mit dem gänzlichen
Verlust der Gottesgemeinschaft gleichsetzt.[27] Zum anderen und vielleicht
vor allem ist der Grund für die Exklusivitätsaussagen des vierten Evangeliums aber wohl darin zu suchen, dass eine fast ausschließlich heiden-
christliche Kirche, die an der Heilsgeschichte Israels durch Jesus partizipiert, als getrennte Größe neben Israel, das nach wie vor mit der Tora als
seiner Gründungsurkunde als Gottesvolk seinen Weg im Gottesbund geht,
für den Evangelisten unvorstellbar war.[28] Johannes sieht auch für Israel nur
die Möglichkeit, den menschgewordenen Logos Jesus als Gottessohn zu
bekennen. Christliche Theologie im 21. Jahrhundert hat an diesem Punkt
die Aufgabe und die Verantwortung, den Irrtum des großen Theologen
Johannes festzustellen.[29] Beide Wege, der des durch die Rabbinen gepräg-
ten Synagogenjudentums, dem Gottes Leben spendendes Wort in der Tora
begegnet, und der des Christentums, das dieses Gotteswort im menschgewordenen Logos erfährt, haben sich in 2000jähriger Wirkungsgeschichte
als tragfähig erwiesen.

Die große Zusage des Johannesevangeliums, die nicht nur, aber gerade
auch durch die Darstellung Jesu im Kontext der jüdischen Feste vermittelt
wird, lautet, dass im Bekenntnis zu dem Juden Jesus als dem fleischgewordenen Gotteswort die christliche Gemeinde der Fülle des Heils des Gottes
Israels begegnen und teilhaftig werden kann. Diese Zusage verliert nichts
von ihrer Großartigkeit, wenn daneben Israels eigener Weg im bleibenden
und ungekündigten Gottesbund als ebenso wahr respektiert und anerkannt
wird.

---

[27] Vgl. z.B. Joh 3,18; 5,23; 8,42–45; 14,6. Vgl. KRIENER, Glauben, 152: „Personen
oder Gruppen gegenüber, die Jesus nahestehen, wird die exklusive Orientierung auf Jesus, verbunden mit der Androhung von Gericht im Falle der Nichtanerkennung der exklusiven Bedeutung Jesu, hervorgehoben. Die Funktion solcher Passagen ist es, unsicher
Gewordene ‚bei der Stange' zu halten. Ihnen werden die zentrale Bedeutung Jesu für die
christliche Existenz eingeschärft und die Konsequenzen für den Fall eines Abfallens
drastisch vor Augen gestellt."
[28] Auch THYEN, Heil, 126 stellt fest, dass dem Evangelisten „die verheißene Einheit
der Herde ohne die Juden unvorstellbar zu sein scheint".
[29] Dabei kann sie sich auf einen anderen großen Theologen des Neuen Testaments be-
rufen, indem sie mit Paulus bekennt, dass Gottes Gnadengaben an Israel und seine Erwählung ihn nicht gereuen können (Röm 11,29). Vgl. auch KRIENER, Glauben, 153.

Literaturverzeichnis

1. Quellen

1.1 Bibelausgaben

Biblia Hebraica Stuttgartensia, hrg. v. K. ELLIGER/W. RUDOLPH, 5., verbesserte Aufl., Stuttgart 1997.

Septuaginta. Id est Vetus Testamentum Graece iuxta LXX interpretes, hrg. v. A. RAHLFS, 2 Bde., Stuttgart 1935.

Novum Testamentum Graece, post EB. NESTLE et ERW. NESTLE edd. B. et K. ALAND u.a., 27. revidierte Aufl. mit Beigaben, 5. korrigierter Druck, Stuttgart 1998.

Die Bibel nach der Übersetzung Martin Luthers, mit Apokryphen, Bibeltext in der revidierten Fassung von 1984, Stuttgart 1985.

Die Bibel. Altes und Neues Testament, Einheitsübersetzung, Freiburg u.a. 1980.

Die Bibel. Aus dem Grundtext übersetzt, revidierte Elberfelder Bibel, Wuppertal, Zürich 1986.

1.2 Targume

CLARKE, E.G.: Targum Pseudo-Jonathan: Deuteronomy, translated, with Notes, The Aramaic Bible 5B, Edinburgh 1998.

DÍEZ MACHO, A. (Hrg.): Neophyti 1. Targum Palestinense, ms de la Biblioteca Vaticana, Edición príncipe, introducción general y versión castellana ..., 5 Bde., TECC 7–11, Madrid, Barcelona 1968–1978.

DÍEZ MERINO, L. (Hrg.): Targum de Salmos. Edición Príncipe del Ms. Villa-Amil n. 5 de A. de Zamora, Bibliotheca Hispana Biblica 6, Madrid 1982.

GROSSFELD, B.: The Targum Onqelos to Exodus, translated, with Apparatus and Notes, The Aramaic Bible 7, Edinburgh 1988.

–: The Targum Onqelos to Genesis, translated, with a Critical Introduction, Apparatus, and Notes, The Aramaic Bible 6, Edinburgh 1988.

MAHER, M.: Targum Pseudo-Jonathan: Genesis, translated, with Introductions and Notes, The Aramaic Bible 1B, Edinburgh 1992.

MCNAMARA, M.: Targum Neofiti 1: Deuteronomy, translated, with Apparatus and Notes, The Aramaic Bible 5A, Edinburgh 1997.

–: Targum Neofiti 1: Exodus, translated, with Introduction and Apparatus, and Notes by HAYWARD, R. / MAHER, M.: Targum Pseudo-Jonathan: Exodus, translated, with Notes, The Aramaic Bible 2, Edinburgh 1994.

–: Targum Neofiti 1: Genesis, translated, with Apparatus and Notes, The Aramaic Bible 1A, Collegeville, Minnesota 1992.

–: Targum Neofiti 1: Numbers, translated, with Apparatus and Notes / CLARKE, E.G.: Targum Pseudo-Jonathan: Numbers, translated, with Notes, The Aramaic Bible 4, Edinburgh 1995.

Pseudo-Jonathan (Thargum Jonathan ben Usiël zum Pentateuch), nach der Londoner Handschrift (Brit. Mus. add. 27031) hrg. von M. GINSBURGER, Berlin 1903, Nachdruck Hildesheim/New York 1971.

Targum Pseudo-Jonathan of the Pentateuch: Text and Concordance, ed. by E.G. CLARKE with collaboration by W. E. Aufrecht, J. C. Hurd, and F. Spitzer, Hoboken 1984.

The Samaritan Targum of the Pentateuch. A critical edition by A. TAL, 3 Bde., Tel Aviv 1980–1983.

SPERBER, A. (Hrg.): The Bible in Aramaic, based on Old Manuscripts and Printed Texts, Bd. I-IVB, Leiden 1959–1973.

1.3 Rabbinische Texte

1.3.1 Mischna

Die Mischna. Textkritische Ausgabe mit deutscher Übersetzung und Kommentar, hrg. von M. KRUPP:

– Joma. Versöhnungstag, bearbeitet von M. KRUPP, Jersualem 2003.
– Sukka. Laubhütte, bearbeitet von R. KÜBLER mit Zusätzen von M. Krupp, Jerusalem 2002.
– Rosch ha-Schana. Neujahr, bearbeitet von M. KRUPP, 2., verbesserte Aufl., Jerusalem 2004.
– Taanit. Fasten, bearbeitet von M. KRUPP, Jerusalem 2003.
– Megilla. Rolle, bearbeitet von M. KRUPP, Jerusalem 2002.
– Chagiga. Festfeier, bearbeitet von M. KRUPP, Jerusalem 2003.
– Sanhedrin. Oberstes Gericht, bearbeitet von M. KRUPP in Zusammenarbeit mit M. Hopf/M. Mordhorst/D. Helling/M.T. Zeidler, Jerusalem 2006.
– Avot. Väter, bearbeitet von F. UEBERSCHAER/M. KRUPP, Jerusalem 2003.
– Tamid. Das tägliche Opfer, bearbeitet von M. KRUPP, Jerusalem 2005.

Mischnajot. Die sechs Ordnungen der Mischna, Hebräischer Text mit Punktation, deutscher Übersetzung und Erklärung:

– Teil I Ordnung *Sera'im*, übersetzt und erklärt von A. SAMMTER, 3. Aufl., Basel 1986.
– Teil II Ordnung *Moed*, übersetzt und erklärt von E. BANETH (mit Ausnahme des von A. SAMMTER bearbeiteten Traktats SCHABBAT), 3. Aufl., Basel 1986.
– Teil III Ordnung *Naschim*, übersetzt und erklärt von M. PETUCHOWSKI (bis Traktat Nasir, Abschnitt VIII incl.) und S. SCHLESINGER (von Nasir, Abschnitt X bis Ende), 3. Aufl., Basel 1986.
– Teil IV Ordnung *Nesikin*, übersetzt und erklärt von D. HOFFMANN, 3. Aufl., Basel 1986
– Teil V Ordnug *Kadaschim*, übersetzt und erklärt von J. COHN, 3. Aufl., Basel 1986.
– Teil VI Ordnung Toharot, übersetzt und erklärt von D. HOFFMANN/J.COHN/M. AUERBACH, 3. Aufl., Basel 1986.

ששה סדרי משנה מפורשים בידי חנוך אלבק (Ch. Albeck) ומנוקדים בידי חנוך ילון (Ch. Yalon),
כר׳ א׳-ו׳, ירושלים 59–1954 , דפסה שמינית 2008

1.3.2 Tosefta und Talmudim

AVEMARIE, F.: Yoma. Versöhnungstag, ÜTY II/4, Tübingen 1995.

BIETENHARD, H.: Der Toseftatraktat Soṭa. Hebräischer Text mit kritischem Apparat, Übersetzung, Kommentar, JudChr 9, Bern u.a. 1986.

BORNHÄUSER, H./MAYER,G.: Die Tosefta. Übersetzung und Erklärung, Seder II: *Moëd*, 3: Sukka – Jom tob – Rosch ha-Schana, Stuttgart u.a. 1993.

GOLDMANN, E.A.: The Talmud of the Land of Israel. A preliminary Translation and Explanation, Bd. 16: Rosh Hashanah, Chicago 1988.

GOLDSCHMIDT, L.: Der Babylonische Talmud, nach der ersten zensurfreien Ausgabe unter Berücksichtigung der neueren Ausgaben und handschriftlichen Materials neu übertragen, 12 Bde., Berlin 1929–1936.

HOROWITZ, C.: Der Jerusalemer Talmud in deutscher Übersetzung, Bd. 1, Berakhoth, Tübingen 1975.

–: Jeruschalmi. Der palästinische Talmud übersetzt und interpretiert, *Sukkah*, Die Festhütte, Tübingen 1983.

HÜTTENMEISTER, F.G.: Shabbat. Schabbat, ÜTY II/1, Tübingen 2004.

LEHNARDT, A.: Rosh ha-Shana. Neujahr, ÜTY II/7, Tübingen 2000.

NEUSNER, J.: The Tosefta. Translated from the Hebrew, Second Division: Moed (The Order of Appointed Times), New York 1981 / Sixth Division: Tohorot (The Orders of Purities), New York 1977.

SALOMONSEN, B.: Die Tosefta. Übersetzung und Erklärung, Seder IV: Neziḳin, 3: Sanhedrin – Makkot, mit Beiträgen von K.H. Rengstorf, Stuttgart u.a. 1976

Synopse zum Talmud Yerushalmi, herausgegeben von P. SCHÄFER und H.-J. BECKER:

– Bd. I/1–2: Ordnung Zeraʿim: Berakhot und Peʾa, TSAJ 31, Tübingen 1991.

– Bd. II/1–4: Ordnung Moʿed: Shabbat, ʿEruvin, Pesaḥim und Yoma, TSAJ 82, Tübingen 2001.

– Bd. II/5–12: Ordnung Moʿed: Sheqalim, Sukka, Rosh ha-Shana, Beṣa, Taʿanit, Megilla, Ḥagiga und Moʿed Qaṭan, TSAJ 83, Tübingen 2001.

Die Tosefta. Text, Seder VI: Toharot, hrg. v. K.H. RENGSTORF, Stuttgart 1967.

The Tosefta according to Codex Vienna, with Variants from Codices Erfurt, London, Genizah mss. and editio princeps (Venice 1521), … by S. LIEBERMAN, 4 Bde., New York 1955–1988.

WEWERS, G.A.: Pea. Ackerecke, ÜTY I/2, Tübingen 1986.

–: Hagiga. Festopfer, ÜTY II/11, Tübingen 1983.

–: Sanhedrin. Gerichtshof, ÜTY IV/4, Tübingen 1981.

תלמוד בבלי עם כל המפרשים כאשר נדפס מקדם ועם הוספות חדשות כמבואר בשער השני ,... כר׳ א׳-לו׳,
[Talmudtext der Ausgabe Wilna 1880–1886] 1981 ירושלים
תלמוד ירושלמי, על פי הוצאת קראטאשין (תרכ״ו) ,... עם פירוש קצר ... ירושלים 1968/69

1.3.3 Midraschim, Sammelwerke, haggadische Schriften

Bereschit Rabba, mit kritischem Apparat und Kommentar, von J. THEODOR, nach dem Ableben des Verfassers bearb. u. erg. v. C. Albeck, 3 Bde., Einl. u. Reg. v. C. ALBECK, Berlin 1912–1936.

BIETENHARD, H.: Midrasch Tanḥuma B. R. Tanḥuma über die Tora, genannt Midrasch Jelammedenu, Bd. 1: JudChr 5, Bern u.a. 1980, Bd. 2: JudChr 6, Bern u.a. 1982.

–: Der tannaitische Midrasch Sifre Deuteronomium, JudChr 8, Bern u.a. 1984.

BÖRNER-KLEIN, D.: Der Midrasch Sifre zu Numeri übersetzt und erklärt, Stuttgart u.a. 1997.

BRAUDE, W.G./KAPSTEIN, I.J.: Pěsiḵta dě-Raḇ Kahăna. R. Kahana's Compilation of Discourses for Sabbaths and Festal Days translated from Hebrew and Aramaic, Philadelphia 1975.

BRAUDE, W.G.: Pesikta Rabbati. Discourses for Feasts, Fasts, and Special Sabbaths, transl. from the Hebrew, 2 Bde., New Haven, London 1968.

HAMMER, R.: Sifre. A Tannaitic Commentary on the Book of Deuteronomy, YJS 24, New Haven, London 1986.

KUHN, K.G.: Der tannaitische Midrasch Sifre zu Numeri übersetzt und erklärt, Stuttgart 1959.

Mechilta de-Rabbi Simon b. Jochai, ein halachischer und haggadischer Midrasch zu Exodus, nach handschriftlichen und gedruckten Quellen reconstruirt und mit erläuternden Anmerkungen und einer Einleitung versehen v. D. HOFFMANN, Frankfurt a.M. 1905.

Mechilta d'Rabbi Ismael, cum variis lectionibus et adnotationibus, ed. H.S. HOROVITZ, defuncti editoris opus exornavit et absolvit I.A. RABIN, Editio altera, Jerusalem 1960.

Mekhilta d'Rabbi Šim'on b. Jochai. Fragmenta in Geniza Cairensi reperta digessit apparatu critico, notis, praefatione instruxit J.N. EPSTEIN, defuncti editoris opus absolvit et edendum curavit E.Z. MELAMED, Jerusalem 1955, Nachdruck o.J.

Mekilta de-Rabbi Ismael. A critical edition on the basis of the manuscripts and early editions with an English translation, introduction and notes, by J.Z. LAUTERBACH, 3 Bde., Philadelphia 1933–1935.

Midrasch Echa Rabbati. Sammlung agadischer Auslegungen der Klagelieder, hg. nach einer Handschrift aus der Bibliothek zu Rom cod. J. I. 4, und einer Handschrift des British Museum cod. 27089, krit. bearb., komm. u. mit einer Einl. versehen v. S. BUBER, Wilna 1899, Nachdruck Hildesheim 1967.

Midrasch Tanchuma. Ein agadischer Commentar zum Pentateuch von Rabbi Tanchuma ben Rabbi Abba, zum ersten male nach Handschriften ... herausgegeben, kritisch bearbeitet, commentirt und mit einer ausführlichen Einleitung versehen v. S. BUBER, Wilna 1885, Nachdruck o.O. u. J.

Midrasch Tehillim nach MS Parma De Rossi (1332) mit Vergleichung weiterer 7 MSS, hrg., krit. bearb., commentirt und mit einer ausführl. Einl. versehen v. S. BUBER, Wilna 1891, Nachdruck Jerusalem 1966.

Midrash Bereshit Rabba. Codex Vatican 60 (ms. Vat. Ebr. 60). A previously unknown manuscript ..., a limited facsimile edition ..., Jerusalem 1972.

Midrash Leviticus Rabbah, Sifre Numbers, Deuteronomy. Codex Vatican 32 (Vat. Ebr. 32), a limited facsimile edition ..., Jerusalem 1972.

Midrash Wayyikra Rabbah. A critical edition based on manuscripts and Genizah fragments with variants and notes, by M. MARGULIES, 5 Bde., Jerusalem 1953–1960.

NELSON, W.D.: Mekhilta de-Rabbi Shimon bar Yoḥai. Translated into English, with Critical Introduction and Annotation, Philadelphia 2006.

Pesikta. Die älteste Hagada, redigirt in Palästina von Rab Kahana, hrg. nach einer in Zefath vorgefundenen und in Ägypten copirten Handschrift durch den Verein Mekize Nirdamim, mit kritischen Bemerkungen, Verbesserungen und Vergleichungen der Lesarten anderer drei Handschriften ..., nebst einer ausführlichen Einleitung v. S. BUBER, Lyck 1868, Nachdruck o.O. u. J.

Pesikta de Rav Kahana. According to an Oxford manuscript, with Variants from all known manuscripts and Genizoth fragments and parallel passages, with commentary and introduction by B. MANDELBAUM, 2 Bde., New York 1962.

Pesiqta Rabbati, A Synoptic Edition of Pesiqta Rabbati Based upon All Extant Manuscripts and the Editio Princeps by R. ULMER, Vol. I, SFSHJ 155, Atlanta, Georgia 1997.

Pirke de-Rabbi Elieser. Nach der Edition Venedig 1544 unter Berücksichtigung der Edition Warschau 1852 aufbereitet und übersetzt v. D. BÖRNER-KLEIN, SJ 26, Berlin 2004.

Seder 'Olam (Cap. 1–10) nach Handschriften und Druckwerken herausgegeben, übersetzt und erklärt von A. MARX, Berlin 1903.

Seder Olam. A Rabbinic Chronography, Vol. I: Introduction, Vol. II: Text and Translation, A Dissertation by C.J. MILIKOWSKY, Mikrof. Yale 1981, Fotomech. Nachdruck Michigan 1995.

Sifra on Leviticus, according to Vatican Manuscript Assemani 66, with variants from the other manuscripts, Genizah fragments, early editions and quotations by medieval authorities ..., by L. FINKELSTEIN, 5 Bde., New York 1983–1991.

Siphre ad Deuteronomium, H.S. Horovitzii schedis usus cum variis lectionibus et adnotationibus, ed. L. FINKELSTEIN, Berlin 1939, Nachdruck New York, Jerusalem 1993 (= Corpus Tannaiticum III.3.2).

Siphre ad Numeros adjecto Siphre zutta. Cum variis lectionibus et adnotationibus, ed. H.S. HOROVITZ, Leipzig 1917 (= Corpus Tannaiticum III.3.1).

Torath Cohanim (Sifra) – Seder Eliyahu Rabba and Zutta. Codex Vatican 31, a limited Facsimile Edition of 160 Copies, by special Permission of the Vatican Library, with an Introduction and Page Index, Jerusalem 1972.

WINTER, J.: Sifra. Halachischer Midrasch zu Leviticus, übersetzt, Breslau 1938.

–/WÜNSCHE, A.: Mechilta. Ein tannaitischer Midrasch zu Exodus, erstmalig ins Deutsche übersetzt und erläutert, Leipzig 1909.

WÜNSCHE, A.: Bibliotheca Rabbinica. Eine Sammlung alter Midraschim, zum ersten Male ins Deutsche übertragen, Leipzig 1880–1885, Nachdruck (in 5 Bänden) Hildesheim 1967.

–: Der Midrasch Wajikra Rabba. Das ist die haggadische Auslegung des dritten Buches Mose, Reprografischer Nachdruck der Ausgabe Leipzig 1883–84, Hildesheim 1967.

–: Midrasch Tehillim oder haggadische Erklärung der Psalmen, nach der Textausgabe von Salomon Buber zum ersten Male ins Deutsche übersetzt und mit Noten und Quellenangaben versehen, Trier Bd. I 1892, Bd. II 1893, Nachdruck Bd. I-II Hildesheim 1967.

מדרש רבה על חמשה חומשי תורה וחמש מגלות, ועליו הרבה פירושים ,.... Wilna 1887ff, דפוס חדש.

מדרש רבה, שיר השירים, מדרש חזית, עם שינויי נוסחאות ביאורים ומבואות מאת שמשון דונסקי (S. Dunsky), ירושלים, תל אביב 1980.

מדרש שמואל. יצא עתה לאור עולם, עפ"י הוצאה ראשונה דפוס קאנשטאנטינא משנת רפ"ב, ודפוס ויניציא משנת ש"ו, ועם השואה עם כתב יד מאוצר הספרים של די רוססי בפארמא קובץ 568, עם הערות ותקונים ומראה מקומות ומבוא בראש הספר ממני שלמה באבער מלבוב, קראקא תרנ"ג.

מדרש תנחומא על חמשה חומשי תורה, עם שני באורים ... עץ יוסף, ענף יוסף ,.... Warschau.

1.3.4 Liturgische Texte

GOLDSCHMIDT, E.D.: The Passover Haggada. Its Sources and History, with the complete text of the traditional Haggadah, the most ancient Haggadah from the Cairo Genizah and sample pages of manuscript and printed Haggadot in reproduction (hebr.), Jerusalem 1960.

1.4 Qumranschriften

BAILLET, M./MILIK, J.T./DE VAUX, R. (Hrg.): Les ‚petites Grottes' de Qumrân. Exploration de la falaise, Les grottes 2Q, 3Q, 5Q, 6Q, 7Q à 10Q, Le rouleau de cuivre, avec une Contribution de H.W. Baker, DJD 3, Oxford 1962.

BAUMGARTEN, J. (Hrg.): Qumran Cave 4 XIII: The Damascus Document (4Q266–273), on the Basis of Transcriptions by J.T. Milik, with Contributions by S. Pfann/A. Yardeni, DJD 18, Oxford 1996.

–/ELGVIN, T./ESHEL, E./LARSON, E./LEHMANN, M.R./PFANN, S./SCHIFFMANN, L.H. (Hrg.): Qumran Cave 4 XXV: Halakhic Texts, based in Part on earlier Transcriptions by J.T. Milik, DJD 35, Oxford 1999.

BEYER, K.: Die aramäischen Texte vom Toten Meer samt den Inschriften aus Palästina, dem Testament Levis und der Kairoer Genisa, der Fastenrolle und den alten talmudischen Zitaten, 3 Bde., Göttingen 1984–2004.

GARCÍA MARTÍNEZ, F./TIGCHELAAR, E.J.C./VAN DER WOUDE, A.S. (Hrg.): Qumran Cave 11 II: 11Q2–18, 11Q20–31, incorporating earlier Editions by J.P.M. van der Ploeg, with a Contribution by E. Herbert, DJD 23, Oxford 1998.

LEFKOVITS, J.K.: The Copper Scroll 3Q15: A Reevaluation. A new Reading, Translation and Commentary, StTDJ 25, Leiden 2000.

LOHSE, E.: Die Texte aus Qumran. Hebräisch und Deutsch, mit masoretischer Punktation, Übersetzung, Einführung und Anmerkungen, Darmstadt 1964.

MAIER, J.: Die Qumran-Essener: Die Texte vom Toten Meer, Bd. I: Die Texte der Höhlen 1–3 und 5–11, Bd. II: Die Texte der Höhle 4, Bd. III: Einführung, Zeitrechnung, Register und Bibliographie, München, Basel 1995–1996.

STEGEMANN, H./SCHULLER, E./NEWSOM, C. (Hrg.): 1QHodayot[a] with Incorporation of 1QHodayot[b] and 4QHodayot[a-f], in Consultation with J. Vanderkam and M. Brady, DJD 40, Oxford 2009.

STEUDEL, A.: Die Texte aus Qumran II. Hebräisch/Aramäisch und Deutsch, mit masoretischer Punktation, Übersetzung, Einführung und Anmerkungen, unter Mitarbeit von H.-U. Boesche/B. Bredereke/C.A. Gasser/R. Vielhauer, Darmstadt 2001.

1.5 Philo, Josephus und weitere jüdische Schriften aus hellenistisch-römischer Zeit

BERGER, K. (Hrg.): Das Buch der Jubiläen, JSHRZ II/3, Gütersloh 1981, 273–575.

BRANDENBURGER, E. (Hrg.): Himmelfahrt Moses, JSHRZ V/1, Gütersloh 1974, 57–84.

BURCHARD, C. (Hrg.): Joseph und Aseneth, JSHRZ II/4, Gütersloh 1983.

COHN, L. (Hrg.): Die Werke Philos von Alexandria in deutscher Übersetzung, Bd. I–III, Breslau 1909–1919.

–/HEINEMANN, I. (Hrg.): Die Werke Philos von Alexandria in deutscher Übersetzung, Bd. IV–V, Breslau 1923–1929.

–/–/ADLER, M.: (Hrg.): Die Werke Philos von Alexandria in deutscher Übersetzung, Bd. VI, Breslau 1938.

–/–/–/THEILER, W. (Hrg.): Die Werke Philos von Alexandria in deutscher Übersetzung, Bd. VII mit einem Sachweiser zu Philo, Berlin 1964.

GEORGI, D. (Hrg.): Weisheit Salomos, JSHRZ III/4, Gütersloh 1980, 389–478.

Josephus with an English Translation by H.S.J. THACKERAY/R. MARCUS/A. WIKGREN/ L.H. FELDMAN in 9 Volumes, LCL, London, Cambridge 1926–1965.

KLIJN, A.F.J. (Hrg.): Die syrische Baruch-Apokalypse, JSHRZ V/2, Gütersloh 1976, 103–191.

MEISNER, N. (Hrg.): Aristeasbrief, JSHRZ II/1, Gütersloh 1973, 35–87.

Philo with an English Translation by F.H. COLSON/G.H. WHITAKER in 10 Volumes (and two Supplement Volumes by R. MARCUS), LCL, London, Cambridge 1929–1953.

PHILONENKO-SAYAR, B./PHILONENKO M. (Hrg.): Die Apokalypse Abrahams, JSHRZ V/5, Gütersloh 1982, 413–460.

Philonis Alexandrini Opera quae supersunt, ed. L. COHN/P. WENDLAND, 7 Bde., Berlin 1962–1963 [Nachdruck der Ausgabe Berlin 1896–1930].

REINMUTH, E. (Hrg.): Joseph und Aseneth. Eingeleitet, ediert, übersetzt und mit interpretierenden Essays versehen von E. Reinmuth, S. Alkier, B. Boothe, U.B. Fink, C. Gerber, K.-W. Niebuhr, A. Standhartinger, M. Vogel und J.K. Zangenberg, SAPERE 15, Tübingen 2009.

SAUER, G. (Hrg.): Jesus Sirach (Ben Sira), JSHRZ III/5, Gütersloh 1981, 479–644.

SCHREINER, J. (Hrg.): Das 4. Buch Esra, JSHRZ V/4, Gütersloh 1981, 289–412.

Tragiker Ezechiel, in: Tragicorum Graecorum Fragmenta (TrGF), Vol. 1: Didascaliae Tragicae, Catalogi Tragicorum et Tragoediarum Testimonia et Fragmenta Tragicorum Minorum, ed. B. SNELL, Editio correctior et addendis aucta curavit R. Kannicht, Göttingen 1986, 288–301.

UHLIG, S. (Hrg.): Das äthiopische Henochbuch, JSHRZ V/6, Gütersloh 1984, 461–780.

VOGT, E. (Hrg.): Tragiker Ezechiel, JSHRZ IV/3 Poetische Schriften, Gütersloh 1983, 113–133.

1.6 Christliche antike Texte

Augustin, In Joannis Evangelium Tractatus CXXIV, PL 35, Paris 1841, 1379–1976.

CULLMANN, O., Kindheitsevangelien, in: Neutestamentliche Apokryphen in deutscher Übersetzung, hrg. v. W. Schneemelcher, 6. Aufl. der von E. Hennecke begründeten Sammlung, I. Band: Evangelien, Tübingen 1990, 330–372.

Chrysostomus, Adversus Judaeos, PG 48, Paris 1862, 843–942.

Chrysostomus, Homiliae in Joannem, PG 59, Paris 1862.

Cyrill, Expositio sive Commentarius in Joannis Evangelium, PG 73, Paris 1864.

Origenes, Commentaria in Evangelium Joannis, PG 14, Turnholt o. J., 21–829.

Origenes, Homiliae in Genesim, PG 12, Turnholt o. J., 145–281.

SCHNEIDER, G.: Evangelia Infantiae Apocrypha – Apocryphe *Kindheitsevangelien*, übersetzt und eingeleitet von Gerhard Schneider, Fontes Christiani 18, Freiburg u.a. 1995.

Theophylactus, Enarratio in Evangelium S. Joannis, PG 123, Paris 1864, 1127–1348.

1.7 Pagane antike Texte

GIGON, O./STRAUME-ZIMMERMANN, L. (Hrg.): Marcus Tullius Cicero, Vom Wesen der Götter, lateinisch-deutsch, Zürich u.a. 1996.

Neuer Wettstein. Texte zum neuen Testament aus Griechentum und Hellenismus, Band I/2: Texte zum Johannesevangelium, hrg. v. U. SCHNELLE unter Mitarbeit v. M. Labahn/M. Lang, Berlin u.a. 2001.

Plutarch's Moralia with an English Translation by P.A. CLEMENT/H.B. HOFFLEIT, Bd. VIII: Quaestiones Convivales I - VI, LCL, London, Cambridge 1969.

2. Hilfsmittel

ALAND, K.: Vollständige Konkordanz zum griechischen Neuen Testament unter Zugrundelegung aller modernen kritischen Textausgaben und des textus receptus, 2 Bde., Berlin 1978/1983.

BAUER, W.: Griechisch-deutsches Wörterbuch zu den Schriften des Neuen Testaments und der frühchristlichen Literatur, 6., völlig neu bearb. Aufl., hrg. v. K. u. B. Aland, Berlin u.a. 1988.

BLASS, F./DEBRUNNER, A.: Grammatik des neutestamentlichen Griechisch, bearbeitet von F. REHKOPF, 16., durchges. Aufl., Göttingen 1984.

GEMOLL, W.: Griechisch-deutsches Schul- und Handwörterbuch, 9. Aufl., durchges. u. erw. v. K. Vretska, mit einer Einführung in die Sprachgeschichte von H. Kronasser, München 1965, Nachdruck 1991.

GESENIUS, W.: Hebräisches und Aramäisches Handwörterbuch über das Alte Testament, 17. Aufl., bearb. von F. Buhl, Berlin u.a. 1962.

HATCH, E./REDPATH, H.A.: A Concordance to the Septuagint and other Greek Versions of the Old Testament (including the apocryphal Books), 2 Bde., Oxford 1897 [Nachdruck Graz 1954].

JASTROW, M.: A Dictionary of the Targumim, the Talmud Babli and Yerushalmi, and the Midrashic Literature, 2 Bde., London, New York 1903.

LEVY, J.: Wörterbuch über die Talmudim und Midraschim nebst Beiträgen von H.L. FLEISCHER und den Nachträgen und Berichtigungen zur zweiten Auflage von L. GOLDSCHMIDT, 4 Bde., unveränderter fotomechanischer Nachdruck der 2. Aufl. Berlin u. Wien 1924, Darmstadt 1963.

LIDDELL, H.G./SCOTT, R.: A Greek-English Lexicon with a revised supplement, Oxford 1996.

LISOWSKY, G.: Konkordanz zum hebräischen Alten Testament, nach dem von P. Kahle in der Biblia Hebraica ed. R. Kittel besorgten Masoretischen Text unter verantwortlicher Mitwirkung von L. Rost, 2. Aufl., Stuttgart 1958.

PÉREZ FERNÁNDEZ, M.: An Introductory Grammar of Rabbinic Hebrew, translated by J. Elwolde, Leiden u.a. 1999.

SCHWERTNER, S.M.: TRE Abkürzungsverzeichnis, 2., überarb. u. erw. Aufl., Berlin u.a. 1994.

SOKOLOFF, M.: A Dictionary of Jewish Palestinian Aramaic of the Byzantine Period, Ramat-Gan, Israel 1990.

3. Sekundärliteratur

3.1 Kommentare zum Johannesevangelium

BARRETT, C.K.: Das Evangelium nach Johannes, KEK Sonderbd., Göttingen 1990.

BARTH, K.: Erklärung des Johannes-Evangeliums (Kapitel 1–8). Vorlesung Münster Wintersemester 1925/1926, wiederholt in Bonn, Sommersemester 1933, Karl Barth Gesamtausgabe II. Akademische Werke, Zürich 1976.

BAUER, W.: Das Johannesevangelium, HNT 6, 3., verbesserte und vermehrte Aufl., Tübingen 1933.

BEASLEY-MURRAY, G.R.: John, WBC 36, Waco, Texas 1987.

BECKER, J.: Das Evangelium nach Johannes, 2 Bde., ÖTBK 4, Gütersloh, Würzburg (I: 1979, II: 1981).

BERNARD, J.H.: A Critical and Exegetical Commentary on the Gospel according to St. John, ed. by A.H. McNeile, 2 Bde., Edinburgh 1953.

BLANK, J.: Das Evangelium nach Johannes, Geistliche Schriftlesung. Erläuterungen zum Neuen Testament für die geistliche Lesung 4, Bd. 1a-4, Düsseldorf 1977–1981.

BOISMARD, M.-É./LAMOUILLE, A.: L'Évangile de Jean, Synopse des quatre Évangiles en français Tome III, 12. Aufl., Paris 1977.

BROWN, R.E.: The Gospel according to John, The Anchor Bible 29, 2 Bde., New York 1966–1970.

BULTMANN, R.: Das Evangelium des Johannes, KEK 2, unveränderter Nachdruck der 10. Auflage, Göttingen 1964.

CARSON, D.A.: The Gospel according to John, Grand Rapids, Michigan 1991.

DIETZFELBINGER, C.: Das Evangelium nach Johannes, 2 Bde., ZBK.NT 4, Zürich 2001.

DODD, C.H.: The Interpretation of the Fourth Gospel, Cambridge 1953.

GODET, F.: Das Evangelium des Johannes, Nachdruck der 4. Aufl. von 1903, 2 Bde. in einem Band, Gießen/Basel 1987.

HAENCHEN, E.: Das Johannesevangelium. Ein Kommentar, aus den nachgelassenen Manuskripten hrg. von U. Busse, Tübingen 1980.

HOSKYNS, E.C.: The Fourth Gospel, ed. by F.N. Davey, 2. Aufl., London 1947.

LAGRANGE, M.-J.: Évangile selon Saint Jean, EtB 3.04, Paris 1936.

LIGHTFOOT, R.H.: St. John's Gospel. A Commentary, Oxford 1956.

LINDARS, B.: The Gospel of John, NCeB, Grand Rapids, London 1972.

MORRIS, L.: The Gospel according to John, Revised Edition, NICNT 4a, Grand Rapids, Michigan 1995.

ODEBERG, H.: The Fourth Gospel. Interpreted in its Relation to Contemporaneous Religious Currents in Palestine and the Hellenistic-oriental World, Amsterdam 1929.

SANDERS, J.N.: A Commentary on the Gospel according to St. John, edited and completed by B.A. Mastin, New York 1968.

SCHENKE, L.: Johannes Kommentar, Düsseldorf 1998.

SCHLATTER, A.: Der Evangelist Johannes. Wie er spricht, denkt und glaubt, Stuttgart 1930.

SCHNACKENBURG, R.: Das Johannesevangelium, 4 Bde., HThKNT IV, Freiburg i.B. 1965–1984.

SCHNEIDER, J.: Das Evangelium nach Johannes, aus dem Nachlass hrg. unter Leitung von E. Fascher, ThHK Sonderband, 4. Aufl., Berlin 1988.

SCHNELLE, U.: Das Evangelium nach Johannes, ThHK 4, 3., neubearb. Aufl., Leipzig 2004.

SCHULZ, S.: Das Evangelium nach Johannes, NTD 4, 16. Aufl., 5. Aufl. dieser Fassung, Göttingen 1987.

SIEGERT, F.: Das Evangelium des Johannes in seiner ursprünglichen Gestalt. Wiederherstellung und Kommentar, SIJD 7, Göttingen 2008.

STRATHMANN, H.: Das Evangelium nach Johannes, NTD 4, 7. Aufl., Göttingen 1954.

THEOBALD, M.: Das Evangelium nach Johannes, Kapitel 1–12, übersetzt und erklärt, RNT, Regensburg 2009.

THYEN, H.: Das Johannesevangelium, HNT 6, Tübingen 2005.

WENGST, K.: Das Johannesevangelium, ThKNT 4, Stuttgart (I: [2]2004, II: 2001).

WESTCOTT, B.F.: The Gospel according to St. John, the authorised Version with a new Intodruction by A. Fox, London 1958.

WILCKENS, U.: Das Evangelium nach Johannes, NTD 4, 17. Aufl. (Erstaufl. dieser neuen Bearbeitung), Göttingen 1998.

ZAHN, T.: Das Evangelium des Johannes, Nachdruck 1983 aus dem Kommentar zum Neuen Testament, Bd. IV, 5. u. 6. vielfach berichtigte und ergänzte Aufl., Leipzig/Erlangen 1921.

3.2 Monographien, Aufsätze, Lexikonartikel

ACKERMANN, J.S.: The Rabbinic Interpretation of Psalm 82 and the Gospel of John, HTR 59 (1966), 186–191.

ADLER, C.: Art. Calender, History of, in: The Jewish Encyclopedia III, New York 1902, 498–501.

ÅDNA, J.: Jesu Stellung zum Tempel. Die Tempelaktion und das Tempelwort als Ausdruck seiner messianischen Sendung, WUNT II/119, Tübingen 2000.

ALBECK, C.: Das Buch der Jubiläen und die Halacha, BHWJ 47, Berlin 1930.

ALEXANDER, P.S.: Rabbinic Judaism and the New Testament, ZNW 74 (1983), 237–246.

ALON, G.: Jews, Judaism and the Classical World. Studies in Jewish History in the Times of the Second Temple and Talmud, Jerusalem 1977.

ANDERSON, P.N.: Gradations of Symbolization in the Johannine Passion Narrative: Control Measures for Theologizing Speculation Gone Awry, in: Frey, J./van der Watt, J.G./Zimmermann, R. (Hrg.): Imagery in the Gospel of John. Terms, Forms, Themes, and Theology of Johannine Figurative Language, WUNT 200, Tübingen 2006, 157–194.

ANGERSTORFER, A.: Art. Laubhüttenfest, in: NBL II, Zürich u.a. 1995, 591–593.

APPLEBAUM, S.: Judaea in Hellenistic and Roman Times. Historical and Archaeological Essays, SJLA 40, Leiden u.a. 1989.

ASIEDU-PEPRAH, M.: Johannine Sabbath Conflicts as Juridical Controversy, WUNT II/132, Tübingen 2001.

ASSMANN, J.: Das kulturelle Gedächtnis. Schrift, Erinnerung und politische Identität in frühen Hochkulturen, 5. Aufl., München 2005.

–: Die Katastrophe des Vergessens. Das Deuteronomium als Paradigma kultureller Mnemotechnik, in: Assmann, A./Harth, D. (Hrg.): Mnemosyne. Formen und Funktionen der kulturellen Erinnerung, Frankfurt a.M. 1991, 337–355.

–: Kollektives Gedächtnis und kulturelle Identität, in: ders./Hölscher, T. (Hrg.): Kultur und Gedächtnis, Frankfurt a.M. 1988, 9–19.

ATTRIDGE, H.W.: From Discord Rises Meaning. Resurrection Motifs in the Fourth Gospel, in: Koester, C.R./Bieringer, R. (Hrg.): The Resurrection of Jesus in the Gospel of John, WUNT 222, Tübingen 2008, 1–19.

AUDET, J.-P.: La Soif, l'Eau et la Parole, RB 66 (1959), 379–386.

AUGENSTEIN, J.: Das Liebesgebot im Johannesevangelium und in den Johannesbriefen, BWANT 134, Stuttgart u.a. 1993.

–: „Euer Gesetz" – Ein Pronomen und die johanneische Haltung zum Gesetz, ZNW 88 (1997), 311–313.

–: Jesus und das Gesetz im Johannesevangelium, KuI 14 (1999), 161–179.

AURELIUS, E.: Die Stimme Gottes. Die Wandlung einer theologischen Vorstellung, SEÅ 64 (1999), 65–78.

AVEMARIE, F.: Bund als Gabe und Recht. Semantische Überlegungen zu bᵉrît in der rabbinischen Literatur, in: ders./Lichtenberger, H. (Hrg.): Bund und Tora. Zur theologischen Begriffsgeschichte in alttestamentlicher, frühjüdischer und urchristlicher Tradition, WUNT 92, Tübingen 1996, 163–216.

–: Das antike Judentum als wachsende Herausforderung für die neutestamentliche Wissenschaft, in: Wischmeyer, O. (Hrg.): Herkunft und Zukunft der neutestamentlichen Wissenschaft, NET 6, Tübingen und Basel 2003, 97–118.

–: Die Tauferzählungen der Apostelgeschichte. Theologie und Geschichte, WUNT 139, Tübingen 2002.

–: Erwählung und Vergeltung. Zur optionalen Struktur rabbinischer Soteriologie, NTS 45 (1999), 108–126.

–: Jesus and Purity, in: Bieringer, R./García Martínez, F./Pollefeyt, D./Tomson, P.J. (Hrg.): The New Testament and Rabbinic Literature, JSJS 136, Leiden u.a. 2010, 255–279.

–: Tora und Leben. Untersuchungen zur Heilsbedeutung der Tora in der frühen rabbinischen Literatur, TSAJ 55, Tübingen 1996.

–: Traces of Apologetics in Rabbinic Literature, in: Jacobsen, A.-C./Ulrich, J./Brakke, D. (Hrg.): Critique and Apologetics. Jews, Christians and Pagans in Antiquity, ECCA 4, Frankfurt a.M. 2009, 155–176.

BACHER, W.: Die Agada der palästinensischen Amoräer, 3 Bde., Hildesheim 1965.

–: Die exegetische Terminologie der jüdischen Traditionsliteratur, 2 Teile, unveränderter Nachdruck der Ausgabe Leipzig (I: 1899; II: 1905), Darmstadt 1965.

BACK, S.-O.: Jesus of Nazareth and the Sabbath Commandment, Åbo 1995.

BALZ, H.: Art. ἐγκαίνια κτλ, in: EWNT I², Stuttgart u.a. 1992, 910–911.

–: Art. κατεσθίω κτλ, in: EWNT II², Stuttgart u.a. 1992, 669.

BARRETT, C.K.: Das Johannesevangelium und das Judentum, Franz Delitzsch-Vorlesungen 1967, Stuttgart 1970.

–: ‚The Father is greater than I‘ John 14:28: Subordinationist Christology in the New Testament, in: ders.: Essays on John, London 1982, 19–36.

BARTH, M.: Die Juden im Johannesevangelium. Wiedererwägungen zum Sitz im Leben, Datum und angeblichen Anti-Judaismus des Johannes-Evangeliums, in: D. Neuhaus (Hrg.): Teufelskinder oder Heilsbringer – die Juden im Johannes-Evangelium, 2. Aufl., Frankfurt 1993, 39–94.

BASNIZKI, L.: Der jüdische Kalender. Entstehung und Aufbau, Frankfurt a.M. 1998.

BAUER, J.B.: Drei Cruces, BZ 9 (1965), 84–91.

BECKER, H.-J.: Die großen rabbinischen Sammelwerke Palästinas. Zur literarischen Genese von Talmud Yerushalmi und Midrash Bereshit Rabba, TSAJ 70, Tübingen 1999.

BECKER, M.: Rez. Klaus Wengst, Das Johannesevangelium, 2. Teilband, BZ 47 (2003), 142–145.

–: Wunder und Wundertäter im frührabbinischen Judentum. Studien zum Phänomen und seiner Überlieferung im Horizont von Magie und Dämonismus, WUNT II/144, Tübingen 2002.

–: Zeichen. Die johanneische Wunderterminologie und die frührabbinische Tradition, in: Frey, J./Schnelle, U. (Hrg.): Kontexte des Johannesevangeliums. Das vierte Evangelium in religions- und traditionsgeschichtlicher Perspektive, WUNT 175, Tübingen, 2004, 233–276.

BEHM, J.: Art. κοιλία, in: ThWNT III, Stuttgart 1938, 786–789.

BELLE, G. VAN: Johannine Bibliography 1966–1985. A Cumulative Bibliography, BEThL 82, Leuven 1988.

BEN-CHORIN, S.: Aus Tiefen rufe ich. Biblische Gedichte, Hamburg-Bergstedt 1966.

–: Betendes Judentum. Die Liturgie der Synagoge, Münchener Vorlesung, Tübingen 1980.

BERGER, K.: Art. Jubiläenbuch, in: RGG⁴ 4, Tübingen 2001, 594–595.

BERLEJUNG, A.: Heilige Zeiten. Ein Forschungsbericht, JBTh 18 (2003), 3–61.

BERNARD, J.: La guérison de Béthesda. Harmoniques judéo-hellénistiques d'un récit de miracle un jour de sabbat, MSR 33 (1976), 3–34.

BERTRAM, G.: Art. ἔργον κτλ, in: ThWNT II, Stuttgart 1935, 631–653.

BESTER, D.: Körperbilder in den Psalmen. Studien zu Psalm 22 und verwandten Texten, FAT II/24, Tübingen 2007.

BETZ, O.: Art. φωνή κτλ, in: ThWNT IX, Stuttgart u.a. 1973, 272–302.

–: Zungenreden und süßer Wein. Zur eschatologischen Exegese von Jesaja 28 in Qumran und im Neuen Testament, in: ders.: Jesus – Der Herr der Kirche. Aufsätze zur biblischen Theologie II, WUNT 52, Tübingen 1990, 49–65.

BEUTLER, J.: Der alttestamentlich-jüdische Hintergrund der Hirtenrede in Johannes 10, in: ders.: Studien zu den johanneischen Schriften, SBAB 25, Stuttgart 1998, 215–232.

–: Der Gebrauch von „Schrift" im Johannesevangelium, in: ders.: Studien zu den johanneischen Schriften, SBAB 25, Stuttgart 1998, 295–315.

–: Der Johannes-Prolog – Ouvertüre des Johannesevangeliums, in: G. Kruck (Hrg.): Der Johannesprolog, Darmstadt 2009, 77–106.

–: Die „Juden" und der Tod Jesu im Johannesevangelium (1978), in: ders.: Studien zu den johanneischen Schriften, SBAB 25, Stuttgart 1998, 59–76.

–: Habt keine Angst. Die erste johanneische Abschiedsrede (Joh 14), SBS 116, Stuttgart 1984.

–: Judaism and the Jews in the Gospel of John, subsidia biblica 30, Rom 2006.

–: Martyria. Traditionsgeschichtliche Untersuchungen zum Zeugnisthema bei Johannes, Frankfurter Theologische Studien 10, Frankfurt 1972.

BICKERMANN, E.: Der Gott der Makkabäer. Untersuchungen über Sinn und Ursprung der makkabäischen Erhebung, Berlin 1937.

BIEBERSTEIN, K.: Art. Schiloach, in: NBL III, Düsseldorf u.a. 2001, 476–478.

BIERINGER, R.: Das Lamm Gottes, das die Sünde der Welt hinwegnimmt (Joh 1,29). Eine kontextorientierte und redaktionsgeschichtliche Untersuchung auf dem Hintergrund der Passatradition als Deutung des Todes Jesu im Johannesevangelium, in: The Death of Jesus in the Fourth Gospel, hrg. v. van Belle, G., BETL 200, Leuven u.a. 2007, 199–232.

–/POLLEFEYT, D.: Open to Both Ways ...? Johannine Perspectives on Judaism in the Light of Jewish-Christian Dialogue, in: Labahn, M./Scholtissek, K./Strotmann, A. (Hrg.): Israel und seine Heilstraditionen im Johannesevangelium, FS für J. Beutler SJ, Paderborn u.a. 2004, 11–32.

–/POLLEFEYT, D./VANDECASTEELE-VANNEUVILLE, F. (Hrg.): Anti-Judaism and the Fourth Gospel. Papers of the Leuven Colloquium, 2000, Jewish and Christian Heritage Series 1, Assen NL 2001.

BILLERBECK, P./STRACK, H.: Kommentar zum Neuen Testament aus Talmud und Midrasch, Bd. I-IV, München 1922–1928.

–/–: Kommentar zum Neuen Testament aus Talmud und Midrasch, Bd. VI: Verzeichnis der Schriftgelehrten. Geographisches Register, hrg. v. J. Jeremias in Verbindung mit K. Adolph, München 1961.

BIRKAN-SHEAR, A.: „Does a Serpent Give Life?" Understanding the Brazen Serpent According to Philo and Early Rabbinic Literature, in: I.H. Henderson/G.S. Oegema (Hrg.): The Changing Face of Judaism, Christianity, and Other Greco-Roman Religions in Antiquity, Studien zu den JSHRZ 2, Gütersloh 2006, 416–426.

BLANK, J.: Die Johannespassion. Intention und Hintergründe, in: Kertelge, K. (Hrg.): Der Prozeß gegen Jesus. Historische Rückfrage und Theologische Deutung, QD 112, 2. Aufl., Freiburg i.Br. 1989, 148–182.

–: Krisis. Untersuchungen zur johanneischen Christologie und Eschatologie, Freiburg i.Br. 1964.

BLASCHKE, A.: Beschneidung. Zeugnisse der Bibel und verwandter Texte, TANZ 28, Tübingen u.a. 1998.

BLOCH, R.: Methodological Note for the Study of Rabbinic Literature, in: Green, W.S. (Hrg.): Approaches to Ancient Judaism: Theory and Practice, BJSt 1, Missoula (USA) 1978, 51–75.

BODI, D.: Der altorientalische Hintergrund des Themas der „Ströme lebendigen Wassers" in Joh 7,38, in: Rose, M. (Hrg.): Johannes-Studien. Interdisziplinäre Zugänge zum Johannes-Evangelium, Freundesgabe für J. Zumstein, Zürich 1991, 137–158.

BÖCHER, O.: Art. πηγή, in: TBLNT II, neubearb. Aufl., Wuppertal 2000, 1858–1860.

BOENDERMAKER, J.P./MONSHOUWER, D.: Johannes. De evangelist van de feesten. Het vierde evangelie als liturgische catechese, Zoetermeer (NL) 1993.

BOISMARD, M.-É.: De son ventre couleront des fleuves d'eau (Jo., VII,38), RB 65 (1958), 523–546.

–: Le prologue de Saint Jean, LeDiv 11, Paris 1953.

–: Moses or Jesus. An Essay in Johannine Christology, BEThL 84-A, Leuven 1993.

–: Rez. Guilding, Aileen: The Fourth Gospel and Jewish Worship, RB 68 (1961), 599–602.

BORGEN, P.: Bread from Heaven. An Exegetical Study of the Concept of Manna in the Gospel of John and the Writings of Philo, SNT 10, Leiden 1965.

–: God's Agent in the Fourth Gospel, in: Religions in Antiquity. Essays in Memory of E.R. Goodenough, hrg. v. J. Neusner, SHR 14, Leiden 1968, 137–148.

–: John 6: Tradition, Interpretation and Composition, in: Culpepper, R.A. (Hrg.): Critical Readings of John 6, Leiden 1997, 95–114.

–: Logos was the true Light. Contributions to the Interpretation of the Prologue of John, in: ders., Logos was the true Light and other Essays on the Gospel of John, Trondheim 1983, 95–110.

BORGONOVA, G.: Calendario e feste nel Quarto Vangelo. Un tentantivo di spiegazione, in: „Il vostro Frutto rimanga" (Gv 16,16), FS für G. Ghiberti, Bologna 2005, 35–41.

BOWMAN, J.: The Fourth Gospel and the Jews. A Study in R. Akiba, Esther and the Gospel of John, Pittsburgh 1975.

–: The Identity and Date of the Unnamed Feast of John 5:1, in: Goedicke, H. (Hrg.): Near Eastern Studies in Honor of W.F. Albright, Baltimore/London 1971, 43–56.

BRAULIK, G.: Das Deuteronomium und die Gedächtniskultur Israels. Redaktionsgeschichtliche Beobachtungen zur Verwendung von *lmd* (1993), in: ders.: Studien zum Buch Deuteronomium, SBAB 24, Stuttgart 1997, 119–146.

–: Die Freude des Festes. Das Kultverständnis des Deuteronomium – die älteste biblische Festtheorie (1983), in: ders.: Studien zur Theologie des Deuteronomiums, SBAB 2, Stuttgart 1988, 161–218.

–: „Konservative Reform". Das Deuteronomium in wissenssoziologischer Sicht (1998), in: ders.: Studien zum Deuteronomium und seiner Nachgeschichte, SBAB 33, Stuttgart 2001, 39–57.

–: Leidensgedächtnisfeier und Freudenfest. „Volksliturgie" nach dem deuteronomischen Festkalender (Dtn 16,1–17) (1981), in: ders.: Studien zur Theologie des Deuteronomiums, SBAB 2, Stuttgart 1988, 95–121.

BRAUN, F.-M.: Jean le Théologien et son évangile dans l'église ancienne, Bd. II: Les grandes Traditions d'Israël et l'Accord des Écritures selon le quatrième Évangile, Paris 1964.

BREITMAIER, I.: Gottes Vielstimmigkeit. Die Stimme Gottes, ihre GesprächspartnerInnen und die Inhalte ihrer Rede in der Tora, in: Hedwig-Jahnow-Forschungsprojekt (Hrg.): Körperkonzepte im Ersten Testament. Aspekte einer Feministischen Anthropologie, Stuttgart 2003, 154–171.

BRINGMANN, K.: Hellenistische Reform und Religionsverfolgung in Judäa. Eine Untersuchung zur jüdisch-hellenistischen Geschichte (175–163 v. Chr.), AAWG.PH 132, Göttingen 1983.

BROER, I.: Die Heilung des Gelähmten am Teich Bethesda (Joh 5,1–9a) und ihre Nachgeschichte im vierten Evangelium (Joh 5,9b-16), in: Pichler, J./Heil, C. (Hrg.): Heilungen und Wunder. Theologische, historische und medizinische Zugänge, Darmstadt 2007, 143–161.

BRUMLIK, M.: Johannes: Das judenfeindliche Evangelium, KuI 4 (1989), 102–113.

BRUNSON, A.C.: Psalm 118 in the Gospel of John. An Intertextual Study on the New Exodus Pattern in the Theology of John, WUNT II/158, Tübingen 2003.

BULTMANN, R.: Art. ζάω κτλ E: Der Lebensbegriff des NT, in: ThWNT II, Stuttgart 1935, 862–874.

–: Art. Johannesevangelium, in: RGG³, Bd. 3, Tübingen 1959, 840–850.

–: Der religionsgeschichtliche Hintergrund des Prologs zum Johannes-Evangelium (1923), in: ders.: Exegetica. Aufsätze zur Erforschung des Neuen Testaments, hrg. v. E. Dinkler, Tübingen 1967, 10–35.

–: Die Bedeutung der neuerschlossenen mandäischen und manichäischen Quellen für das Verständnis des Johannesevangeliums (1925), in: ders.: Exegetica. Aufsätze zur Erforschung des Neuen Testaments, hrg. v. E. Dinkler, Tübingen 1967, 55–104.

–: Theologie des Neuen Testaments, 8., durchges., um Vorw. u. Nachtr. erw. Aufl., hrg. v. O. Merz, Tübingen 1980.

BURER, M.H.: The Historical and Cultural Background of Divine Sabbath Work and its Relationship to Key Controversy Passages in the Gospels, unveröffentl. Diss. (Ph.D.), Dallas Theological Seminary 2004.

BUSSE, U.: Die Tempelmetaphorik als ein Beispiel von implizitem Rekurs auf die biblische Tradition im Johannesevangelium, in: Tuckett, C.M. (Hrg.): The Scriptures in the Gospels, BEThL 131, Leuven 1997, 395–428.

CEBULJ, C.: Vom edlen Wettstreit der Natur. Zur Pflanzenwelt im Neuen Testament, in: U. Neumann-Gorsolke/P. Riede (Hrg.): Das Kleid der Erde. Pflanzen in der Lebenswelt des alten Israel, Stuttgart u.a. 2002, 250–273.

CHESTER, A.: Divine Revelation and Divine Titles in the Pentateuchal Targumim, TSAJ 14, Tübingen 1986.

CHIBICI-REVNEANU, N.: Die Herrlichkeit des Verherrlichten. Das Verständnis der δόξα im Johannesevangelium, WUNT II/231, Tübingen 2007.

CLAUSSEN, C.: Die jüdische Synagoge, in: Zangenberg, J. u.a. (Hrg.): NTAK, Bd. 3: Weltauffassung – Kult – Ethos, Neukirchen-Vluyn 2005, 200–210.

COLPE, C.: Die religionsgeschichtliche Schule. Darstellung und Kritik ihres Bildes vom gnostischen Erlösermythus, FRLANT 60, Göttingen 1961.

COOK, J.G.: The Interpretation of the Old Testament in Greco-Roman Paganism, STAC 23, Tübingen 2004.

COLOE, M.: The Missing Feast of Pentecost. John 1,19–2,12, SNTU 34 (2009), 97–113.

CORY, C.: Wisdom's Rescue: A New Reading of the Tabernacles Discourse (John 7:1–8:59), JBL 116/1 (1997), 95–116.

COWLEY, A.E. (Hrg.): The Samaritan Liturgy, Bd. I, Oxford 1909.

COZIJNSEN, B.: A Critical Contribution to the Corpus Hellenisticum Novi Testamenti: Jude and Hesiod, in: Rutgers, L.V./van der Horst, P.W./Havelaar, H.W./Teugels, L.

(Hrg.): The Use of Sacred Books in the Ancient World, Contributions to Biblical Exegesis and Theology 22, Leuven 1998, 79–109.

CULLMANN, O.: Heil als Geschichte. Heilsgeschichtliche Existenz im Neuen Testament, 2., durchges. Aufl., Tübingen 1967.

–: Von Jesus zum Stephanuskreis und zum Johannesevangelium (1975), in: Dexinger, F./Pummer, R. (Hrg.): Die Samaritaner, WdF 604, Darmstadt 1992, 393–407.

CULPEPPER, R.A.: Anatomy of the Fourth Gospel. A Study in Literary Design, Philadelphia 1983.

–: Designs for the Church in the Imagery of John 21:1–14, in: Frey, J./van der Watt, J.G./Zimmermann, R. (Hrg.): Imagery in the Gospel of John. Terms, Forms, Themes, and Theology of Johannine Figurative Language, WUNT 200, Tübingen 2006, 369–402.

–: Realized Eschatology in the Experience of the Johannine Community, in: Koester, C.R./Bieringer, R. (Hrg.): The Resurrection of Jesus in the Gospel of John, WUNT 222, Tübingen 2008, 253–276.

DAHL, N.A.: „Do not wonder!" John 5:28–29 and Johannine Eschatology once more, in: Fortna, R.T/Gaventa, B.R. (Hrg.), The Conversation continues. Studies in Paul and John, Nashville 1990, 322–356.

–: The Johannine Church and History, in: The Interpretation of John, hrg. v. J. Ashton, IRT 9, Philadelphia 1986, 122–140.

DAISE, M.A.: Feasts in John. Jewish Festivals and Jesus' ‚Hour' in the Fourth Gospel, WUNT II/229, Tübingen 2007.

DALY-DENTON, M.: David in the Fourth Gospel. The Johannine Reception of the Psalms, Arbeiten zur Geschichte des Antiken Judentums und des Urchristentums 47, Brill/Leiden u.a. 2000.

DAUER, A. : Die Passionsgeschichte im Johannesevangelium. Eine traditionsgeschichtliche und theologische Untersuchung zu Joh 18,1–19,30, StANT 30, München 1972.

DAVIES, M.: Rhetoric and Reference in the Fourth Gospel, JSNT.S 69, Sheffield 1992.

DEINES, R.: Jesus der Galiläer: Traditionsgeschichte und Genese eines antisemitischen Konstrukts bei Walter Grundmann, in: ders./Leppin, V./Niebuhr, K.-W. (Hrg.): Walter Grundmann. Ein Neutestamentler im Dritten Reich, Arbeiten zur Kirchen- und Theologiegeschichte 21, Leipzig 2007, 43–131.

–: Jüdische Steingefäße und pharisäische Frömmigkeit. Ein archäologisch-historischer Beitrag zum Verständnis von Joh 2,6 und der jüdischen Reinheitshalacha zur Zeit Jesu, WUNT II/52, Tübingen 1993.

–/LEPPIN, V./NIEBUHR, K.-W. (Hrg.): Walter Grundmann. Ein Neutestamentler im Dritten Reich, Arbeiten zur Kirchen- und Theologiegeschichte 21, Leipzig 2007.

DE LANGE, N.R.M./THOMA, C.: Art. Antisemitismus I: Begriff / Vorchristlicher Antisemitismus, in: TRE 3, Berlin u.a. 1978, 113–119.

DEMANDT, A.: Ein römischer Prozess auf jüdischem Territorium. Römische Strafgerichtsbarkeit in den Provinzen, WUB 2/2010, 23–27.

DENNIS, J.: The Presence and Function of Second Exodus-Restoration Imagery in John 6, SNTU 30 (2005), 105–121.

DESTRO, A./PESCE, M.: Dialettica di riti e costruzione del movimento di Gesù nel Vangelo di Giovanni, in: Simonetti, M./Siniscalco, P. (Hrg.): Studi sul cristianesimo antico e moderno in onore di M. G. Mara, Aug. 35, Rom 1995, 77–109.

–/–: I Riti nel Vangelo di Giovanni, in: Padovese, L. (Hrg.): Atti del V Simposio di Efeso su S. Giovanni Apostolo, Turchia: la Chiesa e la sua storia 8, Rom 1995, 85–105.

DEVILLERS, L.: La saga de Siloé. Jésus et la fête des Tentes (Jean 7,1–10,21), Paris 2005.

DIEFENBACH, M.: Der Konflikt Jesu mit den „Juden". Ein Versuch zur Lösung der johanneischen Antijudaismus-Diskussion mit Hilfe des antiken Handlungsverständnisses, NTA Neue Folge 41, Münster 2002.

DIENEMANN, M.: Schawuot, in: Thieberger, F. (Hrg.): Jüdisches Fest, Jüdischer Brauch. Ein Sammelwerk, 2. Aufl., Berlin 1967, 280–287.

DIETZFELBINGER, C.: Aspekte des Alten Testaments im Johannesevangelium, in: Geschichte – Tradition – Reflektion, FS für M. Hengel, hrg. v. H. Cancik/H. Lichtenberger/P. Schäfer, Bd. III Frühes Christentum (hrg. v. H. Lichtenberger), Tübingen 1996, 203–218.

DODD, C.H.: According to the Scriptures. The Sub-Structure of New Testament Theology, London 1952.

DOERING, L.: Sabbath Laws in the New Testament Gospels, in: Bieringer, R./García Martínez, F./Pollefeyt, D./Tomson, P.J. (Hrg.): The New Testament and Rabbinic Literature, JSJS 136, Leiden u.a. 2010, 207–253.

–: Schabbat. Sabbathalacha und -praxis im antiken Judentum und Urchristentum, TSAJ 78, Tübingen 1999.

DÖPP, H.-M.: Der Jerusalemer Tempel, in: Zangenberg, J. u.a. (Hrg.): NTAK, Bd. 3: Weltauffassung – Kult – Ethos, Neukirchen-Vluyn 2005, 187–200.

DOHMEN, C.: Das Bilderverbot. Seine Entstehung und seine Entwicklung im Alten Testament, BBB 62, Bonn 1985.

DOMMERSHAUSEN, W.: Art. חָנֵךְ, in: ThWAT 3, Stuttgart u.a. 1982, 20–22.

DYMA, O.: Die Wallfahrt zum Zweiten Tempel. Untersuchungen zur Entwicklung der Wallfahrtsfeste in vorhasmonäischer Zeit, FAT II/40, Tübingen 2009.

ECK, W.: Rom und Judaea. Fünf Vorträge zur römischen Herrschaft in Palaestina, Tria Corda Jenaer Vorlesungen zu Judentum, Antike und Christentum 2, Tübingen, 2007.

EDWARDS, R.B.: ΧΑΡΙΝ ΑΝΤΙ ΧΑΡΙΤΟΣ (John 1.16). Grace and the Law in the Johannine Prologue, JSNT 32 (1988), 3–15.

EGO, B.: Geschichte im Horizont der göttlichen Zuwendung. Überlegungen zur Relation von Heil und Geschichte im rabbinischen Judentum, in: Frey, J./Krauter, S./ Lichtenberger, H. (Hrg.): Heil und Geschichte. Die Geschichtsbezogenheit des Heils und das Problem der Heilsgeschichte in der biblischen Tradition und in der theologischen Deutung, WUNT 248, Tübingen 2009, 155–173.

EISS, W.: Das Wochenfest im Jubiläenbuch und im antiken Judentum, in: Albani, M./Frey, J./Lange, A. (Hrg.): Studies in the Book of Jubilees, TSAJ 65, Tübingen 1997, 165–178.

ELBOGEN, I.: Der jüdische Gottesdienst in seiner geschichtlichen Entwicklung, 2. Nachdruck der 3., verbesserten Aufl., Hildesheim u.a. 1995.

EMERTON, J.A.: Melchizedek and the Gods. Fresh Evidence for the Jewish Background of John X. 34–36, JThS 17 (1966), 399–401.

–: Some New Testament Notes, JthS 11 (1960), 329–336.

ENDO, M.: Creation and Christology. A Study on the Johannine Prologue in the Light of Early Jewish Creation Accounts, WUNT II/149, Tübingen 2002.

FABRY, H.-J.: Art. צוּר, in: ThWAT 6, Stuttgart u.a. 1989, 973–983.

FARELLY, N.: The Disciples in the Fourth Gospel. A Narrative Analysis of their Faith and Understanding, WUNT II/290, Tübingen 2010.

FENDRICH, H.: Art. κράζω, in: EWNT II[2], Stuttgart u.a. 1992, 774–776.

FINSTERBUSCH, K.: Weisung für Israel. Studien zu religiösem Lehren und Lernen im Deuteronomium und in seinem Umfeld, FAT 44, Tübingen 2005.

FISCHER, G.: Wie geht das Johannesevangelium mit dem Alten Testament um?, in: Huber, K. u.a. (Hrg.): Im Geist und in der Wahrheit. Studien zum Johannesevangelium und zur Offenbarung des Johannes sowie andere Beiträge, FS für M. Hasitschka, NTA 52, Münster 2008, 3–13.

FLEBBE, J.: Feasts in John, in: C. Tuckett (Hrg.): Feasts and Festivals, CBET 53, Leuven 2009, 107–124.

FLUSSER, D.: „It is not a Serpent that kills", in: ders.: Judaism and the Origins of Christianity, Jerusalem 1988, 543–551.

–: The Jewish Religion in the Second Temple Period, in: Avi-Yonah, M./Baras, Z. (Ed.): The World History of the Jewish People, First Series: Ancient Times, Vol. 8: Society and Religion in the Second Temple Period, Jerusalem 1977, 3–40.

FORD, J.M.: ‚Mingled Blood' from the Side of Christ (John XIX. 34), NTS 15 (1969), 337–338.

FRAADE, S.D.: Hearing and Seeing at Sinai: Interpretive Trajectories, in: The Significance of Sinai. Traditions about Sinai and Divine Revelation in Judaism and Christianity, hrg. v. Brooke, G.J./Najman, H./Stuckenbruck, L.T., TBN 12, Leiden u.a. 2008, 247–268.

FREED, E.D.: Old Testament Quotations in the Gospel of John, SNT 11, Leiden 1965.

FREY, J.: Auf der Suche nach dem Kontext des vierten Evangeliums. Eine forschungsgeschichtliche Einführung, in: ders./Schnelle, U. (Hrg.): Kontexte des Johannesevangeliums. Das vierte Evangelium in religions- und traditionsgeschichtlicher Perspektive, WUNT 175, Tübingen 2004, 3–45.

–: Das Bild ‚der Juden' im Johannesevangelium und die Geschichte der johanneischen Gemeinde, in: Labahn, M./Scholtissek, K./Strotmann, A. (Hrg.): Israel und seine Heilstraditionen im Johannesevangelium, FS für J. Beutler SJ, Paderborn u.a. 2004, 33–53.

–: Die johanneische Eschatologie, Bd. I: Ihre Probleme im Spiegel der Forschung seit Reimarus, WUNT 96, Tübingen 1997.

–: Die johanneische Eschatologie, Bd. II: Das johanneische Zeitverständnis, WUNT 110, Tübingen 1998.

–: Die johanneische Eschatologie, Bd. III: Die eschatologische Verkündigung in den johanneischen Texten, WUNT 117, Tübingen 2000.

–: Die „theologia crucifixi" des Johannesevangeliums, in: Dettwiler, A./Zumstein, J. (Hrg.): Kreuzestheologie im Neuen Testament, WUNT 151, Tübingen 2002, 169–238.

–: Heiden – Griechen – Gotteskinder. Zu Gestalt und Funktion der Rede von den Heiden im 4. Evangelium, in: Feldmeier, R./Heckel, U. (Hrg.): Die Heiden. Juden, Christen und das Problem des Fremden, WUNT 70, Tübingen 1994, 228–268.

–: Heil und Geschichte im Johannesevangelium. Zum Problem der ‚Heilsgeschichte' und zum fundamentalen Geschichtsbezug des Heilsgeschehens im vierten Evangelium, in: ders./Krauter, S./Lichtenberger, H. (Hrg.): Heil und Geschichte. Die Geschichtsbezogenheit des Heils und das Problem der Heilsgeschichte in der biblischen Tradition und in der theologischen Deutung, WUNT 248, Tübingen 2009, 459–510.

–: Rez. Klaus Wengst, Das Johannesevangelium, 1.Teilband, BZ 46 (2002), 137–140.

–: „Wie Mose die Schlange in der Wüste erhöht hat...". Zur frühjüdischen Deutung der ‚ehernen Schlange' und ihrer christologischen Rezeption in Johannes 3,14f., in: Hengel, M./Löhr, H. (Hrg.): Schriftauslegung im antiken Judentum und im Urchristentum, WUNT 73, Tübingen 1994, 153–205.

–: Zu Hintergrund und Funktion des johanneischen Dualismus, in: Sänger, D./Mell, U. (Hrg.): Paulus und Johannes. Exegetische Studien zur paulinischen und johanneischen Theologie und Literatur, WUNT 198, Tübingen 2006, 3–73.

FRÜHWALD-KÖNIG, J.: Tempel und Kult. Ein Beitrag zur Christologie des Johannesevangeliums, BU 27, Regensburg 1998.

FÜGLISTER, N.: Die Heilsbedeutung des Pascha, StANT 8, München 1963.

FUHS, H.F.: Art. ראה, in: ThWAT 7, Stuttgart u.a. 1993, 225–266.

–: „Zum Haus des Herrn wollen wir pilgern" (Ps 122,1). Der Tempel als religiöse Mitte der altbundlichen Gottesgemeinde, in: Freude am Gottesdienst. Aspekte ursprünglicher Liturgie, FS für J.G. Plöger, hrg. v. Schreiner, J., Stuttgart 1983, 255–266.

GEIGER, M.: Der Befreiung Zeit einräumen. Die Zeitkonzeption des dtn Pessachgebots (Dtn 16,1–8), in: Hedwig-Jahnow-Projekt (Hrg.): Zeit wahrnehmen. Feministisch-theologische Perspektiven auf das Erste Testament, SBS 222, Stuttgart 2010, 40–65.

GERBER, C.: Blickwechsel. Joseph und Aseneth und das Neue Testament, in: Reinmuth, E. (Hrg.): Joseph und Aseneth. Eingeleitet, ediert, übersetzt und mit interpretierenden Essays versehen von E. Reinmuth, S. Alkier, B. Boothe, U.B. Fink, C. Gerber, K.-W. Niebuhr, A. Standhartinger, M. Vogel und J.K. Zangenberg, SAPERE 15, Tübingen 2009, 203–217.

GESE, H.: Der Johannesprolog, in: ders.: Zur biblischen Theologie. Alttestamentliche Vorträge, BEvTh 78, München 1977, 152–201.

GLASSON, T.F.: Moses in the Fourth Gospel, SBT, London 1963.

GNIESMER, D.F.: In den Prozeß verwickelt. Erzähltextanalytische und textpragmatische Erwägungen zur Erzählung vom Prozeß Jesu vor Pilatus (Joh 18,28–19,16a.b), EHS.T 688, Frankfurt a.M. 2000.

GRÄBE, P.J.: Der neue Bund in der frühchristlichen Literatur unter Berücksichtigung der alttestamentlich-jüdischen Voraussetzungen, FzB 96, Würzburg 2001.

GRÄSSER, E.: Der Alte Bund im Neuen. Eine exegetische Vorlesung, in: ders.: Der Alte Bund im Neuen. Exegetische Studien zur Israelfrage im Neuen Testament, WUNT 35, Tübingen 1985, 1–134.

–: Die antijüdische Polemik im Johannesevangelium, in: ders.: Der Alte Bund im Neuen. Exegetische Studien zur Israelfrage im Neuen Testament, WUNT 35, Tübingen 1985, 135–153.

–: Die Juden als Teufelssöhne in Joh 8,37–47, in: ders.: Der Alte Bund im Neuen. Exege-tische Studien zur Israelfrage im Neuen Testament, WUNT 35, Tübingen 1985, 154–167.

GREEN, W.S.: What's in a Name? – The Problematic of Rabbinic „Biography", in: ders. (Hrg.): Approaches to Ancient Judaism: Theory and Practice, BJSt 1, Missoula (USA) 1978, 77–96.

GRELOT, P.: De son ventre couleront des fleuves d'eau. La citation scripturaire de Jean, VII,38, RB 66 (1959), 369–374.

–: Jean VII,38: Eau du rocher ou source du Temple?, RB 70 (1963), 43–51.

–: Jean 8,56 et Jubilés 16,16–29, RdQ 13 (1988), 621–628.

GRUND, A.: ,Des Gerechten gedenkt man zum Segen' (Prov 10,7). Motive der Erinne-rungsarbeit in Israel vom sozialen bis zum kulturellen Gedächtnis, JBTh 22 (2007), 41–62.

GRUNDMANN, W.: Jesus der Galiläer und das Judentum, Leipzig 1940.

GUILDING, A.: The Fourth Gospel and Jewish Worship. A Study of the relation of St. John's Gospel to the ancient Jewish lectionary system, Oxford 1960.

GUTBROD, W.: Art.: νόμος κτλ, in: ThWNT IV, Stuttgart 1942, 1016–1084.

HAACKER, K.: Die Stiftung des Heils. Untersuchungen zur Struktur der johanneischen Theologie, AzTh 47, Stuttgart 1972.

–: Gottesdienst ohne Gotteserkenntnis. Joh 4,22 vor dem Hintergrund der jüdisch-samari-tanischen Auseinandersetzung, in: Benzing, B. u.a. (Hrg.): Wort und Wirklichkeit. Studien zur Afrikanistik und Orientalistik I, FS für E.L. Rapp, Meisenheim am Glan 1976, 110–126.

HAAG, H.: Das Mazzenfest des Hiskia, in: Gese, H./Rüger H.P. (Hrg.): Wort und Geschichte, FS für K. Elliger, AOAT 18, Neukirchen-Vluyn 1973, 87–94.

–: Vom alten zum neuen Pascha. Geschichte und Theologie des Osterfestes, SBS 49, Stuttgart 1971.

HAENCHEN, E.: „Der Vater, der mich gesandt hat", in: ders.: Gott und Mensch. Gesammelte Aufsätze, Tübingen 1965, 68–77.

–: Rez. Guilding, Aileen: The Fourth Gospel and Jewish Worship, ThLZ 86 (1961), 670–672.

–: Johanneische Probleme, in: ders.: Gott und Mensch. Gesammelte Aufsätze, Tübingen 1965, 78–113.

–: Probleme des johanneischen „Prologs", in: ders.: Gott und Mensch. Gesammelte Aufsätze, Tübingen 1965,114–143.

HAENSCH, R.: Die römische Provinzverwaltung im Frühen Prinzipat, in: Zangenberg, J. u.a. (Hrg.): NTAK, Bd. 1: Prolegomena – Quellen – Geschichte, 2. Aufl., Neukirchen-Vluyn 2004, 149–158.

HAHN, F.: „Das Heil kommt von den Juden". Erwägungen zu Joh 4,22b, in: ders.: Die Verwurzelung des Christentums im Judentum. Exegetische Beiträge zum christlich-jüdischen Gespräch, zum 70. Geburtstag hrg. v. C. Breytenbach unter Mitwirkung v. S. v. Stemm, Neukirchen-Vluyn 1996, 99–118.

–: „Die Juden" im Johannesevangelium, in: ders.: Die Verwurzelung des Christentums im Judentum. Exegetische Beiträge zum christlich-jüdischen Gespräch, zum 70. Geburtstag hrg. v. C. Breytenbach unter Mitwirkung v. S. v. Stemm, Neukirchen-Vluyn 1996, 119–129.

–: Die Worte vom lebendigen Wasser im Johannesevangelium. Eigenart und Vorgeschichte von Joh 4,10.13f; 6,35; 7,37–39, in: Jervell, J./Meeks, W.A. (Hrg.), God's Christ and His People. Studies in Honour of Nils Alstrup Dahl, Oslo u.a. 1977, 51–70.

HAHN, H.: Wallfahrt und Auferstehung zur messianischen Zeit. Eine rabbinische Homilie zum Neumond-Shabbat (PesR 1), FJS 5, Frankfurt a.M. 1979.

HAKOLA, R.: Identity Matters. John, the Jews and Jewishness, NT.S 118, Leiden u.a. 2005.

HAMMES, A.: Der Ruf ins Leben. Eine theologisch-hermeneutische Untersuchung zur Eschatologie des Johannesevangeliums mit einem Ausblick auf ihre Wirkungsgeschichte, BBB 112, Bodenheim 1997.

HANSON, A.T.: John I.14–18 and Exodus 34, in: ders.: The New Testament Interpretation of Scripture, London 1980, 97–109.

–: John's Citation of Psalm LXXXII, NTS 11 (1965), 158–162.

–: John's Citation of Psalm LXXXII reconsidered, NTS 13 (1967), 363–367.

–: John's Technique in Using Scripture, in: ders.: The New Testament Interpretation of Scripture, London 1980, 157–176.

–: John's Use of Scripture, in: ders.: The Living Utterances of God. The New Testament Exegesis of the Old, London 1983, 113–132.

–: The Prophetic Gospel. A Study of John and the Old Testament, Edinburgh 1991.

–: The Theme of Christ as the True Temple in the Fourth Gospel, in: ders.: The New Testament Interpretation of Scripture, London 1980, 110–121.

HARRELSON, W.: The Celebration of the Feast of Booths according to Zech xiv 16–21, in: Religions in Antiquity. Essays in Memory of E.R. Goodenough, hrg. v. J. Neusner, SHR 14, Leiden 1968, 88–96.

HARTENSTEIN, J.: Abendmahl und Pessach. Frühjüdische Pessach-Traditionen und die erzählerische Einbettung der Einsetzungsworte im Lukasevangelium, in: Hartenstein, J./Petersen, S./Standhartinger, A. (Hrg.): „Eine gewöhnliche und harmlose Speise"?

Von den Entwicklungen frühchristlicher Abendmahlstraditionen, Gütersloh 2008, 180–199.

–: Charakterisierung im Dialog. Maria Magdalena, Petrus, Thomas und die Mutter Jesu im Johannesevangelium im Kontext anderer frühchristlicher Darstellungen, NTOA 64, Göttingen 2007.

–: Überlegungen zum Erkennen und Vermeiden von Antijudaismus in neutestamentlicher Exegese, in: Lehnert, V.A./Rüsen-Weinhold, U. (Hrg.): Logos – Logik – Lyrik. Engagierte exegetische Studien zum biblischen Reden Gottes, FS für K. Haacker, Arbeiten zur Bibel und ihrer Geschichte 27, Leipzig 2007, 353–366.

HARTINGSVELD, L. VAN: Die Eschatologie des Johannesevangeliums. Eine Auseinandersetzung mit R. Bultmann, Assen (NL) 1962.

HASITSCHKA, M.: Befreiung von Sünde nach dem Johannesevangelium. Eine bibeltheologische Untersuchung, IThS 27, Innsbruck u.a. 1989.

–: Beobachtungen zur Chronologie und Topographie der Passionsgeschichte nach Johannes, in: Für und wider die Priorität des Johannesevangeliums, Symposion in Salzburg am 10. März 2000, hrg. von P.L. Hofrichter, Theologische Texte und Studien 9, Hildesheim u.a. 2002, 151–159.

HECKEL, U.: Hirtenamt und Herrschaftskritik. Die urchristlichen Ämter aus johanneischer Sicht, BThSt 65, Neukirchen-Vluyn 2004.

HEINEMANN, I.: Philons griechische und jüdische Bildung. Kulturvergleichende Untersuchungen zu Philons Darstellung der jüdischen Gesetze, Hildesheim 1962.

Heinemann, J.: Art. Leviticus Rabbah, in: EJ 12, 2. Aufl., Detroit u.a. 2007, 740–742.

HEINZE, M.: Die Lehre vom Logos in der griechischen Philosophie, Oldenburg 1872, Nachdruck: Aalen 1984.

HENGEL, M.: Christologie und neutestamentliche Chronologie. Zu einer Aporie in der Geschichte des Urchristentums, in: ders.: Studien zur Christologie. Kleine Schriften IV, hrg. v. C.-J. Thornton, Tübingen 2006, 27–51.

–: Das Johannesevangelium als Quelle für die Geschichte des antiken Judentums, in: ders.: Judaica, Hellenistica et Christiana. Kleine Schriften II, unter Mitarbeit von J. Frey u. D. Betz und mit Beiträgen von H. Bloedhorn u. M. Küchler, WUNT 109, Tübingen 1999, 293–334.

–: Die johanneische Frage. Ein Lösungsversuch, WUNT 67, Tübingen 1993.

–: Die Schriftauslegung des 4. Evangeliums auf dem Hintergrund der urchristlichen Exegese, JBTh 4 (1989), 249–288.

–/SCHWEMER, A.M.: Jesus und das Judentum, GfC 1, Tübingen 2007.

HERR, M.D.: Art. Ḥanukkah, in: EJ 8, 2. Aufl., Detroit u.a. 2007, 331–333.

HESCHEL, S.: Deutsche Theologen für Hitler. Walter Grundmann und das Eisenacher „Institut zur Erforschung und Beseitigung des jüdischen Einflusses auf das deutsche kirchliche Leben", in: P. v.d. Osten-Sacken (Hrg.): Das mißbrauchte Evangelium. Studien zu Theologie und Praxis der Thüringer Deutschen Christen, SKI 20, Berlin 2002, 70–90.

HOFIUS, O.: „Der in des Vaters Schoß ist" Joh 1,18, ZNW 80 (1989), 163–171.

–: Erwählung und Bewahrung. Zur Auslegung von Joh 6,37, in: ders./Kammler, H.-C.: Johannesstudien. Untersuchungen zur Theologie des vierten Evangeliums, WUNT 88, Tübingen 1996, 81–86.

–: Struktur und Gedankengang des Logos-Hymnus in Joh 1,1–18, in: ders./Kammler, H.-C.: Johannesstudien. Untersuchungen zur Theologie des vierten Evangeliums, WUNT 88, Tübingen 1996, 1–23.

HOLTZ, G.: Der Herrscher und der Weise im Gespräch. Studien zu Form, Funktion und Situation der neutestamentlichen Verhörgespräche und der Gespräche zwischen jüdischen Weisen und Fremdherrschern, ANTZ 6, Berlin 1996.

–: Rabbinische Literatur und Neues Testament. Alte Schwierigkeiten und neue Möglichkeiten, ZNW 100 (2009), 173–198.

HORBURY, W.: Jews and Christians in Contact and Controversy, Edinburgh 1998.

HORSLEY, R.A.: Synagogues in Galilee and the Gospels, in: Evolution of the Synagogue. Problems and Progress, hrg. von H.C. Kee/L.H. Cohick, Harrisburg 1999, 46–69.

HORSTKOTTE, H.: Die Strafrechtspflege in den Provinzen der römischen Kaiserzeit zwischen hegemonialer Ordnungsmacht und lokaler Autonomie, in: Eck, W. (Hrg.): Lokale Autonomie und römische Ordnungsmacht in den kaiserzeitlichen Provinzen vom 1. bis 3. Jahrhundert, Schriften des Historischen Kollegs 42, München 1999, 303–318.

HOSSFELD, F.-L./ZENGER, E.: Psalmen 51–100, HThKAT, Freiburg i.Br. 2000.

HRUBY, K.: La Fête des Tabernacles au Temple, a la Synagogue et dans le Nouveau Testament, OrSyr 7 (1962), 163–174.

HÜBNER, H.: Art.: νόμος, in: EWNT II[2], Stuttgart u.a. 1992, 1158–1172.

–: Biblische Theologie des Neuen Testaments, Bd. 3: Hebräerbrief, Evangelien und Offenbarung, Epilegomena, Göttingen 1995.

HURTADO, L.W.: Lord Jesus Christ. Devotion to Jesus in Earliest Christianity, Grand Rapids, Michigan, Cambridge 2003.

HYLEN, S.E.: Imperfect Believers. Ambiguous Characters in the Gospel of John, Louisville 2009.

ILAN, T.: Matrona and Rabbi Jose: An Alternative Interpretation, JSJ 25 (1994), 18–51.

ILLMAN, K.-J.: Art. שָׁלֵם, in: ThWAT 8, Stuttgart u.a. 1995, 93–101.

INSTONE-BREWER, D.: Techniques and Assumptions in Jewish Exegesis before 70 CE, TSAJ 30, Tübingen 1992.

–: Traditions of the Rabbis from the Era of the New Testament (*TRENT*), Vol. I: Prayer and Agriculture, Cambridge 2004.

JACOBS, L.: Art.: Rosh Ha-Shana, in: EJ 17, 2. Aufl., Detroit u.a. 2007, 463–466.

–: Art.: Shavuot, in: EJ 18, 2. Aufl., Detroit u.a. 2007, 422–423.

–: Art. Sukkot. Sukkot in Rabbinic Literature et., in: EJ 19, 2. Aufl., Detroit u.a. 2007, 300–302.

JACOBS, M.: Die Institution des jüdischen Patriarchen. Eine quellen- und traditionskritische Studie zur Geschichte der Juden in der Spätantike, TSAJ 52, Tübingen 1995.

JANOWSKI, B.: Das Leben für andere hingeben. Alttestamentliche Vorstellungen für die Deutung des Todes Jesu, in: Frey, J./Schröter, J. (Hrg.): Deutungen des Todes Jesu im Neuen Testament, WUNT 181, Tübingen 2005, 97–118.

–: „Ich will in eurer Mitte wohnen“. Struktur und Genese der exilischen *Schekina*-Theologie, JBTh 2 (1987), 165–193.

–: Vergegenwärtigung und Wiederholung. Anmerkungen zu G. von Rads Konzept der „Heilsgeschichte“, in: Frey, J./Krauter, S./Lichtenberger, H. (Hrg.): Heil und Geschichte. Die Geschichtsbezogenheit des Heils und das Problem der Heilsgeschichte in der biblischen Tradition und in der theologischen Deutung, WUNT 248, Tübingen 2009, 37–61.

–/ZENGER, E.: Jenseits des Alltags. Fest und Opfer als religiöse Kontrastpunkte zur Alltagswelt im alten Israel, JBTh 18 (2003), 63–102.

JEREMIAS, J.: Die Kupferrolle von Qumran und Bethesda (1960), in: ders.: Abba. Studien zur neutestamentlichen Theologie und Zeitgeschichte, Göttingen 1966, 361–364.

–: Die Wiederentdeckung von Bethesda. Johannes 5,2, FRLANT 59 (Neue Reihe 41), Göttingen 1949.

–: Golgotha, Angelos.Beih. 1, Leipzig 1926.

–: Jerusalem zur Zeit Jesu. Eine kulturgeschichtliche Untersuchung zur neutestamentlichen Zeitgeschichte, 3., neubearb. Aufl., Göttingen 1969.

–: Art. Μωυσῆς, in: ThWNT IV, Stuttgart 1942, 852–878.

JOCZ, J.: Die Juden im Johannesevangelium, Judaica 9 (1953), 129–142.

JOHNSTON, G.: The Spirit-Paraclete in the Gospel of John, Cambridge 1970.

KÄSEMANN, E.: Jesu letzter Wille nach Johannes 17, 4., photomechanisch gedruckte Aufl., Tübingen 1980.

KAISER, U.U.: Jesus als Kind. Neuere Forschungen zur Jesusüberlieferung in den apokryphen „Kindheitsevangelien", in: J. Frey/J. Schröter (Hrg.): Jesus in apokryphen Evangelienüberlieferungen. Beiträge zu außerkanonischen Jesusüberlieferungen aus verschiedenen Sprach- und Kulturtraditionen, WUNT 254, Tübingen 2010, 253–269.

KAMMLER, H.-C.: Christologie und Eschatologie. Joh 5,17–30 als Schlüsseltext johanneischer Theologie, WUNT 126, Tübingen 2000.

KAZEN, T.: Jesus and Purity Halakha. Was Jesus Indifferent to Impurity? CB.NT 38, Stockholm 2002.

KEDAR-KOPFSTEIN, B.: Art. קוֹל, in: ThWAT 4, Stuttgart u.a. 1989, 1237–1252.

KEE, H.C.: Good News to the Ends of the Earth. The Theology of Acts, Philadelphia 1990.

KEEL, O.: Der Wald als Menschenfresser, Baumgarten und Teil der Schöpfung in der Bibel und im Alten Orient, in: U. Neumann-Gorsolke/P. Riede (Hrg.): Das Kleid der Erde. Pflanzen in der Lebenswelt des alten Israel, Stuttgart u.a. 2002, 86–107.

KELLERMANN, U.: Jüdisches Recht in neutestamentlicher Zeit, in: Zangenberg, J. u.a. (Hrg.): NTAK, Bd. 1: Prolegomena – Quellen – Geschichte, 2. Aufl., Neukirchen-Vluyn 2004, 258–268.

KIERSPEL, L.: The Jews and the World in the Fourth Gospel. Parallelism, Function, and Context, WUNT II/220, Tübingen 2006.

KILPATRICK, G.D.: The Punctuation of John VII 37–38, JThS NS 11 (1960), 340–342.

KIMELMAN, R.: Birkat Ha-Minim and the Lack of Evidence for an Anti-Christian Jewish Prayer in Late Antiquity, in: E.P. Sanders u.a. (Hrg.): Jewish and Christian Self-Definition, Bd. II: Aspects of Judaism in the Graeco-Roman Period, Philadelphia 1981, 226–244.

KIRNER, G.O.: Strafgewalt und Provinzialherrschaft. Eine Untersuchung zur Strafgewaltspraxis der römischen Statthalter in Judäa (6 – 66 n. Chr.), RG 109, Berlin 2004.

KITTEL, G.: Art. εἶδος, in: ThWNT II, Stuttgart u.a. 1935, 371–373.

–: Art. λέγω κτλ D. „Wort" und „Reden" im NT, in: ThWNT IV, Stuttgart u.a. 1942, 100–147.

KLAPPERT, B.: „Mose hat von mir geschrieben". Leitlinien einer Christologie im Kontext des Judentums. Joh 5,39–47, in: Die Hebräische Bibel und ihre zweifache Nachgeschichte. FS für R. Rendtorff, hrg. v. E. Blum, C. Macholz u. E.W. Stegemann, Neukirchen-Vluyn 1990, 619–640.

KLAUCK, H.-J.: Apokryphe Evangelien. Eine Einführung, Stuttgart 2002.

–: Geschrieben, erfüllt, vollendet: die Schriftzitate in der Johannespassion, in: Labahn, M./Scholtissek, K./Strotmann, A. (Hrg.): Israel und seine Heilstraditionen im Johannesevangelium, FS für J. Beutler SJ, Paderborn u.a. 2004, 140–157.

KLEIN, H.: Vorgeschichte und Verständnis der johanneischen Ich-bin-Worte, KuD 33 (1987), 120–136.

KLOS, H.: Die Sakramente im Johannesevangelium. Vorkommen und Bedeutung von Taufe, Eucharistie und Buße im vierten Evangelium, SBS 46, Stuttgart 1970.

KNAPP, D.: Deuteronomium 4. Literarische Analyse und theologische Interpretation, GTA 35 Göttingen 1987.

KNÖPPLER, T.: Die theologia crucis des Johannesevangeliums. Das Verständnis des Todes Jesu im Rahmen der johanneischen Inkarnations- und Erhöhungschristologie, WMANT 69, Neukirchen-Vluyn 1994.

KNOHL, I.: Post-Biblical Sectarianism and the Priestly Schools of the Pentateuch: The Issue of Popular Participation in the Temple Cult on Festivals, in: The Madrid Qumran Congress. Proceedings of the International Congress on the Dead Sea Scrolls, Madrid 18–21 March, 1991, ed. Trebolle Barrera, J./Vegas Montaner, L., Vol. 2, Studies on the Texts of the Desert of Judah XI,2, Leiden u.a. 1992, 601–609.

KOCH, G.: Ritual und Relation. Die beziehungsstiftende Kraft von Ritualen, erörtert an alt- und neutestamentlichen Beispielen, in: S. Ernst/M. Häusl (Hrg.): Kulte, Priester, Rituale. Beiträge zu Kult und Kultkritik im Alten Testament und Alten Orient, FS für T. Seidl, ATSAT 89, St. Ottilien 2010, 485–506.

KOESTER, C.R.: Es ist Zeit, dem Licht zu folgen (Wandel bei Tag und Nacht). Joh 11,9f. (Joh 8,12 / 9,4f. / 12,35f.), in: R. Zimmermann (Hrg.): Kompendium der Gleichnisse Jesu, Gütersloh 2007, 793–803.

–: Symbolism in the Fourth Gospel. Meaning, Mystery, Community, 2. Aufl., Minneapolis 2003.

KÖRTING, C.: Der Schall des Schofar. Israels Feste im Herbst, BZAW 285, Berlin 1999.

KOTILA, M.: Umstrittener Zeuge. Studien zur Stellung des Gesetzes in der johanneischen Theologiegeschichte, AASF.DHL 48, Helsinki 1988.

KOWALSKI, B.: Die Hirtenrede (Joh 10,1–18) im Kontext des Johannesevangeliums, SBB 31, Stuttgart 1996.

–: Ruf in die Nachfolge (Vom Hirt und den Schafen) – Joh 10,1–5, in: R. Zimmermann (Hrg.): Kompendium der Gleichnisse Jesu, Gütersloh 2007, 768–780.

KRAFFT, E.: Die Personen des Johannesevangeliums, EvTh 16 (1956), 18–32.

KRATZ, R.G.: Art. Fest, in: HGANT, Darmstadt 2006, 184–186.

–: Die Tora Davids. Psalm 1 und die doxologische Fünfteilung des Psalters, ZThK 93 (1996), 1–34.

KRAUS, W.: Johannes und das Alte Testament. Überlegungen zum Umgang mit der Schrift im Johannesevangelium im Horizont Biblischer Theologie, ZNW 88 (1997), 1–23.

KRAUSS, S.: Griechische und lateinische Lehnwörter im Talmud, Midrasch und Targum mit Bemerkungen von I. Löw, 2 Bde., Hildesheim u.a. 1987.

KRAUTER, S.: Bürgerrecht und Kultteilnahme. Politische und kultische Rechte und Pflichten in griechischen Poleis, Rom und antikem Judentum, BZNW 127, Berlin u.a. 2004.

KRIENER, T.: „Glauben an Jesus" – ein Verstoß gegen das zweite Gebot? Die johanneische Christologie und der jüdische Vorwurf des Götzendienstes, Neukirchener Theologische Dissertationen und Habilitationen 29, Neukirchen-Vluyn 2001.

KRONHOLM, T.: Art. סכך, in: ThWAT 5, Stuttgart u.a. 1986, 838–856.

KÜCHLER, M.: Die beiden heilsamen Wasser Jerusalems. Betesda und Schiloach zur Zeit Jesu, WUB 2/2007, 24–27.

–: Die „Probatische" und Betesda mit den fünf ΣΤΟΑΙ (Joh 5,2), in: Kessler, A./Ricklin, T./Wurst, G. (Hrg.): Peregrina Curiositas. Eine Reise durch den *orbis antiquus*, FS für D. van Damme, NTOA 27, Göttingen u.a. 1994, 127–154.

–: Heil ergehen in Jerusalem, in: Pichler, J./Heil, C. (Hrg.): Heilungen und Wunder. Theologische, historische und medizinische Zugänge, Darmstadt 2007, 162–178.

–: Jerusalem. Ein Handbuch und Studienreiseführer zur Heiligen Stadt, OLB IV,2, Göttingen 2007.

–: Zum „Probatischen Becken" und zu „Betesda mit den fünf Stoën", in: Hengel, M.: Judaica, Hellenistica et Christiana. Kleine Schriften II, unter Mitarbeit von J. Frey u. D. Betz und mit Beiträgen von H. Bloedhorn u. M. Küchler, WUNT 109, Tübingen 1999, 381–390.

KÜGLER, J.: Der andere König. Religionsgeschichtliche Perspektiven auf die Christologie des Johannesevangeliums, SBS 178, Stuttgart 1999.

–: Der geliebte Jünger bezeugt die „Zeichen" des Sohnes. Erzählung von der Fleischwerdung des Wortes und Wortwerdung des Fleisches, BiKi 62 (2007), 167–174.

KÜHSCHELM, R.: Verstockung, Gericht und Heil. Exegetische und bibeltheologische Untersuchung zum sogenannten „Dualismus" und „Determinismus" in Joh 12,35–50, BBB 76, Frankfurt a.M. 1990.

KUHN, P.: Offenbarungsstimmen im Antiken Judentum. Untersuchungen zur Bat Qol und verwandten Phänomenen, TSAJ 20, Tübingen 1989.

KUTSCH, E.: Art. Passover. Passover in the New Testament, in: EJ 15, 2. Aufl., Detroit u.a. 2007, 681.

–: Art. Sukkot. In the Bible etc., in: EJ 19, 2. Aufl., Detroit u.a., 299–300.

LABAHN, M.: Die παρρησία des Gottessohnes im Johannesevangelium. Theologische Hermeneutik und philosophisches Selbstverständnis, in: Frey, J./Schnelle, U. (Hrg.): Kontexte des Johannesevangeliums. Das vierte Evangelium in religions- und traditionsgeschichtlicher Perspektive, WUNT 175, Tübingen, 2004, 321–363.

–: Deuteronomy in John's Gospel, in: Menken, M.J.J./Moyise, S. (Hrg.): Deuteronomy in the New Testament. The New Testament and the Scriptures of Israel, Library of New Testament Studies 358, London u.a. 2007, 82–98.

–: Eine Spurensuche anhand von Joh 5.1–18. Bemerkungen zu Wachstum und Wandel der Heilung eines Lahmen, in: NTS 44 (1998), 159–179.

–/SCHOLTISSEK, K./STROTMANN, A. (Hrg.): Israel und seine Heilstraditionen im Johannesevangelium, FS für J. Beutler SJ, Paderborn u.a. 2004.

–: Jesus als Lebensspender. Untersuchungen zu einer Geschichte der johanneischen Tradition anhand ihrer Wundergeschichten, BZNW 98, Berlin/New York 1999.

–: Jesus und die Autorität der Schrift im Johannesevangelium. Überlegungen zu einem spannungsreichen Verhältnis, in: ders./Scholtissek, K./Strotmann, A. (Hrg.): Israel und seine Heilstraditionen im Johannesevangelium, FS für J. Beutler SJ, Paderborn u.a. 2004, 185–206.

LAU, I.M.: Wie Juden leben. Glaube – Alltag – Feste, 5. Aufl., Gütersloh 2004.

LAUSBERG, H.: Der Johannes-Prolog. Rhetorische Befunde zu Form und Sinn des Textes, NAWG.PH 5 (1984), 189–279.

LEE, E.K.: The Religious Thought of St. John, London 1950.

LEISEGANG, H.: Der Heilige Geist. Das Wesen und Werden der mystisch-intuitiven Erkenntnis in der Philosophie und Religion der Griechen Bd.I/1: Die vorchristlichen Anschauungen und Lehren vom Πνεῦμα und der mystisch-intuitiven Erkenntnis, Leipzig/Berlin 1919.

LEONHARDT-BALZER, J.: Der Logos und die Schöpfung: Streiflichter bei Philo (Op 20–25) und im Johannesprolog (Joh 1,1–18), in: Frey, J./Schnelle, U. (Hrg.): Kontexte des Johannesevangeliums. Das vierte Evangelium in religions- und traditionsgeschichtlicher Perspektive, WUNT 175, Tübingen, 2004, 295–319.

LEVINE, L.I.: The Ancient Synagogue. The First Thousand Years, Yale 2000.

LEVY, J.: Wörterbuch über die Talmudim und Midraschim nebst Beiträgen von H.L. Fleischer und den Nachträgen und Berichtigungen zur zweiten Auflage von L. Goldschmidt, unveränderter Nachdruck der 2. Aufl., 4 Bde., Darmstadt 1963.

LICHTENBERGER, H.: Das Ich Adams und das Ich der Menschheit. Studien zum Menschenbild in Röm 7, WUNT 164, Tübingen 2004.

LINDEMANN, A.: Mose und Jesus Christus. Zum Verständnis des Gesetzes im Johannesevangelium, in: Das Urchristentum in seiner literarischen Geschichte, FS für J. Becker, hrg. v. U. Mell/U.B. Müller, BZNT 100, Berlin u.a. 1999, 309–334.

LOADER, W.R.G.: Jesus' Attitude towards the Law. A Study of the Gospels, WUNT II/97, Tübingen 1997.

LOHFINK, N.: Verkündigung des Hauptgebots in der jüngsten Schicht des Deuteronomiums (Dt 4,1–40) (1965), in: ders.: Studien zum Deuteronomium und zur deuteronomistischen Literatur I, SBAB 8, Stuttgart 1990, 167–191.

LOHSE, E.: Art. σάββατον κτλ, in: ThWNT VII, Stuttgart 1964, 1–35.

LUTHER, M.: Eine Predigt D. Martini Lutheri uber den Spruch Joan. am. 5. ‚Suchet inn der Schrifft' etc., zu Halle inn Sachssen, den 5. tag Augusti gethan, Anno 1545, WA 51, Weimar 1914, 1–11.

–: Von den Juden und ihren Lügen, in: Walch, J.G. (Hrg.): Dr. Martin Luthers Sämtliche Schriften, Bd. 20, Nachdruck der 2., überarb. Aufl., St. Louis/Missouri 1986,1860–2029.

LUCK, U.: Art. ὑγιής κτλ, in: ThWNT VIII, Stuttgart 1969, 308–313.

MACH, D.: Art. Feste und Feiertage III. Judentum, in: TRE 11, Berlin u.a. 1983, 107–115.

MACH, M.: Entwicklungsstadien des jüdischen Engelglaubens in vorrabbinischer Zeit, TSAJ 34, Tübingen 1992.

MACK, B.L.: Logos und Sophia. Untersuchungen zur Weisheitstheologie im hellenistischen Judentum, Studien zur Umwelt des Neuen Testaments 10, Göttingen 1973.

MAHR, D.: Wem liegen die Schafe am Herzen?! (Hirte und Lohnknecht) – Joh 10,12f., in: R. Zimmermann (Hrg.): Kompendium der Gleichnisse Jesu, Gütersloh 2007, 788–792.

MAIBERGER, P./LANG, B.: Art. Ysop, in: NBL III, Düsseldorf u.a. 2001, 1148.

MAIER, J.: Das jüdische Verständnis des Psalms 82 und das Zitat aus Ps 82,6a in Joh 10,34–35, in: Im Geist und in der Wahrheit. Studien zum Johannesevangelium und zur Offenbarung des Johannes sowie andere Beiträge, FS für M. Hasitschka, NTA 52, Münster 2008, 15–28.

–: Geschichte der jüdischen Religion. Von der Zeit Alexanders des Großen bis zur Aufklärung mit einem Ausblick auf das 19./20. Jahrhundert, 2., vollständig neu bearb. Aufl., Freiburg u.a. 1992.

–: Schriftrezeption im jüdischen Umfeld des Johannesevangeliums, in: Labahn, M./ Scholtissek, K./Strotmann, A. (Hrg.): Israel und seine Heilstraditionen im Johannesevangelium, FS für J. Beutler SJ, Paderborn u.a. 2004, 54–88.

–: Tempel und Tempelkult, in: ders./Schreiner, J. (Hrg.): Literatur und Religion des Frühjudentums. Eine Einführung, Würzburg 1973, 371–390.

MALMEDE, H.H.: Die Lichtsymbolik im Neuen Testament, Wiesbaden 1986.

MANDELBAUM, B.: Art. Pesikta de-Rav Kahana, in: EJ 16, 2. Aufl., Detroit u.a. 2007, 11–12.

MANNS, F.: La fête des juifs de Jean 5,1, Anton. 70 (1995), 117–124.

MARCUS, J.: Rivers of Living Water from Jesus' Belly (John 7:38), JBL 117/2 (1998), 328–330.

MARCUS, R.: Josephus with an English Translation, Bd. VII: Jewish Antiquitates, Books XII-XIV, The Loeb Classical Library, London 1961.

MARITZ, P./VAN BELLE, G.: The Imagery of Eating and Drinking in John 6:35, in: Frey, J./van der Watt, J.G./Zimmermann, R. (Hrg.): Imagery in the Gospel of John. Terms, Forms, Themes, and Theology of Johannine Figurative Language, WUNT 200, Tübingen 2006, 333–352.

MARTYN, J.L.: History and Theology in the Fourth Gospel, New York 1968.

MAYO, P.L.: The Role of the *Birkath Haminim* in Early Jewish-Christian Relations: A Reexamination of the Evidence, Bulletin for Biblical Research 16 (2006), 325–344.

MCGRATH, J.F.: John's Apologetic Christology. Legitimation and Development in Johannine Christology, MSSNTS 111, Cambridge 2001.

MCKAY, H.A.: Sabbath and Synagogue. The Question of Sabbath Worship in Ancient Judaism, RGRW 122, Leiden u.a. 1994.

MCNAMARA, M.: Targum and Testament. Aramaic Paraphrases of the Hebrew Bible: A Light on the New Testament, Dublin u.a. 1972.

–: The New Testament and the Palestinian Targum to the Pentateuch, second printing, with Supplement Containing Additions and Corrections, Rome 1978.

MCQUAID, E.: The Outpouring. Jesus in the Feasts of Israel, Chicago 1986.

MEEKS, W.A.: "Am I a Jew?" Johannine Christianity and Judaism, in: Christianity, Judaism and other Greco-Roman Cults. FS für M. Smith, hrg. v. Neusner, J., SJLA 12/1, Leiden 1975, 163–186.

–: Die Funktion des vom Himmel herabgestiegenen Offenbarers für das Selbstverständnis der johanneischen Gemeinde, in: ders. (Hrg.): Zur Soziologie des Urchristentums. Ausgewählte Beiträge zum frühchristlichen Gemeinschaftsleben in seiner gesellschaftlichen Umwelt, TB 62, München 1979, 245–283.

–: Equal to God, in: Fortna, R.T/Gaventa, B.R. (Hrg.), The Conversation continues. Studies in Paul and John, Nashville 1990, 309–321.

–: The Prophet-King. Moses Traditions and the Johannine Christology, NT.S 14, Leiden 1967.

MENKEN, M.J.J.: Die jüdischen Feste im Johannesevangelium, in: Labahn, M./Scholtissek, K./Strotmann, A. (Hrg.): Israel und seine Heilstraditionen im Johannesevangelium, FS für J. Beutler SJ, Paderborn u.a. 2004, 269–286.

–: John 6,51c-58: Eucharist or Christology?, Bib. 74 (1993), 1–26.

–: „Not a Bone of Him Shall Be Broken" (John 19:36) (1992), in: ders.: Old Testament Quotations in the Fourth Gospel. Studies in Textual Form, CBET 15, Kampen 1996, 147–166.

–: Observations on the significance of the Old Testament in the Fourth Gospel, Neotest. 33 (1999), 125–143.

–: Old Testament Quotations in the Fourth Gospel. Studies in Textual Form, CBET 15, Kampen 1996.

–: „Rivers of Living Water Shall Flow from His Inside" (John 7:38) (1996), in: ders.: Old Testament Quotations in the Fourth Gospel. Studies in Textual Form, CBET 15, Kampen 1996, 187–203.

–: Some Remarks on the Course of the Dialogue: John 6,25–34, Bijdragen 48 (1987), 139–149.

–: The Origin of the Old Testament Quotation in John 7:38, NovT 38 (1996), 160–175.

–: The Provenance and Meaning of the Old Testament Quotation in John 6:31, NovT 30 (1988), 39–56.

–: The Use of the Septuagint in three Quotations in John: Jn 10,34; 12,38; 19,24, in: Tuckett, C.M. (Hrg.): The Scriptures in the Gospels, Leuven 1997, BEThL 131, 367–393.

METZNER, R.: Das Verständnis der Sünde im Johannesevangelium, WUNT 122, Tübingen 2000.

–: *Der* Geheilte von Johannes 5 – Repräsentant des Unglaubens, ZNW 90 (1999), 177–193.

MICHEL, O.: Dienst am Wort. Gesammelte Aufsätze, hrg. v. K. Haacker, Neukirchen-Vluyn 1986.

MOHR, T.A.: Markus- und Johannespassion. Redaktions- und traditionsgeschichtliche Untersuchung der markinischen und johanneischen Passionstradition, AThANT 70, Zürich 1982.

MOLONEY, F.J.: Belief in the Word. Reading the Fourth Gospel: John 1–4, Minneapolis 1993.

–: Reading John 2:13–22: The Purification of the Temple, RB 97 (1990), 432–452.

–: The Johannine Son of Man, BSRel 14, 2. Aufl., Roma 1978.

MOLLAT, D.: L'Évangile selon Saint Jean, in: ders./Braun, F.-M.: L'Évangile et les Épitres de Saint Jean, SB(J) 4, Paris 1953, 9–198.

–: L'Évangile selon Saint Jean, in: ders./Braun, F.-M.: L'Évangile et les Épitres de Saint Jean, 3., durchges. Aufl., SB(J), Paris 1973, 9–227.

MOO, D.J.: The Old Testament in the Gospel Passion Narratives, Sheffield 1983.

MORETON, M.J.: Feast, Sign, and Discourse in John 5, StEv 4 (1968), 209–213.

MOWINCKEL, S.: Art. Mythos und Mythologie III. Im AT, in: RGG[3], Bd. 4, Tübingen 1960, 1274–1278.

MOWRY, L.: The Dead Sea Scrolls and the Early Church, Chicago u.a. 1962.

MÜLLER, K.: Das Judentum in der religionsgeschichtlichen Arbeit am Neuen Testament. Eine kritische Rückschau auf die Entwicklung einer Methodik bis zu den Qumranfunden, Frankfurt a.M. 1983.

–: Möglichkeit und Vollzug jüdischer Kapitalgerichtsbarkeit im Prozeß gegen Jesus von Nazareth, in: Kertelge, K. (Hrg.): Prozeß gegen Jesus. Historische Rückfrage und theologische Deutung, QD 112, 2. Aufl., Freiburg i.Br. 1989, 41–83.

–: Neutestamentliche Wissenschaft und Judaistik, in: Doering, L./Waubke, H.-G./Wilk, F. (Hrg.): Judaistik und neutestamentliche Wissenschaft. Standorte – Grenzen – Beziehungen, FRLANT 226, Göttingen 2008, 32–60.

–: Zur Datierung rabbinischer Aussagen, in: Merklein, H. (Hrg.): Neues Testament und Ethik, FS für R. Schnackenburg, Freiburg im Breisgau 1989, 551–587.

MÜLLER, U.B.: Die Geschichte der Christologie in der johanneischen Gemeinde, SBS 77, Stuttgart 1975.

MÜLLNER, I./DSCHULNIGG, P.: Jüdische und christliche Feste, Die neue Echter Bibel – Themen 9, Würzburg 2002.

NEUSNER, J.: A Life of Yohanan ben Zakkai. Ca. 1–80 C.E., StPB 6, Leiden 1970.

–: Comparing Sources: Mishnah/Tosefta and Gospel, in: ders.: Jewish Law from Moses to the Mishnah. The Hiram College Lectures on Religion for 1999 and Other Papers, SFSHJ 187, Atlanta (Georgia) 1998, 119–135.

–: From Tradition to Imitation. The Plan and Program of Pesiqta Rabbati and Pesiqta deRab Kahana, BJSt 80, Atlanta, Georgia 1987.

–: The Integrity of Leviticus Rabbah. The Problem of the Autonomy of a Rabbinic Document, BJSt 93, Chico, California 1985.

–: The Rabbinic Traditions about the Pharisees before 70, Bd. 3: Conclusions, Leiden 1971.

–: Rabbinic Literature & the New Testament. What we cannot show, we do not know, Valley Forge (Pennsylvania) 1994.

NEYREY, J.H.: „I said: You are Gods": Psalm 82,6 and John 10, JBL 108/4 (1989), 647–663.

NICKLAS, T.: Ablösung und Verstrickung. „Juden" und Jüngergestalten als Charaktere der erzählten Welt des Johannesevangeliums und ihre Wirkung auf den impliziten Leser, Regensburger Studien zur Theologie 60, Frankfurt am Main u.a. 2001.

NIELSEN, E.: Deuteronomium, HAT I/6, Tübingen 1995.

NIELSEN, H.K.: Johannine Research, in: New Readings in John. Literary and Theological Perspectives, Essays from the Scandinavian Conference on the Fourth Gospel Århus 1997, hrg. v. Nissen, J./Pedersen, S., JSNT.S 182, Sheffield 1999, 11–30.

–: John's Understanding of the Death of Jesus, in: New Readings in John. Literary and Theological Perspectives, Essays from the Scandinavian Conference on the Fourth Gospel Århus 1997, hrg. v. Nissen, J./Pedersen, S., JSNT.S 182, Sheffield 1999, 232–254.

NIELSEN, J.T.: Die kognitive Dimension des Kreuzes. Zur Deutung des Todes Jesu im Johannesevangelium, WUNT II/263, Tübingen 2009.

–: The Lamb of God: The Cognitive Structure of a Johannine Metaphor, in: Frey, J./van der Watt, J.G./Zimmermann, R. (Hrg.): Imagery in the Gospel of John. Terms, Forms, Themes, and Theology of Johannine Figurative Language, WUNT 200, Tübingen 2006, 217–256.

NIELSEN, K.: Old Testament Imagery in John, in: New Readings in John. Literary and Theological Perspectives, Essays from the Scandinavian Conference on the Fourth Gospel Århus 1997, hrg. v. Nissen, J./Pedersen, S., JSNT.S 182, Sheffield 1999, 66–82.

NOACK, B.: The Day of Pentecost in Jubilees, Qumran, and Acts, ASTI 1 (1962), 73–95.

NODET, E.: La Dédicace, les Maccabées et le Messie, RB 93 (1986), 321–375.

OBERMANN, A.: Die christologische Erfüllung der Schrift im Johannesevangelium. Eine Untersuchung zur johanneischen Hermeneutik anhand der Schriftzitate, WUNT II/83, Tübingen 1996.

ONUKI, T.: Gemeinde und Welt im Johannesevangelium. Ein Beitrag zur Frage nach der theologischen und pragmatischen Funktion des johanneischen „Dualismus", WMANT 56, Neukirchen-Vluyn 1984.

OSTEN-SACKEN, P. VON DER: Bachs Johannes-Passion, das Johannesevangelium und das Problem christlicher Judenfeindschaft, in: Finke, A.-K./Zehner, J. (Hrg.): Zutrauen zur Theologie. Akademische Theologie und die Erneuerung der Kirche, FS für C. Gestrich, Berlin 2000, 250–272.

–: Leistung und Grenze der johanneischen Kreuzestheologie, EvTh 36 (1976), 154–176.

ØSTENSTAD, G.H.: Patterns of Redemption in the Fourth Gospel. An Experiment in Structural Analysis, SBEC 38, Lewiston (USA) u.a. 1998.

OTTO, E.: Art. Feste und Feiertage II. Altes Testament, in: TRE 11, Berlin u.a. 1983, 96–106.

–: Art. Pascha, in: NBL III, Düsseldorf u.a. 2001, 77–80.

–: Art. פסח, in: ThWAT 6, Stuttgart u.a. 1989, 659–682.

PAINTER, J.: Sacrifice and Atonement in the Gospel of John, in: Labahn, M./Scholtissek, K./Strotmann, A. (Hrg.): Israel und seine Heilstraditionen im Johannesevangelium, FS für J. Beutler SJ, Paderborn u.a. 2004, 287–313.

–: The Church and Israel in the Gospel of John: A Response, NTS 25 (1997), 103–112.

–: „The Light Shines in the Darkness…". Creation, Incarnation, and Resurrection in John, in: Koester, C.R./Bieringer, R. (Hrg.): The Resurrection of Jesus in the Gospel of John, WUNT 222, Tübingen 2008, 21–46.

–: Tradition, History and Interpretation in John 10, in: J. Beutler/R.T. Fortna (Hrg.): The Shepherd Discourse of John 10 and its Context. Studies by members of the Johannine Writings Seminar, MSSNTS 67, Cambridge u.a. 1991, 53–74.

PANCARO, S.: „People of God" in St John's Gospel, NTS 16 (1969/70), 114–129.

–: The Law in the Fourth Gospel. The Torah and the Gospel, Moses and Jesus, Judaism and Christianity according to John, NT.S XLII, Leiden 1975.

–: The Relationship of the Church to Israel in the Gospel of St John, NTS 21 (1975), 396–405.

PATAI, R.: Man and Temple. In Ancient Jewish Myth and Ritual, 2., enl. ed. with a new introd. and postsc., New York 1947.

–: The "Control of Rain" in Ancient Palestine. A Study in Comparative Religion, HUCA 14 (1939), 251–286.

PEDERSEN, S.: Anti-Judaism in John's Gospel: John 8, in: New Readings in John. Literary and Theological Perspectives, Essays from the Scandinavian Conference on the Fourth Gospel Århus 1997, hrg. v. Nissen, J./Pedersen, S., JSNT.S 182, Sheffield 1999, 172–193.

PEPPERMÜLLER, R.: Art. ἑορτή, in: EWNT II², Stuttgart u.a. 1992, 33–34.

PETERSEN, S.: Brot, Licht und Weinstock. Intertextuelle Analysen johanneischer Ich-bin-Worte, NT.S 127, Leiden 2008.

–: Die Ich-bin-Worte als Metaphern am Beispiel der Lichtmetaphorik, in: Frey, J./van der Watt, J.G./Zimmermann, R. (Hrg.): Imagery in the Gospel of John. Terms, Forms, Themes, and Theology of Johannine Figurative Language, WUNT 200, Tübingen 2006, 121–138.

–: Jesus zum „Kauen": Das Johannesevangelium, das Abendmahl und die Mysterienkulte, in: Hartenstein, J./Petersen, S./Standhartinger, A. (Hrg.): „Eine gewöhnliche und harmlose Speise"? Von den Entwicklungen frühchristlicher Abendmahlstraditionen, Gütersloh 2008, 105–130.

PLAUT, W.G.: Die Tora in jüdischer Auslegung, Bd II: Schemot, Exodus, Gütersloh 2000.

–: Die Tora in jüdischer Auslegung, Bd IV: Bemidbar, Numeri, Gütersloh 2003.

PLIETZSCH, S.: „Dass jede einzelne Sache, für die Israel sein Leben gab, in seinen Händen Bestand haben sollte...": Individuelle und regional unabhängige Religiosität in der Mekhilta des Rabbi Jischmael, JSJ 41 (2010), 244–285.

PLÜMACHER, E.: Art. Bibel II, in: TRE 6, Berlin u.a. 1980, 8–22.

POPKES, E.E.: Die Theologie der Liebe Gottes in den johanneischen Schriften. Zur Semantik der Liebe und zum Motivkreis des Dualismus, WUNT II/197, Tübingen 2005.

–: „Ich bin das Licht". Erwägungen zur Verhältnisbestimmung des Thomasevangeliums und der johanneischen Schriften anhand der Lichtmetaphorik, in: Frey, J./Schnelle, U. (Hrg.): Kontexte des Johannesevangeliums. Das vierte Evangelium in religions- und traditionsgeschichtlicher Perspektive, WUNT 175, Tübingen, 2004, 641–674.

POPP, T.: Die Tür ist offen (Die Tür) – Joh 10,7–10, in: R. Zimmermann (Hrg.): Kompendium der Gleichnisse Jesu, Gütersloh 2007, 781–787.

PORSCH, F.: Pneuma und Wort. Ein exegetischer Beitrag zur Pneumatologie des Johannesevangeliums, FTS 16, Frankfurt a.M. 1974.

PORTER, S.E.: Can Traditional Exegesis Enlighten Literary Analysis of the Fourth Gospel? An Examination of the Old Testament Fulfilment Motif and the Passover Theme, in: Evans, C.A./Stegner, W.R. (Hrg.): The Gospels and the Scriptures of Israel, JSNT.S 104, Sheffield 1994, 396–428.

POTTERIE, I. DE LA: La Vérité dans Saint Jean, *Bd. I*: Le Christ et la vérité, L'Esprit et la vérité, AnBib 73, Rom 1977.

–: La Vérité dans Saint Jean, *Bd. II*: Le croyant et la vérité, AnBib 74, Rom 1977.

PREUSS, H.D.: Theologie des Alten Testaments, Bd. 2: Israels Weg mit JHWH, Stuttgart u.a. 1992.

RADL, W.: Art. ῥῆμα, in: EWNT III², Stuttgart u.a. 1992, 505–507.

–: Art. φωνή, in: EWNT III², Stuttgart u.a. 1992, 1068–1071.

RAHNER, H.: Flumina de ventre Christi. Die patristische Auslegung von Joh 7,37.38, Bib 22 (1941), *I*: 269–302; *II*: 367–403.

RAHNER, J.: „Er aber sprach vom Tempel seines Leibes". Jesus von Nazaret als Ort der Offenbarung Gottes im vierten Evangelium, BBB 117, Bodenheim 1998.

–: Vergegenwärtigende Erinnerung. Die Abschiedsreden, der Geist-Paraklet und die Retrospektive des Johannesevangeliums, ZNW 91 (2000), 72–90.

RATZINGER, J. (Benedikt XVI.): Jesus von Nazareth. Erster Teil: Von der Taufe im Jordan bis zur Verklärung, Freiburg u.a. 2007.

REIM, G.: Jochanan. Erweiterte Studien zum alttestamentlichen Hintergrund des Johannesevangeliums, Erlangen 1995.

–: Studien zum alttestamentlichen Hintergrund des Johannesevangeliums, Cambridge 1974.

–: Targum und Johannesevangelium, BZ 27 (1983), 1–13.

REIN, M.: Die Heilung des Blindgeborenen (Joh 9). Tradition und Redaktion, WUNT II/73, Tübingen 1995.

REINBOLD, W.: Der älteste Bericht über den Tod Jesu. Literarische Analyse und historische Kritik der Passionsdarstellungen der Evangelien, BZNW 69, Berlin u.a. 1994.

REINHARTZ, A.: A Nice Jewish Girl Reads the Gospel of John, Semeia 77 (1997), 177–193.

–: Freundschaft mit dem Geliebten Jünger. Eine jüdische Lektüre des Johannesevangeliums, Zürich 2005.

–: ‚Jews' and Jews in the Fourth Gospel, in: Bieringer, R./Pollefeyt, D./Vandecasteele-Vanneuville, F. (Hrg.): Anti-Judaism and the Fourth Gospel. Papers of the Leuven Colloquium, 2000, Jewish and Christian Heritage Series 1, Assen NL 2001, 341–356.

–: The Johannine Community and its Jewish Neighbors: A Reappraisal, in: „What is John?", Vol. II: Literary and Social Readings of the Fourth Gospel, hrg. v. F.F. Segovia, SBLSymS 7, Atlanta 1998, 111–138.

REYNOLDS, B.E.: The Apocalyptic Son of Man in the Gospel of John, WUNT II/249, Tübingen 2008.

RIEDE, P.: Von der Zeder bis zum Ysop. Zur Bedeutung der Pflanzen in der Lebenswelt des alten Israel – Eine Einführung, in: ders./U. Neumann-Gorsolke (Hrg.): Das Kleid der Erde. Pflanzen in der Lebenswelt des alten Israel, Stuttgart u.a. 2002, 1–16.

RINGGREN, H.: Israelitische Religion, 2. Aufl., Stuttgart 1982.

–: Art. מֵעִים, in: ThWAT 4, Stuttgart u.a. 1984, 1036–1038.

RISSI, M.: Der Aufbau des vierten Evangeliums, NTS 29 (1983), 48–54.

–: „Die Juden" im Johannesevangelium, in: ANRW II, Bd. 26: Religion, 3. Teilband: Vorkonstantinisches Christentum: Neues Testament (Sachthemen [Forts.]), hrg. v. W. Haase, Berlin u.a. 1996, 2099–2141.

RITT, H.: Plädoyer für Methodentreue. Thesen zur Topographie und Chronologie der Johannespassion, in: Kertelge, K. (Hrg.): Der Prozeß gegen Jesus. Historische Rückfrage und theologische Deutung, QD 112, 2. Aufl., Freiburg i.Br. 1989,183–190.

RÖHSER, G.: Tempel und Opferkult in der antiken Welt, in: Zangenberg, J. u.a. (Hrg.): Neues Testament und Antike Kultur, Bd. 3: Weltauffassung – Kult – Ethos, Neukirchen-Vluyn 2005, 181–187.

RÖLVER, O.: Jesus im „Haus seines Vaters". Der Tempel in den Evangelien, WUB 2/2007, 20–23.

ROSENTHAL, J.M.: Art. Seder Olam, in: EJ 18, 2. Aufl., Detroit u.a. 2007, 235–236.

ROWELL, H.T.: Art. Numerus, in: Paulys Realencyclopädie der classischen Altertumswissenschaft, neue Bearbeitung begonnen von G. Wissowa, hrg. v. W. Kroll u.a., 34. Halbband: Numen bis Olympia, Stuttgart 1937 [Nachdruck 1962], 1327–1341.

RUBENSTEIN, J.L.: The History of Sukkot in the Second Temple and Rabbinic Periods, BJSt 302, Atlanta, Georgia 1995.

RUETHER, R.: Nächstenliebe und Brudermord. Die theologischen Wurzeln des Antisemitismus, ACJD 7, München 1978.

SABBE, M.: John 10 and its Relationship to the Synoptic Gospels, in: J. Beutler/R.T. Fortna (Hrg.): The Shepherd Discourse of John 10 and its Context. Studies by members of the Johannine Writings Seminar, MSSNTS 67, Cambridge u.a. 1991,75–93.

–: The Cleansing of the Temple and the Temple Logion, in: ders.: Studia Neotestamentica. Collected Essays, BEThL 98, Leuven 1991, 331–354.

SÄNGER, D.: „Von mir hat er geschrieben" (Joh 5,46). Zur Funktion und Bedeutung Mose im Neuen Testament, KuD 41 (1995), 112–135.

SAFRAI, S.: Das jüdische Volk im Zeitalter des Zweiten Tempels, Information Judentum 1, Neukirchen-Vluyn 1978.

–: Die Wallfahrt im Zeitalter des Zweiten Tempels, Forschungen zum jüdisch-christlichen Dialog 3, Neukirchen-Vluyn 1981.

–: The Temple and the Divine Service, in: Avi-Yonah, M./Baras, Z. (Ed.): The World History of the Jewish People, First Series: Ancient Times, Vol. 7: The Herodian Period, London 1975, 282–337.

SALS, U./AVEMARIE, F.: Art. Fest, in: Crüsemann, F./Hungar, K./Janssen, C./Kessler, R./Schottroff, L. (Hrg.): Sozialgeschichtliches Wörterbuch zur Bibel, Gütersloh 2009, 137–143.

SANDERS, E.P.: Judaism: Practice and Belief. 63 BCE – 66 CE, 4. Aufl., London/ Philadelphia 2005.

–: Paulus und das palästinische Judentum. Ein Vergleich zweier Religionsstrukturen, Studien zur Umwelt des Neuen Testaments 17, Göttingen 1985.

SANDMEL, S.: Parallelomania, JBL 81 (1962), 1–13.

SCHÄFER, P.: Die sogenannte Synode von Jabne. Zur Trennung von Juden und Christen im ersten/zweiten Jh. n. Chr., in: ders.: Studien zur Geschichte und Theologie des rabbinischen Judentums, AGJU 15, Leiden 1978, 45–64.

–: Die Lehre von den zwei Welten im 4. Buch Esra und in der tannaitischen Literatur, in: ders.: Studien zur Geschichte und Theologie des rabbinischen Judentums, AGJU 15, Leiden 1978, 244–291.

–: Geschichte der Juden in der Antike. Die Juden Palästinas von Alexander dem Großen bis zur arabischen Eroberung, Stuttgart/ Neukirchen-Vluyn 1983.

SCHALLER, B.: Jesus und der Sabbat, Franz-Delitzsch-Vorlesung 3, Münster 1994.

–: Paul Billerbecks „Kommentar zum Neuen Testament aus Talmud und Midrasch". Wege und Abwege, Leistung und Fehlleistung christlicher Judaistik, in: Doering, L./ Waubke, H.-G./Wilk, F. (Hrg.): Judaistik und neutestamentliche Wissenschaft. Standorte – Grenzen – Beziehungen, FRLANT 226, Göttingen 2008, 61–84.

SCHELBERT, G.: Art. Jubiläenbuch, in: TRE 17, Berlin u.a. 1988, 285–289.

SCHLATTER, A.: Die Sprache und Heimat des vierten Evangelisten (1902), in: Rengstorf, K.H. (Hrg.): Johannes und sein Evangelium, WdF 82, Darmstadt 1973, 28–201.

SCHLUND, C.: Deutungen des Todes Jesu im Rahmen der Pesach-Tradition, in: Frey, J./Schröter, J. (Hrg.): Deutungen des Todes Jesu im Neuen Testament, WUNT 181, Tübingen 2005, 397–411.

–: „Kein Knochen soll gebrochen werden". Studien zu Bedeutung und Funktion des Pesachfests in Texten des frühen Judentums und im Johannesevangelium, WMANT 107, Neukirchen-Vluyn 2005.

–: Schutz und Bewahrung als ein soteriologisches Motiv des Johannesevangeliums, in: van Belle, G. (Hrg.): The Death of Jesus in the Fourth Gospel, BETL 200, Leuven u.a. 2007, 529–536.

SCHMITHALS, W.: Johannesevangelium und Johannesbriefe. Forschungsgeschichte und Analyse, BZNW 64, Berlin u.a. 1992.

SCHNELLE, U.: Antidoketische Christologie im Johannesevangelium. Eine Untersuchung zur Stellung des vierten Evangeliums in der johanneischen Schule, FRLANT 144, Göttingen 1987.

–: Die Juden im Johannesevangelium, in: Kähler, C./Böhm, M./Böttrich, C. (Hrg.), Gedenkt an das Wort, FS für W. Vogler, Leipzig 1999, 217–230.

–: Die Tempelreinigung und die Christologie des Johannesevangeliums, NTS 42 (1996), 359–373.

–: Ein neuer Blick. Tendenzen der gegenwärtigen Johannesforschung, BThZ 16 (1999), 29–40.

–: Neutestamentliche Anthropologie. Jesus – Paulus – Johannes, BThSt 18, Neukirchen-Vluyn 1991.

–: Perspektiven der Johannesexegese, SNTU 15 (1990), 59–72.

SCHNIDER, F./STENGER, W.: Johannes und die Synoptiker. Vergleich ihrer Parallelen, BiH 9, München 1971.

SCHOLTISSEK, K.: Antijudaismus im Johannesevangelium? Ein Gesprächsbeitrag, in: Kampling, R. (Hrg.): „Nun steht aber diese Sache im Evangelium...". Zur Frage nach den Anfängen des christlichen Antijudaismus, Paderborn u.a. 1999, 151–181.

–: In ihm sein und bleiben. Die Sprache der Immanenz in den johanneischen Schriften, HBS 21, Freiburg im Breisgau 2000.

–: Johannes auslegen III. Ein Forschungsbericht, SNTU 27 (2002), 117–153.

–: Johannes auslegen IV. Ein Forschungsbericht, SNTU 29 (2004), 67–118.

–: Mündiger Glaube. Zur Architektur und Pragmatik johanneischer Begegnungsgeschichten: Joh 5 und Joh 9, in: Sänger, D./Mell, U. (Hrg.), Paulus und Johannes. Exegetische Studien zur paulinischen und johanneischen Theologie und Literatur, WUNT 198, Tübingen 2006, 75–105.

–: Neue Wege in der Johannesauslegung. Ein Forschungsbericht I, ThGl 89 (1999), 263–295.

–: Neue Wege in der Johannesauslegung. Ein Forschungsbericht II, ThGl 91 (2001), 109–133.

SCHONEVELD, J.: Die Thora in Person. Eine Lektüre des Prologs des Johannesevangeliums als Beitrag zu einer Christologie ohne Antisemitismus, KuI 6 (1991), 40–52.

SCHRÖDER, J.-M.: Das eschatologische Israel im Johannesevangelium. Eine Untersuchung der johanneischen Israel-Konzeption in Joh 2–4 und Joh 6, Tübingen u. Basel 2003.

SCHUCHARD, B.G.: Scripture within Scripture. The Interrelationship of Form and Function in the Explicit Old Testament Citations in the Gospel of John, SBL.DS 133, Atlanta 1992.

SCHWANKL, O.: Die Metaphorik von Licht und Finsternis im johanneischen Schrifttum, in: Kertelge, K. (Hrg.): Metaphorik und Mythos im Neuen Testament, QD 126, Freiburg i.Br. 1990, 135–167.

–: Licht und Finsternis. Ein metaphorisches Paradigma in den johanneischen Schriften, HBS 5, Freiburg i.Br. 1995.

SCHWARTZ, D.R.: Art. Antiochus III. und IV., in: RGG⁴, Bd. 1, Tübingen 1998, 553–554.

SCHWARTZ, S.: Imperialism und Jewish Society, 200 B.C.E. to 640 C.E., Princeton, Oxford 2001.

SCHWEIZER, E.: Ego eimi. Die religionsgeschichtliche Herkunft und theologische Bedeutung der johanneischen Bildreden, zugleich ein Beitrag zur Quellenfrage des vierten Evangeliums, 2. Aufl., Göttingen 1965.

SCOTT, M.: Sophia and the Johannine Jesus, JSNTS 71, Sheffield 1992.

SEELIG, G.: Religionsgeschichtliche Methode in Vergangenheit und Gegenwart. Studien zur Geschichte und Methode des religionsgeschichtlichen Vergleichs in der neutestamentlichen Wissenschaft, Arbeiten zur Bibel und ihrer Geschichte 7, Leipzig 2001.

SEGAL, A.F.: Two Powers in Heaven. Early rabbinic reports about Christianity and Gnosticism, SJLA 25, Leiden 1977.

SEGAL, J.B.: The Hebrew Passover. From the earliest Times to A.D. 70, LOS 12, London 1963.

SEGAL, M.: The Book of Jubilees. Rewritten Bible, Redaction, Ideology and Theology, JSJ.S 117, Leiden 2007.

SIEGERT, F.: Der Logos, „älterer Sohn" des Schöpfers und „zweiter Gott". Philons Logos und der Johannesprolog, in: Frey, J./Schnelle, U. (Hrg.): Kontexte des Johannesevangeliums. Das vierte Evangelium in religions- und traditionsgeschichtlicher Perspektive, WUNT 175, Tübingen, 2004, 277–319.

–: Vom Restaurieren übermalter Bilder. Worum geht es in der „Brotrede" Joh 6?, in: Frey, J./van der Watt, J.G./Zimmermann, R. (Hrg.): Imagery in the Gospel of John. Terms, Forms, Themes, and Theology of Johannine Figurative Language, WUNT 200, Tübingen 2006, 195–215.

–: „Zerstört diesen Tempel...!". Jesus als „Tempel" in den Passionsüberlieferungen, in: Hahn, J. (Hrg.): Zerstörungen des Jerusalemer Tempels. Geschehen – Wahrnehmung – Bewältigung, WUNT 147, Tübingen 2002, 108–139.

SILBERSTEIN, Z.: Die Pflanze im Alten Testament, in: Neumann-Gorsolke, U./Riede, P. (Hrg.): Das Kleid der Erde. Pflanzen in der Lebenswelt des alten Israel, Stuttgart u.a. 2002, 23–53.

SJÖBERG, E.: Gott und die Sünder im palästinischen Judentum nach dem Zeugnis der Tannaiten und der apokryphisch-pseudepigraphischen Literatur, BWANT 79 (= 4. Folge Heft 27), Stuttgart 1939.

SLENCZKA, N.: Art. Logos II. Fundamentaltheologisch, in: RGG⁴, Bd. 5, Tübingen 2002, 494–498.

SMITH, D.M.: The Composition and Order of the Fourth Gospel. Bultmann's Literary Theory, New Haven, London 1965.

SNAITH, N.H.: Rez. Guilding, Aileen: The Fourth Gospel and Jewish Worship, JThS 12 (1961), 322–324.

SÖDING, T.: „Gott ist Liebe". 1 Joh 4,8.16 als Spitzensatz biblischer Theologie, in: ders. (Hrg.), Der lebendige Gott. Studien zur Theologie des Neuen Testaments, FS für W. Thüsing, Münster 1996, 306–357.

–: „Ich und der Vater sind eins" (Joh 10,30). Die johanneische Christologie vor dem Anspruch des Hauptgebotes (Dtn 6,4f), ZNW 93 (2002), 177–199.

SPAULDING, M.B.: Commemorative Identities. Jewish Social Memory and the Johannine Feast of Booths, LNTS (JSNTS) 396, London, New York 2009.

SPRINGER, S.: Neuinterpretation im Alten Testament. Untersucht an den Themenkreisen des Herbstfestes und der Königspsalmen in Israel, SBB, Stuttgart 1979.

STÄHLIN, G.: Zum Problem der johanneischen Eschatologie, ZNW 33 (1934), 225–259.

STANDHARTINGER, A.: Das Abendmahl im Neuen Testament: Eine Einführung, in: Hartenstein, J./Petersen, S./Standhartinger, A. (Hrg.): „Eine gewöhnliche und harmlose Speise"? Von den Entwicklungen frühchristlicher Abendmahlstraditionen, Gütersloh 2008, 19–33.

STEGEMANN, E.W.: Die Tragödie der Nähe. Zu den judenfeindlichen Aussagen des Johannesevangeliums, KuI 4 (1989), 114–122.

–: Zur Tempelreinigung im Johannesevangelium, in: Die Hebräische Bibel und ihre zweifache Nachgeschichte, FS für R. Rendtorff, hrg. v. E. Blum/C. Macholz/E.W. Stegemann, Neukirchen-Vluyn 1990, 503–516.

STEGEMANN, W.: Gab es eine jüdische Beteiligung an der Kreuzigung Jesu? KuI 13 (1998), 3–24.

STEMBERGER, G.: Art. Auferstehung I/2. Judentum, in: TRE 4, Berlin u.a. 1979, 443–450.

–: Dating Rabbinic Traditions, in: Bieringer, R./García Martínez, F./Pollefeyt, D./Tomson, P.J. (Hrg.): The New Testament and Rabbinic Literature, JSJS 136, Leiden u.a. 2010, 79–96.

–: Die sogenannte „Synode von Jabne" und das frühe Christentum, Kairos 19 (1977), 14–21.

–: Einleitung in Talmud und Midrasch, 8., neubearb. Aufl., München 1992.

–: Judaistik und neutestamentliche Wissenschaft, in: Doering, L./Waubke, H.-G./Wilk, F. (Hrg.): Judaistik und neutestamentliche Wissenschaft. Standorte – Grenzen – Beziehungen, FRLANT 226, Göttingen 2008, 15–31.

–: Reaktionen auf die Tempelzerstörung in der rabbinischen Literatur, in: Hahn, J. (Hrg.): Zerstörungen des Jerusalemer Tempels. Geschehen – Wahrnehmung – Bewältigung, WUNT 147, Tübingen 2002, 207–236.

–: Zur Auferstehungslehre in der rabbinischen Literatur, Kairos 15 (1973), 238–266.

STIMPFLE, A.: Blinde sehen. Die Eschatologie im traditionsgeschichtlichen Prozeß des Johannesevangeliums, BZNW 57, Berlin/New York 1990.

STOWASSER, M.: Die johanneische Tempelaktion (Joh 2,13–17). Ein Beitrag zum Verhältnis von Johannesevangelium und Synoptikern, in: Im Geist und in der Wahrheit. Studien zum Johannesevangelium und zur Offenbarung des Johannes sowie andere Beiträge, FS für M. Hasitschka, hg. v. Huber, K./Repschinski, B., NTA 52, Münster 2008, 41–60.

STRANGE, J.F.: Ancient Texts, Archaeology as Text, and the Problem of the First-Century Synagogue, in: Evolution of the Synagogue. Problems and Progress, hrg. von H.C. Kee/L.H. Cohick, Harrisburg 1999, 27–45.

STROBEL, A.: Der Termin des Todes Jesu. Überschau und Lösungsvorschlag unter Einschluß des Qumrankalenders, ZNW 51 (1960), 69–101.

STROTMANN, A.: Die göttliche Weisheit als Nahrungsspenderin, Gastgeberin und sich selbst anbietende Speise. Mit einem Ausblick auf Joh 6, in: Hartenstein, J./Petersen, S./Standhartinger, A. (Hrg.): „Eine gewöhnliche und harmlose Speise"? Von den Entwicklungen frühchristlicher Abendmahlstraditionen, Gütersloh 2008, 131–156.

STUHLMACHER, P.: Biblische Theologie des Neuen Testaments, Bd. 2: Von der Paulusschule bis zur Johannesoffenbarung, Der Kanon und seine Auslegung, Göttingen 1999.

TABORY, J.: Jewish Festivals in the Time of the Mishnah and Talmud (hebr.), Jerusalem 1995.

THACKERAY, J.: The Septuagint and Jewish Worship. A Study in Origins, The Schweich Lectures 1920, 2. Aufl., London 1923.

THEISSEN, G.: Tradition und Entscheidung. Der Beitrag des biblischen Glaubens zum kulturellen Gedächtnis, in: Assmann, J./Hölscher, T. (Hrg.): Kultur und Gedächtnis, Frankfurt a.M. 1988, 170–196.

THEOBALD, M.: Das Johannesevangelium – Zeugnis eines synagogalen „Judenchristentums"? in: Sänger, D./Mell, U. (Hrg.): Paulus und Johannes. Exegetische Studien zur paulinischen und johanneischen Theologie und Literatur, WUNT 198, Tübingen 2006, 107–158.

–: Die Fleischwerdung des Logos. Studien zum Verhältnis des Johannesprologs zum Corpus des Evangeliums und zu 1 Joh, Neutestamentliche Abhandlungen Neue Folge 20, Münster 1988.

–: „Erinnert euch der Worte, die ich euch gesagt habe ...“ (Joh 15,20). „Erinnerungsarbeit“ im Johannesevangelium, JBTh 22 (2007), 105–130.

–: Herrenworte im Johannesevangelium, HBS 34, Freiburg 2002.

–: Schriftzitate im ‚Lebensbrot‘-Dialog Jesu (Joh 6). Ein Paradigma für den Schriftgebrauch des vierten Evangelisten, in: Tuckett, C.M. (Hrg.): The Scriptures in the Gospels, Leuven 1997, BEThL 131, 327–366.

THOMAS, J.C.: ‚Stop Sinning lest something worse come upon you‘: The Man at the Pool in John 5, JSNT 59 (1995), 3–20.

–: The Fourth Gospel and Rabbinic Judaism, ZNW 82 (1991), 159–182.

THYEN, H.: Art. Ich-Bin-Worte, in: RAC 17, Stuttgart 1996, 147–213.

–: Art. Johannesevangelium, in: TRE 17, Berlin u.a. 1988, 200–225.

–: Das Heil kommt von den Juden (1980), in: ders.: Studien zum Corpus Iohanneum, WUNT 214, Tübingen 2007, 111–133.

–: Entwicklungen innerhalb der johanneischen Theologie und Kirche im Spiegel von Joh 21 und der Lieblingsjüngertexte des Evangeliums (1977), in: ders.: Studien zum Corpus Iohanneum, WUNT 214, Tübingen 2007, 42–82.

–: Ich bin das Licht der Welt. Das Ich- und Ich-Bin-Sagen Jesu im Johannesevangelium (1992), in: ders.: Studien zum Corpus Iohanneum, WUNT 214, Tübingen 2007, 213–251.

–: Johannes 10 im Kontext des vierten Evangeliums, in: J. Beutler/R.T. Fortna (Hrg.): The Shepherd Discourse of John 10 and its Context. Studies by members of the Johannine Writings Seminar, MSSNTS 67, Cambridge u.a. 1991, 116–134.

–: Noch einmal: Johannes 21 und „der Jünger, den Jesus liebte“ (1995), in: ders.: Studien zum Corpus Iohanneum, WUNT 214, Tübingen 2007, 252–293.

–: σημεῖον, σημεῖα und σημαίνειν sowie ἔργον, ἔργα und ἐργάζομαι, in: ders.: Studien zum Corpus Iohanneum, WUNT 214, Tübingen 2007, 697–700.

TILBORG, S. VAN: Jezus Temidden van de Joden van het Loofhuttenfeest in Johannes 8, Jaarboek Thomas Instituut de Utrecht Theologie en Exegese (2001), 53–66.

TREPP, L.: Der jüdische Gottesdienst. Gestalt und Entwicklung, Stuttgart u.a. 1992.

UEHLINGER, C.: „Hat YHWH denn wirklich nur mit Mose geredet?“ Biblische Exegese zwischen Religionsgeschichte und Theologie, am Beispiel von Num 12, Biblische Zeitschrift 47 (2003), 230–259.

ULFGARD, H.: Feast and Future. Revelation 7:9–17 and the Feast of Tabernacles, CB.NT 22, Lund 1989.

–: The Story of Sukkot. The Setting, Shaping, and Sequel of the Biblical Feast of Tabernacles, BGBE 34, Tübingen 1998.

UMEMOTO, N.: Die Königsherrschaft Gottes bei Philon, in: Hengel, M./Schwemer, A.M. (Hrg.): Königsherrschaft Gottes und himmlischer Kult im Judentum, Urchristentum und in der hellenistischen Welt, WUNT 55, Tübingen 1991, 207–256.

UMOH, C.: The Temple in the Fourth Gospel, in: Labahn, M./Scholtissek, K./Strotmann, A. (Hrg.): Israel und seine Heilstraditionen im Johannesevangelium, FS für J. Beutler SJ, Paderborn u.a. 2004, 314–333.

UNTERGASSMAIR, F.G.: Art. κοιλία, in: EWNT II², Stuttgart u.a. 1992, 744–745.

URBACH, E.E.: The Sages. Their Concepts and Beliefs, 2 Bde., 2., erw. Aufl., Jerusalem 1979.

VANDECASTEELE-VANNEUVILLE, F.: Johannine Theology of Revelation, Soteriology, and the Problem of Anti-Judaism, SNTU 26 (2001), 165–188.

VANDERKAM, J.C.: John 10 and the Feast of the Dedication, in: Of Scribes and Scrolls. Studies on the Hebrew Bible, Intertestamental Judaism, and Christian Origins, FS für J. Strugnell, hrg. v. H.W. Attridge u.a., College Theology Society Resources in Religion 5, Lanham u.a.1990, 203–214.

–: The Book of Jubilees, Guides to Apocrypha and Pseudepigrapha 9, Sheffield 2001.

VELTRI, G.: Art. Feste/Feiern III. Judentum, in: RGG⁴, Bd. 3, Tübingen 2000, 90–91.

VOLGGER, D.: Israel wird feiern. Untersuchung zu den Festtexten in Exodus bis Deuteronomium, ATSAT 73, St. Ottilien 2002.

VOLZ, P.: Das Neujahrsfest Jahwes (Laubhüttenfest), Sammlung gemeinverständlicher Vorträge und Schriften aus dem Gebiet der Theologie und Religionsgeschichte 67, Tübingen 1912.

WALTER, N.: Zur theologischen Problematik des christologischen ‚Schriftbeweises' im Neuen Testament, NTS 41 (1995), 338–357.

WASCHKE, E.-J.: Art. תמונה, in: ThWAT 8, Stuttgart u.a. 1995, 677–680.

WATT, J.G. VAN DER: Family of the King. Dynamics of Metaphor in the Gospel according to John, Biblical Interpretation Series 47, Leiden u.a. 2000.

–: Salvation in the Gospel according to John, in: ders. (Hrg.): Salvation in the New Testament. Perspectives on Soteriology, NT.S 121, Leiden u.a. 2005, 101–131.

WEBSTER, J.S.: Ingesting Jesus. Eating and Drinking in the Gospel of John, SBL Academia Biblica 6, Leiden u.a. 2003.

WEDER, H.: Gegenwart und Gottesherrschaft. Überlegungen zum Zeitverständnis bei Jesus und im frühen Christentum, BThSt 20, Neukirchen-Vluyn 1993.

–: Mein hermeneutisches Anliegen im Gegenüber zu Klaus Bergers Hermeneutik des Neuen Testaments, EvTh 52 (1992), 319–331.

WEIDEMANN, H.-U.: Der Tod Jesu im Johannesevangelium. Die erste Abschiedsrede als Schlüsseltext für den Passions- und Osterbericht, BZNW 122, Berlin u.a. 2004.

WEISS, H.-F.: Untersuchungen zur Kosmologie des hellenistischen und palästinischen Judentums, TU 97, Berlin 1966.

WENGST, K.: Bedrängte Gemeinde und verherrlichter Christus. Der historische Ort des Johannesevangeliums als Schlüssel zu seiner Interpretation, BThSt 5, Neukirchen-Vluyn 1981.

–: Bedrängte Gemeinde und verherrlichter Christus. Ein Versuch über das Johannesevangelium, 4. Aufl., München 1992.

–: Die Darstellung „der Juden" im Johannes-Evangelium als Reflex jüdisch-judenchristlicher Kontroverse, in: D. Neuhaus (Hrg.), Teufelskinder oder Heilsbringer – die Juden im Johannes-Evangelium, ArTe 64, Frankfurt a.M. 1990, 22–38.

WESTERMANN, C.: Das Johannesevangelium aus der Sicht des Alten Testaments, AzTh 77, Stuttgart 1994.

WEYDE, K.W.: The Appointed Festivals of YHWH. The Festival Calender in Leviticus 23 and the *sukkôt* Festival in Other Biblical Texts, FAT II 4, Tübingen 2004.

WIBBING, S.: Art. κοιλία, in: TBLNT II, neubearb. Aufl., Wuppertal 2000, 1278–1279.

WICK, P.: Die urchristlichen Gottesdienste. Entstehung und Entwicklung im Rahmen der frühjüdischen Tempel-, Synagogen- und Hausfrömmigkeit, BWANT Folge 8, H. 10, Stuttgart u.a. 2002.

WIESEMANN, F.: Juden auf dem Lande: die wirtschaftliche Ausgrenzung der jüdischen Viehhändler in Bayern, in: Peukert, D./Reulecke, J. (Hrg.): Die Reihen fast geschlossen. Beiträge zur Geschichte des Alltags unterm Nationalsozialismus, Wuppertal 1981, 381–396.

WILKENS, W.: Die Entstehungsgeschichte des vierten Evangeliums, Zollikon (Schweiz) 1958.

WILLIFORD, D.D.: A Study of the religious Feasts as Background for the Organization and Message of the Gospel of John, unveröffentl. Diss., Southwestern Baptist theological Seminary 1981.

WOUDE, A.S. VAN DER: Melchisedek als himmlische Erlösergestalt in den neugefundenen eschatologischen Midraschim aus Qumran Höhle XI, OTS 14 (1965), 354–373.

YADIN, A.: קול as Hypostasis in the Hebrew Bible, JBL 122 (2003), 601–626.

YEE, G.A.: Jewish Feasts and the Gospel of John, Zacchaeus Studies: New Testament, Wilmington 1989.

YERUSHALMI, Y.H.: Zachor: Erinnere Dich! Jüdische Geschichte und jüdisches Gedächtnis, Berlin 1988.

ZENGER, E.: Der Psalter als Heiligtum, in: Ego, B./Lange, A./ Pilhofer, P. (Hrg.): Gemeinde ohne Tempel – Community without Temple. Zur Substitution und Transformation des Jerusalemer Tempels und seines Kults im Alten Testament, antiken Judentum und frühen Christentum, WUNT 118, Tübingen 1999, 115–130.

ZIMMERMANN, R.: Christologie der Bilder im Johannesevangelium. Die Christopoetik des vierten Evangeliums unter besonderer Berücksichtigung von Joh 10, WUNT 171, Tübingen 2004.

–: Jesus im Bild Gottes. Anspielungen auf das Alte Testament im Johannesevangelium am Beispiel der Hirtenbildfelder in Joh 10, in: Frey, J./Schnelle, U. (Hrg.): Kontexte des Johannesevangeliums. Das vierte Evangelium in religions- und traditionsgeschichtlicher Perspektive, WUNT 175, Tübingen, 2004, 81–116.

–: Rez. Wengst, Klaus: Das Johannesevangelium, 1. Teilband, ThLZ 126 (2001), 1046–1050.

ZOHARY, M.: Pflanzen der Bibel. Vollständiges Handbuch, Stuttgart 1983.

ZUMSTEIN, J.: Das Johannesevangelium: Eine Strategie des Glaubens (1989), in: ders.: Kreative Erinnerung. Relecture und Auslegung im Johannesevangelium, 2., überarb. u. erw. Aufl., AThANT 84, Zürich 2004, 31–45.

–: Der Prolog, Schwelle zum vierten Evangelium (1995), in: ders.: Kreative Erinnerung. Relecture und Auslegung im Johannesevangelium, 2., überarb. u. erw. Aufl., AThANT 84, Zürich 2004, 105–126.

–: Die Abschiedsreden (Johannes 13,31–16,33) und das Problem des Antijudaismus (2001), in: ders.: Kreative Erinnerung. Relecture und Auslegung im Johannesevangelium, 2., überarb. u. erw. Aufl., AThANT 84, Zürich 2004, 189–205.

–: Die johanneische Interpretation des Todes Jesu (1992), in: ders.: Kreative Erinnerung. Relecture und Auslegung im Johannesevangelium, 2., überarb. u. erw. Aufl., AThANT 84, Zürich 2004, 219–239.

–: Die Schriftrezeption in der Brotrede (Joh 6), in: Labahn, M./Scholtissek, K./ Strotmann, A. (Hrg.): Israel und seine Heilstraditionen im Johannesevangelium, FS für J. Beutler SJ, Paderborn u.a. 2004, 123–139.

–: Zur Geschichte des johanneischen Christentums (1997), in: ders.: Kreative Erinnerung. Relecture und Auslegung im Johannesevangelium, 2., überarb. u. erw. Aufl., AThANT 84, Zürich 2004, 1–14.

Stellenregister
(in Auswahl)

1. Altes Testament

2. Neues Testament

3. Targume

4. Mischna

5. Tosefta

6. Talmud Yerushalmi

7. Talmud Bavli

8. Halachische Midraschim

9. Amoräische Midraschim und Sammelwerke

28,8	185		22	70
			23	80, 90

Pesiqta Rabbati

1	65, 195, 240		Tanchuma (Buber)	
2	225f, 233		Bereschit 25	108f
10	164		Lech lecha 20	87, 93
14	240		Schemot 22	13
15	188			

10. Qumranschriften

1QS I,16–II,26	135		4Q270 7 II,11f	135
1QH VIII,14	196		11QMelch	239
3Q15 XI,12	56		CD 11,9ff	72

11. Jüdische Schriften aus hellenistisch-römischer Zeit

Josephus			*Bellum*	
Apologie			1,88	40
2,77	275		2,10	39
2,102–110	275		2,10ff	40
2,193–198	275		2,232	40
2,215–217	75		2,280	39
			5,243f	40
Antiquitates			5,409ff	184
3,88	125		6,420–427	39
3,89–93	128			
3,244	212		Philo	
3,244–247	175		*Decal*	
4,20f	41		32	128
4,318	150		32f	127, 131f
8,100	175		46	132
11,109	71		46f	127
12,316–326	224		47	132
12,319	225			
12,325	224		*SpecLeg*	
13,372	184		1,69	40, 49
14,21	253		2,145	257
17,149ff	98		2,188	99
17,213f	39, 49		2,188ff	134, 169
20,97ff	188		2,189f	128
20,200–203	74		2,204–213	175
20,202	74		2,210	212
			2,249	74

12. Christliche antike Texte

Autorenregister
(in Auswahl)

Sachregister

Wissenschaftliche Untersuchungen zum Neuen Testament

Alphabetische Übersicht der ersten und zweiten Reihe

Ådna, Jostein: Jesu Stellung zum Tempel. 2000. *Bd. II/119.*

Ådna, Jostein (Hrsg.): The Formation of the Early Church. 2005. *Bd. 183.*

– und *Hans Kvalbein* (Hrsg.): The Mission of the Early Church to Jews and Gentiles. 2000. *Bd. 127.*

Ahearne-Kroll, Stephen P., Paul A. Holloway und *James A. Kelhoffer* (Hrsg.): Women and Gender in Ancient Religions. 2010. *Bd. 263*

Aland, Barbara: Was ist Gnosis? 2009. *Bd. 239.*

Alexeev, Anatoly A., Christos Karakolis und *Ulrich Luz* (Hrsg.): Einheit der Kirche im Neuen Testament. Dritte europäische orthodox-westliche Exegetenkonferenz in Sankt Petersburg, 24.–31. August 2005. 2008. *Band 218.*

Alkier, Stefan: Wunder und Wirklichkeit in den Briefen des Apostels Paulus. 2001. *Bd. 134.*

Allen, David M.: Deuteronomy and Exhortation in Hebrews. 2008. *Bd. II/238.*

Anderson, Paul N.: The Christology of the Fourth Gospel. 1996. *Bd. II/78.*

Appold, Mark L.: The Oneness Motif in the Fourth Gospel. 1976. *Bd. II/1.*

Arnold, Clinton E.: The Colossian Syncretism. 1995. *Bd. II/77.*

Ascough, Richard S.: Paul's Macedonian Associations. 2003. *Bd. II/161.*

Asiedu-Peprah, Martin: Johannine Sabbath Conflicts As Juridical Controversy. 2001. *Bd. II/132.*

Attridge, Harold W.: Essays on John and Hebrews. 2010. *Bd. 264.*

– siehe *Zangenberg, Jürgen.*

Aune, David E.: Apocalypticism, Prophecy and Magic in Early Christianity. 2006. *Bd. 199.*

Avemarie, Friedrich: Die Tauferzählungen der Apostelgeschichte. 2002. *Bd. 139.*

Avemarie, Friedrich und *Hermann Lichtenberger* (Hrsg.): Auferstehung – Ressurection. 2001. *Bd. 135.*

– Bund und Tora. 1996. *Bd. 92.*

Baarlink, Heinrich: Verkündigtes Heil. 2004. *Bd. 168.*

Bachmann, Michael: Sünder oder Übertreter. 1992. *Bd. 59.*

Bachmann, Michael (Hrsg.): Lutherische und Neue Paulusperspektive. 2005. *Bd. 182.*

Back, Frances: Verwandlung durch Offenbarung bei Paulus. 2002. *Bd. II/153.*

Backhaus, Knut: Der sprechende Gott. 2009. *Bd. 240.*

Baker, William R.: Personal Speech-Ethics in the Epistle of James. 1995. *Bd. II/68.*

Bakke, Odd Magne: 'Concord and Peace'. 2001. *Bd. II/143.*

Balch, David L.: Roman Domestic Art and Early House Churches. 2008. *Bd. 228.*

Baldwin, Matthew C.: Whose *Acts of Peter?* 2005. *Bd. II/196.*

Balla, Peter: Challenges to New Testament Theology. 1997. *Bd. II/95.*

– The Child-Parent Relationship in the New Testament and its Environment. 2003. *Bd. 155.*

Bammel, Ernst: Judaica. Bd. I 1986. *Bd. 37.*

– Bd. II 1997. *Bd. 91.*

Barreto, Eric D.: Ethnic Negotiations. 2010. *Bd. II/294.*

Barrier, Jeremy W. : The Acts of Paul and Thecla. 2009. *Bd. II/270.*

Barton, Stephen C.: siehe *Stuckenbruck, Loren T.*

Bash, Anthony: Ambassadors for Christ. 1997. *Bd. II/92.*

Bauckham, Richard: The Jewish World around the New Testament. Collected Essays Volume I. 2008. *Bd. 233.*

Bauernfeind, Otto: Kommentar und Studien zur Apostelgeschichte. 1980. *Bd. 22.*

Baum, Armin Daniel: Pseudepigraphie und literarische Fälschung im frühen Christentum. 2001. *Bd. II/138.*

Bayer, Hans Friedrich: Jesus' Predictions of Vindication and Resurrection. 1986. *Bd. II/20.*

Becker, Eve-Marie: Das Markus-Evangelium im Rahmen antiker Historiographie. 2006. *Bd. 194.*

Becker, Eve-Marie und *Peter Pilhofer* (Hrsg.): Biographie und Persönlichkeit des Paulus. 2005. *Bd. 187.*

– and *Anders Runesson* (Hrsg.): Mark and Matthew. Comparative Readings I: Understanding the Earliest Gospels in their First Century Settings. 2011. *Bd. 271.*

Becker, Michael: Wunder und Wundertäter im frührabbinischen Judentum. 2002. *Bd. II/144.*

Becker, Michael und *Markus Öhler* (Hrsg.): Apokalyptik als Herausforderung neutestamentlicher Theologie. 2006. *Bd. II/214.*

Bell, Richard H.: Deliver Us from Evil. 2007. *Bd. 216.*

– The Irrevocable Call of God. 2005. *Bd. 184.*

- No One Seeks for God. 1998. *Bd. 106.*
- Provoked to Jealousy. 1994. *Bd. II/63.*
Bennema, Cornelis: The Power of Saving Wisdom. 2002. *Bd. II/148.*
Bergman, Jan: siehe *Kieffer, René*
Bergmeier, Roland: Das Gesetz im Römerbrief und andere Studien zum Neuen Testament. 2000. *Bd. 121.*
Bernett, Monika: Der Kaiserkult in Judäa unter den Herodiern und Römern. 2007. *Bd. 203.*
Betz, Otto: Jesus, der Messias Israels. 1987. *Bd. 42.*
- Jesus, der Herr der Kirche. 1990. *Bd. 52.*
Beyschlag, Karlmann: Simon Magus und die christliche Gnosis. 1974. *Bd. 16.*
Bieringer, Reimund: siehe *Koester, Craig.*
Bittner, Wolfgang J.: Jesu Zeichen im Johannesevangelium. 1987. *Bd. II/26.*
Bjerkelund, Carl J.: Tauta Egeneto. 1987. *Bd. 40.*
Blackburn, Barry Lee: Theios Aner and the Markan Miracle Traditions. 1991. *Bd. II/40.*
Blanton IV, Thomas R.: Constructing a New Covenant. 2007. *Bd. II/233.*
Bock, Darrell L.: Blasphemy and Exaltation in Judaism and the Final Examination of Jesus. 1998. *Bd. II/106.*
Bockmuehl, Markus: The Remembered Peter. 2010. *Vol. 262.*
- Revelation and Mystery in Ancient Judaism and Pauline Christianity. 1990. *Bd. II/36.*
Bøe, Sverre: Cross-Bearing in Luke. 2010. *Bd. II/278.*
- Gog and Magog. 2001. *Bd. II/135.*
Böhlig, Alexander: Gnosis und Synkretismus. Teil 1 1989. *Bd. 47* – Teil 2 1989. *Bd. 48.*
Böhm, Martina: Samarien und die Samaritai bei Lukas. 1999. *Bd. II/111.*
Börstinghaus, Jens: Sturmfahrt und Schiffbruch. 2010. *Bd. II/274.*
Böttrich, Christfried: Weltweisheit – Menschheitsethik – Urkult. 1992. *Bd. II/50.*
- */ Herzer, Jens* (Hrsg.): Josephus und das Neue Testament. 2007. *Bd. 209.*
Bolyki, János: Jesu Tischgemeinschaften. 1997. *Bd. II/96.*
Bosman, Philip: Conscience in Philo and Paul. 2003. *Bd. II/166.*
Bovon, François: New Testament and Christian Apocrypha. 2009. *Bd. 237.*
- Studies in Early Christianity. 2003. *Bd. 161.*
Brändl, Martin: Der Agon bei Paulus. 2006. *Bd. II/222.*
Braun, Heike: Geschichte des Gottesvolkes und christliche Identität. 2010. *Bd. II/279.*
Breytenbach, Cilliers: siehe *Frey, Jörg.*
Broadhead, Edwin K.: Jewish Ways of Following Jesus Redrawing the Religious Map of Antiquity. 2010. *Bd. 266.*
Brocke, Christoph vom: Thessaloniki – Stadt des Kassander und Gemeinde des Paulus. 2001. *Bd. II/125.*

Brunson, Andrew: Psalm 118 in the Gospel of John. 2003. *Bd. II/158.*
Büchli, Jörg: Der Poimandres – ein paganisiertes Evangelium. 1987. *Bd. II/27.*
Bühner, Jan A.: Der Gesandte und sein Weg im 4. Evangelium. 1977. *Bd. II/2.*
Burchard, Christoph: Untersuchungen zu Joseph und Aseneth. 1965. *Bd. 8.*
- Studien zur Theologie, Sprache und Umwelt des Neuen Testaments. Hrsg. von D. Sänger. 1998. *Bd. 107.*
Burnett, Richard: Karl Barth's Theological Exegesis. 2001. *Bd. II/145.*
Byron, John: Slavery Metaphors in Early Judaism and Pauline Christianity. 2003. *Bd. II/162.*
Byrskog, Samuel: Story as History – History as Story. 2000. *Bd. 123.*
Cancik, Hubert (Hrsg.): Markus-Philologie. 1984. *Bd. 33.*
Capes, David B.: Old Testament Yaweh Texts in Paul's Christology. 1992. *Bd. II/47.*
Caragounis, Chrys C.: The Development of Greek and the New Testament. 2004. *Bd. 167.*
- The Son of Man. 1986. *Bd. 38.*
- siehe *Fridrichsen, Anton.*
Carleton Paget, James: The Epistle of Barnabas. 1994. *Bd. II/64.*
- Jews, Christians and Jewish Christians in Antiquity. 2010. *Bd. 251.*
Carson, D.A., Peter T. O'Brien und *Mark Seifrid* (Hrsg.): Justification and Variegated Nomism.
Bd. 1: The Complexities of Second Temple Judaism. 2001. *Bd. II/140.*
Bd. 2: The Paradoxes of Paul. 2004. *Bd. II/181.*
Chae, Young Sam: Jesus as the Eschatological Davidic Shepherd. 2006. *Bd. II/216.*
Chapman, David W.: Ancient Jewish and Christian Perceptions of Crucifixion. 2008. *Bd. II/244.*
Chester, Andrew: Messiah and Exaltation. 2007. *Bd. 207.*
Chibici-Revneanu, Nicole: Die Herrlichkeit des Verherrlichten. 2007. *Bd. II/231.*
Ciampa, Roy E.: The Presence and Function of Scripture in Galatians 1 and 2. 1998. *Bd. II/102.*
Classen, Carl Joachim: Rhetorical Criticism of the New Testament. 2000. *Bd. 128.*
Colpe, Carsten: Griechen – Byzantiner – Semiten – Muslime. 2008. *Bd. 221.*
- Iranier – Aramäer – Hebräer – Hellenen. 2003. *Bd. 154.*
Cook, John G.: Roman Attitudes Towards the Christians. 2010. *Band 261.*
Coote, Robert B. (Hrsg.): siehe *Weissenrieder, Annette.*
Coppins, Wayne: The Interpretation of Freedom in the Letters of Paul. 2009. *Bd. II/261.*

Crump, David: Jesus the Intercessor. 1992. *Bd. II/49.*

Dahl, Nils Alstrup: Studies in Ephesians. 2000. *Bd. 131.*

Daise, Michael A.: Feasts in John. 2007. *Bd. II/229.*

Deines, Roland: Die Gerechtigkeit der Tora im Reich des Messias. 2004. *Bd. 177.*

– Jüdische Steingefäße und pharisäische Frömmigkeit. 1993. *Bd. II/52.*

– Die Pharisäer. 1997. *Bd. 101.*

Deines, Roland, Jens Herzer und *Karl-Wilhelm Niebuhr* (Hrsg.): Neues Testament und hellenistisch-jüdische Alltagskultur. III. Internationales Symposium zum Corpus Judaeo-Hellenisticum Novi Testamenti. 21.–24. Mai 2009 in Leipzig. 2011. *Bd. 274.*

– und *Karl-Wilhelm Niebuhr* (Hrsg.): Philo und das Neue Testament. 2004. *Bd. 172.*

Dennis, John A.: Jesus' Death and the Gathering of True Israel. 2006. *Bd. 217.*

Dettwiler, Andreas und *Jean Zumstein* (Hrsg.): Kreuzestheologie im Neuen Testament. 2002. *Bd. 151.*

Dickson, John P.: Mission-Commitment in Ancient Judaism and in the Pauline Communities. 2003. *Bd. II/159.*

Dietzfelbinger, Christian: Der Abschied des Kommenden. 1997. *Bd. 95.*

Dimitrov, Ivan Z., James D.G. Dunn, Ulrich Luz und *Karl-Wilhelm Niebuhr* (Hrsg.): Das Alte Testament als christliche Bibel in orthodoxer und westlicher Sicht. 2004. *Bd. 174.*

Dobbeler, Axel von: Glaube als Teilhabe. 1987. *Bd. II/22.*

Docherty, Susan E.: The Use of the Old Testament in Hebrews. 2009. *Bd. II/260.*

Dochhorn, Jan: Schriftgelehrte Prophetie. 2010. *Bd. 268.*

Downs, David J.: The Offering of the Gentiles. 2008. *Bd. II/248.*

Dryden, J. de Waal: Theology and Ethics in 1 Peter. 2006. *Bd. II/209.*

Dübbers, Michael: Christologie und Existenz im Kolosserbrief. 2005. *Bd. II/191.*

Dunn, James D.G.: The New Perspective on Paul. 2005. *Bd. 185.*

Dunn , James D.G. (Hrsg.): Jews and Christians. 1992. *Bd. 66.*

– Paul and the Mosaic Law. 1996. *Bd. 89.*

– siehe *Dimitrov, Ivan Z.*

Dunn, James D.G., Hans Klein, Ulrich Luz und *Vasile Mihoc* (Hrsg.): Auslegung der Bibel in orthodoxer und westlicher Perspektive. 2000. *Bd. 130.*

Ebel, Eva: Die Attraktivität früher christlicher Gemeinden. 2004. *Bd. II/178.*

Ebertz, Michael N.: Das Charisma des Gekreuzigten. 1987. *Bd. 45.*

Eckstein, Hans-Joachim: Der Begriff Syneidesis bei Paulus. 1983. *Bd. II/10.*

– Verheißung und Gesetz. 1996. *Bd. 86.*

–, *Christoph Landmesser* and *Hermann Lichtenberger* (Ed.): Eschatologie – Eschatology. The Sixth Durham-Tübingen Research Symposium. 2011. *Bd. 272.*

Ego, Beate: Im Himmel wie auf Erden. 1989. *Bd. II/34.*

Ego, Beate, Armin Lange und *Peter Pilhofer* (Hrsg.): Gemeinde ohne Tempel – Community without Temple. 1999. *Bd. 118.*

– und *Helmut Merkel* (Hrsg.): Religiöses Lernen in der biblischen, frühjüdischen und frühchristlichen Überlieferung. 2005. *Bd. 180.*

Eisele, Wilfried: Welcher Thomas? 2010. *Bd. 259.*

Eisen, Ute E.: siehe *Paulsen, Henning.*

Elledge, C.D.: Life after Death in Early Judaism. 2006. *Bd. II/208.*

Ellis, E. Earle: Prophecy and Hermeneutic in Early Christianity. 1978. *Bd. 18.*

– The Old Testament in Early Christianity. 1991. *Bd. 54.*

Elmer, Ian J.: Paul, Jerusalem and the Judaisers. 2009. *Bd. II/258.*

Endo, Masanobu: Creation and Christology. 2002. *Bd. 149.*

Ennulat, Andreas: Die 'Minor Agreements'. 1994. *Bd. II/62.*

Ensor, Peter W.: Jesus and His 'Works'. 1996. *Bd. II/85.*

Eskola, Timo: Messiah and the Throne. 2001. *Bd. II/142.*

– Theodicy and Predestination in Pauline Soteriology. 1998. *Bd. II/100.*

Farelly, Nicolas: The Disciples in the Fourth Gospel. 2010. *Bd. II/290.*

Fatehi, Mehrdad: The Spirit's Relation to the Risen Lord in Paul. 2000. *Bd. II/128.*

Feldmeier, Reinhard: Die Krisis des Gottessohnes. 1987. *Bd. II/21.*

– Die Christen als Fremde. 1992. *Bd. 64.*

Feldmeier, Reinhard und *Ulrich Heckel* (Hrsg.): Die Heiden. 1994. *Bd. 70.*

Felsch, Dorit: Die Feste im Johannesevangelium. 2011. *Bd. II/308.*

Finnern, Sönke: Narratologie und biblische Exegese. 2010. *Bd. II/285.*

Fletcher-Louis, Crispin H.T.: Luke-Acts: Angels, Christology and Soteriology. 1997. *Bd. II/94.*

Förster, Niclas: Marcus Magus. 1999. *Bd. 114.*

Forbes, Christopher Brian: Prophecy and Inspired Speech in Early Christianity and its Hellenistic Environment. 1995. *Bd. II/75.*

Fornberg, Tord: siehe *Fridrichsen, Anton.*

Fossum, Jarl E.: The Name of God and the Angel of the Lord. 1985. *Bd. 36.*

Foster, Paul: Community, Law and Mission in Matthew's Gospel. *Bd. II/177.*

Fotopoulos, John: Food Offered to Idols in Roman Corinth. 2003. *Bd. II/151.*

Frank, Nicole: Der Kolosserbrief im Kontext des paulinischen Erbes. 2009. *Bd. II/271.*

Frenschkowski, Marco: Offenbarung und Epiphanie. Bd. 1 1995. *Bd. II/79* – Bd. 2 1997. *Bd. II/80.*

Frey, Jörg: Eugen Drewermann und die biblische Exegese. 1995. *Bd. II/71.*
– Die johanneische Eschatologie. Bd. I. 1997. *Bd. 96.* – Bd. II. 1998. *Bd. 110.*
– Bd. III. 2000. *Bd. 117.*

Frey, Jörg und *Cilliers Breytenbach* (Hrsg.): Aufgabe und Durchführung einer Theologie des Neuen Testaments. 2007. *Bd. 205.*
– *Jens Herzer, Martina Janßen* und *Clare K. Rothschild* (Hrsg.): Pseudepigraphie und Verfasserfiktion in frühchristlichen Briefen. 2009. *Bd. 246.*
– *Stefan Krauter* und *Hermann Lichtenberger* (Hrsg.): Heil und Geschichte. 2009. *Bd. 248.*
– und *Udo Schnelle* (Hrsg.): Kontexte des Johannesevangeliums. 2004. *Bd. 175.*
– und *Jens Schröter* (Hrsg.): Deutungen des Todes Jesu im Neuen Testament. 2005. *Bd. 181.*
– Jesus in apokryphen Evangelienüberlieferungen. 2010. *Bd. 254.*
–, *Jan G. van der Watt,* und *Ruben Zimmermann* (Hrsg.): Imagery in the Gospel of John. 2006. *Bd. 200.*

Freyne, Sean: Galilee and Gospel. 2000. *Bd. 125.*

Fridrichsen, Anton: Exegetical Writings. Hrsg. von C.C. Caragounis und T. Fornberg. 1994. *Bd. 76.*

Gadenz, Pablo T.: Called from the Jews and from the Gentiles. 2009. *Bd. II/267.*

Gäbel, Georg: Die Kulttheologie des Hebräerbriefes. 2006. *Bd. II/212.*

Gäckle, Volker: Die Starken und die Schwachen in Korinth und in Rom. 2005. *Bd. 200.*

Garlington, Don B.: 'The Obedience of Faith'. 1991. *Bd. II/38.*
– Faith, Obedience, and Perseverance. 1994. *Bd. 79.*

Garnet, Paul: Salvation and Atonement in the Qumran Scrolls. 1977. *Bd. II/3.*

Gemünden, Petra von (Hrsg.): siehe *Weissenrieder, Annette.*

Gese, Michael: Das Vermächtnis des Apostels. 1997. *Bd. II/99.*

Gheorghita, Radu: The Role of the Septuagint in Hebrews. 2003. *Bd. II/160.*

Gordley, Matthew E.: The Colossian Hymn in Context. 2007. *Bd. II/228.*
– Teaching through Song in Antiquity. 2011. *Bd. II/302.*

Gräbe, Petrus J.: The Power of God in Paul's Letters. 2000, ²2008. *Bd. II/123.*

Gräßer, Erich: Der Alte Bund im Neuen. 1985. *Bd. 35.*
– Forschungen zur Apostelgeschichte. 2001. *Bd. 137.*

Grappe, Christian (Hrsg.): Le Repas de Dieu – Das Mahl Gottes. 2004. *Bd. 169.*

Gray, Timothy C.: The Temple in the Gospel of Mark. 2008. *Bd. II/242.*

Green, Joel B.: The Death of Jesus. 1988. *Bd. II/33.*

Gregg, Brian Han: The Historical Jesus and the Final Judgment Sayings in Q. 2005. *Bd. II/207.*

Gregory, Andrew: The Reception of Luke and Acts in the Period before Irenaeus. 2003. *Bd. II/169.*

Grindheim, Sigurd: The Crux of Election. 2005. *Bd. II/202.*

Gundry, Robert H.: The Old is Better. 2005. *Bd. 178.*

Gundry Volf, Judith M.: Paul and Perseverance. 1990. *Bd. II/37.*

Häußer, Detlef: Christusbekenntnis und Jesusüberlieferung bei Paulus. 2006. *Bd. 210.*

Hafemann, Scott J.: Suffering and the Spirit. 1986. *Bd. II/19.*
– Paul, Moses, and the History of Israel. 1995. *Bd. 81.*

Hahn, Ferdinand: Studien zum Neuen Testament.
Bd. I: Grundsatzfragen, Jesusforschung, Evangelien. 2006. *Bd. 191.*
Bd. II: Bekenntnisbildung und Theologie in urchristlicher Zeit. 2006. *Bd. 192.*

Hahn, Johannes (Hrsg.): Zerstörungen des Jerusalemer Tempels. 2002. *Bd. 147.*

Hamid-Khani, Saeed: Relevation and Concealment of Christ. 2000. *Bd. II/120.*

Hannah, Darrel D.: Michael and Christ. 1999. *Bd. II/109.*

Hardin, Justin K.: Galatians and the Imperial Cult? 2007. *Bd. II /237.*

Harrison, James R.: Paul and the Imperial Authorities at Thessolanica and Rome. 2011. *Bd. 273.*
– Paul's Language of Grace in Its Graeco-Roman Context. 2003. *Bd. II/172.*

Hartman, Lars: Text-Centered New Testament Studies. Hrsg. von D. Hellholm. 1997. *Bd. 102.*

Hartog, Paul: Polycarp and the New Testament. 2001. *Bd. II/134.*

Hasselbrook, David S.: Studies in New Testament Lexicography. 2011. *Bd. II/303.*

Hays, Christopher M.: Luke's Wealth Ethics. 2010. *Bd. 275.*

Heckel, Theo K.: Der Innere Mensch. 1993. *Bd. II/53.*
– Vom Evangelium des Markus zum viergestaltigen Evangelium. 1999. *Bd. 120.*

Heckel, Ulrich: Kraft in Schwachheit. 1993.
Bd. II/56.
– Der Segen im Neuen Testament. 2002.
Bd. 150.
– siehe *Feldmeier, Reinhard.*
– siehe *Hengel, Martin.*
Heemstra, Marius The Fiscus Judaicus and the
Parting of the Ways. 2010. *Bd. II/277.*
Heiligenthal, Roman: Werke als Zeichen. 1983.
Bd. II/9.
Heininger, Bernhard: Die Inkulturation des
Christentums. 2010. *Bd. 255.*
Heliso, Desta: Pistis and the Righteous One.
2007. *Bd. II/235.*
Hellholm, D.: siehe *Hartman, Lars.*
Hemer, Colin J.: The Book of Acts in the Setting
of Hellenistic History. 1989. *Bd. 49.*
Henderson, Timothy P.: The Gospel of Peter
and Early Christian Apologetics. 2011.
Bd. II/301.
Hengel, Martin: Jesus und die Evangelien.
Kleine Schriften V. 2007. *Bd. 211.*
– Die johanneische Frage. 1993. *Bd. 67.*
– Judaica et Hellenistica. Kleine Schriften I.
1996. *Bd. 90.*
– Judaica, Hellenistica et Christiana. Kleine
Schriften II. 1999. *Bd. 109.*
– Judentum und Hellenismus. 1969, ³1988.
Bd. 10.
– Paulus und Jakobus. Kleine Schriften III.
2002. *Bd. 141.*
– Studien zur Christologie. Kleine Schriften
IV. 2006. *Bd. 201.*
– Studien zum Urchristentum. Kleine Schrif-
ten VI. 2008. *Bd. 234.*
– Theologische, historische und biographische
Skizzen. Kleine Schriften VII. 2010.
Band 253.
– und *Anna Maria Schwemer:* Paulus zwi-
schen Damaskus und Antiochien. 1998.
Bd. 108.
– Der messianische Anspruch Jesu und die
Anfänge der Christologie. 2001. *Bd. 138.*
– Die vier Evangelien und das eine Evan-
gelium von Jesus Christus. 2008. *Bd. 224.*
Hengel, Martin und *Ulrich Heckel* (Hrsg.): Pau-
lus und das antike Judentum. 1991. *Bd. 58.*
– und *Hermut Löhr* (Hrsg.): Schriftauslegung
im antiken Judentum und im Urchristentum.
1994. *Bd. 73.*
– und *Anna Maria Schwemer* (Hrsg.): Königsherrschaft Gottes und himmlischer Kult.
1991. *Bd. 55.*
– Die Septuaginta. 1994. *Bd. 72.*
–, *Siegfried Mittmann* und *Anna Maria Schwemer* (Hrsg.): La Cité de Dieu / Die Stadt
Gottes. 2000. *Bd. 129.*
Hentschel, Anni: Diakonia im Neuen Testament.
2007. *Bd. 226.*

Hernández Jr., Juan: Scribal Habits and Theo-
logical Influence in the Apocalypse. 2006.
Bd. II/218.
Herrenbrück, Fritz: Jesus und die Zöllner. 1990.
Bd. II/41.
Herzer, Jens: Paulus oder Petrus? 1998.
Bd. 103.
– siehe *Böttrich, Christfried.*
– siehe *Deines, Roland.*
– siehe *Frey, Jörg.*
Hill, Charles E.: From the Lost Teaching of
Polycarp. 2005. *Bd. 186.*
Hoegen-Rohls, Christina: Der nachösterliche
Johannes. 1996. *Bd. II/84.*
Hoffmann, Matthias Reinhard: The Destroyer
and the Lamb. 2005. *Bd. II/203.*
Hofius, Otfried: Katapausis. 1970. *Bd. 11.*
– Der Vorhang vor dem Thron Gottes. 1972.
Bd. 14.
– Der Christushymnus Philipper 2,6–11.
1976, ²1991. *Bd. 17.*
– Paulusstudien. 1989, ²1994. *Bd. 51.*
– Neutestamentliche Studien. 2000. *Bd. 132.*
– Paulusstudien II. 2002. *Bd. 143.*
– Exegetische Studien. 2008. *Bd. 223.*
– und *Hans-Christian Kammler:* Johannes-
studien. 1996. *Bd. 88.*
Holloway, Paul A.: Coping with Prejudice.
2009. *Bd. 244.*
– siehe *Ahearne-Kroll, Stephen P.*
Holmberg, Bengt (Hrsg.): Exploring Early
Christian Identity. 2008. *Bd. 226.*
– und *Mikael Winninge* (Hrsg.): Identity
Formation in the New Testament. 2008.
Bd. 227.
Holtz, Traugott: Geschichte und Theologie des
Urchristentums. 1991. *Bd. 57.*
Hommel, Hildebrecht: Sebasmata.
Bd. 1 1983. *Bd. 31.*
Bd. 2 1984. *Bd. 32.*
Horbury, William: Herodian Judaism and New
Testament Study. 2006. *Bd. 193.*
Horn, Friedrich Wilhelm und *Ruben Zim-
mermann* (Hrsg): Jenseits von Indikativ und
Imperativ. Bd. 1. 2009. *Bd. 238.*
Horst, Pieter W. van der: Jews and Christians
in Their Graeco-Roman Context. 2006.
Bd. 196.
Hultgård, Anders und *Stig Norin* (Hrsg):
Le Jour de Dieu / Der Tag Gottes. 2009.
Bd. 245.
Hume, Douglas A.: The Early Christian
Community. 2011. *Vol. II/298.*
Jackson, Ryan: New Creation in Paul's Letters.
2010. *Bd. II/272.*
Hvalvik, Reidar: The Struggle for Scripture and
Covenant. 1996. *Bd. II/82.*
Janßen Martina: siehe *Frey, Jörg.*
Jauhiainen, Marko: The Use of Zechariah in
Revelation. 2005. *Bd. II/199.*

Jensen, Morten H.: Herod Antipas in Galilee. 2006. ²2010. *Bd. II/215.*

Johns, Loren L.: The Lamb Christology of the Apocalypse of John. 2003. *Bd. II/167.*

Jossa, Giorgio: Jews or Christians? 2006. *Bd. 202.*

Joubert, Stephan: Paul as Benefactor. 2000. *Bd. II/124.*

Judge, E. A.: The First Christians in the Roman World. 2008. *Bd. 229.*

– Jerusalem and Athens. 2010. *Bd. 265.*

Jungbauer, Harry: „Ehre Vater und Mutter". 2002. *Bd. II/146.*

Kähler, Christoph: Jesu Gleichnisse als Poesie und Therapie. 1995. *Bd. 78.*

Kamlah, Ehrhard: Die Form der katalogischen Paränese im Neuen Testament. 1964. *Bd. 7.*

Kammler, Hans-Christian: Christologie und Eschatologie. 2000. *Bd. 126.*

– Kreuz und Weisheit. 2003. *Bd. 159.*

– siehe *Hofius, Otfried.*

Karakolis, Christos: siehe *Alexeev, Anatoly A.*

Karrer, Martin und *Wolfgang Kraus* (Hrsg.): Die Septuaginta – Texte, Kontexte, Lebenswelten. 2008. *Band 219.*

– siehe *Kraus, Wolfgang.*

Kelhoffer, James A.: The Diet of John the Baptist. 2005. *Bd. 176.*

– Miracle and Mission. 1999. *Bd. II/112.*

– Persecution, Persuasion and Power. 2010. *Bd. 270.*

– siehe *Ahearne-Kroll, Stephen P.*

Kelley, Nicole: Knowledge and Religious Authority in the Pseudo-Clementines. 2006. *Bd. II/213.*

Kennedy, Joel: The Recapitulation of Israel. 2008. *Bd. II/257.*

Kensky, Meira Z.: Trying Man, Trying God. 2010. *Bd. II/289.*

Kieffer, René und *Jan Bergman* (Hrsg.): La Main de Dieu / Die Hand Gottes. 1997. *Bd. 94.*

Kierspel, Lars: The Jews and the World in the Fourth Gospel. 2006. *Bd. 220.*

Kim, Seyoon: The Origin of Paul's Gospel. 1981, ²1984. *Bd. II/4.*

– Paul and the New Perspective. 2002. *Bd. 140.*

– "The 'Son of Man'" as the Son of God. 1983. *Bd. 30.*

Klauck, Hans-Josef: Religion und Gesellschaft im frühen Christentum. 2003. *Bd. 152.*

Klein, Hans, Vasile Mihoc und *Karl-Wilhelm Niebuhr* (Hrsg.): Das Gebet im Neuen Testament. Vierte, europäische orthodox-westliche Exegetenkonferenz in Sambata de Sus, 4. – 8. August 2007. 2009. *Bd. 249.*

– siehe *Dunn, James D.G.*

Kleinknecht, Karl Th.: Der leidende Gerechtfertigte. 1984, ²1988. *Bd. II/13.*

Klinghardt, Matthias: Gesetz und Volk Gottes. 1988. *Bd. II/32.*

Kloppenborg, John S.: The Tenants in the Vineyard. 2006, student edition 2010. *Bd. 195.*

Koch, Michael: Drachenkampf und Sonnenfrau. 2004. *Bd. II/184.*

Koch, Stefan: Rechtliche Regelung von Konflikten im frühen Christentum. 2004. *Bd. II/174.*

Köhler, Wolf-Dietrich: Rezeption des Matthäusevangeliums in der Zeit vor Irenäus. 1987. *Bd. II/24.*

Köhn, Andreas: Der Neutestamentler Ernst Lohmeyer. 2004. *Bd. II/180.*

Koester, Craig und *Reimund Bieringer* (Hrsg.): The Resurrection of Jesus in the Gospel of John. 2008. *Bd. 222.*

Konradt, Matthias: Israel, Kirche und die Völker im Matthäusevangelium. 2007. *Bd. 215.*

Kooten, George H. van: Cosmic Christology in Paul and the Pauline School. 2003. *Bd. II/171.*

– Paul's Anthropology in Context. 2008. *Bd. 232.*

Korn, Manfred: Die Geschichte Jesu in veränderter Zeit. 1993. *Bd. II/51.*

Koskenniemi, Erkki: Apollonios von Tyana in der neutestamentlichen Exegese. 1994. *Bd. II/61.*

– The Old Testament Miracle-Workers in Early Judaism. 2005. *Bd. II/206.*

Kraus, Thomas J.: Sprache, Stil und historischer Ort des zweiten Petrusbriefes. 2001. *Bd. II/136.*

Kraus, Wolfgang: Das Volk Gottes. 1996. *Bd. 85.*

– siehe *Karrer, Martin.*

– siehe *Walter, Nikolaus.*

– und *Martin Karrer* (Hrsg.): Die Septuaginta – Texte, Theologien, Einflüsse. 2010. *Bd. 252.*

– und *Karl-Wilhelm Niebuhr* (Hrsg.): Frühjudentum und Neues Testament im Horizont Biblischer Theologie. 2003. *Bd. 162.*

Krauter, Stefan: Studien zu Röm 13,1–7. 2009. *Bd. 243.*

– siehe *Frey, Jörg.*

Kreplin, Matthias: Das Selbstverständnis Jesu. 2001. *Bd. II/141.*

Kuhn, Karl G.: Achtzehngebet und Vaterunser und der Reim. 1950. *Bd. 1.*

Kvalbein, Hans: siehe *Ådna, Jostein.*

Kwon, Yon-Gyong: Eschatology in Galatians. 2004. *Bd. II/183.*

Laansma, Jon: I Will Give You Rest. 1997. *Bd. II/98.*

Labahn, Michael: Offenbarung in Zeichen und Wort. 2000. *Bd. II/117.*

Lambers-Petry, Doris: siehe *Tomson, Peter J.*

Lange, Armin: siehe *Ego, Beate.*

Lampe, Peter: Die stadtrömischen Christen in den ersten beiden Jahrhunderten. 1987, ²1989. *Bd. II/18.*

Landmesser, Christof: Wahrheit als Grundbegriff neutestamentlicher Wissenschaft. 1999. *Bd. 113.*

– Jüngerberufung und Zuwendung zu Gott. 2000. *Bd. 133.*

– siehe *Eckstein, Hans-Joachim.*

Lau, Andrew: Manifest in Flesh. 1996. *Bd. II/86.*

Lawrence, Louise: An Ethnography of the Gospel of Matthew. 2003. *Bd. II/165.*

Lee, Aquila H.I.: From Messiah to Preexistent Son. 2005. *Bd. II/192.*

Lee, Pilchan: The New Jerusalem in the Book of Relevation. 2000. *Bd. II/129.*

Lee, Sang M.: The Cosmic Drama of Salvation. 2010. *Bd. II/276.*

Lee, Simon S.: Jesus' Transfiguration and the Believers' Transformation. 2009. *Bd. II/265.*

Lichtenberger, Hermann: Das Ich Adams und das Ich der Menschheit. 2004. *Bd. 164.*

– siehe *Avemarie, Friedrich.*

– siehe *Eckstein, Hans-Joachim.*

– siehe *Frey, Jörg.*

Lierman, John: The New Testament Moses. 2004. *Bd. II/173.*

– (Hrsg.): Challenging Perspectives on the Gospel of John. 2006. *Bd. II/219.*

Lieu, Samuel N.C.: Manichaeism in the Later Roman Empire and Medieval China. ²1992. *Bd. 63.*

Lincicum, David: Paul and the Early Jewish Encounter with Deuteronomy. 2010. *Bd. II/284.*

Lindemann, Andreas: Die Evangelien und die Apostelgeschichte. 2009. *Bd. 241.*

Lindgård, Fredrik: Paul's Line of Thought in 2 Corinthians 4:16-5:10. 2004. *Bd. II/189.*

Livesey, Nina E.: Circumcision as a Malleable Symbol. 2010. *Bd. II/295.*

Loader, William R.G.: Jesus' Attitude Towards the Law. 1997. *Bd. II/97.*

Löhr, Gebhard: Verherrlichung Gottes durch Philosophie. 1997. *Bd. 97.*

Löhr, Hermut: Studien zum frühchristlichen und frühjüdischen Gebet. 2003. *Bd. 160.*

– siehe *Hengel, Martin.*

Löhr, Winrich Alfried: Basilides und seine Schule. 1995. *Bd. 83.*

Lorenzen, Stefanie: Das paulinische Eikon-Konzept. 2008. *Bd. II/250.*

Luomanen, Petri: Entering the Kingdom of Heaven. 1998. *Bd. II/101.*

Luz, Ulrich: siehe *Alexeev, Anatoly A.*

– siehe *Dunn, James D.G.*

Mackay, Ian D.: John's Raltionship with Mark. 2004. *Bd. II/182.*

Mackie, Scott D.: Eschatology and Exhortation in the Epistle to the Hebrews. 2006. *Bd. II/223.*

Magda, Ksenija: Paul's Territoriality and Mission Strategy. 2009. *Bd. II/266.*

Maier, Gerhard: Mensch und freier Wille. 1971. *Bd. 12.*

– Die Johannesoffenbarung und die Kirche. 1981. *Bd. 25.*

Markschies, Christoph: Valentinus Gnosticus? 1992. *Bd. 65.*

Marshall, Jonathan: Jesus, Patrons, and Benefactors. 2009. *Bd. II/259.*

Marshall, Peter: Enmity in Corinth: Social Conventions in Paul's Relations with the Corinthians. 1987. *Bd. II/23.*

Martin, Dale B.: siehe *Zangenberg, Jürgen.*

Maston, Jason: Divine and Human Agency in Second Temple Judaism and Paul. 2010. *Bd. II/297.*

Mayer, Annemarie: Sprache der Einheit im Epheserbrief und in der Ökumene. 2002. *Bd. II/150.*

Mayordomo, Moisés: Argumentiert Paulus logisch? 2005. *Bd. 188.*

McDonough, Sean M.: YHWH at Patmos: Rev. 1:4 in its Hellenistic and Early Jewish Setting. 1999. *Bd. II/107.*

McDowell, Markus: Prayers of Jewish Women. 2006. *Bd. II/211.*

McGlynn, Moyna: Divine Judgement and Divine Benevolence in the Book of Wisdom. 2001. *Bd. II/139.*

Meade, David G.: Pseudonymity and Canon. 1986. *Bd. 39.*

Meadors, Edward P.: Jesus the Messianic Herald of Salvation. 1995. *Bd. II/72.*

Meißner, Stefan: Die Heimholung des Ketzers. 1996. *Bd. II/87.*

Mell, Ulrich: Die „anderen" Winzer. 1994. *Bd. 77.*

– siehe *Sänger, Dieter.*

Mengel, Berthold: Studien zum Philipperbrief. 1982. *Bd. II/8.*

Merkel, Helmut: Die Widersprüche zwischen den Evangelien. 1971. *Bd. 13.*

– siehe *Ego, Beate.*

Merklein, Helmut: Studien zu Jesus und Paulus. Bd. 1 1987. *Bd. 43.* – Bd. 2 1998. *Bd. 105.*

Merkt, Andreas: siehe *Nicklas, Tobias*

Metzdorf, Christina: Die Tempelaktion Jesu. 2003. *Bd. II/168.*

Metzler, Karin: Der griechische Begriff des Verzeihens. 1991. *Bd. II/44.*

Metzner, Rainer: Die Rezeption des Matthäusevangeliums im 1. Petrusbrief. 1995. *Bd. II/74.*

– Das Verständnis der Sünde im Johannesevangelium. 2000. *Bd. 122.*

Mihoc, Vasile: siehe *Dunn, James D.G.*

– siehe *Klein, Hans.*

Mineshige, Kiyoshi: Besitzverzicht und Almosen bei Lukas. 2003. *Bd. II/163.*

Mittmann, Siegfried: siehe *Hengel, Martin.*

Räisänen, Heikki: Paul and the Law. 1983, ²1987. *Bd. 29.*

Rehkopf, Friedrich: Die lukanische Sonderquelle. 1959. *Bd. 5.*

Rein, Matthias: Die Heilung des Blindgeborenen (Joh 9). 1995. *Bd. II/73.*

Reinmuth, Eckart: Pseudo-Philo und Lukas. 1994. *Bd. 74.*

Reiser, Marius: Bibelkritik und Auslegung der Heiligen Schrift. 2007. *Bd. 217.*

– Syntax und Stil des Markusevangeliums. 1984. *Bd. II/11.*

Reynolds, Benjamin E.: The Apocalyptic Son of Man in the Gospel of John. 2008. *Bd. II/249.*

Rhodes, James N.: The Epistle of Barnabas and the Deuteronomic Tradition. 2004. *Bd. II/188.*

Richards, E. Randolph: The Secretary in the Letters of Paul. 1991. *Bd. II/42.*

Riesner, Rainer: Jesus als Lehrer. 1981, ³1988. *Bd. II/7.*

– Die Frühzeit des Apostels Paulus. 1994. *Bd. 71.*

Rissi, Mathias: Die Theologie des Hebräerbriefs. 1987. *Bd. 41.*

Röcker, Fritz W.: Belial und Katechon. 2009. *Bd. II/262.*

Röhser, Günter: Metaphorik und Personifikation der Sünde. 1987. *Bd. II/25.*

Rose, Christian: Theologie als Erzählung im Markusevangelium. 2007. *Bd. II/236.*

– Die Wolke der Zeugen. 1994. *Bd. II/60.*

Roskovec, Jan: siehe *Pokorný, Petr.*

Rothschild, Clare K.: Baptist Traditions and Q. 2005. *Bd. 190.*

– Hebrews as Pseudepigraphon. 2009. *Band 235.*

– Luke Acts and the Rhetoric of History. 2004. *Bd. II/175.*

– siehe *Frey, Jörg.*

Rudolph, David J.: A Jew to the Jews. 2011. *Bd. II/304.*

Rüegger, Hans-Ulrich: Verstehen, was Markus erzählt. 2002. *Bd. II/155.*

Rüger, Hans Peter: Die Weisheitsschrift aus der Kairoer Geniza. 1991. *Bd. 53.*

Ruf, Martin G.: Die heiligen Propheten, eure Apostel und ich. 2011. *Bd. II/300.*

Runesson, Anders: siehe *Becker, Eve-Marie.*

Sänger, Dieter: Antikes Judentum und die Mysterien. 1980. *Bd. II/5.*

– Die Verkündigung des Gekreuzigten und Israel. 1994. *Bd. 75.*

– siehe *Burchard, Christoph.*

– und *Ulrich Mell* (Hrsg.): Paulus und Johannes. 2006. *Bd. 198.*

Salier, Willis Hedley: The Rhetorical Impact of the Se-meia in the Gospel of John. 2004. *Bd. II/186.*

Salzmann, Jorg Christian: Lehren und Ermahnen. 1994. *Bd. II/59.*

Sandnes, Karl Olav: Paul – One of the Prophets? 1991. *Bd. II/43.*

Sato, Migaku: Q und Prophetie. 1988. *Bd. II/29.*

Schäfer, Ruth: Paulus bis zum Apostelkonzil. 2004. *Bd. II/179.*

Schaper, Joachim: Eschatology in the Greek Psalter. 1995. *Bd. II/76.*

Schimanowski, Gottfried: Die himmlische Liturgie in der Apokalypse des Johannes. 2002. *Bd. II/154.*

– Weisheit und Messias. 1985. *Bd. II/17.*

Schlichting, Günter: Ein jüdisches Leben Jesu. 1982. *Bd. 24.*

Schließer, Benjamin: Abraham's Faith in Romans 4. 2007. *Band II/224.*

Schnabel, Eckhard J.: Law and Wisdom from Ben Sira to Paul. 1985. *Bd. II/16.*

Schnelle, Udo: siehe *Frey, Jörg.*

Schröter, Jens: Von Jesus zum Neuen Testament. 2007. *Band 204.*

– siehe *Frey, Jörg.*

Schutter, William L.: Hermeneutic and Composition in I Peter. 1989. *Bd. II/30.*

Schwartz, Daniel R.: Studies in the Jewish Background of Christianity. 1992. *Bd. 60.*

Schwemer, Anna Maria: siehe *Hengel, Martin*

Schwindt, Rainer: Das Weltbild des Epheserbriefes. 2002. *Bd. 148.*

Scott, Ian W.: Implicit Epistemology in the Letters of Paul. 2005. *Bd. II/205.*

Scott, James M.: Adoption as Sons of God. 1992. *Bd. II/48.*

– Paul and the Nations. 1995. *Bd. 84.*

Shi, Wenhua: Paul's Message of the Cross as Body Language. 2008. *Bd. II/254.*

Shum, Shiu-Lun: Paul's Use of Isaiah in Romans. 2002. *Bd. II/156.*

Siegert, Folker: Drei hellenistisch-jüdische Predigten. Teil I 1980. *Bd. 20* – Teil II 1992. *Bd. 61.*

– Nag-Hammadi-Register. 1982. *Bd. 26.*

– Argumentation bei Paulus. 1985. *Bd. 34.*

– Philon von Alexandrien. 1988. *Bd. 46.*

Siggelkow-Berner, Birke: Die jüdischen Feste im Bellum Judaicum des Flavius Josephus. 2011. *Bd. II/306.*

Simon, Marcel: Le christianisme antique et son contexte religieux I/II. 1981. *Bd. 23.*

Smit, Peter-Ben: Fellowship and Food in the Kingdom. 2008. *Bd. II/234.*

Snodgrass, Klyne: The Parable of the Wicked Tenants. 1983. *Bd. 27.*

Söding, Thomas: Das Wort vom Kreuz. 1997. *Bd. 93.*

– siehe *Thüsing, Wilhelm.*

Sommer, Urs: Die Passionsgeschichte des Markusevangeliums. 1993. *Bd. II/58.*

Sorensen, Eric: Possession and Exorcism in the New Testament and Early Christianity. 2002. *Band II/157.*

Souček, Josef B.: siehe *Pokorný, Petr.*

Southall, David J.: Rediscovering Righteousness in Romans. 2008. *Bd. 240.*

Spangenberg, Volker: Herrlichkeit des Neuen Bundes. 1993. *Bd. II/55.*

Spanje, T.E. van: Inconsistency in Paul? 1999. *Bd. II/110.*

Speyer, Wolfgang: Frühes Christentum im antiken Strahlungsfeld. Bd. I: 1989. *Bd. 50.*
- Bd. II: 1999. *Bd. 116.*
- Bd. III: 2007. *Bd. 213.*

Spittler, Janet E.: Animals in the Apocryphal Acts of the Apostles. 2008. *Bd. II/247.*

Sprinkle, Preston: Law and Life. 2008. *Bd. II/241.*

Stadelmann, Helge: Ben Sira als Schriftgelehrter. 1980. *Bd. II/6.*

Stein, Hans Joachim: Frühchristliche Mahlfeiern. 2008. *Bd. II/255.*

Stenschke, Christoph W.: Luke's Portrait of Gentiles Prior to Their Coming to Faith. *Bd. II/108.*

Stephens, Mark B.: Annihilation or Renewal? 2011. *Bd. II/307.*

Sterck-Degueldre, Jean-Pierre: Eine Frau namens Lydia. 2004. *Bd. II/176.*

Stettler, Christian: Der Kolosserhymnus. 2000. *Bd. II/131.*
- Das letzte Gericht. 2011. *Bd. II/299.*

Stettler, Hanna: Die Christologie der Pastoralbriefe. 1998. *Bd. II/105.*

Stökl Ben Ezra, Daniel: The Impact of Yom Kippur on Early Christianity. 2003. *Bd. 163.*

Strobel, August: Die Stunde der Wahrheit. 1980. *Bd. 21.*

Stroumsa, Guy G.: Barbarian Philosophy. 1999. *Bd. 112.*

Stuckenbruck, Loren T.: Angel Veneration and Christology. 1995. *Bd. II/70.*
- , *Stephen C. Barton* und *Benjamin G. Wold* (Hrsg.): Memory in the Bible and Antiquity. 2007. *Vol. 212.*

Stuhlmacher, Peter (Hrsg.): Das Evangelium und die Evangelien. 1983. *Bd. 28.*
- Biblische Theologie und Evangelium. 2002. *Bd. 146.*

Sung, Chong-Hyon: Vergebung der Sünden. 1993. *Bd. II/57.*

Svendsen, Stefan N.: Allegory Transformed. 2009. *Bd. II/269*

Tajra, Harry W.: The Trial of St. Paul. 1989. *Bd. II/35.*
- The Martyrdom of St.Paul. 1994. *Bd. II/67.*

Tellbe, Mikael: Christ-Believers in Ephesus. 2009. *Bd. 242.*

Theißen, Gerd: Studien zur Soziologie des Urchristentums. 1979, ³1989. *Bd. 19.*

Theobald, Michael: Studien zum Corpus Iohanneum. 2010. *Band 267.*
- Studien zum Römerbrief. 2001. *Bd. 136.*
- siehe *Mußner, Franz.*

Thornton, Claus-Jürgen: Der Zeuge des Zeugen. 1991. *Bd. 56.*

Thüsing, Wilhelm: Studien zur neutestamentlichen Theologie. Hrsg. von Thomas Söding. 1995. *Bd. 82.*

Thurén, Lauri: Derhethorizing Paul. 2000. *Bd. 124.*

Thyen, Hartwig: Studien zum Corpus Iohanneum. 2007. *Bd. 214.*

Tibbs, Clint: Religious Experience of the Pneuma. 2007. *Bd. II/230.*

Toit, David S. du: Theios Anthropos. 1997. *Bd. II/91.*

Tomson, Peter J. und *Doris Lambers-Petry* (Hrsg.): The Image of the Judaeo-Christians in Ancient Jewish and Christian Literature. 2003. *Bd. 158.*

Tolmie, D. Francois: Persuading the Galatians. 2005. *Bd. II/190.*

Toney, Carl N.: Paul's Inclusive Ethic. 2008. *Bd. II/252.*

Trebilco, Paul: The Early Christians in Ephesus from Paul to Ignatius. 2004. *Bd. 166.*

Treloar, Geoffrey R.: Lightfoot the Historian. 1998. *Bd. II/103.*

Troftgruben, Troy M.: A Conclusion Unhindered. 2010. *Bd. II/280.*

Tso, Marcus K.M.: Ethics in the Qumran Community. 2010. *Bd. II/292.*

Tsuji, Manabu: Glaube zwischen Vollkommenheit und Verweltlichung. 1997. *Bd. II/93*

Twelftree, Graham H.: Jesus the Exorcist. 1993. *Bd. II/54.*

Ulrichs, Karl Friedrich: Christusglaube. 2007. *Bd. II/227.*

Urban, Christina: Das Menschenbild nach dem Johannesevangelium. 2001. *Bd. II/137.*

Vahrenhorst, Martin: Kultische Sprache in den Paulusbriefen. 2008. *Bd. 230.*

Vegge, Ivar: 2 Corinthians – a Letter about Reconciliation. 2008. *Bd. II/239.*

Verheyden, Joseph, Korinna Zamfir und *Tobias Nicklas* (Ed.): Prophets and Prophecy in Jewish and Early Christian Literature. 2010. *Bd. II/286.*
- siehe *Nicklas, Tobias*

Visotzky, Burton L.: Fathers of the World. 1995. *Bd. 80.*

Vollenweider, Samuel: Horizonte neutestamentlicher Christologie. 2002. *Bd. 144.*

Vos, Johan S.: Die Kunst der Argumentation bei Paulus. 2002. *Bd. 149.*

Waaler, Erik: The *Shema* and The First Commandment in First Corinthians. 2008. *Bd. II/253.*

Wagener, Ulrike: Die Ordnung des „Hauses Gottes". 1994. *Bd. II/65.*

Wagner, J. Ross: siehe *Wilk, Florian.*

Wahlen, Clinton: Jesus and the Impurity of Spirits in the Synoptic Gospels. 2004. *Bd. II/185.*

Walker, Donald D.: Paul's Offer of Leniency (2 Cor 10:1). 2002. *Bd. II/152.*

Walter, Nikolaus: Praeparatio Evangelica. Hrsg. von Wolfgang Kraus und Florian Wilk. 1997. *Bd. 98.*

Wander, Bernd: Gottesfürchtige und Sympathisanten. 1998. *Bd. 104.*

Wardle, Timothy: The Jerusalem Temple and Early Christian Identity. 2010. *Bd. II/291.*

Wasserman, Emma: The Death of the Soul in Romans 7. 2008. *Bd. 256.*

Waters, Guy: The End of Deuteronomy in the Epistles of Paul. 2006. *Bd. 221.*

Watt, Jan G. van der: siehe *Frey, Jörg.*

– siehe *Zimmermann, Ruben.*

Watts, Rikki: Isaiah's New Exodus and Mark. 1997. *Bd. II/88.*

Wedderburn, Alexander J.M.: Baptism and Resurrection. 1987. *Bd. 44.*

– Jesus and the Historians. 2010. *Bd. 269.*

Wegner, Uwe: Der Hauptmann von Kafarnaum. 1985. *Bd. II/14.*

Weiß, Hans-Friedrich: Frühes Christentum und Gnosis. 2008. *Bd. 225.*

Weissenrieder, Annette: Images of Illness in the Gospel of Luke. 2003. *Bd. II/164.*

– und *Robert B. Coote* (Hrsg.): The Interface of Orality and Writing. 2010. *Bd. 260.*

–, *Friederike Wendt* und *Petra von Gemünden* (Hrsg.): Picturing the New Testament. 2005. *Bd. II/193.*

Welck, Christian: Erzählte ‚Zeichen'. 1994. *Bd. II/69.*

Wendt, Friederike (Hrsg.): siehe *Weissenrieder, Annette.*

Wiarda, Timothy: Peter in the Gospels. 2000. *Bd. II/127.*

Wifstrand, Albert: Epochs and Styles. 2005. *Bd. 179.*

Wilk, Florian und *J. Ross Wagner* (Ed.): Between Gospel and Election. 2010. *Bd. 257.*

– siehe *Walter, Nikolaus.*

Williams, Catrin H.: I am He. 2000. *Bd. II/113.*

Winninge, Mikael: siehe *Holmberg, Bengt.*

Wilson, Todd A.: The Curse of the Law and the Crisis in Galatia. 2007. *Bd. II/225.*

Wilson, Walter T.: Love without Pretense. 1991. *Bd. II/46.*

Winn, Adam: The Purpose of Mark's Gospel. 2008. *Bd. II/245.*

Wischmeyer, Oda: Von Ben Sira zu Paulus. 2004. *Bd. 173.*

Wisdom, Jeffrey: Blessing for the Nations and the Curse of the Law. 2001. *Bd. II/133.*

Witmer, Stephen E.: Divine Instruction in Early Christianity. 2008. *Bd. II/246.*

Wold, Benjamin G.: Women, Men, and Angels. 2005. *Bd. II/2001.*

– siehe *Stuckenbruck, Loren T.*

Wolter, Michael: Theologie und Ethos im frühen Christentum. 2009. *Band 236.*

Wright, Archie T.: The Origin of Evil Spirits. 2005. *Bd. II/198.*

Wucherpfennig, Ansgar: Heracleon Philologus. 2002. *Bd. 142.*

Yates, John W.: The Spirit and Creation in Paul. 2008. *Vol. II/251.*

Yeung, Maureen: Faith in Jesus and Paul. 2002. *Bd. II/147.*

Zamfir, Corinna: siehe *Verheyden, Joseph*

Zangenberg, Jürgen, Harold W. Attridge und *Dale B. Martin* (Hrsg.): Religion, Ethnicity and Identity in Ancient Galilee. 2007. *Bd. 210.*

Zimmermann, Alfred E.: Die urchristlichen Lehrer. 1984, ²1988. *Bd. II/12.*

Zimmermann, Johannes: Messianische Texte aus Qumran. 1998. *Bd. II/104.*

Zimmermann, Ruben: Christologie der Bilder im Johannesevangelium. 2004. *Bd. 171.*

– Geschlechtermetaphorik und Gottesverhältnis. 2001. *Bd. II/122.*

– (Hrsg.): Hermeneutik der Gleichnisse Jesu. 2008. *Bd. 231.*

– und *Jan G. van der Watt* (Hrsg.): Moral Language in the New Testament. Vol. II. 2010. *Bd. II/296.*

– siehe *Frey, Jörg.*

– siehe *Horn, Friedrich Wilhelm.*

Zugmann, Michael: „Hellenisten" in der Apostelgeschichte. 2009. *Bd. II/264.*

Zumstein, Jean: siehe *Dettwiler, Andreas*

Zwiep, Arie W.: Christ, the Spirit and the Community of God. 2010. *Bd. II/293.*

– Judas and the Choice of Matthias. 2004. *Bd. II/187.*

Einen Gesamtkatalog erhalten Sie gerne vom Verlag
Mohr Siebeck – Postfach 2040 – D–72010 Tübingen
Neueste Informationen im Internet unter www.mohr.de